MATHS

Collection Indice

bordas
éditeur

AUTOMATISMES 1. Proportions et pourcentages

CAPACITÉ 1 Calculer, appliquer, exprimer une proportion sous différentes formes

Lors d'élections municipales, un sondage est réalisé auprès de 400 électeurs.

1. 112 de ces 400 électeurs ont affirmé vouloir voter pour le candidat A. Déterminer la proportion d'électeurs qui ont affirmé vouloir voter pour ce candidat, puis l'exprimer sous forme de pourcentage.
2. La proportion des électeurs déclarant voter pour le candidat B est $\frac{3}{8}$. Combien d'électeurs ont affirmé vouloir voter pour le candidat B ?

Conseil

Quand on calcule des proportions, bien identifier l'ensemble de référence.

Solution commentée

1. Le nombre d'électeurs interrogés est $n_E = 400$. Parmi ceux-ci, le nombre de ceux déclarant voter pour le candidat A est $n_A = 112$.
La proportion d'électeurs qui ont affirmé vouloir voter pour le candidat A est $p = \frac{n_A}{n_E} = \frac{112}{400} = 0{,}28$. On remarque que $0{,}28 = \frac{28}{100}$.
Ainsi, 28 % des électeurs interrogés ont affirmé voter pour ce candidat.
2. Soit n_B le nombre d'électeurs déclarant voter pour le candidat B.
On a : $\frac{n_B}{n_E} = \frac{3}{8}$, soit $\frac{n_B}{400} = 0{,}375$, et $n_B = 0{,}375 \times 400 = 150$.
Il y a donc 150 électeurs qui ont affirmé vouloir voter pour le candidat B.

CAPACITÉ 2 Calculer la proportion d'une proportion

Un artisan vend des pots de miel à des supermarchés et à des magasins spécialisés. Au cours du mois de juin, il a vendu 82 % de sa production, et, parmi les pots vendus, 55 % l'ont été à des supermarchés. Quelle proportion de sa production de pots de miel, exprimée en pourcentage, a-t-elle été vendue à des supermarchés ?

Méthode

Pour calculer une proportion de proportion, il faut multiplier les proportions entre elles.

Solution commentée

La proportion p_1 de pots vendus dans la production est $p_1 = 0{,}82$.
La proportion p_2 de pots de miel vendus en supermarchés parmi les pots de miel vendus en juin est 0,55.

On calcule : $p = p_1 \times p_2 = 0{,}82 \times 0{,}55 = 0{,}451$. Puisque $0{,}451 = \frac{45{,}1}{100}$, la proportion de pots de miel vendus en juin à des supermarchés parmi la production a été de 45,1 %.

Vidéo 06:19
Calculer un coefficient multiplicateur (taux d'évolution)

bordas Flash PAGE vidéo

CAPACITÉ 3 Passer du pourcentage d'évolution au coefficient multiplicateur

Le nombre de naissances dans un département français entre 2010 et 2019 a diminué de 12 %.

1. Par quel coefficient a été multiplié le nombre de naissances entre 2010 et 2019 ?
2. Le nombre d'habitants de ce département a, quant à lui, été multiplié par 1,03. À quel taux d'évolution du nombre d'habitants de ce département ce coefficient multiplicateur correspond-il ?

Méthode

Pour calculer le coefficient multiplicateur c associé à une évolution de taux t, on utilise $c = 1 + t$.

Solution commentée

1. Le taux d'évolution du nombre de naissances est $t = -0{,}12$.
Diminuer une quantité de 12 % signifie la multiplier par $c = 1 - \frac{12}{100} = 0{,}88$.
Par conséquent, le nombre de naissances dans ce département a été multiplié par 0,88.
2. Le nombre d'habitants de ce département a été multiplié par $c = 1{,}03$.
Le taux d'évolution associé à ce coefficient multiplicateur est : $t = c - 1 = 0{,}03$.
Ainsi, le nombre d'habitants du département a augmenté de 3 %.

CAPACITÉ 4 Appliquer un taux d'évolution pour calculer une valeur finale

En 2016, 94 200 personnes ont visité un parc d'attractions.

1. Ce nombre de visiteurs a augmenté de 10,5 % en 2017. Quel a été le nombre de visiteurs en 2017 ?
2. Il y a eu 110 550 visiteurs en 2018, puis une baisse de la fréquentation de 6 % en 2019. Quel a été le nombre de visiteurs en 2019 ?

Méthode

Traduire le taux d'évolution en coefficient multiplicateur, si besoin avec un schéma :

Évolution de taux t

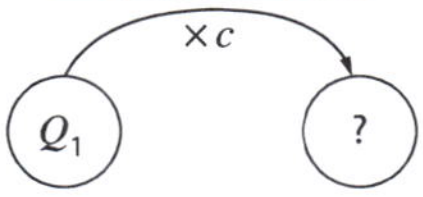

Solution commentée

1. Augmenter une quantité de 10,5 % signifie la multiplier par $c = 1 + \frac{10,5}{100} = 1,105$.

   Or, $94\,200 \times 1,105 = 104\,091$. Le nombre de visiteurs de ce parc d'attractions a donc été de 104 091 personnes en 2017.
2. Diminuer une quantité de 6 % signifie la multiplier par $c = 1 - \frac{6}{100} = 0,94$.

   Or, $110\,550 \times 0,94 = 103\,917$.

   Le nombre de visiteurs en 2019 a donc été de 103 917 personnes.

CAPACITÉ 5 Appliquer un taux d'évolution pour calculer une valeur initiale

Le prix du ticket de métro d'une grande ville augmente de 4 % au 1er janvier 2020. Le ticket de métro au tarif réduit coûte 1,56 € après cette augmentation. Combien coûtait-il avant l'augmentation ?

Conseil

Un schéma permet de visualiser la recherche de la valeur initiale avant une évolution.

Solution commentée

Augmenter une quantité de 4 % revient à la multiplier par 1,04.
Diviser par 1,04 permet de compenser une multiplication par 1,04.
Le ticket de métro au tarif réduit coûte 1,56 €. Donc, son prix avant augmentation est donné par le quotient $\frac{1,56}{1,04}$.

Or, $\frac{1,56}{1,04} = 1,5$. Ainsi, le ticket de métro valait 1,50 € avant le 1er janvier 2020.

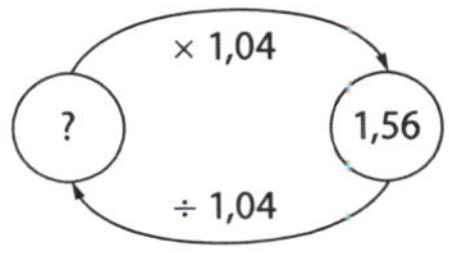

Vidéo 05:29 Déterminer un taux d'évolution — bordas Flash PAGE vidéo

CAPACITÉ 6 Calculer un taux d'évolution et l'exprimer en pourcentage

Le prix d'un kilogramme d'abricots passe de 2,50 € à 1,80 € en début de saison.

1. Déterminer le pourcentage d'évolution du prix du kilogramme d'abricots en début de saison.
2. En fin de saison, le prix d'un kilogramme d'abricots passe de 1,80 € à 2,61 €. Déterminer le pourcentage d'augmentation du prix d'un kilogramme d'abricots en fin de saison.

Méthode

Pour déterminer un pourcentage d'évolution, on peut calculer la variation relative $\frac{Q_{\text{finale}} - Q_{\text{initiale}}}{Q_{\text{initiale}}}$.

Solution commentée

1. On a $Q_1 = 2,50$ et $Q_2 = 1,80$. Le taux d'évolution t de la valeur Q_1 à la valeur Q_2 est :

$$t = \frac{Q_2 - Q_1}{Q_1} = \frac{1,80 - 2,50}{2,50} = \frac{-0,70}{2,50} = -0,28 = -28\ \%.$$

   Le prix du kilogramme d'abricots a diminué de 28 % en début de saison.
2. On a $Q_1 = 1,80$ et $Q_2 = 2,61$. Le taux d'évolution t correspondant est :

$$t = \frac{Q_2 - Q_1}{Q_1} = \frac{2,61 - 1,80}{1,80} = \frac{0,81}{1,80} = 0,45 = 45\ \%.$$

   Le prix du kilogramme d'abricots a augmenté de 45 % en fin de saison.

CAPACITÉ 7

Interpréter un indice

On définit l'indice base 100 du prix moyen en euros de la baguette de 250 grammes en 2000. Le prix moyen de la baguette en 2000 était de 0,64 €.
On arrondira les résultats au centime d'euro.

1. L'indice du prix de la baguette en 2017 était 136.
Calculer le prix moyen de la baguette en 2017.
2. L'indice du prix de la baguette était de 8 en 1960.
Quel était le prix de la baguette en 1960 ?

Méthode
Pour calculer des indices, on utilise la proportionnalité entre ces indices et les valeurs.

Solution commentée

1. Soit P_1 le prix moyen de la baguette en 2017, année où l'indice a pour valeur $I_1 = 136$. On utilise la proportionnalité des indices et des prix : $\frac{P_1}{0{,}64} = \frac{136}{100}$, d'où $P_1 = 0{,}64 \times 1{,}36 = 0{,}8704$. Le prix moyen en 2017 était donc environ 0,87 €.
2. Soit P_2 le prix moyen de la baguette en 1960, année où l'indice a pour valeur $I_2 = 8$.
On utilise la proportionnalité des indices et des prix : $\frac{P_2}{0{,}64} = \frac{8}{100}$,
d'où $P_2 = 0{,}64 \times 0{,}08 = 0{,}0512$. Le prix moyen en 1960 était donc environ 0,05 €.

CAPACITÉ 8

Calculer un indice

Année	2005	2010	2018
Production	27	21,8	25,4

On donne dans le tableau ci-contre la production mondiale de coton,en millions de tonnes, selon les années.
On définit l'indice base 100 de la production mondiale de coton en 2005.
Calculer, à 0,1 près, l'indice de la production mondiale de coton en 2010 et en 2018.

Méthode
Si Q_1 et Q_2 sont deux valeurs d'une même grandeur et I_1 et I_2 les indices correspondants alors $\frac{Q_2}{Q_1} = \frac{I_2}{I_1}$.

Solution commentée

Soit I_1 l'indice de la production mondiale de coton en 2010.
On traduit la proportionnalité des indices et des productions : $\frac{I_1}{100} = \frac{21{,}8}{27}$,
soit $I_1 = \frac{21{,}8}{27} \times 100$, soit $I_1 \approx 80{,}7$.
Soit I_2 l'indice de la production mondiale de coton en 2018.
On traduit la proportionnalité des indices et des productions : $\frac{I_2}{100} = \frac{25{,}4}{27}$,
soit $I_2 = \frac{25{,}4}{27} \times 100$, soit $I_2 \approx 94{,}1$.

CAPACITÉ 9

Calculer un taux d'évolution avec des indices

Année	2001	2005	2010	2015	2020
Indice	100	115	126	165	252

Le tableau ci-contre donne les indices base 100 en 2001 du prix du timbre-poste au tarif prioritaire entre 2001 et 2020.

1. Déterminer le pourcentage d'augmentation du prix du timbre-poste, au tarif prioritaire, entre 2001 et 2005, puis entre 2001 et 2020.
2. Déterminer le taux d'évolution du prix du timbre-poste, au tarif prioritaire, entre 2015 et 2020, à 0,001 près.

Méthode
Pour obtenir le taux d'évolution par rapport à la valeur de la base 100, on calcule l'écart $I - 100$.

Solution commentée

1. L'indice base 100 est fixé en 2011 et l'indice en 2005 est $I_2 = 115$.
$115 - 100 = 15$, donc le prix du timbre-poste a augmenté de 15 % entre 2001 et 2005.
$252 - 100 = 152$, donc le prix du timbre-poste a augmenté de 152 % entre 2001 et 2010.
2. Le taux d'évolution du prix du timbre-poste est égal au taux d'évolution des indices correspondants : $t = \frac{I_2 - I_1}{I_1} = \frac{252 - 165}{165} = \frac{87}{165}$, soit $t \approx 0{,}527$.

Vidéo 05:50
Calculer des taux d'évolution successifs

bordas Flash PAGE vidéo

CAPACITÉ 10 Calculer le taux d'évolution équivalent à plusieurs évolutions successives

Le cours d'une action au 1er février 2020 a augmenté de 14 % par rapport à son cours au 1er janvier 2020. Il augmente ensuite de 5 % entre le 1er février et le 1er mars 2020.

1 Déterminer le taux d'évolution global du cours de cette action entre le 1er janvier et le 1er mars 2020, et l'exprimer en pourcentage.

2 Le cours de cette action diminue ensuite entre le 1er mars et le 1er avril 2020 de 22 %, puis augmente de 17 % entre le 1er avril et le 1er mai. Déterminer le pourcentage d'évolution du cours de l'action entre le 1er février et le 1er mai 2020.

Méthode

Pour obtenir le coefficient multiplicateur global, on multiplie les coefficients multiplicateurs successifs.

Solution commentée

1 Augmenter une quantité de 14 % revient à la multiplier par $1 + \frac{14}{100}$, soit 1,14.
Une augmentation de 5 % se traduit par une multiplication par 1,05.
Le coefficient multiplicateur global pour ces deux évolutions successives est donc $c = 1{,}14 \times 1{,}05 = 1{,}197$. Le taux d'évolution global du cours de l'action est donc $1{,}197 - 1$, soit 0,197. Ainsi, le pourcentage d'augmentation de ce cours est 19,7 %.

2 Entre le 1er février et le 1er mai, il y a trois évolutions successives de coefficients multiplicateurs 1,05 puis 0,78 $(1 - 0{,}22)$ et 1,17 $(1 + 0{,}17)$.
Le coefficient multiplicateur global pour ces trois évolutions successives est donc $c' = 1{,}05 \times 0{,}78 \times 1{,}17 = 0{,}95823$. $c' - 1 = -0{,}04177$, donc le cours de cette action a diminué de 4,177 % entre le 1er février et le 1er mai 2020.

Vidéo 06:26
Calculer un taux d'évolution réciproque

bordas Flash PAGE vidéo

CAPACITÉ 11 Calculer un taux d'évolution réciproque

La population de bouquetins dans un parc national a diminué en 2019 de 21 %. Déterminer, à 0,1 % près, le pourcentage d'augmentation nécessaire de cette population en 2020 afin que la population de bouquetins retrouve son niveau initial.

Méthode

Pour deux évolutions réciproques, le produit des coefficients multiplicateurs est égal à 1.

Solution commentée

Diminuer une quantité de 21 % revient à la multiplier par $c = 1 - 0{,}21 = 0{,}79$.
Le coefficient multiplicateur de l'évolution réciproque est c' tel que $c \times c' = 1$,
soit $c' = \frac{1}{c} = \frac{1}{0{,}79}$ et $c' \approx 1{,}266$.

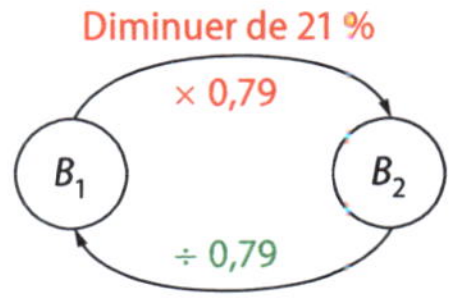

Soit t' le taux d'augmentation cherché. Alors : $t' = c' - 1$, donc $t' \approx 0{,}266$.
On en déduit que le pourcentage d'augmentation de cette population doit être de 26,6 %, à 0,1 % près, pour revenir au niveau initial de 2018.

CAPACITÉ 12 Reconnaître une situation de suite géométrique

En décembre 2019, Mathis emprunte de l'argent à ses parents. Il décide de les rembourser le premier jour de chaque mois. Le 1er janvier 2020, il effectue un premier versement de 100 €, puis il augmente ses versements de 2 % chaque mois. Modéliser cette situation par une suite géométrique (u_n), où u_n est le montant versé le n-ième mois. Préciser la raison de cette suite.

Méthode

Pour modéliser une situation par une suite (u_n), exprimer u_{n+1} en fonction de u_n.

Solution commentée

Le montant versé le premier mois est u_1. On a donc $u_1 = 100$.
Le montant versé le $(n+1)^{\text{ième}}$ mois est u_{n+1}.
Le montant versé augmente de 2 % par mois, donc on applique un coefficient multiplicateur égal à 1,02 pour passer de u_n à u_{n+1}.
Ainsi, $u_{n+1} = 1{,}02u_n$: cette situation est donc modélisée par la suite géométrique (u_n) de premier terme $u_1 = 100$ et de raison 1,02.

Vidéo 09:40
Effectuer un calcul de fractions
bordas Flash PAGE vidéo

CAPACITÉ 13 Effectuer des opérations entre des fractions simples

❶ Écrire A, B et C sous la forme d'une fraction irréductible.

$$A=\frac{3}{5}+\frac{1}{4} \qquad B=\frac{5}{6}\times\frac{4}{15} \qquad C=\frac{\frac{5}{2}}{\frac{15}{7}}$$

❷ Compléter : $\frac{3}{7}\times \ldots = 2$.

❸ Quelle fraction représente la moitié de $\frac{5}{8}$?

Solution commentée

❶ Pour additionner ou soustraire deux fractions, celles-ci doivent avoir le même dénominateur, donc $A=\frac{3}{5}+\frac{1}{4}=\frac{3\times4}{5\times4}+\frac{5\times1}{5\times4}=\frac{12}{20}+\frac{5}{20}=\frac{17}{20}$.

Pour multiplier deux fractions, on multiplie les numérateurs entre eux et les dénominateurs entre eux, donc $B=\frac{5}{6}\times\frac{4}{15}=\frac{5\times4}{6\times15}=\frac{5\times2\times2}{2\times3\times3\times5}=\frac{2}{9}$.

Pour diviser par une fraction, on multiplie par l'inverse de cette fraction, donc $C=\frac{\frac{5}{2}}{\frac{15}{7}}=\frac{5}{2}\times\frac{7}{15}=\frac{5\times7}{2\times15}=\frac{5\times7}{2\times3\times5}=\frac{7}{6}$.

❷ Soit a le nombre cherché. Puisque $\frac{3}{7}\times a=2$, alors $a=\frac{2}{\frac{3}{7}}=2\times\frac{7}{3}=\frac{14}{3}$.

❸ La moitié de $\frac{5}{8}$ est le nombre $\frac{\frac{5}{8}}{2}=\frac{5}{8}\times\frac{1}{2}=\frac{5\times1}{2\times8}=\frac{5}{16}$.

Conseil
Il faut toujours penser à simplifier avant de multiplier.

Vidéo 06:01
Comparer les fractions
bordas Flash PAGE vidéo

CAPACITÉ 14 Effectuer des comparaisons entre des fractions simples

Comparer les fractions suivantes.

❶ $\frac{5}{11}$ et $\frac{7}{11}$. ❷ $\frac{13}{17}$ et $\frac{13}{18}$. ❸ $\frac{11}{14}$ et $\frac{27}{35}$.

Solution commentée

❶ $\frac{5}{11}$ et $\frac{7}{11}$ ont le même dénominateur 11 (qui est positif) et $5<7$ donc $\frac{5}{11}<\frac{7}{11}$.

❷ $\frac{13}{17}$ et $\frac{13}{18}$ ont le même numérateur 13 (positif) et $0<17<18$ donc $\frac{13}{17}>\frac{13}{18}$.

❸ 70 est un multiple commun aux dénominateurs 14 et 35.
D'où : $\frac{11}{14}=\frac{5\times11}{5\times14}=\frac{55}{70}$ et $\frac{27}{35}=\frac{2\times27}{2\times35}=\frac{54}{70}$. Comme $\frac{55}{70}>\frac{54}{70}$, on a $\frac{11}{14}>\frac{27}{35}$.

Conseil
Quand les comparaisons élémentaires échouent, réduire les fractions au même dénominateur.

Vidéo 06:24
Appliquer les formules sur les puissances
bordas Flash PAGE vidéo

CAPACITÉ 15 Effectuer des opérations sur des puissances

❶ Écrire les expressions suivantes sous la forme a^n, où a est un réel et n un entier.

$$A=2^{-4}\times2^3\times(2^{-3})^2 \qquad B=\frac{3^{10}\times3^{-7}}{3^{-4}} \qquad C=5^6\times4^6$$

❷ Écrire sous forme de puissances de 2 et de 3 : $D=27^{-2}\times18^4\times4^{-3}$.

Solution commentée

❶ $A=2^{-4}\times2^3\times(2^{-3})^2=2^{-4}\times2^3\times2^{-3\times2}=2^{-4}\times2^3\times2^{-6}=2^{-4+3-6}=2^{-7}$

$B=\frac{3^{10}\times3^{-7}}{3^{-4}}=3^{10}\times3^{-7}\times3^{-(-4)}=3^{10-7+4}=3^7$ $\qquad C=5^6\times4^6=(5\times4)^6=20^6$

❷ $D=(3^3)^{-2}\times(2\times3^2)^4\times(2^2)^{-3}=3^{-6}\times2^4\times(3^2)^4\times2^{-6}=2^{-2}\times3^2$.

Conseil
Bien repérer les règles de calcul sur les puissances à appliquer

Vidéo 15:29
Effectuer un calcul de puissance
Écriture scientifique

bordas Flash PAGE vidéo

Conseil

Utiliser les puissances de 10 pour simplifier les calculs.

CAPACITÉ 16

Passer d'une écriture d'un nombre à une autre

1. Donner l'écriture scientifique des nombres $A = 2\,560\,000$, $B = 0{,}000\,45$ et $C = 0{,}084 \times 10^7$.
2. Donner l'écriture fractionnaire irréductible des nombres $D = 0{,}44$ et $E = 1{,}5 \times 10^{-3}$.
3. Donner l'écriture décimale et en pourcentage des nombres $F = \dfrac{5}{8}$ et $G = 2{,}7 \times 10^{-3}$.

Solution commentée

1. $A = 2\,560\,000 = 2{,}56 \times 1\,000\,000 = 2{,}56 \times 10^6$ $\quad B = 0{,}000\,45 = 4{,}5 \times 10^{-4}$
$C = 0{,}084 \times 10^7 = 8{,}4 \times 0{,}01 \times 10^7 = 8{,}4 \times 10^{-2} \times 10^7 = 8{,}4 \times 10^5$

2. $D = 0{,}44 = \dfrac{44}{100} = \dfrac{4 \times 11}{4 \times 25} = \dfrac{11}{25}$.

$E = 1{,}5 \times 10^{-3} = \dfrac{1{,}5}{10^3} = \dfrac{1{,}5}{1000} = \dfrac{15}{10\,000} = \dfrac{3 \times 5}{5 \times 2000} = \dfrac{3}{2000}$.

3. $F = \dfrac{5}{8} = 0{,}625$, et sous forme de pourcentage : $F = 62{,}5\ \%$.
$G = 2{,}7 \times 10^{-3} = 0{,}002\,7$, et sous forme de pourcentage : $G = 0{,}27\ \%$.

Méthode

Pour convertir des grandeurs quotients, on peut écrire les conversions d'unités correspondantes au numérateur et au dénominateur.

CAPACITÉ 17

Effectuer des conversions d'unité

1. Convertir une journée en secondes.
2. Un satellite en orbite autour de la Terre a une vitesse de 7 800 mètres par seconde. Quelle est sa vitesse en kilomètres par heure ?
3. Un hectare équivaut à 10 000 m^2.
Calculer la superficie en km^2 d'un bois qui occupe 3 000 hectares.

Solution commentée

1. Une journée comprend 24 heures, chaque heure comprend 60 minutes, et chaque minute comporte 60 secondes, donc une journée comprend $24 \times 60 \times 60$ secondes, c'est-à-dire 86 400 secondes.

2. $7\,800\ \text{m} = 7{,}8\ \text{km}$ et $1\ \text{h} = 3\,600\ \text{s}$ (donc $1\ \text{s} = \dfrac{1}{3\,600}\ \text{h}$).

Ainsi, $7\,800\ \text{m}\cdot\text{s}^{-1} = \dfrac{7{,}8}{\dfrac{1}{3\,600}}\ \text{km}\cdot\text{h}^{-1} = 7{,}8 \times 3\,600\ \text{km}\cdot\text{h}^{-1} = 28\,080\ \text{km}\cdot\text{h}^{-1}$.

3. Un bois de 3 000 hectares a pour superficie, en m^2 :
$$3\,000 \times 10\,000 = 3 \times 10^3 \times 10^4 = 3 \times 10^7.$$
On a $1\ \text{km} = 10^3\ \text{m}$, donc $1\ \text{km}^2 = 10^6\ \text{m}^2$. Ainsi $3 \times 10^7\ \text{m}^2 = 3 \times 10\ \text{km}^2$.
On en déduit que ce bois occupe 30 km^2.

Vidéo 04:44
Donner un ordre de grandeur d'un résultat
Calcul mental

bordas Flash PAGE vidéo

Conseil

Pour estimer un ordre de grandeur, ne pas hésiter à utiliser des approximations simples des nombres donnés.

CAPACITÉ 18

Estimer un ordre de grandeur

L'année-lumière est une unité de mesure des longueurs en astronomie.
Une année-lumière est égale à la distance parcourue par la lumière en une année.
Comme la vitesse de la lumière est de 299 792 458 mètres par seconde, l'année-lumière est égale (en mètres) à $365{,}25 \times 86\,400 \times 299\,792\,458$.
Estimer un ordre de grandeur de l'année-lumière en mètres.

Solution commentée

365,25 (nombre de jours dans une année) est proche de 400.
86 400 (nombre de secondes dans une année) est proche de $100\,000 = 10^5$.
299 792 458 est proche de $300\,000\,000 = 3 \times 10^8$.
Ainsi, une année-lumière peut être estimée, en mètres, par :
$$400 \times 10^5 \times 3 \times 10^8 = 4 \times 3 \times 10^2 \times 10^5 \times 10^8 = 12 \times 10^{15} = 1{,}2 \times 10^{16}.$$
Un ordre de grandeur de l'année-lumière est 10^{16} mètres.

Vidéo 11:08
Résoudre une équation

bordas Flash PAGE vidéo

CAPACITÉ 19 Résoudre une équation se ramenant au 1er degré

Résoudre chacune des équations suivantes dans $\mathbb{R}$:

1. $-3x+11=x-1$
2. $(4x+5)(x+13)=0$

Solution commentée

1. L'équation $3x+11=x-1$ est équivalente à $-3x-x=-1-11$ soit à $-4x=-12$, donc à $x=\frac{-12}{-4}$, soit à $x=3$. L'équation a donc pour unique solution 3.
2. L'équation $(4x+5)(x+13)=0$ est une équation à produit nul.
Cette équation équivaut à $4x+5=0$ ou $x+13=0$.
$4x+5=0$ équivaut à $4x=-5$, donc à $x=\frac{-5}{4}$, soit à $x=-\frac{5}{4}$.
$x+13=0$ équivaut à $x=-13$. L'équation a donc deux solutions : -13 et $-\frac{5}{4}$.

Conseil

Ne pas oublier de conclure par une phrase donnant la solution de l'équation.

Vidéo 06:32
Résoudre une équation du type $x^2=a$

bordas Flash PAGE vidéo

CAPACITÉ 20 Résoudre une équation du type $x^2=a$

Résoudre chacune des équations suivantes dans $\mathbb{R}$:

1. $x^2=11$
2. $x^2=-3$
3. $(4x+3)^2=16$

Solution commentée

1. 11 est positif, donc l'équation $x^2=11$ équivaut à $x=\sqrt{11}$ ou $x=-\sqrt{11}$.
L'équation a deux solutions : $-\sqrt{11}$ et $\sqrt{11}$.
2. -3 est strictement négatif, donc l'équation $x^2=-3$ n'a pas de solution.
3. 16 est positif donc l'équation $(4x+3)^2=16$ équivaut à :
$4x+3=\sqrt{16}$ ou $4x+3=-\sqrt{16}$. Comme $\sqrt{16}=4$:
   - $4x+3=\sqrt{16}$ équivaut à $4x+3=4$, donc à $4x=-3+4$ soit à $x=\frac{1}{4}$;
   - $4x+3=-\sqrt{16}$ équivaut à $4x+3=-4$ donc à $4x=-3-4$, soit à $x=-\frac{7}{4}$.

   L'équation a donc deux solutions : $-\frac{7}{4}$ et $\frac{1}{4}$.

Méthode

Reconnaître qu'une équation dans laquelle un carré est égal à un nombre négatif n'a pas de solution.

CAPACITÉ 21 Isoler une variable dans une égalité qui en comporte plusieurs

En Physique, l'équation des gaz parfaits s'écrit : $P\times V=n\times R\times T$, où P est la pression d'un gaz en pascals, V le volume du gaz en m^3, n la quantité de matière (en moles), R une constante égale à 8,31 et T la température du gaz en kelvins.

1. Exprimer P en fonction de V, n, R et T.
2. Exprimer n en fonction de P, V, R et T.
3. Un récipient contient un gaz de volume un litre, à la température de 323 kelvins et à une pression de $1{,}1\times10^5$ pascals.
Quelle est la quantité de matière du gaz, en moles, arrondie à 0,01 près ?

Solution commentée

1. $P\times V=n\times R\times T$ s'écrit aussi : $P=\frac{nRT}{V}$.
2. $P\times V=n\times R\times T$ s'écrit aussi : $n=\frac{PV}{RT}$.
3. Un litre est égal à 1 dm^3, soit 10^{-3} m^3.
Puisque $P=1{,}1\times10^5$, $R=8{,}31$ et $T=323$, on obtient : $n=\frac{1{,}1\times10^5\times10^{-3}}{8{,}31\times323}$, soit $n\approx0{,}04$ mole.

Méthode

Isoler une variable x, c'est exprimer x en fonction des autres variables.

Vidéo 07:44
Résoudre une inéquation

Flash PAGE vidéo

Conseil

L'ensemble solution d'une inéquation se note sous la forme d'un intervalle ou d'une réunion d'intervalles.

CAPACITÉ 22 Résoudre une inéquation du 1er degré

Résoudre chacune des inéquations suivantes dans $\mathbb{R}$:

1. $4x - 1 \geqslant 0$
2. $2x - 5 > 4x + 3$

Solution commentée

1. On ajoute 1 à chaque membre : le sens de l'inégalité ne change pas.
On divise chaque membre par le coefficient de x qui est positif : le sens ne change pas.
L'ensemble solution de l'inéquation est $\left[\frac{1}{4} ; +\infty\right[$.

$$4x - 1 \geqslant 0$$
$$4x \geqslant 1$$
$$x \geqslant \frac{1}{4}$$

2. Ajouter ou soustraire un même nombre aux deux membres ne change pas le sens de l'inégalité.
On divise chaque membre par le coefficient de x qui est négatif : le sens de l'inégalité change.
L'ensemble solution de l'inéquation est $]-\infty ; -4[$.

$$2x - 5 > 4x + 3$$
$$2x - 4x > 5 + 3$$
$$-2x > 8$$
$$x < \frac{8}{-2}$$
$$x < -4$$

Vidéo 08:10
Dresser un tableau de signes

Flash PAGE vidéo

Méthodes

Pour déterminer le signe de $ax + b$, commencer par déterminer la racine de cette expression.
Placer ensuite le signe de a dans chaque case située à droite de la racine.

CAPACITÉ 23-24 Déterminer le signe d'une expression du 1er degré
Déterminer le signe d'une expression factorisée du 2nd degré

Construire les tableaux de signes des expressions :

$A(x) = -4x + 4$ et $B(x) = (x + 1)(1 - 2x)$, où x est un réel.

Solution commentée

$-4x + 4 = 0$ équivaut à $-4x = -4$ soit à $x = 1$.
Le coefficient de x est -4 (négatif), donc la case du tableau située à droite de 1 contient un « $-$ ».

x	$-\infty$		1		$+\infty$
$-4x+4$		$+$	0	$-$	

De manière analogue, $x + 1$ s'annule pour $x = -1$ et $1 - 2x$ s'annule pour $x = \frac{1}{2}$.

Le coefficient de x est positif dans l'expression $x + 1$ (c'est 1) ; donc les cases du tableau situées à droite de -1 sur la ligne de $x + 1$ contiennent un « $+$ ». Le coefficient de x est négatif dans l'expression $1 - 2x$ (c'est -2) ; donc la case du tableau située à droite de $\frac{1}{2}$ sur la ligne de $1 - 2x$ contient un signe « $-$ ».

x	$-\infty$		-1		$\frac{1}{2}$		$+\infty$
$x+1$		$-$	0	$+$		$+$	
$1-2x$		$+$		$+$	0	$-$	
$B(x)$		$-$	0	$+$	0	$-$	

Conseil

Être attentif au signe du nombre par lequel on multiplie ou on divise les membres d'une inégalité.

CAPACITÉ 25 Isoler une variable dans une inégalité qui en comporte plusieurs

Isoler la variable x dans chacune des inégalités suivantes, où x, t, u sont des variables réelles, et $u > 0$.

1. $6t - 4u - 5 \leqslant 2x + 1$
2. $1 + ux - 2t < 0$.

Solution commentée

1. On commence par isoler la variable x dans le membre de gauche de l'inégalité :
$$-2x + 6t - 4u - 5 \leqslant 1, \text{ soit } -2x \leqslant -6t + 4u + 6.$$
Puis on divise les deux membres de l'inégalité par -2, ce qui change le sens de l'inégalité :
$x \geqslant \frac{-6t + 4u + 6}{-2}$. On simplifie alors le membre de droite : $x \geqslant 3t - 2u - 3$.

2. On isole la variable x dans le membre de gauche : $ux < 2t - 1$.
Puisque u est strictement positif, on peut diviser chacun des membres de l'inégalité sans changer le sens de l'inégalité : $x < \frac{2t - 1}{u}$.

Vidéo 06:19
Réduire une expression
bordas Flash PAGE vidéo

CAPACITÉ 26 Réduire une expression algébrique simple

Dans tous les calculs suivants, x est un nombre réel.

1. Simplifier la somme : $A(x) = 4x^2 + 2x - 2x^2 + 7 - x^2 - 5x - 4 + 6x - 1$.
2. Simplifier les produits : $B(x) = (-4x) \times (7x)$ et $C(x) = (-3x^2) \times (-5x)$.
3. Simplifier les expressions : $D(x) = (5x)^2$ et $E(x) = (-3x)^3$.
4. Simplifier l'expression : $F(x) = 5x - (x - 8) + x - (6 - 2x) + 4$.

Méthode

Pour réduire l'expression d'une somme, on regroupe les termes de même degré

Solution commentée

1. $A(x) = 4x^2 + 2x - 2x^2 + 7 - x^2 - 5x - 4 + 6x - 1$
$A(x) = 4x^2 - 2x^2 - x^2 + 2x - 5x + 6x + 7 - 4 - 1 = x^2 + 3x + 2$

2. $B(x) = (-4x) \times (7x)$ $\quad C(x) = (-3x^2) \times (-5x)$
$B(x) = (-4 \times 7) \times x^2$ $\quad C(x) = (-3) \times (-5)x^3$
$B(x) = -28x^2$ $\quad C(x) = 15x^3$

3. $D(x) = (5x) \times (5x) = (5 \times 5)x^2 = 25x^2$
$E(x) = (-3x) \times (-3x) \times (-3x) = (-3) \times (-3) \times (-3)x^3 = -27x^3$

4. $F(x) = 5x - (x - 8) + x - (6 - 2x) + 4 = 5x - x - (-8) + x - 6 - (-2x) + 4$
$F(x) = 5x - x + 8 + x - 6 + 2x + 4 = 7x + 6$

Vidéo 16:14
Développer une expression complexe
bordas Flash PAGE vidéo

CAPACITÉ 27 Développer une expression algébrique simple

Développer et réduire les expressions suivantes, où x est un nombre réel.

1. $A(x) = 5x(2x - 3)$ 2. $B(x) = (3x + 2)^2$ 3. $C(x) = (2x - 1)^2 - (x + 1)(-4x + 3)$

Méthode

Pour développer une expression, on utilise la double distributivité ou une identité remarquable.

Solution commentée

1. $A(x) = 5x(2x - 3)$
$A(x) = 5x \times 2x + 5x \times (-3)$
$A(x) = 10x^2 - 15x$

2. $B(x) = (3x + 2)^2$
$B(x) = (3x)^2 + 2 \times 3x \times 2 + 2^2$
$B(x) = 9x^2 + 12x + 4$

3. $C(x) = (2x - 1)^2 - (x + 1)(-4x + 3)$
$C(x) = (2x)^2 - 2 \times 2x \times 1 + 1^2 - (x \times (-4x) + x \times 3 + 1 \times (-4x) + 1 \times 3)$
$C(x) = 4x^2 - 4x + 1 - (-4x^2 + 3x - 4x + 3)$
$C(x) = 4x^2 - 4x + 1 + 4x^2 - 3x + 4x - 3 = 8x^2 - 3x - 2$

Vidéo 05:50
Factoriser avec un facteur commun
bordas Flash PAGE vidéo

CAPACITÉ 28 Factoriser une expression algébrique simple

Factoriser les expressions suivantes, où x est un nombre réel.

1. $A(x) = -x^2 + 5x$
2. $B(x) = 2(x - 3) - (3x - 1)(x - 3)$
3. $C(x) = 3x(x - 2) + (2x + 1)(2 - x)$
4. $D(x) = (2x + 3)^2 - (x - 2)^2$

Méthode

Pour factoriser une expression, il faut faire apparaître un facteur commun ou bien utiliser une identité remarquable.

Solution commentée

$A(x)$ et $B(x)$ sont des sommes dans lesquelles on repère un facteur commun.

1. $A(x) = -x^2 + 5x = x(-x + 5)$.

2. $B(x) = 2(x - 3) - (3x - 1)(x - 3) = (x - 3)(2 - (3x - 1))$
soit $B(x) = (x - 3)(2 - 3x + 1) = (x - 3)(-3x + 3) = 3(x - 3)(-x + 1)$.

3. Dans la somme $C(x)$, il n'y a pas de facteur commun apparent.
On remarque alors que $2 - x = -(x - 2) = (-1)(x - 2)$, ce qui permet de mettre en évidence le facteur commun $x - 2$.
$C(x) = 3x(x - 2) + (2x + 1)(2 - x) = 3x(x - 2) + (2x + 1)(-1)(x - 2)$
$C(x) = (x - 2)(3x - (2x + 1)) = (x - 2)(3x - 2x - 1) = (x - 2)(x - 1)$

4. $D(x)$ est une différence de deux carrés. On utilise une identité remarquable :
$D(x) = (2x + 3)^2 - (x - 2)^2 = [(2x + 3) - (x - 2)][(2x + 3) + (x - 2)]$ donc
$D(x) = [2x + 3 - x + 2][2x + 3 + x - 2] = (x + 5)(3x + 1)$

Vidéo 06:00
Appliquer une formule (substitution)
bordas Flash PAGE vidéo

CAPACITÉ 29

Effectuer une application numérique d'une formule

L'énergie cinétique de mouvement E_c pour un corps de masse m (en kg) animé d'une vitesse de translation v (en m · s^{-1}) est donnée par la formule :

$E_c = \frac{1}{2}mv^2$, où E_c est exprimé en joules.

1. On donne $m = 250$ kg et $v = 6$ m · s^{-1}. Déterminer E_c.
2. Une voiture de masse 1 500 kg roule à la vitesse de 30 m · s^{-1}. Déterminer son énergie cinétique de mouvement.

Conseil
Avant d'effectuer une application numérique, vérifier les unités des données.

Solution commentée

1. On remplace les valeurs données par l'énoncé dans la formule : $E_c = \frac{1}{2} \times 250 \times 6^2 = 4\,500$.
2. On a ici : $m = 1\,500$ kg et $v = 30$ m · s^{-1}.
On applique la formule donnée : $E_c = \frac{1}{2} \times 1\,500 \times 30^2 = 675\,000$.
L'énergie cinétique de mouvement de cette voiture est 675 000 joules.

CAPACITÉ 30

Calculer la dérivée d'une fonction polynômiale de degré inférieur ou égal à 3

Calculer la dérivée de chacune des fonctions polynômes suivantes définies sur $\mathbb{R}$ par leurs expressions.

1. $f(x) = 5x - 10$
2. $g(x) = -3x^2 + 8x - \frac{1}{2}$
3. $h(x) = 2x^3 + x^2 - 0{,}8x + 110$

Méthode
Pour dériver une somme de fonctions, on dérive séparément chacun des termes de la somme, puis on les ajoute.

Solution commentée

1. f est la somme de deux fonctions u et v telles que $u(x) = 5x$ et $v(x) = -10$.
La dérivée de u est telle que $u'(x) = 5$ et la dérivée de v est telle que $v'(x) = 0$.
Avec la formule $(u + v)' = u' + v'$, on en déduit la dérivée de f : $f'(x) = 5$.
2. $g = u + v + w$, avec $u(x) = -3x^2$, $v(x) = 8x$ et $w(x) = -\frac{1}{2}$.
La dérivée de u est telle que $u'(x) = -3 \times 2x = -6x$.
La dérivée de v est telle que $v'(x) = 8$ et la dérivée de w est telle que $w'(x) = 0$.
D'où la dérivée de g : $g'(x) = -6x + 8$.
3. $h = u + v + w + t$, avec $u(x) = 2x^3$, $v(x) = x^2$, $w(x) = -0{,}8x$ et $t(x) = 110$.
La dérivée de u est telle que $u'(x) = 2 \times 3x^2 = 6x^2$. La dérivée de v est telle que $v'(x) = 2x$, celle de w est telle que $w'(x) = -0{,}8$ et celle de t vérifie $t'(x) = 0$.
D'où la dérivée de h : $h'(x) = 6x^2 + 2x - 0{,}3$.

CAPACITÉ 31

Calculer le coefficient directeur de la tangente en un point d'une courbe

On donne ci-dessous l'expression de fonctions définies sur $\mathbb{R}$.
Pour chacune de ces fonctions, déterminer le coefficient directeur de la tangente en A à sa courbe représentative $\mathscr{C}$, où A est le point de $\mathscr{C}$ d'abscisse x_A.

1. $f(x) = 4x^2 + 5x - 7$; $x_A = -2$
2. $g(x) = -x^3 + 5x^2 - 3x + 2$; $x_A = 1$

Méthode
Pour calculer le coefficient directeur de la tangente en un point de la courbe d'une fonction f, on commence par dériver f.

Solution commentée

Le coefficient directeur de la tangente à la courbe représentative de f en son point d'abscisse x_A est le nombre dérivé de f en x_A, c'est-à-dire $f'(x_A)$.

1. On calcule la dérivée de la fonction f : $f'(x) = 4 \times 2x + 5 = 8x + 5$.
Puisque $x_A = -2$, on calcule ensuite $f'(-2)$: $f'(-2) = 8 \times (-2) + 5 = -11$.
Le coefficient directeur de la tangente à $\mathscr{C}$ en A est -11.
2. On calcule la dérivée de la fonction g : $g'(x) = -3x^2 + 5 \times 2x - 3 = -3x^2 + 10x - 3$.
Puisque $x_A = 1$, on calcule ensuite $g'(1)$: $g'(1) = (-3) \times 1^2 + 10 \times 1 - 3 = 4$.
Le coefficient directeur de la tangente à $\mathscr{C}$ en A est 4.

Vidéo 11:20
Lire graphiquement une image et un antécédent

bordas Flash PAGE vidéo

CAPACITÉ 32 Déterminer graphiquement des images par une fonction

La fonction f est définie sur l'intervalle $[-2\,;3]$ par sa courbe représentative $\mathscr{C}_f$ donnée ci-contre.
Par lecture graphique :

1. Déterminer l'image de -2 par f.
2. Déterminer l'image de 1 par f.
3. Donner la valeur de $f(3)$.

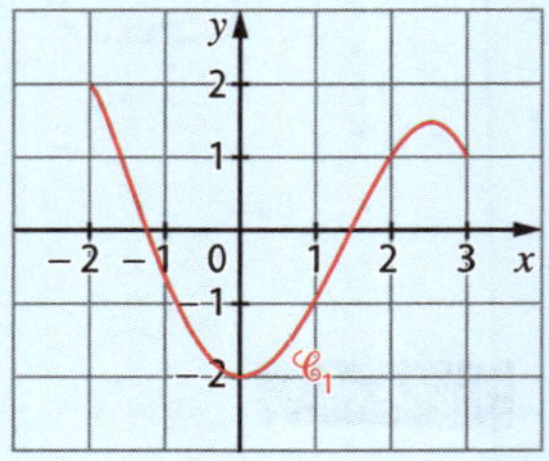

Méthode

Pour déterminer graphiquement l'image du réel a par f, on commence par placer le point d'abscisse a de $\mathscr{C}_f$.

Solution commentée

1. L'ordonnée du point de $\mathscr{C}_f$ d'abscisse -2 est l'image recherchée, donc $f(-2)=2$.
2. Le point de $\mathscr{C}_f$ d'abscisse 1 est -1, donc l'image de 1 par f est -1. Autrement dit : $f(1)=-1$.
3. $f(3)=1$ car le point de $\mathscr{C}_f$ d'abscisse 3 a pour ordonnée 1.

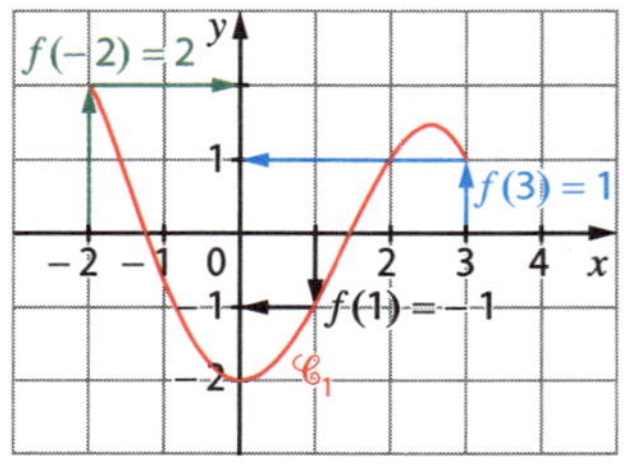

Vidéo 11:20
Lire graphiquement une image et un antécédent

bordas Flash PAGE vidéo

CAPACITÉ 33 Déterminer graphiquement des antécédents par une fonction

La fonction f est définie sur l'intervalle $[-1\,;4]$ par sa courbe représentative $\mathscr{C}_f$ donnée ci-contre.
Par lecture graphique :

1. Déterminer les éventuels antécédents de 1 par f.
2. Déterminer les éventuels antécédents de -4 par f.

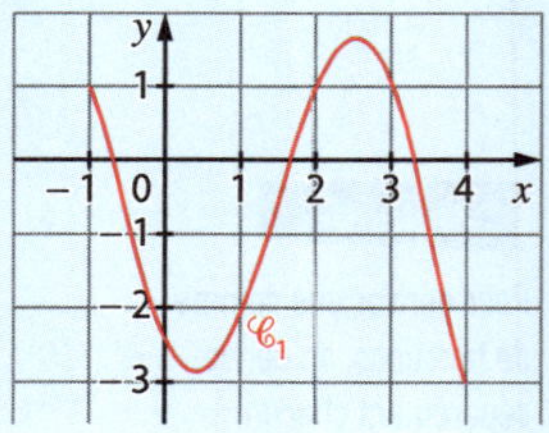

Méthode

Pour déterminer graphiquement un (ou des) antécédent(s) de k par f, on commence par tracer la droite d'équation $y=k$.

Solution commentée

1. Pour déterminer les antécédents de 1 par f, on cherche les points de $\mathscr{C}_f$ d'ordonnée 1. Pour cela, on trace (en pointillés sur le graphique) la droite d'équation $y=1$. Celle-ci coupe $\mathscr{C}_f$ en trois points : leurs abscisses sont -1, 2 et 3.
   Ainsi, 1 a trois antécédents par f : -1, 2 et 3.
2. On trace la droite d'équation $y=-4$. Elle coupe $\mathscr{C}_f$ en un point d'abscisse 4. Donc -4 a un unique antécédent par f : 4.

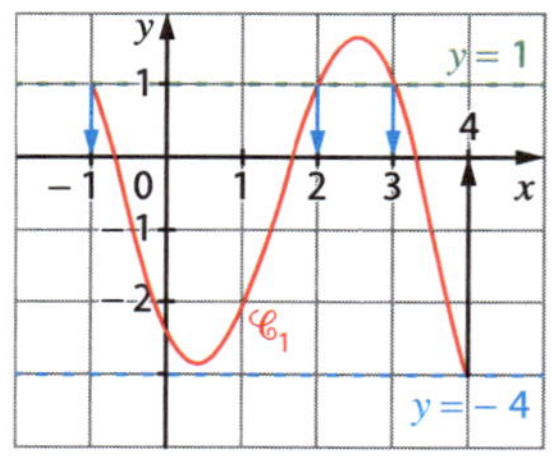

Vidéo 03:03
Résoudre graphiquement une équation

bordas Flash PAGE vidéo

CAPACITÉ 34 Résoudre graphiquement une équation du type $f(x)=k$

La fonction f est définie sur l'intervalle $[-2\,;3]$ par la courbe donnée ci-contre.
Par lecture graphique, résoudre les équations :

1. $f(x)=2$
2. $f(x)=0$

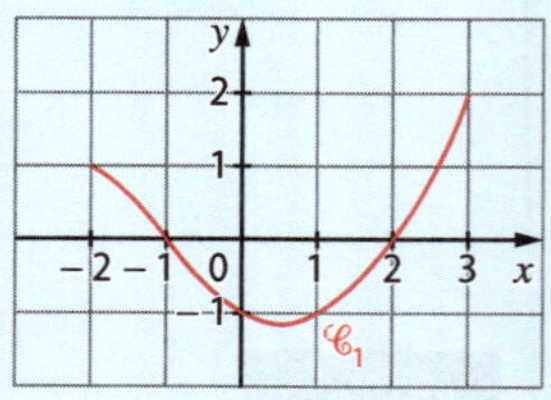

Méthode

Pour résoudre graphiquement l'équation $f(x)=k$, on cherche les antécédents de k par f.

Solution commentée

1. Pour résoudre l'équation $f(x)=2$, on trace la droite d'équation $y=2$. Cette droite coupe $\mathscr{C}_f$ en un seul point, d'abscisse 3 : l'équation $f(x)=0$ a donc une unique solution : 3.
2. Les solutions de l'équation $f(x)=0$ sont les abscisses des points d'intersection entre $\mathscr{C}_f$ et l'axe des abscisses. Ce sont -1 et 2.

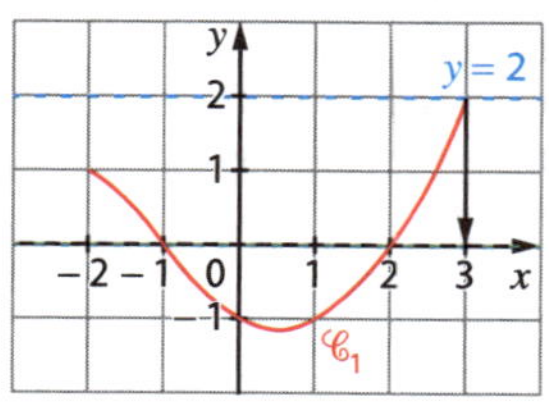

Vidéo 05:59
Résoudre graphiquement une inéquation

Flash PAGE vidéo

CAPACITÉ 35 Résoudre graphiquement une inéquation du type $f(x) < k$

La fonction f est définie sur l'intervalle [– 2 ; 6] par sa courbe représentative $\mathscr{C}_f$ donnée ci-contre.
Par lecture graphique, résoudre les inéquations suivantes.

1 $f(x) < 1$ **2** $f(x) \geqslant -2$.

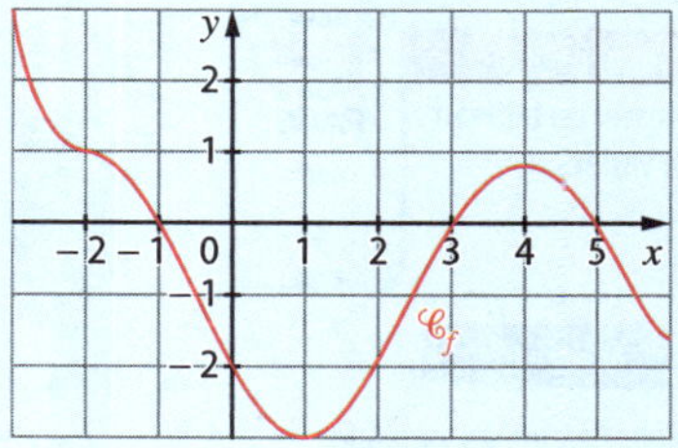

Conseil

Bien différencier les inégalités strictes et larges : lorsque l'inégalité est stricte, les abscisses des points d'intersection avec la droite d'équation $y = k$ ne sont pas solutions.

Solution commentée

1 Les solutions de l'inéquation $f(x) < 1$ sont les abscisses des points de $\mathscr{C}_f$ dont les ordonnées sont **strictement** inférieures à 1 (en vert ci-dessous).

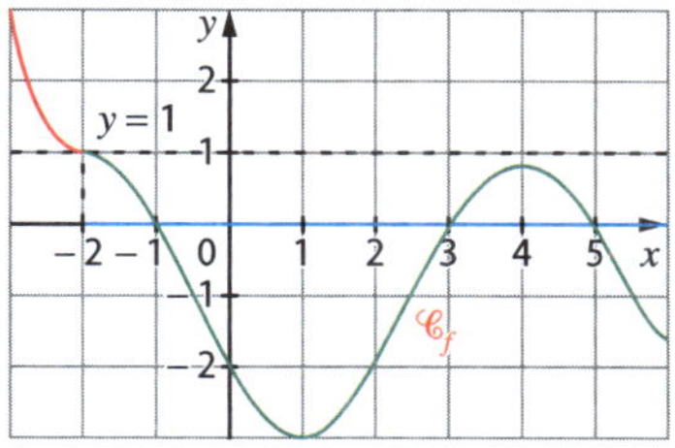

L'ensemble solution est]– 2 ; 6].

2 Les solutions de l'inéquation $f(x) \geqslant -2$ sont les abscisses des points de $\mathscr{C}_f$ dont les ordonnées sont **supérieures ou égales** à – 2 (en rouge ci-dessous).

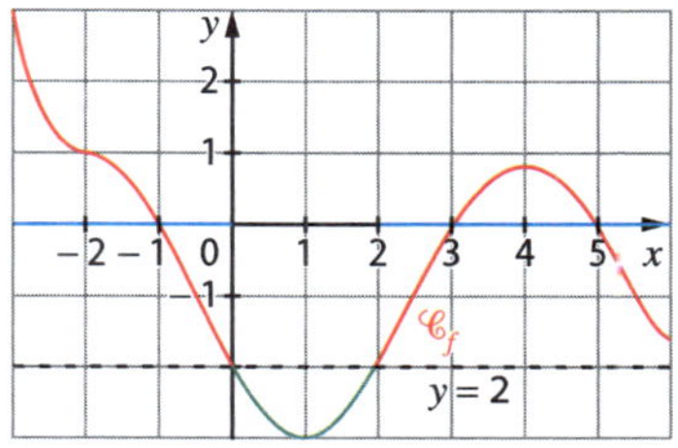

L'ensemble solution est [– 3 ; 0] ∪ [2 ; 6].

Vidéo 07:02
Déterminer graphiquement le signe d'une fonction

Flash PAGE vidéo

CAPACITÉ 36 Déterminer graphiquement le signe d'une fonction

La fonction f est définie sur l'intervalle [– 2 ; 6] par la courbe donnée dans la capacité précédente. Par lecture graphique, établir le tableau de signes de cette fonction.

Méthode

Pour étudier graphiquement le signe d'une fonction, noter les points d'intersection de sa courbe avec l'axe des abscisses.

Solution commentée

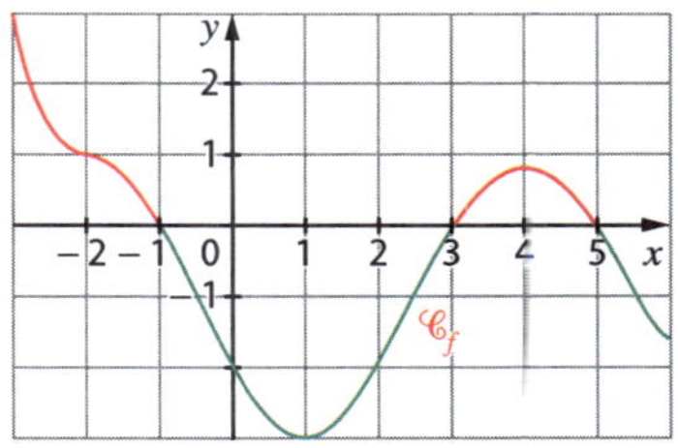

La courbe coupe l'axe des abscisses aux points d'abscisses – 1, 3 et 5.
Sur l'intervalle [– 3 ; – 1], la courbe $\mathscr{C}_f$ est située au-dessus de l'axe des abscisses, donc $f(x) \geqslant 0$ pour tout réel x de cet intervalle.
Sur l'intervalle [– 1 ; 3], la courbe est située au-dessus de l'axe des abscisses, donc $f(x) \geqslant 0$ pour tout réel x de cet intervalle.
On procède de la même façon pour les intervalles [3 ; 5] et [5 ; 6].

x	– 3		– 1		3		5		6
$f(x)$		+	0	–	0	+	0	–	

CAPACITÉ 37 Déterminer le signe d'une expression factorisée du 2nd degré

Déterminer le signe de l'expression $A = 2(x-2)(x+1)$ pour x réel.

Méthode

Pour étudier le signe d'une expression du second degré, utiliser l'image mentale de la parabole associée à cette expression.

Solution commentée

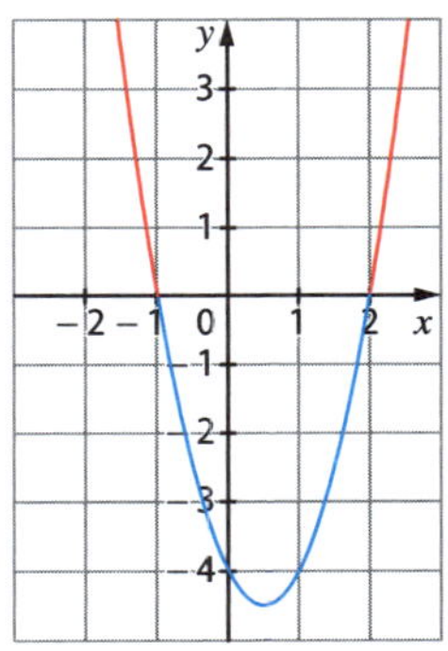

La fonction f définie sur $\mathbb{R}$ par $f(x) = 2(x-2)(x+1)$ a une expression de la forme $a(x-x_1)(x-x_2)$, avec $a = 2$, $x_1 = 2$ et $x_2 = -1$. Sa courbe représentative est une parabole $\mathscr{P}$ « tournée vers le haut » car $a > 0$. Cette parabole coupe l'axe des abscisses aux points d'abscisses $x_1 = 2$ et $x_2 = -1$.
L'image mentale de cette parabole permet de dire que $\mathscr{P}$ est au-dessus de l'axe des abscisses pour $x < -1$ et pour $x > 2$, et au-dessous de l'axe des abscisses pour x compris entre – 1 et 2.
Ainsi : $A \geqslant 0$ sur $]-\infty ; -1] \cup [2 ; +\infty[$ et $A \leqslant 0$ sur $[-1 ; 2]$.

Vidéo 07:51
Dresser un tableau de variation

Flash PAGE vidéo

Méthode

Pour décrire les variations d'une fonction définie par sa courbe, on « parcourt » cette dernière en allant de la gauche vers la droite.

CAPACITÉ 38 Déterminer graphiquement le tableau de variation d'une fonction

La fonction f est définie sur [– 3 ; 6] par la courbe donnée dans la capacité 35. Par lecture graphique, déterminer le tableau de variation de cette fonction.

Solution commentée

Dans le tableau de variation, on commence par placer les coordonnées des points associés aux extrema. Sur l'intervalle [– 3 ; 1], la courbe « descend », donc la fonction est décroissante : on trace une flèche orientée vers le bas. Sur l'intervalle [1 ; 4], la courbe « monte », donc la fonction est croissante : on trace une flèche orientée vers le haut. Sur l'intervalle [4 ; 6], la courbe « descend » donc la fonction est décroissante : on trace une flèche orientée vers le bas. On complète le tableau avec les images par f des valeurs de x remarquables – 3, 1 ,4 et 6.

x	– 3		1		4		6
$f(x)$	3	↘	– 3	↗	0,8	↘	1,6

Méthode

Pour savoir si un point appartient à une courbe, on détermine si ses coordonnées vérifient l'équation de la courbe.

CAPACITÉ 39 Exploiter une équation de courbe

Soit une courbe $\mathscr{C}$ d'équation $y = -x^3 + 3x^2 - 2$.

1. Le point A d'abscisse 2 appartient à $\mathscr{C}$. Calculer l'ordonnée de A.
2. Le point B(– 1 ; 0) appartient-il à la courbe $\mathscr{C}$? Justifier.
3. Déterminer les abscisses des points de $\mathscr{C}$ qui ont pour ordonnée – 2.

Solution commentée

1. D'après l'énoncé, A est un point de $\mathscr{C}$ tel que $x_A = 2$. Son ordonnée est
$y_A = -\ x_A^3 - 3x_A^2 - 2 = -2^3 + 3 \times 2^2 - 2 = -8 + 12 - 2$, soit $y_A = 2$.
2. $-\ x_B^3 + 3x_B^2 - 2 = -(-1)^3 + 3 \times (-1)^2 - 2 = 1 + 3 - 2 = 2$
L'ordonnée de B est 2. La valeur obtenue par le calcul précédent est différente de 0, donc le point B n'appartient pas à la courbe $\mathscr{C}$.
3. On recherche les points de $\mathscr{C}$ ayant pour ordonnée – 2, donc on résout l'équation $y = -2$, c'est-à-dire $-x^3 + 3x^2 - 2 = -2$ qui devient $-x^3 + 3x^2 = 0$.
x^2 est un facteur commun du premier membre, donc on résout $x^2(-x + 3) = 0$.
Cette équation équivaut à $x^2 = 0$ ou $-x + 3 = 0$, soit $x = 0$ ou $x = 3$.
Par conséquent, les points de $\mathscr{C}$ d'ordonnée – 2 ont pour abscisses 0 et 3.

Vidéo 05:01
Représenter une droite dans un repère

Flash PAGE vidéo

Méthode

Pour tracer une droite, on détermine deux points de cette droite.

CAPACITÉ 40 Tracer une droite donnée par son équation réduite ou donnée par un point et par son coefficient directeur

1. Dans un repère orthonormé, tracer la droite d_1 d'équation $y = -x - 1$.
2. Dans ce repère, tracer la droite d_2 de coefficient directeur 2 et passant par le point C(2 ; 1).

Solution commentée

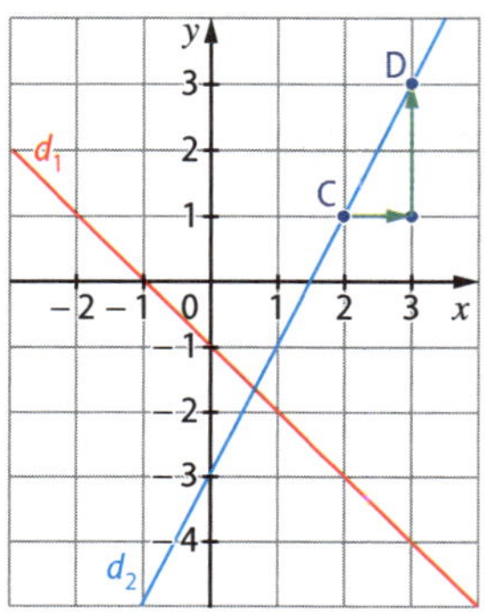

1. On choisit deux valeurs distinctes de x et on calcule y à l'aide de l'équation de la droite d_1.
Pour $x = 0$: $y = -0 - 1 = -1$.
Pour $x = 1$: $y = -1 - 1 = -2$.
La droite d_1 passe donc par A(0 ; – 1) et B(1 ; – 2).
2. Le coefficient directeur de d_2 est 2.
À partir du point C, on se déplace horizontalement d'une unité vers la droite puis on « monte verticalement » de 2 unités : on obtient le point D.
La droite d_2 est la droite (AD).

Vidéo 11:55
Déterminer graphiquement l'expression d'une fonction affine

bordas Flash PAGE vidéo

CAPACITÉ 41

Lire graphiquement l'équation réduite d'une droite

On considère la droite $\mathcal{D}$ tracée dans le repère ci-contre.
Déterminer graphiquement l'équation réduite de la droite $\mathcal{D}$.

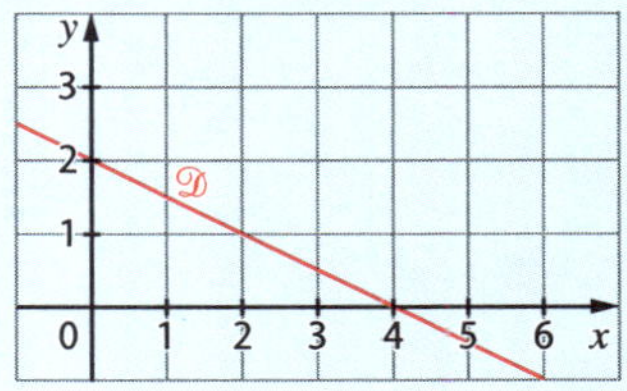

Méthode

Pour obtenir l'ordonnée à l'origine d'une droite, on lit l'ordonnée du point d'intersection de la droite et de l'axe des ordonnées.

Solution commentée

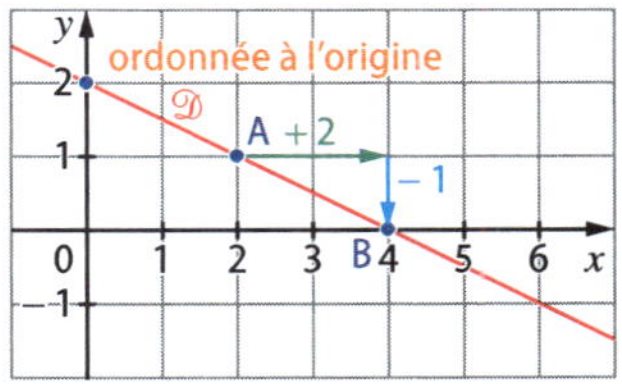

Comme $\mathcal{D}$ n'est pas parallèle à l'axe des ordonnées, cette droite a une équation réduite de la forme

$$y = ax + b.$$

Il faut déterminer a et b.
On recherche deux points (notés A et B ci-contre) à coordonnées entières sur $\mathcal{D}$.
Pour « aller » de A à B, on se déplace de 2 unités vers la droite et de 1 unité vers le bas.
Le coefficient directeur a de la droite $\mathcal{D}$ est égal à $\frac{-1}{2} = -\frac{1}{2}$.
Sur l'axe des ordonnées, on lit $b = 2$: l'équation réduite de $\mathcal{D}$ est $y = -\frac{1}{2}x + 2$.

Vidéo 04:29
Déterminer une équation de droite connaissant deux points

bordas Flash PAGE vidéo

CAPACITÉ 42

Déterminer l'équation réduite d'une droite à partir des coordonnées de deux de ses points

Dans un repère $(O ; \vec{i}, \vec{j})$ du plan, on considère les points A(– 3 ; 5) et B(1 ; 13).
Déterminer algébriquement l'équation réduite de la droite (AB).

Méthode

Pour déterminer une équation de droite à partir de la donnée de deux points, on calcule d'abord son coefficient directeur.

Solution commentée

(AB) a une équation réduite de la forme $y = ax + b$.
D'après le cours, $a = \frac{y_B - y_A}{x_B - x_A} = \frac{13-5}{1-(-3)} = \frac{8}{4} = 2$.
Puisque A est un point de la droite (AB), alors $y_A = ax_A + b$.
Les valeurs de x_A, y_A et a sont connues. En remplaçant ces valeurs, on obtient :
$5 = 2 \times (-3) + b$ d'où $5 = -6 + b$, c'est-à-dire $b = 11$.
En conclusion, l'équation réduite de (AB) est $y = 2x + 11$.

CAPACITÉ 43

Déterminer graphiquement le coefficient directeur d'une tangente à une courbe

On donne la courbe représentative $\mathscr{C}$ d'une fonction f dans un repère du plan, ainsi que la tangente T à cette courbe au point A.
Déterminer graphiquement le coefficient directeur de T.

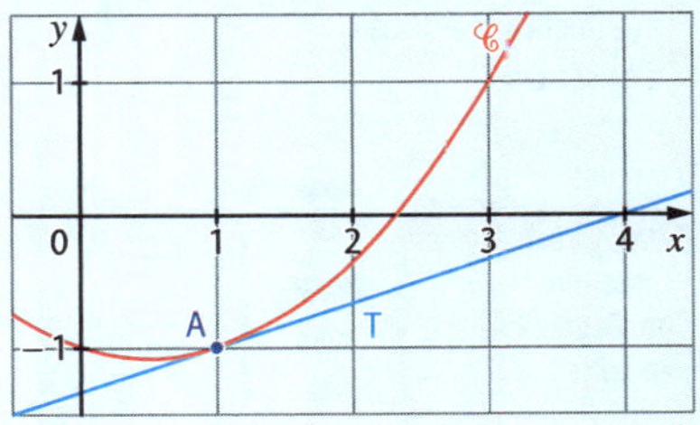

Méthode

Pour déterminer le coefficient directeur de la tangente en A à une courbe, on commence par choisir un second point « simple » de la tangente.

Solution commentée

On connaît un point de T : le point A.
On détermine ensuite un second point de la tangente T, en le choisissant à coordonnées entières :
le point B de coordonnées (4 ; 0) convient.
Pour « aller » de A à B, on se déplace de 3 unités vers la droite et de 1 unité vers le haut.
Le coefficient directeur de la tangente T est égal à $\frac{1}{3}$.

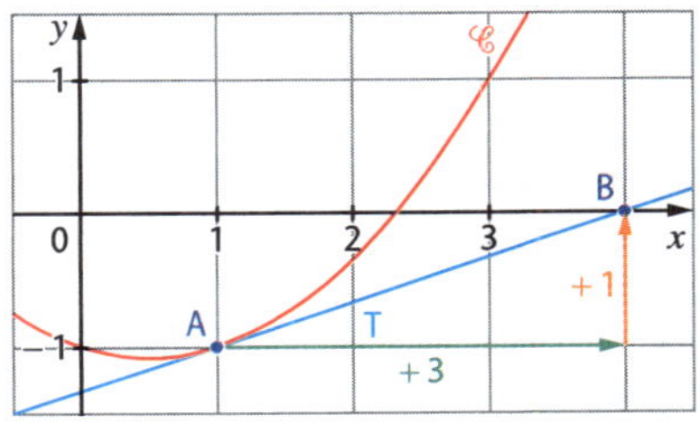

CAPACITÉ 44 Lire un graphique

Le graphique ci-contre donne le temps d'attente en minutes à une caisse d'un magasin selon l'heure à laquelle le client se présente pendant toute une journée.

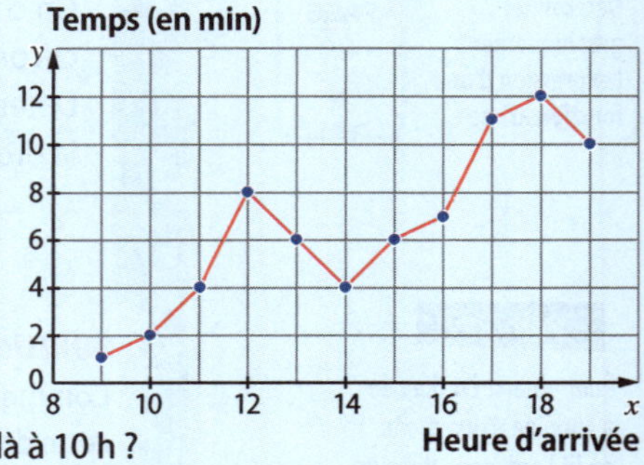

1. Que peut-on dire de l'origine du repère ?
2. Quel est le temps d'attente ce jour-là à 10 h ?
3. À quelles heures le temps d'attente a-t-il été voisin de 8 minutes ?
4. À quels moments le temps d'attente a-t-il été au plus égal à 3 minutes ?

Méthode

Quand on doit faire des lectures graphiques, commencer par situer l'origine du repère ainsi que les unités.

Solution commentée

1. L'origine du repère n'apparaît pas. Les axes se coupent au point de coordonnées (8 ; 0) afin que la courbe soit plus facile à lire.
2. Le point de coordonnées (10 ; 2) appartient à la courbe, donc le temps d'attente à 10 h est de 2 minutes.
3. On lit deux points de la courbe d'ordonnée 8 : leurs abscisses sont 12 et 16,5. C'est donc à 12 h et à 16 h 30 que le temps d'attente a été voisin de 8 minutes.
4. C'est entre 9 h et 10 h 30 : sur [9 ; 10,5], les points ont une ordonnée inférieure à 3.

CAPACITÉ 45 Lire un diagramme circulaire

Dans une station de ski, un panneau indique la difficulté des pistes en les classant en pistes noires, rouges, bleues et vertes.

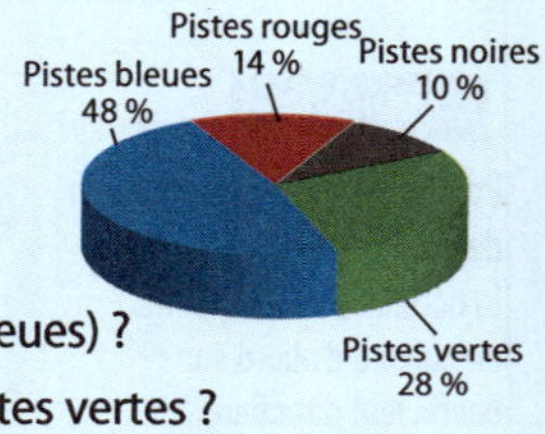

1. Quelle est la fréquence des pistes faciles (vertes et bleues) ?
2. Il y a 50 pistes dans la station. Combien y a-t-il de pistes vertes ?
3. On veut vérifier l'exactitude du diagramme par rapport aux données. Pour cela, on mesure l'angle du secteur attribué aux pistes noires. Que doit-on trouver ?

Méthode

Dans un diagramme circulaire, l'angle d'un secteur est proportionnel à la fréquence associée à ce secteur.

Solution commentée

1. La fréquence des pistes faciles est : $0,28 + 0,48 = 0,76$. Il y a donc 76 % de pistes faciles.
2. Il y a 28 % de pistes vertes, donc le nombre de ces pistes est : $0,28 \times 50 = 14$.
3. L'angle relatif au cercle complet est 360°. Le secteur « pistes noires » a pour fréquence 10 %, donc l'angle associé doit être égal à : $0,10 \times 360° = 36°$.

Vidéo 04:56 Construire un diagramme en boîte

bordas Flash PAGE vidéo

CAPACITÉ 46 Lire un diagramme en boîte

Le diagramme en boîte ci-contre représente l'âge des personnes d'une commune souhaitant trouver un emploi.

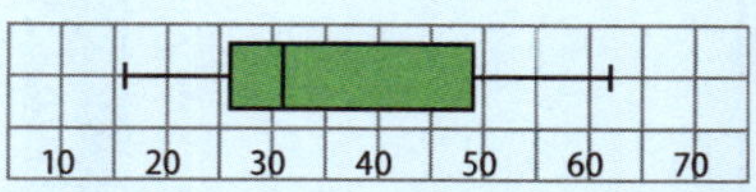

1. Quelle est la médiane de cette série ? Que représente cette valeur ?
2. Déterminer les quartiles, puis l'écart interquartile de cette série.

Méthode

La médiane d'une série statistique partage cette série en deux parties qui ont sensiblement le même effectif

Solution commentée

1. La médiane Me de la série se visualise par le segment vertical tracé « à l'intérieur » de la boîte. On peut lire Me = 31. Donc environ la moitié des demandeurs d'emploi de la commune ont moins de 31 ans ; l'autre moitié a plus de 31 ans.
2. Le 1er quartile Q_1 est représenté par la barre de gauche de la boîte, donc ici $Q_1 = 26$. Le 3e quartile est lu à l'aide de la barre de droite de la boîte, soit ici $Q_3 = 48$. L'écart interquartile est donc : $Q_3 - Q_1 = 48 - 26 = 22$.

Vidéo 06:38
Lire et interpréter un graphique

CAPACITÉ 47

Passer d'une représentation graphique aux données

On a réalisé une enquête sur les élèves de Terminale d'un lycée sur leur pratique du sport durant une semaine. Le diagramme en bâtons ci-contre représente le nombre d'élèves selon le nombre de sports pratiqués. L'histogramme représente la fréquence des élèves selon la durée de leurs activités sportives dans la semaine, exprimée en minutes.

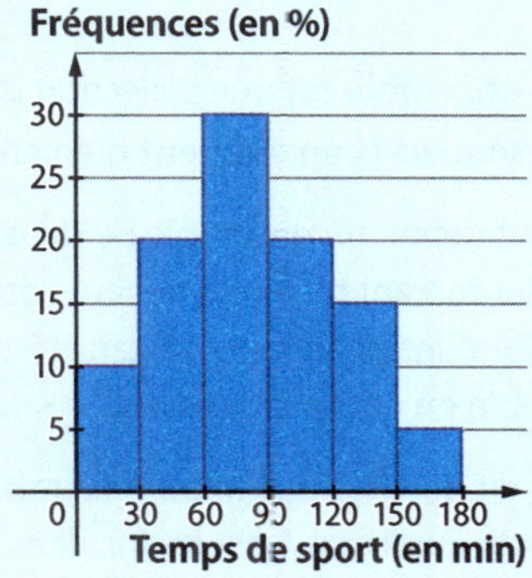

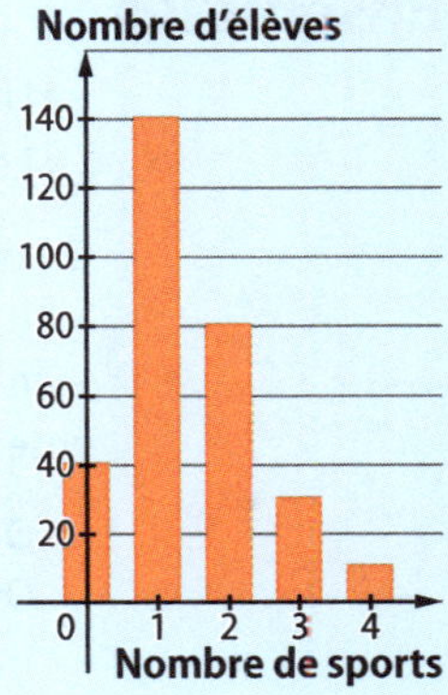

1 **a.** Regrouper dans un tableau le nombre de sports pratiqués par les élèves et les effectifs correspondants.

b. Déterminer le nombre total d'élèves de Terminale.

2 **a.** Présenter dans un tableau les temps d'activités sportives des élèves (regroupés en classes) et les fréquences correspondantes.

b. Déterminer le pourcentage des élèves qui ont passé au moins deux heures à faire du sport.

Conseil

Dans chaque graphique, il faut bien identifier les valeurs placées en abscisse et les effectifs (ou les fréquences) placés en ordonnée.

Solution commentée

1 **a.** Le nombre d'élèves correspond aux effectifs de cette série.

Nombre de sports	0	1	2	3	4
Nombre d'élèves	40	140	80	30	10

b. L'effectif total de cette série est : 40 + 140 + 80 + 30 + 10 = 300.

2 **a.** Les classes s'écrivent sous forme d'intervalles distincts.

Temps de sport (en min)	[0 ; 30[	[30 ; 60[	[60 ; 90[	[90 ; 120[	[120 ; 150[	[150 ; 180[
Fréquences	0,10	0,20	0,30	0,20	0,15	0,05

b. 15 % des élèves ont passé entre 2 h et 2 h 30 à faire du sport, et 5 % ont passé entre 2 h 30 et 3 h. Ainsi, 20 % des élèves ont passé au moins 2 h à faire du sport.

Vidéo 07:04
Construire un graphique

CAPACITÉ 48

Passer des données à une représentation graphique

On a relevé le taux de cholestérol (en cg/L) dans le sang de 300 personnes. Voici ces données :

Taux (en cg/L)	[80 ; 120[	[120 ; 160[	[160 ; 200[	[200 ; 240[	[240 ; 280[	[280 ; 320[	[320 ; 360[
Effectifs	7	54	110	72	46	8	3

Tracer l'histogramme des effectifs de cette série.

Conseil

Tenir compte de la hauteur du plus grand bâton pour choisir l'unité en ordonnées.

Solution commentée

Les effectifs sont en ordonnées.
Les classes ayant même amplitude, la hauteur de chaque rectangle est égale à l'effectif de la classe qu'il représente.
Les effectifs sont en ordonnées. Les classes ayant même amplitude, la hauteur de chaque rectangle est égale à l'effectif de la classe qu'il représente.

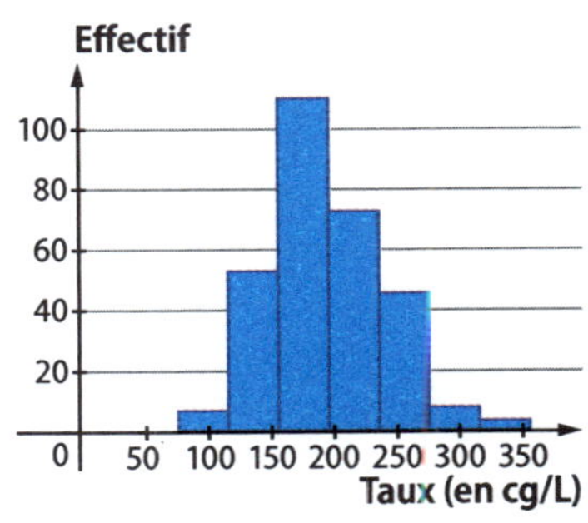

Ensembles

- Un **ensemble** est une collection d'objets appelés éléments.
- Lorsque a est un **élément** d'un ensemble E, on dit que a appartient à E et on note : $\boldsymbol{a \in \mathrm{E}}$.

On peut définir un ensemble de deux façons différentes :
– en énumérant tous les éléments de cet ensemble ; on dit qu'on écrit cet ensemble **en extension**.
– en donnant une propriété caractérisant les éléments de cet ensemble ; on dit qu'on écrit cet ensemble **en compréhension**.

- On dit que A est un **sous-ensemble** de E lorsque tous les éléments de A appartiennent à E. On dit aussi que A est **inclus** dans E et on note $\mathbf{A \subset E}$.
- L'ensemble vide ne contient aucun élément. Il est noté $\varnothing$.
- **L'intervalle** $[a\,;b]$ est l'ensemble de tous les réels x tels que $a \leqslant x \leqslant b$.
- L'intervalle $]a\,;+\infty[$ est l'ensemble de tous les réels strictement supérieurs à a.

EXEMPLES :

- L'ensemble des entiers compris entre -1 et 3 est l'ensemble $\mathrm{E} = \{-1\,;0\,;1\,;2\,;3\}$; $3 \in \mathrm{E}$.
- L'ensemble $\mathrm{A} = \{1\,;2\,;3\}$ est inclus dans E. On note : $\mathrm{A} \subset \mathrm{E}$.
- Tous les entiers naturels sont des nombres réels : $\mathbb{N} \subset \mathbb{R}$.
- L'ensemble $\mathrm{B} = \{x \in \mathbb{N}\,;x \leqslant 2\}$ est défini en compréhension : c'est l'ensemble $\{0\,;1\,;2\}$.

Soit A et B deux ensembles.

- **L'intersection** de A et B est l'ensemble, noté $\mathbf{A \cap B}$, des éléments communs à A et B.
- La **réunion** de A et B est l'ensemble, noté $\mathbf{A \cup B}$, des éléments qui appartiennent à A, à B ou aux deux à la fois.
- Lorsque A est inclus dans B, le **complémentaire** de A dans B est l'ensemble, noté $\overline{\mathrm{A}}$, des éléments de B qui n'appartiennent pas à A.

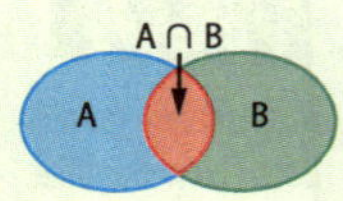

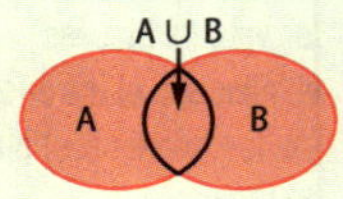

EXEMPLE : On note E l'ensemble des élèves d'un lycée, A l'ensemble des élèves bruns et B l'ensemble des élèves qui ont les yeux verts.

- L'ensemble $\mathrm{A} \cap \mathrm{B}$ est l'ensemble des élèves bruns aux yeux verts.
- L'ensemble $\mathrm{A} \cup \mathrm{B}$ contient les élèves bruns, les élèves qui ont les yeux verts et les élèves bruns aux yeux verts.
- Dans E, l'ensemble $\overline{\mathrm{A}}$ est l'ensemble des élèves qui ne sont pas bruns.

Proposition ▪ Négation ▪ Connecteurs logiques « et », « ou »

- Une **proposition** est une phrase qui est, soit vraie, soit fausse.
- La **négation d'une proposition** P est une proposition, notée non(P) (ou $\overline{P}$), qui est fausse lorsque P est vraie, et vraie lorsque P est fausse.

EXEMPLES :

- La phrase « 12 est un multiple de 3 » est une proposition P ; elle est vraie.
  Sa négation est la proposition non(P) : « 12 n'est pas un multiple de 3 » ; elle est fausse.
- La phrase « $12 = 8 + 3$ » est une proposition Q ; elle est fausse.
  Sa négation est la proposition non(Q) : « $12 \neq 8 + 3$ » ; elle est vraie.

Soit P et Q deux propositions.

- La proposition « P **et** Q » est vraie lorsque P et Q sont vraies simultanément.
- La proposition « P **ou** Q » est vraie lorsqu'au moins une des deux propositions est vraie.

EXEMPLE : Soit x un réel, P la proposition « $x > 3$ » et Q la proposition « $x \leqslant 5$ ».
La proposition « P et Q » signifie que « x est à la fois strictement supérieur à 3 et inférieur ou égal à 5 ».
Ce réel x appartient donc à l'intervalle $]3\,;5]$.
La proposition « P ou Q » signifie que « x est un réel strictement supérieur à 3 ou inférieur ou égal à 5 ».
Ce réel appartient donc à $]-\infty\,;5] \cup]3\,;+\infty[$, c'est-à-dire $\mathbb{R}$.

REMARQUE : Dans le langage Python : **et** s'écrit `and` ; **ou** s'obtient en écrivant `or`.

Implication – Réciproque – Équivalence

- Une **implication** est une proposition de la forme « Si P, alors Q ».
- Une implication « Si P, alors Q » est vraie, lorsque l'hypothèse « P est vraie » entraîne la conclusion « Q est vraie ».

EXEMPLES :

- « Si une $\underbrace{\text{personne est française}}_{P}$, alors $\underbrace{\text{cette personne est européenne}}_{Q}$ » est une implication.

Cette implication est vraie.
En effet, si l'on sait qu'une personne est française, on peut en déduire qu'elle est européenne.

- L'implication : « Si une personne est européenne, alors cette personne est française » est fausse.

En effet, le fait qu'une personne soit européenne n'entraîne pas obligatoirement qu'elle soit française. Soit une personne espagnole : cette personne est européenne mais n'est pas française.

La réciproque de l'implication « Si P, alors Q » est l'implication « Si Q, alors P ».

La réciproque d'une implication vraie peut-être vraie ou fausse.

EXEMPLE : La réciproque de l'implication « Si $x = 3$, alors $x^2 = 9$ » est l'implication « Si $x^2 = 9$, alors $x = 3$ ». Cette implication est fausse. En effet, si $x^2 = 9$, on peut aussi avoir $x = -3$.

On dit que les propositions P et Q sont **équivalentes** lorsque les implications « Si P, alors Q » et « Si Q, alors P » sont toutes les deux vraies.

EXEMPLES :

- Soit x un réel. L'implication « Si $x = 2$, alors $3x = 6$ » et sa réciproque « Si $3x = 6$, alors $x = 2$ » sont toutes les deux vraies. Les propositions « $x = 2$ » et « $3x = 6$ » sont équivalentes.
On écrit « $x = 2$ équivaut à $3x = 6$ » ou bien « $x = 2$ si et seulement si $3x = 6$ ».
- Soit x un réel. L'implication « Si $x \geqslant 3$, alors $x > 2$ » est vraie. Sa réciproque est « Si $x > 2$, alors $x \geqslant 3$ » : elle est fausse, car $2{,}5 > 2$ mais on n'a pas $2{,}5 \geqslant 3$. Ainsi, les propositions « $x \geqslant 3$ » et « $x > 2$ » ne sont pas équivalentes.

Vocabulaire

On considère les propositions P et Q de l'exemple en haut de page.

- Il suffit de savoir qu'une personne est française pour pouvoir dire qu'elle est européenne : on dit que P est une **condition suffisante** pour Q.
- Une personne ne peut pas être française si elle n'est pas européenne : **il faut** qu'une personne soit européenne pour qu'elle puisse être française. On dit que Q est une **condition nécessaire** pour P.

Raisonnement à l'aide d'un exemple ou d'un contre-exemple

Utilisation d'un exemple

Un **exemple** permet de montrer qu'une proposition existentielle est vraie.

EXEMPLE :

On considère la proposition P : « Il existe un nombre réel positif plus grand que son carré ».
Pour montrer que P est vraie, il suffit de trouver un exemple.
$0{,}5^2 = 0{,}25$: ainsi, le réel 0,5 est plus grand que son carré 0,25.
Il existe bien (au moins) un nombre réel positif plus grand que son carré : la proposition P est vraie.

Utilisation d'un contre-exemple

Un **contre-exemple** est un exemple qui met en défaut une proposition universelle : il permet de montrer qu'une proposition n'est pas toujours vraie.

EXEMPLE :

On considère la proposition P : « Quel que soit l'entier naturel n, $n^2 + 4$ est pair ».
Pour montrer que P est fausse, il suffit de trouver un contre-exemple, c'est-à-dire un entier naturel n tel que $n^2 + 4$ n'est pas pair. Pour $n = 1$, on a $n^2 + 4 = 5$, et 5 est impair.
Il existe bien un entier naturel n tel que $n^2 + 4$ n'est pas pair : la proposition P est fausse.

REMARQUES :

(1) On a montré que la proposition P est fausse en montrant que sa négation est vraie.
(2) Un exemple ne permet pas de montrer qu'une proposition universelle est vraie.

1. Imports de modules, affectations et tests

Vidéo 06:19
Apprendre à programmer en Python

Flash PAGE vidéo

Exemple de situation

On souhaite simuler un lancer aléatoire d'une fléchette dans la cible carrée OABC de côté 1 (représentée sur la figure ci-contre), puis déterminer si cette fléchette se trouve dans le quart de disque coloré en vert.

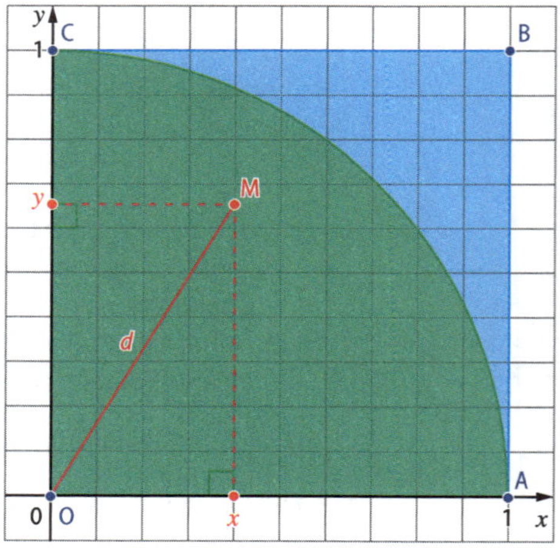

Saisies en console

```
>>> from random import*
>>> x=random()
>>> y=random()
>>> x,y
(0.4433559878105311, 0.5185226052157949)
>>> from math import sqrt
>>> d=sqrt(x**2+y**2)
>>> d
0.6822244674938205
>>> d<=1
True
```

Imports de modules

■ La saisie from math import* permet d'importer puis d'utiliser des constantes et fonctions mathématiques avancées.
La saisie from math import nom_fonction permet d'importer uniquement la fonction souhaitée.

■ La saisie from random import* permet d'importer puis d'utiliser des fonctions qui simulent des tirages aléatoires, comme par exemple :
random()
tirage d'un nombre aléatoire dans [0 ; 1]
randint(a,b)
tirage d'un nombre entier aléatoire entre a et b inclus (a et b entiers)

Affectations

La syntaxe d=... permet d'affecter une valeur à la variable d.
Attention à ne pas confondre avec la syntaxe d==... *qui permet d'effectuer un test sur la valeur qui est stockée dans la variable d.*

Tests

Les syntaxes suivantes permettent d'effectuer des tests sur la valeur stockée dans la variable d. On obtient un booléen dont la valeur peut être True (Vrai) ou False (Faux).

d == 1 teste si *d* est égal à 1.
d <= 1 teste si *d* est inférieur ou égal à 1.
d > 1 teste si *d* est strictement supérieur à 1.

On peut combiner des booléens avec les connecteurs :
and, or, not.

Applications directes

1 Affectations

Dans chaque cas, prévoir les valeurs contenues dans les variables a et b après la saisie des instructions en console.

1.
```
>>> a=3 ; b=5
>>> a=a+b
>>> b=a*b
```

2.
```
>>> a=4 ; b=3
>>> a=a*b
>>> b=a*b
```

3.
```
>>> m=4 ; n=6
>>> a= (m*n==24)
>>> b= (m+2*n<15)
```

2 À chacun sa place

Dans chaque cas, prévoir les valeurs contenues dans les variables a et b après la saisie des instructions en console.

1.
```
>>> a=2 ; b=3
>>> a=b
>>> b=a
```

2.
```
>>> a=2 ; b=3
>>> m=a
>>> a=b
>>> b=m
```

3 Lancers de dés

La saisie suivante permet de simuler le lancer d'un dé à 6 faces :

```
>>> from random import*
>>> randint(1,6)
```

Écrire une instruction permettant de simuler le lancer de deux dés à 6 faces et de calculer la somme des points obtenus.

2. Fonctions et instructions conditionnelles

Vidéo 05:17
Utiliser les fonctions Python
bordas Flash PAGE vidéo

Vidéo 06:05
Programmer une instruction conditionnelle
bordas Flash PAGE vidéo

Exemple de situation

L'indice de masse corporelle (IMC) permet d'évaluer la corpulence d'un individu, et se calcule à l'aide de la formule $\text{IMC} = \frac{m}{t^2}$, avec m sa masse en kilogrammes et t sa taille en mètres.
Un diagnostic rapide peut ensuite être établi à l'aide du graphique ci-dessous.
On souhaite l'automatiser à l'aide d'un programme.

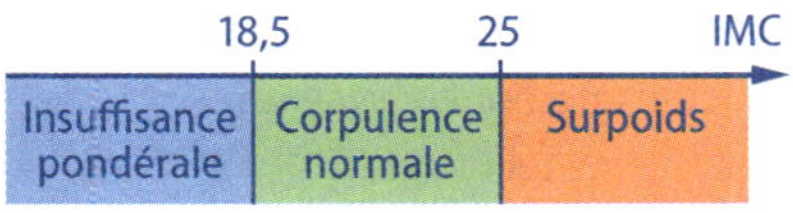

Édition du programme

```
def IMC(m,t):
    return m/(t**2)

def diagnostic(m,t):
    imc=IMC(m,t)
    if 18.5<=imc<=25:
        conclusion="Corpulence normale"
    else:
        conclusion="IMC anormal"
    return conclusion
```

Fonction Python

Définition d'une fonction

- L'instruction def permet de définir une fonction, avec la syntaxe def nom_fonction(*arguments*) : .
- Les valeurs entre parenthèses sont les arguments (valeurs données en entrée de la fonction).
- Le bloc d'instructions effectuées par la fonction est indenté : il y a un décalage des instructions qui suivent le double-point.
- La valeur renvoyée par la fonction doit être précédée de l'instruction return, avec une syntaxe du type return *valeur* ou return(*valeur*).

Appel d'une fonction

La saisie nom_fonction(*arguments*) en console ou dans une autre fonction permet d'obtenir le résultat de cette fonction.

Instructions conditionnelles

- L'instruction if permet d'effectuer des instructions dans le cas où une condition (test) est vérifiée, avec la syntaxe suivante, avec une indentation du bloc d'instructions à effectuer :

if *condition* :
    instructions à effectuer si *condition* est True

- else (facultatif) permet d'effectuer des instructions dans le cas où la condition précédente n'est pas vérifiée :

if *condition* :
    instructions à effectuer si condition est True
else :
    instructions à effectuer si *condition* est False

Saisies en console

```
>>> IMC(70,1.72)
23.661438615467823
>>> diagnostic(70,1.72)
'Corpulence normale'
```

Applications directes

4 Prix de gros

Un article est vendu au prix de 0,50 € l'unité jusqu'à neuf articles achetés. À partir de 10 articles, le client bénéficie d'un tarif préférentiel de 0,48 € l'unité.

```
def prix(q):
    if q<10:
        P=q*0.5
    else:
        P=q*0.48
    return P
```

1. Que représente la variable q dans la fonction ci-contre ?
2. Que renvoie cette fonction quand on effectue l'appel en console prix(14) ? Donner une interprétation de ce résultat.
3. On décide de fixer le tarif unitaire à 0,45 € si le client achète plus de 20 articles. Modifier la fonction pour tenir compte de cette modification.

5 Distance d'arrêt

Lorsqu'un véhicule roule sur route sèche à une vitesse v (en km · h^{-1}), sa distance d'arrêt A est la somme de la distance de réaction R et de la distance de freinage F, définies par $R = \frac{v}{3{,}6}$ et $F = \frac{v^2}{200}$ (ces distances sont exprimées en mètres).

1. Écrire les fonctions Python R, F et A correspondantes, avec v comme argument.
2. À l'aide de saisies en console, déterminer la distance d'arrêt A d'un véhicule roulant à 50 km · h^{-1}, puis à 80 km · h^{-1}.

3. Boucles de type "for"

Vidéo 05:08 — Programmer une boucle — Flash PAGE vidéo

Vidéo 03:56 — Utiliser la notion de compteur — Flash PAGE vidéo

Exemple de situation

Lors de 100 lancers de dés équilibrés à 6 faces, on souhaite évaluer la fréquence d'apparition de la face « 6 » du dé, ou évaluer la moyenne des valeurs obtenues sur les dés.

Édition du programme

```
from random import*

def freq6():
    C=0
    for k in range(100):
        de=randint(1,6)
        if de==6:
            C=C+1
    return C/100

def moy():
    S=0
    for k in range(100):
        de=randint(1,6)
        S=S+de
    return S/100
```

Saisies en console

```
>>> freq6()
0.16
>>> moy()
3.32
>>>
```

Boucle for

Une boucle permet de répéter des instructions.

On utilise une boucle for lorsque le nombre de répétitions est connu à l'avance.

- L'instruction for k in range(N) : crée une boucle avec un compteur k qui prend les valeurs entières telles que $0 \leqslant k < N-1$, c'est-à-dire 0 ; 1 ; … ; $N-1$ (il y a donc N valeurs).
- Le bloc d'instruction qui suit le double point, écrit en indentation, sera effectué pour chaque valeur de k (il y a donc N répétitions).

Exemple : Dans chacune des boucles ci-contre, l'instruction de=randint(1,6) et les suivantes seront effectuées 100 fois, ce qui permet donc de simuler 100 lancers de dés.

La variable C est un **compteur** : elle permet d'obtenir le nombre de 6 obtenus.

- C est **initialisée** à 0 avant la boucle.
- C est **incrémentée** dans la boucle (c'est-à-dire qu'elle augmente de 1) à chaque étape où le dé vaut 6.

La variable S est un **accumulateur** : elle permet d'obtenir la somme de toutes les valeurs successives des dés.

- S est **initialisée** à 0 avant la boucle.
- S est **augmentée** de la valeur du dé dans la boucle.

Animation — Compteurs et accumulateurs — Flash PAGE animation

Animation — Boucle bornée et non bornée — Flash PAGE animation

Applications directes

6 Encore des dés

Modifier chacune des fonctions Python freq6 et moy de l'exemple ci-dessus en donnant un argument n à chaque fonction, afin de considérer n lancers de dés au lieu de 100.

7 Boucles pas à pas

1. Recopier et compléter le tableau ci-dessous, afin de prévoir les valeurs successives prises par les variables lors de l'exécution de la boucle.

```
S=3
for k in range(4):
    S=S*2-1
```

k		0	1	2	3
S	3				

2. Prévoir de la même façon les valeurs successives prises par les variables lors de l'exécution de chacune des boucles ci-dessous.

a.
```
u=-3
for m in range(5):
    u=(u+1)/2
```

b.
```
a=2
for k in range(4):
    a=a+k
```

8 Salaires

Julie est nouvellement embauchée pour un contrat d'une année et son salaire mensuel initial est de 1 150 €.
Il est prévu que, chaque mois, son salaire augmente de 1 % par rapport au mois précédent.

1. Expliquer ce que représentent l'argument n de la fonction Python ci-dessous et la valeur v qu'elle renvoie, dans la situation de l'énoncé.

```
def S(n):
    v=1150
    for k in range(n):
        v=v*1.01
    return v
```

2. Écrire une fonction Python qui calcule le salaire annuel total de Julie.

4. Boucles de type "while"

Vidéo 05:08 — Programmer une boucle

Exemple de situation

Une source sonore émet un son d'intensité 100 décibels (dB). Ce son traverse une série de plaques d'isolation phonique, et on estime que chaque plaque réduit de 15 % l'intensité du son.
On souhaite déterminer combien de plaques sont nécessaires pour que l'intensité du son soit réduite à moins de 10 dB.

Boucle while

Une boucle permet de répéter des instructions.

On utilise une boucle while lorsque le nombre de répétitions n'est pas connu à l'avance.

L'instruction **while** *condition* **:** crée une boucle.

Au début de chaque itération, le test booléen de la condition est effectué :

- s'il vaut True, le bloc d'instruction qui suit le double point (écrit avec indentation) est effectué, puis le parcours de la boucle continue ;
- s'il vaut False, la boucle est interrompue.

Édition du programme

```
def seuil():
    i=100
    n=0
    while i>10:
        i=0.85*i
        n=n+1
    return n
```

Tant que la condition i > 10 est vérifiée, la boucle s'exécute à nouveau. La boucle s'interrompt donc lorsque cette condition n'est plus vérifiée, c'est-à-dire quand i devient inférieur à 10. La condition exprimée dans le while doit donc correspondre à la négation de ce que l'on souhaite obtenir.

La variable n est un **compteur** du nombre d'itérations (répétitions) de la boucle.

- n est **initialisée** à 0 avant la boucle.
- n est **incrémentée** dans la boucle (c'est-à-dire qu'elle augmente de 1) à chaque exécution du bloc.

Saisies en console

```
>>> seuil()
15
```

Animation — Boucle bornée et non bornée

Applications directes

9 Seuil variable

1. Modifier la fonction seuil de l'exemple ci-dessus en ajoutant des arguments d et f. Ces arguments correspondent respectivement à l'intensité initiale du son et à son intensité réduite finale souhaitée.

2. Avec cette fonction modifiée, compléter l'appel ci-contre pour obtenir le même résultat `>>> seuil(...,...)` que dans l'exemple.

10 Boucles pas à pas

1. Recopier et compléter le tableau ci-dessous afin de prévoir les valeurs successives prises par les variables S et n lors de l'exécution de la boucle.

```
S=3
n=0
while S<15:
    S=2*S-1
    n=n+1
```

S	3	...	...
n	0	...	...
S < 15	True	...	...

2. Prévoir de la même façon les valeurs successives prises par les variables lors de l'exécution de chacune des boucles ci-dessous.

a.

```
S=20
n=0
while S>10:
    S=S-4
    n=n+1
```

b.

```
S=2
n=0
while S<12:
    S=S+n
    n=n+1
```

c.

```
S=3
n=0
while S<18:
    n=n+1
    S=S+2*n
```

11 For ou while ?

Dans chaque cas, à l'aide d'un tableau, prévoir les valeurs successives prises par les variables k et S lors de l'exécution de la boucle. Comparer les résultats.

a.

```
S=2
for k in range(4):
    S=S*3
```

b.

```
S=2
k=0
while k<4:
    S=S*3
    k=k+1
```

12 Économies

Chaque jour, Dylan met 70 centimes dans sa tirelire.
Écrire une fonction Python qui permet de déterminer au bout de combien de jours il aura 12 € dans cette tirelire.

13

Une balle en caoutchouc est lâchée d'une hauteur de 120 cm et rebondit sur le sol. À chaque rebond, la hauteur atteinte par la balle représente 70 % de la hauteur du précédent rebond.

```
def rebonds():
    h=120
    n=0
    while ...:
        h=...
        n=...
    return n
```

Compléter la fonction Python ci-contre qui doit permettre d'estimer à partir de quel rebond la hauteur devient inférieure à 3 cm (la balle s'arrête alors de rebondir).

5. Listes : opérations

Exemple de situation

Au 15 mai 2019, on disposait du tableau ci-dessous présentant les températures moyennes au cours des premiers mois de l'année 2019 dans la ville de Strasbourg.

2019	Janvier	Février	Mars	Avril	Mai
Température moyenne (en °C)	3	10	11	14	15

On souhaite stocker ces valeurs dans une liste, puis récupérer la température du 1er mois et du 4e mois.

Saisies en console

```
>>> L=[3, 10, 11, 14, 15]
>>> L
[3, 10, 11, 14, 15]
>>> L[0]
3
>>> L[3]
14
```

Attention au décalage : la syntaxe L[3] permet d'accéder à la valeur d'indice 3, c'est-à-dire à la 4e valeur de la liste.

Début juillet, les données actualisées donnent une température moyenne de 16 °C pour l'ensemble du mois de mai, et une température de 24 °C pour le mois de juin. On souhaite mettre à jour la liste précédente pour les températures des 6 premiers mois de l'année, et vérifier que la liste comporte bien 6 valeurs.

Saisies en console

```
>>> L[4]=16
>>> L.append(24)
>>> L
[3, 10, 11, 14, 16, 24]
>>> len(L)
6
```

Liste

Une liste est une collection ordonnée d'objets.

Génération directe d'une liste

Une liste se construit à l'aide de crochets, les valeurs étant séparées par des virgules.

Accès aux éléments d'une liste

Chaque valeur de la liste correspond à un indice dans la liste, la première valeur correspondant à l'indice 0.

Les syntaxes L[0], L[1]… permettent d'accéder aux valeurs de la liste L ou de les modifier.

Opérations élémentaires sur les listes

- **Ajout d'un élément :** la syntaxe L.append(a) permet de placer la valeur a en fin de liste L, qui a alors un élément de plus.
- **Taille d'une liste :** la syntaxe len(L) renvoie la taille de la liste L, c'est-à-dire le nombre d'éléments qui constituent L.
- **Suppression d'un élément :**
  – la syntaxe L.pop(k) permet de supprimer la valeur d'indice k de la liste L.
  – la syntaxe L.remove(a) permet de supprimer la première apparition de la valeur a dans la liste L.

Applications directes

14 Notes

Karim a obtenu 4 notes en mathématiques ce trimestre :

13 ; 9,5 ; 11 et 15.

À l'aide d'instructions saisies en console :

1. Stocker ces 4 valeurs dans une liste nommée notes.
2. Afficher la 3e note de Karim.
3. Ajouter la note 18 en fin de liste.
4. Afficher le nombre de valeurs de la liste
5. Supprimer la note 11 de la liste.

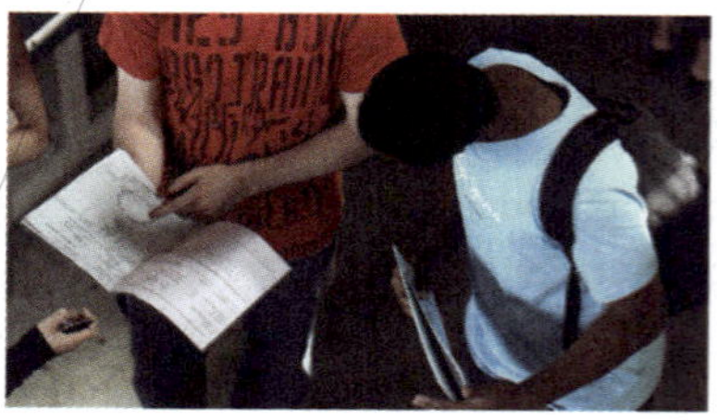

15 Pont suspendu

Lisa participe à un jeu de rôle. Pour que son personnage traverse un pont suspendu, elle doit réaliser un test d'adresse à l'aide de 4 dés à 10 faces numérotées de 0 à 9. Elle lance les quatre dés et elle réussit ce test si et seulement si au moins un des dés affiche un résultat supérieur ou égal à 7.

1. Donner une instruction permettant de générer un nombre entier aléatoire entre 0 et 9.
2. Créer une liste nommée resultats contenant les résultats des 4 dés de Lisa.
3. Écrire une instruction qui permet de déterminer si le résultat du premier dé est supérieur ou égal à 7.
4. Écrire une instruction permettant de déterminer si au moins un de ses dés affiche un résultat supérieur ou égal à 7.

6. Listes : utilisation de boucles

Vidéo 03:03 Générer une liste par ajouts successifs — Flash PAGE vidéo

Vidéo 03:56 Générer une liste en compréhension — Flash PAGE vidéo

Exemple de situation

Dans le repère ci-dessous, on considère la trajectoire d'un colis largué par un avion, que l'on modélise par la courbe de la fonction f définie pour $x \geqslant 0$ par $f(x) = -5x^2 + 600$. Un appareil photo à déclenchement automatique permet de prendre des photos du colis à différentes altitudes pour toutes les abscisses k entières telles que $0 \leqslant k \leqslant 8$. On souhaite générer des listes contenant ces altitudes puis calculer la moyenne de toutes ces altitudes.

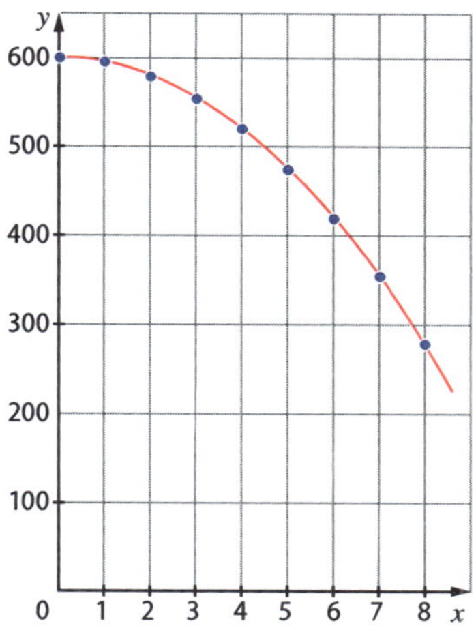

Édition du programme

```
def f(x):
    return -5*x**2+600

def Alt():
    L=[]
    for k in range(9):
        L.append(f(k))
    return L

def Moyenne(L):
    S=0
    for k in range(len(L)):
        S=S+L[k]
    return S/len(L)
```

Saisies en console

```
>>> Alt()
[600, 595, 580, 555,
520, 475, 420, 355, 280]
>>> Moyenne(Alt())
486.6666666666667
```

Animation Listes en compréhension — Flash PAGE animation

Génération d'une liste en extension

Pour créer une liste, on peut :

- partir d'une liste vide [].
- placer successivement les valeurs souhaitées dans la liste, à l'aide d'une boucle for et de la syntaxe .append( ).

Génération d'une liste en compréhension

- La liste générée dans la fonction Alt() peut également être générée directement à l'aide de la syntaxe :

```
L=[f(k) for k in range(9)]
```

- On peut également générer une liste des éléments qui vérifient une condition. Par exemple, on peut récupérer les altitudes inférieures à 500 avec la syntaxe :

```
L=[f(k) for k in range(9) if f(k)<500]
```

Parcours des éléments d'une liste

Pour parcourir les éléments d'une liste L, on peut utiliser une boucle for. Le compteur k de la boucle doit prendre successivement les valeurs 0, 1, …, len(L)-1 qui correspondent à range(len(L)).

L = [… , … , … , … … … , …]

L[0] L[1] L[2] … L[len(L)-1]

Applications directes

16 Comprendre une syntaxe

On reprend l'exemple de la situation ci-dessus.

Dans chacun des cas, expliquer ce que contient la liste L générée par la série d'instructions.

a.

```
L=[]
k=0
while f(k)>=0:
    L.append(f(k))
    k=k+1
```

b.

```
L=[]
for k in range(9):
    if f(k)>500:
        L.append(f(k))
```

c.

```
L=[f(k) for k in range(9) if f(k)<400]
```

17 Lancers de deux dés

On considère l'expérience qui consiste à lancer deux dés équilibrés à 6 faces puis à observer la somme de ces deux dés.

1. Recopier et compléter la fonction suivante pour qu'elle renvoie une liste L de 100 sommes obtenues avec des lancers de deux dés.

```
from random import*

def sommes():
    res=[]
    for k in range(...):
        de1=...
        de2=...
        res.append(...)
    return res
```

2. Expliquer ce que représente la valeur renvoyée par la fonction Python dont on donne le script ci-dessous quand on donne en argument une liste générée par la fonction de la question **1**.

```
def fonction(L):
    S=0
    for k in range(len(L)):
        if L[k]==7:
            S=S+1
    return S/len(L)
```

Exemple de situation

On a recensé dans le tableau ci-contre les tailles et pointures de 14 personnes.
Afin de déterminer s'il y a une corrélation entre taille et pointure, on souhaite représenter ces données à l'aide d'un nuage de points (avec les pointures en abscisses et les tailles en ordonnées).

Pointure	44	41	39	43	45	42	41
Taille (cm)	181	170	151	174	186	169	160

Pointure	45	43	43	40	42	43	39
Taille (cm)	189	182	172	165	172	177	158

Édition du programme

```
import matplotlib.pyplot as plt

def graph_TP():

    Pointures=[44,41,39,43,45,42,41,45,43,43,40,42,43,39]
    Tailles=[181,170,151,174,186,169,160,189,182,172,165,172,177,158]

    plt.scatter(Pointures,Tailles)
    plt.show()
```

Le module matplot

L'instruction import matplotlib.pyplot as plt réalise l'import de la bibliothèque de fonctions qui permet l'utilisation d'une fenêtre graphique.

Ces fonctions seront précédées du préfixe plt..

Si on souhaite éviter l'utilisation de ce préfixe, on peut utiliser la syntaxe :

from matplotlib.pyplot import*.

Saisies en console

```
>>> graph_TP()
```

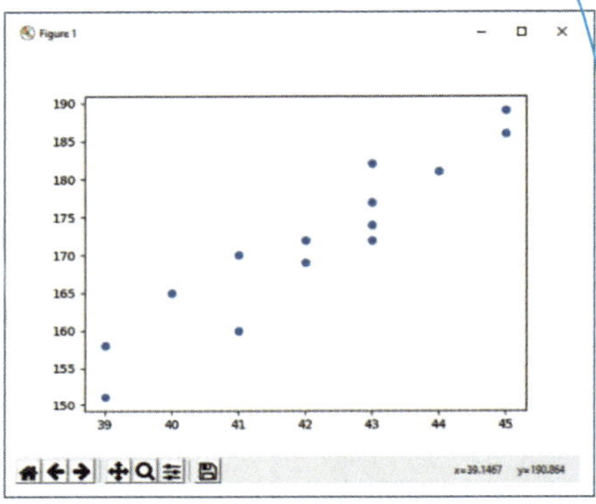

Obtenir une représentation graphique

■ **Préparation des données**

On stocke les abscisses et les ordonnées, dans l'ordre, dans deux listes de même taille.

■ **Choix du graphique**

On définit le type de graphique :

plt.scatter(*liste_abscisses, liste_ordonnees*) permet de tracer un nuage de points ;

plt.plot(*liste_abscisses, liste_ordonnees*) permet de tracer les segments joignant ces points deux à deux.

■ **Affichage**

L'instruction plt.show() génère la fenêtre et l'affichage du graphique.

■ **Coloration**

Pour utiliser différentes couleurs, on peut ajouter l'argument color=... dans la définition du type de graphique. Par exemple :

plt.plot(*liste_abscisses, liste_ordonnees* , color='green')

plt.scatter(Pointures, Tailles, color='red')

Applications directes

18 Nuage de points

Le tableau ci-dessous donne la taille moyenne d'un enfant (en cm) en fonction de son âge (en mois).
Représenter ces données à l'aide d'un nuage de points dans un repère.

Âge (en mois	6	9	12	15	18	21	24
Taille (cm)	66	71	74	77	80	83	85

19 Courbe et signe d'une fonction

On considère la fonction f définie sur $[0\,;9]$ par :

$$f(x) = 0{,}1x^3 - 0{,}7x^2 + 1.$$

1. Écrire une fonction Python f d'argument x permettant le calcul de l'image d'un nombre x par la fonction f.

2. Écrire une instruction permettant de générer la liste L_x des abscisses entières entre 0 et 9, puis une instruction permettant de générer la liste L_y des images de ces valeurs par la fonction f.

3. À l'aide de la fonction f, écrire une fonction Python graph qui affiche les segments joignant deux à deux les points de coordonnées (x,y) où x et y sont des éléments correspondants dans L_x et L_y.
Vérifier qu'on obtient le tracé ci-contre.

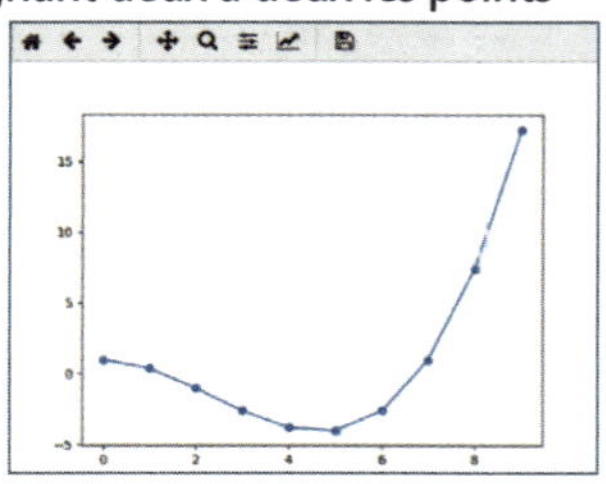

Utiliser une fonction Python

20 En France, le taux de TVA normal est de 20 %.
Écrire une fonction Python TVA qui reçoit en argument le prix hors taxe d'un produit et qui renvoie le montant de la TVA qui lui est appliqué.

Utiliser une boucle

21 Dresser un tableau contenant les valeurs successivement prises par la variable A lors de l'exécution de la boucle ci-dessous.

```
A=40
while A>2:
    A=A/4
```

22 Un épargnant a placé sur un livret la somme de 1 000 € à 2 % d'intérêt annuel.

1. Expliquer ce que représente la valeur stockée dans V à la fin de l'exécution du bloc d'instructions suivant, dans le cadre de l'énoncé.

```
V=1000
for k in range(5):
    V=V*1.02
```

2. Écrire une fonction Python economies qui renvoie la somme dont disposera l'épargnant au bout de n années, n étant une variable entière donnée en argument de la fonction.

3. Écrire une fonction Python seuil permettant de déterminer au bout de combien d'années il disposera d'au moins 1 200 €.

Utiliser un compteur

23 Un appareil d'usinage est calibré pour produire des vis dont le filetage a pour longueur 20 mm. Pour chaque vis, la longueur réelle peut varier légèrement par rapport à cette valeur, et la fonction usinage ci-dessous permet de simuler des valeurs pour un lot de vis.

```
from random import random

def usinage():
    lot=[]
    for k in range(100):
        filetage = 20+(random()-0.5)
        lot.append(filetage)
    return lot
```

1. Combien de vis comporte le lot obtenu ?

2. À quel intervalle appartiennent les longueurs de leurs filetages ?

3. Ajouter dans le programme une variable S compteur du nombre de vis dont le filetage est inférieur à 19,7 mm. La valeur finale de ce compteur sera renvoyée par la fonction usinage.

Utiliser une liste

24 Prévoir, dans chaque cas, les valeurs qui seront stockées dans la liste L.

1.
```
L=[]
for k in range(5):
    L.append(k**2)
```

2.
```
L=[2*k+1 for k in range(6)]
```

25 Sur un lac, un nénuphar occupe initialement une surface de 3 cm^2. Chaque semaine, il double de surface.
On considère la fonction Python nenuphar dont on donne le script ci-dessous.

```
def nenuphar(n):
    s=3
    for k in range(n):
        s=s*2
    return s
```

1. Expliquer ce que représente concrètement la valeur obtenue avec la saisie nenuphar(7).

2. Modifier la fonction pour qu'elle renvoie la liste des surfaces du nénuphar (exprimées en cm^2) pour les n premières semaines, où n est une variable entière fournie en argument de la fonction.

Utiliser un graphique

26 On considère le programme ci-dessous, qui permet d'obtenir une représentation graphique approchée d'une fonction *f*.

```
import matplotlib.pyplot as plt

def graph(n):
    L_x=[]
    L_y=[]
    for x in range(n):
        L_x.append(x)
        L_y.append(x**2+3)
    plt.plot(L_x,L_y)
    plt.show()
```

1. Sur quel intervalle la fonction sera-t-elle représentée après l'appel graph(5) ?

2. Quelle est la fonction *f* représentée ?

3. Modifier ce programme afin d'obtenir une représentation graphique de la fonction cube, puis indiquer la saisie permettant d'obtenir sa représentation sur l'intervalle [0 ; 20].

9. Programmation avec le langage Python

Présentation

L'interface est composée de deux parties : l'**éditeur** et la **console**.

Éditeur de programme

```
L = [3]
for i in range(6):
    L.append(2*L[i]+1)
```

- On saisit le programme dans l'éditeur.
- On va à la ligne après chaque instruction.
- Un commentaire doit être précédé d'un dièse : #.
- Une fois exécuté, le programme est mis en mémoire dans la console.

Console d'exécution

```
>>> %Run Memento2.py
>>> L
[3, 7, 15, 31, 63, 127, 255]
```

- Une instruction saisie dans la console est exécutée automatiquement.
- La console affiche le résultat du programme exécuté et/ou permet d'utiliser les fonctions définies dans ce programme.

Affectation et affichage

Affecter la valeur 3 à la variable A	A = 3
Affecter la valeur de B à la variable A	A = B
Afficher la valeur de la variable A	print(A)

Tests et conditions

A est-il égal à B ?	A == B	A est-il différent de B ?	A != B
A est-il strictement supérieur à B ?	A > B	A est-il strictement inférieur à B ?	A < B
A est-il supérieur ou égal à B ?	A >= B	A est-il inférieur ou égal à B ?	A <= B

Ces tests renvoient un booléen, c'est-à-dire soit la valeur **True** (vrai), soit la valeur **False** (faux).
Ils peuvent être combinés à l'aide des opérateurs logiques « et » (and) et « ou » (or).

A et B	A and B
A ou B	A or B

Instructions conditionnelles

L'indentation (le décalage vers la droite) générée par les deux points après le if et le else indique les instructions qui font partie de la structure conditionnelle.
Les accolades ne sont pas nécessaires.

Algorithme	Python
Si {condition C}	if {condition C} :
| **Alors** {instructions A}	{instructions A}
| **Sinon** {instructions B}	else :
Fin Si	{instructions B}

Boucle de répétition

L'indentation générée par les deux points après le for indique les instructions qui font partie de la boucle.
Le retour à la ligne en s'alignant sous for permet de sortir de la boucle.

Algorithme	Python
Pour i variant de 1 à n	for i in range(1, n+1) :
| {instructions}	{instructions}
Fin Pour	

La variable i parcourt tous les entiers de 0 à n – 1	for i in range(n) :
La variable i parcourt tous les entiers de d à n – 1	for i in range(d, n) :
La variable i parcourt tous les entiers de d jusqu'à l'entier immédiatement inférieur ou égal à n – 1 avec un pas égal à p	for i in range(d, n, p) :

Boucle conditionnelle

Comme pour if et for, on utilise l'indentation générée par les deux points après le while pour indiquer les instructions qui font partie de la boucle.
Les accolades ne sont pas nécessaires.

Algorithme	Python
Tant que {condition C}	while {condition C} :
| {instructions}	{instructions}
Fin Tant que	

Définir une fonction

Une fonction peut avoir un ou plusieurs paramètres, voire aucun paramètre.
Pour que cette fonction renvoie une valeur, on utilise l'instruction return.
Ci-contre, on peut aussi écrire return(y) *au lieu de* return y.
Une fois le code de la fonction exécuté, on peut appeler celle-ci dans la console.

```
def f(a, b, c, ...) :
    y = ...
    return y
```

```
>>> f(12, 5, 3, ...)
```

Opérations et fonctions prédéfinies

x à la puissance **n**	x**n	Valeur absolue de **x**	abs(x)
Reste de la division de **a** par **b**	a%b	Arrondi de **x** avec **n** chiffres après la virgule	round(x, n)
Quotient entier de la division de **a** par **b**	a//b		

Le module math

Importer toutes les fonctions du module math		from math import *	
La constante π	pi	La constante e	e
Racine carrée de **x**	sqrt(x)	Exponentielle de **x**	exp(x)
Sinus de **x**	sin(x)	Logarithme neperien de **x**	log(x)
Cosinus de **x**	cos(x)	Logarithme décimal de **x**	log10(x)

Le module random

Importer toutes les fonctions du module random	from random import *
Nombre décimal aléatoire compris entre 0 et 1	random()
Entier aléatoire compris entre **a** (inclus) et **b** (inclus)	randint(a, b)
Nombre décimal aléatoire compris entre **a** et **b**	uniform(a, b)

Les listes

Définir une liste **L** en extension	L = [a, b, c, d, e, ...]
Liste des entiers compris entre **a** et **b** (**a** et **b** entiers)	L = list(range(a, b+1))
Définir en compréhension la liste formée des éléments **f(x)** pour **x** parcourant la liste **L**	L = [f(x) for x in L]
Définir la liste formée des éléments **f(x)** pour **x** parcourant la liste **L** et vérifiant le *test* **T**	L = [f(x) for x in L if *test* T]
Définir la liste formée des éléments **f(k)** pour **k** entier variant de a à b	L = [f(x) for k in range(a, b+1)]
Définir la liste formée des éléments **f(k)** pour **k** entier variant de 0 à **n** – 1	L = [f(x) for k in range(n)]

Opérations sur les listes

Valeur du **k**^{e} élément de la liste **L**	L[k-1]	Concaténation de deux listes **L** et **L'**	L + L'
Longueur d'une liste **L**	len(L)	Ajout de l'élément **a** en fin de la liste **L**	L.append(a)
Suppression de l'élément d'indice **i** de la liste **L**	L.pop(i)	Suppression de la première occurrence de l'élément **c** dans la liste **L**	L.remove(c)

Chaînes de caractères

Une chaîne de caractères est définie entre guillemets simples « " » ou bien entre apostrophes « ' ».

Valeur du **k**^{e} caractère de la chaîne **C**	C[k-1]	Concaténation de deux chaînes de caractères **"abcd"** et **"efg"**	"abcd" + "efg" donne "abcdefg"
Longueur d'une chaîne de caractères **C**	len(C)		

10. Programmation en Python sur les calculatrices

Pour créer un programme

CASIO

1. Sélectionner le menu Python à l'aide des flèches du curseur, puis valider avec EXE.

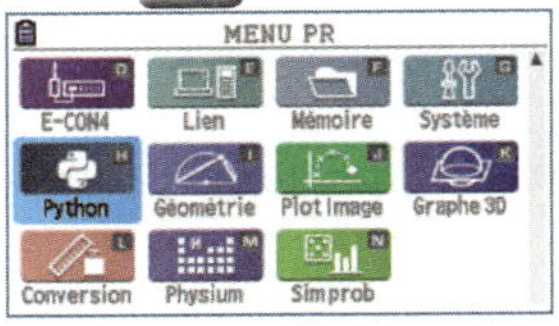

Sélectionner NEW (F3).

2. On complète au-dessous de « Nom du script » en donnant un nom au programme, puis on valide avec EXE. On se trouve dans l'éditeur, prêt à saisir les instructions.

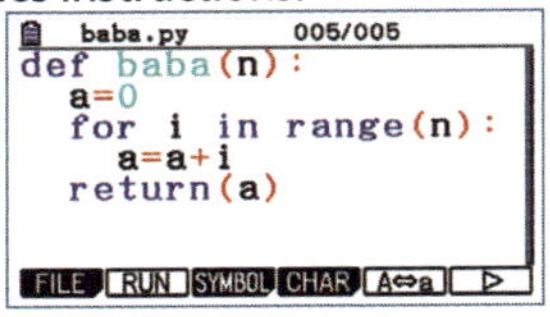

NUMWORKS

1. Sélectionner l'icône Python à l'aide des flèches du curseur, puis valider avec OK.

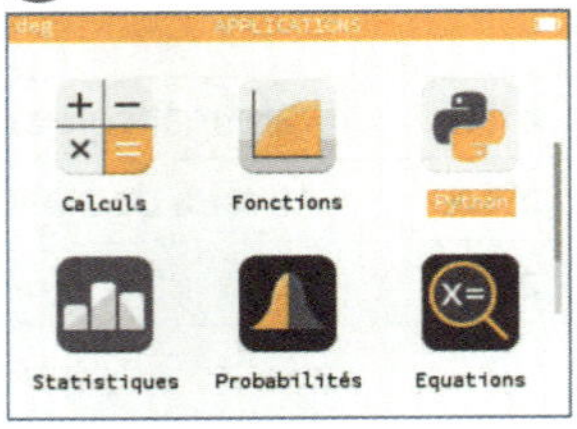

2. Sélectionner **Ajouter un script** avec les flèches, puis OK.
3. Donner un nom au programme (suivi de .py déjà noté), puis OK.

On se trouve alors dans l'éditeur :

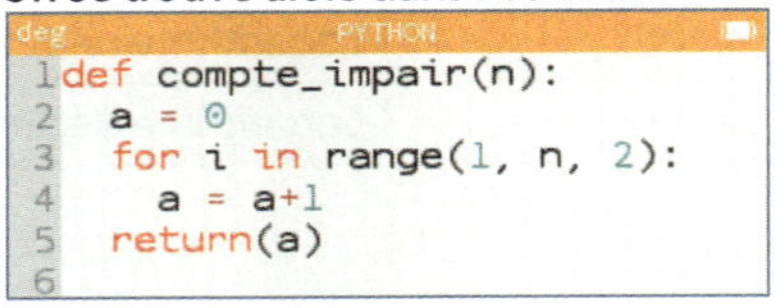

TEXAS

1. Appuyer sur la touche prgm, puis sélectionner le sous-menu **2 :Python App.**

Valider avec entrer.

2. Sélectionner **Nouv** (touche zoom).
3. Donner un nom au programme, suivi de **OK** (touche graphe).

On se trouve alors dans l'éditeur.

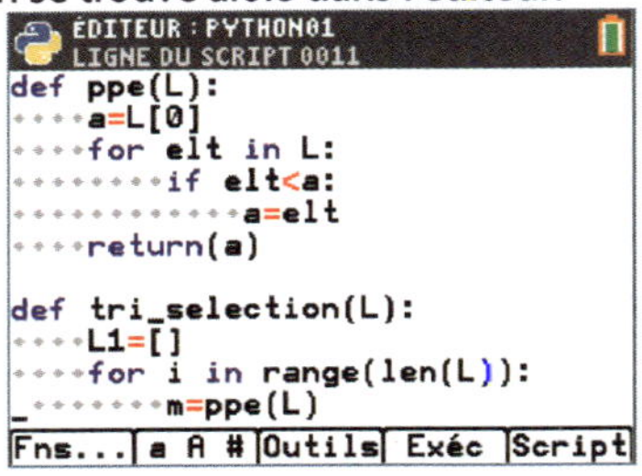

Pour saisir un programme

CASIO

On peut écrire les instructions lettre à lettre ou les chercher dans CATALOG (SHIFT 4).

Dans le catalogue, on trouve les instructions en tapant la première lettre de leur nom.

On accède aux catégories par **CAT** :

2:Built-in : donne accès à def:, return, for, if, while, and… ;

3:math : donne accès à la bibliothèque math ;

4:random : donne accès à la bibliothèque random.

On sélectionne l'instruction, suivi de EXE, afin de l'insérer dans l'éditeur.

On a accès à la barre d'outils suivante : FILE | RUN | SYMBOL | CHAR | A⇔a | ▷

1. En sélectionnant **SYMBOL** (F3), on a accès aux symboles suivants : : | ; | # | ' | "
2. Le menu **CHAR** (F4) donne accès aux lettres, aux chiffres ...
3. Par appui sur (F6) ▶, on accède aux onglets suivants : COMMAND | OPERAT | JUMP | SEARCH
4. En sélectionnant **COMMAND** (F1), on a accès aux instructions if, for et while.
5. En sélectionnant **OPERAT** (F2), on a accès aux fonctionnalités : = | ! | > | < | %

NUMWORKS

Utiliser les menus déroulants accessibles avec la touche Toolbox (paste).

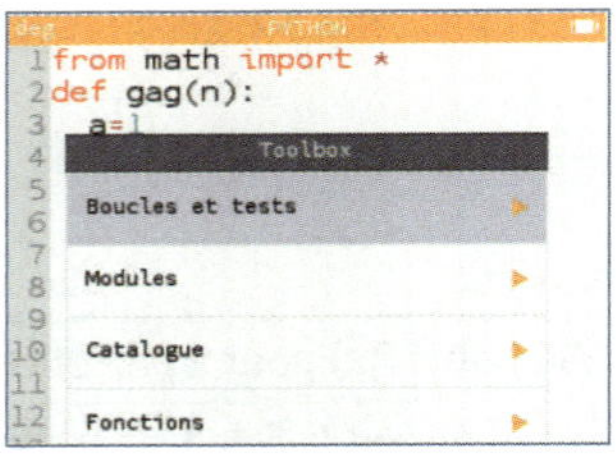

On passe d'un menu à l'autre avec les flèches du curseur.

Pour ouvrir le menu, on le sélectionne et on valide par OK.

1. Le menu Boucles et tests comprend quatre sous-menus : **For**, **If**, **While** et **Conditions** (comme x<y, x==y …)

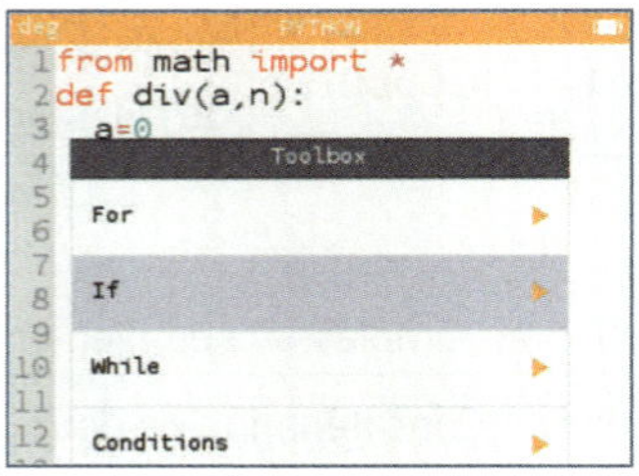

TEXAS

Dans l'éditeur, on a accès à différents menus en bas de l'écran :

1. Menu Fns (touche f(x)) : on a ensuite accès à plusieurs onglets :

- l'onglet **Fonc** donne accès à def fonction() et return.
- l'onglet **Ctl** permet de sélectionner toutes les instructions if, for, while …
- l'onglet **Ops** comprend les tests (x==y, x>y …) ainsi que les connecteurs or, and.
- l'onglet **List** permet d'accéder aux outils de gestion des listes : append(), min(), max(), len()…
- l'onglet **modul** permet d'accéder aux modules math et random (par exemple pour importer ces modules).

2. Menu aA# (touche fenêtre) : on dispose des lettres de l'alphabet en minuscule (passage en majuscule avec le menu **a<>A**), de certains symboles (#, ",…), des connecteurs and, or) et des booléens (True, False).

On appuie sur **Sélect** (touche trace) pour insérer le caractère voulu.

6. Les instructions relatives aux fonctions (def et return), et celles relatives aux importations de modules sont dans CATALOG.
Pour importer le module **math**, choisir **CAT**, puis **3:math** suivi de EXE et from math import*.
Pour le module **random**, choisir **CAT**, puis **4:random** et "from random import".

7. Pour enregistrer le programme, sélectionner **FILE** F1, puis **SAVE**.

La touche EXIT permet de sortir d'un menu.

2. Le menu Modules contient plusieurs modules (bibliothèques de fonctions) que l'on peut importer.
Par exemple : **math**, **cmath** ou **random**.
La liste des fonctions d'un module s'obtient en sélectionnant le module.

3. Le menu Catalogue comprend des fonctions comme **min**, **max**, **sin** …

4. Le menu Fonctions comprend les instructions **def function(x):** et **return**.

La touche ⮌ permet de revenir au menu précédent.

3. Menu Outils (touche zoom) :
il permet d'insérer une indentation, une ligne, de couper, copier ou coller une ligne.

4. Menu Exéc (touche trace) :
il permet l'exécution du programme.

5. Menu Script (touche graphe) :
il permet d'accéder à tous les programmes de la calculatrice.

On sort d'un menu avec la commande **Echap** (touche f(x)).

Pour exécuter un programme

• Une fois le programme saisi, on sélectionne **RUN** F1, puis on tape le nom de la fonction pour exécuter le programme dans la console.
On peut aussi accéder directement à la console en sélectionnant le menu Python, puis l'onglet **SHELL** F4.
Il faut alors importer les programmes souhaités, puis utiliser la fonction voulue.

```
>>>from baba import *
>>>baba(5)
```

On se place dans la console.
Pour cela :
– soit on revient à l'écran d'accueil de l'application Python accessible avec la touche ⮌, puis on choisit Console d'execution, puis OK.
– soit on se place sur l'icône de réglages ... à côté du nom du script, on valide avec OK, et on choisit Executer le script, suivi de OK.
On peut appeler une fonction après >>> (tous les scripts sont importés par défaut).

Dans le gestionnaire de scripts, sélectionner à l'aide des touches de défilement le programme voulu, puis sélectionner le menu **Exéc** (touche f(x)).

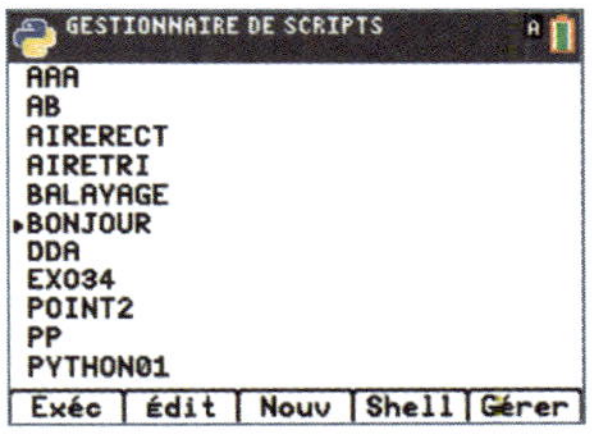

Pour supprimer ou renommer un programme

1. Supprimer un programme
Sélectionner le programme, puis utiliser **DELETE** F5.

2. Renommer un programme
Ouvrir le programme avec **OPEN** F2.
Choisir **FILE** F1, puis **SAVE-AS** F2.
Entrer le nouveau nom dans « nom du script », puis supprimer l'ancien programme.

1. Supprimer un script
Dans la liste des scripts, se positionner sur l'icône ... à côté du nom du script, puis OK, puis **Supprimer le script** et valider.

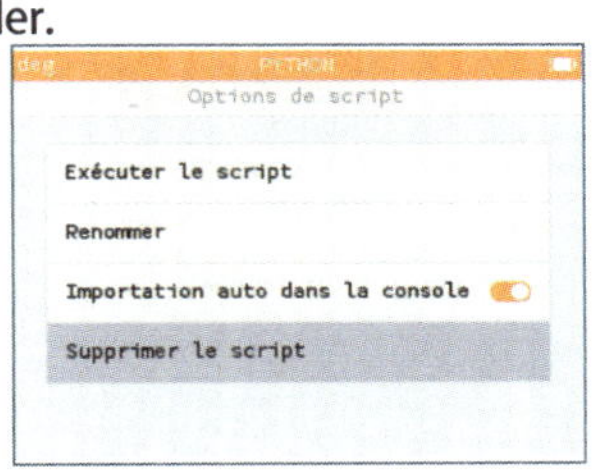

2. Renommer un script
Dans la liste des scripts, se positionner sur l'icône de réglages ..., puis OK, puis **Renommer** et valider.

1. Supprimer un script
Dans le gestionnaire de scripts, sélectionner le menu **Gérer** (touche graphe), puis choisir **2:Supprimer le script**, suivi de entrer, puis **OK** (touche graphe).

2. Renommer un script
Dans le gestionnaire de scripts, sélectionner le menu **Gérer** (touche graphe), puis choisir **3:Renommer le script**, suivi de entrer.
Saisir le nouveau nom, et **OK** (touche graphe).

PROGRAMME 2020

Collection

Indice

MATHS

Tle

ENSEIGNEMENT COMMUN
SÉRIES TECHNOLOGIQUES

Sous la direction de

Michel PONCY

Denis VIEUDRIN

Fabrice AYMERICH

Sophia AYMERICH

Jean-Louis BONNAFET

Nicolas BUYLE-BODIN

Sébastien CANTE

Fabien CAYLA

Franck CHEVRIER

Nicolas EHRSAM

Céline GAILLARD

Catherine LEBERT

bordas
éditeur

Les partenaires numériques de la collection Indice

CASIO · Texas Instruments · CABRILOG · GeoGebra · NUMWORKS · m@ths et tiques

SOMMAIRE

5 PROBABILITÉS CONDITIONNELLES

6 VARIABLES ALÉATOIRES DISCRÈTES

LES COMPLÉMENTS

LES PICTOS DU MANUEL

LES COMPÉTENCES

Les compétences du programme sont indiquées dans certains exercices.

RAISONNER · CHERCHER · MODÉLISER · CALCULER · REPRÉSENTER · COMMUNIQUER

LES CORRIGÉS DÉTAILLÉS

18 Les **solutions succinctes** des exercices avec une **puce verte** sont situées en fin de manuel. Pour les exercices *Pour travailler en autonomie* et certains sujets de bac, des **corrigés rédigés et détaillés** sont disponibles en version numérique. Vous pouvez accéder à ces ressources en **flashant la page** avec votre smartphone (voir rabat B) ou via le site élève **lycee.editions-bordas.fr**

bordas Flash PAGE corrigés détaillés

LES RESSOURCES NUMÉRIQUES

vidéo · animation · fichier GeoGebra/Cabri · fichier Python · fichier Tableur · fichier Formel

LES AUTRES PICTOS

- ALGO — Algorithme
- PYTHON — Programmation
- LOGIQUE — Vocabulaire ensembliste et logique
- ORAL — Exercice à l'oral
- CALC — Utilisation d'une calculatrice
- TABLEUR — Utilisation d'un tableur
- GÉOMÉTRIE — Utilisation d'un logiciel de géométrie dynamique
- FORMEL — Utilisation d'un logiciel de calcul formel
- MATHS & .... — Exercices transdisciplinaires

SOMMAIRE

Liste des capacités traitées dans le manuel

Toutes les capacités mathématiques à maîtriser lors de l'année de Terminale sont développées dans les chapitres du manuel (voir la liste p. 4).

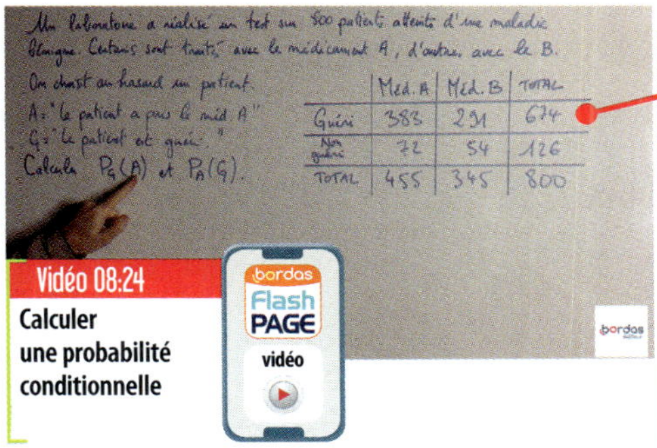

▲ Des **vidéos** sont disponibles pour revoir à votre rythme ce qui est appris en classe. Elles sont accessibles en **flashant la page** avec votre smartphone (voir rabat B) ou en allant sur **lycee.editions-bordas.fr**.

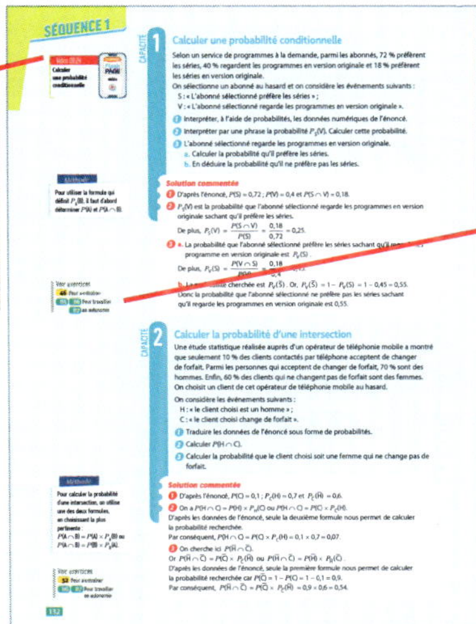

Pour être prêt le jour J !

Voir exercices
46 Pour s'entraîner
85 86 Pour travailler
87 en autonomie

▲ Pour chaque capacité, vous pouvez vérifier que vous avez bien assimilé la notion mathématique étudiée en **révisant avec les exercices corrigés** (verts) des pages ***Pour travailler en autonomie***.

▼ **L'essentiel à connaître** pour l'épreuve écrite.

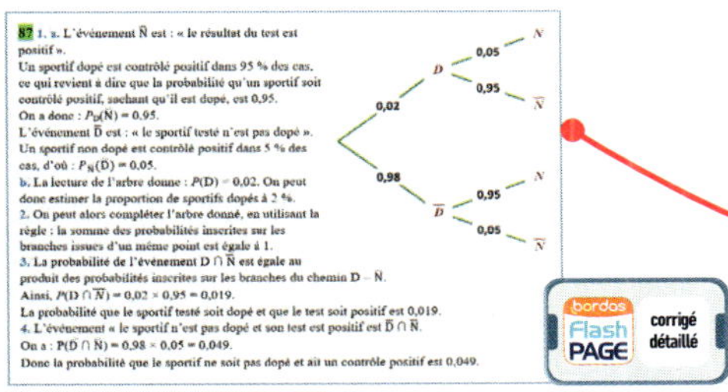

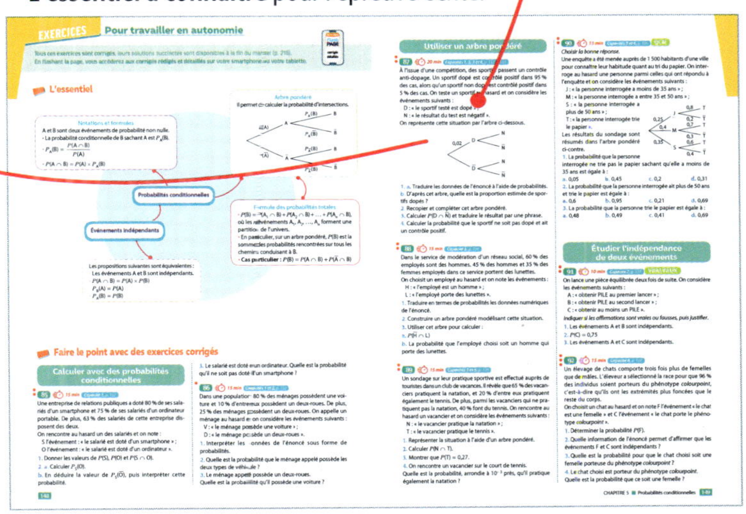

▲ Tous les exercices ***Pour travailler en autonomie*** ont un **corrigé rédigé et détaillé** accessible en **flashant la page** avec votre smartphone (voir rabat B) ou en allant sur **lycee.editions-bordas.fr**.

⏱ *15 min* Un temps indicatif est donné pour vous apprendre à gérer votre temps.

Les pages *Cap vers le Bac* permettent de réviser l'épreuve écrite de fin d'année.

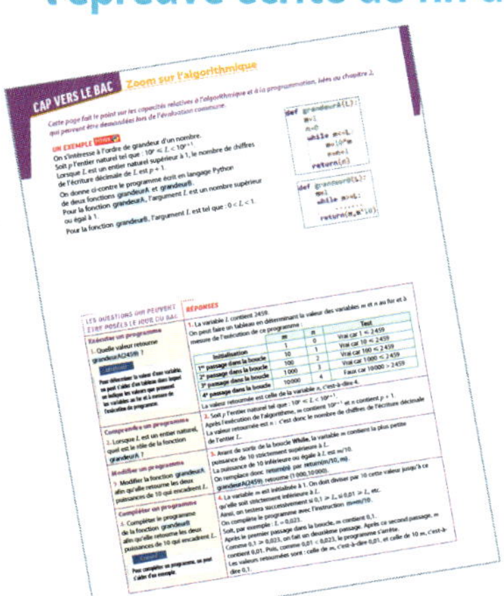

▲ Des pages ***Zoom sur l'algorithmique*** ou ***Zoom sur le tableur*** pour se préparer aux exercices spécifiques sur ce sujet.

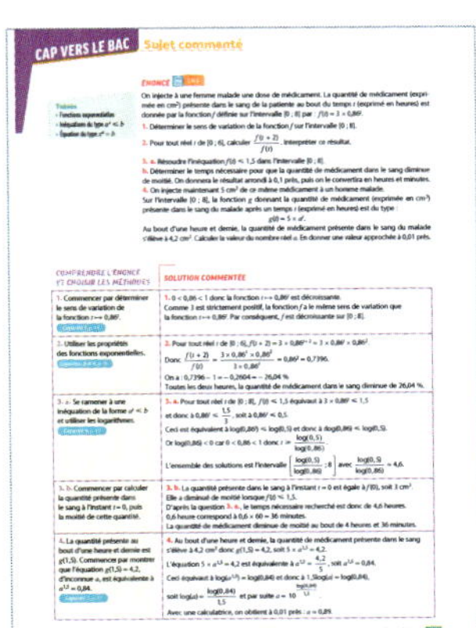

▲ Un ***Sujet commenté*** pour comprendre les **méthodes** et apprendre à bien **rédiger**. Les **capacités à maîtriser sont indiquées**.

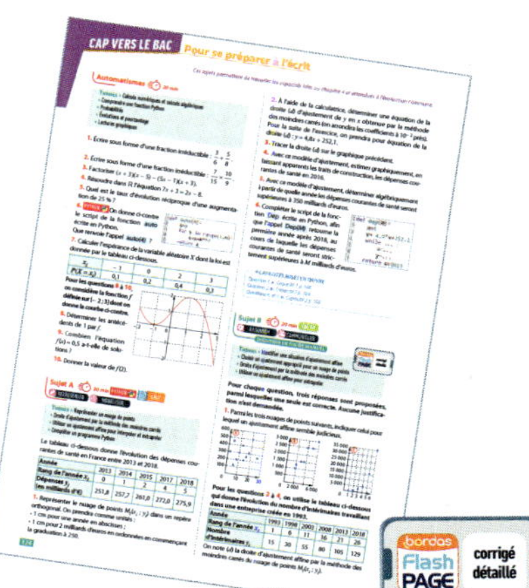

▲ Des **sujets de bac pour s'entraîner** avec pour certains des **corrigés rédigés et détaillés**. Là aussi, pour chaque sujet, **les capacités à maîtriser sont indiquées**.

Se tester pour un BON DÉPART

Calculer des termes d'une suite

1 Soit (u_n) la suite définie pour tout entier naturel n par $u_n = 2n^2 + 3$. Déterminer :

a. u_0 **b.** u_1 **c.** u_2 **d.** u_{10}

2 Soit (v_n) la suite définie par son premier terme $v_0 = 4$ et la relation $v_{n+1} = 2v_n - 3$ pour tout entier naturel n. Déterminer :

a. v_1 **b.** v_2 **c.** v_3 **d.** v_5

3 TABLEUR QCM *Choisir la ou les bonnes réponses.*

Soit (u_n) la suite définie par son premier terme $u_0 = 2$ et la relation $u_{n+1} = 3u_n + 1$ pour tout entier naturel n.

On utilise un tableur pour calculer les premiers termes de cette suite dans la colonne **B**.

Parmi les formules suivantes, choisir celle qui, saisie dans la cellule **B3**, permet de compléter la colonne **B** par recopie vers le bas.

	A	B
1	n	u_n
2	0	2
3	1	

a. =3*B2+1 **b.** =3*$B2+1 **c.** =3*A2+1 **d.** =3*B1+1

Utiliser une suite arithmétique

4 Soit (u_n) la suite arithmétique de premier terme $u_0 = 5$ et de raison 2.

1. Calculer u_1, u_2 et u_3.
2. Écrire une relation entre u_{n+1} et u_n.

5 QCM *Choisir la ou les bonnes réponses.*

La suite (v_n) définie de la manière suivante, pour n appartenant à $\mathbb{N}$, est arithmétique :

a. $\begin{cases} v_0 = 5 \\ v_{n+1} = 3 - v_n \end{cases}$ **b.** $\begin{cases} v_0 = -3 \\ v_{n+1} = v_n + 2n \end{cases}$ **c.** $\begin{cases} v_0 = 2 \\ v_{n+1} = v_n + 7 \end{cases}$ **d.** $\begin{cases} v_0 = -2 \\ v_{n+1} = 2v_n + 3 \end{cases}$

Utiliser une suite géométrique

6 CALC Soit (u_n) la suite géométrique de premier terme $u_0 = 1\,200$ et de raison 1,5.

1. Calculer u_1, u_2 et u_3.
2. Écrire une relation entre u_{n+1} et u_n.
3. Avec la calculatrice, déterminer le 11e terme de la suite (u_n).

7 CALC Le salaire d'embauche d'un employé est de 25 600 € annuel. Son contrat prévoit une augmentation annuelle de 2 %.

On note $u_0 = 25\,600$ et, pour tout entier naturel n non nul, u_n est le salaire annuel en euros au bout de n années.

1. Calculer u_1, puis u_2.
2. Exprimer u_{n+1} en fonction de u_n, puis déterminer la nature de la suite (u_n).
3. À l'aide de la calculatrice, déterminer le salaire annuel au bout de 8 ans.

POUR VOUS AIDER → Rappels .... page 198

SUITES NUMÉRIQUES

CHAPITRE **1**

Selon le bilan de la population de loups réalisé par l'Office National de la Chasse et de la Faune Sauvage (ONCFS), le seuil des 500 loups en France a été dépassé durant l'hiver 2018. « Depuis que les loups sont revenus en 1992, leur population augmente. Aujourd'hui, elle augmente même de façon exponentielle », indique la responsable. Dans ces conditions, on peut modéliser l'évolution de la population de loups à l'aide d'une suite géométrique.

Voir exercice 104 page 25

LES NOTIONS DU CHAPITRE

- **Moyenne arithmétique et moyenne géométrique**
- **Suites arithmétiques : terme général et somme des premiers termes**
- **Suites géométriques : terme général et somme des premiers termes**

bordas Flash PAGE

RESSOURCES NUMÉRIQUES

Téléchargez l'application FlashPage, puis scannez la page indiquée pour consulter votre ressource sur smartphone ou tablette.

Vidéos .... pp. 10, 14
Animation .... p. 9
Corrigés détaillés .... pp. 28, 29, 37

Activité 1 — Hep, taxi !

Objectif

Réactiver la notion de suite arithmétique et découvrir l'expression de son terme général.

Une compagnie de taxi propose en semaine la course au tarif suivant :
le client paye 2,50 € de prise en charge, puis 0,81 € par kilomètre parcouru.
On pose $u_0 = 2{,}5$ et, pour tout entier naturel n non nul, on note u_n le prix payé par le client pour une course de n kilomètres.

1 **a.** Vérifier que $u_1 = 3{,}31$.
b. Déterminer u_2 et u_3.

2 **a.** Exprimer u_{n+1} en fonction de u_n.
b. En déduire la nature de la suite (u_n).

3 La compagnie de taxi organise une journée promotionnelle au cours de laquelle la prise en charge de 2,50 € est offerte.
Quelle somme un client déboursera-t-il pour une course de n kilomètres ?

4 **a.** En déduire l'expression du prix u_n d'une course de taxi de n kilomètres hors promotion.
b. À l'aide de cette expression, déterminer le prix payé par un client pour une course de 12 km.

Activité 2 — Histoire de sommes

Objectif

Découvrir l'expression de la somme des termes consécutifs d'une suite arithmétique.

Le texte ci-dessous est de Leonhard Euler et date de 1774.
Dans cet extrait, le mot « progression » doit être compris comme « suite ».

> Pour parvenir donc à déterminer la somme de la progression proposée, on écrira dessous, terme pour terme, la même progression prise à rebours, et on fera l'addition des termes correspondants, comme il suit :

2	+ 5	+ 8	+ 11	+ 14	+ 17	+ 20	+23	+ 26	+ 29
29	+ 26	+ 23	+ 20	+ 17	+ 14	+ 11	+ 8	+ 5	+ 2
31	+ 31	+ 31	+ 31	+ 31	+ 31	+ 31	+ 31	+ 31	+ 31

> Cette suite de termes égaux est évidemment égale au double de la somme de la progression proposée ; or le nombre de ces termes égaux est 10, comme dans la progression, et leur somme, par conséquent, est égale à 10 × 31 = 310. Ainsi, puisque cette somme est le double de la somme de la progression arithmétique, il faut que cette somme cherchée soit égale à 155.

Point Histoire

De nationalité suisse, **Leonhard Euler** (1707-1783) est un des plus grands mathématiciens du XVIIIe siècle.
Ses travaux couvrent tout le champ des mathématiques, de la mécanique céleste et de la physique de son époque.

1 On se pose deux questions pour bien comprendre ce texte.
a. Préciser le sens de l'expression : « et on fera l'addition des termes correspondants ».
b. À quelle valeur fait référence l'expression : « cette suite de termes égaux » ?

2 On considère la suite arithmétique de premier terme – 2 et de raison 3.
a. Écrire les dix premiers termes de cette suite.
b. En suivant la démarche d'Euler, calculer la somme S de ces dix termes.
c. Si on note p le premier terme et d le dixième, dire pourquoi la somme S est égale à :

$$\frac{10(p+d)}{2}.$$

3 En utilisant la méthode d'Euler, calculer la somme des neuf premiers termes de la suite arithmétique de premier terme 32 et de raison – 3.

Cours 1

Moyenne arithmétique – Croissance linéaire

• Soit x, y et z trois nombres consécutifs d'une suite arithmétique de raison r : ils vérifient les relations $y = x + r$ et $z = y + r$. On en déduit $y = z - r$, d'où $y + y = x + r + z - r$, soit $2y = x + z$. Ainsi $y = \dfrac{x+z}{2}$.

On dit que y est la moyenne arithmétique des deux nombres x et z.

À noter
Cette notion se généralise : la moyenne arithmétique de n nombres est : $\dfrac{x_1 + x_2 + \ldots + x_n}{n}$.

DÉFINITION La **moyenne arithmétique** de deux nombres est la demi-somme de ces deux nombres. Ainsi, la moyenne arithmétique c des nombres a et b est $c = \dfrac{a+b}{2}$.

La moyenne arithmétique de deux nombres est caractérisée par le fait qu'elle est à égale distance de ces deux nombres.

• Pour une suite arithmétique, la variation $u_{n+1} - u_n$ est constante et la représentation graphique des points $(n\,;u_n)$ est constituée de points alignés. On peut énoncer :

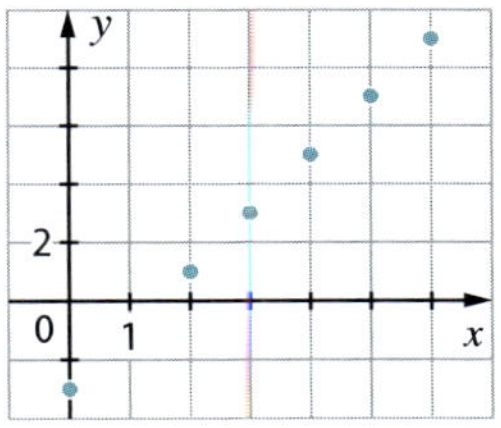

DÉFINITION Une suite arithmétique est liée à la notion de **croissance** (ou de décroissance) **linéaire**.

Expression du terme général d'une suite arithmétique

Soit (u_n) une suite arithmétique de raison r. On a : $u_1 = u_0 + r$ et $u_2 = u_1 + r$, donc $u_2 = (u_0 + r) + r = u_0 + 2r$; $u_3 = u_2 + r = (u_0 + 2r) + r = u_0 + 3r\ldots$

On conjecture et on admet l'égalité $u_n = u_0 + nr$ pour tout entier naturel n.

PROPRIÉTÉ Soit (u_n) une suite arithmétique de raison r. Pour tout entier naturel n, le terme général de la suite (u_n) s'écrit :

$$u_n = u_0 + nr \quad \text{et} \quad u_n = u_1 + (n-1)r.$$

EXEMPLE : La suite arithmétique de premier terme $u_0 = -5$ et de raison $r = 3$ a pour terme général $u_n = -5 + 3n$. On peut alors calculer n'importe quel terme de cette suite, par exemple $u_{27} = -5 + 3 \times 27 = 76$.

Somme des n premiers termes d'une suite arithmétique

À noter
Quand le premier terme est u_1, on a : $S = \sum_{i=1}^{n} u_i = n\dfrac{u_1 + u_n}{2}$.

PROPRIÉTÉ La somme des n premiers termes de la suite arithmétique (u_n) de premier terme u_0 et de raison r est : $S = u_0 + u_1 + \ldots + u_{n-1} = n\dfrac{u_0 + u_{n-1}}{2}$.

NOTATION
On peut noter $u_0 + u_1 + \ldots + u_{n-1}$ sous la forme $\sum_{i=0}^{n-1} u_i$.

À RETENIR La somme des termes consécutifs d'une suite arithmétique est :

$$S = \text{nombre de termes} \times \frac{\text{premier terme} + \text{dernier terme}}{2}.$$

Animation
Somme des n premiers naturels
bordas Flash PAGE animation

Cas particulier :
La somme des n premiers entiers naturels non nuls est : $1 + 2 + \ldots + n = \sum_{i=1}^{n} i = \dfrac{n(n+1)}{2}$.

EXEMPLE : $1 + 2 + \ldots + 36 = \sum_{i=1}^{36} i = \dfrac{36 \times 37}{2} = 666$

CAPACITÉ 1

Prouver que trois nombres sont les termes consécutifs d'une suite arithmétique

Dans chacun des cas suivants, déterminer si les trois nombres donnés sont les termes consécutifs d'une suite arithmétique.

1 $x = 123$, $y = 147$ et $z = 171$.

2 $x = 53$, $y = 97$ et $z = 139$.

Méthode

Pour prouver que trois nombres x, y et z sont les termes consécutifs d'une suite arithmétique, on calcule les nombres $y - x$ et $z - y$, puis on montre qu'ils sont égaux.

Solution commentée

1 On calcule l'écart entre x et y : $y - x = 147 - 123 = 24$. Ainsi $y = x + 24$.
On calcule l'écart entre y et z : $z - y = 171 - 147 = 24$. Ainsi $z = y + 24$.
Comme $y = x + 24$ et $z = y + 24$, les trois nombres x, y et z sont les termes consécutifs d'une suite arithmétique.
On peut noter que le terme du milieu y est alors la moyenne arithmétique des deux termes extrêmes x et z : $\frac{x+z}{2} = \frac{123+171}{2} = 147 = y$.

2 On calcule l'écart entre x et y : $y - x = 97 - 53 = 44$. Ainsi $y = x + 44$.
On calcule l'écart entre y et z : $z - y = 139 - 97 = 42$. Ainsi $z = y + 42$.
Comme $y = x + 44$ et $z = y + 42$, les trois nombres x, y et z ne sont pas les termes consécutifs d'une suite arithmétique.
On peut noter que le terme du milieu y n'est pas la moyenne arithmétique des deux termes extrêmes x et z : $\frac{x+z}{2} = \frac{53+139}{2} = 96$ alors que $y = 97$.

Voir exercices
58 Pour s'entraîner
120 121 Pour travailler en autonomie

CAPACITÉ 2

Exprimer en fonction de n le terme général d'une suite arithmétique

Vidéo 05:59
Exprimer le terme général d'une suite arithmétique
bordas Flash PAGE vidéo

1 Soit (u_n) la suite arithmétique de premier terme $u_0 = -4$ et de raison $r = 3$.
a. Donner l'expression du terme général de la suite (u_n).
b. En déduire la valeur du 33e terme de la suite.
c. À partir de quelle valeur de n a-t-on $u_n > 150$?

2 Soit (v_n) la suite arithmétique de premier terme $v_1 = 47$ et de raison $r = -5$.
a. Donner l'expression du terme général de la suite (v_n).
b. En déduire la valeur de v_{15}.
c. À partir de quelle valeur de n a-t-on $v_n \leqslant -50$?

Solution commentée

1 a. La suite (u_n) est arithmétique de premier terme u_0, donc on utilise la formule du cours $u_n = u_0 + nr$ en remplaçant u_0 et r par leurs valeurs respectives.
Ainsi, on obtient $u_n = -4 + 3n$ pour tout entier naturel n.
b. Comme le premier terme de la suite (u_n) est le terme d'indice 0, le 33e terme est le terme d'indice 32. On remplace donc n par 32 dans l'expression de u_n et on obtient $u_{32} = -4 + 3 \times 32 = 92$.
c. On cherche le plus petit entier n tel que $u_n > 150$, soit $-4 + 3n > 150$.
On a donc $3n > 154$, soit $n > \frac{154}{3}$ avec $\frac{154}{3} \approx 51{,}33$.
Puisque n est entier, on obtient $u_n > 150$ à partir de la valeur $n = 52$.

Méthode

Pour calculer un terme d'une suite arithmétique, on utilise l'expression du terme général de cette suite.

2 a. La suite (v_n) est arithmétique de premier terme v_1 donc, pour déterminer le terme général de la suite, on utilise la formule $v_n = v_1 + (n-1)r$, soit $v_n = 47 + (n-1) \times (-5)$.
On obtient $v_n = 52 - 5n$ pour tout entier naturel n.
b. On remplace n par 15 dans l'expression de v_n, on obtient alors $v_{15} = 52 - 5 \times 15$, soit $v_{15} = -23$.
c. On cherche le plus petit entier n tel que $v_n \leqslant -50$, soit $52 - 5n \leqslant -50$.
On a donc $-5n \leqslant -102$, soit $5n \geqslant 102$, soit $n \geqslant \frac{102}{5}$, c'est-à-dire $n \geqslant 20{,}4$.
Comme n est entier, on obtient $v_n \leqslant -50$ à partir de la valeur $n = 21$.

Voir exercices
64 65 Pour s'entraîner
122 123 Pour travailler en autonomie

CAPACITÉ 3

Déterminer la raison d'une suite arithmétique modélisant une évolution

Une agence de baby-sitting propose des prestations de garde d'enfants à domicile au tarif suivant : les clients payent une cotisation annuelle de 150 € à laquelle s'ajoutent 20 € par heure de garde.

Pour tout entier naturel n, on note u_n le prix total payé par une famille pour n heures de garde durant l'année. On a donc $u_0 = 150$.

1 Calculer u_1 et u_2.

2 Exprimer u_{n+1} en fonction de u_n, puis en déduire la nature de la suite (u_n) et préciser sa raison.

3 a. Déterminer l'expression du terme général u_n.
b. En déduire le prix payé par une famille pour 52 heures de garde.

4 De combien d'heures de garde a bénéficié une famille ayant payé 970 € ?

Méthode

Quand une évolution donnée reste constante dans le temps, la variation absolue entre deux mesures consécutives est la raison de la suite arithmétique modélisant l'évolution.

Solution commentée

1 u_1 est le prix à payer en euros pour une heure de garde : $u_1 = 150 + 20 = 170$.
u_2 est le prix à payer en euros pour deux heures de garde : $u_2 = 150 + 2 \times 20 = 190$.

2 Chaque heure de garde supplémentaire coûte 20 € ; on a donc :

$$u_{n+1} = u_n + 20 \text{ pour tout entier naturel } n.$$

Ainsi, la suite (u_n) est une suite arithmétique de raison $r = 20$.

3 a. On déduit de la question 2 que, pour tout entier naturel n :

$$u_n = u_0 + 20n, \text{ soit } u_n = 150 + 20n.$$

b. Le prix payé par une famille pour 52 heures de garde est :

$$u_{52} = 150 + 20 \times 52, \text{ soit } 1\,190 \text{ €}.$$

4 On cherche le nombre d'heures de garde n tel que $u_n = 970$, c'est-à-dire tel que $150 + 20n = 970$, soit $20n = 820$, soit $n = \frac{820}{20} = 41$.

La famille a bénéficié de 41 heures de garde.

Voir exercices
72 Pour s'entraîner
124 Pour travailler en autonomie

CAPACITÉ 4

Calculer la somme des n premiers termes d'une suite arithmétique TABLEUR

Fichier tableur
Disponible sur lycee.editions-bordas.fr

Soit (u_n) la suite arithmétique de premier terme $u_0 = 192$ et de raison $r = 24$.

1 Calculer la somme des huit premiers termes de cette suite.

2 On veut retrouver le résultat précédent à l'aide d'un tableur. La colonne **A** d'une feuille de calcul contient les indices et la colonne **B** les termes de la suite. Quelle formule doit-on écrire en **C3** pour que, par recopie vers le bas, la colonne **C** contienne les sommes partielles des termes de la suite ?

	A	B	C
1	n	u_n	
2	0	192	192
3	1	216	
4	2	240	
5	3	264	
6	4	288	
7	5	312	
8	6	336	
9	7	360	

Méthode

Pour utiliser la formule de la somme, commencer par calculer le premier et le dernier terme de la suite.

Solution commentée

1 La somme des huit premiers termes de cette suite est $S = u_0 + \ldots + u_7$.

Pour pouvoir utiliser la formule $S = 8 \times \frac{u_0 + u_7}{2}$, il faut commencer par déterminer la valeur de u_7. On sait que $u_7 = 192 + 7 \times 24$, soit $u_7 = 360$.

On en déduit que $S = 8 \times \frac{u_0 + u_7}{2} = 8 \times \frac{192 + 360}{2}$, soit $S = 2\,208$.

2 On peut utiliser le principe de l'accumulateur, vu en Première : la formule `=B3+C2` écrite en **C3** permet de calculer les sommes partielles et d'obtenir, par recopie vers le bas, la valeur de S dans la cellule **C9**.

Voir exercices
75 Pour s'entraîner
125 126 Pour travailler
127 en autonomie

Activité 3

Au cinéma !

Objectif

Revoir la notion de suite géométrique et découvrir l'expression du terme général de ce type de suite.

En France, la fréquentation totale des salles de cinéma en 2018 était d'environ 200 millions d'entrées. On fait l'hypothèse que cette fréquentation augmente de 2 % par an. Pour tout entier naturel n, on note C_n la fréquentation des salles de cinéma en France, exprimée en millions d'entrées, au cours de l'année $2018 + n$.
Ainsi, $C_0 = 200$.

1 Calculer C_1, puis C_2.

2 Exprimer C_{n+1} en fonction de C_n.
En déduire la nature de la suite (C_n).

3 **a.** Déterminer le coefficient multiplicateur associé au taux global d'évolution après cinq augmentations de 2 %. On donnera une valeur approchée à 0,001 près.

b. En déduire une estimation, au million d'entrées près, de la fréquentation des salles de cinéma en 2023, c'est-à-dire de C_5.

4 **a.** Exprimer, en fonction de n, le coefficient multiplicateur associé au taux global d'évolution après n augmentations de 2 %.

b. En déduire l'expression, en fonction de n, du nombre C_n d'entrées en $2018 + n$.

Activité 4

Déchets électroniques TABLEUR

Objectif

Découvrir l'expression de la somme des termes consécutifs d'une suite géométrique.

Chaque année, nous jetons des appareils électroniques : vieux téléphones mobiles, télévisions, lecteurs MP3, ordinateurs obsolètes… Ces équipements jetés représentent, en 2019, environ 20 kg par an et par personne en France, et des études montrent que cette quantité de déchets augmente de 4 % par an.
On note u_0 le nombre de kilogrammes de déchets produits par une famille de quatre personnes en 2019 et, pour tout entier naturel n non nul, u_n le nombre de kilogrammes de déchets produits par cette même famille en $2019 + n$.

1 **a.** Justifier que (u_n) est une suite géométrique, puis donner l'expression de son terme général.

b. Quelle serait la quantité de déchets produits par cette famille en 2021 ?

c. Calculer le nombre total de kilogrammes de déchets produits par cette famille de 2019 à 2021.

2 On suppose que cette tendance se poursuit et on souhaite connaître le nombre total de kilogrammes de déchets produits par cette famille de 2019 à 2028.
Pour éviter un calcul fastidieux, on a recours à une feuille de calcul d'un tableur, représentée ci-contre.

	A	B	C
1	Année	Indice n	déchets u_n
2	2019	0	80
3	2020	1	83,2
4	2021	2	86,528
5	2022	3	89,98912
6	2023	4	93,5886848
7	2024	5	97,3322322
8	2025	6	101,225521
9	2026	7	105,274542
10	2027	8	109,485524
11	2028	9	113,864945
12		Cumul	960,48857

a. Quelle formule a-t-on saisie dans la cellule **C3**, puis recopiée vers le bas, pour obtenir les termes de la suite (u_n) ?

b. Quelle formule a-t-on saisie dans la cellule **C12** ?

3 On note $S = u_0 + u_1 + \ldots + u_9$.

a. Montrer que $1{,}04S = u_1 + u_2 + \ldots + u_{10}$.

b. En déduire que $0{,}04S = u_{10} - u_0$, soit $S = \dfrac{u_{10} - u_0}{0{,}04}$, puis que $S = u_0 \times \dfrac{1{,}04^{10} - 1}{1{,}04 - 1}$.

c. Calculer S et comparer avec le résultat fourni par le tableur.

Cours 2

Moyenne géométrique – Croissance exponentielle

Soit x, y et z trois nombres strictement positifs consécutifs d'une suite géométrique de raison q.
Ils vérifient $y = x \times q$ et $z = y \times q$.
On en déduit $y = \frac{z}{q}$, d'où $y \times y = (x \times q)\frac{z}{q}$, soit $y^2 = x \times z$ et donc $y = \sqrt{xz}$.
On dit que y est la moyenne géométrique des deux nombres x et z.

À noter
La moyenne géométrique de deux nombres positifs a et b est le nombre positif c tel que $\frac{a}{c} = \frac{c}{b}$.

DÉFINITION La **moyenne géométrique** de deux nombres positifs est la racine carrée du produit de ces deux nombres.
Ainsi, la moyenne géométrique c des nombres positifs a et b est $c = \sqrt{ab}$.

Pour une suite géométrique telle que u_0 et q sont non nuls, le quotient $\frac{u_{n+1}}{u_n}$ est constant et la représentation graphique des points de coordonnées $(n\,;u_n)$ a une allure semblable à la représentation ci-contre.
On peut énoncer :

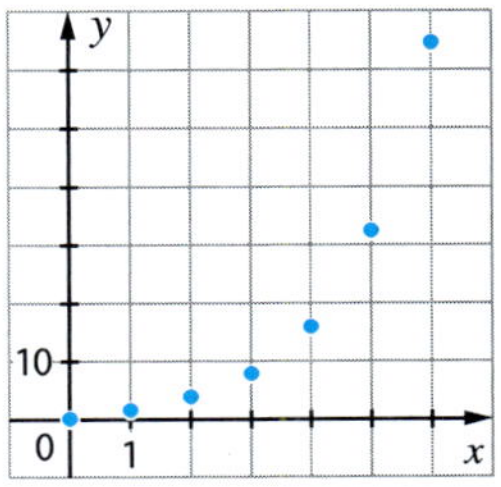

DÉFINITION Une suite géométrique est liée à la notion de **croissance, ou de décroissance, exponentielle**.

Expression du terme général d'une suite géométrique

Soit (u_n) une suite géométrique de raison q, avec $q > 0$. On a :
$u_1 = u_0 \times q$ et $u_2 = u_1 \times q$, donc $u_2 = (u_0 \times q) \times q = u_0 \times q^2$;
$u_3 = u_2 \times q = (u_0 \times q^2) \times q = u_0 \times q^3 \ldots$
On conjecture et on admet l'égalité $u_n = u_0 \times q^n$ pour tout entier naturel n.

PROPRIÉTÉ Soit (u_n) une suite géométrique de raison q, avec $q > 0$.
Pour tout entier naturel n, $u_n = u_0 \times q^n$ et $u_n = u_1 \times q^{n-1}$.

EXEMPLE : La suite géométrique de premier terme $u_0 = 64$ et de raison $q = 1{,}5$ a pour terme général $u_n = 64 \times 1{,}5^n$. On peut alors calculer n'importe quel terme de cette suite, comme $u_8 = 64 \times 1{,}5^8 = 1\,640{,}25$.

Somme des n premiers termes d'une suite géométrique

À noter
Quand le premier terme est u_1, on utilise la relation $S = \sum_{i=1}^{n} u_i = u_1 \frac{1-q^n}{1-q}$.

PROPRIÉTÉ La somme des n premiers termes de la suite géométrique (u_n) de premier terme u_0 et de raison q (avec $q \neq 1$) est : $S = u_0 + u_1 + \ldots + u_{n-1} = u_0 \times \frac{1-q^n}{1-q}$.

NOTATION
On peut noter $u_0 + u_1 + \ldots + u_{n-1}$ sous la forme $\sum_{i=0}^{n-1} u_i$.

À RETENIR La somme des termes consécutifs d'une suite géométrique est :

$$\text{Premier terme} \times \frac{1 - \text{raison}^{\text{nombre de termes}}}{1 - \text{raison}}.$$

Cas particulier : Pour q différent de 1, $\sum_{i=0}^{n-1} q^i = 1 + q + q^2 + \ldots + q^{n-1} = \frac{1-q^n}{1-q}$.

EXEMPLE : $1 + 2 + 2^2 + \ldots + 2^{10} = \frac{1-2^{11}}{1-2} = 2\,047$.

CAPACITÉ 5

Prouver que trois nombres sont les termes consécutifs d'une suite géométrique

Dans chacun des cas suivants, déterminer si les trois nombres donnés sont les termes consécutifs d'une suite géométrique.

1. $x = 86$, $y = 258$ et $z = 774$.
2. $x = 25$, $y = 20$ et $z = 15$.

Méthode

Pour prouver que trois nombres non nuls x, y et z sont les termes consécutifs d'une suite géométrique, on calcule les nombres $\frac{y}{x}$ et $\frac{z}{y}$ et on montre qu'ils sont égaux.

Solution commentée

1. On calcule le quotient de y par x : $\frac{y}{x} = \frac{258}{86} = 3$. Ainsi, $y = x \times 3$.

   On calcule le quotient de z par y : $\frac{z}{y} = \frac{774}{258} = 3$. Ainsi, $z = y \times 3$.

   Puisque $y = 3x$ et $z = 3y$, les trois nombres x, y et z sont les termes consécutifs d'une suite géométrique.

   On peut noter que le terme du milieu y est alors la moyenne géométrique des deux termes extrêmes x et z : $\sqrt{x \times z} = \sqrt{86 \times 774} = 258 = y$.

2. On calcule le quotient de y par x : $\frac{y}{x} = \frac{20}{25} = 0{,}8$. Ainsi $y = x \times 0{,}8$.

   On calcule le quotient de z par y : $\frac{z}{y} = \frac{15}{20} = 0{,}75$. Ainsi $z = y \times 0{,}75$.

   Puisque $y = 0{,}8x$ et $z = 0{,}75y$, les trois nombres x, y et z ne sont pas les termes consécutifs d'une suite géométrique.

   On peut noter que le terme du milieu y n'est pas la moyenne géométrique des deux termes extrêmes x et z : $\sqrt{x \times z} = \sqrt{25 \times 15} = 5\sqrt{15}$ alors que $y = 20$.

Voir exercices
88 Pour s'entraîner
128 129 Pour travailler en autonomie

CAPACITÉ 6

Exprimer en fonction de n le terme général d'une suite géométrique

1. Soit (u_n) la suite géométrique de premier terme $u_0 = 5$ et de raison $q = 2$.
   a. Donner l'expression du terme général de la suite (u_n).
   b. En déduire la valeur du 10e terme de la suite.
2. Soit (v_n) la suite géométrique de premier terme $v_1 = 24$ et de raison $q = \frac{1}{2}$.
   a. Donner l'expression du terme général de la suite (v_n).
   b. En déduire la valeur de v_8.

Vidéo 05:12
Exprimer le terme général d'une suite géométrique
bordas Flash PAGE vidéo

Méthode

Pour calculer un terme d'une suite géométrique, on peut utiliser l'expression du terme général de cette suite.

Solution commentée

1. **a.** La suite (u_n) est géométrique de premier terme u_0, donc on utilise la formule $u_n = u_0 \times q^n$ en remplaçant u_0 et q par leurs valeurs respectives.
   Ainsi, on obtient $u_n = 5 \times 2^n$ pour tout entier naturel n.

   b. Comme le premier terme de la suite (u_n) est le terme d'indice 0, le 10e terme est le terme d'indice 9. On remplace donc n par 9 dans l'expression de u_n et on obtient $u_9 = 5 \times 2^9 = 2\,560$.

2. **a.** La suite (v_n) est géométrique de premier terme v_1 donc, pour déterminer le terme général, on utilise la formule $v_n = v_1 \times q^{n-1}$, en remplaçant v_1 et q par leurs valeurs respectives. On obtient : $v_n = 24\left(\frac{1}{2}\right)^{n-1}$.

   b. On remplace n par 8 dans l'expression de v_n, on obtient alors :
   $v_8 = 24 \times \left(\frac{1}{2}\right)^7 = \frac{24}{128}$, soit $v_8 = \frac{3}{16}$.

Voir exercices
94 Pour s'entraîner
130 131 132 Pour travailler en autonomie

CAPACITÉ 7

Déterminer la raison d'une suite géométrique modélisant une évolution

Une société de vente en ligne a vendu 10 000 consoles de jeux vidéo en 2019. En se basant sur les évolutions du marché, les responsables font l'hypothèse qu'à partir de l'année 2019, les ventes vont diminuer de 4 % par an.

On note v_n le nombre de consoles vendues par cette société lors de l'année $(2019+n)$. On a ainsi $v_0 = 10\,000$.

1. Calculer v_1 et v_2.
2. Exprimer v_{n+1} en fonction de v_n, en déduire la nature de la suite (v_n) et préciser sa raison.
3. **a.** Déterminer l'expression du terme général v_n de cette suite.
   b. En déduire le nombre de ventes prévues en 2024.

Méthode

Quand on traduit une évolution donnée en pourcentage, le coefficient multiplicateur correspondant est la raison de la suite géométrique modélisant l'évolution.

Solution commentée

1. Diminuer une valeur de 4 %, c'est la multiplier par 1 – 0,04, soit 0,96.
   Ainsi $v_1 = 0{,}96 \times v_0$, soit $v_1 = 0{,}96 \times 10\,000 = 9\,600$.
   De même, on a $v_2 = 0{,}96 \times v_1$, soit $v_2 = 0{,}96 \times 9\,600 = 9\,216$.
2. Soit v_{n+1} la quantité de consoles vendues l'année $n+1$. Ce nombre est obtenu à partir d'une diminution de 4 % du nombre v_n de ventes de l'année n.
   Donc $v_{n+1} = 0{,}96 \times v_n$, pour tout entier naturel n.
   On en déduit que la suite (v_n) est géométrique de raison $q = 0{,}96$.
3. **a.** On déduit de la question **2** que, pour tout entier naturel n, $v_n = v_0 \times 0{,}96^n$, soit $v_n = 10\,000 \times 0{,}96^n$.
   b. L'année 2024 correspond à la valeur $n = 5$ car $2024 = 2019 + 5$.
   Alors $v_5 = 10\,000 \times 0{,}96^5$, soit $v_5 = 8\,154$ (arrondi à l'unité).
   Le nombre de ventes prévues en 2024 est d'environ 8 154 consoles.

Voir exercices
103 Pour s'entraîner
133 Pour travailler en autonomie

CAPACITÉ 8

Calculer la somme des n premiers termes d'une suite géométrique

1. Soit (u_n) la suite géométrique de premier terme $u_0 = 625$ et de raison $q = 0{,}8$.
   Calculer la somme des sept premiers termes de cette suite.
2. Soit (v_n) la suite géométrique de premier terme $v_1 = 3\,840$ et de raison $q = 1{,}25$.
   Calculer $\sum_{i=1}^{11} v_i$.

Méthode

Lorsque le premier terme d'une suite géométrique est u_0, on utilise la formule $S = u_0 \times \dfrac{1-q^n}{1-q}$.

Méthode

Lorsque le premier terme d'une suite géométrique est u_1, on utilise la formule $S = u_1 \times \dfrac{1-q^n}{1-q}$.

Solution commentée

1. La somme des sept premiers termes est $S = u_0 + \ldots + u_6$.
   La suite (u_n) est géométrique de premier terme u_0. La formule du cours (À retenir, p. 13) permet d'écrire : $S = 625 \times \dfrac{1-0{,}8^7}{1-0{,}8}$, soit $S = 2\,469{,}64$.
2. On sait que $\sum_{i=1}^{11} v_i = v_1 + v_2 + \ldots + v_{11}$.
   La somme est constituée de 11 termes. La suite (v_n) est géométrique de premier terme v_1. La formule du cours (À retenir, p. 13) permet d'écrire :
   $$S = \sum_{i=1}^{11} v_i = 3840 \times \frac{1-1{,}25^{11}}{1-1{,}25},$$
   soit $S = 163\,453{,}93$ à 0,01 près.

Voir exercices
106 **107** Pour s'entraîner
134 **135** Pour travailler en autonomie

CAPACITÉ 9

Reconnaître une situation relevant du calcul d'une somme de termes consécutifs d'une suite arithmétique

On empile des cubes selon le modèle ci-contre.

Combien de cubes sont utilisés si on construit ainsi dix étages ?

Méthode

Pour modéliser une situation qui nécessite le calcul d'une somme de termes dont la progression est constante, on utilise une suite arithmétique.

Solution commentée

Soit u_1 le nombre de cubes du premier étage en partant du haut : on a $u_1 = 1$.
On note u_n le nombre de cubes utilisés pour construire le n-ième étage en partant du haut. Pour chaque nouvel étage, il faut ajouter 4 cubes par rapport à l'étage précédent, donc on a $u_{n+1} = u_n + 4$.
On en déduit que (u_n) est une suite arithmétique de raison 4.
Ainsi, pour tout entier n, $u_n = u_1 + (n-1) \times 4 = 1 + 4n - 4$, soit $u_n = 4n - 3$.
Le nombre de cubes utilisés pour construire le dixième étage (celui du bas) est donc :

$$u_{10} = 4 \times 10 - 3, \text{ soit } u_{10} = 37.$$

Le nombre total de cubes d'une construction de dix étages est alors :

$$S_{10} = u_1 + u_2 + \dots + u_{10} = \sum_{i=1}^{10} u_i.$$

C'est la somme des dix premiers termes de la suite arithmétique (u_n).
D'après la formule du cours, on a : $S_{10} = 10 \times \dfrac{u_1 + u_{10}}{2} = 10 \times \dfrac{1+37}{2}$, soit $S_{10} = 190$.
La construction de dix étages nécessite l'utilisation de 190 cubes.

Voir exercice
86 Pour s'entraîner

CAPACITÉ 10

Reconnaître une situation relevant du calcul d'une somme de termes consécutifs d'une suite géométrique

Le conseil municipal d'une station touristique de montagne a décidé de faire équiper une falaise pour créer un site d'escalade. La falaise a une hauteur de 50 m. L'équipement doit se faire depuis le haut de la falaise.
Une entreprise spécialisée dans les travaux acrobatiques propose le devis suivant : le premier mètre équipé coûte 40 €, puis chaque mètre supplémentaire équipé coûte 5 % de plus que le mètre précédent.

Quel est le prix à payer, à un euro près, pour équiper cette falaise ?

Méthode

Pour modéliser une situation qui nécessite le calcul d'une somme de termes dont le rapport est constant, on utilise une suite géométrique.

Solution commentée

Soit u_n le prix du n-ième mètre équipé.
Puisque chaque mètre supplémentaire équipé coute 5 % de plus que le mètre précédent et qu'une croissance de 5 % correspond à un coefficient multiplicateur de 1,05, on a, pour tout entier naturel n, $u_{n+1} = 1{,}05u_n$.
La suite (u_n) est donc une suite géométrique de raison 1,05.
Son premier terme est $u_1 = 40$ car le premier mètre équipé coute 40 €.
Par conséquent, pour tout entier naturel n non nul, on a : $u_n = 40 \times 1{,}05^{n-1}$.
La falaise mesurant 50 mètres de haut, le prix à payer pour équiper cette falaise est la somme des 50 premiers termes de la suite géométrique (u_n), soit :

$$S_{50} = u_1 + u_2 + \dots + u_{50} = \sum_{i=1}^{50} u_i.$$

D'après la formule du cours, on a :

$S_{50} = 40 \times \dfrac{1 - 1{,}05^{50}}{1 - 1{,}05}$, soit environ 8 374.

L'équipement de la falaise coûte environ 8 374 €.

Voir exercice
115 Pour s'entraîner

CAPACITÉ 11

Calculer des valeurs acquises lors de placements à intérêts composés TABLEUR

Le 1er janvier 2020, Anissa verse 500 € à un service financier. Elle devra verser au début de chaque année pendant 20 ans cette annuité au service financier. Cette somme est placée à intérêts composés au taux annuel de 3 %.
Anissa veut savoir quelle sera la valeur acquise par ses placements au bout de 20 ans, c'est-à-dire le montant des sommes déposées toutes les années, augmentées des intérêts acquis au fil des ans jusqu'en décembre 2039.

Fichier tableur
Disponible sur lycee.editions-bordas.fr

1 On modélise la situation à l'aide de la suite (v_n), où v_n est la valeur acquise, en euros, par le versement de 500 € placé durant n années.
Exprimer v_n en fonction de n.

2 Montrer que le 31 décembre 2039, la valeur acquise par le premier versement effectué le 1er janvier 2020 est $500 \times 1{,}03^{20}$ €.

3 Quelle est la valeur acquise au 31 décembre 2039 par le deuxième versement effectué le 1er janvier 2021 ?

4 Quelle est la valeur acquise par le dernier versement effectué le 1er janvier 2039 ?

5 Montrer que le capital C constitué au bout de 20 ans est :
$C = 515 \times \dfrac{1{,}03^{20} - 1}{0{,}03}$, puis calculer C.

Conseil
On peut s'aider d'un schéma pour comprendre la valeur acquise par les différents versements.

Solution commentée

1 Soit v_n la valeur acquise en euros par le versement de 500 € placé durant n années. Puisque le capital est placé au taux de 3 % et qu'une augmentation de 3 % correspond à un coefficient multiplicateur de 1,03, on a pour tout entier n (avec $n \geqslant 1$), $v_{n+1} = 1{,}03 \times v_n$. La suite (v_n) est donc une suite géométrique de raison 1,03.
Son premier terme est la valeur acquise par le dernier versement placé pendant un an : $v_1 = 500 \times 1{,}03 = 515$.
On peut donc écrire $v_n = v_1 \times 1{,}03^{n-1} = (500 \times 1{,}03) \times 1{,}03^{n-1}$ soit : $v_n = 500 \times 1{,}03^n$.
Un tableau peut aider à schématiser la valeur acquise par les différents versements :

		Valeurs acquises						
Date	Nombre d'années de placement	Versement n°1	Versement n°2	Versement n°3	...	Versement n°18	Versement n°19	Versement n°20
01/01/2020	20	500						
01/01/2021	19	$500{\times}1{,}03^1$	500					
01/01/2022	18	$500{\times}1{,}03^2$	$500{\times}1{,}03^1$	500				
01/01/2023	17	$500{\times}1{,}03^3$	$500{\times}1{,}03^2$	$500{\times}1{,}03^1$	...			
...	...	...	...	...	...	500		
01/01/2038	2	$500{\times}1{,}03^{18}$	$500{\times}1{,}03^{17}$	$500{\times}1{,}03^{16}$	...	$500{\times}1{,}03^1$	500	
01/01/2039	1	$500{\times}1{,}03^{19}$	$500{\times}1{,}03^{18}$	$500{\times}1{,}03^{17}$	...	$500{\times}1{,}03^2$	$500{\times}1{,}03^1$	500
01/01/2040		$500{\times}1{,}03^{20}$	$500{\times}1{,}03^{19}$	$500{\times}1{,}03^{18}$	...	$500{\times}1{,}03^3$	$500{\times}1{,}03^2$	$500{\times}1{,}03^1$

2 Le premier versement de 500 € est placé pendant 20 ans. La valeur acquise de ce placement fin 2039 est donc $v_{20} = 500 \times 1{,}03^{20}$ €, soit environ 903,06 €.

3 Le second versement de 500 € est placé pendant 19 ans. La valeur acquise de ce placement fin 2039 est donc $v_{19} = 500 \times 1{,}03^{19}$ €, soit environ 876,75 €.

4 La valeur acquise par le dernier versement placé pendant un an est :
$v_1 = 500 \times 1{,}03$ €, soit 515 €.

5 Le capital constitué au bout de 20 ans est la somme des valeurs acquises, fin 2039, par chacun des 20 versements effectués au début de chaque année, soit :

$$C = v_1 + v_2 + \ldots + v_{20} = \sum_{i=1}^{20} v_i.$$

C est donc la somme des 20 premiers termes de la suite géométrique (v_n).
D'après la formule du cours, on a : $C = v_1 \times \dfrac{1 - 1{,}03^{20}}{1 - 1{,}03} = 515 \times \dfrac{1 - 1{,}03^{20}}{-0{,}03}$.
On obtient : $C = 515 \times \dfrac{1{,}03^{20} - 1}{0{,}03}$, soit $C = 13\,838{,}24$ € (arrondi à 0,01 près).

Voir exercice
117 Pour s'entraîner

Calcul mental

1 Calculer et simplifier : **a.** $1+6\times\frac{1}{3}$ **b.** $3+8\times\frac{5}{4}$ **c.** $7\times\frac{25-11}{2}$ **d.** $2\times\frac{17-5}{4}$ **e.** $\frac{7}{4}\times 2^3$ **f.** $18\times\left(\frac{1}{3}\right)^2$

2 Simplifier : **a.** $\frac{\sqrt{32}}{\sqrt{8}}$ **b.** $\sqrt{8}-\sqrt{2}$ **c.** $\frac{2^{n+1}}{2^{n-1}}$ **d.** $\frac{3^{n+1}}{3^2}$ (n entier)

3 On considère la fonction f définie sur $\mathbb{R}$ par $f(x)=3x^2+2$.
Calculer : **a.** $f(0)$ **b.** $f(5)$ **c.** $f(-2)$ **d.** $f(\sqrt{5})$

4 **1.** Soit la fonction f définie sur $\mathbb{R}$ par $f(x)=4x^2-5$.
Calculer $f'(x)$.
2. Soit la fonction g définie sur $\mathbb{R}$ par $g(x)=x^3-3x$.
Calculer $g'(x)$.

Automatismes

Calculs algébriques

5 Résoudre les inéquations suivantes dans $\mathbb{R}$.
a. $2(x-5)\geqslant -3(x+1)$ **b.** $5x-3(x-1)\leqslant\frac{1}{3}(x-6)$
c. $2(x+3)-7(x-2)>0$

6 Déterminer le signe des expressions suivantes, selon les valeurs du réel x
a. $A(x)=-3x+12$ **b.** $B(x)=5x-\frac{1}{2}+2(x-5)$

7 **Questions de méthode**
1. Comment faire pour déterminer le signe de l'expression $3(x+3)(x-1)$?
2. Comment faire pour résoudre une équation de la forme $x^2=a$, où a est un réel strictement positif ?

8 Déterminer le signe des expressions suivantes, selon les valeurs du réel x.
a. $A(x)=2(x-3)(3x+5)$ **b.** $B(x)=-3\left(x-\frac{1}{2}\right)(5x-7)$

Lectures graphiques

9 VRAI/FAUX
Indiquer si les affirmations suivantes sont vraies ou fausses, puis justifier.
f et g sont deux fonctions définies sur $[-3 ; 5]$ dont on a tracé les courbes représentatives C_f et C_g dans un repère.

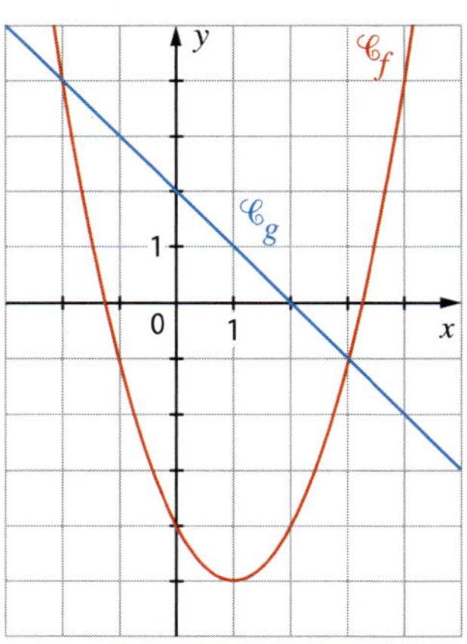

1. L'équation $f(x)=0$ a pour solutions -2 et 3.
2. L'équation $f(x)=g(x)$ a pour solutions -2 et 3.
3. L'équation $f(x)=-4$ a pour solutions 0 et 2.

10 **Question de méthode**
Quelles sont les différentes étapes à suivre pour tracer la tangente au point d'abscisse 2 de la courbe représentative de la fonction f définie sur $\mathbb{R}$ par $f(x)=x^2-6x$?

11 VRAI/FAUX
Les fonctions f et g sont celles de l'exercice **9**.
Indiquer si les affirmations sont vraies ou fausses, puis justifier.
1. $f(-2)$ est un nombre positif.
2. $g(-1)$ est un nombre négatif.
3. $f(x)$ est strictement positif sur $[-1 ; 3]$.
4. g est décroissante sur $[-2 ; 2]$.

Statistiques et probabilités

12 QCM *Choisir la bonne réponse.*
On a réalisé plusieurs fois l'expérience qui consiste à lancer simultanément trois pièces de monnaie et à noter le nombre de « pile » obtenus.
On donne les résultats ci-dessous :

Nombre de « pile »	0	1	2	3
Effectif (nombre de lancers)	2	9	10	4

La moyenne de cette série est :
a. 1,5 **b.** 1,64 **c.** 3,875 **d.** 6,25

13 CALC QCM *Choisir la ou les bonnes réponses.*
On considère la série donnée dans l'exercice précédent.
L'écart-type de cette série est, à 0,01 près :
a. 0,84 **b.** 1,12 **c.** 3,34 **d.** 3,44

14 **Question de méthode**
Un joueur de football a un taux de réussite de 75 % aux pénaltys. Lors d'un match, il tire trois pénaltys.
Comment peut-on modéliser cette situation ?

15 Ce tableau donne la répartition des salariés d'une entreprise.

	Cadres	Autres salariés	Total
Femmes	25	200	225
Hommes	50	225	275
Total	75	425	500

On choisit au hasard un salarié.
On note F l'événement « le salarié choisi est une femme » et C l'événement « le salarié choisi est un cadre ».
Donner, sous forme de fraction irréductible, les probabilités :
$P(F)$, $P(F\cap C)$ et $P_C(F)$.

EXERCICES Pour maîtriser les bases

Suite arithmétique Moyenne arithmétique

Questions flash

16 Justifier que la moyenne arithmétique des nombres 17 et 33 est 25.

17 On donne les sept premiers termes d'une suite arithmétique v dont le premier terme est v_1 :

$$-1 ; 3 ; 7 ; 11 ; 15 ; 19 ; 23.$$

1. Préciser la raison de cette suite.
2. Donner les valeurs de v_3 et de v_7.

18 Calculer la moyenne arithmétique des séries de nombres suivantes : **a.** 8 et 25. **b.** -2 et 4.

19 ORAL (u_n) est une suite arithmétique de premier terme $u_0 = 2$ et de raison $r = 3$.
Calculer les termes u_1, u_2, u_3 et u_4.

20 Soit (u_n) une suite arithmétique.
Recopier et compléter les égalités suivantes :
$u_0 = 5 ; u_1 = 9 ; u_2 = \dots ; u_3 = \dots ; u_4 = \dots ; u_5 = \dots$.

21 **1.** Déterminer la raison de la suite arithmétique (u_n) telle que $u_0 = 125$ et $u_1 = 143$.
2. Déterminer la raison de la suite arithmétique (v_n) telle que $v_3 = 61$ et $v_4 = 50$.

22 **1.** Déterminer la raison de la suite arithmétique (u_n) telle que $u_{n+1} = u_n + 12$ pour tout entier naturel n.
2. Déterminer la raison de la suite arithmétique (v_n) telle que $v_{n+1} = v_n - 7$ pour tout entier naturel n.

23 VRAI/FAUX
Indiquer si les affirmations sont vraies ou fausses, puis justifier.
1. La suite (u_n) de premier terme u_0 et telle que, pour tout entier naturel n : $u_{n+1} = u_n + 15$, est une suite arithmétique de raison 15.
2. La suite (v_n) de premier terme v_0 et telle que, pour tout entier naturel n : $v_{n+1} = 2v_n + 3$, est une suite arithmétique de raison 3.

MATHS & SVT

24 VRAI/FAUX
Dans un parc naturel, le nombre d'individus d'une espèce animale diminue chaque année de 25 individus depuis le premier recensement.

On note v_n le nombre d'individus n années après le premier recensement.
Indiquer si l'affirmation suivante est vraie ou fausse, puis justifier.
La suite (v_n) est une suite arithmétique de raison 25.

Terme général d'une suite arithmétique

Questions flash

25 Soit (u_n) la suite arithmétique de premier terme $u_0 = 3$ et de raison 7.
1. Vérifier que, pour tout entier naturel n, $u_n = 3 + 7n$.
2. En déduire la valeur de u_9.

26 Soit (v_n) la suite arithmétique de premier terme $v_0 = -2,5$ et de raison 0,5.
1. Vérifier que, pour tout entier naturel n, $v_n = 0,5n - 2,5$.
2. En déduire la valeur du 22e terme de la suite (v_n).

27 Soit (w_n) la suite arithmétique de premier terme $w_1 = -4$ et de raison 3.
1. Vérifier que, pour tout entier naturel n $(n \geqslant 1)$, $w_n = 3n - 7$.
2. En déduire la valeur de w_{15}.

28 QCM *Choisir la ou les bonnes réponses.*
La suite arithmétique (u_n) de premier terme $u_0 = 11$ et de raison $r = -6$ a pour terme général, pour n entier naturel :
a. $u_n = 11 - 6(n-1)$ **b.** $u_n = 11 - 6n$
c. $u_n = 6 - 11n$ **d.** $u_n = -6 + 11n$

29 QCM *Choisir la ou les bonnes réponses.*
La suite arithmétique (v_n) de premier terme $v_1 = -36$ et de raison $r = 8$ a pour terme général, pour tout entier n $(n \geqslant 1)$:
a. $v_n = -36 + 8n$ **b.** $v_n = -44 + 8n$
c. $v_n = -36 + 8(n-1)$ **d.** $v_n = 8 - 36(n-1)$

30 Lou a acheté une voiture d'occasion dont le compteur affiche 63 000 kilomètres. Chaque mois, elle parcourt 800 kilomètres avec son véhicule.
On note $u_0 = 63\,000$, puis pour tout entier naturel n non nul, u_n est égal au nombre de kilomètres affiché au compteur de sa voiture, n mois après l'achat de celle-ci.
1. Calculer u_1 et u_2.
2. Justifier que la suite (u_n) est arithmétique et donner sa raison.

Somme des termes d'une suite arithmétique

Questions flash

31 Soit (u_n) la suite arithmétique telle que $u_0 = 5$ et $u_9 = 32$ et S la somme définie par :

$$S = u_0 + u_1 + \dots + u_9$$

1. Préciser la valeur du premier terme et du dernier terme de la somme S.
2. Préciser le nombre de termes de la somme S.
3. En déduire la valeur de S.

32 Soit (u_n) la suite arithmétique de premier terme $u_0 = 5$ et de raison 2.

1. Vérifier que, pour tout entier naturel n, $u_n = 5 + 2n$.

2. En déduire la valeur de u_{14}.

3. Justifier que $S = u_0 + u_1 + \ldots + u_{14} = 15 \times \dfrac{5+33}{2}$.
En déduire la valeur de S.

33 Soit (v_n) la suite arithmétique de premier terme $v_1 = 37$ et de raison -3.

1. Vérifier que, pour tout entier naturel n $(n \geqslant 1)$, $v_n = 40 - 3n$.

2. En déduire la valeur du 17e terme de la suite.

3. a. Vérifier que $\sum_{i=1}^{17} v_i = 17 \times \dfrac{37-11}{2}$.

b. En déduire la valeur de $\sum_{i=1}^{17} v_i$.

34 TABLEUR

La suite arithmétique (u_n) de premier terme $u_0 = 3$ et de raison 2 a pour terme général $u_n = 3 + 2n$.
Avec le tableur, on cherche à déterminer la somme :

$$S_{10} = u_0 + u_1 + \ldots + u_9.$$

On fait afficher les dix premiers termes de la suite u_n dans les cellules **B2** à **B11**.

1. Quelle formule peut-on saisir dans la cellule **D2** pour obtenir la valeur de S_{10} ?

2. On entre la valeur de u_0 dans la cellule **C2** puis, dans la cellule **C3**, on saisit la formule =C2+B3 que l'on recopie vers le bas.
Quelle valeur obtient-on dans la cellule **C11** ?

fx =B3+C2

	A	B	C	D
1	*n*	u_n		*Somme*
2	0	3	3	120
3	1	5	8	
4	2	7		
5	3	9		
6	4	11		
7	5	13		
8	6	15		
9	7	17		
10	8	19		
11	9	21		

35 Écrire à l'aide du symbole Σ chacune des expressions suivantes :

a. $1^2 + 2^2 + 3^2 + \ldots + 12^2$

b. $5^3 + 6^3 + 7^3 + \ldots + 21^3$

c. $\dfrac{1}{10} + \dfrac{1}{11} + \dfrac{1}{12} + \ldots + \dfrac{1}{50}$

36 Écrire sous forme développée, puis calculer :

a. $\sum_{i=0}^{3} i^2$. **b.** $\sum_{i=5}^{7} i^2$. **c.** $\sum_{i=0}^{4} i^3$. **d.** $\sum_{i=1}^{5} \dfrac{1}{i}$.

37 **1.** Rappeler la formule permettant de calculer la somme des n premiers entiers naturels.

2. À l'aide de cette formule, calculer $\sum_{i=1}^{16} i$, puis $\sum_{i=1}^{32} i$.

Suite géométrique Moyenne géométrique

Questions flash

38 Justifier que la moyenne géométrique des nombres 8 et 18 est 12.

39 On donne les six premiers termes d'une suite géométrique v dont le premier terme est v_1 :

$$8 ; 12 ; 18 ; 27 ; 40{,}5 ; 60{,}75.$$

1. Préciser la raison de cette suite.

2. Donner les valeurs de v_2 et de v_5.

40 (u_n) est la suite géométrique de premier terme $u_0 = 500$ et de raison $q = 0{,}8$.
Calculer les termes u_1, u_2, u_3 et u_4.

41 Calculer la moyenne géométrique des séries de nombres suivantes :

a. 8 et 32 **b.** 4 et 12 **c.** 1,2 et 2,5 **d.** 0,8 et 1,25

42 Soit (u_n) une suite géométrique.
Recopier et compléter les égalités suivantes :
$u_0 = 3$; $u_1 = 6$; $u_2 = \ldots$; $u_3 = \ldots$; $u_4 = \ldots$; $u_5 = \ldots$.

43 **1.** Déterminer la raison de la suite géométrique (u_n) telle que $u_0 = 14$ et $u_1 = 17{,}5$.

2. Déterminer la raison d'une suite géométrique (v_n) telle que $v_{18} = 80$ et $v_{19} = 64$.

44 **1.** Déterminer la raison de la suite géométrique (u_n) telle que $u_{n+1} = 1{,}05u_n$, pour tout entier naturel n.

2. Déterminer la raison de la suite géométrique (v_n) telle que $v_{n+1} = \dfrac{1}{3}v_n$, pour tout entier naturel n.

45 VRAI/FAUX

Indiquer si les affirmations sont vraies ou fausses, puis justifier.

1. La suite (v_n) de premier terme v_0 et telle que, pour tout entier naturel n : $v_{n+1} = 2v_n + 5$, est une suite géométrique de raison 2.

2. La suite (u_n) de premier terme u_0 et telle que, pour tout entier naturel n : $u_{n+1} = \dfrac{2}{7}u_n$, est une suite géométrique de raison $\dfrac{2}{7}$.

46 Une barrière de corail ceinture un atoll mais une algue brune (la sargasse) prolifère au détriment du corail.
Au 1er janvier 2020, la superficie d'algues est de 92 000 m² et on estime qu'elle augmente de 12 % par an.

Soit n un entier naturel.

On note u_n la superficie d'algues, en m², au 1er janvier de l'année $(2020+n)$. Ainsi $u_0 = 92\,000$.

1. Vérifier que la superficie des algues au 1er janvier 2021 est 103 040 m².

2. Quel est le coefficient multiplicateur associé à une augmentation de 12 % ?
En déduire une relation entre u_{n+1} et u_n.

3. Déterminer la nature de la suite (u_n) et préciser sa raison.

LE SAVIEZ-VOUS

Les sargasses sont des algues brunes aux émanations toxiques qui s'échouent sur les côtes des Caraïbes. Les activités humaines seraient responsables de leur prolifération.

47 En 2019, le chiffre d'affaires d'une petite entreprise était de 240 000 €. Depuis, cette entreprise voit son chiffre d'affaires diminuer de 4 % chaque année.

Le comptable fait l'hypothèse que cette tendance se poursuivra les années suivantes.

Pour tout entier naturel n, on note v_n le chiffre d'affaires en euros de cette entreprise l'année $2019+n$. Ainsi : $v_0 = 240\,000$.

1. Vérifier que le chiffre d'affaires de l'entreprise en 2020 est de 230 400 €.

2. Quel est le coefficient multiplicateur associé à une baisse de 4 % ? En déduire une relation entre v_{n-1} et v_n.

3. Déterminer la nature de la suite (v_n) et préciser sa raison.

Terme général d'une suite géométrique

Questions flash

48 Soit (u_n) la suite géométrique de premier terme $u_0 = 3$ et de raison 5.

1. Vérifier que, pour tout entier naturel n, $u_n = 3 \times 5^n$.

2. En déduire le terme u_7.

49 Soit (v_n) la suite géométrique de premier terme $v_0 = 2\,560$ et de raison $\frac{1}{4}$.

1. Vérifier que, pour tout entier naturel n, $v_n = \frac{2\,560}{4^n}$.

2. En déduire le douzième terme de la suite (v_n).

50 Soit (w_n) la suite géométrique de premier terme $w_1 = 500$ et de raison 0,8.

1. Vérifier que, pour tout entier naturel n $(n \geqslant 1)$, $w_n = 500 \times 0{,}8^{n-1}$.

2. En déduire le terme w_8.

51 QCM *Choisir la ou les bonnes réponses.*

La suite géométrique (u_n) de premier terme $u_0 = 8$ et de raison $q = 2{,}5$ a pour terme général, pour tout entier n :

a. $u_n = 8 \times 2{,}5^{n-1}$ b. $u_n = 2{,}5 \times 8^{n-1}$

c. $u_n = 8 \times 2{,}5^n$ d. $u_n = 2{,}5 \times 8^n$

52 QCM *Choisir la ou les bonnes réponses.*

La suite géométrique (v_n) de premier terme $v_1 = 96$ et de raison $q = 0{,}75$ a pour terme général, pour tout entier n $(n \geqslant 1)$:

a. $v_n = 96 \times 0{,}75^{n-1}$ b. $v_n = 96 \times 0{,}75^n$

c. $v_n = 128 \times 0{,}75^{n-1}$ d. $v_n = 128 \times 0{,}75^n$

Somme des termes d'une suite géométrique

Questions flash

53 On considère la suite géométrique (u_n) de premier terme $u_0 = 16$ et de raison $q = 1{,}5$, ainsi que la somme $S = u_0 + u_1 + \ldots + u_6$.

1. Préciser le nombre de termes de la somme S.

2. Expliquer pourquoi $S = 16 \times \frac{1 - 1{,}5^7}{1 - 1{,}5}$

3. En déduire la valeur de S.

54 Soit (u_n) la suite géométrique de premier terme $u_0 = 5$ et de raison 2.

1. Montrer que $S = u_0 + u_1 + \ldots + u_{10} = 5 \times (2^{11} - 1)$.

2. En déduire la valeur de S.

55 Soit (v_n) la suite géométrique de premier terme $v_1 = 4$ et de raison 3.

1. Montrer que $\sum_{i=1}^{12} v_i = 2 \times (3^{12} - 1)$.

2. En déduire la valeur de $\sum_{i=1}^{12} v_i$.

56 PYTHON **Comprendre un programme**

Camille a programmé la fonction Python ci-dessous pour calculer les termes d'une suite géométrique (u_n) pour tout entier naturel n.

```
def terme(n):
    u = 7*3**n
    return(u)
```

1. Préciser la raison et le premier terme de cette suite.

2. Que renvoie l'appel `terme(2)` ?

3. Quelle instruction permet de calculer u_{12} ?

4. Quelle instruction permet de calculer le huitième terme de la suite ?

57 PYTHON **Compléter un programme**

Dans la fonction Python dont le programme est donné ci-dessous, `n` est un entier naturel et `u` et `q` sont des nombres réels strictement positifs.

```
def suite(n,u,q):
    ...
    return(...)
```

Compléter le script de cette fonction afin que celle-ci permette le calcul du n-ième terme de la suite géométrique de premier terme u et de raison q.

Moyenne arithmétique Croissance linéaire

58 *Capacité 1, p. 10*

Dans chacun des cas suivants, déterminer si les trois nombres donnés sont les termes consécutifs d'une suite arithmétique.

1. $a = 29$, $b = 43$ et $c = 55$.
2. $a = 352$, $b = 240$ et $c = 128$.

59 Dans chacun des cas suivants, déterminer si les trois nombres donnés sont les termes consécutifs d'une suite arithmétique.

1. $a = \frac{1}{6}$, $b = \frac{1}{3}$ et $c = \frac{1}{2}$.
2. $a = -20$, $b = -5$ et $c = 15$.
3. $a = -3$, $b = 0$ et $c = 3$.

60 Donner trois nombres qui sont les termes consécutifs d'une suite arithmétique et dont les valeurs extrêmes sont 11 et 27.

61 Donner trois nombres qui sont les termes consécutifs d'une suite arithmétique dont la somme est 126 et dont une des valeurs est 38.

MATHS & SVT

62 Voici la taille d'un bambou durant les sept jours consécutifs d'une semaine donnée :

Jour	Lu	Ma	Me	Je	Ve	Sa	Di
Taille (cm)	217	226	235	244	253	262	271

1. Construire la représentation graphique des termes de cette suite. Que peut-on observer ?
2. Peut-on considérer que la taille de ce bambou suit une croissance linéaire ? Justifier.

LE SAVIEZ-VOUS

Le filament incandescent de la première ampoule électrique créée par Thomas Edison était en bambou.

63 Le tableau suivant donne le nombre de contrats signés par le commercial d'une entreprise durant les quatre semaines écoulées :

Semaine	1	2	3	4
Contrats signés	6	9	13	18

1. Réaliser la représentation graphique des termes de cette suite. Que peut-on observer ?
2. Peut-on considérer que le nombre de contrats signés suit une croissance linéaire ? Justifier.

Terme général d'une suite arithmétique

64 *Capacité 2, p. 10*

Soit (u_n) la suite arithmétique de premier terme $u_0 = 500$ et de raison $r = 16$.

1. Donner l'expression du terme général de la suite (u_n).
2. En déduire la valeur du 27e terme de la suite.
3. Déterminer le plus petit entier n tel que $u_n > 1\,400$.

65 *Capacité 2, p. 10*

Soit (v_n) la suite arithmétique de premier terme $v_1 = 124$ et de raison $r = -32$.

1. Donner l'expression du terme général de la suite (v_n).
2. En déduire la valeur de v_{25}.
3. Déterminer le plus petit entier n tel que $v_n < -1\,000$.

66 Soit (v_n) la suite définie, pour tout entier naturel n, par :

$$\begin{cases} v_0 = -4{,}2 \\ v_{n+1} = v_n + 1{,}3 \end{cases}$$

1. Donner l'expression du terme général de la suite (v_n).
2. En déduire la valeur de v_{17}.

67 Soit (v_n) la suite définie, pour tout entier naturel n, par :

$$\begin{cases} v_1 = \frac{1}{2} \\ v_{n+1} = v_n - \frac{1}{6} \end{cases}$$

1. Donner l'expression du terme général de la suite (v_n).
2. En déduire la valeur du 63e terme de la suite.

68 **QCM** *Choisir la (ou les) bonne(s) réponse(s).*

La suite arithmétique (u_n) de premier terme $u_0 = \frac{7}{4}$ et de raison $r = -\frac{1}{4}$ a pour terme général, pour tout entier n :

a. $u_n = \frac{7}{4} - \frac{1}{4}n$

b. $u_n = \frac{7-n}{4}$.

c. $u_n = -\frac{1}{4} + \frac{7}{4}n$

d. $u_n = \frac{n-7}{4}$.

69 Soit (u_n) la suite arithmétique telle que : $u_0 = -4$ et $u_5 = 11$. On note r la raison de la suite (u_n).

1. Justifier l'égalité $u_5 = -4 + 5r$.
2. En déduire la valeur de r.
3. Déterminer l'expression du terme général de la suite (u_n).

70 Soit (u_n) la suite arithmétique telle que $u_0 = 123$ et $u_4 = 79$.

1. Déterminer la raison de cette suite.
2. En déduire la valeur du 15e terme de la suite (u_n).

71 **LOGIQUE** Soit (u_n) une suite. On considère l'énoncé suivant : « Si la suite (u_n) est telle que $u_1 = u_0 + 7$, alors (u_n) est une suite arithmétique de raison 7. »

1. Cet énoncé est-il vrai ou faux ? Justifier.
2. Écrire l'énoncé réciproque de cet énoncé. Est-il vrai ?

72 Capacité 3 p. 11

En 2020, le vélo-club d'une petite ville compte 224 adhérents. On suppose que, chaque année, le vélo-club compte 5 adhérents supplémentaires.

Pour tout entier naturel n, on note u_n le nombre d'adhérents de ce club en l'année $2020 + n$. Ainsi $u_0 = 224$.

1. Calculer u_1 et u_2.

2. Exprimer u_{n+1} en fonction de u_n. En déduire la nature de la suite (u_n).

3. a. Déterminer l'expression du terme général de cette suite en fonction de n.

b. En déduire le nombre d'adhérents que comptera le vélo-club en 2035.

73 La production d'une entreprise peut être modélisée par une suite arithmétique (p_n) telle que, pour tout entier naturel non nul n, p_n désigne le nombre d'appareils produits l'année n. La première année, la production est de 7 500 appareils ; on a donc $p_1 = 7500$. La sixième année, la production est de 12 000 appareils ; on a donc $p_6 = 12000$.

1. Justifier que la raison de la suite (p_n) est 900.

2. Exprimer p_n en fonction de n.

3. Au bout de combien d'années la production annuelle aura-t-elle dépassé le triple de la production initiale ?

MATHS & PHYSIQUE

74 Alex envisage d'entreprendre l'ascension de l'Island Peak, un sommet situé au Népal, dans l'Himalaya.

Lors de sa dernière étape, Alex veut partir d'un camp situé à 5 220 mètres d'altitude pour arriver au sommet situé à 6 189 mètres d'altitude.

Au camp de départ, à 5 220 mètres d'altitude, la pression en oxygène est de 78,8 mmHg (millimètres de mercure). Cette pression diminue en moyenne de 0,01 mmHg lorsque l'altitude augmente d'un mètre.

On note p_n la pression à $5\,220 + n$ mètres d'altitude. Ainsi, $p_0 = 78{,}8$.

1. Justifier que la suite (p_n) est une suite arithmétique dont on précisera la raison.

2. Déterminer l'expression du terme général p_n en fonction de n.

3. Quelle est la pression en oxygène au sommet de l'Island Peak ?

Somme des termes d'une suite arithmétique

75 TABLEUR Capacité 4 p. 11

Soit (u_n) la suite arithmétique de premier terme $u_0 = 250$ et de raison $r = 15$.

1. Calculer la somme des 18 premiers termes de cette suite.

2. Retrouver le résultat précédent avec une feuille de calcul d'un tableur.

76 Soit (v_n) la suite arithmétique de premier terme $v_1 = 124$ et de raison $r = -5$. Calculer $\sum_{i=1}^{20} v_i$.

77 On considère la suite arithmétique (u_n) de premier terme $u_0 = 60$ et de raison $r = -3$.

1. Déterminer la valeur de chacune des sommes suivantes :

a. $S_1 = u_0 + \ldots + u_{10}$ **b.** $S_2 = u_0 + \ldots + u_{43}$

2. En déduire la valeur de $S_3 = u_{11} + \ldots + u_{43}$.

78 VRAI/FAUX

Soit (u_n) la suite arithmétique de premier terme $u_0 = 16$ et de raison $r = 1{,}5$.

Indiquer si les affirmations sont vraies ou fausses, puis justifier.

1. Le 16e terme de la suite a pour valeur 40.

2. La somme des 16 premiers termes de la suite est 436.

3. $\sum_{i=0}^{i=20} u_i = 605$

79 Soit (v_n) la suite arithmétique de premier terme $v_0 = 7$ et de raison 2.

1. Vérifier que pour tout entier naturel n, $v_n = 7 + 2n$.

2. En déduire la valeur de $\sum_{k=0}^{k=12} (7 + 2k)$.

80 Calculer : **a.** $\sum_{k=0}^{k=10} (2 + 3k)$ **b.** $\sum_{p=1}^{p=32} (12 - 5p)$

Piste : *On pourra s'inspirer de l'exercice précédent.*

81 PYTHON **Comprendre un programme**

Léa a programmé une fonction Python pour calculer une somme de termes consécutifs d'une suite arithmétique (u_n).

```
1 def somme_termes():
2     S = 0
3     for i in range(1,35):
4         S = S + 5-7*i
5     return (S)
```

1. En utilisant l'instruction de la ligne 4, justifier que le premier terme de cette suite est –2, puis préciser sa raison.

2. Quels sont les termes de la suite (u_n) dont la fonction `somme_termes` retourne la somme ?

82 PYTHON **Écrire un programme**

En s'inspirant de l'exercice précédent, écrire une fonction Python qui retourne la somme des 22 premiers termes de la suite arithmétique (v_n), définie pour tout entier naturel n, par :

$$\begin{cases} v_0 = 84 \\ v_{n+1} = v_n - 3{,}5 \end{cases}$$

83 **1.** Justifier que la suite des nombres impairs est une suite arithmétique.
2. Déterminer l'expression, en fonction de n, de la somme des n premiers entiers naturels impairs.
3. En déduire la valeur de la somme des 50 premiers entiers naturels impairs.

84 CALC On souhaite creuser un puits pour alimenter en eau un champ de culture.

Le premier mètre coûte 100 €, le second mètre 120 € et ainsi de suite, en augmentant le prix de chaque nouveau mètre creusé de 20 €. On note c_n le coût en euros du n–ième mètre creusé.
On a donc $c_1 = 100$.
1. Justifier que la suite (c_n) est arithmétique.
2. Déterminer l'expression du terme général c_n.
3. Vérifier que le coût total d'un puits de 30 mètres de profondeur est 11 700 €.
4. On dispose d'un budget de 33 000 €. En utilisant un tableau de valeurs de la calculatrice, déterminer la profondeur maximale que l'on pourra creuser.

MÉTHODE À L'ORAL

85 CALC Un médicament est prescrit sous forme d'injections qui doivent être administrées une fois par semaine. Le volume de la première dose est déterminé en fonction de la masse corporelle du patient à raison de 2 mL de médicament par kg. Chaque semaine, le volume de la dose administrée est augmenté de 0,1 mL.
On applique ce traitement à une personne dont la masse corporelle est de 60 kg.
On appelle V_n la valeur, en mL, du volume de la dose administrée lors de la n-ième injection. Ainsi, $V_1 = 120$.
1. Donner la nature de la suite (V_n) et préciser sa raison.
2. Déterminer l'expression du terme général V_n.
3. Calculer le volume administré lors de la 10e injection.
4. Dès que le volume de la dose administrée est supérieur ou égal au double du volume initial, on interrompt le traitement après cette dernière injection.
Vérifier que le traitement dure 21 semaines.
5. Déterminer le volume total de médicament administré au patient lors de l'ensemble du traitement.

86 CALC *Capacité 9 p. 16*
On se propose de construire un château de cartes selon le modèle ci-contre.

1. Combien de cartes sont utilisées si on construit ainsi dix étages ?
2. Combien d'étages peut-on construire avec 1 000 cartes ? Combien restera-t-il de cartes ?

87 CALC Chloé a installé un nouveau jeu sur son smartphone. Une partie de ce jeu comporte différents niveaux. Au cours d'une partie, Chloé a obtenu 7 560 points au premier niveau et prévoit, du fait de la difficulté croissante, d'obtenir à chaque niveau 200 points de moins qu'au niveau précédent.
Pour tout entier naturel n non nul, on note p_n le nombre de points obtenu au niveau n.
Ainsi $p_1 = 7\,560$.
1. Une partie comporte 20 niveaux. Déterminer le nombre de points que Chloé aura obtenu lors de cette partie.
2. À quel niveau sera Chloé quand son score dépassera 100 000 points ?

Moyenne géométrique
Croissance exponentielle

Pour les exercices 88 à 90, déterminer si, dans chacun des cas suivants, les trois nombres donnés sont les termes consécutifs d'une suite géométrique.

88 *Capacité 5 p. 14*
1. $a = 12$, $b = 14$ et $c = 17$.
2. $a = 200$, $b = 180$ et $c = 162$.

89 **1.** $a = \sqrt{5}$, $b = 5$ et $c = 25$.
2. $a = \sqrt{3}$, $b = 3\sqrt{3}$ et $c = 9\sqrt{3}$.

90 **1.** $a = -4$, $b = 0$ et $c = 4$.
2. $a = 4$, $b = 1$ et $c = \frac{1}{4}$.

91 Déterminer trois nombres qui sont les termes consécutifs d'une suite géométrique et dont les termes extrêmes sont 4 et 324.

Piste : *Penser à la moyenne géométrique.*

MATHS & SVT

92 Le tableau ci-dessous donne la population de kangourous dans une région de l'Australie durant cinq années consécutives.

Année	2015	2016	2017	2018	2019
Population	25 600	32 000	40 000	50 000	62 500

1. Construire la représentation graphique des termes de cette suite. Que peut-on observer ?
2. Peut-on considérer que la population de kangourous suit une croissance exponentielle ? Justifier.

LE SAVIEZ-VOUS
En Australie, il y a probablement deux fois plus de kangourous que d'humains ! La population est estimée à près de 26 millions de personnes en 2019 quand le cheptel de ce marsupial est estimé à plus de 50 millions !

93 Le tableau suivant donne l'évolution de la concentration d'un médicament dans le sang en fonction du temps écoulé depuis l'administration de ce médicament.

Temps écoulé (h)	1	2	3	4	5
Concentration (mL/L)	3,68	4,41	4,02	3,26	2,46

1. Construire la représentation graphique des termes de cette suite. Que peut-on observer ?

2. Peut-on considérer que la concentration du médicament dans le sang suit une croissance exponentielle ? Justifier.

Terme général d'une suite géométrique

94 *Capacité 6 p. 14*

Soit (u_n) la suite géométrique de premier terme $u_0 = 23$ et de raison $q = 1{,}5$.

1. Donner l'expression du terme général de la suite (u_n).

2. En déduire la valeur du 19e terme de la suite.

95 CALC

Soit (u_n) la suite géométrique de premier terme $u_0 = 7$ et de raison $q = 3$.

1. Donner l'expression du terme général de la suite (u_n).

2. En déduire la valeur du 11e terme de la suite.

3. À l'aide de la calculatrice, déterminer la plus petite valeur de n telle que $u_n > 1\,000\,000$.

96 CALC

Soit (v_n) la suite géométrique de premier terme $v_1 = 5\,000$ et de raison $q = 0{,}4$.

1. Donner l'expression du terme général de la suite (v_n).

2. En déduire la valeur de v_8.

3. À l'aide de la calculatrice, déterminer la plus petite valeur de n telle que $u_n < 0{,}001$.

97 Soit (v_n) la suite définie, pour tout entier naturel n par : $\begin{cases} v_1 = 365 \\ v_{n+1} = 0{,}72 v_n \end{cases}$

1. Donner l'expression du terme général de la suite (v_n).

2. En déduire la valeur approchée à 0,01 près de v_{20}.

98 Soit (u_n) la suite définie, pour tout entier naturel n par : $\begin{cases} u_0 = 162 \\ u_{n+1} = \dfrac{u_n}{3} \end{cases}$

1. Donner l'expression du terme général de la suite (u_n).

2. En déduire la valeur du 9e terme de la suite.

99 QCM *Choisir la ou les bonnes réponses.*

La suite géométrique (v_n) de premier terme $v_1 = 27$ et de raison $q = \dfrac{2}{9}$ a pour terme général, pour tout entier n :

a. $v_n = 27 \times \left(\dfrac{2}{9}\right)^n$

b. $v_n = \dfrac{2}{9} \times (27)^n$

c. $v_n = 27 \times \left(\dfrac{2}{9}\right)^{n-1}$

d. $v_n = \dfrac{2}{9} \times (27)^{n-1}$

100 Soit (u_n) la suite géométrique telle que : $u_0 = 5$ et $u_4 = 405$. On note q la raison de la suite (u_n).

1. Justifier l'égalité $u_4 = 5 \times q^4$.

2. En déduire la valeur de q.

3. Déterminer l'expression du terme général de la suite (u_n).

101 Soit (v_n) la suite géométrique telle que $v_0 = 900$ et $v_2 = 576$. Déterminer la valeur approchée à 0,1 près du 16e terme de la suite (v_n).

***Piste :** On pourra commencer par déterminer la raison de cette suite.*

102 LOGIQUE

Soit (u_n) une suite. On considère l'énoncé suivant :

« Si la suite (u_n) est telle que $u_n = 12 \times 0{,}9^n$ pour tout n de $\mathbb{N}$, alors (u_n) est une suite géométrique de raison 0,9. »

1. Cet énoncé est-il vrai ou faux ? Justifier.

2. Écrire l'énoncé réciproque de cet énoncé. Est-il vrai ?

MATHS & PHYSIQUE

103 *Capacité 7 p. 15*

Une source sonore émet un son dont le niveau d'intensité est 100 décibels. Une plaque d'isolation phonique absorbe 45 % de l'intensité du son. On note d_n le niveau d'intensité du son, mesurée en décibels, après la traversée de n plaques d'isolation phonique. Ainsi $d_0 = 100$.

1. Calculer d_1, d_2 et d_3.

2. Exprimer d_{n+1} en fonction de d_n et en déduire la nature de la suite (d_n).

3. Donner l'expression de d_n en fonction de n.

4. Déterminer le niveau d'intensité du son après que celui-ci ait traversé neuf plaques.

LE SAVIEZ-VOUS

Le décibel (dB) est une unité de mesure qui exprime le niveau d'intensité d'un son. Un décibel est égal à un dixième de Bel. Une augmentation du niveau d'intensité sonore de 3 dB équivaut à peu près à un doublement de l'intensité du son.

RETOUR SUR L'OUVERTURE, P. 7

104 CALC

À l'issue de l'hiver 2018-2019, la population de loups en France a été estimée à 530 individus.

En se basant sur les estimations des années précédentes, les responsables font l'hypothèse que cette population augmente de façon exponentielle, plus précisément que la population augmente de 22 % par an environ.

On note P_n la population de loups au printemps de l'année $2019 + n$. Ainsi $P_0 = 530$.

1. Donner l'expression de P_n en fonction de n.

2. En déduire une estimation de la population de loups en 2023.

3. La population de loups en Italie est estimée à environ 2 000 individus. À l'aide de la calculatrice, déterminer à partir de quelle année la population de loups en France atteindra cette valeur.

MATHS & SVT

105 CALC

La scintigraphie cardiaque est une technique d'imagerie qui permet d'examiner la qualité de l'irrigation du cœur par les artères coronaires.

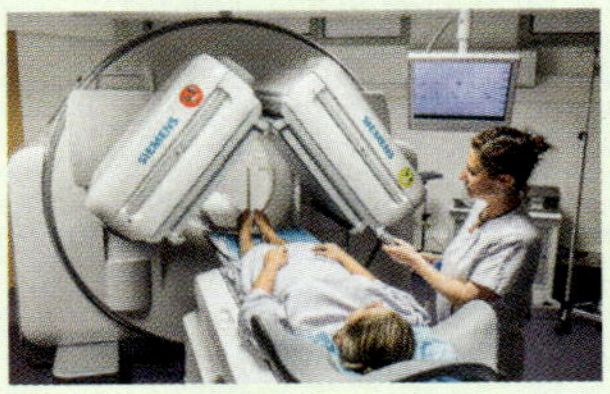

Lors de cet examen, on injecte au patient un échantillon d'un isotope de thallium d'activité radioactive 60 MBq (méga becquerel).
On appelle demi-vie le temps mis par une substance radioactive pour perdre la moitié de son activité.
Ainsi, après une demi-vie, l'activité radioactive de cet échantillon de thallium est de 30 MBq.
On note u_0 l'activité radioactive de cet échantillon (en MBq) à l'injection et u_n l'activité radioactive de cet échantillon (en MBq) après n demi-vies avec n entier naturel.

1. Donner les valeurs de u_0, u_1, u_2 et u_3.

2. Exprimer u_{n+1} en fonction de u_n.
En déduire la nature de la suite (u_n).

3. a. Exprimer u_n en fonction de n.

b. Déterminer l'activité radioactive de cet échantillon après cinq demi-vies.

4. En utilisant une calculatrice, déterminer le plus petit entier n à partir duquel $u_n < 0{,}25$.

5. Sachant que la demi-vie de cet isotope de thallium est d'environ trois jours, déterminer avec la calculatrice le nombre de jours au bout desquels on est certain que l'activité radioactive de cet échantillon est strictement inférieure à 0,25 MBq.

Somme des termes d'une suite géométrique

106 *Capacité 8 p. 15*

Soit (u_n) la suite géométrique de premier terme $u_1 = 64$ et de raison $q = 2{,}5$. Calculer la somme des neuf premiers termes de cette suite.

107 *Capacité 8 p. 15*

Soit (u_n) la suite géométrique de premier terme $u_0 = 30\,000$ et de raison $q = 0{,}7$. Calculer $\sum_{i=0}^{i=7} u_i$.

108 PYTHON **Compléter un programme**

Soit (v_n) la suite géométrique de premier terme $v_0 = 2\,500$ et de raison $q = 0{,}8$.

1. Calculer $\sum_{i=0}^{i=6} v_i$.

2. La fonction Python dont on donne le script ci-contre permet de retrouver le résultat de la question précédente en utilisant le principe de l'accumulateur vu en classe de Première.

```
def somme(n):
    v = ...
    S = ...
    for i in range (...):
        v = v*0.8
        ...
    return(S)
```

Compléter les parties manquantes de cette fonction.

109 QCM *Choisir la ou les bonnes réponses.*

La somme des n premiers termes de la suite géométrique (u_n) de premier terme $u_0 = 9$ et de raison $q = \frac{1}{3}$ est, pour tout entier naturel n :

a. $u_n = \frac{1}{3} \times \frac{1 - 9^{n-1}}{1 - 9}$

b. $u_n = 9 \times \frac{1 - \left(\frac{1}{3}\right)^n}{\frac{2}{3}}$

c. $u_n = 9 \times \frac{1 - \left(\frac{1}{3}\right)^{n-1}}{\frac{2}{3}}$

d. $u_n = \frac{27}{2} \times \left(1 - \left(\frac{1}{3}\right)^n\right)$

110 PYTHON **Comprendre un programme**

La fonction Python dont le script est donné ci-contre retourne la somme des premiers termes d'une suite géométrique (u_n), où n est un entier naturel.

```
1 def som_termes(n):
2     u = 0.01
3     S = u
4     for k in range(1,n+1):
5         u = 2*u
6         S = S+u
7     return(S)
```

1. Préciser la raison et le premier terme u_0 de cette suite.

2. Expliquer le rôle des lignes 5 et 6.

3. Quelle instruction permet le calcul de la somme $S = u_0 + u_1 + \ldots + u_{12}$?

4. Quelle instruction permet de calculer la somme des 18 premiers termes de la suite ?

111 Calculer les sommes suivantes :

a. $\sum_{k=0}^{k=11} \left(6 \times 2^k\right)$

b. $\sum_{p=1}^{p=14} \left(2\,048 \times \left(\frac{3}{2}\right)^{p-1}\right)$

112 PYTHON **Comprendre un programme**

Un élève propose la fonction Python suivante pour calculer la somme des termes d'une suite géométrique (u_n).

```
def somme_termes():
    S = 0
    for i in range(12):
        S = S + 3*4**i
    return (S)
```

1. Justifier que le premier terme de cette suite est 3 et préciser sa raison.

2. Quels sont les termes de (u_n) dont la fonction retourne la somme ?

113 PYTHON **Écrire un programme**

En s'inspirant de l'exercice précédent, écrire une fonction Python qui retourne la somme des 15 premiers termes de la suite géométrique (v_n), définie, pour tout entier naturel n, par : $\begin{cases} v_0 = 250 \\ v_{n+1} = 1{,}4 v_n \end{cases}$

MATHS & SES

114 M. Eliot a souscrit un contrat d'entretien pour sa chaudière à partir de janvier 2020. Le contrat prévoit un versement de 150 € la première année, puis une augmentation de chaque versement de 2 % par an.

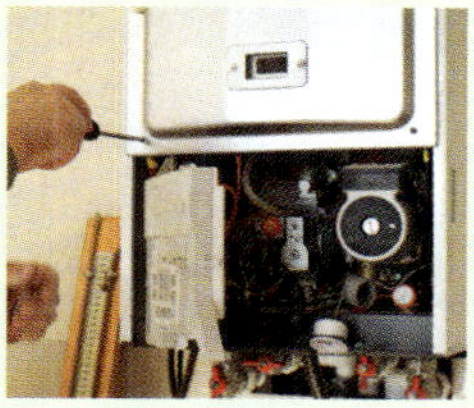

Pour tout entier naturel n, on note c_n le versement en euros l'année $(2020 + n)$. On a donc $c_0 = 150$.

1. Déterminer c_1 et c_2.

2. Exprimer c_{n+1} en fonction de c_n et en déduire la nature de la suite (c_n).

3. Déterminer l'expression du terme général c_n.

4. Déterminer le versement effectué en 2029.

5. Déterminer la somme totale qu'aura versée M. Eliot en 2029 pour l'entretien de sa chaudière depuis le début du contrat.

115 Capacité 10 p. 16

En traçant la diagonale d'un carré de côté c, on obtient un triangle rectangle que l'on colore, comme sur la figure ci-contre.

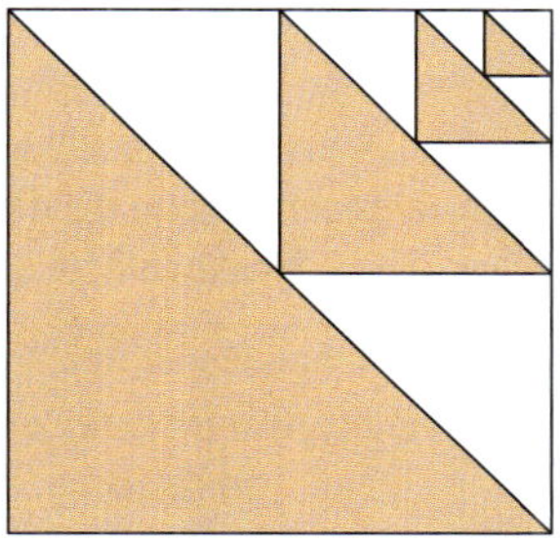

On recommence de la même manière dans le carré situé au quart du carré initial en haut à droite, et ainsi de suite...

Déterminer, en fonction de c, l'aire de la partie colorée si l'on construit une figure constituée de dix triangles.

Piste : On pourra introduire la suite (a_n) où a_n est l'aire du n-ième triangle rectangle coloré.

116 CALC Une balle tombe d'une hauteur de 20 mètres. Elle rebondit chaque fois aux trois quarts de la hauteur précédente. On considère que la balle est immobile dès que la hauteur du rebond est inférieure à 1 millimètre.

On note h_n la hauteur atteinte par la balle après le n-ième rebond, avec $h_0 = 20$ la hauteur du lâcher initial.

1. Exprimer h_n en fonction de n.

2. À l'aide de la calculatrice, déterminer au bout de combien de rebonds la balle est considérée comme immobile.

3. Déterminer alors la distance totale parcourue par la balle.

Piste : 3. Après chaque rebond, sauf la première fois, la balle effectue une montée et une descente.

117 Capacité 11 p. 17

À partir du 1er janvier 2020, au début de chaque année et durant dix ans, un couple place 600 euros sur un contrat d'assurance-vie au taux garanti de 1,6 % par an.

Le couple souhaite savoir quelle sera la valeur acquise par ce placement au bout de dix ans, c'est-à-dire le montant de la somme disponible à l'issue des dix ans : versements et intérêts.

1. Modéliser la situation à l'aide de la suite (v_n) où v_n est la valeur acquise par le versement de 600 € placé durant n années.

2. Montrer que, le 31 décembre 2029, la valeur acquise par le premier versement effectué le 1er janvier 2020 est $600 \times 1{,}016^{10}$ €.

3. Quelle est la valeur acquise au 31 décembre 2029 par le deuxième versement effectué le 1er janvier 2021 ? et par le troisième versement effectué en 2022 ?

4. Quelle est la valeur acquise par le dernier versement effectué le 1er janvier 2029 ?

5. Montrer que le capital C constitué au bout de 10 ans est :

$C = 609{,}60 \times \dfrac{1{,}016^{10} - 1}{0{,}016}$, puis calculer C.

118 CALC Compte tenu de la hausse de la consommation mondiale en pétrole, une compagnie pétrolière décide de faire passer sa production mensuelle de 191 000 barils à 269 000 barils en deux ans.

Pour atteindre cet objectif, les responsables décident d'augmenter la production de 1,5 % chaque mois.

On note p_n (pour $n \geqslant 1$) la production en barils le n-*ième* mois. On a $p_1 = 191\,000$.

1. Calculer p_2.

2. Quelle est la nature de la suite (p_n) ? Donner sa raison.

3. Exprimer p_n en fonction de n.

4. a. Calculer la production mensuelle au bout de 24 mois (on donnera le résultat arrondi à l'unité).

b. L'objectif de la compagnie pétrolière est-il atteint ?

5. Déterminer les quantités cumulées extraites par la compagnie pendant les deux années de production.

LE SAVIEZ-VOUS

Le baril est l'unité de mesure utilisée pour mesurer les quantités de pétrole brut produites. Un baril équivaut à environ 159 litres.

Problème de synthèse

119 Lors d'un entretien d'embauche, on propose à Nausicaa un salaire annuel de 25 000 € pour l'année 2020 avec le choix entre deux évolutions possibles pour ce salaire.

- **Choix** ① : une augmentation de 540 € par an.
- **Choix** ② : une augmentation de 2 % par an.

On note u_n le salaire en euros de l'année $2020 + n$ dans le cas où Nausicaa opte pour le **choix** ① et v_n le salaire en euros de l'année $2020 + n$ dans le cas où Nausicaa opte pour le **choix** ②.

Ainsi, $u_0 = v_0 = 25\,000$.

1. Pour chacun des choix, déterminer le salaire annuel au bout d'un an, puis de deux ans.

2. Déterminer l'expression du terme général de u_n et celui de v_n.

3. Pour chacun des choix, déterminer le salaire annuel en 2029.

4. Quel doit être le choix de Nausicaa si elle compte rester dix ans dans l'entreprise ?

Piste : 4. Penser à prendre en compte tous les salaires perçus durant dix ans.

EXERCICES Pour travailler en autonomie

Tous ces exercices sont corrigés, leurs solutions succinctes sont disponibles à la fin du manuel (p. 218).
En flashant la page, vous accéderez aux corrigés rédigés et détaillés sur votre smartphone ou votre tablette.

bordas Flash PAGE corrigés détaillés

L'essentiel

Suites arithmétiques
Croissance ou décroissance linéaire

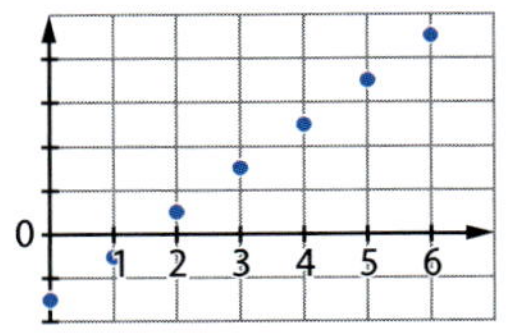

Moyenne arithmétique de deux nombres a et b
Nombre c tel que $c = \dfrac{a+b}{2}$

Expression du terme de rang n d'une suite arithmétique (u_n) de raison r
$u_n = u_0 + nr$ et $u_n = u_1 + (n-1)r$ pour tout entier naturel n

Somme des n premiers termes d'une suite arithmétique
$$S = u_0 + u_1 + \ldots + u_{n-1} = \sum_{i=0}^{i=n-1} u_i = n \times \frac{u_0 + u_{n-1}}{2}$$
$$S = \text{nombre de termes} \times \frac{\text{premier terme} + \text{dernier terme}}{2}$$

Suites géométriques
Croissance ou décroissance exponentielle

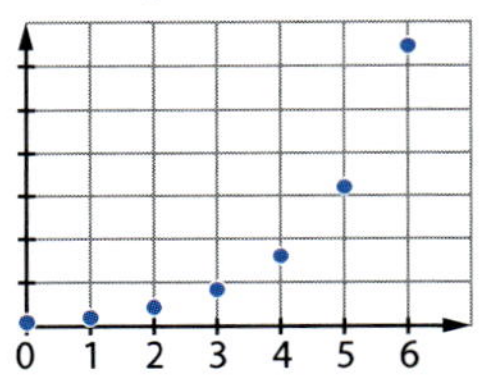

Moyenne géométrique de deux nombres positifs a et b
Nombre c tel que $c = \sqrt{ab}$

Expression du terme de rang n d'une suite géométrique (v_n) de raison q, avec $q > 0$
$v_n = v_0 \times q^n$ et $v_n = v_1 \times q^{n-1}$ pour tout entier naturel n

Somme des n premiers termes d'une suite géométrique
$$S = v_0 + v_1 + \ldots + v_{n-1} = \sum_{i=0}^{i=n-1} v_i = v_0 \times \frac{1-q^n}{1-q}.$$
$$S = \text{Premier terme} \times \frac{1 - \text{raison}^{\text{nombre de termes}}}{1 - \text{raison}} \quad \text{avec } q \neq 1$$

Faire le point avec des exercices corrigés

Utiliser les suites arithmétiques

* **120** 05 min Capacité 1, p. 10
Calculer la moyenne arithmétique des nombres a et b.
1. $a = 154$ et $b = 32$.
2. $a = \dfrac{5}{3}$ et $b = \dfrac{5}{2}$.
3. $a = 10$ et $b = \dfrac{1}{10}$.

* **121** 05 min Capacité 1, p. 10
Dans chacun des cas suivants, déterminer si les trois nombres donnés sont les termes consécutifs d'une suite arithmétique.
1. $x = 135$, $y = 101$ et $z = 67$.
2. $x = \dfrac{1}{3}$, $y = 1$ et $z = 3$.

* **122** 10 min Capacité 2, p. 10
Le tableau suivant donne les tirages moyens d'un journal quotidien sur 6 mois :

Mois	Jan	Fév	Mars	Avril	Mai	Juin
Tirage (en milliers)	170	163,2	156,4	149,6	142,8	136

1. Construire la représentation graphique des termes de cette suite. Que peut-on observer ?
2. Peut-on considérer que le tirage moyen du quotidien suit une décroissance linéaire ? Justifier.

** **123** 10 min Capacité 2, p. 10
Soit (u_n) la suite arithmétique de premier terme $u_0 = -68$ et de raison $r = 14$.
1. Donner l'expression du terme général de la suite (u_n).
2. En déduire la valeur du 45e terme de la suite.
3. Déterminer le plus petit entier n tel que $u_n > 700$.

124 20 min Capacité 3, p. 11

Une norme anti-pollution contraint un groupe industriel à faire en sorte que ses rejets polluants ne dépassent pas 2 000 tonnes en 2030. En 2020, les rejets polluants du groupe industriel ont été évalués à 5 000 tonnes et ce groupe a opté pour une réduction annuelle fixe de 300 tonnes de ses rejets polluants.

Pour tout entier naturel n, on note a_n la masse, exprimée en tonnes, des rejets polluants du groupe industriel durant l'année $(2020 + n)$. On a donc $a_0 = 5\,000$.

1. Déterminer la masse des rejets polluants pour chacune des années 2021 et 2022.

2. Justifier que la suite (a_n) est arithmétique et donner sa raison.

3. Donner l'expression du terme général a_n.

4. L'objectif de ne pas dépasser 2 000 tonnes de rejets polluants en 2030 sera-t-il atteint ?

125 10 min Capacité 4, p. 11

Soit (u_n) la suite arithmétique de premier terme $u_0 = 312$ et de raison $r = -6$.

Calculer $\sum_{i=0}^{43} u_i$.

126 15 min Capacité 4, p. 11

QCM *Choisir la ou les bonnes réponses*

La somme S des 20 premiers termes de la suite arithmétique (v_n) de premier terme $v_0 = -\frac{5}{11}$ et de raison $r = \frac{2}{11}$ est :

a. $S = 20 \times \frac{v_0 + v_{20}}{2}$ **b.** $S = \frac{280}{11}$

c. $S = 20 \times \frac{v_0 + v_{19}}{2}$ **d.** $S = 20 \times \frac{-\frac{5}{11} + 3}{2}$

127 10 min Capacité 4, p. 11 TABLEUR

(u_n) est la suite arithmétique de premier terme $u_0 = -8$ et de raison 2,5.

	A	B	C
1	n	u_n	
2	0	-8	-8
3	1	-5,5	-13,5
4	2	-3	
5	3	-0,5	
6	4	2	
7	5	4,5	

1. Quelle formule doit-on saisir dans la cellule **B3** pour que, par recopie vers le bas, on obtienne les termes de la suite (u_n) dans la colonne **B** ?

2. Dans la cellule **C3**, on a saisi la formule `=B3+C2`. Si on recopie cette formule vers le bas, quelle sera la formule dans la cellule **C7** ? Quelle sera la valeur affichée dans cette cellule ?

Utiliser les suites géométriques

128 05 min Capacité 5, p. 14

Calculer la moyenne géométrique des nombres a et b.

1. $a = 0{,}75$ et $b = 12$. **2.** $a = \frac{1}{7}$ et $b = 21$.

129 05 min Capacité 5, p. 14

Dans chacun des cas suivants, déterminer si les trois nombres donnés sont les termes consécutifs d'une suite géométrique.

1. $a = 42$; $b = 54{,}6$ et $c = 71$.

2. $a = \frac{4}{3}$; $b = 2$ et $c = 3$.

130 10 min Capacité 6, p. 14

Le tableau suivant donne le chiffre d'affaires d'une entreprise durant ses cinq premières années d'existence :

Année	2015	2016	2017	2018	2019
Chiffre d'affaires	300 000	390 000	507 000	659 100	856 830

1. Construire la représentation graphique des termes de cette suite. Que peut-on observer ?

2. Peut-on considérer que le chiffre d'affaires de l'entreprise suit une croissance exponentielle ? Justifier.

131 10 min Capacité 6, p. 14 CALC

Soit (u_n) la suite géométrique de premier terme $u_0 = 374$ et de raison $q = 1{,}1$.

1. Donner l'expression du terme général de la suite (u_n).

2. En déduire la valeur à 0,01 près du 20e terme de la suite.

3. À l'aide de la calculatrice, déterminer la plus petite valeur de n telle que $u_n > 5\,000$.

132 10 min Capacité 6, p. 14

QCM *Choisir la ou les bonnes réponses*

La suite géométrique (v_n) de premier terme $v_1 = 96$ et de raison $q = 0{,}75$ a pour terme général, pour tout entier n ($n \geqslant 1$) :

a. $v_n = 96 \times 0{,}75^{n-1}$ **b.** $v_n = 96 \times 0{,}75^n$

c. $v_n = 128 \times 0{,}75^{n-1}$ **d.** $v_n = 128 \times 0{,}75^n$

133 20 min Capacité 7, p. 15

Pour stocker ces fichiers photos dans un appareil numérique ou sur un disque dur d'ordinateur, on utilise des algorithmes de compression pour réduire leur taille. On estime qu'à chaque niveau de compression, la taille du fichier diminue de 21 %.

Soit un fichier de taille initiale 689 kilooctets (Ko).

On pose $T_0 = 689$ et, pour tout entier naturel non nul n, T_n désigne la taille (en Ko) de ce fichier après une compression de niveau n.

1. Déterminer la nature de la suite (T_n).

2. Déterminer, au Ko près, la taille du fichier après une compression de niveau sept.

134 10 min Capacité 8, p. 15

Soit (u_n) la suite géométrique de premier terme $u_1 = 49$ et de raison $q = 0{,}98$.

Donner une valeur approchée à l'unité près de $\sum_{i=1}^{27} u_i$.

135 20 min Capacité 8, p. 15 PYTHON

Soit (u_n) la suite géométrique de premier terme $u_1 = 1\,920$ et de raison $q = 2{,}5$.

1. Calculer la somme des 11 premiers termes de cette suite.

2. La fonction Python ci-dessous retourne le résultat de la question précédente en utilisant le principe de l'accumulateur. Compléter les parties manquantes de cette fonction.

```
def somme(n):
    u = ...
    S = ...
    for i in range(...):
        u = u*2.5
        ...
    return(S)
```

136 CALC **Demi-cercles en spirale**

Une spirale est formée par une succession de demi-cercles dont le rayon de l'un est égal aux deux tiers du rayon précédent. On suppose que le rayon du premier demi-cercle mesure 2 cm.

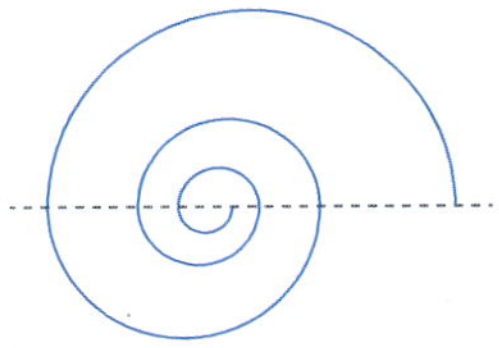

1. Déterminer la longueur de la spirale formée d'une succession de six demi-cercles.

2. Combien la spirale doit-elle compter au minimum de demi-cercles pour avoir une longueur supérieure à $\frac{17\pi}{3}$ centimètres ? On utilisera une calculatrice.

Piste : *Pour tout entier n supérieur ou égal à 1, on peut noter u_n la longueur du n-ième demi-cercle.*

137 **Histoire des mathématiques**

Un problème de Leonhard Euler (1774)

À la suite du texte proposé en activité 2 p. 8, Leonhard Euler propose quelques applications dont celle proposée ci-dessous. Saurez-vous répondre à la question posée ?

> Autre question : quelqu'un achète un cheval, sous la condition que pour le premier clou de sabot il paiera 5 sous, pour le second 8 sous, pour le troisième 11, et pareillement toujours 3 sous de plus pour chacun des clous suivants. Le cheval a 32 clous, on demande combien il coutera à l'acheteur ?

138 **Carrelage en couronnes**

Un artisan doit carreler une pièce carrée accueillant en son centre une petite statue dont le socle est carré. Il utilise des carreaux de même dimension que le socle de la statue.

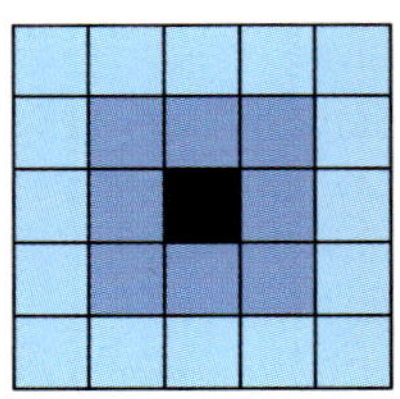

Il commence d'abord en entourant celle-ci par une couronne de carreaux et poursuit avec des couronnes de plus en plus grandes comme indiqué sur la figure ci-dessus, où le socle de la statue est représenté par le carré noir central.

Il a besoin de 157 couronnes autour du socle de la statue pour paver la salle.

Il dispose en tout de 99 220 carreaux : en a-t-il assez ?

139 **Somme des carrés**

1. Soit (U_n) la suite définie pour tout entier naturel n non nul par :

$$U_n = \sum_{k=1}^{k=n} k^2.$$

a. Donner la valeur du premier terme U_1 de la suite.

b. Donner l'expression de U_{n+1} en fonction de U_n.

2. On considère maintenant la suite (V_n) définie par :

$$V_n = \frac{n(n+1)(2n+1)}{6}.$$

a. Calculer V_1 puis vérifier que $V_{n+1} - V_n = (n+1)^2$.

b. En déduire l'expression de V_{n+1} en fonction de V_n.

3. Montrer que $\sum_{k=1}^{k=n} k^2 = \frac{n(n+1)(2n+1)}{6}$.

Piste : *3. Si deux suites ont le même premier terme et si, pour les deux suites, chaque terme se déduit du précédent par la même relation, alors ces suites sont égales.*

MATHS & SES

140 PYTHON CALC **Écrire un programme**

Emprunt à annuités constantes

Une municipalité réalise aujourd'hui un emprunt pour la construction d'une salle polyvalente. Le taux de l'emprunt est de 1,75 % annuel et la municipalité remboursera le prêt en 10 annuités égales.

On arrondira les résultats au centime d'euro.

Partie A. Calcul de l'emprunt

Dans cette partie, on suppose que les annuités sont égales à 30 000 € et on souhaite retrouver la somme E empruntée par la municipalité.

1. Déterminer la valeur actuelle de la première annuité, c'est-à-dire la somme qui, placée pendant un an à un taux annuel de 1,75 % d'intérêts composés, permet d'obtenir 30 000 €.

2. Déterminer la valeur actuelle de la deuxième annuité, c'est-à-dire la somme qui, placée pendant deux ans à un taux annuel de 1,75 % d'intérêts composés, permet d'obtenir 30 000 €.

3. Pour n entier naturel compris entre 1 et 10, on note V_n la valeur actuelle de la n-ième annuité placée pendant n années à un taux annuel d'intérêts composés de 1,75 %.

Justifier que $V_n = \frac{30\,000}{1{,}0175^n}$.

4. Sachant que la valeur E de l'emprunt est égale à la somme des valeurs actuelles V_n, déterminer à l'aide de la calculatrice ou d'une fonction en langage Python la valeur E.

Partie B. Calcul des annuités

On suppose ici que la somme empruntée est égale à 350 000 € et on souhaite déterminer la valeur a des annuités. Les notations sont les mêmes que celles de la **partie A**.

1. Justifier que la valeur actuelle V_n de la n-ième annuité est donnée par la formule $V_n = \frac{a}{1{,}0175^n}$.

2. À l'aide de la calculatrice ou d'une fonction en langage Python, déterminer la somme $S = \sum_{k=1}^{k=10} \frac{1}{1{,}0175^k}$.

On arrondira le résultat à 10^{-4}.

3. Justifier que $a \times S = 350\,000$.

4. En déduire la valeur a de l'annuité.

5. Déterminer alors le montant total des intérêts payés et le pourcentage qu'il représente parmi le total des sommes versées.

BESOIN D'AIDE ?
Voir fiche Tableur, p. 204

TP1 Étude de deux évolutions de salaire à l'aide d'un tableur

MODÉLISER REPRÉSENTER

Moundir a reçu deux propositions pour une embauche prévue le 1er janvier 2020 :

– l'entreprise A lui propose un salaire mensuel initial de 1 200 € et une augmentation de ce salaire mensuel, au 1er janvier de chaque année, de 20 € ;

– l'entreprise B lui propose un salaire mensuel initial de 1 200 € et une augmentation de ce salaire mensuel, tous les ans au 1er janvier, de 1,5 %.

Moundir souhaite déterminer laquelle de ces deux propositions est la plus avantageuse.

On note a_n (respectivement b_n) le salaire annuel en euros, selon la proposition de l'entreprise A (respectivement de l'entreprise B), de l'année $2020 + n$.

A Préparation d'une feuille de calcul

TABLEUR

1. Ouvrir une feuille de calcul et saisir les deux premières lignes comme ci-dessous :

	A	B	C	D
1	**Année**	**Rang *n* de l'année**	**Salaire annuel dans l'entreprise A**	**Salaire annuel dans l'entreprise B**
2	2020	1		
3				
4				

2. Quelle formule peut-on saisir dans la cellule **A3** pour obtenir, par recopie vers le bas, les différentes années ?

3. Quelle formule peut-on saisir dans la cellule **B3** pour obtenir, par recopie vers le bas, les différents rangs ?

4. Compléter les colonnes **A** et **B** jusqu'à la 42e année.

5. Justifier que le salaire annuel d'embauche proposé par les deux entreprises est 14 400 €, puis entrer cette valeur dans les cellules **C2** et **D2**.

B Étude de la proposition de l'entreprise A

1. Justifier que $a_1 = 14640$.

2. Exprimer, en justifiant la réponse, a_{n+1} en fonction de a_n, puis en déduire la nature de la suite (a_n).

3. Quelle formule peut-on saisir dans la cellule **C3** pour obtenir, par recopie vers le bas, les termes de la suite (a_n) ?

4. Compléter la colonne **C** jusqu'à la 42e année.

C Étude de la proposition de l'entreprise B

1. Exprimer, en justifiant, b_{n+1} en fonction de b_n. En déduire la nature de la suite (b_n).

2. Quelle formule peut-on saisir dans la cellule **D3** pour obtenir, par recopie vers le bas, les termes de la suite (b_n) ?

3. Compléter la colonne **D** jusqu'à la 42e année, puis déterminer la première année pour laquelle le salaire annuel dans l'entreprise B sera plus élevé que celui dans l'entreprise A.

4. À l'aide du tableur, représenter graphiquement les 42 premiers termes des deux suites (a_n) et (b_n).

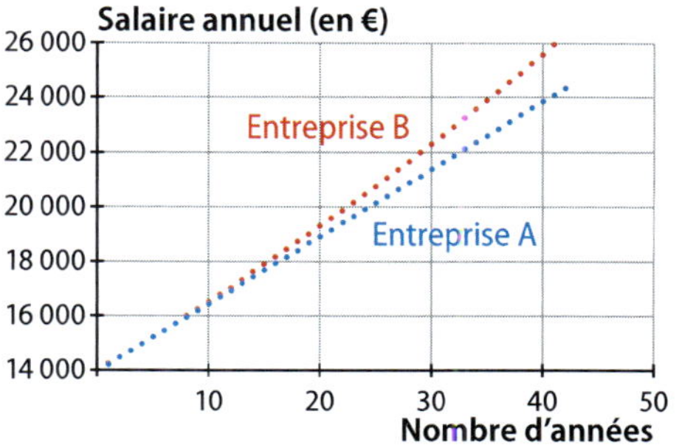

D Comparaison des deux propositions

On veut que la colonne **E** (respectivement la colonne **F**) contienne les sommes partielles des termes de la suite (a_n) (respectivement de la suite (b_n)). On va, pour cela, utiliser le principe de l'accumulateur vu en Première.

1. Quelle formule doit-on saisir en **E2** ?

2. Quelle formule peut-on saisir dans la cellule **E3** pour obtenir, par recopie vers le bas, les sommes partielles des termes de la suite (a_n) ?

3. Compléter de même la colonne **F**.

4. Quelle entreprise Moundir doit-il choisir s'il prévoit d'y rester 42 années complètes ?

5. À partir de combien d'années est-il plus intéressant de choisir l'entreprise B ?

BESOIN D'AIDE ?
Voir le livret en début de manuel, pp. 20 à 29

TP2 Calcul de la somme des n premiers carrés, des n premiers cubes ou des n premiers inverses avec Python

MODÉLISER · RAISONNER · PYTHON

A Des empilements de boulets

Pour ranger les boulets de canon, les soldats du XVIe siècle utilisaient souvent un type d'empilement pyramidal à base carrée, comme le montrent les dessins suivants :

Empilement à 2 niveaux — Empilement à 3 niveaux — Empilement à 4 niveaux — Empilement à 5 niveaux

On note b_n le nombre de boulets du n-ième niveau en partant du haut. Ainsi, $b_1 = 1$.

1. Donner les valeurs de b_2 et b_3.

2. Exprimer b_n en fonction de n.

3. Expliquer pourquoi l'empilement à 5 niveaux contient 55 boulets.

4. D'après la question précédente, on a $\sum_{i=1}^{i=5} i^2 = 55$.

La fonction Python donnée ci-contre retourne cette valeur.

```
def boulets():
    S = 0
    for i in range(1,6):
        S = S + i**2
    return(S)
```

a. À quoi correspondent les nombres 1 et 6 de l'instruction `for i in range(1,6)` ?

b. Modifier cette fonction pour calculer $\sum_{i=1}^{i=8} i^2$, qui est le nombre de boulets d'un empilement à 8 niveaux.

5. a. Modifier la fonction `boulets` afin qu'elle retourne $\sum_{i=1}^{i=n} i^2$, où n est un argument de la fonction.

Cette fonction Python permet de calculer la somme des n premiers carrés d'entiers.

b. Utiliser cette fonction pour déterminer le nombre de boulets d'un empilement à 6 niveaux.

B Combien de niveaux à empiler ?

On souhaite, connaissant le nombre de boulets, déterminer le nombre minimum de niveaux nécessaires à leur rangement. La fonction Python ci-contre, qui utilise le principe d'accumulateur (lignes **3** et **6**), retourne cette valeur.

```
1 def boulets2(n):
2     k = 0
3     S = 0
4     while S < n:
5         k = k+1
6         S = S + k**2
7     return(k)
```

1. Pourquoi l'instruction de boucle utilisée est `while` et non plus `for` ?

2. Expliquer le rôle des lignes **2** et **5**.

3. a. À quoi correspond la valeur retournée par l'instruction `boulets2(385)` ?

b. Exécuter cette instruction, puis compléter :

$$\sum_{i=\dots}^{i=\dots} i^2 \geqslant \dots$$

C Somme des n premiers cubes ou des n premiers inverses avec Python

1. Sur le modèle de la fonction `boulets` de la partie **A**, écrire une fonction Python qui retourne $\sum_{i=1}^{i=n} i^3$.

2. Modifier la fonction précédente pour calculer $\sum_{i=1}^{i=n} \frac{1}{i}$.

3. Écrire une fonction Python qui retourne le plus petit entier naturel n tel que $\sum_{i=1}^{i=n} i^3 \geqslant 100\ 000$.

4. Modifier la fonction précédente pour déterminer le plus petit entier naturel n tel que $\sum_{i=1}^{i=n} \frac{1}{i} > 4$.

CAP VERS LE BAC Zoom sur l'algorithmique

Cette page fait le point sur les capacités relatives à l'algorithmique et à la programmation, liées au chapitre 1, qui peuvent être demandées lors de l'évaluation commune.

UN EXEMPLE PYTHON

Depuis sa création, une start-up a vu son chiffre d'affaires augmenter de 5 % par mois, sachant que le premier mois, ce chiffre d'affaires était de 32 000 €.

On fait l'hypothèse que cette évolution va se poursuivre dans les mois à venir.

Pour tout entier naturel non nul n, on note C_n le chiffre d'affaires en euros du n-ième mois après la création de la start-up. On a donc $C_1 = 32\,000$.

On considère la fonction Python CA dont on donne le script ci-contre.

```
1 def CA(n):
2     C = 32000
3     S = C
4     for k in range(2,n+1):
5         C = C*1.05
6         S = S+C
7     return(S)
```

Fichier Python
Disponible sur lycee.editions-bordas.fr

LES QUESTIONS QUI PEUVENT ÊTRE POSÉES LE JOUR DU BAC / SOLUTION COMMENTÉE

Exécuter une fonction

1. Quelle est la valeur retournée par cette fonction avec l'appel CA(4) ?

Méthode

Il est pratique de faire un tableau contenant les valeurs prises par les variables au cours des différents passages dans la boucle.

1. On peut calculer les valeurs prises successivement par les variables C et S.
Après l'initialisation, les variables C et S ont pour valeur 32 000.
Ensuite, lors de l'exécution de la boucle for (ligne **4**), k prend successivement toutes les valeurs entières entre 2 et 4 (soit 2, 3 et 4).

- Lors du premier passage dans la boucle ($k = 2$), C prend la valeur $1{,}05 \times 32\,000 = 33\,600$ et S prend la valeur $32\,000 + 33\,600 = 65\,600$.
- Lors du second passage dans la boucle ($k = 3$), C prend la valeur $1{,}05 \times 33\,600 = 35\,280$ et S prend la valeur 100 880.

On poursuit l'exécution des calculs à l'aide du tableau suivant :

	Initialisation	Boucle passage 1	Boucle passage 2	Boucle passage 3
k		2	3	4
C	32 000	33 600	35 280	37 044
S	32 000	65 600	100 880	137 924

La valeur retournée par la fonction CA est 137 924.

Comprendre une fonction

2. Quel est le rôle de cette fonction ?

2. Cette fonction affiche la somme des n premiers termes de la suite, c'est-à-dire le chiffre d'affaires total des n premiers mois.

Modifier une fonction

3. Modifier la fonction CA dans le cas où le chiffre d'affaires du premier mois est 20 000 € et son augmentation mensuelle est de 4 %.

3. Il faut modifier l'initialisation de C (ligne **2**) et le coefficient multiplicateur permettant de passer d'un terme de la suite (C_n) au suivant (ligne **5**).

```
1 def CA(n):
2     C = 20000
3     S = C
4     for k in range(2,n+1):
5         C = C*1.04
6         S = S+C
7     return(S)
```

Compléter une fonction

4. Compléter la fonction CA pour qu'elle stocke les différents termes de la suite (C_n) dans une liste qui sera retournée avec la valeur de S.

4. Il faut initialiser la liste L avec le premier terme de la suite (ligne **4**). On ajoute ensuite chaque nouveau terme de la suite à la liste L une fois qu'il a été calculé à l'aide de l'instruction append (ligne **8**).

```
1 def CA(n):
2     C = 32000
3     S = C
4     L = [C]
5     for k in range(2,n+1):
6         C = C*1.05
7         S = S+C
8         L.append(C)
9     return(S,L)
```

On obtient l'affichage suivant :

```
>>> CA(4)
(137924.0, [32000, 33600.0, 35280.0, 37044.0])
```

Zoom sur le tableur

Cette page fait le point sur les capacités relatives à l'utilisation du tableur, liées au chapitre 1, qui peuvent être demandées lors de l'évaluation commune.

UN EXEMPLE TABLEUR

Deux villes A et B organisent à partir du 1er janvier 2020, un nouveau système de récupération du verre usagé. Pour n entier naturel, on note a_n la quantité de verre récupéré, en tonnes, au cours de l'année $(2020 + n)$ par la ville A et b_n la quantité de verre récupéré, en tonnes, au cours de l'année $(2020 + n)$ par la ville B.
Chaque année, la quantité de verre récupéré par la ville A augmente de 20 tonnes et la quantité de verre récupéré par la ville B augmente de 10 %.
La feuille de calcul ci-contre donne certains résultats sur ces deux suites.
Les colonnes D et F contiennent, sur la ligne d'indice k, les sommes partielles pour n variant de 0 à k des termes des suites (a_n) et (b_n).

G2 =SI(C2>E2;"Ville A";"Ville B")

	A	B	C	D	E	F	G
1	**Année**	**Indice n**	**Ville A a_n**	**$\Sigma\, a_n$**	**Ville B b_n**	**$\Sigma\, b_n$**	
2	2020	0	300,00	300,00	250,00	250,00	Ville A
3	2021	1	320,00	620,00	275,00	525,00	
4	2022	2	340,00	960,00	302,50	827,50	
5	2023	3	360,00	1320,00	332,75	1160,25	
6	2024	4	380,00	1700,00	366,03	1526,28	
7	2025	5	400,00	2100,00	402,63	1928,90	
8	2026	6	420,00	2520,00	442,89	2371,79	

Fichier tableur
Disponible sur lycee.editions-bordas.fr

LES QUESTIONS QUI PEUVENT ÊTRE POSÉES LE JOUR DU BAC

Choisir une formule parmi plusieurs formules

On a saisi a_0, la quantité récupérée par la ville A en 2020 dans la cellule **C2**.

1. Parmi les formules ci-dessous, quelle(s) formule(s), destinée(s) à être recopiée(s) vers le bas, peut-on saisir dans la cellule **C3** pour obtenir les termes de la suite (a_n) ?

(1) `=C2+20` (2) `=C2+20*B2`
(3) `=C$2+20*B3` (4) `=C$2+20`

Écrire une formule

On a saisi `=C2` dans la cellule **D2**.

2. Quelle formule peut-on saisir dans la cellule **D3** pour obtenir la colonne **D** après recopie vers le bas ?

Méthode
Pour calculer la somme des termes d'une suite, on peut utiliser le principe d'accumulateur.

Déterminer une formule obtenue par recopie

On a saisi dans la cellule **F2** la formule `=SOMME(E$2:E2)` puis on l'a recopiée vers le bas.

3. Quelle formule contient la cellule **F8** ?

Méthode
Quand le symbole `$` précède le numéro d'une ligne ou la lettre d'une colonne, ce numéro ou cette lettre est inchangé par recopie.

Déterminer un résultat obtenu dans une cellule

4. On recopie la formule saisie dans la cellule **G2** vers le bas.
Quelle valeur est alors affichée dans la cellule **G8** ?

RÉPONSES

1. La suite (a_n) est arithmétique de raison 20, donc seules les formules (1) et (3) sont exactes.
En effet, les formules mathématiques associées aux formules saisies avec le tableur sont, pour tout $n \geqslant 1$:
– pour la formule (1) : $a_{n+1} = a_n + 20$;
– pour la formule (2) : $a_{n+1} = a_n + 20n$;
– pour la formule (3) : $a_n = a_0 + 20n$;
– pour la formule (4) : $a_n = a_0 + 20$.

2. La colonne **D** contient les sommes partielles des termes de la suite (a_n). Pour calculer ces valeurs, on utilise le principe d'accumulateur.
La formule requise est ainsi `=C3+D2`.
Celle-ci se recopiera dans la cellule **D4** en `=C4+D3`…

3. Lorsque dans l'adresse d'une cellule, le symbole `$` précède le numéro d'une ligne, ce dernier est inchangé par recopie vers le bas, sinon il est incrémenté de 1 à chaque recopie vers la cellule du dessous.
Ainsi, la formule sera recopiée dans la cellule **F8** en `=SOMME(E$2:E8)`.

La formule est recopiée dans la cellule **G8** en `=SI(C8>E8;»Ville A»;»Ville B»)`.
Cette formule affiche « Ville A » si la valeur contenue en **C8** est supérieure à la valeur contenue en **E8**, sinon elle affiche « Ville B ».
Elle permet donc d'afficher la ville ayant recyclé le plus de verre en 2026.
La valeur affichée en **G8** est donc « Ville B ».

Sujet commenté

Thèmes
- Suites géométriques
- Algorithmique

ÉNONCÉ CALC

Un employé d'une entreprise possède depuis le 1er janvier 2019 une messagerie électronique professionnelle sur laquelle il conserve tous les messages reçus ou envoyés, en les classant par année. Il a constaté au 31 décembre 2019 que la taille du dossier archivant les messages de l'année 2019 était de 40 mégaoctets (Mo).

Une étude a montré que la taille des messages électroniques professionnels augmentait en moyenne de 5 % par an. On fait l'hypothèse que cette augmentation se maintiendra dans les années futures.

On note T_n la taille, en Mo, du dossier contenant les messages de l'année $(2019 + n)$, selon le modèle décrit précédemment. On a donc $T_0 = 40$.

1. Calculer T_1 et T_2.

2. a. Montrer que (T_n) est une suite géométrique. Préciser sa raison et son terme initial.

b. Exprimer T_n en fonction de n.

3. Comment peut-on qualifier la croissance de (T_n) ?

4. a. Quelle sera la taille, en mégaoctets et à 0,1 Mo près, du dossier contenant les messages de l'année 2025 ?

b. Quelle sera la taille, en mégaoctets et à 0,1 Mo près, de tous les dossiers contenant les messages des années 2019 à 2025 ?

5. a. Compléter l'algorithme ci-contre qui détermine le rang n_0 de l'année à partir de laquelle la taille, en Mo, du dossier contenant les messages de l'année dépassera 80 Mo.

b. Déterminer la valeur de n_0 et l'interpréter.

```
N ← 0
V ← 40
Tant que ...
    N ← ...
    V ← ...
Fin Tant que
```

COMPRENDRE L'ÉNONCÉ ET CHOISIR LES MÉTHODES	SOLUTION COMMENTÉE
1. a. Pour augmenter une valeur de 5 %, on la multiplie par 1,05. Capacité 7, p. 15	**1.** T_0, la taille du dossier contenant les messages de 2019, est donnée par l'énoncé : $T_0 = 40$. Le coefficient multiplicateur associé à une augmentation de 5 % est 1,05. On en déduit que $T_1 = 1{,}05 \times T_0$, soit $T_1 = 42$. On a $T_2 = 1{,}05 \times T_1 = 1{,}05 \times 42$, soit $T_2 = 44{,}1$.
2. a. On exprime T_{n+1} en fonction de T_n. **b.** On applique la formule du cours donnant le terme général d'une suite géométrique. Capacité 6, p. 14	**2. a.** La taille T_{n+1} des messages de l'année de rang $n+1$ s'obtient en augmentant la taille T_n des messages de l'année précédente de 5 %. On a donc $T_{n+1} = 1{,}05 \times T_n$ pour tout entier naturel n. Ainsi la suite (T_n) est géométrique de raison 1,05 et de premier terme $T_0 = 40$. **b.** On obtient alors l'expression de T_n en fonction du premier terme T_0 et de n : $T_n = T_0 \times 1{,}05^n$, soit $T_n = 40 \times 1{,}05^n$.
3. Dire ici si la croissance est linéaire ou exponentielle.	**3.** La suite (T_n) est géométrique et croissante : la croissance de (T_n) est exponentielle.
4. a. On détermine le rang de l'année 2025, puis on utilise l'expression de T_n. Capacité 6, p. 14 **b.** On utilise la formule de la somme de termes consécutifs d'une suite géométrique. Capacité 8, p. 15	**4. a.** La taille du dossier contenant les messages de 2025 est T_6 car $2025 = 2019 + 6$. On applique la formule précédente pour $n = 6$. Ainsi, $T_6 = 40 \times 1{,}05^6$ soit environ 53,6 Mo. **b.** On veut calculer la somme S des sept premiers termes de (T_n) : $S = T_0 + T_1 + \ldots + T_6 = 40 \times \dfrac{1-1{,}05^7}{1-1{,}05}$, soit environ 325,7 Mo.

5. Pour déterminer un seuil, on utilise une boucle non bornée « Tant que ». La condition de sortie de la boucle correspond au dépassement du seuil demandé.	**5. a.** La variable N contient le rang de l'année et la variable V contient la valeur du terme de rang N. Ligne **3** : La boucle « Tant que » est exécutée tant que la valeur du terme de rang N de la suite ne dépasse pas 80. Lignes **4** et **5** : on augmente l'indice de 1 et on calcule le terme suivant de la suite.
	`N ← 0`
	`V ← 40`
	`Tant que V ⩽ 80`
	`N ← N + 1`
	`V ← 1,05 × V`
	`Fin Tant que`
	b. À l'aide de la calculatrice on obtient $n_0 = 15$. À partir de l'année 2019 + 15, soit à partir de 2034, la taille du dossier contenant tous les messages de l'année dépassera 80 Mo.

Pour se préparer à l'écrit

Ces sujets permettent de travailler les capacités liées au chapitre 1 et attendues à l'évaluation commune.

Automatismes 20 min Sans calculatrice

Thèmes • Calculs algébriques
• Lectures graphiques
• Statistiques et probabilités

Répondre aux questions ci-dessous.

	Énoncé	Réponse
1.	Factoriser $(x-2)(2x-3)-(2x-4)(7-x)$	…
2.	Si $n^2=256$, alors $(n-3)(n+3)$ vaut :	…
3.	L'ensemble solution de l'inéquation $x^2-4x<0$ est :	…
4.	C_f est la courbe représentative d'une fonction f définie sur $\mathbb{R}$. Compléter par lecture graphique	L'ensemble des solutions de l'équation $f(x)=-3$ est …
5.	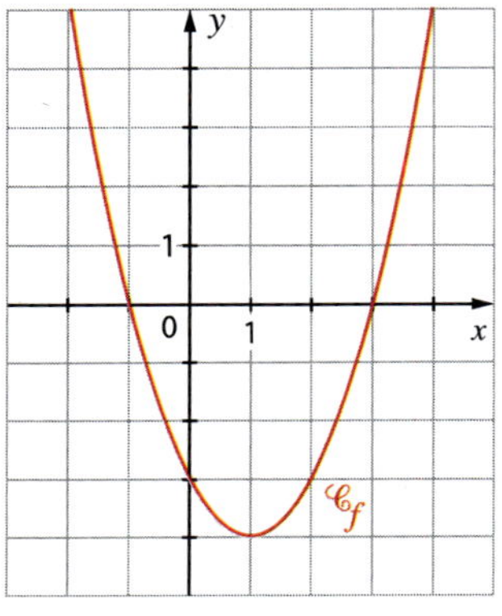	L'ensemble des solutions de l'inéquation $f(x) \geqslant 0$ est …
6.		f est croissante sur …
7.	La médiane de la série statistique ci-dessous est :	…
8.	Ce tableau donne la répartition des 36 élèves d'une classe :	$P(A)=$ …
		$P(G \cap E)=$ …
	On choisit au hasard un élève dans la classe. Alors :	$P_F(E)=$ …
9.	On lance trois fois de suite une pièce de monnaie. La probabilité d'obtenir au moins une fois face lors de ces trois lancers est :	…

Tableau de la question 7 :

Valeur	10	12	13	15	17
Effectif	5	3	8	10	7

Tableau de la question 8 :

Langue vivante	Anglais (A)	Espagnol (E)
Fille (F)	12	8
Garçon (G)	10	6

Sujet A MODÉLISER CALCULER

Thèmes • Suite arithmétique : terme général, somme des termes
• Modélisation à l'aide d'une suite arithmétique

QCM *Choisir la bonne réponse.*

1. La valeur que l'on doit donner à x pour que les nombres 12, x et 48 soient les termes consécutifs d'une suite arithmétique est :
a. 3 **b.** 24 **c.** 30 **d.** 192

2. Soit (u_n) la suite arithmétique de raison 3 et telle que $u_4=81$. Le premier terme u_0 de la suite (u_n) est :
a. 1 **b.** 3 **c.** 69 **d.** 72

3. La suite (u_n) est arithmétique de premier terme $u_0=0$ et de raison 5. Alors la somme $u_0+u_1+\ldots+u_{10}$ est égale à :
a. 0 **b.** 50 **c.** 250 **d.** 275

4. Une commune a décidé de lancer un programme ambitieux de construction de logements sociaux neufs. En 2020, cette commune a lancé la construction de 140 logements sociaux et prévoit de construire chaque année 12 logements sociaux de plus que l'année précédente.
Le nombre total de logements sociaux construits entre 2020 et 2030 est :
a. $140+10\times 12$ **b.** $140+11\times 12$
c. $10\times\dfrac{140+260}{2}$ **d.** $11\times\dfrac{140+260}{2}$

• *CAPACITÉS MISES EN ŒUVRE*
Question 1. ▶ *Capacité 1 p. 10*
Question 2. ▶ *Capacité 3 p. 11*
Question 3. ▶ *Capacité 4 p. 11*
Question 4. ▶ *Capacité 9 p. 16*

Sujet B RAISONNER CALCULER CALC

Thèmes • Suite géométrique : terme général, somme des termes
• Algorithmique et fonction Python
• Modélisation à l'aide d'une suite géométrique

QCM *Choisir la bonne réponse.*

1. Les trois nombres qui sont les termes consécutifs d'une suite géométrique sont :
a. 3, 6 et 9. **b.** 0, 4 et 16.
c. $\frac{1}{8}$, $\frac{1}{16}$ et $\frac{1}{32}$. **d.** $\frac{1}{2}$, $\frac{2}{3}$ et $\frac{3}{4}$.

2. Soit (v_n) la suite géométrique de raison 1,2 et de premier terme $v_1=6$. Quelle est la valeur de v_6 arrondie au dixième ?
a. 12,0 **b.** 13,2
c. 14,9 **d.** 17,9

3. On considère l'algorithme ci-contre. Quelle est la valeur de n en fin de cet algorithme ?
a. 9 **b.** 10
c. 11 **d.** 12

$n \leftarrow 1$
$V \leftarrow 6$
Tant que $V<31$
  $n \leftarrow n+1$
  $V \leftarrow V\times 1{,}2$
Fin Tant que

4. PYTHON

Soit (u_n) la suite géométrique de premier terme $u_0 = 300$ et de raison 1,05. La fonction Python qui retourne la liste de tous les termes strictement inférieurs à 450 de cette suite est :

a.
```
def fonction1():
    n = 0
    u = 300
    L = []
    while n < 450:
        L.append(u)
        n = n+1
        u = 300*1.05**n
    return(L)
```

b.
```
def fonction2():
    n = 0
    u = 300
    L = []
    while u < 450:
        L.append(u)
        n = n+1
    return(L)
```

c.
```
def fonction3():
    u = 300
    L = []
    while u < 450:
        L.append(u)
        u = 1.05*u
    return(L)
```

d.
```
def fonction4():
    u = 300
    L = []
    while u < 450:
        u = 1.05*u
    L.append(u)
    return(L)
```

5. Une entreprise pharmaceutique lance la production d'un nouveau médicament. La production est de 10 000 boîtes le premier mois. Durant la première année, les responsables prévoient une augmentation de la production de 8 % chaque mois. Le nombre total de boîtes produites durant la première année de production sera :

a. $10\,000 \times 0{,}08^{12}$ **b.** $10\,000 \times 1{,}08^{12}$

c. $10\,000 \times \dfrac{1-0{,}08^{12}}{1-0{,}08}$ **d.** $10\,000 \times \dfrac{1-1{,}08^{12}}{1-1{,}08}$

CAPACITÉS MISES EN ŒUVRE

Question 1. ► Capacité 5 p. 14
Questions 2 et 3. ► Capacité 7 p. 15
Question 4. ► Capacité 8 p. 15
Question 5. ► Capacité 10 p. 16

Sujet C

RAISONNER · MODÉLISER · TABLEUR

THÈMES • Suite arithmétique : terme général, somme des termes
• Suite géométrique : terme général, somme des termes
• Tableur

Louna envisage de mettre de l'argent de côté en vue d'un achat. Elle imagine deux plans d'épargne sur 12 mois.

• **Plan ①** : le premier versement mensuel est de 400 € et, chaque mois, les versements mensuels diminuent de 30 € par rapport au mois précédent.

• **Plan ②** : le premier versement mensuel est de 400 € et, chaque mois, les versements mensuels diminuent de 10 % par rapport au mois précédent.

Partie 1. Utilisation d'un tableur

Louna utilise une feuille de calcul pour comparer les deux plans. On donne ci-dessous un extrait de la feuille de calcul qu'elle a créée.

La colonne **C** est au format nombre décimal à deux décimales.

	A	B	C
1	*Versement n°*	*Plan 1*	*Plan 2*
2	1	400,00	400,00
3	2	370,00	360,00
4	3		
12	11		
13	12		
14	Total		2870,28

1. Quelle formule, à recopier dans la plage **C4:C13**, Louna a-t-elle saisie dans la cellule **C3** ?

2. Quelle valeur pourra-t-on lire dans la cellule **C4** ?

3. Quelle formule Louna peut-elle saisir dans la cellule **B14** pour obtenir le montant total des 12 versements mensuels du plan ① ?

Partie 2. Comparaison de deux suites

1. On note u_n le montant du n-ième versement mensuel du plan ①. Ainsi on a : $u_1 = 400$ et $u_2 = 370$.

a. Quelle est la nature de la suite (u_n) ? Déterminer sa raison.

b. Calculer u_{12}.

c. Calculer la somme totale épargnée avec le plan ①.

2. On note v_n le montant du n-ième versement mensuel du plan ②. Ainsi on a $v_1 = 400$ et $v_2 = 360$.

a. Quelle est la nature de la suite (v_n) ? Déterminer sa raison.

b. Calculer v_{12}. On arrondira le résultat au centime d'euro.

c. Calculer la somme totale épargnée avec le plan ②.

3. Quel est le plan qui assure à Louna la somme épargnée la plus élevée ? Expliquer la réponse.

CAPACITÉS MISES EN ŒUVRE

Question 2. 1 a. ► Capacité 2 p. 10
Question 2. 1 b. ► Capacité 3 p. 11
Question 2. 1 c. ► Capacités 4 p. 11 et 9 p. 16
Question 2. 2 a. ► Capacité 6 p. 14
Question 2. 2 b. ► Capacité 7 p. 15
Question 2. 2 c. ► Capacités 8 p. 15 et 10 p. 16

Sujet D

40 min

MODÉLISER · CALCULER

SOLUTION EN FIN DE MANUEL

bordas Flash PAGE corrigé détaillé

THÈMES • Suite géométrique : terme général
• Modélisation d'une évolution à l'aide d'une suite géométrique
• Somme des termes d'une suite géométrique

Une agence de presse a la charge de la publication d'un journal hebdomadaire traitant des informations d'une communauté de communes dans le but de mieux faire connaitre les différents événements qui s'y déroulent.

Un sondage prévoit un accueil favorable de ce journal dans la population. Une étude de marché estime à 1 400 le nombre d'habitants qui vont lire ce journal lors de la première semaine avec une progression du nombre de lecteurs de 3 % chaque semaine pour les éditions suivantes.

On modélise cette situation par une suite (u_n) où u_n représente le nombre de journaux lus la n-ième semaine. On a donc $u_1 = 1\,400$.

1. Écrire, pour tout entier naturel n non nul, l'expression de u_n en fonction de n.

2. Déterminer, à l'unité près, le nombre de journaux lus la treizième semaine.

3. Déterminer le nombre total de journaux lus au bout de 52 semaines. Le résultat sera arrondi à l'unité.

CAPACITÉS MISES EN ŒUVRE

Questions 1 et 2. ► Capacité 6 p. 14
Question 3. ► Capacité 8 p. 15

EXERCICES Revoir des points essentiels

PARCOURS 1 Déterminer et utiliser le terme général d'une suite arithmétique

Un exemple : Soit la suite arithmétique (u_n) de premier terme $u_0 = 17$ et de raison $r = 11$.
Déterminer l'expression du terme général u_n, puis calculer le terme u_{24}.

Ma réflexion	→ Ma démarche
Que me demande-t-on ?	Je dois déterminer l'expression du terme général d'une suite arithmétique (u_n). ▶ *Il s'agit d'une formule donnant l'expression de u_n en fonction de l'entier n. Retrouver cette formule dans le cours.*
Comment faire pour démarrer ?	Je dois identifier la nature et les éléments caractéristiques de la suite (u_n). ▶ *La suite (u_n) est arithmétique. Préciser son premier terme et sa raison.*
À quoi dois-je être attentif ?	La formule à utiliser dépend de l'indice du premier terme de la suite. ▶ *Le premier terme est d'indice 0, on utilise donc la formule $u_n = u_0 + nr$. Remplacer u_0 et r par leurs valeurs et donner l'expression de u_n.*
Que me demande-t-on dans la seconde partie de la question ?	Je dois calculer le terme u_{24}. ▶ *Quelle formule doit-on utiliser pour calculer ce terme ?*
Comment obtenir le résultat ?	Je dois remplacer n par l'indice cherché dans l'expression du terme général. ▶ *Remplacer n par 24 dans l'expression de u_n et vérifier que $u_{24} = 281$.*

141 Soit la suite arithmétique (u_n) de premier terme $u_0 = 126$ et de raison $r = -18$.
Déterminer l'expression du terme général u_n, puis calculer le terme u_{16}.

142 Soit la suite arithmétique (u_n) de premier terme $u_1 = 30$ et de raison $r = 2{,}5$.
Déterminer l'expression du terme général u_n, puis calculer le terme u_{32}.

PARCOURS 2 Déterminer et utiliser le terme général d'une suite géométrique

Un exemple : Soit la suite géométrique (v_n) de premier terme $v_0 = 6\,250$ et de raison $q = 1{,}2$.
Déterminer l'expression du terme général v_n, puis calculer le terme v_7.

Ma réflexion	→ Ma démarche
Que me demande-t-on ?	Je dois déterminer l'expression du terme général d'une suite géométrique (v_n). ▶ *Il s'agit d'une formule donnant l'expression de v_n en fonction de l'entier n. Retrouver cette formule dans le cours.*
Comment faire pour démarrer ?	Je dois identifier la nature et les éléments caractéristiques de la suite (v_n). ▶ *La suite (v_n) est géométrique. Préciser son premier terme et sa raison.*
À quoi dois-je être attentif ?	La formule à utiliser dépend de l'indice du premier terme de la suite. ▶ *Le premier terme est d'indice 0, on utilise donc la formule $v_n = v_0 \times q^n$. Remplacer v_0 et q par leurs valeurs et donner l'expression de v_n.*
Que me demande-t-on dans la seconde partie de la question ?	Je dois calculer le terme v_7. ▶ *Quelle formule utiliser pour calculer ce terme ?*
Comment obtenir le résultat ?	Je dois remplacer n par l'indice cherché dans l'expression du terme général. ▶ *Remplacer n par 7 dans l'expression de v_n et vérifier que $v_7 = 22\,394{,}88$.*

143 Soit la suite géométrique (v_n) de premier terme $v_0 = 31\,250$ et de raison $q = 0{,}6$.
Déterminer l'expression du terme général v_n, puis calculer le terme v_{10}.

144 Soit la suite géométrique (v_n) de premier terme $v_1 = 2$ et de raison $q = 4$.
Déterminer l'expression du terme général v_n, puis calculer le terme v_{14}.

DATATION AU CARBONE 14

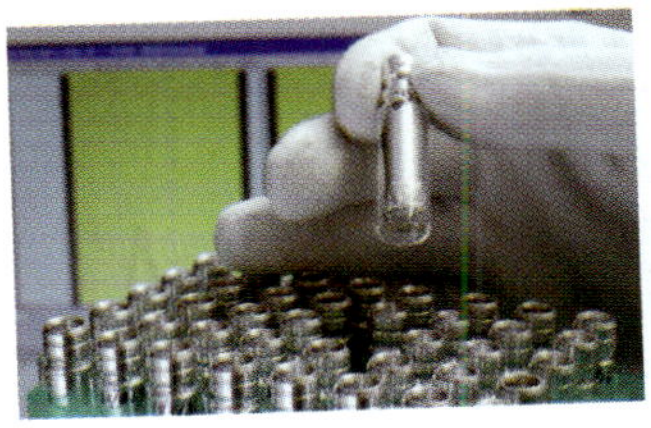

Cette méthode de datation repose sur la présence de carbone 14 (un isotope radioactif du carbone) dans tout organisme vivant. À partir de la mort de l'organisme, cette présence décroît à un rythme régulier (environ 1,23 % par siècle). Il suffit alors de mesurer le rapport entre le carbone 14 présent dans un organisme vivant et le carbone restant dans l'organisme à dater pour retrouver son âge.
Ainsi, si on note u_0 le nombre d'atomes de carbone 14 à la mort de l'organisme et u_n le nombre d'atomes de carbone 14 au bout de n siècles, on peut étudier l'évolution de ce nombre d'atomes et déterminer l'âge d'un organisme. On peut aussi déterminer **la période de demi-vie** du carbone 14, c'est-à-dire le temps nécessaire pour que la moitié des atomes radioactifs soient désintégrés. Cette période est d'environ 5 700 ans.

FORMATS DE PAPIER

La suite des formats A0, A1, A2, A3, A4, A5... des feuilles de papier est déterminée de façon à ce que, lorsque l'on plie une feuille en deux dans son côté le plus long, on obtient une nouvelle feuille de format inférieur, dont les proportions sont conservées.
Cette particularité permet de pouvoir reproduire chaque format dans un autre en conservant les proportions. Le rapport entre longueur et largeur doit pour cela être égal à $\sqrt{2}$.
Les formats « A » sont construits à partir du format A0, dont l'aire est, par définition, de 1 m^2.
Ainsi, **les aires des formats A0, A1, A2, A3, A4, A5, ... sont les termes successifs de la suite géométrique de premier terme 1 et de raison $\frac{1}{\sqrt{2}}$.**

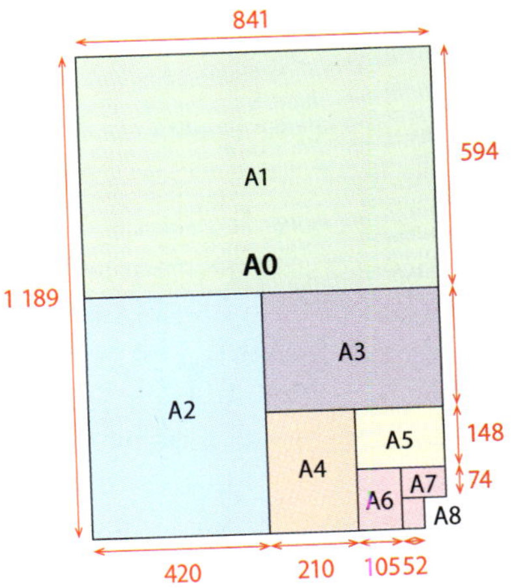

Les mathématiques aujourd'hui

UNE DÉCOUVERTE DE TERENCE TAO

L'australien **Terence Tao**, né en 1975, est le plus jeune des mathématiciens récompensés par la plus illustre des distinctions en mathématiques : la médaille Fields, en 2006.
Parmi ses nombreux travaux, l'un des plus connus concerne les nombres premiers en progression arithmétique.
En 1785, pour démontrer un important résultat de la théorie des nombres, Legendre suppose qu'une suite arithmétique de premier terme u_0 et de raison r contient toujours une infinité de nombres premiers à condition que u_0 et r soient premiers entre eux.
Par exemple, la suite arithmétique de terme général $u_n = 3 + 4n$ contient une infinité de nombres premiers (en vert) : 3 – 7 – 11 – 15 – 19 – 23 – 27 – 31 – 35 – 39 – 43 – ...
Terence Tao et Ben Green ont montré qu'il existe des progressions arithmétiques de nombres premiers aussi longues que l'on veut.

Se tester pour un BON DÉPART

Utiliser des taux d'évolution

1 Entre le 1er janvier 2019 et le 1er janvier 2020, la population d'une ville est passée de 15 500 habitants à 14 725 habitants.
Calculer le taux d'évolution de la population sur cette période.

2 **VRAI/FAUX**
Indiquer si les affirmations sont vraies ou fausses, puis justifier.

1. Si en juin, les prix réglementés du gaz naturel ont augmenté de 2,1 % et qu'en juillet, ils augmentent de 7,45 %, alors l'augmentation globale sur ces deux mois est de 9,55 %.
2. Si un capital est placé au taux annuel de 3 % pendant 20 ans, à intérêts composés, alors la somme disponible au bout de 20 ans est supérieure ou égale au double du capital placé.

Utiliser les suites géométriques

3 On donne ci-contre la représentation graphique des cinq premiers termes de deux suites géométriques (u_n) et (v_n).

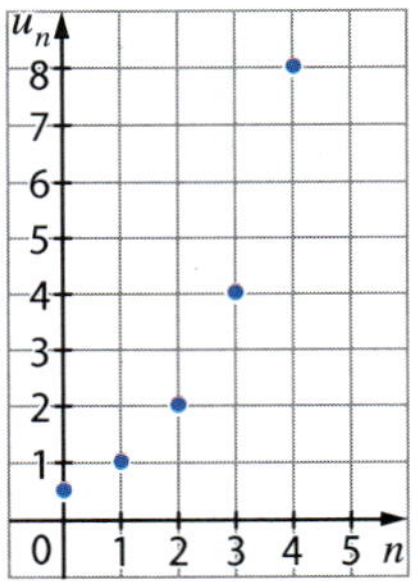

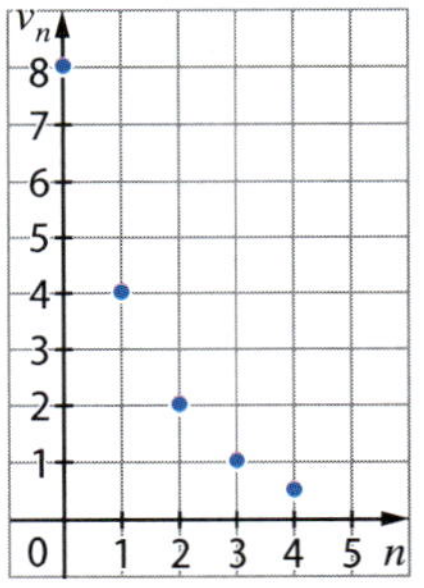

1. Déterminer la raison de chacune de ces suites.
2. Comment peut-on qualifier la croissance de la suite (u_n) ?

4 **QCM** *Choisir la ou les bonnes réponses.*
On considère la suite géométrique (v_n) définie sur $\mathbb{N}$ par $v_0 = 100$ et $v_{n+1} = 0{,}8v_n$.

1. La raison de la suite (v_n) est égale à :
a. 0,8 b. 1,2 c. 80 d. 100
2. Le terme général de cette suite est égal à :
a. 80^n b. $100 + 0{,}8n$ c. $0{,}8 \times 100^n$ d. $100 \times 0{,}8^n$

5 **VRAI/FAUX**
Indiquer si les affirmations sont vraies ou fausses, puis justifier.

a. La suite (u_n) définie sur $\mathbb{N}$ par $u_n = 2n$ est une suite géométrique.
b. La suite (v_n) définie sur $\mathbb{N}$ par $v_0 = 1$ et $v_{n+1} = 2v_n$ est une suite géométrique.
c. La suite (w_n) définie sur $\mathbb{N}$ par $w_n = 3 \times 2^n$ est une suite géométrique.

Calculer avec des exposants

6 **QCM** *Choisir la ou les bonnes réponses.*

1. Le nombre $2^3 \times 2^2$ est égal à : a. 32 b. 4^5 c. 2^6 d. 2^5
2. Le nombre $(2^3)^5$ est égal à : a. 8^5 b. 2^8 c. 2^{15} d. 6^5
3. Le nombre $\dfrac{10^6}{10^3}$ est égal à : a. 100 b. 1 000 c. 10^2 d. 10^3

7 Soit a un réel non nul et n un entier relatif.
Écrire sous la forme a^p, avec p entier relatif, les nombres suivants :

$$A = a^n \times a^3 \; ; B = (a^2)^n \; ; C = \frac{1}{a^n} \text{ et } D = \frac{a^n}{a^4}.$$

POUR VOUS AIDER → Rappels .... page 198

FONCTIONS EXPONENTIELLES ET FONCTION LOGARITHME DÉCIMAL

CHAPITRE 2

Au IIe siècle avant J.-C., l'astronome grec Hipparque aurait constitué un catalogue d'un millier d'étoiles visibles à l'œil nu. L'échelle comprend alors six « grandeurs » : les étoiles les plus brillantes sont de première grandeur et les moins brillantes sont de sixième grandeur.
En 1856, l'astronome britannique Norman Robert Pogson remplace le mot « grandeur » par celui de « magnitude ».
Il remarque qu'une étoile de première magnitude est cent fois plus brillante qu'une étoile de sixième magnitude et propose une classification qui utilise une échelle logarithmique.

Voir TP2 page 69

LES NOTIONS DU CHAPITRE

- **Fonctions exponentielles**
- **Fonction logarithme décimal**
- **Applications du logarithme décimal**

RESSOURCES NUMÉRIQUES
Téléchargez l'application FlashPage, puis scannez la page indiquée pour consulter votre ressource sur smartphone ou tablette.

Vidéos .... pp. 44, 45, 48, 52
Animations .... pp. 42, 43
Corrigés détaillés .... pp. 64, 65, 73

Activité 1

Une croissance exponentielle

Objectif

Introduire les fonctions exponentielles.

Une solution contient initialement 5 millions de bactéries par millilitre (mL). Toutes les 10 minutes, la concentration en bactéries de cette solution augmente de 16 %.

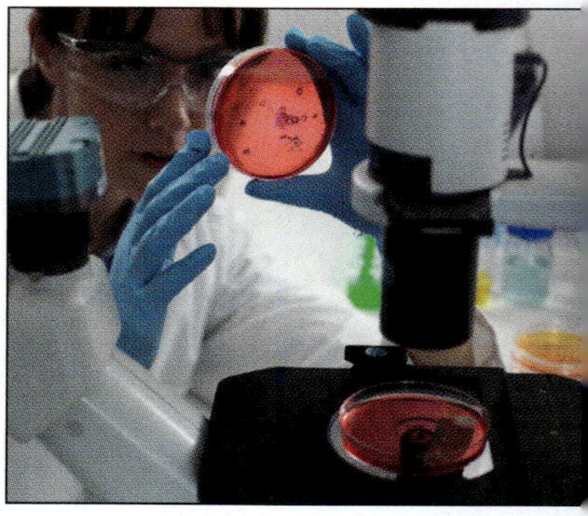

Animation
Passage de la suite (a^n) à l'exponentielle $x \mapsto a^x$
bordas Flash PAGE animation

1 Pour tout entier naturel n, on note c_n la concentration en bactéries en millions par mL au bout de n dizaines de minutes.

a. Quelle est la nature de la suite (c_n) ?
En préciser le premier terme et la raison.

b. Exprimer c_n en fonction de n.

c. Quel est le sens de variation de la suite (c_n) ? Justifier.

d. Calculer une valeur approchée à 0,1 près de c_8 et de c_9. En déduire un encadrement de la concentration en bactéries (en millions par mL) au bout de 85 minutes.

e. Déterminer au bout de combien de dizaines de minutes la concentration en bactéries dépasse 15 millions par mL.

2 **a.** Dans un repère d'unités graphiques 1 cm pour une dizaine de minutes en abscisses et 1 cm pour 2 millions par mL en ordonnées, représenter les termes c_0 à c_{10} de la suite (c_n).

b. Relier les points par une courbe.

Cette courbe définit sur l'intervalle $[0\ ;+\infty[$ une fonction f.
On note son expression : $f(x) = 5 \times 1{,}16^x$. On définit ainsi une puissance d'exposant réel x : $1{,}16^x$.

c. Que peut-on conjecturer sur le sens de variation de la fonction f ?

d. Par lecture graphique, estimer :
- la concentration en bactéries (en millions par mL) au bout d'une heure et 25 minutes ;
- au bout de combien de minutes la concentration en bactéries dépasse 15 millions par mL.

Activité 2

Avec des exposants réels CALC

Objectif

Introduire les propriétés algébriques des fonctions exponentielles.

1 **a.** En précisant les propriétés utilisées, écrire les nombres $1{,}2^3 \times 1{,}2^{25}$ et $(1{,}2^{32})^3$ sous la forme $1{,}2^n$ où n est un entier.

b. Recopier et compléter le tableau ci-dessous, en effectuant les calculs avec deux décimales à l'aide de la calculatrice.

(1)	(2)	(3)	(4)	(5)	(6)
a^x	a^y	$a^x \times a^y$	a^{x+y}	$(a^x)^3$	a^{3x}
$3{,}1^{1{,}2}$	$3{,}1^{2{,}5}$	65,77	...	...	...
$4^{0{,}25}$	$4^{1{,}75}$	...	...	...	...
$7^{3{,}2}$	7^{-3}	...	...	...	...
$0{,}2^{0{,}3}$	$0{,}2^{0{,}7}$	...	...	...	...

c. Comparer les contenus des colonnes (3) et (4), puis ceux des colonnes (5) et (6).

2 **a.** En précisant les propriétés utilisées, écrire les nombres $\dfrac{1}{1{,}2^{11}}$ et $\dfrac{1{,}2^{20}}{1{,}2^{11}}$ sous la forme $1{,}2^n$ où n est un entier.

b. À l'aide de la calculatrice, donner une valeur approchée à 0,01 près des nombres :

$$\frac{1}{5^{0{,}1}},\ 5^{-0{,}1},\ \frac{5^{3{,}2}}{5^{1{,}7}} \text{ et } 5^{1{,}5}.$$

3 Les propriétés sur les puissances entières semblent-elles encore vraies pour des puissances non entières ?

Cours 1

Animation
Passage de la suite (a^n) à l'exponentielle $x \mapsto a^x$

bordas Flash PAGE animation

Définition

Soit a un réel strictement positif. La suite de terme général a^n, définie pour tout entier naturel n, est la suite géométrique de premier terme $a^0 = 1$ et de raison a.
En prolongeant à des valeurs non entières cette suite, on définit une fonction.

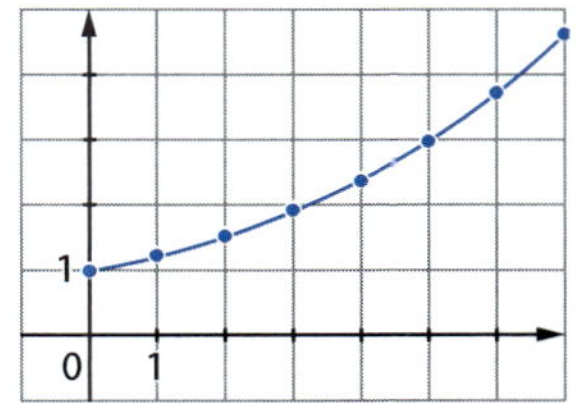

DÉFINITION Soit a un réel strictement positif.
La fonction f qui, à tout réel x associe a^x, est définie de la manière suivante :
- sur $[0\,;+\infty[$, f est le prolongement à des valeurs non entières positives de la suite géométrique (a^n), où n appartient à $\mathbb{N}$;
- sur $]-\infty\,;0]$, $a^x = \dfrac{1}{a^{-x}}$.

Cette fonction est appelée **fonction exponentielle de base a**.

À noter
Pour x réel, le nombre a^x n'existe que pour $a > 0$.

REMARQUE : Pour tout réel $a > 0$, $a^0 = 1$ et $a^1 = a$.

Sens de variation

PROPRIÉTÉS Soit a un réel strictement positif.
(1) Si $0 < a < 1$, la fonction $x \mapsto a^x$ est décroissante sur $\mathbb{R}$.
(2) Si $a = 1$, la fonction $x \mapsto a^x$ est constante sur $\mathbb{R}$: c'est la fonction $x \mapsto 1$.
(3) Si $a > 1$, la fonction $x \mapsto a^x$ est croissante sur $\mathbb{R}$.

À noter
Le sens de variation de la fonction exponentielle $x \mapsto a^x$ est le même que celui de la suite géométrique (a^n).

EXEMPLES : La fonction f définie sur $\mathbb{R}$ par $f(x) = 0{,}5^x$ est décroissante car $0 < 0{,}5 < 1$.
La fonction g définie sur $\mathbb{R}$ par $g(x) = 2^x$ est croissante car $2 > 1$.

Courbe représentative de $x \mapsto 0{,}5^x$

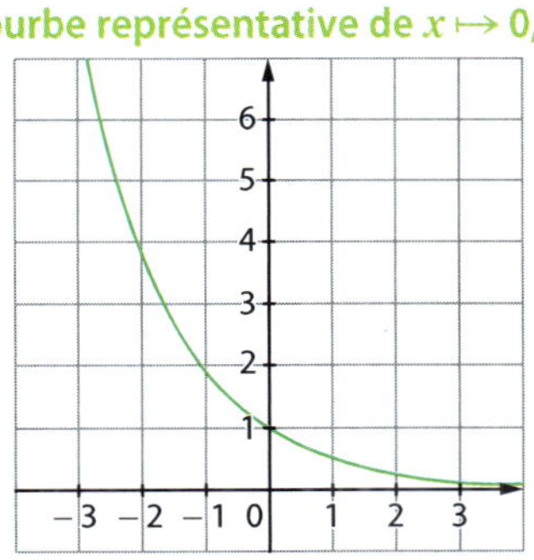

Courbe représentative de $x \mapsto 2^x$

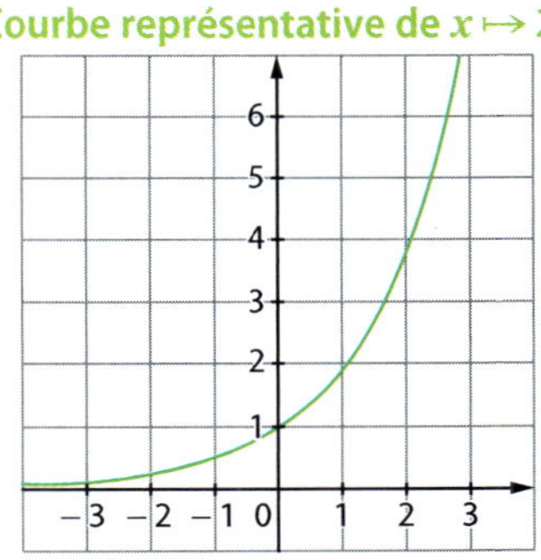

À noter
Avec la calculatrice, on utilise la touche ∧.

PROPRIÉTÉS Soit a un réel strictement positif et k un réel non nul.
(1) Si $k > 0$, la fonction $x \mapsto k \times a^x$ a le même sens de variation que la fonction $x \mapsto a^x$.
(2) Si $k < 0$, la fonction $x \mapsto k \times a^x$ a le sens de variation contraire à celui de $x \mapsto a^x$.

PROPRIÉTÉ Soit a un réel strictement positif.
Pour tous réels x et y, $a^x = a^y$ équivaut à $x = y$.

Propriétés algébriques

Les propriétés des puissances entières s'étendent à la fonction $x \mapsto a^x$, $a > 0$.

PROPRIÉTÉS Soit a un réel strictement positif. Pour tous réels x et y et tout entier n :

(1) $a^{x+y} = a^x \times a^y$ (2) $a^{-x} = \dfrac{1}{a^x}$ (3) $a^{x-y} = \dfrac{a^x}{a^y}$ (4) $a^{nx} = (a^x)^n$

À noter
L'exponentielle « transforme » une somme en produit.

EXEMPLES : $2^{3,5} \times 2^{1,2} = 2^{3,5+1,2} = 2^{4,7}$; $\dfrac{2^{3,5}}{2^{1,2}} = 2^{3,5-1,2} = 2^{2,3}$; $(2^{3,1})^3 = 2^{3,1\times 3} = 2^{9,3}$.

SÉQUENCE 1

Méthode

Pour déterminer le sens de variation d'une fonction $x \mapsto ka^x$, on commence par déterminer le sens de variation de la fonction $x \mapsto a^x$ en comparant a et 1, puis on tient compte du signe de k.

Voir exercices
65 Pour s'entraîner
147 152 Pour travailler en autonomie

CAPACITÉ 1

Connaître le sens de variation des fonctions $x \mapsto ka^x$

Déterminer le sens de variation des fonctions f, g, h et p définies sur $\mathbb{R}$ par :

a. $f(x) = 2 \times 0{,}5^x$ **b.** $g(x) = 0{,}1 \times 1{,}8^x$ **c.** $h(x) = -7 \times 0{,}3^x$ **d.** $p(x) = -19 \times 1{,}1^x$

Solution commentée

a. On commence par déterminer le sens de variation de la fonction u définie sur $\mathbb{R}$ par $u(x) = 0{,}5^x$.
Comme $0 < 0{,}5 < 1$, la fonction u est décroissante sur $\mathbb{R}$.
2 étant positif, la fonction f a le même sens de variation que la fonction u.
Ainsi, la fonction f est décroissante sur $\mathbb{R}$.

b. On détermine le sens de variation de la fonction v définie sur $\mathbb{R}$ par $v(x) = 1{,}8^x$.
Comme $1{,}8 > 1$, la fonction v est croissante sur $\mathbb{R}$.
0,1 étant positif, la fonction g a le même sens de variation que la fonction v.
Ainsi, g est croissante sur $\mathbb{R}$.

c. La fonction w définie sur $\mathbb{R}$ par $w(x) = 0{,}3^x$ est décroissante sur $\mathbb{R}$ car $0 < 0{,}3 < 1$.
-7 étant négatif, la fonction h a un sens de variation contraire à celui de la fonction w.
Ainsi, h est croissante sur $\mathbb{R}$.

d. Comme $1{,}1 > 1$, la fonction $x \mapsto 1{,}1^x$ est croissante sur $\mathbb{R}$.
-19 étant négatif, la fonction p a un sens de variation contraire à celui de la fonction $x \mapsto 1{,}1^x$. Ainsi, la fonction p est décroissante sur $\mathbb{R}$.

Vidéo 05:49
Utiliser une fonction exponentielle

Bordas Flash PAGE vidéo

Méthode

Pour comparer deux nombres a^x et a^y ($a > 0$), on utilise le sens de variation de la fonction $t \mapsto a^t$.

Voir exercices
71 Pour s'entraîner
148 149 Pour travailler en autonomie

CAPACITÉ 2

Utiliser le sens de variation des fonctions $x \mapsto ka^x$

1 Soit x et y deux réels tels que $x \leqslant y$.
Dans chaque cas, comparer les nombres donnés :
a. $1{,}5^x$ et $1{,}5^y$. **b.** $0{,}2^x$ et $0{,}2^y$.

2 Utiliser les questions **1 a.** et **b.** pour ranger dans l'ordre croissant :
a. $1{,}5$; 1 ; $1{,}5^{-3{,}5}$; $1{,}5^{0{,}5}$ et $1{,}5^{1{,}3}$. **b.** $0{,}2^{0{,}8}$; $0{,}2$; $0{,}2^{-1}$; $0{,}2^2$ et 1.

Solution commentée

1 **a.** On commence par déterminer le sens de variation de la fonction $t \mapsto 1{,}5^t$.
Comme $1{,}5 > 1$, la fonction $t \mapsto 1{,}5^t$ est croissante sur $\mathbb{R}$.
Par conséquent, cette fonction « conserve » l'ordre.
Ainsi, comme $x \leqslant y$, on en déduit que $1{,}5^x \leqslant 1{,}5^y$.

b. Comme $0 < 0{,}2 < 1$, la fonction $t \mapsto 0{,}2^t$ est décroissante sur $\mathbb{R}$.
Ainsi, cette fonction « change » l'ordre.
Comme $x \leqslant y$, on en déduit que $0{,}2^x \geqslant 0{,}2^y$.

2 **a.** On remarque que $1{,}5 = 1{,}5^1$ et $1 = 1{,}5^0$.
On doit donc comparer :
$1{,}5^1$; $1{,}5^0$; $1{,}5^{-3{,}5}$; $1{,}5^{0{,}5}$ et $1{,}5^{1{,}3}$.
$-3{,}5 \leqslant 0 \leqslant 0{,}5 \leqslant 1 \leqslant 1{,}3$ et la fonction $t \mapsto 1{,}5^t$ est croissante sur $\mathbb{R}$.
Donc $1{,}5^{-3{,}5} \leqslant 1{,}5^0 \leqslant 1{,}5^{0{,}5} \leqslant 1{,}5^1 \leqslant 1{,}5^{1{,}3}$,
soit $1{,}5^{-3{,}5} \leqslant 1 \leqslant 1{,}5^{0{,}5} \leqslant 1{,}5 \leqslant 1{,}5^{1{,}3}$.

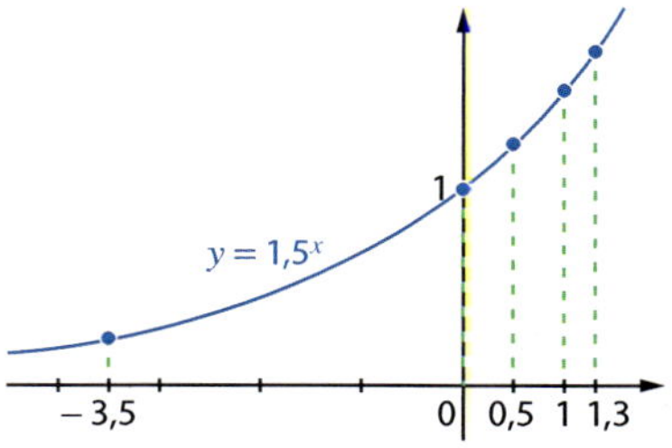

b. On remarque que $0{,}2 = 0{,}2^1$ et $1 = 0{,}2^0$.
On doit donc comparer :
$0{,}2^{0{,}8}$; $0{,}2^1$; $0{,}2^{-1}$; $0{,}2^2$ et $0{,}2^0$.
$-1 \leqslant 0 \leqslant 0{,}8 \leqslant 1 \leqslant 2$
et la fonction $t \mapsto 0{,}2^t$ est décroissante sur $\mathbb{R}$.
Donc :
$0{,}2^{-1} \geqslant 0{,}2^0 \geqslant 0{,}2^{0{,}8} \geqslant 0{,}2^1 \geqslant 0{,}2^2$
soit :
$0{,}2^2 \leqslant 0{,}2 \leqslant 0{,}2^{0{,}8} \leqslant 1 \leqslant 0{,}2^{-1}$.

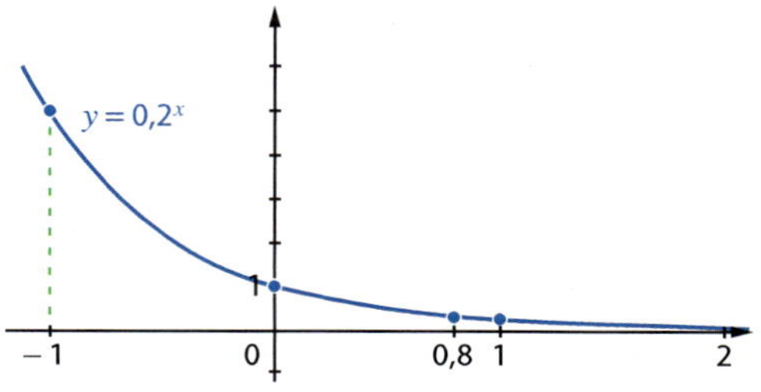

Vidéo 04:57
Appliquer les formules sur les fonctions exponentielles
bordas Flash PAGE vidéo

CAPACITÉ 3

Connaître les propriétés des fonctions exponentielles

1 Écrire chaque expression sous la forme a^k, où $a > 0$ et k réel.

$A = 7^3 \times 7^{5,2}$; $B = \dfrac{1}{9^{3,5} \times 9^{-2}}$; $C = (3^{4,2})^5 \times 3$ et $D = \dfrac{(2^{-0,5})^3 \times 2^3}{2^{-0,5} \times 2}$.

2 Soit x un réel. Écrire F, G, H et K sous la forme a^E, où a est un réel strictement positif et E une expression.

$F = 3^{2x+1} \times 3^{x+5}$; $G = \dfrac{0,25^{4-3x}}{0,25^{x-1}}$; $H = (1,8^{2x+1})^{-3} \times 1,8^{x-7}$ et $K = \dfrac{(5^{1-x})^2 \times 5^{2x+3}}{5^{x-6}}$.

Méthode

Pour transformer une expression, on utilise les propriétés algébriques des fonctions exponentielles.

Solution commentée

1 On utilise la propriété $a^x \times a^y = a^{x+y}$.

$A = 7^3 \times 7^{5,2} = 7^{3+5,2} = 7^{8,2}$

$B = \dfrac{1}{9^{3,5} \times 9^{-2}} = \dfrac{1}{9^{3,5+(-2)}} = \dfrac{1}{9^{1,5}}$ donc $B = 9^{-1,5}$ car $\dfrac{1}{a^x} = a^{-x}$.

$C = (3^{4,2})^5 \times 3 = 3^{4,2\times5} \times 3$ car $(a^x)^n = a^{nx}$

donc $C = 3^{21} \times 3$. Or $3 = 3^1$ donc $C = 3^{21} \times 3^1 = 3^{21+1} = 3^{22}$.

On commence par écrire plus simplement le numérateur et le dénominateur :

$D = \dfrac{(2^{-0,5})^3 \times 2^3}{2^{-0,5} \times 2} = \dfrac{2^{-0,5\times3} \times 2^3}{2^{-0,5} \times 2^1} = \dfrac{2^{-1,5} \times 2^3}{2^{-0,5+1}}$ donc :

$D = \dfrac{2^{-1,5+3}}{2^{0,5}} = \dfrac{2^{1,5}}{2^{0,5}}$. Puis on utilise la propriété $\dfrac{a^x}{a^y} = a^{x-y}$.

On en déduit que $D = 2^{1,5-0,5} = 2^1 = 2$.

2 $F = 3^{2x+1} \times 3^{x+5} = 3^{2x+1+x+5}$ donc $F = 3^{3x+5}$.

$G = \dfrac{0,25^{4-3x}}{0,25^{x-1}} = 0,25^{4-3x-(x-1)}$ donc $G = 0,25^{4-3x-x+1}$, soit $G = 0,25^{5-4x}$.

$H = (1,8^{2x+1})^{-3} \times 1,8^{x-7} = 1,8^{-3(2x+1)} \times 1,8^{x-7} = 1,8^{-6x-3} \times 1,8^{x-7}$

donc $H = 1,8^{-6x-3+x-7}$, soit $H = 1,8^{-5x-10}$.

$K = \dfrac{(5^{1-x})^2 \times 5^{2x+3}}{5^{x-6}} = \dfrac{5^{2(1-x)} \times 5^{2x+3}}{5^{x-6}} = \dfrac{5^{2-2x} \times 5^{2x+3}}{5^{x-6}}$

donc $K = \dfrac{5^{2-2x+2x+3}}{5^{x-6}} = \dfrac{5^5}{5^{x-6}} = 5^{5-(x-6)}$, soit $K = 5^{5-x+6} = 5^{11-x}$.

Voir exercices
79 83 Pour s'entraîner
151 Pour travailler en autonomie

CAPACITÉ 4

Utiliser les propriétés des fonctions exponentielles

On injecte à un malade une dose de 2 cm³ d'un certain médicament. La quantité de médicament présente dans le sang du malade pendant 24 heures suivant l'injection est modélisée par la fonction f définie sur l'intervalle [0 ; 24] par : $f(t) = 2 \times 0,92^t$.
$f(t)$ est la quantité de médicament, exprimée en cm³, présente dans le sang t heures après l'injection.

1 Calculer $\dfrac{f(t+1)}{f(t)}$ pour tout réel t de [0 ; 23].

2 Interpréter ce résultat.

Conseil

Appliquer les règles sur les puissances de façon réfléchie.

Solution commentée

1 Pour tout réel t de [0 ; 23], $f(t+1) = 2 \times 0,92^{t+1} = 2 \times 0,92^t \times 0,92^1$.

Donc $f(t+1) = 2 \times 0,92^t \times 0,92$.

$\dfrac{f(t+1)}{f(t)} = \dfrac{2 \times 0,92^t \times 0,92}{2 \times 0,92^t}$, soit en simplifiant, $\dfrac{f(t+1)}{f(t)} = 0,92$.

2 Pour tout réel t de [0 ; 23], $f(t+1) = 0,92 \times f(t)$. Or, multiplier par 0,92 revient à diminuer de 8 % car $0,92 - 1 = -0,08 = -8$ %. On en déduit que la quantité de médicament présente dans le sang diminue de 8 % toutes les heures.

Voir exercices
87 Pour s'entraîner
152 Pour travailler en autonomie

Activité 3 — Des produits transformés en sommes

Objectif

Introduire les propriétés algébriques de la fonction logarithme.

Les logarithmes ont été inventés par John Napier. Dans son livre *Mirifici logarithmorum canonis descriptio* Napier annonce qu'il a trouvé un moyen étonnant de simplifier les calculs.
Voici deux extraits de la définition du logarithme donnée dans l'*Encyclopédie Méthodique* (parue à la fin du XVIIIe siècle).
Le mot « progression » doit être compris comme « suite ».

1 a. Comment le logarithme est-il défini ?
Quelle est la progression géométrique citée en exemple ?
Quelle est la progression arithmétique ?
b. Selon cette définition :
Quel est le logarithme de 256 ?
Quel nombre a pour logarithme 9 ?
c. Selon cette définition :
Quel est le logarithme de 4, celui de 8 et celui de 32 ?
Quelle relation peut-on écrire entre ces trois logarithmes ?

Logarithme (Arithmét.) : nombre d'une progression arithmétique, lequel répond à un autre nombre dans une progression géométrique.
Pour faire comprendre la nature des logarithmes, d'une manière bien claire et bien distincte, prenons les deux espèces de progression qui ont donné naissance à ces nombres ; à savoir, la progression géométrique et la progression arithmétique : supposons donc que les termes de l'une soient directement posés sous les termes de l'autre, comme on le voit dans l'exemple suivant :

1	2	4	8	16	32	64	128
0	1	2	3	4	5	6	7

Dans ce cas, les nombres de la progression inférieure, qui est arithmétique, sont ce que l'on appelle les logarithmes des termes de la progression géométrique qui est au-dessus ; c'est-à-dire que 0 est le logarithme de 1, 1 est le logarithme de 2, 2 est le logarithme de 4, et ainsi de suite…

Point Histoire

John Napier (1550-1617) était un théologien, mathématicien et physicien écossais.

2 Voici le deuxième extrait :
a. Quelle propriété est énoncée ?
b. Quel exemple est donné ?
c. Donner d'autres exemples illustrant cette propriété.

Proposition première. En supposant que le logarithme de l'unité soit 0, le logarithme du produit de deux nombres quelconques, tels que 4 et 8, sera toujours égal à la somme 5 des logarithmes des deux racines ou produits. (…)

Activité 4 — Une nouvelle fonction (GÉOMÉTRIE)

Objectif

Introduire la fonction logarithme décimal.

Fichier GeoGebra / Cabri
Disponible sur lycee.editions-bordas.fr

Soit f la fonction définie sur $\mathbb{R}$ par $f(x) = 10^x$ et $\mathscr{C}_f$ sa courbe représentative.
On se propose de résoudre graphiquement l'équation $10^x = b$ pour certaines valeurs de b.

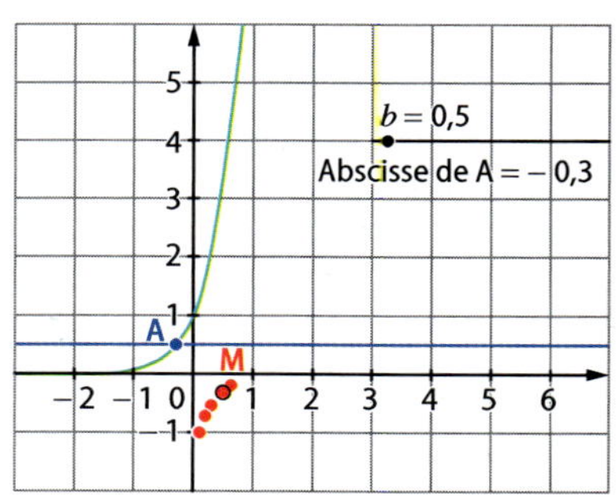

1 a. À l'aide d'un logiciel de géométrie, on construit :
- la courbe représentative de f ;
- un curseur b, variant de 0,1 à 15 avec un pas de 0,1 ;
- la droite d'équation $y = b$;
- le point d'intersection A de cette droite et de la courbe.

Faire afficher l'abscisse $x(A)$ de A.

b. Donner une valeur approchée de la solution de l'équation $10^x = 0{,}5$.

2 Recopier et compléter le tableau ci-dessous (on arrondira les valeurs à 0,1 près).

Valeur de b	0,1	0,2	0,5	1	2	5	8	10	15
Solution de $10^x = b$	– 1	…	…	…	…	…	…	…	…

3 On construit le point M de coordonnées (b ; x(A)) et on fait afficher sa trace.
En déplaçant le curseur b, on constate que les points M sont sur une courbe.
Cette courbe est celle d'une nouvelle fonction que l'on appelle **logarithme décimal**.

Cours 2

À noter

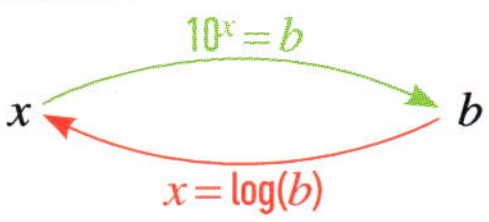

Point Histoire

Les logarithmes ont été inventés par John Napier. On doit à **Henry Briggs** (1561-1630) l'adoption de la base dix et les premières tables de logarithmes décimaux.

Définition

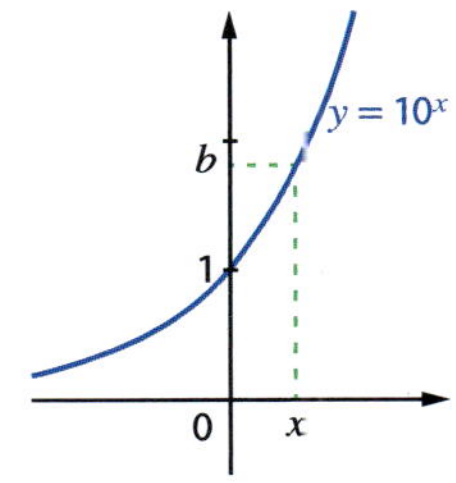

PROPRIÉTÉ ET DÉFINITION

Soit b un réel strictement positif.
L'équation $10^x = b$ d'inconnue x a une unique solution dans $\mathbb{R}$.
Cette solution est appelée le **logarithme décimal de b.**
On la note $\log(b)$.

Autrement dit, pour $b > 0$, $\log(b)$ est l'unique nombre réel x tel que $b = 10^x$.
Les propriétés suivantes découlent de la définition.

PROPRIÉTÉS

(1) Pour tout réel $b > 0$, $\log(b) = a$ équivaut à $b = 10^a$.
(2) Pour tout réel $b > 0$, $10^{\log(b)} = b$. (3) Pour tout réel b, $\log(10^b) = b$.

DÉFINITION La fonction logarithme décimal, notée log, est la fonction qui, à tout réel x strictement positif, associe $\log(x)$.

Sens de variation

PROPRIÉTÉ

La fonction log est croissante sur $]0\,;+\infty[$.

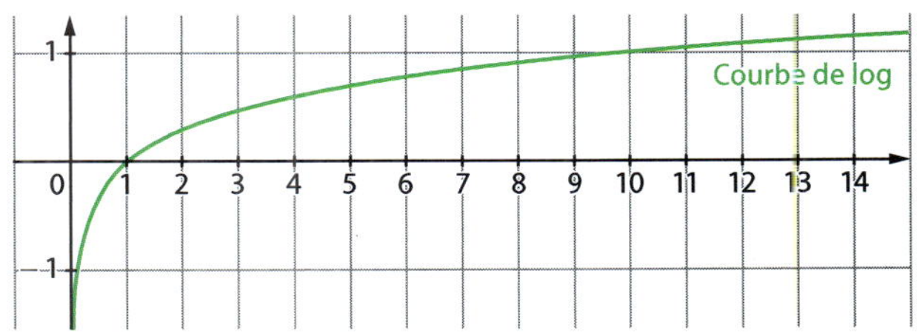

À noter
$\log(1) = 0$
$\log(10) = 1$
$\log(100) = 2$

PROPRIÉTÉS Pour tous réels a et b strictement positifs :
(1) $\log(a) = \log(b)$ équivaut à $a = b$. (2) $\log(a) < \log(b)$ équivaut à $a < b$.

CONSÉQUENCE Soit a un réel strictement positif.
Si $0 < a < 1$, alors $\log(a) < 0$, et si $a > 1$, alors $\log(a) > 0$.

PROPRIÉTÉ Pour tout réel b strictement positif et tout réel a, $\log(b) < a$ équivaut à $b < 10^a$.

Propriétés algébriques

PROPRIÉTÉS Pour tous réels a et b strictement positifs et tout entier naturel n :
(1) $\log(a \times b) = \log(a) + \log(b)$ (2) $\log(a^n) = n\log(a)$
(3) $\log\left(\frac{1}{b}\right) = -\log(b)$ (4) $\log\left(\frac{a}{b}\right) = \log(a) - \log(b)$

PROPRIÉTÉ ADMISE Pour tout réel a strictement positif et tout réel x, $\log(a^x) = x\log(a)$.

À noter
Le logarithme « transforme » un produit en somme.

DÉMONSTRATIONS

(1) Voir exercice **166**, p. 66.
(2) Cas où $n = 2$: $\log(a^2) = \log(a \times a) = \log(a) + \log(a) = 2\log(a)$
Cas où $n = 3$: $\log(a^3) = \log(a \times a^2) = \log(a) + \log(a^2) = \log(a) + 2\log(a) = 3\log(a)$

(3) $\log\left(b \times \frac{1}{b}\right) = \log(b) + \log\left(\frac{1}{b}\right)$. Comme $b \times \frac{1}{b} = 1$, $\log(1) = \log(b) + \log\left(\frac{1}{b}\right)$.

Or $\log(1) = 0$ donc $0 = \log(b) + \log\left(\frac{1}{b}\right)$ et, par conséquent, $\log\left(\frac{1}{b}\right) = -\log(b)$.

(4) $\log\left(\frac{a}{b}\right) = \log\left(a \times \frac{1}{b}\right) = \log(a) + \log\left(\frac{1}{b}\right) = \log(a) - \log(b)$

EXEMPLES :
$\log(6) = \log(2 \times 3) = \log(2) + \log(3)$; $\log(8) = \log(2^3) = 3\log(2)$ et $\log\left(\frac{1}{2}\right) = -\log(2)$.

À noter
Le logarithme décimal s'obtient sur la calculatrice avec la touche log.
En Python, on l'obtient par la fonction `log10`.

Vidéo 07:11
Utiliser les propriétés algébriques de la fonction log
bordas Flash PAGE vidéo

CAPACITÉ 5

Utiliser les propriétés algébriques de la fonction log

1 Soit $A = \log(x^3)$, $B = \log(x^5y^3)$ et $C = \log\left(\frac{y^3}{x^{10}}\right)$ où $x > 0$ et $y > 0$.

Exprimer A, B et C en fonction de $\log(x)$ et de $\log(y)$.

2 Soit $D = \log(12{,}5) + \log(2) - \log(5)$ et $E = 7\log(4) + \log\left(\frac{1}{8}\right)$.

a. Écrire D sous la forme $\log(a)$, où a est un réel strictement positif.
b. Écrire E sous la forme $k \times \log(2)$, où k est un réel.

Méthode

Pour transformer une expression, on utilise les propriétés algébriques de la fonction logarithme.

Solution commentée

1 $A = \log(x^3) = 3\log(x)$ car $\log(a^n) = n\log(a)$.
$B = \log(x^5y^3) = \log(x^5) + \log(y^3)$ car $\log(a \times b) = \log(a) + \log(b)$.
Donc $B = 5\log(x) + 3\log(y)$.

$C = \log\left(\frac{y^3}{x^{10}}\right) = \log(y^3) - \log(x^{10})$ car $\log\left(\frac{a}{b}\right) = \log(a) - \log(b)$.

Donc $C = 3\log(y) - 10\log(x)$.

2 **a.** $D = \log(12{,}5) + \log(2) - \log(5) = \log(12{,}5 \times 2) - \log(5)$

Donc $D = \log(25) - \log(5)$, soit $D = \log\left(\frac{25}{5}\right) = \log(5)$.

b. On remarque que $4 = 2^2$ et $8 = 2^3$.

$\log(4) = \log(2^2) = 2\log(2)$ et $\log\left(\frac{1}{8}\right) = -\log(8) = -\log(2^3) = -3\log(2)$

donc $E = 7 \times 2\log(2) - 3\log(2) = 14\log(2) - 3\log(2) = 11\log(2)$.

Voir exercices
89 94 Pour s'entraîner
153 154 155 156 Pour travailler en autonomie

CAPACITÉ 6

Résoudre une équation du type $a^x = b$

Résoudre les équations suivantes : **a.** $5^x = 4$ **b.** $13 - 3 \times 5^x = 1$ **c.** $10^x = 9{,}2$

Méthode

Pour résoudre une équation du type $a^x = b$, on commence par égaler les logarithmes des deux membres.

Solution commentée

a. Pour tout réel x, $5^x = 4$ équivaut à $\log(5^x) = \log(4)$.
Or $\log(5^x) = x\log(5)$ car $\log(a^x) = x\log(a)$ (pour $a > 0$).
Donc $5^x = 4$ équivaut à $x\log(5) = \log(4)$ et par conséquent, $x = \frac{\log(4)}{\log(5)}$.

L'équation $5^x = 4$ a pour solution $\frac{\log(4)}{\log(5)}$, soit environ 0,86.

b. On se ramène à une équation du type $a^x = b$.
$13 - 3 \times 5^x = 1$ équivaut à $-3 \times 5^x = -12$ et donc à $5^x = 4$.

Cette équation a été résolue dans la question précédente. La solution est $\frac{\log(4)}{\log(5)}$.

c. Comme $10^a = b$ équivaut à $a = \log(b)$ (pour $b > 0$),
$10^x = 9{,}2$ équivaut à $x = \log(9{,}2)$.
L'équation $10^x = 9{,}2$ a pour solution $\log(9{,}2)$, soit environ 0,96.
On peut également procéder comme dans la question **a**.
$10^x = 9{,}2$ équivaut à $\log(10^x) = \log(9{,}2)$ et donc à $x = \log(9{,}2)$ car $\log(10^x) = x$.

Voir exercices
106 Pour s'entraîner
157 Pour travailler en autonomie

CAPACITÉ 7

Résoudre une équation du type $x^a = b$

Résoudre dans $]0\,;+\infty[$ l'équation : $x^{5,25} = 15$.

Méthode

Utiliser la propriété :
Pour $x > 0$, $\log(x) = k$ équivaut à $x = 10^k$.

Solution commentée

Pour $x > 0$, $x^{5,25} = 15$ équivaut à $\log(x^{5,25}) = \log(15)$. Or $\log(x^{5,25}) = 5{,}25\log(x)$.

Donc $x^{5,25} = 15$ équivaut à $5{,}25\log(x) = \log(15)$, soit à $\log(x) = \frac{\log(15)}{5{,}25}$.

Par conséquent $x = 10^{\frac{\log(15)}{5,25}}$ car $\log(b) = a$ équivaut à $b = 10^a$ (pour $b > 0$).

L'équation $x^{5,25} = 15$ a pour solution $10^{\frac{\log(15)}{5,25}}$, soit environ 1,675.

Voir exercices
115 Pour s'entraîner
158 Pour travailler en autonomie

CAPACITÉ 8

Résoudre une inéquation du type $a^x < b$

Résoudre les inéquations suivantes : **a.** $5{,}2^x < 700$ **b.** $0{,}2^x \leqslant 50$

Conseil

Avant de diviser chaque membre d'une inégalité par $\log(a)$, a étant un nombre strictement positif, on doit déterminer le signe de $\log(a)$.

Solution commentée

a. Pour tout réel x, $5{,}2^x < 700$ équivaut à $\log(5{,}2^x) < \log(700)$.
Or $\log(5{,}2^x) = x\log(5{,}2)$. Donc $5{,}2^x < 700$ équivaut à $x\log(5{,}2) < \log(700)$.
On divise chaque membre de cette inégalité par $\log(5{,}2)$.
Comme $\log(5{,}2)$ est strictement positif (car $5{,}2 > 1$), on ne change pas le sens de l'inégalité.
On en déduit que $x < \dfrac{\log(700)}{\log(5{,}2)}$.
L'ensemble des solutions est l'intervalle $\left]-\infty\,;\dfrac{\log(700)}{\log(5{,}2)}\right[$.

b. Pour tout réel x, $0{,}2^x \leqslant 50$ équivaut à $\log(0{,}2^x) \leqslant \log(50)$ et donc à $x\log(0{,}2) \leqslant \log(50)$.
On divise chaque membre de cette inégalité par $\log(0{,}2)$.
Comme $\log(0{,}2)$ est strictement négatif (car $0 < 0{,}2 < 1$), on change le sens de l'inégalité.
On en déduit que $x \geqslant \dfrac{\log(50)}{\log(0{,}2)}$. L'ensemble des solutions est l'intervalle $\left[\dfrac{\log(50)}{\log(0{,}2)}\,;+\infty\right[$.

Voir exercices
119 120 Pour s'entraîner
159 Pour travailler en autonomie

CAPACITÉ 9

Résoudre une inéquation du type $x^a < b$

Résoudre dans $]0\,;+\infty[$ l'inéquation : $x^{3{,}2} \leqslant 110$.

Conseil

Ne pas oublier que le nombre x^a n'existe que pour $x > 0$.

Solution commentée

Pour $x > 0$, $x^{3{,}2} \leqslant 110$ équivaut à $\log(x^{3{,}2}) \leqslant \log(110)$. Or $\log(x^{3{,}2}) = 3{,}2\log(x)$.
Donc $x^{3{,}2} \leqslant 110$ équivaut à $3{,}2\log(x) \leqslant \log(110)$, soit à $\log(x) \leqslant \dfrac{\log(110)}{3{,}2}$.
Ceci équivaut à $x \leqslant 10^{\frac{\log(110)}{3{,}2}}$ car $\log(b) < a$ équivaut à $b < 10^a$ (pour $b > 0$).
Comme $x > 0$, l'ensemble des solutions est l'intervalle $\left]0\,;10^{\frac{\log(110)}{3{,}2}}\right]$.

Voir exercices
125 Pour s'entraîner
160 Pour travailler en autonomie

CAPACITÉ 10

Résoudre une inéquation du type $a^n < b$ où $n \in \mathbb{N}$

Un lac de montagne est alimenté par une rivière et régulé par un barrage.
On modélise l'évolution du niveau d'eau du lac par la suite (u_n) définie pour tout entier naturel n par : $u_n = 375 \times 1{,}06^n + 250$, le terme u_n représentant le niveau d'eau du lac (en cm), n jours après le 1er janvier 2019.
Lorsque le niveau du lac dépasse 10 mètres, c'est-à-dire 1 000 cm, l'équipe d'entretien doit agrandir l'ouverture des vannes du barrage.
Calculer la première date d'intervention des techniciens sur les vannes du barrage.

Conseil

Quand l'inconnue est un entier naturel, en tenir compte avant de conclure.

Solution commentée

On cherche le plus petit entier naturel n tel que $u_n > 1\,000$, et donc tel que $375 \times 1{,}06^n + 250 > 1\,000$.
Ceci équivaut à $375 \times 1{,}06^n > 750$ et donc à $1{,}06^n > \dfrac{750}{375}$, soit $1{,}06^n > 2$.
$1{,}06^n > 2$ équivaut à $\log(1{,}06^n) > \log(2)$. Or $\log(1{,}06^n) = n\log(1{,}06)$.
Donc $1{,}06^n > 2$ équivaut à $n\log(1{,}06) > \log(2)$.
On divise chaque membre de cette inégalité par $\log(1{,}06)$ qui est strictement positif (car $1{,}06 > 1$). On en déduit que $n > \dfrac{\log(2)}{\log(1{,}06)}$.
Comme $\dfrac{\log(2)}{\log(1{,}06)} \approx 11{,}9$, le plus petit entier solution est 12.
Les techniciens interviennent pour la première fois 12 jours après le 1er janvier 2019, c'est-à-dire le 13 janvier 2019.

Voir exercices
127 Pour s'entraîner
161 Pour travailler en autonomie

Activité 5

Objectif

Introduire les échelles logarithmiques.

Des distances astronomiques

Notre système solaire comporte huit planètes. Pluton a été considérée comme la neuvième planète du système solaire jusqu'en 2006. La découverte de corps similaires, comme Éris, a amené l'Union astronomique internationale à revoir la définition de planète et à classer Pluton et Éris comme des planètes naines.

Dans le tableau ci-contre, on donne les distances moyennes d, exprimées en kilomètres, des planètes au Soleil. On veut représenter le Soleil et ces planètes sur un axe gradué de longueur maximale 20 cm.

Planètes	d (en km)
Mercure	58×10^6
Vénus	108×10^6
Terre	150×10^6
Mars	228×10^6
Jupiter	779×10^6
Saturne	$1{,}434 \times 10^9$
Uranus	$2{,}871 \times 10^9$
Neptune	$4{,}495 \times 10^9$

1 **a.** On choisit comme unité 1 cm pour 100 millions de kilomètres. Calculer la distance (en cm) entre le Soleil et le point qui représente Neptune. Peut-on utiliser cette unité ?

b. Quelle unité peut-on choisir pour pouvoir placer Neptune ? Le graphique sera-t-il exploitable ?

2 On va choisir une échelle où chaque graduation est une puissance de 10. Le point S, qui représente le Soleil, est associé à la graduation 1. Puis les graduations sont 10, 100, 1 000, etc.

Cette échelle est appelée **échelle logarithmique.** Avec cette échelle, le point associé à la graduation x (x réel strictement positif) est à une distance $\log(x)$ du point S.

a. Construire un axe et placer comme ci-dessous les graduations 1, 10, 10^2, …, 10^{11}.

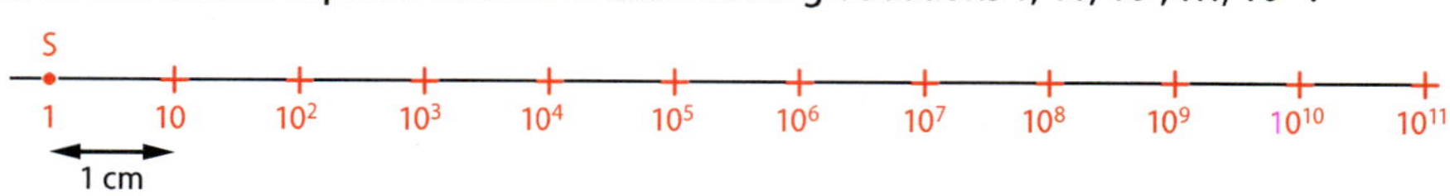

b. Recopier et compléter le tableau ci-contre, en arrondissant les valeurs à 0,1 près.

c. Placer chaque planète sur l'axe.

Planète	Mercure	Vénus	…
d	58×10^6	108×10^6	…
$\log(d)$	7,8	8	…

3 La distance moyenne de Pluton au Soleil est d'environ $5{,}9 \times 10^9$ km, et Éris est deux fois plus éloignée du Soleil que Pluton. Placer Pluton et Éris sur l'axe.

Activité 6

Objectif

Introduire les graduations intermédiaires d'une échelle logarithmique.

Une nouvelle échelle

Une **échelle logarithmique** est une échelle où le point associé à la graduation x (x réel strictement positif) est à une distance $\log(x)$ du point associé à la graduation 1.

1 **a.** Calculer log(1), log(10), log(100) et log(1 000).

b. Construire un axe et placer comme ci-dessous les graduations : 1, 10, 10^2 et 10^3.

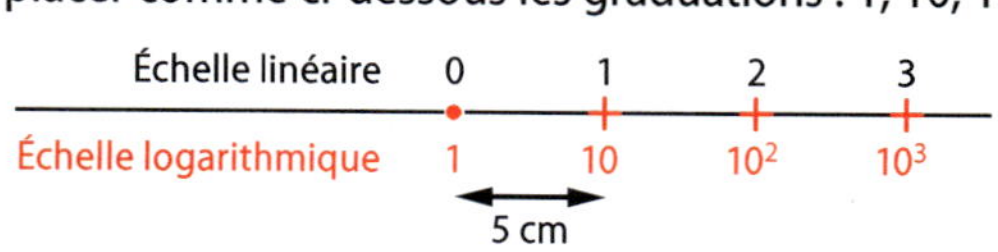

c. Comment « passe-t-on » d'une graduation à la suivante : dans le cas d'une échelle linéaire ? dans le cas d'une échelle logarithmique ?

2 Calculer log(2), log(3), …, log(9). Placer les graduations correspondantes sur l'axe.

3 **a.** Montrer que $\log(200) - \log(100) = \log(20) - \log(10) = \log(2) - \log(1)$.
Placer les graduations 20 et 200 sur l'axe.

b. Montrer que $\log(300) - \log(200) = \log(30) - \log(20) = \log(3) - \log(2)$.
Placer les graduations 30 et 300 sur l'axe.

4 Terminer la graduation de l'axe.

Cours 3

Taux moyen

À noter
Pour un taux d'évolution annuel T :
- le taux trimestriel moyen t vérifie $(1+t)^4 = 1+T$;
- le taux semestriel moyen t vérifie $(1+t)^2 = 1+T$.

DÉFINITION Soit T le taux global correspondant à n évolutions successives.
Le **taux d'évolution moyen** correspondant à ces n évolutions est le taux t tel que :

$$(1+t)^n = 1+T.$$

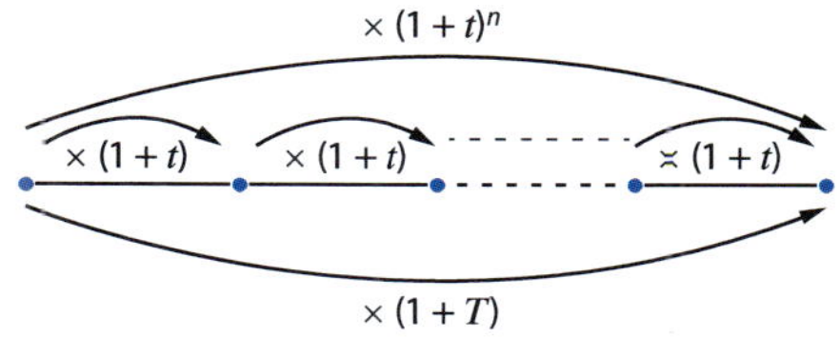

EXEMPLE : Une quantité a augmenté de 30 % en un an. On cherche le taux d'évolution mensuel moyen. On note t ce taux. Douze augmentations du taux t équivalent à une augmentation globale de 30 %. Donc $(1+t)^{12} = 1{,}3$.

Pour résoudre cette équation, on utilise la propriété suivante.

À noter
Cette propriété est démontrée dans l'exercice **167** p. 66.

PROPRIÉTÉ
Soit $a > 0$ et n un entier non nul ; $a^n = b$ équivaut à $a = b^{\frac{1}{n}}$.

EXEMPLE : L'équation $(1+t)^{12} = 1{,}3$ vue plus haut est équivalente à $1+t = 1{,}3^{\frac{1}{12}}$.
Par conséquent, $t = 1{,}3^{\frac{1}{12}} - 1$. Avec la calculatrice, on trouve $t \approx 0{,}0221$, soit $t \approx 2{,}21$ %.

Ordre de grandeur d'un nombre strictement positif

Pour donner un ordre de grandeur d'un nombre x strictement positif (dont on ne connait pas l'écriture scientifique), on peut utiliser son logarithme décimal.

EXEMPLE : Soit $x = 2{,}7^{14}$. On souhaite connaitre un ordre de grandeur de x.
On calcule $\log(x)$: $\log(2{,}7^{14}) = 14\log(2{,}7) \approx 6{,}04$.
On encadre $\log(x)$ par deux entiers consécutifs : $6 < \log(2{,}7^{14}) < 7$.
On en déduit un encadrement de x par deux puissances de 10 : $10^6 < 2{,}7^{14} < 10^7$.
Un ordre de grandeur de $2{,}7^{14}$ est 10^6.

Repère logarithmique ▪ Repère semi-logarithmique

À noter
Avec une échelle logarithmique, les nombres négatifs ne sont pas représentés.

DÉFINITION **Une échelle logarithmique** est un système de graduation où les graduations principales sont les termes d'une suite géométrique de raison 10.

Le point associé à la graduation x (x réel strictement positif) est placé à une distance $\log(x)$ du point associé à la graduation 1.

À noter
On peut également indiquer les graduations : 10^{-1}, 10^{-2}, 10^{-3}, etc.

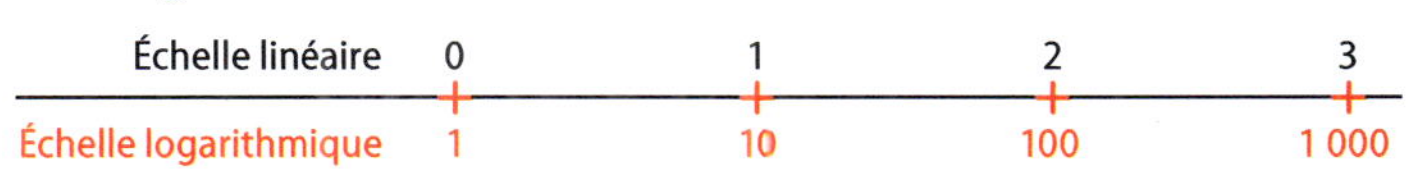

Pour graduer entre 1 et 10, on calcule log(2), log(3), …, log(9).
Entre 10 et 100, entre 100 et 1 000, etc., on « reproduit » les graduations faites entre 1 et 10.

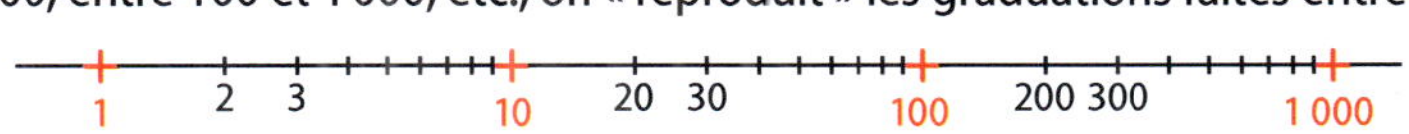

DÉFINITIONS (1) Un **repère logarithmique** est un repère du plan dans lequel les deux axes sont gradués selon une échelle logarithmique.
(2) Un **repère semi-logarithmique** est un repère du plan dans lequel un seul des axes est gradué selon une échelle logarithmique.

EXEMPLE : Dans le repère semi-logarithmique ci-contre, on a placé les points A(2 ; 30), B(3 ; 6) et C(6 ; 400).

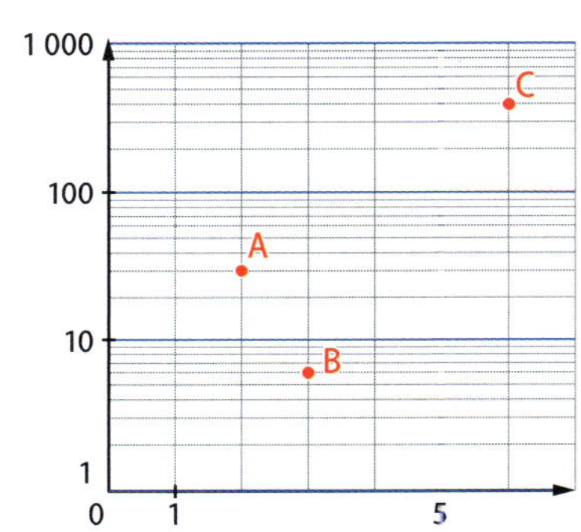

CAPACITÉ 11 Déterminer un nombre d'annuités

Le 1er janvier 2020, on décide de placer 500 € sur un compte rémunéré au taux de 2 %.

1. On note C_n le capital acquis au bout de n années. Justifier que la suite (C_n) est géométrique, et en déduire l'expression de C_n en fonction de n.
2. Calculer au bout de combien d'années le capital acquis dépassera 1 000 €.

Méthode

Pour déterminer un nombre d'annuités, on se ramène à une inéquation de la forme $a^n > b$.

Solution commentée

1. Chaque année, le capital acquis augmente de 2 % : il est donc multiplié par 1,02.
Ainsi, $C_{n+1} = 1{,}02 \times C_n$ donc (C_n) est une suite géométrique de raison 1,02.
Puisque $C_0 = 500$, on en déduit : $C_n = 500 \times 1{,}02^n$.

2. On cherche le plus petit entier n tel que C_n dépasse 1 000.
On doit donc résoudre l'inéquation : $500 \times 1{,}02^n > 1\,000$.
Cette inéquation est équivalente à : $1{,}02^n > \dfrac{1000}{500}$ et donc à $1{,}02^n > 2$.
On en déduit que $\log(1{,}02^n) > \log(2)$.
Par conséquent, $n\log(1{,}02) > \log(2)$.
Et comme $\log(1{,}02)$ est strictement positif, $n > \dfrac{\log(2)}{\log(1{,}02)}$.
$\dfrac{\log(2)}{\log(1{,}02)} \approx 35{,}003$: le plus petit entier solution est 36.
Le capital acquis dépassera 1 000 € au bout de 36 ans (en 2056).

Voir exercices
130 Pour s'entraîner
162 Pour travailler en autonomie

Vidéo 06:18
Calculer un taux moyen
bordas Flash PAGE vidéo

CAPACITÉ 12 Calculer le taux d'évolution moyen équivalent à des évolutions successives

1. En janvier, la population d'une ville a augmenté de 10 %, en février de 20 % et en mars de 5 %.
Calculer le taux d'évolution mensuel moyen de la population de cette ville.
2. En un an, le prix d'un objet a doublé. Calculer l'augmentation trimestrielle moyenne du prix de cet objet.

Méthode

Pour déterminer un taux moyen équivalent t, on se ramène à une équation de la forme $(1+t)^n = c$.

Solution commentée

1. Augmenter de 10 % revient à multiplier par $1 + \dfrac{1}{10}$, soit 1,1 ; augmenter de 20 % revient à multiplier par 1,2 ; augmenter de 5 % revient à multiplier par 1,05.
En trois mois, le nombre d'habitants a donc été multiplié par :
$1{,}1 \times 1{,}2 \times 1{,}05$ soit 1,386.
On note t le taux d'évolution mensuel moyen.

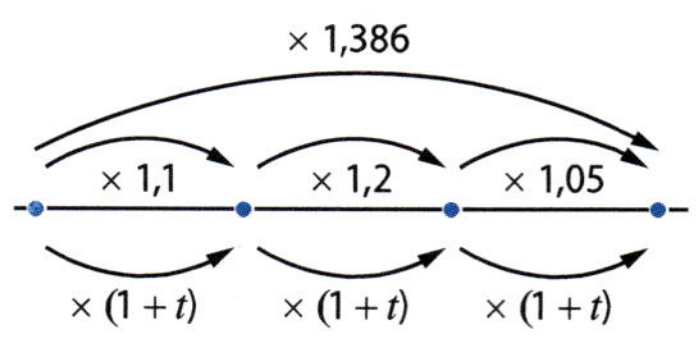

On cherche la valeur de t pour laquelle on a : $1{,}386 = (1+t)^3$.
$1{,}386 = (1+t)^3$ équivaut à $1 + t = 1{,}386^{\frac{1}{3}}$ et donc à $t = 1{,}386^{\frac{1}{3}} - 1$, soit $t \approx 0{,}1149$.
Le taux d'augmentation moyen est d'environ 11,49 %.

2. En quatre trimestres, le prix a doublé. On note t le taux d'évolution trimestriel moyen.
Pour calculer t, on résout l'équation $2 = (1+t)^4$.
$2 = (1+t)^4$ équivaut à $1 + t = 2^{\frac{1}{4}}$ et donc à $t = 2^{\frac{1}{4}} - 1$, soit $t \approx 0{,}1892$.
L'augmentation trimestrielle moyenne est d'environ 18,92 %.

Voir exercices
131 Pour s'entraîner
163 Pour travailler en autonomie

CAPACITÉ 13 Obtenir l'ordre de grandeur d'un nombre et le nombre de chiffres de l'écriture décimale d'un entier

1 Déterminer un ordre de grandeur du nombre $1{,}2^{100}$.

2 Déterminer le nombre de chiffres de l'écriture décimale de l'entier 12^{84}.

Méthode

Pour donner un ordre de grandeur d'un nombre strictement positif, on commence par encadrer son logarithme décimal par deux entiers consécutifs.

Solution commentée

1 $\log(1{,}2^{100}) = 100\log(1{,}2) \approx 7{,}92$

Donc $7 < \log(1{,}2^{100}) < 8$.

En utilisant la propriété $\log(b) < a$ équivaut à $b < 10^a$ (pour $b > 0$), on obtient $10^7 < 1{,}2^{100} < 10^8$.

On en déduit qu'un ordre de grandeur de $1{,}2^{100}$ est 10^7.

2 $\log(12^{84}) = 84\log(12) \approx 90{,}65$

$90 < \log(12^{84}) < 91$ donc $10^{90} < 12^{84} < 10^{91}$.

L'écriture scientifique de 12^{84} est $a \times 10^{90}$, avec $1 \leqslant a < 10$.

L'écriture décimale de l'entier 12^{84} comporte donc 91 chiffres.

Voir exercices
135 Pour s'entraîner
164 Pour travailler en autonomie

CAPACITÉ 14 Utiliser un repère logarithmique ou semi-logarithmique TABLEUR

1 On a représenté dans un repère semi-logarithmique les valeurs minimales de niveau d'intensité sonore audible en fonction de la fréquence.

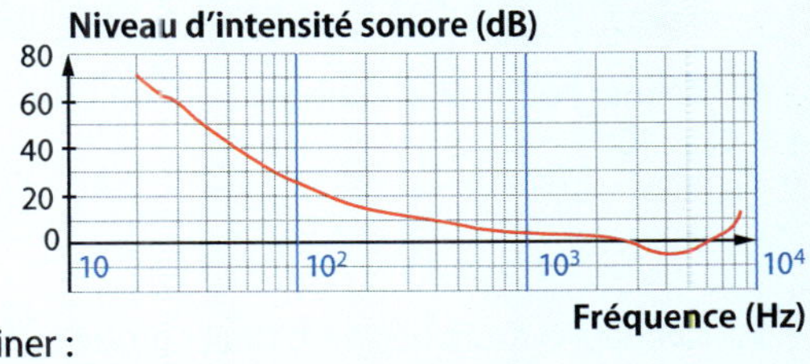

Par lecture graphique, déterminer :

a. le niveau de l'intensité sonore lorsque la fréquence est de 200 Hz ;

b. la fréquence lorsque le niveau de l'intensité sonore est de 0 dB.

2 a. Avec un tableur, représenter dans un repère où l'axe des ordonnées est gradué selon une échelle logarithmique la fonction f définie sur $[0 ; 10]$ par $f(x) = 2^x$.

b. Expliquer pourquoi, dans ce repère, f est représentée par une droite.

Conseil

Avec une échelle logarithmique : de 10 à 100, les graduations vont de 10 en 10 ; de 100 à 1000, elles vont de 100 en 100.

Solution commentée

1 a. Dans ce repère, l'axe des abscisses est gradué selon une échelle logarithmique. 200 est entre 100 et 1 000 et, entre 100 et 1 000, les graduations sont 200, 300, 400…

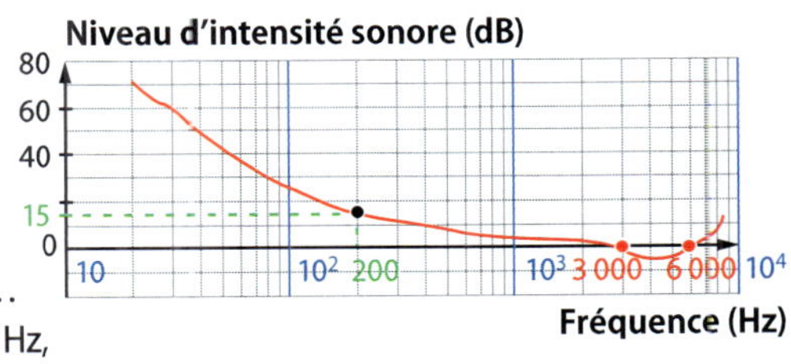

Lorsque la fréquence est de 200 Hz, le niveau de l'intensité sonore est d'environ 15 dB.

b. Lorsque le niveau de l'intensité sonore est de 0 dB, la fréquence est d'environ 3 000 Hz ou d'environ 6 000 Hz.

2 a. Avec un tableur, entrer les valeurs de x dans la colonne **A**.

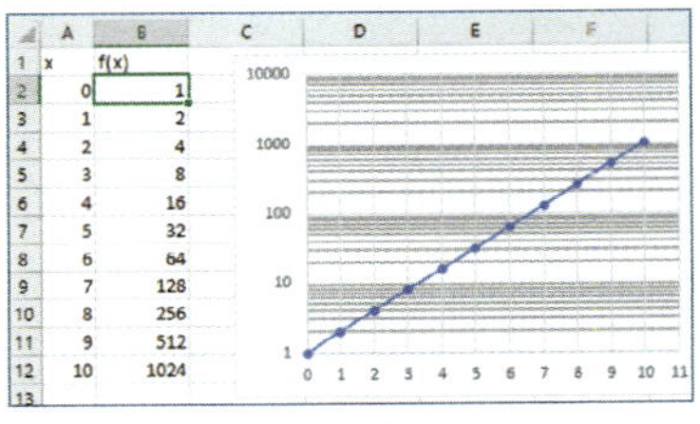

	A	B
1	x	f(x)
2	0	1
3	1	2
4	2	4
5	3	8
6	4	16
7	5	32
8	6	64
9	7	128
10	8	256
11	9	512
12	10	1024

Dans la cellule **B2**, saisir et recopier vers le bas la formule `=2^A2`. Insérer le graphique. Cliquer sur l'axe des ordonnées et dans Mise en forme de l'axe…, sélectionner Échelle logarithmique et Base 10.

b. On considère deux points d'abscisses respectives a et b de la courbe représentative de f. Dans ce repère, ces points ont pour coordonnées $(a ; \log(2^a))$ et $(b ; \log(2^b))$, soit $(a ; a\log(2))$ et $(b ; b\log(2))$.

Ils sont bien alignés sur la droite d'équation $y = x\log(2)$.

Voir exercices
140 144 Pour s'entraîner
165 Pour travailler en autonomie

Calcul mental

1 Mettre sous forme de fraction irréductible :

a. $\frac{4}{3}-\frac{1}{6}$ b. $2+0{,}2$ c. $0{,}25\times 5$

2 Mettre sous forme décimale :

a. $\frac{1}{4}+\frac{1}{5}$ b. $\frac{3}{50}+1$ c. $0{,}5\times\frac{1}{2}$

3 Convertir en centilitres :

a. 10 décilitres. b. 3 dm^3. c. un quart de litre. d. $\frac{1}{5}$ litre.

4 Calculer l'image de -1 par chacune des fonctions suivantes :

a. f définie sur $\mathbb{R}$ par $f(x)=\frac{x}{2+x^2}$;

b. g définie sur $\mathbb{R}$ par $g(x)=(x-2)^3$.

5 Calculer la dérivée de chacune des fonctions f et g suivantes :

a. f définie sur $\mathbb{R}$ par $f(x)=x^2-x+1$;

b. g définie sur $\mathbb{R}$ par $g(x)=\frac{1}{2}x^2+2x+3$.

Automatismes

Calculs numériques

6 Donner l'écriture scientifique des nombres suivants.

$A=51\times 10^{11}$

$B=0{,}0032\times 10^{18}$

$C=0{,}067\times 10^{-25}$

7 Donner l'écriture décimale des nombres suivants.

$A=2(0{,}1+1)^2$

$B=(2+10^2)\times(3+10^3)$

8 QCM *Choisir la ou les bonnes réponses.*

1. $\frac{1+\frac{1}{2}}{2}$ est égal à :

a. 0,5 b. 0,75 c. 1 d. 3

2. L'inverse de $\frac{1+\frac{1}{2}}{1-\frac{1}{2}}$ est égal à :

a. $\frac{3}{2}$ b. $\frac{1}{3}$ c. 3 d. -1

Calculs algébriques

9 Développer les expressions suivantes, où x est un réel :

$A(x)=(2+3x)^2$ et $B(x)=(2-x)(-2x+1)$.

10 Factoriser les expressions suivantes, où x est un réel :

$A(x)=x^3-9x$ et $B(x)=x^2-2x+1$.

11 VRAI/FAUX

Indiquer si les affirmations sont vraies ou fausses, puis justifier.

1. Dans $\mathbb{R}$, l'équation $x^3=2x$ est équivalente à $x^2=2$.
2. Dans $\mathbb{R}$, l'équation $x^2=10^{-1}$ n'a pas de solution.
3. Dans $\mathbb{R}$, l'inéquation $8-5x<3x-8$ a pour ensemble solution l'intervalle $]2\,;+\infty[$.

12 **Question de méthodes**

Quelles sont les étapes à suivre pour étudier le signe de $\frac{x+1}{x+2}+3$, où x est un réel différent de -2 ?

Algorithmique et programmation

13 PYTHON

Que retourne la fonction val ci-dessous ?

```
def val():
    a=2
    b=5
    m=b**a
    return(m)
```

14 QCM PYTHON

Choisir la ou les bonnes réponses.

On considère le programme ci-dessous.

```
def pg(d):
    for k in range(1,4):
        d=2*d+1
    return(d)
```

Que retourne l'appel pg(3) ?

a. 63 b. 31 c. 10 d. 7

15 ALGO Recopier et compléter l'algorithme ci-dessous afin que la variable s contienne en fin d'algorithme la somme des dix premiers entiers naturels impairs.

```
s ← 1
Pour k variant de 1 à …
    | s ← …
Fin Pour
```

EXERCICES Pour maîtriser les bases

Fonctions exponentielles

Questions flash

16 ORAL **1.** Justifier que la fonction f définie sur $\mathbb{R}$ par $f(x) = 2{,}7^x$ est croissante sur $\mathbb{R}$.
2. Justifier que la fonction g définie sur $\mathbb{R}$ par $g(x) = 0{,}4^x$ est décroissante sur $\mathbb{R}$.

17 Soit f et g les fonctions définies sur $\mathbb{R}$ par :

$$f(x) = 7^x \text{ et } g(x) = 20 \times 7^x.$$

1. Déterminer le sens de variation de f sur $\mathbb{R}$.
2. a. Justifier que f et g ont le même sens de variation.
b. En déduire le sens de variation de g sur $\mathbb{R}$.

18 Soit f et g les fonctions définies sur $\mathbb{R}$ par :

$$f(x) = 0{,}7^x \text{ et } g(x) = -\,10 \times 0{,}7^x.$$

1. Déterminer le sens de variation de f sur $\mathbb{R}$.
2. a. Justifier que f et g ont des variations contraires.
b. En déduire le sens de variation de g sur $\mathbb{R}$.

19 **1.** Quel est le sens de variation de la fonction f définie sur $\mathbb{R}$ par $f(x) = 5^x$?
2. En déduire le sens de variation des fonctions g et h définies sur $\mathbb{R}$ par :

$$g(x) = 2 \times 5^x \text{ et } h(x) = -\,7 \times 5^x.$$

20 Soit f, g et h les fonctions définies sur $\mathbb{R}$ par :

$$f(x) = 0{,}9^x,\ g(x) = 20 \times 0{,}9^x \text{ et } h(x) = -\,3 \times 0{,}9^x.$$

1. Déterminer le sens de variation de f sur $\mathbb{R}$.
2. En déduire le sens de variation des fonctions g et h.

21 On donne ci-dessous les courbes représentatives des fonctions f et g définies sur $\mathbb{R}$ par $f(x) = 3^x$ et $g(x) = 0{,}3^x$.
1. Reconnaitre en indiquant sa couleur la courbe qui représente f et celle qui représente g.

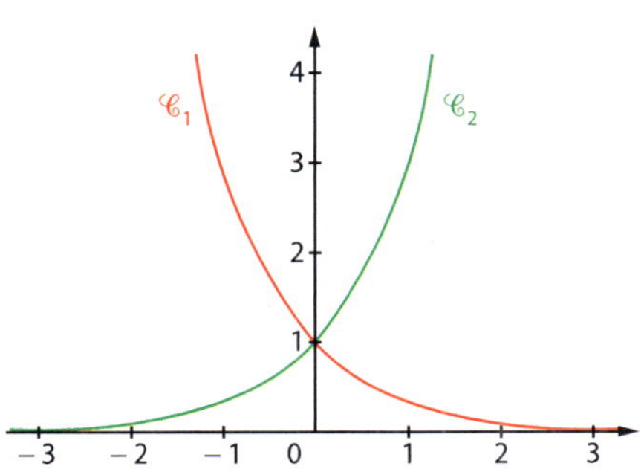

2. En utilisant le sens de variation de la fonction g, comparer les nombres $0{,}3^{-1}$ et $0{,}3^2$.

22 CALC
Au début d'un effort physique, l'organisme produit du lactate. L'évolution de la concentration de lactate d'un coureur est modélisée par une fonction.

Cette fonction notée f est définie sur l'intervalle $[0\,;20]$ par $f(v) = 2 \times 1{,}08^v$ où $f(v)$ est la concentration en lactate, en millimoles par litre ($\text{mmol} \cdot \text{L}^{-1}$), et v est la vitesse de course en $\text{km} \cdot \text{h}^{-1}$.
1. Quel est le sens de variation de la fonction f sur $[0\,;20]$?
2. Recopier et compléter le tableau de valeurs suivant, en arrondissant les valeurs à 0,1 près.

v (en $\text{km} \cdot \text{h}^{-1}$)	0	5	10	15	20
$f(v)$ (en $\text{mmol} \cdot \text{L}^{-1}$)	...	...	...	6,3	...

3. a. Tracer la courbe représentative de f dans un repère.
b. Par lecture graphique, déterminer la vitesse à partir de laquelle la concentration de lactate dépasse $8\ \text{mmol} \cdot \text{L}^{-1}$.

LE SAVIEZ-VOUS
Le lactate – aussi appelé acide lactique – est responsable, entre autres, des crampes musculaires.

Propriétés algébriques des fonctions exponentielles

Questions flash

23 QCM *Choisir la ou les bonnes réponses.*
1. $10^{2,5} \times 10^2$ est égal à :
a. $10^{4,5}$ **b.** 10^5 **c.** 100^5
2. $\dfrac{7^{1,5}}{7^2}$ est égal à :
a. $7^{0,75}$ **b.** 7^{-3} **c.** $7^{-0,5}$
3. $(13^{0,5})^2$ est égal à :
a. $13^{0,25}$ **b.** 13 **c.** $13^{2,5}$

Pour les exercices 24 à 27, écrire chaque expression sous la forme a^k, où $a > 0$ et k est réel.

24 **a.** $a^4 \times a^{3,1}$ **b.** $a^{10} \times a^{-0,5}$ **c.** $a^{-20,8} \times a^{-2}$

25 **a.** $\dfrac{1}{a^2}$ **b.** $\dfrac{1}{a^{-10,7}}$ **c.** $\dfrac{1}{a}$

26 **a.** $\dfrac{a^{3,7}}{a^3}$ **b.** $\dfrac{a^{-12,9}}{a^7}$ **c.** $\dfrac{a^{-2}}{a^{-5,1}}$

27 **a.** $(a^{3,2})^2$ **b.** $(a^{-0,1})^6$ **c.** $(a^{-2,2})^{-3}$

Pour les exercices 28 à 31, écrire chaque expression sous la forme $2^{A(x)}$.

28 **a.** $2^x \times 2^5$ **b.** $2^{x+1} \times 2^{2,5}$ **c.** $2^{2x} \times 2^{-1}$

29 **a.** $2^x \times 2^x$ **b.** $2^x \times 2^{-x}$ **c.** $2^{1-x} \times 2^{-1+2x}$

30 **a.** $(2^x)^4$ **b.** $(2^{2x})^{-1}$ **c.** $(2^{-x+1})^3$

31 **a.** $\dfrac{2^{5x}}{2^3}$ **b.** $\dfrac{2^{35x}}{2^{2x}}$ **c.** $\dfrac{2^{2x+1}}{2^{x+2}}$

Fonction logarithme décimal

Questions flash

32 1. Quel est le réel x tel que $10^x = 100$?
En déduire la valeur de $\log(100)$.
2. Quelle est la valeur de $\log(10^{1,8})$?
3. Quelle est la valeur de $10^{\log(12)}$?

33 On donne : $10^{3,24} \approx 1\,737,8$.
En déduire une valeur approchée de $\log(1\,737,8)$.

34 Donner la valeur des réels suivants :
$\log(1)$; $\log(10)$; $\log(10^2)$ et $\log(1\,000)$.

35 Donner la valeur des réels suivants :
$\log(10^{-1})$; $\log(10^{-2,5})$; $\log(0,01)$ et $\log(10^{7,2})$.

36 Déterminer la valeur des réels a, b et c tels que :
$\log(10^a) = 5$; $\log(10^b) = 3,2$ et $\log(10^c) = -2$.

37 1. Rappeler le sens de variation de la fonction log.
2. Classer les nombres suivants dans l'ordre croissant :
$\log(0,1)$; $\log(3)$; $\log(0,8)$ et $\log(1)$.

38 1. Soit a un réel. Pour quelles valeurs de a le nombre $\log(a)$ est-il négatif ? positif ?
2. Parmi les nombres suivants, lesquels sont négatifs ? Justifier.
$\log(0,2)$; $\log(1,6)$; $\log(5,01)$ et $\log(0,9)$.

39 1. Justifier que $\log(0,1)$ est un nombre négatif.
2. Parmi les nombres suivants, lesquels sont négatifs ? Justifier.
$\log(0,8)$; $\log(0,15)$; $\log(1,05)$ et $\log\left(\frac{11}{2}\right)$.

40 Déterminer le signe des nombres suivants :
$\log(10,2)$; $\log(0,12)$; $\log\left(\frac{1}{2}\right)$ et $\log(2,01)$.

41 Après avoir remarqué que $10^2 \leqslant 182 \leqslant 10^3$, encadrer $\log(182)$ par deux entiers consécutifs.

42 1. Encadrer 1 789 par deux puissances de 10.
2. En déduire que $3 < \log(1\,789) < 4$.

Propriétés algébriques du logarithme décimal

Questions flash

43 Justifier, en précisant la propriété utilisée, chaque égalité ci-dessous :
a. $\log(10) = \log(5) + \log(2)$
b. $\log(0,5) = -\log(2)$
c. $\log\left(\frac{3}{2}\right) = \log(3) - \log(2)$
d. $\log(2^3) = 3\log(2)$

44 Soit a le réel tel que $\log(a) = 5$.
1. Écrire $\log(a^2)$ en fonction de $\log(a)$. En déduire que $\log(a^2) = 10$.
2. Déterminer la valeur de $\log(a^3)$ et celle de $\log(a^4)$.

45 Soit a et b deux réels strictement positifs.
On sait que $\log(a) = 0,2$ et $\log(b) = 12$.
1. Montrer que $\log(a \times b) = 12,2$.
2. a. Exprimer $\log\left(\frac{1}{a}\right)$ et $\log\left(\frac{b}{a}\right)$ en fonction de $\log(a)$ et de $\log(b)$.
b. En déduire la valeur de $\log\left(\frac{1}{a}\right)$ et celle de $\log\left(\frac{b}{a}\right)$.

46 Justifier, en précisant la propriété utilisée, chaque égalité ci-dessous :
a. $\log(4) = 2\log(2)$
b. $\log(9) = 2\log(3)$
c. $\log(8) = 3\log(2)$
d. $\log(2) + \log(3) = \log(6)$

47 FORMEL Avec un logiciel de calcul formel, on a effectué les calculs ci-dessous. Expliquer les résultats obtenus.

```
1 simplifier(log10(200)+log10(5))
  3
2 simplifier(log10(200)-log10(20))
  1
3 simplifier(2*log10(5)+log10(4))
  2
```

Résolution d'équations et d'inéquations

Questions flash

48 QCM *Choisir la ou les bonnes réponses.*
1. Dans $\mathbb{R}$, l'équation $7^x = 5$ est équivalente à $\log(7^x) = \log(5)$.
Et donc à :
a. $x\log(7) = \log(5)$
b. $\log(7) + \log(x) = \log(5)$
c. $7\log(x) = \log(5)$
d. $\log(7) \times \log(x) = \log(5)$
2. Dans $\mathbb{R}$, la solution de l'équation $7^x = 5$ est :
a. $\log\left(\frac{5}{7}\right)$
b. $\log(5) - \log(7)$
c. $\log(2)$
d. $\frac{\log(5)}{\log(7)}$

49 1. Montrer que, dans $\mathbb{R}$, l'équation $3^x = 4$ est équivalente à $x\log(3) = \log(4)$.
2. En déduire quelle est la solution de l'équation $3^x = 4$ dans $\mathbb{R}$.

50 1. Montrer que, dans $\mathbb{R}$, l'inéquation $9^x \leqslant 4$ est équivalente à $x\log(9) \leqslant \log(4)$.
2. Quel est le signe de $\log(9)$?
3. En déduire quel est l'ensemble des solutions de l'inéquation $9^x \leqslant 4$ dans $\mathbb{R}$.

51 **1.** Montrer que, dans $\mathbb{R}$, l'inéquation $0{,}3^x \leqslant 2$ est équivalente à $x\log(0{,}3) \leqslant \log(2)$.

2. a. Justifier que $\log(0{,}3)$ est négatif.

b. En déduire quel est, dans $\mathbb{R}$, l'ensemble des solutions de l'inéquation $0{,}3^x \leqslant 2$.

52 Dans $\mathbb{R}$, l'inéquation $2^x > 780$ est équivalente à :

$$x > \frac{\log(780)}{\log(2)}.$$

1. Donner une valeur approchée à 0,1 près de $\frac{\log(780)}{\log(2)}$.

2. En déduire le plus petit entier naturel solution de l'inéquation $2^x > 780$.

53 Résoudre dans $[0 ; +\infty[$ les équations suivantes :

a. $\log(x) = 8$ **b.** $\log(x) = 0{,}58$ **c.** $\log(x) = \frac{2}{3}$

***Piste :** Pour $a > 0$, $\log(a) = b$ équivaut à $a = 10^b$.*

54 **1.** Justifier que, dans l'intervalle $]0 ; +\infty[$, l'équation $x^{7,2} = 8$ est équivalente à $7{,}2\log(x) = \log(8)$.

2. Montrer que la solution de cette équation est $10^{\frac{\log(8)}{7,2}}$.

55 CALC Une école de danse a ouvert ses portes en 2016. Pour tout entier naturel n, on note u_n le nombre d'inscrits l'année $2016 + n$. On admet que : $u_n = 200 \times 1{,}15^n + 600$. On veut déterminer à partir de quelle année il y aura plus de deux mille adhérents.

1. Montrer que l'inéquation $u_n > 2\,000$ est équivalente à $1{,}15^n > 7$.

2. En déduire que $n > \frac{\log(7)}{\log(1{,}15)}$.

3. Donner une valeur approchée à 0,1 près de $\frac{\log(7)}{\log(1{,}15)}$, puis conclure.

Applications du logarithme décimal

Questions flash

56 QCM *Choisir la ou les bonnes réponses.*
En trois mois, le prix d'une voiture a augmenté de 2 %. On cherche le taux mensuel moyen d'évolution. On note t ce taux. Quelle équation doit-on résoudre pour calculer la valeur de t ?

a. $t^3 = 0{,}02$ **b.** $(1 + t)^3 = 1{,}02$ **c.** $(1 + t)^{90} = 1{,}02$

57 Soit a un nombre strictement positif tel que :

$$\log(a) \approx 28{,}3.$$

1. Encadrer $\log(a)$ par deux entiers consécutifs.

2. Expliquer pourquoi $10^{28} < a < 10^{29}$.

58 Résoudre dans $]0 ; +\infty[$ les équations suivantes :

a. $x^3 = 2$ **b.** $x^6 = 3$ **c.** $x^{12} = 1{,}2$

59 En deux ans, le prix d'un appartement a augmenté de 8 %. On cherche le taux d'évolution annuel moyen.
On note t ce taux.
Quelle équation doit-on résoudre pour calculer la valeur de t ?

60 Soit a un nombre strictement positif tel que $\log(a) \approx 12{,}3$.

1. Encadrer $\log(a)$ par deux entiers consécutifs.

2. Justifier que : $10^{12} < a < 10^{13}$.

61 On a gradué l'axe ci-dessous avec une échelle logarithmique.

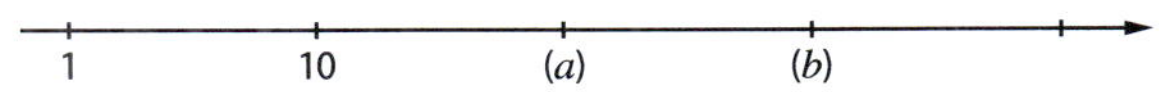

Quelles sont les valeurs de (a) et (b) ?

62 On a gradué l'axe ci-dessous avec une échelle logarithmique. Quelles sont les valeurs à mettre sur les graduations de l'axe : entre 1 et 10 ? entre 10 et 100 ? entre 100 et 1 000 ?

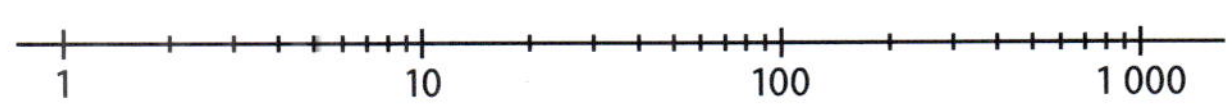

63 Déterminer par lecture graphique les coordonnées des points A, B, C, D, E et F placés dans le repère semi-logarithmique ci-dessous.

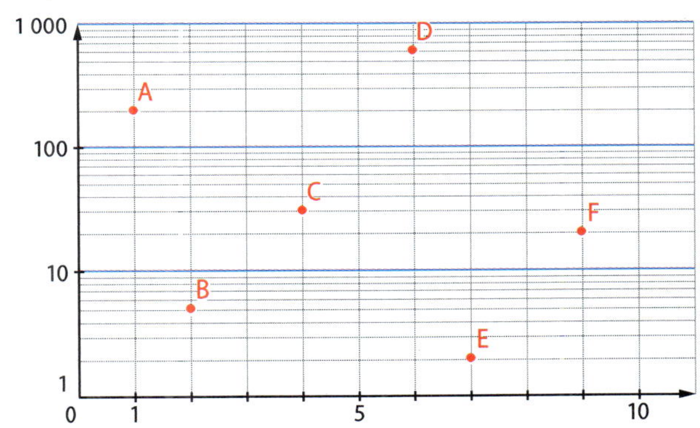

64 Déterminer, par lecture graphique les coordonnées des points A, B, C, D, E et F placés dans le repère logarithmique ci-dessous.

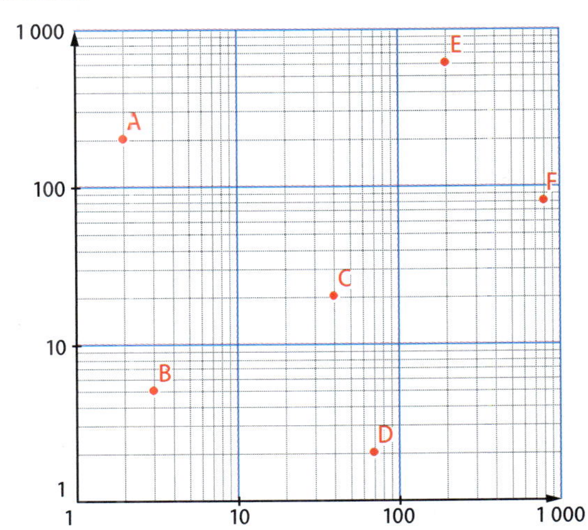

Fonctions exponentielles

Pour les exercices 65 à 68, déterminer le sens de variation des fonctions f et g sur $\mathbb{R}$.

65 *Capacité 1, p. 44*

Les fonctions f et g sont définies sur $\mathbb{R}$ par :

$$f(x) = 100 \times 0{,}9^x \text{ et } g(x) = -0{,}1 \times 5^x.$$

66 Les fonctions f et g sont définies sur $\mathbb{R}$ par :

$$f(x) = -9 \times 0{,}6^x \text{ et } g(x) = 200 \times 1{,}05^x.$$

67 Les fonctions f et g sont définies sur $\mathbb{R}$ par :

$$f(x) = 3 \times \left(\frac{2}{3}\right)^x \text{ et } g(x) = \frac{1}{5} \times 10^x.$$

68 Les fonctions f et g sont définies sur $\mathbb{R}$ par :

$$f(x) = -\left(\frac{1}{2}\right)^x \text{ et } g(x) = 10^3 \times 0{,}9^x.$$

69 Les courbes ci-dessous représentent dans un repère du plan les fonctions f, g, h et k définies sur $\mathbb{R}$ par :

$$f(x) = 2^x \,;\, g(x) = 0{,}2^x \,;\, h(x) = -2^x \text{ et } k(x) = -0{,}2^x.$$

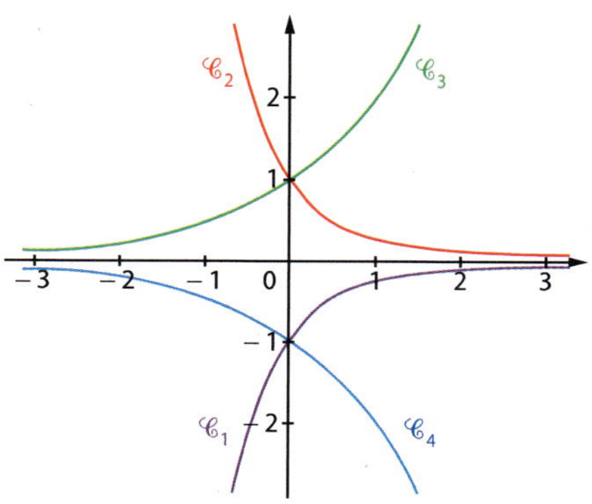

Associer chaque fonction à sa courbe représentative.

70 PYTHON **Compléter un programme**

Soit a un réel différent de 1 et k un réel non nul.
Recopier et compléter le programme ci-dessous afin que la fonction varexpo retourne le sens de variation de la fonction f définie sur $\mathbb{R}$ par $f(x) = k \times a^x$.

```
def varexpo(a,k):
    if (....... and k>0) or (.............):
        return("fonction croissante")
    else :
        return("fonction décroissante")
```

71 *Capacité 2, p. 44*

1. Soit x et y deux réels tels que $x \leqslant y$.
Comparer les nombres suivants :
a. $0{,}8^x$ et $0{,}8^y$. **b.** 12^x et 12^y.
2. Utiliser les questions **1. a.** et **b.** pour classer dans l'ordre croissant les nombres ci-dessous :
a. $0{,}8 \,;\, 0{,}8^{-0{,}2} \,;\, 0{,}8^{0{,}2} \,;\, 0{,}8^{1{,}2} \,;\, 1$.
b. $12^{-1{,}2} \,;\, 12^{0{,}8} \,;\, 1 \,;\, 12^{-1} \,;\, 12^2$.

72 Classer dans l'ordre croissant les nombres ci-dessous :

$$20^{-1{,}2} \,;\, 20^{0{,}2} \,;\, 20^{-2} \,;\, 20^{1{,}8} \,;\, 20.$$

73 Classer dans l'ordre croissant les nombres ci-dessous :

$$0{,}15^{-180} \,;\, 0{,}15^{120} \,;\, 0{,}15^{-105} \,;\, 0{,}15^{108} \,;\, 1.$$

74 VRAI/FAUX

Indiquer si les affirmations sont vraies ou fausses, puis justifier.
x et y sont deux réels.
1. Si $x < y$, alors $0{,}5^x < 0{,}5^y$.
2. Si $x < y$, alors $-2^x > -2^y$.
3. Si $x \leqslant 0$, alors $10^x \leqslant 1$.
4. Si $x \geqslant 0$, alors $\left(\frac{1}{5}\right)^x \leqslant 1$.

75 Parmi les nombres ci-dessous, indiquer ceux qui sont supérieurs à 1.
$A = 1{,}4^2 \,;\, B = 3^{-0{,}1} \,;\, C = 2^{-2}$ et $D = 2{,}5^{0{,}8}$.

76 Parmi les nombres ci-dessous, indiquer ceux qui sont inférieurs à 1.
$A = 0{,}9^{-2} \,;\, B = 1{,}7^{-0{,}2} \,;\, C = 0{,}5^2$ et $D = 5^{1{,}8}$.

77 LOGIQUE Soit x et y deux réels.
1. L'implication suivante est-elle vraie pour tout réel a ?
« Si $x > y$, alors $a^x > a^y$. »
2. La proposition réciproque est-elle vraie pour tout réel a ? Justifier.

78 CALC

On considère la fonction f définie sur l'intervalle $[0 \,;\, 10]$ par :

$$f(t) = 19 \times 0{,}95^t.$$

1. a. Déterminer le sens de variation de la fonction f sur $[0 \,;\, 10]$.
b. Construire la courbe représentative $\mathscr{C}$ de la fonction f dans un repère du plan.
On prendra comme unités graphiques :
• 1 cm sur l'axe des abscisses
• 0,5 cm sur l'axe des ordonnées.
2. On étudie l'évolution de la température d'une pièce après arrêt du chauffage.
On admet que la fonction f représente la température de la pièce, exprimée en degrés Celsius, en fonction du temps t, exprimé en heures, écoulé à partir de l'arrêt du chauffage.

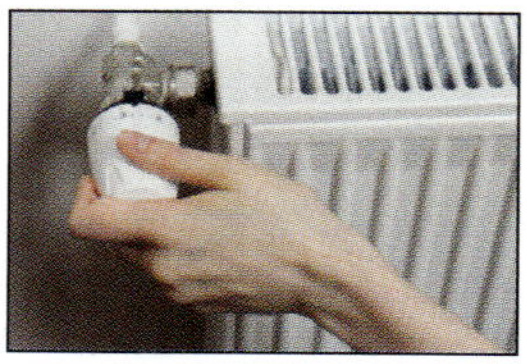

a. Quelle est la température de la pièce à l'arrêt du chauffage ?
b. Calculer la température de la pièce deux heures et demie après l'arrêt du chauffage.
c. Déterminer graphiquement :
– au bout de combien de temps la température devient égale à 15 °C ;
– le temps nécessaire, à une demi-heure près, pour que la température passe de 15 °C à 12 °C.

Propriétés algébriques des fonctions exponentielles

Pour les exercices 79 à 82, écrire chaque expression sous la forme a^k, où a et k sont des réels, a étant strictement positif.

79 Capacité 3, p. 45
$A = 2^{3,1} \times 2^{8,2} \times 2^{-3}$ et $B = \dfrac{10^{2,8}}{10^{2,2} \times 10}$.

80 $A = (0,5^{2,5})^5 \times 0,5^{-1}$ et $B = \dfrac{(11^{1,2})^4}{11^{0,3} \times 11^{-1}}$

81 $A = 12^{0,5} \times \dfrac{12^{2,5}}{12^{-0,5}}$ et $B = \left(\dfrac{3^{-1,2}}{3^{0,2}}\right)^7$.

82 $A = 25^{3,8} \times \dfrac{5^3}{5^{0,3}}$ et $B = \dfrac{4^{7,1}}{2^{-0,3} \times 8^{-1}}$.

Pour les exercices 83 à 86, écrire chaque expression sous la forme $a^{E(x)}$, où a est un réel strictement positif et $E(x)$ une expression de la variable réelle x.

83 Capacité 3, p. 45
$A = 5^{7x+1} \times 5^5$ et $B = 11^{6-2x} \times 11^{5-x} \times 11$.

84 $A = \dfrac{0,5^{1-2x}}{0,5^x}$ et $B = \dfrac{7^{-7x} \times 7^{1+x}}{7^{x-7}}$.

85 $A = 0,1 \times (10^{x-1})^5$ et $B = \dfrac{(3^{2-x})^2 \times 3^{-x}}{3^{4-x}}$

86 $A = 4^{x+1} \times (2^{-3+x})^2$ et $B = \dfrac{(5^{2x-4})^3 \times 25^{x-1}}{5^{x-1}}$.

MATHS & SVT

87 Capacité 4 p. 45
On étudie une culture de bactéries. On estime que le nombre de ces bactéries, en fonction du temps t exprimé en minutes, est donné par : $N(t) = 100 \times 1,02^t$ où $t \geqslant 0$.
1. Calculer le nombre de bactéries au bout de 1 h 10 min.
2. a. Calculer $\dfrac{f(t+35)}{f(t)}$ pour tout réel t positif.
b. Interpréter ce résultat.

88 Soit f la fonction définie sur l'intervalle [0 ; 12] par :
$$f(x) = 10 \times 0,794^x$$
On nomme $\mathcal{C}_f$ la courbe représentative de f dans le plan muni d'un repère.
1. Montrer que pour tout réel x :
$$f(x+3) = 0,794^3 f(x).$$
2. a. En utilisant l'approximation $0,794^3 \approx 0,5$, compléter le tableau de valeurs ci-dessous.

x	0	3	6	9	12
$f(x)$	10	...	...	...	...

b. Construire la courbe $\mathcal{C}_f$ sur [0 ; 12].

Propriétés algébriques du logarithme décimal

89 Capacité 5, p. 48
Soit x et y deux réels strictement positifs.
Exprimer A, B et C en fonction de $\log(x)$ et de $\log(y)$.
$A = \log(x^5)$; $B = \log(x^2y)$ et $C = \log\left(\dfrac{1}{xy}\right)$.

90 Reprendre l'exercice précédent avec :
$A = \log(10x^2) + \log(0,1y)$; $B = \log\left(\dfrac{x^2}{y^5}\right)$;
$C = \log(x^2y) - \log(xy^2)$.

91 Soit b le réel tel que $\log(b) = 50$.
Calculer la valeur des réels A, B et C suivants.
$A = 2\log(b^2)$; $B = 3 + 7\log(10b)$; $C = 5\log\left(\dfrac{1}{b}\right) - 3$.

92 Soit $A = 12 - 4\log\left(\dfrac{100x}{7}\right)$ avec $x > 0$.
Montrer que : $A = 4 + 4\log(7) - 4\log(x)$.

93 Soit $B = 2\log\left(\dfrac{0,01}{3x^2}\right) + 7$ avec $x > 0$.
Montrer que : $B = 3 - 2\log(3) - 4\log(x)$.

94 Capacité 5, p. 48
Écrire A et B sous la forme $\log(a)$ où $a > 0$.
$A = 2\log(6) + \log(2)$ et $B = 2\log\left(\dfrac{1}{5}\right) - \log(10)$.

95 Reprendre l'exercice 94 avec :
$A = -2\log(4) + \log(3)$ et $B = \log(5) - 3\log\left(\dfrac{1}{2}\right)$.

96 Montrer que :
$5\log(10^{-1}) - \log(2 \times 10^{-7}) = \log(50)$.

97 Montrer que :
$\log(10,5) - 2\log(10) - \log(0,5) = \log(0,21)$.

98 On donne les valeurs de log(2), log(3) et log(5) arrondies à 10^{-4} près.

x	2	3	5
$\log(x)$	0,3010	0,4771	0,6990

En déduire une valeur approchée des nombres suivants :
$A = \log(0,5)$; $B = \log(6)$; $C = \log(16)$;
$D = \log(20)$; $E = \log(150)$ et $F = \log(4000)$.

99 Écrire les expressions suivantes sous la forme $a\log(2)$ où a est un réel.
a. $A = \log(16)$
b. $B = \log(8) + 2\log(4)$
c. $C = \log(0,25) + \log(2)$
d. $D = \log(24) - \log(6)$

100 1. Montrer que : $1 + \log(16) = \log(160)$.
2. Écrire A, B, C et D sous la forme $\log(a)$ où $a > 0$.
a. $A = 2 + \log(16)$
b. $B = 1 - \log(5)$
c. $C = \log(102) - 2$
d. $D = 2\log(0,3) + 3$

Piste : Pour tout entier n, n = log(10^n).

101 Soit f la fonction définie sur $]0\,;+\infty[$ par :

$$f(x)=2+5\log(x).$$

Montrer que, pour tout réel x de $]0\,;+\infty[$:

a. $f(3x)=f(x)+5\log(3)$ b. $f(x)+5=f(10x)$

102 VRAI/FAUX

Indiquer si les affirmations sont vraies ou fausses, puis justifier.

a. $\log(30)-\log(20)=\log(3\,000)-\log(2\,000)$

b. $\log(15)+\log(2)=\log(5)+\log(6)$

c. $10^{7\log(3)}=3^7$

d. $\log(50)-3=\log(0{,}05)$

e. $\dfrac{\log(3{,}2)}{\log(2{,}5)}=\dfrac{\log(32)}{\log(25)}$

MATHS & CHIMIE

103 Le pH (potentiel hydrogène) d'une solution aqueuse est défini par : $\text{pH}=-\log(C)$ où C désigne la concentration en ions H_3O^+ de la solution en moles par litre ($\text{mol}\cdot\text{L}^{-1}$).

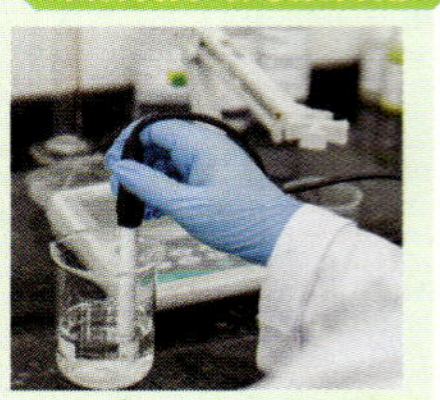

1. Calculer le pH correspondant à une concentration en ions H_3O^+ de $4\times10^{-6}\ \text{mol}\cdot\text{L}^{-1}$.

2. Que devient le pH lorsque la concentration est divisée par 10 ? multipliée par 100 ?

3. a. Justifier que $C=10^{-\text{pH}}$.

b. L'étiquette d'une eau minérale indique : $\text{pH}=6{,}5$. Quelle est la concentration en ions H_3O^+ de cette eau ?

c. Que devient la concentration lorsque le pH diminue de 1 ? augmente de 2 ?

LE SAVIEZ-VOUS

Le pH (potentiel hydrogène) est un indicateur de l'acidité d'une solution. Ce concept a été introduit en 1909 par le chimiste danois **Soren Peder Lauritz Sorensen** *(1868-1939).*

MATHS & PHYSIQUE

104 Le niveau d'intensité sonore, noté L et mesuré en décibels, est donné par la formule suivante :

$L=10\times\log\left(\dfrac{I}{10^{-12}}\right)$ où I est l'intensité sonore du bruit ambiant, mesuré en $\text{W}\cdot\text{m}^{-2}$.

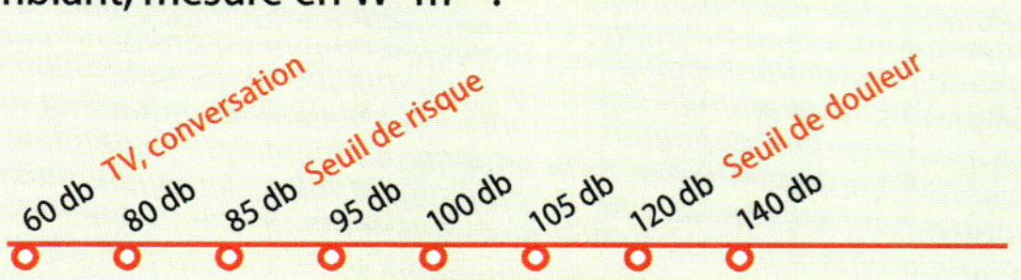

1. L'intensité sonore à partir de laquelle un son est audible pour l'homme est $I_0=10^{-12}\ \text{W}\cdot\text{m}^{-2}$.
Quel est le niveau d'intensité sonore de I_0 ?

2. De combien augmente le niveau d'intensité sonore lorsque l'intensité d'un bruit :

a. est doublée ? b. est divisée par 4 ?

3. Calculer l'intensité sonore correspondant :

a. au seuil de risque ; b. au seuil de douleur.

Piste : 3. *$\log(b)=a$ équivaut à $b=10^a$.*

105 On a étudié jusqu'en 2018 le parcours professionnel des personnes ayant obtenu en 2010 un certain diplôme. On considère que le pourcentage de ces personnes ayant un contrat de travail au bout de x années après l'obtention du diplôme est modélisé par la fonction f définie sur l'intervalle $\left[\dfrac{1}{12}\,;8\right]$ par :

$$f(x)=88+10\times\log(x).$$

1. Quel est, à 1 % près, le pourcentage de personnes ayant un contrat de travail au bout de 2 ans ? au bout de 3 ans ? et au bout de 6 mois ?

2. a. Montrer que, pour tout réel x de $\left[\dfrac{1}{12}\,;4\right]$,

$$f(2x)=f(x)+10\times\log(2).$$

b. Sachant que $\log(2)\approx0{,}30$, recopier puis compléter sans calculatrice le tableau de valeurs ci-dessous.

x	0,25	0,5	1	2	4	8
$f(x)$	...	...	88	...	...	...

3. a. Résoudre l'inéquation $f(x)>94$.

b. Interpréter ce résultat.

Piste : 3. *$\log(b)>a$ équivaut à $b>10^a$.*

Résolution d'équations du type $a^x=b$ ou $x^a=b$

Pour les exercices 106 à 110, résoudre dans $\mathbb{R}$ les équations données.

106 Capacité 6, p. 48

a. $13^x=9{,}5$ b. $2{,}3^x=15$

107 a. $3^x=3^{2x-1}$ b. $10^x=2$

108 a. $3\times11^x=4$ b. $0{,}1+3^x=5$

109 a. $1+5\times0{,}2^x=10$ b. $2^{x+1}=6$

110 a. $21\times1{,}2^x=3$ b. $6\times1{,}03^{x-1}=11$

MATHS & SVT

111 Le taux d'insuline d'une personne pendant les deux premières heures suivant le repas (en $\mu\text{U}\cdot\text{mL}^{-1}$) est donné en fonction du temps t (en heures) par la fonction f définie sur $[0\,;2]$ par :

$$f(t)=0{,}4\times10^t+90.$$

1. Résoudre l'équation : $f(t)=102$.

2. Donner la valeur exacte, puis la valeur arrondie au dixième de la solution.

3. Que représente concrètement ce nombre ?

112 QCM *Choisir la ou les bonnes réponses.*

L'équation $0{,}5^{2x}=3$ a pour solution dans $\mathbb{R}$:

a. $\dfrac{\log(3)}{2\log(0{,}5)}$ b. $\dfrac{1}{2}\log(6)$ c. $-\dfrac{\log(3)}{\log(4)}$

MATHS & PHYSIQUE

113 On injecte un échantillon d'iode 123 dans le corps d'un patient. On admet que la fonction f définie sur l'intervalle [0 ; 30] par :

$$f(t) = 2\,500 \times 0{,}95^t$$

donne une bonne approximation de l'activité du radionucléide iode 123 (exprimée en becquerels) en fonction du temps t (exprimé en heures) écoulé depuis l'injection.

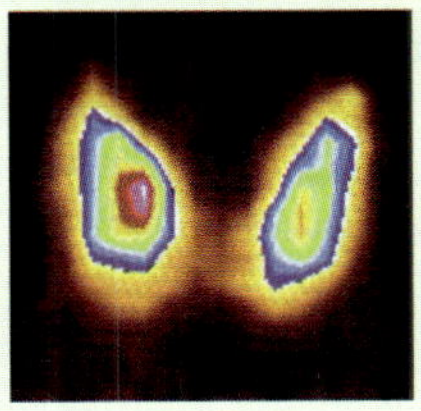

1. Donner la valeur de l'activité initiale de l'iode 123 pour l'échantillon injecté au patient.

2. Résoudre l'équation $f(t) = 1\,250$.

3. La période T d'un radionucléide est le temps nécessaire au bout duquel son activité a diminué de moitié.
Déterminer la période T de l'iode 123. On donnera le résultat en heures et minutes.

LE SAVIEZ-VOUS

En médecine nucléaire, l'iode 123 est utilisé pour effectuer des « scintigraphies » permettant d'observer le fonctionnement de la thyroïde.

114 On suppose que l'espérance de vie D (en années) de quelques mammifères est donnée par une relation de la forme $D = 10{,}5 \times M^p$ où M est la masse corporelle du mammifère (en kg) et p est un réel indépendant du mammifère.

1. Un jeune chat a une masse de 3 kg et une espérance de vie de 14 ans.

a. Justifier que $10{,}5 \times 3^p = 14$.

b. Calculer la valeur exacte de p, puis une valeur approchée à 0,01 près.

2. a. Cette relation est-elle vérifiée pour un éléphant de masse 3 tonnes et d'espérance de vie 85 ans ? une souris de masse 15 grammes et d'espérance de vie 3,5 ans ?

b. Cette relation est-elle vérifiée pour l'homme ?

115 Capacité 7, p. 48

Résoudre dans $]0\,;+\infty[$ les équations suivantes.

a. $x^{2,2} = 271$ **b.** $x^{5,1} = 70{,}2$

116 Résoudre dans $]0\,;+\infty[$ les équations suivantes.

a. $2x^{0,7} = 15$ **b.** $x^{3,6} - 1 = 2{,}1$

117 Soit f une fonction définie sur $\mathbb{R}$ dont l'expression est de la forme $f(x) = k \times a^x$ avec k un réel non nul et a un réel strictement positif.
On sait que $f(0) = 2$ et $f(4) = 100$.
Calculer la valeur de k et celle de a.

118 Soit f une fonction définie sur $\mathbb{R}$ dont l'expression est de la forme $k \times a^x$ avec k un réel non nul et a un réel strictement positif. La courbe représentative de f passe par les points A(0 ; 1 000) et B(5 ; 327,68).
Calculer la valeur de k et celle de a.

Résolution d'inéquations du type $a^x < b$ ou $x^a < b$

Pour les exercices 119 à 122 résoudre dans $\mathbb{R}$ les inéquations données. Capacité 8, p. 49

119 **a.** $12^x < 3$ **b.** $1{,}2^x > 2{,}1$

120 **a.** $0{,}5^x \leqslant 3{,}2$ **b.** $3{,}2^x \geqslant 0{,}5$

121 **a.** $9^x < 9^{3,2}$ **b.** $0{,}2^x \geqslant 0{,}2^{10}$

122 **a.** $2 \times 1{,}1^x < 6$ **b.** $0{,}8 + 0{,}11^x \leqslant 1$

MATHS & SVT

123 Un certain médicament, administré par voie intraveineuse, est efficace lorsque la concentration du produit actif dans le sang est supérieure ou égale à 40 mg · L^{-1}.
La fonction C définie sur [0 ; 9] par $C(t) = 78 \times 0{,}63^t$ donne la concentration (en mg · L^{-1}) du produit actif dans le sang du malade en fonction du temps t (exprimé en heures) écoulé depuis l'injection.
Le produit est injecté à l'instant $t = 0$.

1. Le médicament est-il encore efficace après 2 heures 30 minutes ?

2. a. Résoudre dans [0 ; 9] l'inéquation $C(t) > 40$.

b. Interpréter ce résultat.

MATHS & CHIMIE

124 Après une averse, un technicien contrôle la concentration en nitrates de l'eau prélevée dans une rivière.
La fonction f définie sur l'intervalle [2 ; 11] par :

$$f(t) = \frac{88}{1{,}5^t} + 15$$

donne la concentration en nitrates (en mg · L^{-1}) en fonction du temps t (en heures) écoulé depuis le début de l'averse.

1. Calculer, à 0,01 près, la concentration en nitrates deux heures après le début de l'averse.

2. Résoudre dans [2 ; 11] l'inéquation $f(t) \leqslant 50$.
Interpréter ce résultat.

125 Capacité 9, p. 49

Résoudre dans l'intervalle $]0\,;+\infty[$ les inéquations suivantes :

a. $x^{7,6} < 1\,000$ **b.** $x^{0,1} \leqslant 2$

126 Reprendre l'exercice précédent avec :

a. $x^{2,1} + 1 < 99$ **b.** $2x^{3,5} > 8$

127 Capacité 10, p. 49

Déterminer les entiers naturels n solutions des inéquations suivantes :

a. $2^n < 10$ **b.** $0{,}5^n \geqslant 0{,}01$

128 Reprendre l'exercice précédent avec :

a. $1{,}05^n < 2$ **b.** $100 \times 0{,}8^n \geqslant 25$

129 ALGO Une compagnie d'assurance estime que la valeur marchande d'une machine achetée 2 000 € le 1er janvier 2019 baisse de 18 % par an.

1. Recopier et compléter l'algorithme ci-dessous afin que la variable A contienne, en fin d'algorithme, l'année à partir de laquelle la valeur de la machine sera pour la première fois inférieure au quart de sa valeur initiale.

```
A ← 2019
V ← 2000
Tant que .......
   V ←..........
   A ← A + 1
Fin Tant que
```

2. a. Résoudre l'inéquation : $2\,000 \times 0{,}82^n \leqslant 500$, où n est un entier naturel.

b. En déduire à partir de quelle année la valeur marchande de la machine sera inférieure ou égale au quart de sa valeur initiale.

Applications du logarithme décimal

130 Capacité 11, p. 52

À partir du 1er janvier 2020, on place 600 € sur un compte rémunéré à intérêts composés au taux de 3 %.
Les intérêts sont versés le 31 décembre de chaque année.

1. On note C_n le capital acquis au 1er janvier 2020 + n.
Justifier que la suite (C_n) est géométrique, puis en déduire l'expression de C_n en fonction de n.

2. Déterminer au bout de combien d'années le capital acquis dépassera 1 500 €.

131 Capacité 12, p. 52

Au dernier trimestre de l'année 2016, le nombre d'abonnements à internet en très haut débit en France était de 5,43 millions. On suppose que, depuis, ce nombre d'abonnements a augmenté de 6 % chaque trimestre.
Calculer à 0,01 % près le taux d'évolution mensuel moyen du nombre d'abonnements depuis fin 2016.

132 Dans une région donnée, on constate une baisse de 4,5 % par an du nombre d'apiculteurs.
Calculer à 0,01 près le taux de diminution mensuel moyen du nombre d'apiculteurs.

133 On donne l'émission moyenne de CO_2 (exprimée en grammes de CO_2 par km) des véhicules neufs vendus en France en 2000 et en 2018.

Année	2000	2018
Émission moyenne de CO_2 (en g · km^{-1})	162	112

1. Calculer à 0,1 % près le taux d'évolution des émissions moyennes de CO_2 des véhicules neufs entre 2000 et 2018.

2. Calculer à 0,1 % près le taux d'évolution annuel moyen des émissions moyennes de CO_2 des véhicules neufs entre 2000 et 2018.

134 Le tableau ci-dessous donne l'évolution de la population française de 2011 à 2014.

Année	2011	2012	2013	2014
Taux d'évolution		0,47 %	1,04 %	0,42 %

Par exemple, de 2011 à 2012, on lit que la population a augmenté de 0,47 %.

1. Calculer à 0,01 % près le taux d'évolution de la population française entre 2011 et 2014.

2. Calculer à 0,01 % près le taux d'évolution annuel moyen entre 2011 et 2014 de la population française.

135 Capacité 13, p. 53

Déterminer un ordre de grandeur de l'entier $N = 7^{212}$ et le nombre de chiffres de son écriture décimale.

136 Reprendre l'exercice précédent avec :
a. $N = 120^{74}$ **b.** $N = 3^{641}$

137 Déterminer un ordre de grandeur du nombre $123{,}4^{120}$.

138 Depuis décembre 2018, le plus grand nombre premier connu est :

$$2^{82\,589\,933} - 1.$$

Combien de chiffres comporte son écriture décimale ?

139 On donne les correspondances des unités de mesure en informatique :
1 Ko (kilooctet) ≈ 2^{10} octets
1 Mo (mégaoctet) ≈ 2^{20} octets
1 Go (gigaoctet) ≈ 2^{30} octets
1 To (téraoctet) ≈ 2^{40} octets
Sans calculatrice, estimer le nombre d'octets dans un Ko, dans un Mo, dans un Go et dans un To.

Piste : $\log(2) \approx 0{,}30$

140 TABLEUR Capacité 14, p. 53

1. Utiliser un tableur pour représenter, dans un repère où l'axe des ordonnées est gradué selon une échelle logarithmique, la fonction f définie sur [0 ; 10] par $f(x) = 3^x$.

2. Expliquer pourquoi les points sont alignés.

141 TABLEUR Reprendre l'exercice précédent avec la fonction f définie sur [0 ; 10] par :

$$f(x) = 0{,}7^x.$$

142 Soit f une fonction définie sur [0 ; 3] dont l'expression est de la forme $k \times a^x$ avec k un réel non nul et a un réel strictement positif.
Avec un tableur, d'où est extraite la capture d'écran ci-dessous, on a représenté la fonction f dans un repère où l'axe des ordonnées est gradué selon une échelle logarithmique.

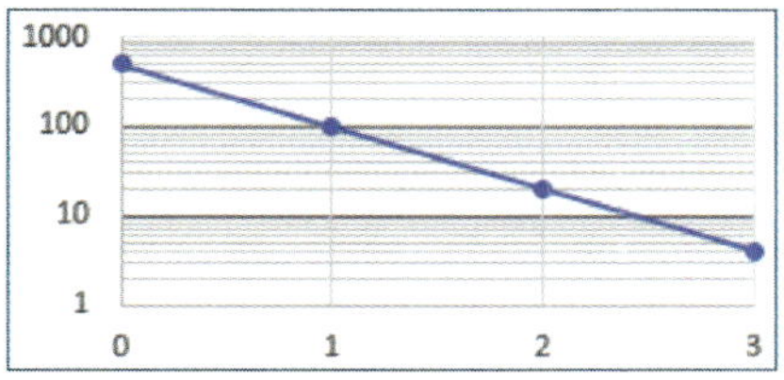

Déterminer la valeur de k, puis celle de a.

143 Reprendre l'exercice **142** avec la capture d'écran ci-dessous :

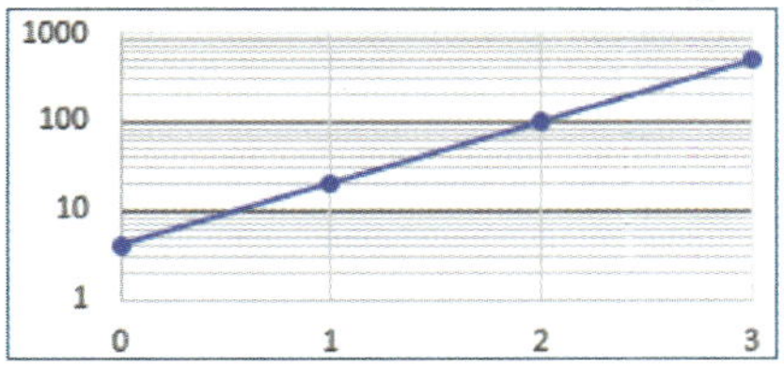

MATHS & SVT

144 *Capacité 14, p. 53*

La consommation en dioxygène de certains mammifères vérifie une relation, découverte en 1932 par Max Kleiber, qui relie la masse corporelle (en kilogramme) et la consommation en dioxygène (en litre par heure). Voici un graphique dans un repère logarithmique pour certains mammifères.

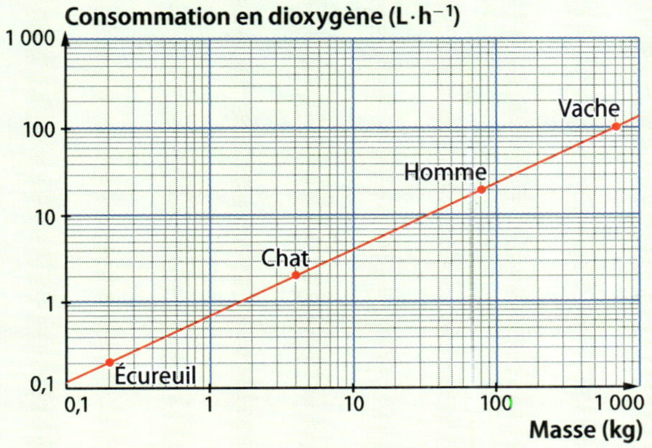

Répondre aux questions suivantes par lecture graphique.
1. Quelle est la consommation en dioxygène d'un homme de 80 kg ?
2. Quel animal a une consommation de 2 litres par heure ? Quelle est sa masse ?
3. Comment évolue la consommation en dioxygène lorsque la masse est multipliée par 10 ?

? LE SAVIEZ-VOUS
Max Kleiber *(1893-1976) est un biologiste et chimiste suisse. Ses recherches lui ont valu une reconnaissance mondiale en tant que leader de la nutrition et du métabolisme chez les animaux.*

MATHS & ÉCONOMIE

145 Le graphique ci-dessous représente l'évolution du produit intérieur brut (PIB) en France de 1820 à 2000 (indice 100 en 1820). L'axe des ordonnées est gradué selon une échelle logarithmique.

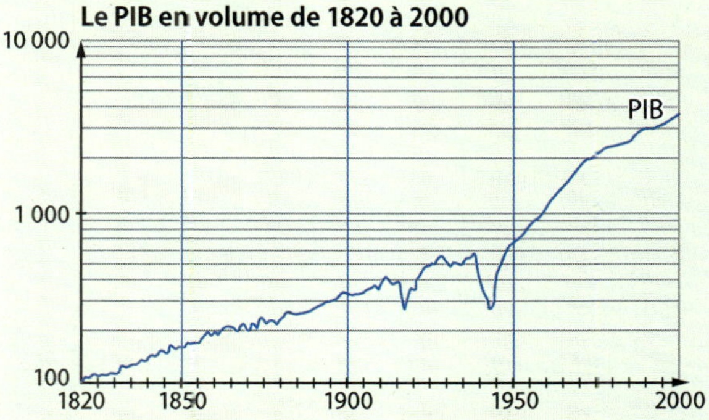

Répondre aux questions suivantes avec la précision permise par le graphique.
1. a. Par combien a été multiplié le PIB entre 1820 et 1913 ?
b. De 1820 à 1913, les points sont presque alignés. Justifier que sur cette période la croissance du PIB est exponentielle.
c. Quel est le taux d'évolution du PIB entre 1820 et 1913 ?
d. Calculer le taux d'évolution annuel moyen sur cette période.
2. Analyser de même la croissance du PIB sur les périodes suivantes :
a. de 1950 à 1975 ; **b.** de 1975 à 2000.

Problème de synthèse

146 Lors de la formation d'une tornade, on a mesuré la vitesse des vents. La vitesse initiale est de 420 km·h⁻¹.
On modélise la vitesse des vents (en km·h⁻¹) par la fonction f définie sur [0 ; 5] par :

$$f(t) = 420 \times 0{,}2824^t$$

où t est le temps écoulé (en heures) depuis le début de la tornade.
1. Déterminer le sens de variation de la fonction f sur [0 ; 5].
2. a. Calculer $\dfrac{f(t+0{,}5)}{f(t)}$ pour tout réel t de [0 ; 4,5].
b. Interpréter ce résultat.
3. Des météorologues ont admis la règle suivante : la vitesse des vents dans les tornades diminue régulièrement de 10 % toutes les 5 minutes.
La tornade étudiée vérifie-t-elle cette règle ?
4. On appelle « durée de vie » d'une tornade le temps nécessaire, depuis sa formation, pour que la vitesse des vents devienne inférieure à 120 km·h⁻¹.
Calculer la durée de vie de cette tornade.

EXERCICES Pour travailler en autonomie

Tous ces exercices sont corrigés, leurs solutions succinctes sont disponibles à la fin du manuel (p. 218).
En flashant la page, vous accéderez aux corrigés rédigés et détaillés sur votre smartphone ou votre tablette.

bordas Flash PAGE corrigés détaillés

L'ESSENTIEL

Fonctions $f : x \mapsto a^x$ avec $a > 0$

- – sur $[0 ; +\infty[$, prolongement à des valeurs non entières positives de la suite géométrique (a^n) ;
  – sur $]-\infty ; 0]$, $a^x = \dfrac{1}{a^{-x}}$.
- $a^0 = 1$ et $a^1 = a$.

Si $0 < a < 1$, alors f est décroissante.
Si $a = 1$, alors f est constante.
Si $a > 1$, alors f est croissante.

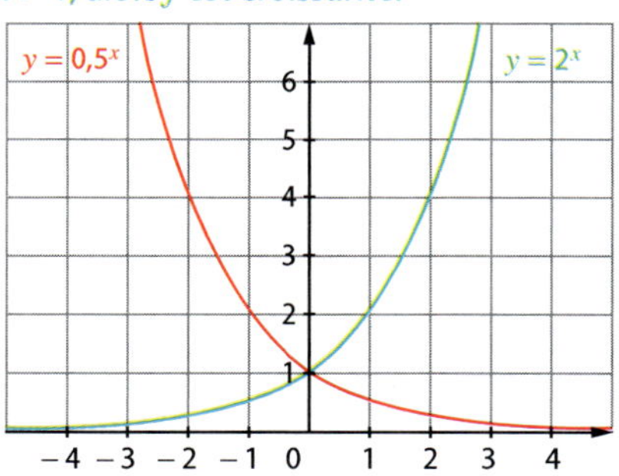

- Sens de variation de $x \mapsto k \times a^x$: celui de $x \mapsto a^x$ si $k > 0$, le sens contraire si $k < 0$.

- Soit $b > 0$. Le logarithme décimal de b est l'unique solution de l'équation $10^x = b$ dans $\mathbb{R}$.
- Pour tout réel $b > 0$: $10^{\log(b)} = b$.
- Pour tout réel b : $\log(10^b) = b$.
- $\log(10) = 1$; $\log(10^2) = 2$; $\log(10^3) = 3$.

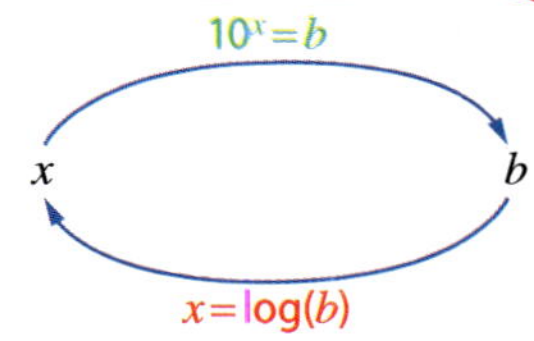

Fonction $f : x \mapsto \log(x)$ avec $x > 0$

- La fonction log est croissante sur $]0 ; +\infty[$.

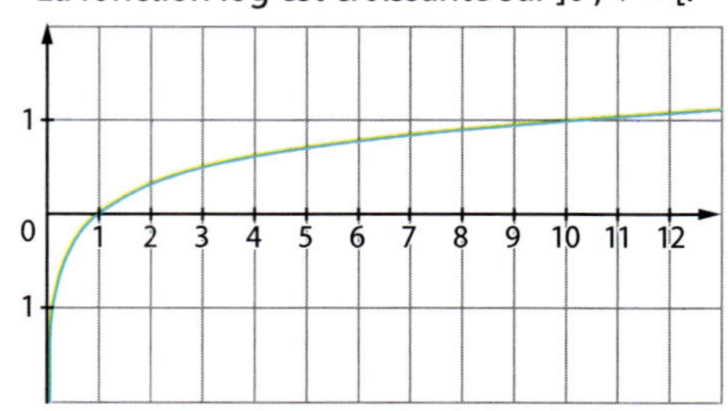

- Si $0 < a < 1$, alors $\log(a) < 0$.
- Si $a > 1$, alors $\log(a) > 0$.

Propriétés algébriques de l'exponentielle

Soit $a > 0$. Pour tous réels x et y :

- $a^{x+y} = a^x \times a^y$
- $a^{nx} = (a^x)^n$ (n entier)
- $a^{-x} = \dfrac{1}{a^x}$
- $a^{x-y} = \dfrac{a^x}{a^y}$

Propriétés algébriques du logarithme décimal

Pour tous réels $a > 0$ et $b > 0$ et tout $n \in \mathbb{N}$:

- $\log(a \times b) = \log(a) + \log(b)$
- $\log(a^n) = n\log(a)$
- $\log\left(\dfrac{1}{b}\right) = -\log(b)$
- $\log\left(\dfrac{a}{b}\right) = \log(a) - \log(b)$

Pour tout réel $a > 0$ et tout réel x, $\log(a^x) = x\log(a)$.

Autres propriétés

Pour $a > 0$ ou $b > 0$ lorsque c'est nécessaire et n entier non nul :

- $\log(a) = \log(b)$ équivaut à $a = b$.
- $\log(b) = a$ équivaut à $b = 10^a$.
- $a^n = b$ équivaut à $a = b^{\frac{1}{n}}$ (n entier).

Faire le point avec des exercices corrigés

Utiliser les fonctions exponentielles

* **147** 05 min Capacité 1, p. 44

Déterminer le sens de variation des fonctions f, g et h définies sur $\mathbb{R}$ par :

$f(x) = 0,5 \times 10^x$, $g(x) = -3 \times 0,87^x$ et $h(x) = 300 \times 0,98^x$.

* **148** 05 min Capacité 2, p. 44

Soit x et y deux réels tels que $x \leqslant y$. Comparer les nombres suivants : **a.** $0,38^x$ et $0,38^y$; **b.** $1,09^x$ et $1,09^y$.

* **149** 10 min Capacité 2, p. 44 VRAI/FAUX

Indiquer si les affirmations sont vraies ou fausses, puis justifier.

a. $0,02^3 < 0,02^{3,2}$ **b.** $3^{-2} > 3^{-0,5}$ **c.** $10^{-6,7} \leqslant 1$

* **150** 05 min Capacité 3, p. 45

Écrire A et B sous la forme a^k, où a est un réel strictement positif et k un réel.

a. $A = 11^{7,5} \times 11^{2,25} \times 11^{-2}$ **b.** $B = \dfrac{6^{5,1} \times 6}{6^5}$

c. $C = (1,5^{3,5})^2 \times 1,5^{-7,5}$ **d.** $D = \dfrac{32^{10,6}}{(32^{3,5})^3 \times 32^{-1}}$

151 05 min Capacité 3, p. 45

Écrire M et N sous la forme $a^{E(x)}$, où a est un réel strictement positif et $E(x)$ une expression de la variable réelle x.

$M = 25^{x+2} \times 25^{2x-7}$ et $N = \dfrac{71^{3x-1} \times 71}{71^{x+1}}$.

152 15 min Capacités 1 et 4, pp. 44 et 45

La fonction de demande d'un produit est modélisée sur l'intervalle $[0 ; 50]$ par la fonction f définie sur l'intervalle $[0 ; 50]$ par : $f(x) = 5\,000 \times 0{,}918^x$.

Le nombre $f(x)$ représente la quantité d'objets demandés lorsque le prix unitaire est égal à x euros.

1. Déterminer le sens de variation de f sur $[0 ; 50]$.

2. a. Montrer que pour tout x de $[0 ; 42]$, $\dfrac{f(x+8)}{f(x)} = 0{,}918^8$.

b. Après avoir calculé une valeur approchée à 0,1 près de $0{,}918^8$, interpréter le résultat de la question précédente.

Utiliser la fonction logarithme décimal

153 05 min Capacité 5, p. 48

Soit x et y deux réels strictement positifs.

Exprimer A, B et C en fonction de $\log(x)$ et de $\log(y)$.

$A = \log(x^7)$, $B = \log(x^3y^2)$ et $C = \log\left(\dfrac{x^2}{y^{10}}\right)$.

154 10 min Capacité 5, p. 48

Exprimer les nombres A, B et C sous la forme $\log(a)$ où $a > 0$.

$A = 3\log(3)$, $B = 2\log(20) + \log(3)$ et $C = \log(3) - \log\left(\dfrac{1}{4}\right)$.

155 10 min Capacité 5, p. 48 VRAI/FAUX

Indiquer si les affirmations sont vraies ou fausses, puis justifier.

a. $\log(5) - \log(4) = \log(4) - \log(3)$

b. $\log(7) + 1 = \log(71)$

c. $\dfrac{\log(1{,}5)}{\log(0{,}7)} = \dfrac{\log(15) - 1}{\log(7) - 1}$

156 10 min Capacité 5, p. 48

Soit $x > 0$. Montrer que : $10^{3\log(x)+2} = 100x^3$.

157 10 min Capacité 6, p. 48

Résoudre dans $\mathbb{R}$ les équations suivantes :

a. $1{,}06^x = 3$ b. $1 - 2 \times 5^x = 21$

158 10 min Capacité 7, p. 48

Résoudre dans $]0 ; +\infty[$ les équations suivantes :

a. $x^{3{,}4} = 35$ b. $10 + x^{7{,}2} = 100$

159 10 min Capacité 8, p. 49

Résoudre dans $\mathbb{R}$ les inéquations suivantes :

a. $3^x < 7$ b. $1 + 0{,}12^x < 2{,}2$

160 10 min Capacité 9, p. 49

Résoudre dans $]0 ; +\infty[$ les inéquations suivantes :

a. $x^{2{,}7} < 3$ b. $5 + x^{0{,}2} > 8$

161 10 min Capacité 10, p. 49

Pour former un mot de passe de n caractères, on peut utiliser les 26 lettres de l'alphabet minuscules et majuscules et les 10 chiffres de notre système de numération.

Par exemple, Aa0a est un mot de passe de quatre caractères.

1. Justifier que le nombre de mots de passe de n caractères est 62^n.

2. Quel est le nombre de mots de passe différents de quatre caractères ?

3. Quelle doit être la longueur du mot de passe pour qu'il y ait au moins 10^{21} mots de passe différents de cette longueur ?

162 10 min Capacité 11, p. 52

À partir du 1er janvier 2020, on place 800 € sur un compte rémunéré au taux annuel de 2,5 %. Déterminer au bout de combien d'années le capital acquis aura doublé.

163 10 min Capacité 12, p. 52

Le tableau ci-dessous donne la part des personnes de plus de 15 ans résidant en France (en pourcentage arrondi au dixième) qui se sont connectées à Internet sur une période fixe.

Année	2010	2017
Part des personnes (en %)	68,2	80,5

1. Calculer à 0,1 % près le taux d'évolution global de la part des personnes s'étant connectées à Internet entre 2010 et 2017.

2. Calculer le taux d'évolution annuel moyen de la part des personnes s'étant connectées à Internet entre 2010 et 2017.

164 05 min Capacité 13, p. 53

Déterminer un ordre de grandeur de l'entier $N = 5^{1\,000}$ et le nombre de chiffres de son écriture décimale.

165 15 min Capacités 12 et 14, pp. 52 et 53

Le graphique ci-dessous représente l'évolution du cours d'une action (en euros) depuis 1950. L'axe des ordonnées est gradué selon une échelle logarithmique.

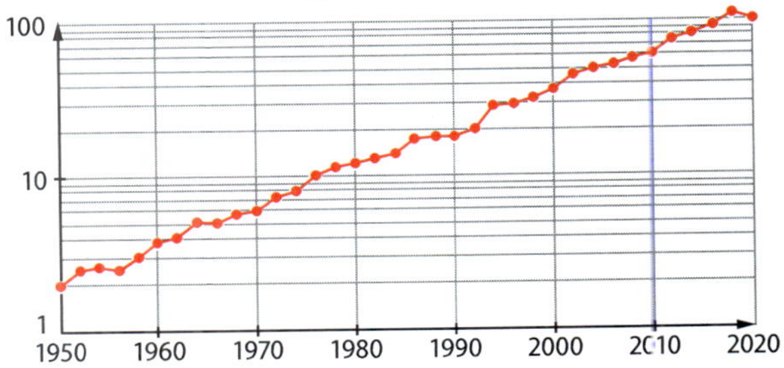

Répondre aux questions suivantes avec la précision permise par le graphique.

1. a. Quel était le cours de l'action en 1950 ?

b. En quelle année le cours de l'action a-t-il atteint 60 € ?

2. a. Par combien a été multiplié le cours de l'action entre 1950 et 2020 ?

b. Calculer le taux d'évolution moyen annuel de cette action entre 1950 et 2020.

166 Une démonstration du cours

Soit a et b deux réels strictement positifs.
On se propose de démontrer que : $\log(a \times b) = \log(a) + \log(b)$.
Soit x et y tels que $\log(a) = x$ et $\log(b) = y$.
1. Démontrer que $a \times b = 10^x \times 10^y$.
2. Exprimer $\log(a \times b)$ en fonction de x et y.
3. Conclure.

167 Une autre démonstration du cours

Soit a un réel strictement positif et n un entier non nul.
On se propose de démontrer que : $a^n = b$ équivaut à $a = b^{\frac{1}{n}}$.
1. Démontrer que : $a^n = b$ équivaut à $\log(a) = \frac{1}{n}\log(b)$.
2. Justifier que $\log(a) = \log\left(b^{\frac{1}{n}}\right)$, puis conclure.

MATHS & MUSIQUE

168 QCM Musique et logarithme

En musique, dans la gamme tempérée, on indique que :
- Une octave est divisée en 12 demi-tons égaux séparant les notes.
- Les notes d'une octave sont :
DO, DO#, RÉ, RÉ#, MI, FA, FA#, SOL, SOL#, LA, LA#, SI.

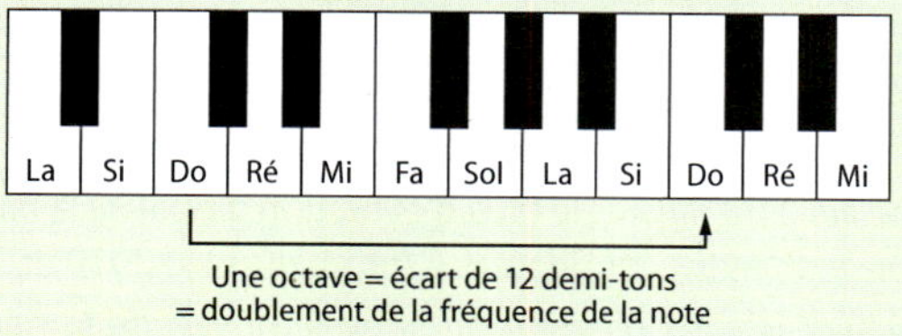

- Quand on monte d'un demi-ton, la fréquence de la note est multipliée par $q = 2^{\frac{1}{12}}$.
- Lorsque deux notes ont pour fréquence f_1 et f_2 avec $f_1 \leqslant f_2$ la différence de hauteur entre ces deux notes, exprimée en savarts, est égale à $1\,000\log\left(\frac{f_2}{f_1}\right)$.
- Si I est l'intensité sonore (exprimée en $W \cdot m^{-2}$) d'un son, alors son niveau sonore, exprimé en décibels (dB), est :

$$N(I) = 10 \times \log\left(\frac{I}{I_0}\right) \text{ avec } I_0 = 10^{-12}\ W \cdot m^{-2}.$$

Choisir la ou les bonnes réponses.

1. On ajoute quatorze demi-tons à une note de fréquence f. La fréquence de la note obtenue est :
a. $f \times 2^{14}$ **b.** $f \times 2^{\frac{7}{6}}$ **c.** $14f$
2. On ajoute une octave à une note N_1. On obtient une note N_2. La mesure en savarts de la différence de hauteur entre les notes N_1 et N_2 est :
a. 2 000 **b.** $1\,000 \times \log(2)$ **c.** 2×10^3
3. L'intensité sonore correspondant à un niveau sonore de 70 décibels est :
a. $2 \times 10^{-7}\ W \cdot m^{-2}$ **b.** $10^{-5}\ W \cdot m^{-2}$ **c.** $7\ W \cdot m^{-2}$
4. L'intensité sonore d'un son est multipliée par 5. Le niveau sonore augmente de :
a. $10\log(5)$ dB **b.** 10^5 dB **c.** 5 dB

MATHS & PHYSIQUE

169 Magnitude d'un séisme

La magnitude, notée M, d'un séisme sur l'échelle de Richter (graduée de 1 à 9) est donnée par la formule : $M = \log(A) - \log(A_0)$, où A désigne l'amplitude des ondes sismiques enregistrées et A_0 désigne l'amplitude d'un séisme de référence.
1. Lors d'un séisme, on a mesuré l'amplitude et on a obtenu $A = 2{,}8 \times 10^4 A_0$.
Calculer la magnitude de ce séisme sur l'échelle de Richter.
2. La magnitude d'un séisme est 6.
Calculer la valeur de $\frac{A}{A_0}$.
3. Comparer l'amplitude d'un séisme de magnitude 5 à celle d'un séisme de magnitude 6.

MATHS & ÉCONOMIE

170 Évolution d'une population

Pour tout entier naturel n, on appelle P_n l'effectif d'une population à l'année n.
On suppose qu'il existe une constante réelle k strictement supérieure à -1, dépendant des taux de mortalité et de natalité telle que, pour tout entier naturel n :

$$P_{n+1} - P_n = kP_n.$$

1. a. Justifier que la suite (P_n) est géométrique.
b. Indiquer le sens de variation de la suite (P_n) en fonction de la valeur de k.
2. On se place dans le cas où $k > 0$.
On appelle temps de doublement le temps λ au bout duquel la population a doublé par rapport à la population initiale.
a. Exprimer λ en fonction de k.
b. Si la population double en 50 ans, en combien de temps triplera-t-elle ?

171 TABLEUR Un problème de Luca Pacioli

Dans la *Summa de Arithmetica*, ouvrage de mathématiques publié à Venise en 1494, l'auteur Luca Pacioli pose le problème suivant : « En combien d'années un capital est-il doublé lorsqu'il est placé à intérêts composés ? »
Il trouve que le nombre N d'années nécessaires pour doubler un capital placé à r % est donné par $N = \frac{72}{r}$.
1. a. Justifier que $\left(1 + \frac{r}{100}\right)^N = 2$.
b. Exprimer N en fonction de r.
2. À l'aide d'un tableur, indiquer en justifiant ce que l'on peut penser du résultat de Luca Pacioli.

LE SAVIEZ-VOUS
Luca Bartolomes Pacioli *(vers 1447-1517), dit Luca di Borgo, est un moine mathématicien italien. Il est considéré comme le fondateur de la comptabilité.*

BESOIN D'AIDE ?
Voir fiche Tableur, p. 204

TP2 La magnitude des astres

CALCULER · REPRÉSENTER

RETOUR SUR L'OUVERTURE, P. 41

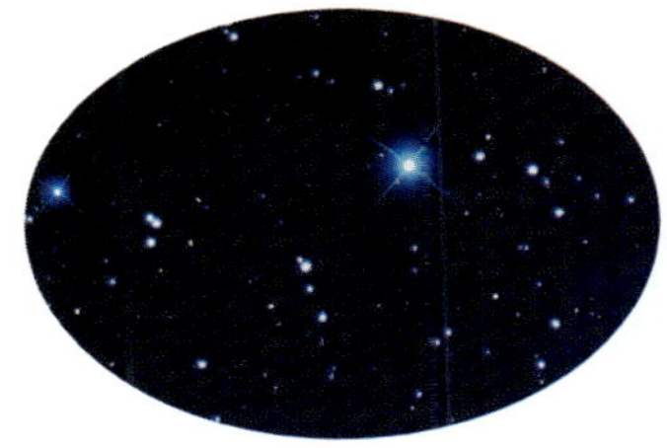

C'est au IIe siècle avant J.-C. qu'Hipparque réalisa un premier classement des étoiles en fonction de leur éclat. L'échelle selon laquelle il classa ces étoiles comprend six « grandeurs » : les étoiles les plus brillantes sont de première grandeur et les étoiles les moins brillantes encore visibles à l'œil nu sont de sixième grandeur.

A Magnitude apparente d'un astre

En 1856, l'astronome britannique Norman Robert Pogson (1829-1891) propose une nouvelle classification. Il remplace le mot « grandeur » par celui de « magnitude ».
La magnitude apparente d'un astre fait référence à son éclat depuis la Terre.
Pogson remarque qu'une étoile de première magnitude est 100 fois plus brillante qu'une étoile de sixième magnitude.
On suppose que le rapport de luminosité est constant d'une magnitude à l'autre.
Montrer que baisser d'une magnitude revient à multiplier la luminosité par environ 2,512.

B Éclat et magnitude apparente

TABLEUR

La relation entre l'éclat et la magnitude apparente est donnée par :

$$m_1 - m_2 = -2{,}5\log\left(\frac{E_1}{E_2}\right)$$

où m_1 et m_2 sont les magnitudes respectives de deux astres 1 et 2, et E_1 et E_2 leurs éclats respectifs (en $W \cdot m^{-2}$).
Si on considère que l'astre 2 est l'étoile Véga dont on arrondit la magnitude à 0, on obtient :

$$m_1 = -2{,}5\log\left(\frac{E_1}{E_2}\right).$$

a. Justifier que $\dfrac{E_1}{E_2} = 10^{-\frac{m_1}{2,5}}$.

b. À l'aide d'un tableur, tracer la courbe représentative de la fonction qui à x associe $10^{-\frac{x}{2,5}}$ pour x variant de -5 à 10.
Choisir une échelle logarithmique pour l'axe des ordonnées.

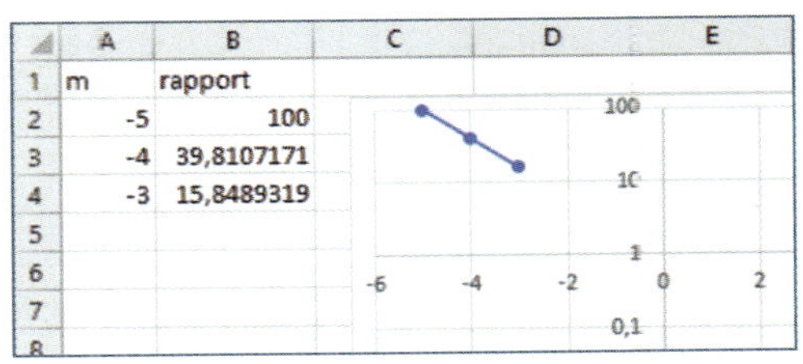

c. Comparer dans chaque cas l'éclat d'un astre de magnitude apparente m à celui de Véga : $m = -4$; $m = -1$; $m = 1$; $m = 6$; $m = 8$.

C Magnitude absolue d'un astre

PYTHON

La magnitude absolue d'un astre indique l'éclat qu'aurait cet astre si on le plaçait à la distance de 10 parsecs de la Terre (1 parsec ≈ 3,26 années-lumière et 1 année-lumière ≈ 10^{13} km).
La relation entre magnitude apparente et magnitude absolue est donnée par la formule :

$$m - M = 5\log(d) - 5$$

où m est la magnitude apparente, M la magnitude absolue et d la distance entre l'astre et la Terre (exprimée en parsecs).

a. Que peut-on dire de la magnitude absolue d'un astre situé à 10 parsecs de la Terre ?

b. Exprimer d en fonction de m et de M.

c. Compléter la fonction Python donnée ci-contre afin qu'elle retourne la valeur de d en années-lumière.

```
def distance(m,M):
    x=........
    d=10**x
    return(.......)
```

d. On donne dans le tableau ci-dessous les magnitudes de certains astres.
Calculer la distance de chaque astre à la Terre (en années-lumière).

Astre	m	M
Sirius	−1,45	1,4
Véga	0	0,5
Antarès	1	−5,2
Adhara	1,5	−4,5

Zoom sur l'algorithmique

Cette page fait le point sur les capacités relatives à l'algorithmique et à la programmation, liées au chapitre 2, qui peuvent être demandées lors de l'évaluation commune.

UN EXEMPLE PYTHON

On s'intéresse à l'ordre de grandeur d'un nombre.
Soit p l'entier naturel tel que : $10^p \leqslant L < 10^{p+1}$.
Lorsque L est un entier naturel supérieur à 1, le nombre de chiffres de l'écriture décimale de L est $p + 1$.

On donne ci-contre le programme écrit en langage Python de deux fonctions `grandeurA` et `grandeurB`.
Pour la fonction `grandeurA`, l'argument L est un nombre supérieur ou égal à 1.

Pour la fonction `grandeurB`, l'argument L est tel que : $0 < L < 1$.

```
def grandeurA(L):
    m=1
    n=0
    while m<=L:
        m=10*m
        n=n+1
    return(n)
```

```
def grandeurB(L):
    m=1
    while m>=L:
        .......
    return(m,m*10)
```

LES QUESTIONS QUI PEUVENT ÊTRE POSÉES LE JOUR DU BAC / RÉPONSES

Exécuter un programme

1. Quelle valeur retourne `grandeurA(2459)` ?

Méthode

Pour déterminer la valeur d'une variable, on peut s'aider d'un tableau dans lequel on indique les valeurs que prennent les variables au fur et à mesure de l'exécution du programme.

1. La variable L contient 2459.
On peut faire un tableau en déterminant la valeur des variables m et n au fur et à mesure de l'exécution de ce programme :

	m	n	Test
Initialisation	1	0	Vrai car $1 \leqslant 2459$
1er passage dans la boucle	10	1	Vrai car $10 \leqslant 2459$
2e passage dans la boucle	100	2	Vrai car $100 \leqslant 2459$
3e passage dans la boucle	1 000	3	Vrai car $1\,000 \leqslant 2459$
4e passage dans la boucle	10 000	4	Faux car $10\,000 > 2459$

La valeur retournée est celle de la variable n, c'est-à-dire 4.

Comprendre un programme

2. Lorsque L est un entier naturel, quel est le rôle de la fonction `grandeurA` ?

2. Soit p l'entier naturel tel que : $10^p \leqslant L < 10^{p+1}$.
Après l'exécution de l'algorithme, m contient 10^{p+1} et n contient $p + 1$.
La valeur retournée est n : c'est donc le nombre de chiffres de l'écriture décimale de l'entier L.

Modifier un programme

3. Modifier la fonction `grandeurA` afin qu'elle retourne les deux puissances de 10 qui encadrent L.

3. Avant de sortir de la boucle **While**, la variable m contient la plus petite puissance de 10 strictement supérieure à L.
La puissance de 10 inférieure ou égale à L est $m/10$.
On remplace donc `return(n)` par `return(m/10, m)`.
`grandeurA(2459)` retourne (1 000,10 000).

Compléter un programme

4. Compléter le programme de la fonction `grandeurB` afin qu'elle retourne les deux puissances de 10 qui encadrent L.

Conseil

Pour compléter un programme, on peut s'aider d'un exemple.

4. La variable m est initialisée à 1. On doit diviser par 10 cette valeur jusqu'à ce qu'elle soit strictement inférieure à L.
Ainsi, on testera successivement si $0{,}1 \geqslant L$, si $0{,}01 \geqslant L$, etc.
On complète le programme avec l'instruction `m=m/10`.
Soit, par exemple : $L = 0{,}023$.
Après le premier passage dans la boucle, m contient 0,1.
Comme $0{,}1 \geqslant 0{,}023$, on fait un deuxième passage. Après ce second passage, m contient 0,01. Puis, comme $0{,}01 < 0{,}023$, le programme s'arrête.
Les valeurs retournées sont : celle de m, c'est-à-dire 0,01, et celle de 10 m, c'est-à-dire 0,1.

CAP VERS LE BAC **Sujet commenté**

Thèmes
- Fonctions exponentielles
- Inéquations du type $a^x \leqslant b$
- Équation du type $x^a = b$

ÉNONCÉ CALC

On injecte à une femme malade une dose de médicament. La quantité de médicament (exprimée en cm^3) présente dans le sang de la patiente au bout du temps t (exprimé en heures) est donnée par la fonction f définie sur l'intervalle [0 ; 8] par : $f(t) = 3 \times 0{,}86^t$.

1. Déterminer le sens de variation de la fonction f sur l'intervalle [0 ; 8].

2. Pour tout réel t de [0 ; 6], calculer $\dfrac{f(t+2)}{f(t)}$. Interpréter ce résultat.

3. a. Résoudre l'inéquation $f(t) \leqslant 1{,}5$ dans l'intervalle [0 ; 8].

b. Déterminer le temps nécessaire pour que la quantité de médicament dans le sang diminue de moitié. On donnera le résultat arrondi à 0,1 près, puis on le convertira en heures et minutes.

4. On injecte maintenant 5 cm^3 de ce même médicament à un homme malade.
Sur l'intervalle [0 ; 8], la fonction g donnant la quantité de médicament (exprimée en cm^3) présente dans le sang du malade après un temps t (exprimé en heures) est du type :

$$g(t) = 5 \times a^t.$$

Au bout d'une heure et demie, la quantité de médicament présente dans le sang du malade s'élève à 4,2 cm^3. Calculer la valeur du nombre réel a. En donner une valeur approchée à 0,01 près.

COMPRENDRE L'ÉNONCÉ ET CHOISIR LES MÉTHODES	SOLUTION COMMENTÉE
1. Commencer par déterminer le sens de variation de la fonction $t \mapsto 0{,}86^t$. Capacité 1, p. 44	**1.** $0 < 0{,}86 < 1$ donc la fonction $t \mapsto 0{,}86^t$ est décroissante. Comme 3 est strictement positif, la fonction f a le même sens de variation que la fonction $t \mapsto 0{,}86^t$. Par conséquent, f est décroissante sur [0 ; 8].
2. Utiliser les propriétés des fonctions exponentielles. Capacités 3 et 4, p. 45	**2.** Pour tout réel t de [0 ; 6], $f(t+2) = 3 \times 0{,}86^{t+2} = 3 \times 0{,}86^t \times 0{,}86^2$. Donc $\dfrac{f(t+2)}{f(t)} = \dfrac{3 \times 0{,}86^t \times 0{,}86^2}{3 \times 0{,}86^t} = 0{,}86^2 = 0{,}7396$. On a : $0{,}7396 - 1 = -0{,}2604 = -26{,}04\ \%$ Toutes les deux heures, la quantité de médicament dans le sang diminue de 26,04 %.
3. a. Se ramener à une inéquation de la forme $a^t \leqslant b$ et utiliser les logarithmes. Capacité 8, p. 49	**3. a.** Pour tout réel t de [0 ; 8], $f(t) \leqslant 1{,}5$ équivaut à $3 \times 0{,}86^t \leqslant 1{,}5$ et donc à $0{,}86^t \leqslant \dfrac{1{,}5}{3}$, soit à $0{,}86^t \leqslant 0{,}5$. Ceci est équivalent à $\log(0{,}86^t) \leqslant \log(0{,}5)$ et donc à $t\log(0{,}86) \leqslant \log(0{,}5)$. Or $\log(0{,}86) < 0$ car $0 < 0{,}86 < 1$ donc $t \geqslant \dfrac{\log(0{,}5)}{\log(0{,}86)}$. L'ensemble des solutions est l'intervalle $\left[\dfrac{\log(0{,}5)}{\log(0{,}86)} ; 8\right]$ avec $\dfrac{\log(0{,}5)}{\log(0{,}86)} \approx 4{,}6$.
3. b. Commencer par calculer la quantité présente dans le sang à l'instant $t = 0$, puis la moitié de cette quantité.	**3. b.** La quantité présente dans le sang à l'instant $t = 0$ est égale à $f(0)$, soit 3 cm^3. Elle a diminué de moitié lorsque $f(t) \leqslant 1{,}5$. D'après la question **3. a.**, le temps nécessaire recherché est donc de 4,6 heures. 0,6 heure correspond à $0{,}6 \times 60 = 36$ minutes. La quantité de médicament diminue de moitié au bout de 4 heures et 36 minutes.
4. La quantité présente au bout d'une heure et demie est $g(1{,}5)$. Commencer par montrer que l'équation $g(1{,}5) = 4{,}2$, d'inconnue a, est équivalente à $a^{1{,}5} = 0{,}84$. Capacité 7, p. 48	**4.** Au bout d'une heure et demie, la quantité de médicament présente dans le sang s'élève à 4,2 cm^3 donc $g(1{,}5) = 4{,}2$, soit $5 \times a^{1{,}5} = 4{,}2$. L'équation $5 \times a^{1{,}5} = 4{,}2$ est équivalente à $a^{1{,}5} = \dfrac{4{,}2}{5}$, soit $a^{1{,}5} = 0{,}84$. Ceci équivaut à $\log(a^{1{,}5}) = \log(0{,}84)$ et donc à $1{,}5\log(a) = \log(0{,}84)$, soit $\log(a) = \dfrac{\log(0{,}84)}{1{,}5}$ et par suite $a = 10^{\frac{\log(0{,}84)}{1{,}5}}$. Avec une calculatrice, on obtient à 0,01 près : $a \approx 0{,}89$.

CAP VERS LE BAC Pour se préparer à l'écrit

Ces sujets permettent de travailler les capacités liées au chapitre 2 et attendues à l'évaluation commune.

Automatismes 20 min Sans calculatrice

Thèmes • Fonctions
• Évolutions et pourcentages
• Calculs numériques
• Statistiques et probabilités

1. Soit f la fonction définie sur $\mathbb{R}$ par :

$$f(t) = 3{,}5t^3 + 2t^2 - t + 1.$$

Calculer $f'(t)$ où f' est la fonction dérivée de la fonction f sur $\mathbb{R}$.

2. Soit g la fonction définie sur l'intervalle [0 ; 15] par :

$$g(t) = -20t^2 + 400t + 100.$$

Quelles sont les variations de la fonction g sur l'intervalle [0 ; 15] ?

3. Une espèce d'oiseaux rares voit sa population diminuer de 3 % chaque année.
On recense 300 oiseaux de cette espèce en 2019.
On modélise le nombre d'oiseaux de cette espèce en l'année $2019 + n$ par une suite (u_n). Ainsi $u_0 = 300$.

a. Combien d'oiseaux de cette espèce y aura-t-il en 2020 ?

b. Quelle est la nature de la suite (u_n) ?

4. a. Convertir 48 cm³ en litres.

b. Convertir 3,8 heures en heures et minutes.

5. Un comité d'entreprise décide de construire une structure supplémentaire pour améliorer le bien-être des salariés.
Il hésite entre deux possibilités :
– installer une médiathèque ;
– faire construire une salle de sport.
Le tableau ci-dessous donne la répartition des souhaits des salariés.

	Médiathèque	Salle de sport	Total
Homme	100	400	500
Femme	300	200	500
Total	400	600	1 000

On choisit au hasard un salarié de l'entreprise.

a. Quelle est la probabilité que ce salarié ait opté pour la salle de sport ?

b. On a interrogé un homme. Quelle est la probabilité qu'il ait opté pour la médiathèque ?

Sujet A 30 min CALC

CALCULER RAISONNER

Thème • Fonction logarithme décimal

QCM *Choisir la bonne réponse.*

1. Soit x un nombre réel strictement positif. Alors $\log(100x)$ est égal à :

a. $100\log(x)$ **b.** $2 + \log(x)$
c. $2\log(x)$ **d.** x^{100}

2. Le réel $\log(1{,}5 \times 10^{10})$ est égal à :

a. $10 + \log(1{,}5)$ **b.** 10,176
c. $10 \times \log(1{,}5)$ **d.** 11,5

3. Les solutions de l'inéquation $1{,}5 \times 0{,}75^t < 0{,}3$ sont les réels t tels que :

a. $t < \dfrac{\log(0{,}2)}{\log(0{,}75)}$ **b.** $t < \log\left(\dfrac{0{,}2}{0{,}75}\right)$

c. $t > \dfrac{\log(0{,}2)}{\log(0{,}75)}$ **d.** $t > \log\left(\dfrac{0{,}2}{0{,}75}\right)$

4. L'équation $x^{0{,}2} = 4$ a pour solution dans l'ensemble $]0\,;+\infty[$:

a. le nombre $4^{-0{,}2}$ **b.** le nombre 4^2
c. le nombre 4^5 **d.** le nombre 4^{-5}

5. Le nombre de chiffres de l'écriture décimale de l'entier 50×2^{504} est :

a. 153 **b.** 154 **c.** 504 **d.** 506

CAPACITÉS MISES EN ŒUVRE
Questions 1. et 2. ► Capacité 5 p. 48
Question 3. ► Capacité 8 p. 49
Question 4. ► Capacité 7 p. 48
Question 5. ► Capacité 13 p. 52

Sujet B 40 min CALC

RAISONNER CALCULER

Thèmes • Fonctions exponentielles
• Équations de la forme $a^x = b$ et inéquations de la forme $a^x > b$

Une entreprise vend un article.

1. La quantité d'articles que l'entreprise veut vendre est modélisée par la fonction f définie sur l'intervalle [1 ; 7] par : $f(x) = 10 \times 1{,}8^x$ où x est le prix unitaire de l'article (en euros) et $f(x)$ est le nombre d'articles offerts (en milliers).

a. Déterminer le sens de variation de la fonction f.

b. Calculer $f(1)$. Interpréter ce résultat.

c. L'entreprise veut vendre 200 000 articles.
Calculer à 0,1 € près quel doit être le prix de l'article.

2. La quantité d'articles que les consommateurs veulent acheter est modélisée par la fonction g définie sur l'intervalle [1 ; 7] par :

$$g(x) = 600 \times 0{,}7^x$$

où x est le prix unitaire de l'article (en euros) et $g(x)$ est le nombre d'articles demandés (en milliers).

a. Déterminer le sens de variation de la fonction g sur l'intervalle [1 ; 7].

b. Calculer le nombre d'objets demandés lorsque le prix est de 1 €.

c. Résoudre dans [1 ; 7] l'inéquation $g(x) < 100$.
Interpréter ce résultat.

3. a. Dans un repère d'unités graphiques 2 cm en abscisses et 1 cm pour 50 en ordonnées, tracer les courbes représentatives des fonctions f et g.

b. Par lecture graphique, déterminer à 0,5 € près le prix d'équilibre de l'article, c'est-à-dire la valeur de x pour laquelle $f(x) = g(x)$.

CAPACITÉS MISES EN ŒUVRE
Questions 1. a. et 2. a. ► Capacité 1 p. 44
Question 1. c. ► Capacité 6 p. 48
Question 2. c. ► Capacité 8 p. 49

Sujet C — 30 min — CALC

CALCULER — RAISONNER

SOLUTION EN FIN DE MANUEL

bordas Flash PAGE corrigé détaillé

THÈMES • Fonctions exponentielles
• Inéquations du type $a^x < b$

En 2012, la plus longue liaison électrique à courant continu en service dans le monde relie la centrale hydroélectrique de Xiangjiaba à la ville de Shanghai. Elle mesure environ 1 900 km ; sa puissance électrique initiale est de 6 400 MW.
Lorsque le courant électrique circule dans un câble, une partie de la puissance électrique est perdue.
La puissance électrique dans la ligne Xiangjiaba–Shanghai au bout des 1 900 km est de 6 045 MW.

1. a. Calculer le pourcentage des pertes de puissance électrique sur la ligne Xiangjiaba-Shanghai.

b. Calculer le taux d'évolution moyen de la puissance électrique aux 100 km.

2. Dans cette question, la puissance électrique (en watt) restant dans une certaine ligne électrique à courant continu au bout de x centaines de kilomètres est donnée par la fonction P définie sur $[0\,;+\infty[$ par :

$$P(x) = 6\,400 \times 0{,}997^x.$$

a. Montrer que la fonction P est décroissante sur $[0\,;+\infty[$.

b. Déterminer, à 100 kilomètres près, la longueur maximale d'une ligne pour laquelle la perte de puissance reste inférieure à 7 %.

CAPACITÉS MISES EN ŒUVRE
Question 1. b. ► Capacité 12 p. 52
Question 2. a. ► Capacité 1 p. 44
Question 2. b. ► Capacité 8 p. 49

Sujet D — 40 min — CALC

RAISONNER — CALCULER

THÈMES • Fonction logarithme décimal
• Repère semi-logarithmique

Le niveau d'intensité sonore L en décibels (dB) dépend de la puissance P en watts (W) de la source sonore et de la distance nous séparant de cette source.
Ce niveau d'intensité sonore est donné par la relation :

$$L = 120 + 9{,}2\log\left(\frac{P}{13D^2}\right)$$

où D est la distance en mètres.

1. Calculer le niveau sonore L d'un bruit entendu à 10 mètres de la source sonore dont la puissance P est égale à 2,6 W.
On arrondira le résultat à l'unité.

2. Dans un atelier d'entreprise, une machine a une puissance sonore P égale à 0,01 W.

a. Montrer que :

$$L = 101{,}6 - 9{,}2\log(13) - 18{,}4\log(D).$$

b. Que devient le niveau d'intensité sonore lorsque la distance est multipliée par 10 ?

c. On a représenté dans un repère semi-logarithmique le niveau sonore L en fonction de la distance D, pour D variant de 1 à 100.

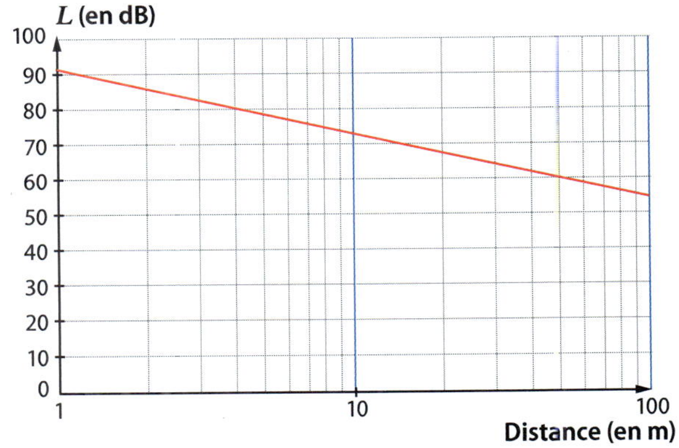

Par lecture graphique, déterminer à quelle distance on se trouve de la machine lorsque le niveau d'intensité sonore est de 60 dB.

d. Retrouver ce résultat par le calcul. Arrondir à l'unité.

CAPACITÉS MISES EN ŒUVRE
Questions 2. a et b ► Capacité 5 p. 48
Question 2. c. ► Capacité 14 page 53

Sujet E — 40 min — CALC

MODÉLISER — CALCULER

THÈMES • Fonctions exponentielles
• Ordre de grandeur d'un nombre
• Suites numériques

On étudie une culture de bactéries. On estime qu'au début de l'expérimentation, le nombre de bactéries s'élève à 50 millions.
Le nombre de bactéries, exprimé en millions, après t minutes est modélisé par la fonction f définie sur $[0\,;+\infty[$ par :

$$f(t) = 50 \times 1{,}0355^t.$$

1. Quel est le sens de variation de la fonction f ? Justifier.

2. a. Montrer que pour tout réel t de $[0;+\infty[$ on a :

$$\frac{f(t+20)}{f(t)} \approx 2.$$

b. Le temps nécessaire pour que le nombre de bactéries double est appelé temps de génération.
Pour cette culture de bactéries, quel est le temps de génération ?

3. On note u_n le nombre de bactéries, exprimé en millions, après n temps de génération, c'est-à-dire après n fois 20 minutes.

a. Quelle est la nature de la suite (u_n) ? Préciser son premier terme et sa raison.

b. Donner l'expression du terme général de la suite (u_n).

c. Combien y a-t-il de temps de génération dans 7 jours ?

d. Donner un ordre de grandeur de 50×2^{504}.
Interpréter ce résultat.

CAPACITÉS MISES EN ŒUVRE
Questions 1. ► Capacité 1 p. 44
Question 2. ► Capacités 3 et 4 p. 45
Question 3.d. ► Capacité 13 p. 52

EXERCICES

Revoir des points essentiels

PARCOURS 1 Utiliser les propriétés algébriques du logarithme décimal

Un exemple : Soit x et y deux réels strictement positifs.

On considère les expressions $A = \log(x^{10}y)$ et $B = \log\left(\frac{x}{100}\right)$.

1. Écrire A en fonction de $\log(x)$ et $\log(y)$.
2. Écrire B en fonction de $\log(x)$.

Ma réflexion	→ Ma démarche
Comment peut-on transformer l'écriture de A ?	Je dois utiliser les propriétés algébriques du logarithme décimal. ► *A est le logarithme d'une expression.* *Sous quelle forme est cette expression (produit, inverse, quotient, puissance) ?*
Comment transforme-t-on le logarithme d'un produit ?	Je sais que $\log(a \times b) = \log(a) + \log(b)$ pour $a > 0$ et $b > 0$. ► *Identifier a et b. Appliquer la propriété.*
Comment continue-t-on ?	Je dois écrire $\log(x^{10})$ en fonction de $\log(x)$. ► *Utiliser la propriété $\log(a^n) = n\log(a)$ pour $a > 0$ et $n \in \mathbb{N}$. Conclure.*
Comment démarrer pour transformer l'écriture de B ?	Je reconnais que B est le logarithme d'un quotient. ► *Justifier que $B = \log(x) - \log(100)$.* *Donner la valeur de $\log(100)$. Conclure.*

176 Soit x et y deux réels strictement positifs. Exprimer en fonction de $\log(x)$ et $\log(y)$ les expressions suivantes.

$A = \log(x^3y^{11})$, $B = \log(10^{-5} \times x^8)$, $C = \log\left(\frac{10x}{y}\right)$, $D = \log\left(\frac{x}{10^3y^2}\right)$ et $E = \log\left(y \times \frac{x^2}{10}\right) + \log\left(10 \times \frac{y^2}{x}\right)$.

177 Soit $F = 3 + 2\log(0{,}1a) - 4\log(a^2)$ avec $a > 0$.
Montrer que $F = 1 - 6\log(a)$.

PARCOURS 2 Résoudre une équation de la forme $a^x = b$ ou $x^a = b$

Un exemple : 1. Résoudre dans $\mathbb{R}$ l'équation $5^x = 22$.
2. Résoudre dans l'intervalle $]0\,;+\infty[$, l'équation $x^{2,5} = 130$.

Ma réflexion	→ Ma démarche
Que me demande-t-on dans la première question ?	Je dois résoudre une équation de la forme $a^x = b$. ► *Pour résoudre une telle équation, on utilise le logarithme décimal.* *Appliquer alors la propriété :* *lorsque a et b sont strictement positifs, $a = b$ équivaut à $\log(a) = \log(b)$.*
Quelle propriété utilise-t-on maintenant ?	J'utilise la propriété : $\log(a^x) = x\log(a)$ pour $a > 0$ et x réel. ► *Montrer que l'équation précédente est équivalente à $x\log(5) = \log(22)$. Conclure.*
Que me demande-t-on dans la deuxième question ?	Je dois résoudre une équation de la forme $x^a = b$. ► *Montrer qu'en procédant comme dans la première question, on obtient l'équation : $2{,}5\log(x) = \log(130)$.* *En déduire une équation de la forme $\log(x) = k$ avec k réel.*
Quelle propriété utilise-t-on maintenant ?	J'utilise la propriété : $\log(a) = b$ équivaut à $a = 10^b$ (pour $a > 0$). ► *Utiliser cette propriété et conclure.*

178 Résoudre dans $\mathbb{R}$ les équations suivantes :

a. $7^x = 720$ b. $1{,}7^x = 0{,}1$ c. $0{,}5^x = 10$ d. $3 + 0{,}2^x = 3{,}4$ e. $2 \times 10^x = 9$

179 Résoudre dans $]0\,;+\infty[$ les équations suivantes :

a. $x^{1,5} = 3$ b. $x^{7,8} = 321$ c. $x^9 = 11$ d. $7 + x^{0,5} = 100$ e. $3 \times x^{9,1} = 300$

LES GRAPHIQUES LOGMAR

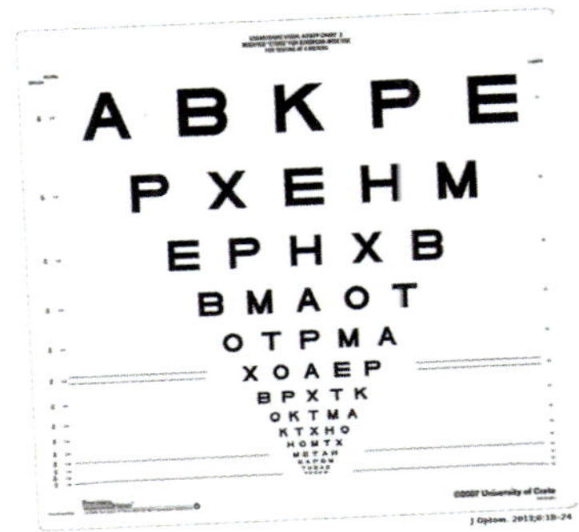

L'acuité visuelle est déterminée à partir de l'angle du plus petit objet que l'on voit en minutes d'arc (angle minimum de résolution ou AMR). Avec une échelle décimale, l'acuité visuelle est l'inverse de l'angle AMR ; avec une échelle logMAR, l'acuité visuelle est le logarithme décimal de cet angle.

Par exemple, l'acuité visuelle « normale » correspond à une taille d'objet que l'on voit d'une minute d'arc, soit une acuité visuelle 10/10 selon l'échelle décimale, et de 0 selon l'échelle logMAR.

Sur les graphiques LogMAR, la taille des lettres est en progression géométrique (facteur de 1,26), ce qui se traduit par une progression constante de la mesure de l'acuité d'une ligne à l'autre (de 0,1 unité log).

MESURER LES SENSATIONS : LA LOI DE WEBER-FECHNER

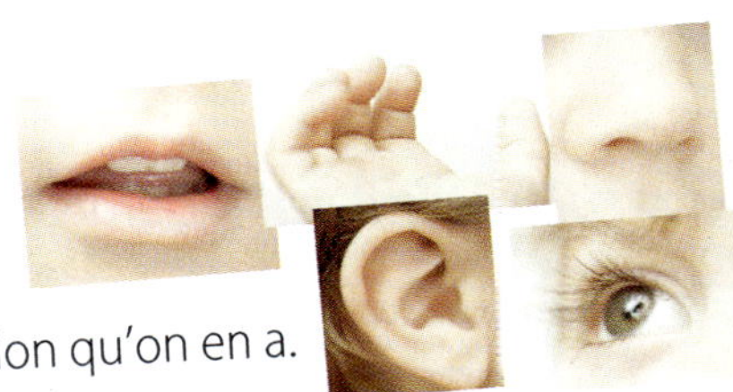

Dès le XVIIIe siècle, des physiciens et astronomes ont voulu déterminer les erreurs introduites par les sens humains dans l'emploi des instruments de mesure. Le médecin allemand Ernst-Heinrich Weber (1795-1878) est le premier à établir une relation entre le stimulus physique et la perception qu'on en a.

En se basant sur les travaux de Weber, le psychologue allemand Gustav Theodor Fechner (1801-1887) énonce sa loi selon laquelle « *la sensation varie comme le logarithme de l'excitation* ».

Selon cette loi, l'intensité I de la sensation est égale à $k\log(S)$, où S est la grandeur du stimulus et k une constante.

Par exemple, la magnitude apparente d'un astre (unité relative à la perception de la luminosité par l'œil) et le décibel (unité relative à la perception de la puissance acoustique par l'oreille) suivent une telle loi.

Un métier avec des mathématiques

LES MATHÉMATIQUES AUJOURD'HUI

Artur Ávila Cordeiro de Melo, né le 29 juin 1979 à Rio de Janeiro, est un mathématicien franco-brésilien. En 2014, il devient lauréat de la médaille Fields. Cette distinction est remise tous les quatre ans à des mathématiciens de moins de 40 ans lors du Congrès international des mathématiciens.

Artur Avila est un théoricien des systèmes dynamiques, c'est-à-dire qui évoluent au cours du temps. Ces systèmes sont-ils stables ou deviennent-t-ils chaotiques ?

Les propriétés des trajectoires de trois corps célestes s'attirant l'un l'autre sous l'action de la gravitation renseignent par exemple sur leur comportement à long terme. On peut se poser cette question pour les trajectoires des planètes du Système solaire.

Se tester pour un BON DÉPART

Reconnaître et représenter des fonctions polynômes de degré 2

1 Soit f, g, h et p les fonctions définies sur $\mathbb{R}$ par :

$f(x) = -0{,}5(x+1)(x-2)$, $g(x) = 0{,}5(x+1)(x-2)$, $h(x) = 0{,}5x^2 + 1$ et $p(x) = -0{,}5x^2 - 1$.

On donne ci-contre les courbes représentatives de ces fonctions.

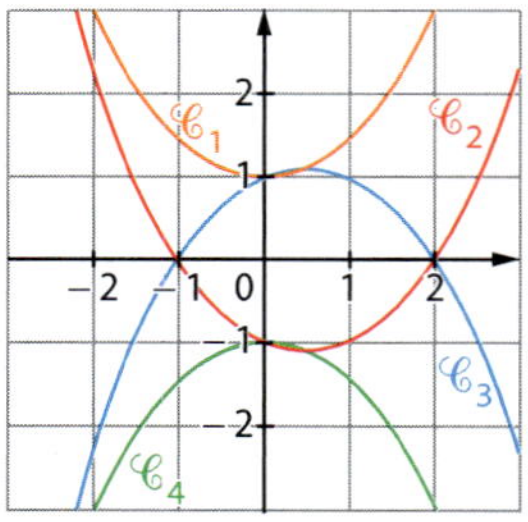

1. Parmi ces quatre fonctions, quelles sont celles dont la parabole représentative est « tournée vers le haut » ?
2. Expliquer pourquoi les courbes représentatives des fonctions f et g coupent l'axe des abscisses en deux points.
3. Associer à chaque fonction f, g, h et p sa courbe représentative.

2 QCM *Choisir la ou les bonnes réponses.*

Soit f une fonction polynôme du second degré et $\mathscr{C}_f$ sa courbe représentative.

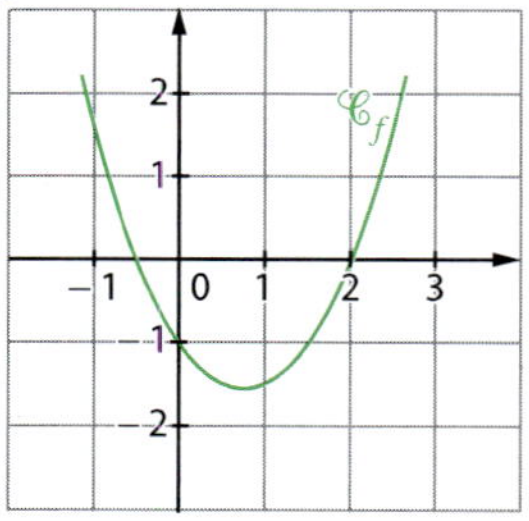

1. $f(0)$ est égal à :
   a. $-0{,}5$ b. -1 c. $-1{,}5$ d. 2
2. Les racines de $f(x)$ sont :
   a. $-0{,}5$ b. -1 c. $-1{,}5$ d. 2
3. Une expression de f est :
   a. $f(x) = (x+0{,}5)(x-2)$ b. $f(x) = (x-0{,}5)(x+2)$
   c. $f(x) = -(x+0{,}5)(x-2)$ d. $f(x) = (x-1)(x+2)$

Calculer et utiliser la dérivée d'une fonction polynôme

3 Calculer la dérivée des fonctions f, g, h et k définies sur $\mathbb{R}$ par :

$f(x) = x^2 - 3x + 7$; $g(x) = -4x^2 + 5x - 2$; $h(x) = x^3 - x + 1$ et $k(x) = 2x^3 + x^2 + 9$.

4 Soit f une fonction polynôme définie sur $\mathbb{R}$ et f' la fonction dérivée de f.

On donne le tableau de signes de $f'(x)$.
Déterminer les variations de f sur $\mathbb{R}$.

x	$-\infty$		-4		1		$+\infty$
$f'(x)$		$-$	0	$+$	0	$-$	

5 QCM *Choisir la ou les bonnes réponses.*

Soit f la fonction définie sur $\mathbb{R}$ par $f(x) = 4x^2 - 3x + 1$ et $\mathscr{C}_f$ sa courbe représentative dans un repère. On nomme T la tangente à $\mathscr{C}_f$ au point d'abscisse 1.

1. La fonction dérivée de f a pour expression :
   a. $f'(x) = 4x - 2$ b. $f'(x) = 2x - 3$ c. $f'(x) = 8x - 3$ d. $f'(x) = 8x - 2$
2. Le coefficient directeur de T est égal à :
   a. $f'(1)$ b. $f(1)$ c. 2 d. 5

Déterminer le signe d'une expression

6 Dans chaque cas, étudier le signe de $A(x)$ sur $\mathbb{R}$.

a. $A(x) = 12 - 2x$ b. $A(x) = (x-3)(x+5)$ c. $A(x) = 36 - x^2$ d. $A(x) = 25 + x^2$

7 VRAI/FAUX

Indiquer si les affirmations sont vraies ou fausses, puis justifier.

1. Pour tout réel x, $-2x^2 - 1 < 0$. 2. Pour tout réel x, $2x^3 + 1 \geqslant 0$.

POUR VOUS AIDER → Rappels .... page 198

FONCTION INVERSE

CHAPITRE 3

Le safran – parfois appelé or rouge – est l'épice la plus chère dans le monde. Il est originaire de Crète où il était déjà cultivé il y a plus de 3 500 ans. Il s'est ensuite répandu au Moyen-Orient. Pour obtenir un kilogramme de safran, il faut récolter et préparer, une par une et à la main, entre 150 000 et 200 000 fleurs de crocus, ce qui explique en partie son prix très élevé.
Pour optimiser les profits, une entreprise dispose de différents outils. Comparer le coût moyen et le prix unitaire permet de déterminer les quantités à produire et vendre pour réaliser un bénéfice.

Voir Sujet D page 97

LES NOTIONS DU CHAPITRE

- **Fonction inverse**
- **Fonctions $x \mapsto P(x) + \frac{k}{x}$ avec P fonction polynomiale de degré au plus 3**

bordas Flash PAGE

RESSOURCES NUMÉRIQUES
Téléchargez l'application FlashPage, puis scannez la page indiquée pour consulter votre ressource sur smartphone ou tablette.

Vidéo .... pp. 80, 81
Animation .... p. 79
Corrigés détaillés .... pp. 90, 91, 96

Activité 1 Courbe de la fonction inverse sur $]0\,;+\infty[$

Objectif

Introduire le comportement de la fonction inverse aux bornes de $]0\,;+\infty[$.

Soit f la fonction définie sur $]0\,;+\infty[$ par $f(x)=\dfrac{1}{x}$ et $\mathscr{C}_f$ sa courbe représentative dans un repère.

1 **a.** Expliquer pourquoi la courbe $\mathscr{C}_f$ et l'axe des ordonnées n'ont aucun point d'intersection.
b. Dans le tableau de valeurs ci-dessous, x prend des valeurs de plus en plus proches de 0. Recopier, puis compléter ce tableau. Comment évolue alors $f(x)$?

x	0,1	0,01	0,001	0,000 1	0,000 01
$f(x)$	...	...	...	...	...

c. Que peut-on en déduire quant à la courbe $\mathscr{C}_f$?

2 **a.** Expliquer pourquoi la courbe $\mathscr{C}_f$ et l'axe des abscisses n'ont aucun point d'intersection.
b. Faire un tableau de valeurs de $f(x)$ dans lequel x prend des valeurs de plus en plus grandes :
10, 100, 1 000, 10 000 et 100 000.
Comment évolue alors $f(x)$?
c. Comment les observations précédentes se traduisent-elles pour la courbe $\mathscr{C}_f$ et l'axe des abscisses ?

3 Rappeler le sens de variation de f, puis tracer $\mathscr{C}_f$ dans un repère.

Activité 2 Dérivée de la fonction inverse sur $]0\,;+\infty[$ GÉOMÉTRIE

Objectif

Introduire la fonction dérivée de la fonction inverse.

Soit f la fonction définie sur $]0\,;+\infty[$ par $f(x)=\dfrac{1}{x}$.

Sur la figure ci-contre, on a construit la courbe représentative de f et ses tangentes aux points A, B et C d'abscisses respectives 0,5, 1 et 2.

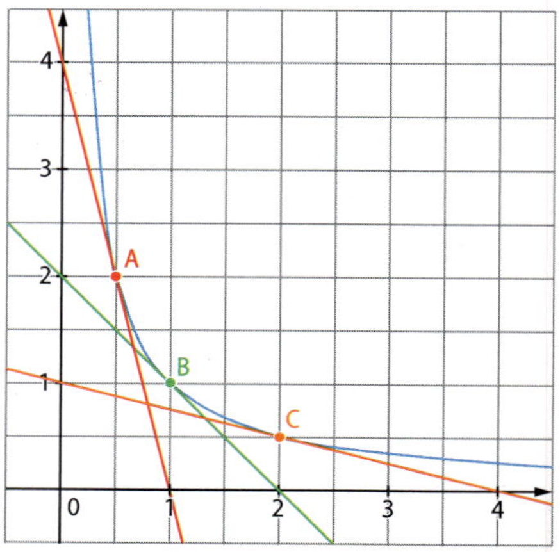

Partie A

1 Déterminer par lecture graphique le coefficient directeur de la tangente au point A, puis en déduire la valeur de $f'(0{,}5)$.

2 Déterminer par lecture graphique le coefficient directeur des deux autres tangentes, puis recopier et compléter le tableau ci-dessous.

x	0,5	1	2
$f'(x)$	...	...	...
$x^2f'(x)$	...	...	...

3 En déduire une conjecture sur l'expression de f'.

4 À l'aide d'un logiciel de géométrie dynamique, on déplace un point M sur la courbe représentative de la fonction f. En observant, pour chaque position de M, le coefficient directeur de la tangente T à $\mathscr{C}_f$ en M, vérifier la conjecture précédente pour différentes valeurs de x.

Fichier GeoGebra / Cabri
Disponible sur lycee.editions-bordas.fr

Partie B

Soit h un réel non nul tel que $2+h$ est strictement positif.

Le taux de variation de f entre 2 et $2+h$ est égal à $t(h)=\dfrac{\dfrac{1}{2+h}-\dfrac{1}{2}}{h}$.

1 Montrer que $\dfrac{1}{2+h}-\dfrac{1}{2}=\dfrac{-h}{2(2+h)}$. En déduire que $t(h)=\dfrac{-1}{2(2+h)}$.

2 Que peut-on dire des valeurs de $t(h)$ lorsque h prend des valeurs de plus en plus proches de 0 ? En déduire la valeur de $f'(2)$.

Cours

Fonction dérivée et sens de variation

On rappelle ci-dessous les propriétés étudiées en classe de Première.

À noter

$f(x)$	$f'(x)$
k ($k \in \mathbb{R}$)	0
x	1
x^2	$2x$
x^3	$3x^2$

PROPRIÉTÉS Soit u et v deux fonctions dérivables sur un intervalle I et k un nombre réel.

(1) La fonction f définie sur I par $f(x) = ku(x)$ est dérivable sur I et, pour tout réel x de I,
$$f'(x) = ku'(x).$$

(2) La fonction f définie sur I par $f(x) = u(x) + v(x)$ est dérivable sur I et, pour tout x de I,
$$f'(x) = u'(x) + v'(x).$$

EXEMPLE : Soit f la fonction définie sur $\mathbb{R}$ par $f(x) = 2x^3 + 7x^2 - 5x + 1$.
Pour tout réel x, $f'(x) = 2 \times 3x^2 + 7 \times 2x - 5 \times 1 + 0 = 6x^2 + 14x - 5$.

À noter
Les propositions réciproques sont vraies.

PROPRIÉTÉS Soit f une fonction dérivable sur un intervalle I.

(1) Si, pour tout réel x de I, $f'(x) \geqslant 0$, alors f est croissante sur I.

(2) Si, pour tout réel x de I, $f'(x) \leqslant 0$, alors f est décroissante sur I.

Fonction inverse

Animation
Variation de fonction et signe de sa dérivée
bordas Flash PAGE animation

PROPRIÉTÉ La fonction inverse f définie sur $]-\infty\,;0[\,\cup\,]0\,;+\infty[$ par $f(x) = \dfrac{1}{x}$ est dérivable sur $]-\infty\,;0[$ et sur $]0\,;+\infty[$ et, pour tout réel x non nul, $f'(x) = -\dfrac{1}{x^2}$.

DÉMONSTRATION (AU PROGRAMME)

Soit a un réel strictement positif et h un réel non nul tel que $a + h > 0$.

Le taux de variation de f entre a et $a + h$ est : $t(h) = \dfrac{f(a+h) - f(a)}{h}$.

Or $f(a+h) - f(a) = \dfrac{1}{a+h} - \dfrac{1}{a} = \dfrac{a - (a+h)}{a(a+h)} = \dfrac{-h}{a(a+h)}$ donc $t(h) = \dfrac{-1}{a(a+h)}$.

Lorsque h est très proche de 0, $t(h)$ est très proche de $\dfrac{-1}{a^2}$. Donc f est dérivable en a et $f'(a) = -\dfrac{1}{a^2}$; f est donc dérivable sur $]0\,;+\infty[$ et, pour tout réel x de cet intervalle, $f'(x) = -\dfrac{1}{x^2}$. On démontrerait de même que f est dérivable sur $]-\infty\,;0[$.

À noter
Aucun point de $\mathscr{C}_f$ n'a pour abscisse 0 et aucun point de $\mathscr{C}_f$ n'a pour ordonnée 0 : la courbe ne touche pas les axes du repère.

PROPRIÉTÉ La fonction inverse est décroissante sur $]-\infty\,;0[$ et sur $]0\,;+\infty[$.

DÉMONSTRATION

Pour tout réel x de $]-\infty\,;0[\,\cup\,]0\,;+\infty[$, $x^2 > 0$ donc $-\dfrac{1}{x^2} < 0$, soit $f'(x) < 0$.

La fonction inverse est donc décroissante sur $]-\infty\,;0[$ et sur $]0\,;+\infty[$.

L'inverse d'un nombre très grand est très proche de 0. Par exemple, $\dfrac{1}{1\,000} = 0{,}001$.

L'inverse d'un nombre positif très proche de 0 est très grand. Par exemple, $\dfrac{1}{0{,}001} = 1\,000$.

À noter
On dit que la fonction inverse a pour limite 0 en $+\infty$.

Soit $\mathscr{C}_f$ la courbe représentative de la fonction inverse.

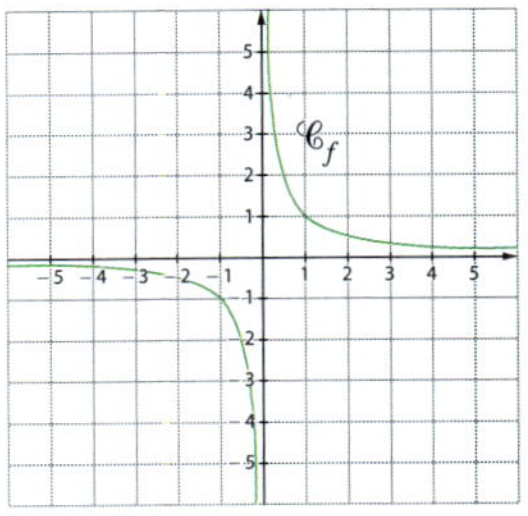

- Lorsque x prend des valeurs de plus en plus grandes, $\mathscr{C}_f$ se rapproche de l'axe des abscisses (en étant au-dessus).
Par symétrie par rapport à l'origine du repère, $\mathscr{C}_f$ se rapproche également de l'axe des abscisses lorsque x prend des valeurs de plus en plus « petites » : -10 ; -100 ; $-1\,000$, etc.
- Lorsque x devient de plus en plus proche de 0, $\mathscr{C}_f$ se rapproche de l'axe des ordonnées : en étant à gauche lorsque x est négatif, et à droite lorsque x est positif.

On dit que l'axe des abscisses et l'axe des ordonnées sont des **asymptotes** à $\mathscr{C}_f$.

SÉQUENCE 1

Vidéo 12:54
Déterminer les variations d'une fonction polynôme de degré 3

bordas Flash PAGE vidéo

CAPACITÉ 1

Étudier une fonction polynôme de degré au plus 3

1 Soit f la fonction définie sur $\mathrm{I} = [-10 ; 10]$ par $f(x) = 5x^2 - 30x + 7$.

a. Calculer $f'(x)$.

b. Étudier le signe de $f'(x)$ sur I, puis construire le tableau de variation de f.

2 Soit g la fonction définie sur $\mathrm{J} = [0 ; 4]$ par $g(x) = 2x^3 - 15x^2 + 36x + 1$.

a. Calculer $g'(x)$ puis montrer que pour tout x de J, $g'(x) = 6(x-2)(x-3)$.

b. Étudier le signe de $g'(x)$ sur $[0 ; 4]$.

c. Construire le tableau de variation de g sur $[0 ; 4]$.

Méthode
Pour étudier les variations d'une fonction, on étudie le signe de sa dérivée.

Méthode
Pour étudier le signe d'une fonction polynôme de degré 2, on visualise la parabole qui la représente.

Solution commentée

1 **a.** Pour tout réel x de $[-10 ; 10]$, $f'(x) = 5 \times 2x - 30 = 10x - 30$.

b. $10x - 30 \geqslant 0$ équivaut à $10x \geqslant 30$ donc à $x \geqslant \dfrac{30}{10}$, soit à $x \geqslant 3$.

Par conséquent, $f'(x) \geqslant 0$ sur $[3 ; 10]$ et par suite, $f'(x) \leqslant 0$ sur $[-10 ; 3]$. On calcule $f(-10)$, $f(3)$ et $f(10)$ puis on construit le tableau de variation de f.

x	-10		3		10
$f'(x)$		$-$	0	$+$	
$f(x)$	807	↘	-38	↗	207

2 **a.** Pour tout réel x de $[0 ; 4]$, $g'(x) = 2 \times 3x^2 - 15 \times 2x + 36 \times 1 + 0 = 6x^2 - 30x + 36$.
Or $6(x-2)(x-3) = (6x-12)(x-3) = 6x^2 - 30x + 36$. Donc $g'(x) = 6(x-2)(x-3)$.

b. $g'(x)$ est de la forme $a(x - x_1)(x - x_2)$ avec $a = 6$, $x_1 = 2$ et $x_2 = 3$.
La courbe représentative de g' est une parabole « tournée vers le haut » car $a > 0$ et qui coupe l'axe des abscisses aux points d'abscisses $x_1 = 2$ et $x_2 = 3$. Cette parabole est donc au-dessus de l'axe des abscisses pour $x < 2$ et pour $x > 3$, et au-dessous pour x compris entre 2 et 3. Donc : $g'(x) \geqslant 0$ sur $[0 ; 2] \cup [3 ; 4]$ et $g'(x) \leqslant 0$ sur $[2 ; 3]$.

c. On calcule $g(0)$, $g(2)$, $g(3)$ et $g(4)$ puis on construit le tableau de variation de g.

x	0		2		3		4
$g'(x)$		$+$	0	$-$	0	$+$	
$g(x)$	1	↗	29	↘	28	↗	33

Voir exercices
44 47 Pour s'entraîner
76 77 78 79 80
87 Pour travailler en autonomie

CAPACITÉ 2

Étudier une fonction de la forme $x \mapsto \dfrac{k}{x}$ avec k réel

Soit f la fonction définie sur $]0 ; +\infty[$ par $f(x) = \dfrac{3}{5x}$.

1 Calculer $f'(x)$ et en déduire le sens de variation de f sur $]0 ; +\infty[$.

2 Dans un repère, tracer $\mathscr{C}_f$ la courbe représentative de f.

Méthode
Pour dériver une fonction $x \mapsto \dfrac{k}{x}$, on écrit son expression sous la forme $k \times \dfrac{1}{x}$.

Solution commentée

1 Pour tout réel x de $]0 ; +\infty[$, $f(x) = \dfrac{3}{5x} = \dfrac{3}{5} \times \dfrac{1}{x}$. Donc $f'(x) = \dfrac{3}{5} \times \left(-\dfrac{1}{x^2}\right) = -\dfrac{3}{5x^2}$.

Comme $x^2 > 0$, on en déduit que pour tout réel x de $]0 ; +\infty[$, $\dfrac{3}{5x^2} > 0$ et, par conséquent, $f'(x) < 0$. La fonction f est donc décroissante sur $]0 ; +\infty[$.

2 On construit un tableau de valeurs.

x	0,1	0,25	0,5	1	2	3	5
$f(x)$	6	2,4	1,2	0,6	0,3	0,2	0,12

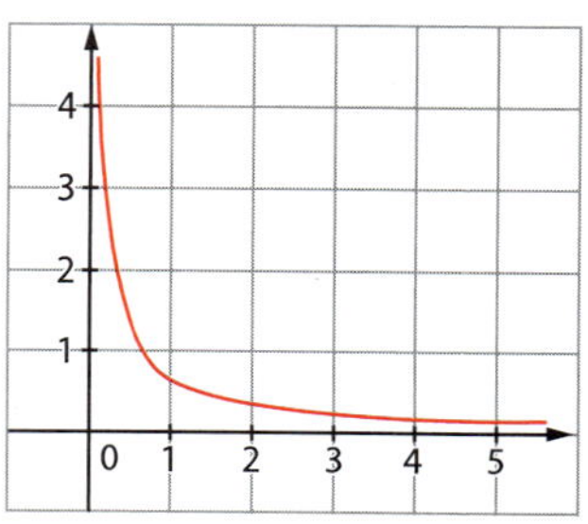

Lorsque x prend des valeurs de plus en plus proches de 0, les points de $\mathscr{C}_f$ se rapprochent de l'axe des ordonnées. Lorsque x est de plus en plus grand, les points de $\mathscr{C}_f$ se rapprochent de l'axe des abscisses. Les axes du repère sont deux asymptotes à $\mathscr{C}_f$.

Voir exercices
51 Pour s'entraîner
81 83 Pour travailler en autonomie

Vidéo 06:28
Étudier une fonction $x \mapsto P(x) + \dfrac{k}{x}$

bordas Flash PAGE vidéo

CAPACITÉ 3

Étudier une fonction de la forme $x \mapsto P(x) + \dfrac{k}{x}$

Soit f la fonction définie sur $]0\,;8]$ par $f(x) = x - 5 + \dfrac{4}{x}$.

1. Calculer $f'(x)$ pour tout réel x de $]0\,;8]$.
2. Montrer que pour tout réel x de $]0\,;8]$, $f'(x) = \dfrac{(x-2)(x+2)}{x^2}$.
3. Étudier le signe de $f'(x)$ sur $]0\,;8]$ puis construire le tableau de variation de f.
4. Tracer dans un repère la courbe $\mathscr{C}_f$ représentative de f.

Méthode

Pour étudier le signe d'un quotient, on détermine le signe de son numérateur et celui de son dénominateur.

Solution commentée

1 $f(x) = x - 5 + \dfrac{4}{x} = x - 5 + 4 \times \dfrac{1}{x}$ donc $f'(x) = 1 - 0 + 4 \times \left(-\dfrac{1}{x^2}\right) = 1 - \dfrac{4}{x^2}$.

2 Pour tout réel x de $]0\,;8]$, $f'(x) = \dfrac{x^2}{x^2} - \dfrac{4}{x^2} = \dfrac{x^2-4}{x^2} = \dfrac{(x-2)(x+2)}{x^2}$.

3 Pour tout réel x de $]0\,;8]$, $x^2 > 0$.
Et $x + 2 > 0$ car x étant positif, $x + 2$ est supérieur à 2 et donc à 0.
On en déduit que $f'(x)$ a le même signe que $x - 2$.
Par conséquent, $f'(x) \geqslant 0$ sur $[2\,;8]$ et $f'(x) \leqslant 0$ sur $]0\,;2]$

x	0		2		8
$f'(x)$	‖	$-$	0	$+$	
$f(x)$	‖	↘	-1	↗	3,5

4 On construit un tableau de valeurs.
À 0,01 près :

x	0,25	0,5	1	2	3
$f(x)$	11,25	3,5	0	-1	$-0,67$
x	4	5	6	7	8
$f(x)$	0	0,8	1,67	2,57	3,5

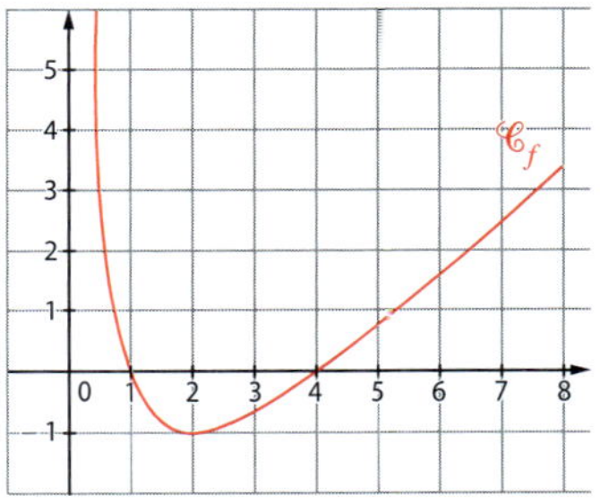

Voir exercices
54 Pour s'entraîner
82 84 85 86 87 Pour travailler en autonomie

CAPACITÉ 4

Utiliser une fonction de la forme $x \mapsto P(x) + \dfrac{k}{x}$

On modélise le chiffre d'affaires mensuel d'une entreprise (en millions d'euros) par une fonction f telle que $f(1)$ désigne le chiffre d'affaires du mois de janvier 2021, $f(2)$ désigne le chiffre d'affaires du mois de février 2021, etc. On admet que f est définie sur l'intervalle $[1\,;12]$ par $f(x) = \dfrac{15x+20}{x}$.

1. **a.** Montrer que pour tout réel x de $[1\,;12]$, $f(x) = 15 + \dfrac{20}{x}$.
   b. Calculer $f'(x)$ et donner son signe sur l'intervalle $[1\,;12]$.
2. Montrer que le chiffre d'affaires mensuel restera supérieur à 15 millions d'euros.

Méthode

Pour déterminer le minimum d'une fonction on étudie les variations de cette fonction.

Solution commentée

1 **a.** Pour tout réel x de $[1\,;12]$, $f(x) = \dfrac{15x+20}{x} = \dfrac{15x}{x} + \dfrac{20}{x} = 15 + \dfrac{20}{x}$.

b. $f(x) = 15 + 20 \times \dfrac{1}{x}$ donc $f'(x) = 0 + 20 \times \left(-\dfrac{1}{x^2}\right) = -\dfrac{20}{x^2}$.

Pour tout réel x de $[1\,;12]$, $\dfrac{20}{x^2} > 0$ donc $f'(x) < 0$.

2 On déduit de la question précédente que f est décroissante sur $[1\,;12]$.
Le minimum de f sur $[1\,;12]$ est donc $f(12)$. Or $f(12) = 15 + \dfrac{20}{12}$ donc $f(12) > 15$.
Comme $f(12) > 15$, le chiffre d'affaires restera bien supérieur à 15 millions d'euros.

Voir exercices
72 Pour s'entraîner
87 Pour travailler en autonomie

EXERCICES Automatismes et rituels

Calcul mental

1 Écrire sous forme d'une fraction irréductible :

a. 0,02 b. 0,75 c. $\frac{4}{5} + \frac{1}{20}$

2 Écrire sous forme décimale :

a. $\frac{1}{2} + \frac{1}{20}$ b. $\frac{1}{25} + 1$ c. $0{,}04 \times \frac{1}{2}$

3 Développer les expressions suivantes :
$A(x) = (2x + 3)^2$ et $B(x) = 3x(2 - x)$.

4 Factoriser les expressions suivantes :

a. $A(x) = 5x^2 - x$

b. $B(x) = 4x^2 - 1$

5 1. Résoudre dans $\mathbb{R}$ l'équation $x^2 - 2 = 0$.

2. Résoudre dans $\mathbb{R}$ l'inéquation $9 - 4x < 4x - 7$.

6 Parmi les nombres suivants, lesquels sont positifs ?

a. $10 - 2^4$ b. $30 - 3^3$ c. $1 - (-2)^3$

Automatismes

Évolutions et pourcentages

7 Dans une forêt, 65 % des arbres sont des feuillus et 40 % des feuillus sont des chênes.
Quelle est la proportion de chênes dans cette forêt ?

8 VRAI/FAUX

Indiquer si les affirmations sont vraies ou fausses, puis justifier.

1. Augmenter une quantité de 30 % puis de 20 % revient à l'augmenter de 50 %.
2. Diminuer une quantité de 25 % puis l'augmenter de 20 % revient à la diminuer de 10 %.

9 En 2019, 41 600 exploitations agricoles sont engagées en bio, soit une croissance d'environ 13 % depuis 2017.
Combien y avait-il d'exploitations engagées en bio en 2017 ?

10 Soit (u_n) la suite arithmétique de raison 3 et de premier terme $u_0 = 1$.
Calculer u_2 et u_{12}.

11 **Questions de méthodes**

Comment calcule-t-on le 50e terme d'une suite géométrique (v_n) dont on connait le premier terme v_0 et la raison q ?

Calculs numériques

12 Donner l'écriture décimale des nombres suivants.

$A = 100^2 - 99^2$

$B = (10 + 0{,}5) \times (10 - 0{,}5)$

13 QCM *Choisir la ou les bonnes réponses.*

On considère le nombre $A = 1 - \frac{1}{5}$.

1. L'inverse de A est égal à :

a. $-0{,}8$ b. 1,25 c. $\frac{6}{5}$ d. $\frac{5}{4}$

2. Le carré de A est égal à :

a. $\frac{26}{25}$ b. $\frac{16}{25}$ c. 0,64 d. 1,04

Statistiques et probabilités

14 Calculer la moyenne et la médiane de la série statistique ci-dessous.

Valeur	2	3	4	6	8	10	20
Effectif	15	10	5	20	10	25	15

15 Deux ateliers A et B fabriquent des stylos pour une entreprise. Certains stylos ont un défaut de fabrication.
On considère les événements suivants :
A : « Le stylo est fabriqué par l'atelier A » ;
B : « Le stylo est fabriqué par l'atelier B » ;
D : « Le stylo possède un défaut ».
On donne la répartition des stylos.

	A	B	Total
D	150	100	250
$\overline{D}$	650	600	1 250
Total	800	700	1 500

Un stylo est prélevé au hasard dans le stock de l'entreprise.

1. Quelle est la probabilité que le stylo présente un défaut ?
2. Le stylo provient de l'atelier A.
Quelle est la probabilité qu'il ait un défaut ?
3. Le stylo a un défaut.
Quelle est la probabilité qu'il provienne de l'atelier B ?

16 VRAI/FAUX

On considère deux événements A et B d'un univers Ω.
On donne : $P(A) = 0{,}45$; $P(A \cap B) = 0{,}05$; $P(A \cup B) = 0{,}8$.
Indiquer si les affirmations sont vraies ou fausses, puis justifier.

1. $P(B) = 0{,}35$ 2. $P(\overline{A}) = 0{,}55$

17 On donne ci-dessous le diagramme en boite d'une série statistique.

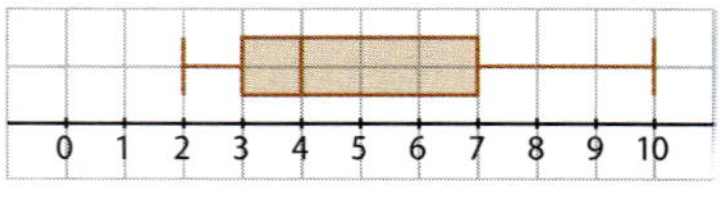

Déterminer la médiane de cette série ainsi que le premier et le troisième quartile.

Lorsque c'est nécessaire le plan est muni d'un repère.

Fonctions polynômes de degré au plus 3

Questions flash

18 Soit f la fonction définie sur [0 ; 3] par :

$$f(x) = 2x^2 - 4x + 5.$$

1. Montrer que $f'(x) = 4x - 4$.
2. Justifier chaque donnée du tableau de variation de f ci-dessous.

x	0		1		3
$f'(x)$		−	0	+	
$f(x)$	5	↘	3	↗	11

19 Soit f la fonction définie sur [2 ; 10] par :

$$f(x) = 10x^2 - 100x - 5.$$

1. Montrer que $f'(x) = 20x - 100$.
2. a. Résoudre l'inéquation $20x - 100 \geqslant 0$.
b. En déduire que f est croissante sur [5 ; 10]
3. Construire le tableau de variation de f.

20 Soit f la fonction définie sur [− 5 ; 5] par :

$$f(x) = 5x^2 + 20x - 8.$$

1. Montrer que $f'(x) = 10x + 20$.
2. a. Étudier le signe de $f'(x)$.
b. En déduire que f est croissante sur [− 2 ; 5]
3. Construire le tableau de variation de f.

21 Soit f la fonction définie sur [0 ; 10] par :

$$f(x) = -2x^2 + 16x + 1.$$

1. Montrer que $f'(x) = -4x + 16$.
2. Étudier le signe de $f'(x)$.
3. Construire le tableau de variation de f.

22 Soit f la fonction définie sur $\mathbb{R}$ par :

$$f(x) = 7x^3 + 8x + 9.$$

1. Calculer $f'(x)$.
2. Justifier que pour tout réel x, $f'(x) > 0$.
3. En déduire le sens de variation de f sur $\mathbb{R}$.

23 Soit f la fonction définie sur [− 1 ; 5] par :

$$f(x) = -2x^3 + 3x^2 - 10.$$

1. Calculer $f'(x)$.
2. Montrer que $f'(x) = 6x(1 - x)$.
3. On a étudié le signe de $f'(x)$ sur [− 1 ; 5].
Justifier les résultats donnés dans le tableau ci-dessous.

x	− 1		0		1		5
$f'(x)$		−	0	+	0	−	

4. Construire le tableau de variation de f.

24 Soit f la fonction définie sur [0 ; 5] par :

$$f(x) = 2x^3 - 15x^2 + 36x - 1.$$

1. Calculer $f'(x)$.
2. a. Développer $(x - 2)(x - 3)$.
b. Montrer que $f'(x) = 6(x - 2)(x - 3)$.
c. $f'(x)$ est de la forme $a(x - x_1)(x - x_2)$.
Quelle est la valeur de a. Quel est son signe ?
d. La parabole représentant la fonction f' est-elle « tournée vers le haut » ou « tournée vers le bas » ? En déduire le signe de $f'(x)$.
3. Recopier et compléter le tableau de variation de f ci-dessous.

x	0		2		3		5
$f'(x)$		...	0	...	0	...	
$f(x)$	−1	↗	27	...		...	

25 Soit f la fonction définie sur [0 ; 6] par :

$$f(x) = -x^3 + 9x^2 - 24x + 20.$$

On donne la courbe représentative de f ci-dessous.

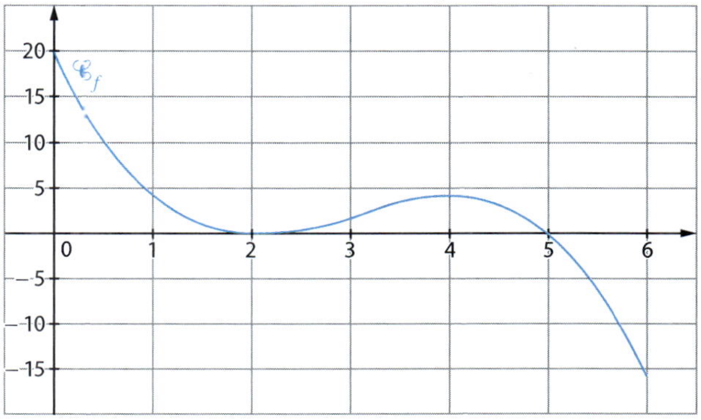

1. Faire une conjecture sur les variations de f.
2. Calculer $f'(x)$.
3. a. Développer $(-3x + 6)(x - 4)$.
b. En déduire que $f'(x) = -3(x - 2)(x - 4)$.
c. Déterminer le signe de $f'(x)$ sur [0 ; 6].
4. Construire le tableau de variation de f.

26 Soit f la fonction définie sur l'intervalle [0 ; 300] par :

$$f(x) = -x^2 + 450x - 20\,000.$$

1. a. Calculer $f'(x)$.
b. Justifier que $f'(x)$ s'annule pour $x = 225$.
c. Dresser le tableau de variation de f sur [0 ; 300].
2. Une entreprise fabrique jusqu'à 300 tablettes tactiles par semaine. Pour les valeurs entières de la variable x, qui représentent le nombre de tablettes fabriquées et vendues par semaine, on admet que $f(x)$ représente le bénéfice (en euros) de cette entreprise.

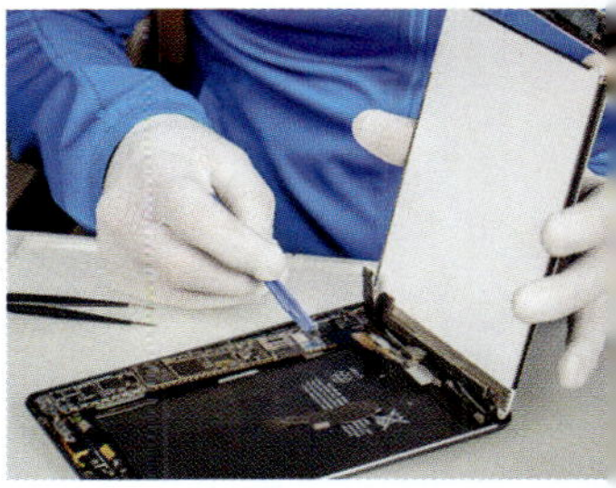

En utilisant le tableau de variation de la fonction f, déterminer le nombre de tablettes fabriquées et vendues permettant de réaliser le bénéfice hebdomadaire maximal et calculer la valeur de ce bénéfice.

EXERCICES Pour maîtriser les bases

Fonctions $x \mapsto \frac{k}{x}$

Questions flash

27 Soit f la fonction définie sur $]-\infty\,;0[\,\cup\,]0\,;+\infty[$ par $f(x)=\frac{1}{x}$. On nomme $\mathscr{C}_f$ la courbe représentative de f.

1. a. Quelle est l'image par f de chacun des nombres suivants : 1 ; 0,5 ; 0,1 ; 0,01 ; 0,001 ?

b. Que peut-on dire de $f(x)$ lorsque x prend des valeurs de plus en plus proches de 0 ?

2. a. Quelle est l'image par f de chacun des nombres suivants : 2 ; 5 ; 10 ; 100 et 1 000 ?

b. Que peut-on dire de $f(x)$ lorsque x prend des valeurs de plus en plus grandes ?

3. La courbe $\mathscr{C}_f$ admet deux asymptotes. Quelles sont-elles ?

4. Quel est le sens de variation de f sur l'intervalle $]-\infty\,;0[$? sur l'intervalle $]0\,;+\infty[$?

5. Parmi les courbes ci-dessous, laquelle est la représentation graphique $\mathscr{C}_f$ de la fonction f ?

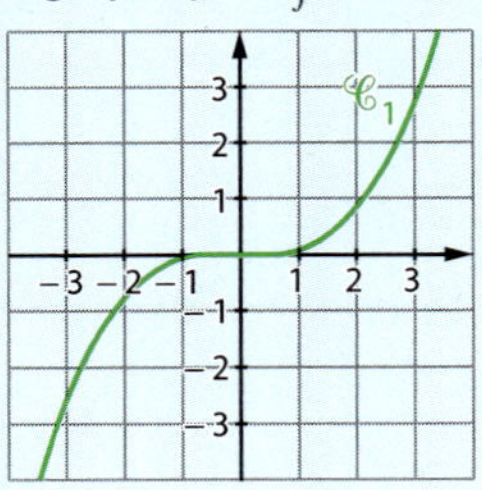

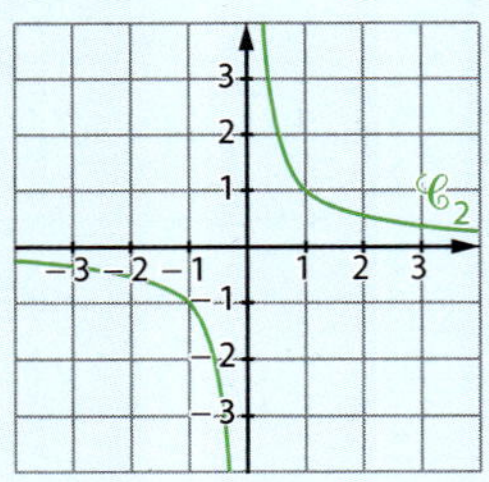

28 Soit f la fonction définie sur $\mathrm{I}=]0\,;+\infty[$ par :

$$f(x)=3\times\frac{1}{x}.$$

1. Montrer que, pour tout réel x de I, $f'(x)=-\frac{3}{x^2}$.

2. Justifier que f est décroissante sur I.

3. Recopier et compléter le tableau de valeurs ci-dessous.

x	0,1	0,2	0,5	1	2	4	10
$f(x)$	...	...	...	...	...	...	...

4. Tracer la courbe représentative de f sur $]0\,;10]$ dans un repère.

29 Soit f la fonction définie sur $]0\,;+\infty[$ par :

$$f(x)=\frac{5}{x}.$$

1. Quelle est la valeur du réel k telle que :

$$f(x)=k\times\frac{1}{x}.$$

2. Calculer $f'(x)$.

3. Quel est le sens de variation de f sur $]0\,;+\infty[$?

4. Recopier et compléter le tableau de valeurs ci-dessous.

x	0,1	0,2	0,5	1	2	5	10
$f(x)$	...	...	...	...	...	...	...

5. Tracer la courbe représentative de f sur $]0\,;10]$ dans un repère.

30 Reprendre l'exercice **29** avec la fonction f définie sur $]0\,;+\infty[$ par $f(x)=\frac{1}{4x}$.

31 Reprendre l'exercice **29** avec la fonction f définie sur $]0\,;+\infty[$ par $f(x)=-\frac{2}{x}$.

32 LOGIQUE

La proposition suivante est-elle vraie pour tout réel k ?

« La fonction f définie sur $]0\,;+\infty[$ par $f(x)=\frac{k}{x}$ est décroissante sur $]0\,;+\infty[$. »

MATHS & PHYSIQUE

33 On a posé sur l'une des extrémités d'une planche un objet A de masse m_A (voir la figure ci-contre).

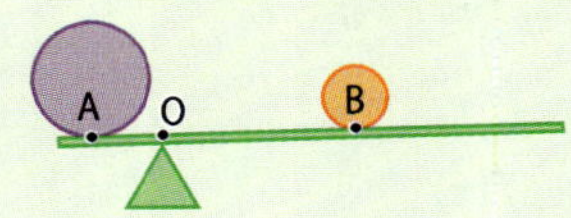

De l'autre côté du pivot O, on veut poser un objet B de masse m_B de sorte que la planche soit en équilibre.

La planche est en équilibre lorsque :

$$m_A\times \mathrm{OA}=m_B\times \mathrm{OB}.$$

L'objet A a une masse de 25 kg et la distance OA est égale à 50 cm. OB sera donc exprimée en centimètres.

La masse de l'objet B est inférieure ou égale à 150 kg.

1. Montrer que la planche est en équilibre si $\mathrm{OB}=\frac{1\,250}{m_B}$.

2. Déterminer le sens de variation de la fonction L définie sur $]0\,;150]$ par :

$$L(x)=\frac{1\,250}{x}.$$

3. Tracer la courbe représentative de la fonction L dans un repère orthonormé. On prendra un centimètre pour dix unités.

4. La distance OB est inférieure à 150 cm.

Par lecture graphique, déterminer la masse minimale que doit avoir l'objet B pour que l'équilibre soit possible ?

LE SAVIEZ-VOUS

Les travaux du scientifique grec Archimède (vers 287 avant J.C. vers 212 avant J.C.) ont profondément modifié la technique de l'Antiquité. C'est dans son livre De l'équilibre des plans *qu'Archimède développe la théorie du levier.*

Fonctions $x \mapsto P(x)+\frac{k}{x}$

Questions flash

34 ORAL Soit f et g les fonctions définies sur $]0\,;+\infty[$ par :

$$f(x)=\frac{1}{x}\text{ et }g(x)=-8+\frac{5}{x}.$$

1. Rappeler quelle est la fonction dérivée de f.

2. a. Montrer que pour tout réel x de $]0\,;+\infty[$, $g'(x)=-\frac{5}{x^2}$.

b. Expliquer pourquoi $g'(x)$ est négatif sur $]0\,;+\infty[$.

c. En déduire le sens de variation de g sur $]0\,;+\infty[$.

35 Soit f la fonction définie sur $\mathrm{I} = [1 ; 10]$ par :

$$f(x) = 9 - \frac{19}{x}.$$

1. Calculer $f'(x)$ et étudier son signe sur I.
2. Construire le tableau de variation de f sur I.

36 Reprendre l'exercice précédent avec la fonction f définie sur $\mathrm{I} = [0{,}1 ; 10]$ par $f(x) = 11 + \frac{3}{x}$.

37 Soit f la fonction définie sur $]0 ; +\infty[$ par :

$$f(x) = \frac{x+4}{x}$$

1. Justifier que pour tout réel x de $]0 ; +\infty[$, $f(x) = 1 + \frac{4}{x}$.
2. Calculer $f'(x)$ pour tout réel x de $]0 ; +\infty[$.
3. Quel est le sens de variation de f sur $]0 ; +\infty[$?

38 Soit f la fonction définie sur $]0 ; +\infty[$ par :

$$f(x) = 5x + 2 - \frac{2}{x}$$

1. Montrer que, pour tout réel x de $]0 ; +\infty[$, $f'(x) = 5 + \frac{2}{x^2}$.
2. a. Justifier que pour tout réel x de $]0 ; +\infty[$, $f'(x)$ est positif.
b. En déduire le sens de variation de f sur $]0 ; +\infty[$.

39 Soit f la fonction définie sur $]0 ; +\infty[$ par :

$$f(x) = 2 - 3x + \frac{1}{x}.$$

1. Montrer que, pour tout réel x de $]0 ; +\infty[$,

$$f'(x) = -3 - \frac{1}{x^2}.$$

2. Expliquer pourquoi $f'(x)$ est négatif pour tout réel x de $]0 ; +\infty[$.
3. En déduire le sens de variation de f sur $]0 ; +\infty[$.

40 Soit f la fonction définie sur $\mathrm{I} =]0 ; 10]$ par :

$$f(x) = 7 - x + \frac{10}{x}.$$

1. Calculer $f'(x)$ pour tout réel x de I.
2. Montrer que, pour tout réel x de I, $f'(x) = \frac{-x^2 - 10}{x^2}$.
3. a. Justifier que, pour tout réel x de I, $-x^2 - 10 < 0$.
b. En déduire le signe de $f'(x)$ sur I.
c. En déduire le sens de variation de f sur I.
4. a. Recopier et compléter le tableau de valeurs ci-dessous.

x	0,1	0,5	1	2	3	5	10
$f(x)$	...	...	...	...	...	...	...

b. Tracer dans un repère la courbe représentative de f.

41 Soit f la fonction définie sur $\mathrm{I} = [1 ; 10]$ par :

$$f(x) = \frac{x^2 - 2x + 9}{x}.$$

1. Justifier que pour tout réel x de I, $f(x) = x - 2 + \frac{9}{x}$.
2. a. Calculer $f'(x)$ pour tout réel x de I.
b. En réduisant au même dénominateur, vérifier que pour tout réel x de I, $f'(x) = \frac{x^2 - 9}{x^2}$.
3. a. Donner le signe de x^2 sur I.
b. En déduire que pour tout réel x de I, $f'(x)$ a le même signe que $(x^2 - 9)$.
c. Factoriser $x^2 - 9$ et étudier son signe sur $\mathbb{R}$, puis sur I.
4. Construire le tableau de variation de f sur I.

42 Une entreprise fabrique chaque jour entre 5 m^3 et 60 m^3 d'engrais biologique liquide.
Le coût moyen quotidien de production (exprimé en centaines d'euros) de cet engrais est modélisé par la fonction f définie sur l'intervalle $[5 ; 60]$ par :

$$f(x) = x - 15 + \frac{400}{x}$$

où x est le volume quotidien d'engrais fabriqué (en m^3).

1. Montrer que, pour tout x appartenant à l'intervalle $[5 ; 60]$,

$$f'(x) = \frac{x^2 - 400}{x^2}.$$

2. Expliquer pourquoi, pour tout réel x de $[5 ; 60]$, $f'(x)$ a le même signe que $(x^2 - 400)$.
b. Vérifier que $x^2 - 400 = (x - 20)(x + 20)$.
c. Étudier le signe de $x^2 - 400$ sur $\mathbb{R}$, puis sur l'intervalle $[5 ; 60]$.
3. En déduire les variations de la fonction f sur l'intervalle $[5 ; 60]$.
4. Pour quel volume d'engrais fabriqué le coût moyen quotidien de production est-il minimal ? Quel est ce coût moyen minimal ?

43 Un rectangle a pour aire 625 m^2. On note x la longueur de l'un de ses côtés et y la longueur de l'autre côté.
Soit p la fonction qui, à tout réel x de $]0 ; +\infty[$, associe le périmètre de ce rectangle (en mètres).

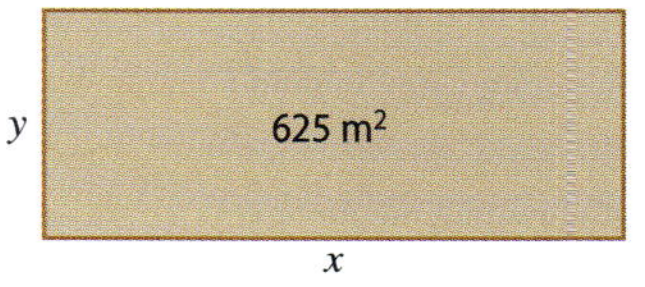

1. a. Exprimer $p(x)$ en fonction de x et y.
b. Justifier que $y = \frac{625}{x}$ avec x réel strictement positif.
c. En déduire que, pour tout réel x de $]0 ; +\infty[$,

$$p(x) = 2x + \frac{1\,250}{x}.$$

2. a. Calculer $p'(x)$ pour tout réel x de $]0 ; +\infty[$.
b. Montrer que, pour tout réel x de $]0 ; +\infty[$, $p'(x) = \frac{2(x^2 - 625)}{x^2}$.
3. a. Expliquer pourquoi, pour tout réel x de $]0 ; +\infty[$, $p'(x)$ a le même signe que $(x^2 - 625)$.
b. Vérifier que $x^2 - 625 = (x - 25)(x + 25)$.
c. Justifier que pour tout réel x de $]0 ; +\infty[$, $x + 25$ est strictement positif.
d. En déduire que sur $]0 ; +\infty[$, $p'(x)$ a le même signe que $(x - 25)$.
4. a. Construire le tableau de variation de p sur $]0 ; +\infty[$.
b. Déterminer les dimensions du rectangle d'aire 625 m^2 qui a le plus petit périmètre.

Lorsque c'est nécessaire, le plan est muni d'un repère.

Fonctions polynômes de degré au plus 3

44 Capacité 1, p. 80

Soit f la fonction définie sur [1 ; 5] par :

$$f(x) = 5x^2 - 30x + 11.$$

1. Calculer $f'(x)$ et étudier son signe sur [1 ; 5].

2. Construire le tableau de variation de f.

45 Soit f la fonction définie sur [1 ; 50] par :

$$f(x) = -0{,}1x^2 + 6x + 1.$$

1. Calculer $f'(x)$ et étudier son signe.

2. Construire le tableau de variation de f sur [1 ; 50].

3. En déduire le minimum et le maximum de f sur [1 ; 50].

46 Soit f la fonction définie sur [– 2 ; 1] par :

$$f(x) = 35x^2 + 70x - 30.$$

Sur le graphique ci-dessous, on a tracé la courbe $\mathscr{C}_f$ représentative de f ainsi que la tangente T à $\mathscr{C}_f$ en son point A d'abscisse 0.

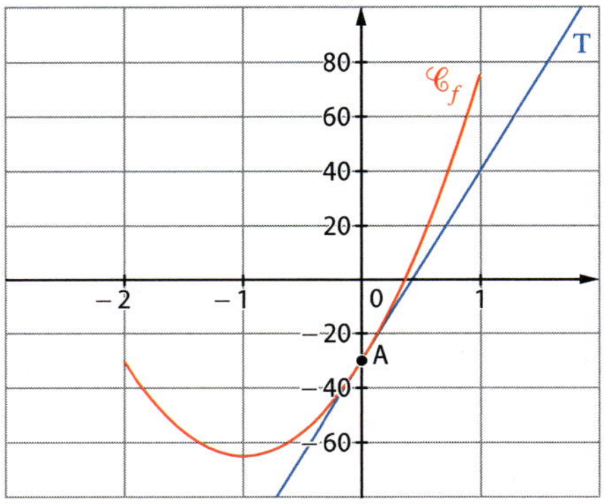

1. Par lecture graphique, faire une conjecture sur :

a. les variations de f ;

b. l'équation réduite de la tangente T.

2. Calculer $f'(x)$.

3. Prouver les conjectures faites dans la question **1**.

47 Capacité 1, p. 80

Soit f la fonction définie sur [0 ; 10] par :

$$f(x) = x^3 - 9x^2 + 15x + 1$$

1. Calculer $f'(x)$, puis montrer que pour tout réel x de [0 ; 10],

$$f'(x) = 3(x - 1)(x - 5).$$

2. Étudier le signe de $f'(x)$ sur [0 ; 10].

3. Construire le tableau de variation de f sur [0 ; 10].

48 Soit f la fonction définie sur [0 ; 20] par :

$$f(x) = x^3 - 33x^2 + 216x + 100.$$

1. Calculer $f'(x)$, puis montrer que pour tout réel x de [0 ; 20],

$$f'(x) = (3x - 54)(x - 4).$$

2. Étudier le signe de $f'(x)$ sur [0 ; 20].

3. Construire le tableau de variation de f sur [0 ; 20].

4. En déduire le minimum et le maximum de f sur [0 ; 20].

49 Soit f la fonction définie sur [– 10 ; 10] par :

$$f(x) = -5x^3 + 60x + 1.$$

On note $\mathscr{C}_f$ la courbe représentative de f.

1. Calculer $f'(x)$, puis montrer que pour tout réel x de [– 10 ; 10],

$$f'(x) = -15(x^2 - 4).$$

2. Étudier le signe de $f'(x)$ sur [– 10 ; 10].

3. Construire le tableau de variation de f.

4. Déterminer une équation de la tangente à la courbe $\mathscr{C}_f$ en son point d'abscisse 1.

50 Une bijoutière souhaite lancer un nouveau modèle de bijou. Le nombre de bijoux fabriqués et vendus est compris entre 50 et 300.

On admet que le bénéfice réalisé, exprimé en milliers d'euros, est modélisé par la fonction B définie sur [0,5 ; 3] par :

$B(x) = -2x^3 + 3x^2 + 12x - 15$ où x représente le nombre de centaines de bijoux fabriqués et vendus.

1. Calculer $B'(x)$.

2. Montrer que $B'(x) = -6(x + 1)(x - 2)$.

3. Étudier le signe de $B'(x)$ sur [0,5 ; 3]. En déduire le tableau de variation de la fonction B.

4. Préciser le nombre de bijoux fabriqués et vendus qui permet de réaliser le bénéfice maximal.

Fonctions $x \mapsto P(x) + \dfrac{k}{x}$

51 Capacité 2, p. 80

Soit f la fonction définie sur]0 ; + ∞[par :

$$f(x) = \frac{9}{2x}.$$

1. Calculer $f'(x)$ et en déduire le sens de variation de f sur]0 ; + ∞[.

2. Tracer dans un repère la courbe représentative de f.

52 PYTHON Soit f la fonction définie sur]0 ; + ∞[par :

$f(x) = \dfrac{7}{x}$ et $\mathscr{C}_f$ sa courbe représentative.

1. Calculer $f'(x)$ et en déduire le sens de variation de f sur]0 ; + ∞[.

2. Quelle est l'ordonnée du point de $\mathscr{C}_f$ d'abscisse 100 ?

3. Justifier que les points de $\mathscr{C}_f$ dont l'abscisse est supérieure à 1 000 ont une ordonnée inférieure à 0,007.

4. On veut déterminer le plus petit entier naturel n tel que l'ordonnée du point de $\mathscr{C}_f$ d'abscisse n soit inférieure ou égale à 0,000 3.

Recopier et compléter le programme de la fonction inverse ci-contre afin que la valeur retournée lors de l'appel inverse() soit la valeur de n.

```
def inverse():
    n=1
    while .........:
        n=n+1
    return(n)
```

53 Soit f la fonction définie sur $]0\,;+\infty[$ par $f(x)=2+\dfrac{5}{x}$.

1. Calculer $f'(x)$ et en déduire le sens de variation de f sur $]0\,;+\infty[$.

2. Quelle est l'image par f des nombres 10, 100, 1 000 et 10 000 ?

3. Expliquer pourquoi pour tout réel x de $]0\,;+\infty[$, $f(x)>2$.

4. Tracer dans un repère la courbe représentative de f.

54 Capacité 3, p. 81

Soit f la fonction définie sur $]0\,;5]$ par :

$$f(x)=3x-1+\frac{48}{x}.$$

1. Calculer $f'(x)$ pour tout réel x de $]0\,;5]$.

2. Montrer que pour tout réel x de $]0\,;5]$,

$$f'(x)=\frac{3(x-4)(x+4)}{x^2}.$$

3. Étudier le signe de $f'(x)$ sur $]0\,;5]$.

4. Construire le tableau de variation de f sur $]0\,;5]$.

55 Soit f la fonction définie sur $\mathrm{I}=]0\,;5]$ par :

$$f(x)=4+16x+\frac{1}{x}.$$

1. Calculer $f'(x)$, puis montrer que pour tout réel x de I,

$$f'(x)=\frac{16x^2-1}{x^2}.$$

2. Justifier que, pour tout réel x de I, $f'(x)$ a le même signe que $(4x-1)$.

3. Construire le tableau de variation de f sur $]0\,;5]$.

4. La fonction f admet-elle un extremum ? Si oui, préciser sa nature et sa valeur.

56 Soit f la fonction définie sur $\mathrm{I}=]0\,;+\infty[$ par :

$$f(x)=5+2x-\frac{71}{x}.$$

1. Montrer que pour tout réel x de I, $f'(x)=\dfrac{2x^2+71}{x^2}$.

2. Justifier que f est croissante sur $]0\,;+\infty[$.

Pour les exercices 57 à 62, f est une fonction définie sur $]0\,;20]$. Calculer $f'(x)$ pour tout réel x de $]0\,;20]$, puis construire le tableau de variation de f sur $]0\,;20]$.

57 f est définie par $f(x)=8x-103-\dfrac{5}{x}$.

58 f est définie par $f(x)=x-7+\dfrac{121}{x}$.

59 f est définie par $f(x)=-2x+19+\dfrac{25}{x}$.

60 f est définie par $f(x)=-9x+11-\dfrac{1}{x}$.

61 f est définie par $f(x)=-10x+26-\dfrac{40}{x}$.

62 f est définie par $f(x)=7x+3+\dfrac{28}{x}$.

Piste : $7x^2-28=7(x^2-4)$

63 **VRAI/FAUX**

Indiquer si les affirmations sont vraies ou fausses, puis justifier.

1. La fonction f définie sur $]0\,;+\infty[$ par $f(x)=1-\dfrac{100}{x}$ est décroissante sur $]0\,;+\infty[$.

2. La fonction g définie sur $]0\,;+\infty[$ par $g(x)=x-\dfrac{100}{x}$ est décroissante sur $]0\,;10[$.

3. La fonction h définie sur $]0\,;+\infty[$ par $h(x)=x+\dfrac{100}{x}$ est croissante sur $]0\,;+\infty[$.

64 Soit f la fonction définie sur $]0\,;+\infty[$ par :

$$f(x)=x-2+\frac{4}{x}.$$

À l'aide d'un logiciel de géométrie dynamique, on a construit la courbe représentative de f ainsi que ses tangentes au point A d'abscisse 4 et au point B d'abscisse 2.

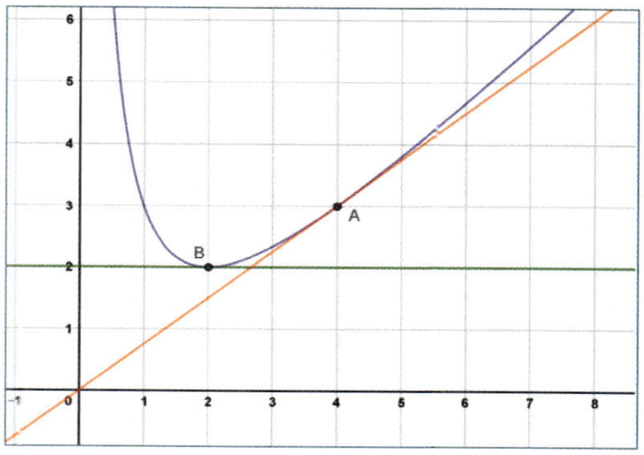

1. a. Faire une conjecture sur les variations de la fonction f sur $]0\,;+\infty[$.

b. Déterminer graphiquement l'équation réduite de la tangente à la courbe au point A, et celle de la tangente à la courbe au point B.

2. a. Calculer $f'(x)$ pour tout réel x strictement positif.

b. Démontrer la conjecture faite dans la question **1. a.**

c. Retrouver les résultats de la question **1. b.** par le calcul.

65 Soit f la fonction définie sur $]0\,;+\infty[$ par :

$$f(x)=\frac{2x^2+x+18}{x}.$$

On note $\mathscr{C}_f$ la courbe représentative de f.

1. Montrer que, pour tout réel x de $]0\,;+\infty[$,

$$f(x)=2x+1+\frac{18}{x}.$$

2. Montrer que pour tout réel x de $]0\,;+\infty[$,

$$f'(x)=\frac{2(x^2-9)}{x^2}.$$

3. Étudier les variations de f sur $]0\,;+\infty[$.

4. Déterminer une équation de la tangente T à la courbe $\mathscr{C}_f$ au point d'abscisse 1.

5. Tracer dans un repère la courbe $\mathscr{C}_f$ et sa tangente T.

66 Soit f la fonction définie sur $]0\,;2]$ par :

$$f(x)=x^3+3x-5-\frac{7}{x}.$$

1. Calculer $f'(x)$ pour tout réel x de $]0\,;2]$.

2. Montrer que f est croissante sur $]0\,;2]$.

67 Soit f la fonction définie sur $]0\,;2]$ par :

$$f(x)=x^3+x+1+\frac{4}{x}.$$

1. Calculer $f'(x)$ pour tout réel x de $]0\,;2]$.

2. Montrer que pour tout réel x de $]0\,;2]$,

$$f'(x)=\frac{(3x^2+4)(x^2-1)}{x^2}.$$

3. Justifier les données du tableau de variation de f ci-dessous.

x	0			1		2
$f'(x)$	||		$-$	0	$+$	
$f(x)$	||	↘		7	↗	13

68 FORMEL Soit f la fonction définie sur $]0\,;+\infty[$ par :

$$f(x)=\frac{x^3+3x^2+x+1}{x}.$$

1. On a obtenu la dérivée de la fonction f avec un logiciel de calcul formel. Démontrer les résultats affichés par le logiciel.

```
1  f(x):=(x^3+3x^2+x+1)/x
       x -> (x^3+3*x^2+x+1)/x
2  simplifier(deriver(f(x)))
       (2*x^3+3*x^2-1)/x^2
3  factoriser(deriver(f(x)))
       (x+1)^2*(2*x-1)/x^2
```

2. Justifier que, pour tout réel x de $]0\,;+\infty[$, $f'(x)$ a le même signe que $(2x-1)$.

3. Construire le tableau de variation de la fonction f sur $]0\,;+\infty[$.

69 Soit f la fonction définie sur $]0\,;+\infty[$ par :

$$f(x)=\frac{x^3+6x+2}{2x}$$

1. Montrer que pour tout réel x de $]0\,;+\infty[$,

$$f(x)=\frac{1}{2}x^2+3+\frac{1}{x}.$$

2. Montrer que pour tout réel x de $]0\,;+\infty[$,

$$f'(x)=\frac{(x-1)(x^2+x+1)}{x^2}.$$

3. a. Quel est le signe de x^2+x+1 sur $]0\,;+\infty[$?

b. En déduire le signe de $f'(x)$ sur $]0\,;+\infty[$.

4. Construire le tableau de variation de f sur $]0\,;+\infty[$.

70 Soit f la fonction définie sur $]0\,;+\infty[$ par :

$$f(x)=3x^2+1-\frac{5}{x}$$

1. Montrer que pour tout réel x de $]0\,;+\infty[$,

$$f'(x)=\frac{6x^3+5}{x^2}.$$

2. Justifier que pour tout réel x de $]0\,;+\infty[$, $6x^3+5>0$.

3. En déduire le sens de variation de f sur $]0\,;+\infty[$.

71 Soit f la fonction définie sur $]0\,;+\infty[$ par :

$$f(x)=0{,}5x^2+5+\frac{8}{x}.$$

1. Montrer que pour tout réel x de $]0\,;+\infty[$,

$$f'(x)=\frac{x^3-8}{x^2}.$$

2. a. Résoudre l'équation $x^3-8=0$.

b. Étudier le signe de x^3-8 sur $]0\,;+\infty[$.

3. En déduire le tableau de variation de f sur $]0\,;+\infty[$.

Modéliser à l'aide de fonctions $x\longmapsto P(x)+\dfrac{k}{x}$

72 Capacité 4, p. 81 PYTHON

En course à pied, les coureurs parlent davantage de leur allure que de leur vitesse moyenne.

La vitesse moyenne, exprimée en kilomètres par heure (km/h), correspond à la distance que l'on peut parcourir en une heure.

L'allure, exprimée en minutes par kilomètre (min/km), correspond au temps nécessaire pour parcourir un kilomètre.

1. Gabin a mis 18 minutes pour parcourir 3 km.

a. Quelle est son allure, en min/km ?

b. Quelle est sa vitesse moyenne, en km/h ?

2. On note a l'allure d'un coureur (en min/km).
Sa vitesse moyenne, exprimée en km/min est égale à $\dfrac{1}{a}$.

En déduire l'expression, en fonction de a, de la vitesse moyenne du coureur, exprimée en km/h.

3. On note f la fonction définie sur $]0\,;35]$ qui, à l'allure a exprimée en min/km, associe la vitesse moyenne $v(a)$ exprimée en km/h.

a. Quel est le sens de variation de f ? Justifier.

b. Tracer la courbe représentative de f dans un repère orthonormé d'unité graphique 2 cm pour 5.

c. Gabin a fait de nombreux entraînements.
La plus petite allure qu'il ait enregistrée est de 5,5 min/km.
Que peut-il dire de sa vitesse moyenne ?

4. On donne ci-dessous un programme écrit en langage Python.

```python
def course(t,d):
    a=t/d
    v=60/a
    return(a,v)
```

Que retourne l'appel course(46,9.2) ? Interpréter ce résultat.

MATHS & ÉCONOMIE

73 TABLEUR Une entreprise agroalimentaire peut produire entre 0,3 et 6 tonnes de farine biologique par jour. La tonne de farine biologique est vendue 20 centaines d'euros. Le coût moyen de production d'une tonne de farine biologique pour x tonnes produites est $f(x)$, où f est la fonction définie sur [0,3 ; 6] par $f(x) = 4x + \frac{9}{x}$. Ce coût moyen est exprimé en centaines d'euros.

1. a. Calculer $f'(x)$ puis montrer que, pour tout réel x de [0,3 ; 6], $f'(x) = \frac{(2x-3)(2x+3)}{x^2}$.

b. Dresser le tableau de variation de f sur [0,3 ; 6].

c. Déterminer le coût moyen minimal.

2. Dans cette question, l'entreprise produit et vend trois tonnes de farine.

a. Calculer la recette réalisée et le coût total de production.

b. En déduire le bénéfice réalisé.

3. À l'aide d'un tableur, on veut calculer comme ci-dessous : la recette, le coût moyen puis le coût total, et enfin le bénéfice, réalisés par la production et la vente de x tonnes de farine, pour x variant de 0,3 à 6 avec un pas de 0,1.

	A	B	C	D	E
1		Les montants sont exprimés en centaines d'euros			
2	x (en tonnes)	recette	coût moyen	coût total	bénéfice
3	0,3	6	31,2	9,36	-3,36
4	0,4	8	24,1	9,64	-1,64

Quelles formules destinées à être recopiées vers le bas peut-on saisir dans les cellules **B3**, **C3**, **D3** et **E3** ?

4. En utilisant les résultats affichés par le tableur, déterminer les quantités de farine que doit produire et vendre l'entreprise pour réaliser un bénéfice.

74 Une coopérative désire optimiser la production de son unité de tri de pommes.
On désigne par x le nombre de centaines de pommes triées par heure. On suppose que le nombre de pommes avariées non écartées à l'issue du tri est une fonction de x, notée f, telle que $f(x) = x^2 - 84x + 1849$, lorsque x appartient à l'intervalle [42 ; 50].

1. a. Déterminer $f'(x)$ et étudier son signe sur [42 ; 50].

b. En déduire les variations de f sur l'intervalle [42 ; 50].

2. On estime le tri satisfaisant si la proportion de pommes avariées non écartées n'excède pas 3 % des pommes triées. Justifier que le nombre $\frac{f(x)}{x}$ doit être inférieur ou égal à 3.

3. On nomme g la fonction définie sur [42 ; 50] par $g(x) = \frac{f(x)}{x}$.

a. Justifier que pour tout réel x de [42 ; 50],

$$g(x) = x - 84 + \frac{1849}{x}.$$

b. Montrer que pour tout réel x de [42 ; 50],

$$g'(x) = \frac{(x-43)(x+43)}{x^2}.$$

c. Dresser le tableau de variation de la fonction g sur [42 ; 50]

d. Tracer dans un repère la courbe représentative de g.

e. En utilisant le graphique, déterminer le nombre maximal de pommes à trier par heure pour lequel le tri reste satisfaisant.

Problème de synthèse

MATHS & ÉCONOMIE

75 Une entreprise fabrique des bouteilles en verre. La production quotidienne, exprimée en tonnes, varie entre 0 et 11. Le coût de fabrication de x tonnes de bouteilles, exprimé en milliers d'euros, est modélisé par la fonction C_T définie sur l'intervalle [0 ; 11] par :

$$C_T(x) = 0{,}5x^3 - 4x^2 + 20x + 72.$$

Partie A. Étude du coût moyen

Le coût moyen correspondant à la production de x tonnes de bouteilles est défini sur l'intervalle]0 ; 11] par :

$$C_M(x) = \frac{C_T(x)}{x}.$$

1. Montrer que pour tout réel x de]0 ; 11],

$$C_M(x) = 0{,}5x^2 - 4x + 20 + \frac{72}{x}.$$

2. Montrer que pour tout réel x de]0 ; 11],

$$C'_M(x) = \frac{(x-6)(x^2+2x+12)}{x^2}.$$

3. Justifier que sur]0 ; 11], $C'_M(x)$ est du signe de $x - 6$. En déduire le tableau de variation de la fonction C_M.

4. Quel est le coût moyen minimal ?

Partie B. Étude du bénéfice

L'entreprise vend ses bouteilles 37,5 milliers d'euros la tonne. On donne ci-dessous la courbe représentative de la fonction C_M ainsi que la droite d'équation $y = 37{,}5$.

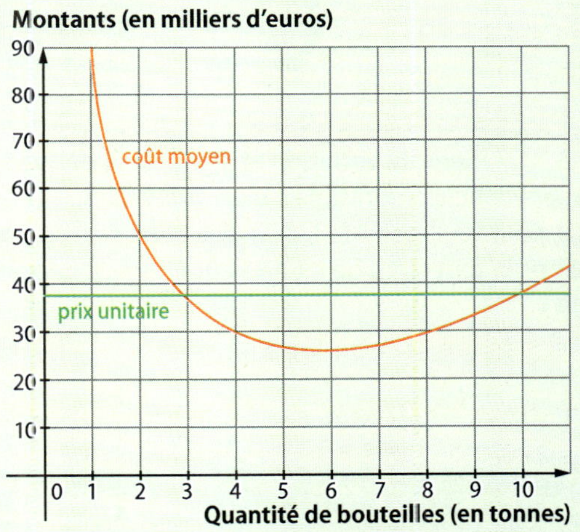

1. L'entreprise réalise un bénéfice lorsque le prix de vente unitaire est supérieur au coût moyen. Par lecture graphique, déterminer pour quelles quantités de bouteilles produites et vendues, l'entreprise réalise un bénéfice.

2. a. Montrer que le bénéfice réalisé par la production et la vente de x tonnes de bouteilles, exprimé en milliers d'euros, est donné par la fonction B définie sur [0 ; 11] par :

$$B(x) = -0{,}5x^3 + 4x^2 + 17{,}5x - 72.$$

b. Calculer $B'(x)$ et montrer que pour tout réel x de [0 ; 11],

$$B'(x) = -0{,}5(x-7)(3x+5).$$

c. Construire le tableau de variation de B sur [0 ; 11].

d. Pour quelle quantité de bouteilles fabriquées et vendues le bénéfice est-il maximal ? Quel est ce bénéfice maximal ?

Pour travailler en autonomie

Tous ces exercices sont corrigés, leurs solutions succinctes sont disponibles à la fin du manuel (p. 218).
En flashant la page, vous accéderez aux **corrigés rédigés et détaillés** sur votre smartphone ou votre tablette.

bordas Flash PAGE corrigés détaillés

L'essentiel

Fonction inverse

$x \mapsto \frac{1}{x}$ pour tout réel x non nul

Formules de dérivation

$f(x)$	$f'(x)$
k ($k \in \mathbb{R}$)	0
x	1
x^2	$2x$
x^3	$3x^2$
$\frac{1}{x}$	$-\frac{1}{x^2}$

Soit u et v deux fonctions dérivables et k un réel :
- $(u+v)'(x) = u'(x) + v'(x)$
- $(ku)'(x) = ku'(x)$

Sens de variation

La fonction inverse est décroissante sur $]-\infty\,;0[$ et sur $]0\,;+\infty[$

Courbe représentative $\mathscr{C}_f$

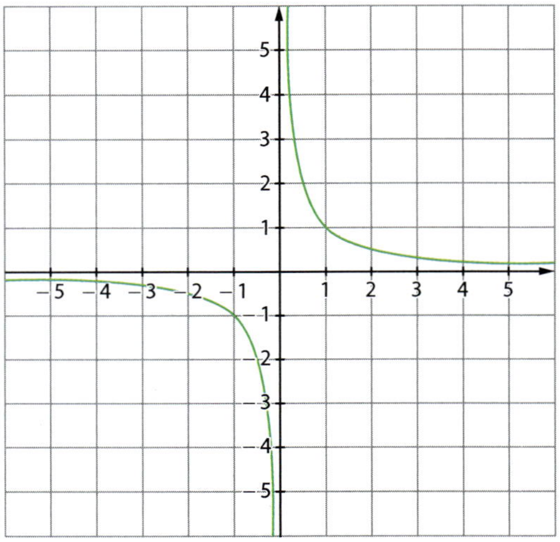

L'axe des ordonnées et l'axe des abscisses sont des asymptotes à la courbe $\mathscr{C}_f$.

Fonction dérivée

Sens de variation et signe de la dérivée

f est une fonction dérivable sur un intervalle I.
(1) Si, pour tout réel x de I, $f'(x) \geqslant 0$, alors f est croissante sur I.
(2) Si, pour tout réel x de I, $f'(x) \leqslant 0$, alors f est décroissante sur I.

Faire le point avec des exercices corrigés

Étudier une fonction polynôme de degré au plus 3

76 * 10 min Capacité 1, p. 80

Soit f la fonction définie sur $[-7\,;7]$ par :

$$f(x) = 4x^2 - 18x + 7.$$

1. Calculer $f'(x)$, puis étudier son signe sur $[-7\,;7]$.
2. Construire le tableau de variation de f.

77 * 10 min Capacité 1, p. 80

Soit f la fonction définie sur $[-2\,;5]$ par :

$$f(x) = -6x^2 + 24x - 17.$$

1. Calculer $f'(x)$, puis étudier son signe sur $[-2\,;5]$.
2. Construire le tableau de variation de f.

78 ** 15 min Capacité 1, p. 80

Soit f la fonction définie sur $[-2\,;2]$ par :

$$f(x) = 3x^3 - 25x + 3.$$

1. Calculer $f'(x)$, puis montrer que pour tout réel x de $[-2\,;2]$,
$$f'(x) = (3x-5)(3x+5).$$
2. Étudier le signe de $f'(x)$ sur $[-2\,;2]$.
3. Construire le tableau de variation de f.

79 ** 15 min Capacité 1, p. 80

Soit f la fonction définie sur $[1\,;4]$ par :

$$f(x) = 2x^3 - 15x^2 + 36x - 27.$$

1. Calculer $f'(x)$, puis montrer que pour tout réel x de $[1\,;4]$,
$$f'(x) = 6(x-2)(x-3).$$
2. Étudier le signe de $f'(x)$ sur $[1\,;4]$.
3. Construire le tableau de variation de f.

80 20 min Capacité 1, p. 80

Soit f une fonction définie sur $[-8 ; 3]$ dont on donne la courbe représentative $\mathscr{C}_f$ ci-dessous. La tangente T à la courbe $\mathscr{C}_f$ en son point A d'abscisse 0 passe par le point B$(-5 ; -1)$.

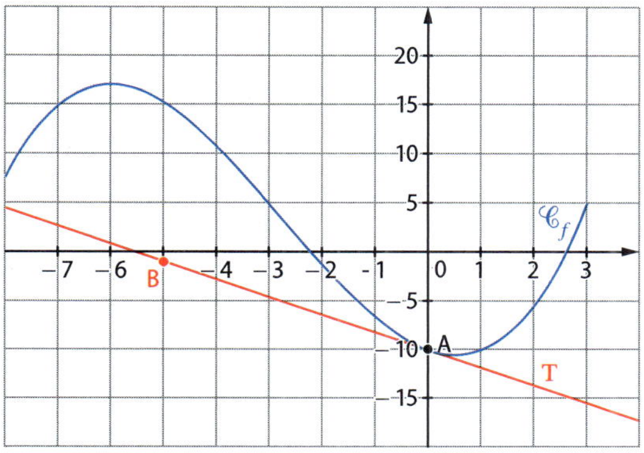

1. Répondre aux questions ci-dessous par lecture graphique.

a. Décrire les variations de f.

b. Quelle est la valeur de $f'(0)$?

2. La fonction f est définie sur $[-8 ; 3]$ par :

$$f(x) = 0{,}2x^3 + 1{,}65x^2 - 1{,}8x - 10.$$

a. Calculer $f'(x)$ et montrer que $f'(x) = 0{,}6(x+6)(x-0{,}5)$.

b. Construire le tableau de variation de f.

c. Déterminer une équation de la tangente T.

Étudier une fonction $x \mapsto P(x) + \dfrac{k}{x}$

81 10 min Capacité 2, p. 80

Calculer la fonction dérivée des fonctions f, g et h définies sur $]0 ; +\infty[$ par :

$$f(x) = \frac{11}{x} \text{ ; } g(x) = \frac{1}{12x} \text{ et } h(x) = \frac{3}{8x}.$$

82 15 min Capacité 3, p. 81

Soit f et g les fonctions définies sur $]0 ; +\infty[$ par :

$$f(x) = 50 + \frac{1}{x} \text{ et } g(x) = 7x - \frac{2}{x}.$$

1. a. Calculer $f'(x)$.

b. Donner le signe de $f'(x)$ sur $]0 ; +\infty[$.
En déduire le sens de variation de f sur $]0 ; +\infty[$.

2. a. Calculer $g'(x)$, puis étudier son signe sur $]0 ; +\infty[$.

b. En déduire le sens de variation de g sur $]0 ; +\infty[$.

83 15 min QCM Capacité 2, p. 80

Choisir la ou les bonnes réponses.

Soit f la fonction définie sur $]0 ; +\infty[$ par :

$$f(x) = 3 + \frac{50}{x}.$$

1. $f(0{,}01)$ est égal à :

a. 5 003 **b.** 503 **c.** 3,05 **d.** 3,05

2. $f(100)$ est égal à :

a. 5 003 **b.** 503 **c.** 3,5 **d.** 3,005

3. Pour tout réel x de $]0 ; +\infty[$, $f'(x)$ est égal à :

a. $\dfrac{50}{x^2}$ **b.** $-\dfrac{50}{x^2}$ **c.** $\dfrac{53}{x^2}$ **d.** $\dfrac{3x^2-50}{x^2}$

84 10 min Capacité 3, p. 81

Soit f la fonction définie sur l'intervalle $]0 ; 5]$ par :

$$f(x) = 3 - x - \frac{4}{x}.$$

1. Calculer $f'(x)$ puis montrer que pour tout réel x de $]0 ; 5]$,

$$f'(x) = \frac{4-x^2}{x^2}.$$

2. Justifier que sur $]0 ; 5]$, $f'(x)$ a le même signe que $(2-x)$.

3. Construire le tableau de variation de f sur $]0 ; 5]$.

85 15 min VRAI/FAUX Capacité 3, p. 81

Indiquer si les affirmations sont vraies ou fausses, puis justifier.

Soit f la fonction définie sur $]0 ; 10]$ par :

$$f(x) = 5 + 3x + \frac{10}{x}.$$

On nomme $\mathscr{C}_f$ la courbe représentative de f dans un repère.

1. Pour tout réel x de $]0 ; 10]$, $f'(x) = \dfrac{3x^2 - 10}{x^2}$.

2. Le coefficient directeur de la tangente à $\mathscr{C}_f$ au point d'abscisse 10 est égal à 2,9.

3. Une équation de la tangente à $\mathscr{C}_f$ au point d'abscisse 1 est : $y = -7x + 18$.

86 20 min Capacité 3, p. 81

Soit f la fonction définie sur $[1 ; 7]$ par :

$$f(x) = 1{,}5x^2 - 9x + 24 + \frac{48}{x}.$$

1. Montrer que, pour tout réel x de $[1 ; 7]$,

$$f'(x) = \frac{3(x-4)(x^2+x+4)}{x^2}.$$

2. Justifier que sur $[1 ; 7]$, $f'(x)$ a le même signe que $x - 4$.

3. Étudier les variations de la fonction f sur l'intervalle $[1 ; 7]$.

4. Déterminer le minimum de f sur $[1 ; 7]$.

87 25 min Capacités 3 et 4, p. 81

Pour financer une sortie, les élèves d'un lycée veulent vendre des craquelines. Ils décident de commander les craquelines en vrac. Le prix d'achat, en euros, de x kilogrammes de craquelines est donné par la fonction g définie sur l'intervalle $[10 ; 100]$ par :

$$g(x) = -0{,}2x^2 + 50x + 80.$$

1. a. Calculer $g'(x)$.

b. Étudier les variations de g sur $[10 ; 100]$.

2. Le prix moyen, en euros, d'un kilogramme de craquelines pour une commande de x kilogrammes est donné par la fonction h définie sur $[10 ; 100]$ par : $h(x) = \dfrac{g(x)}{x}$.

a. Justifier que, pour tout réel x de $[10 ; 100]$,

$$h(x) = -0{,}2x + 50 + \frac{80}{x}.$$

b. Calculer $h'(x)$. En déduire que $h'(x)$ est strictement négatif.

c. Établir le tableau de variation de h sur $[10 ; 100]$.

Que peut-on en déduire quant au prix moyen du kilogramme de craquelines, en fonction de la quantité achetée ?

MATHS & ÉCONOMIE

88 CALC TABLEUR Des lignes de niveau

Un restaurateur propose un menu unique.
Les charges fixes sont estimées pour une année à 63 000 €.
Le coût de préparation d'un repas est estimé à 9 €.
On suppose que tous les repas préparés sont vendus.
On désigne par x le nombre de repas servis en un an et on suppose que x appartient à l'intervalle [4 000 ; 15 000].

1. On note $c(x)$ le coût total annuel en euros de ces x repas. Justifier que $c(x) = 63\,000 + 9x$.

2. L'objectif du restaurateur est de réaliser un bénéfice annuel de 35 000 €.
Il aimerait savoir quel prix p du repas et quel nombre x de repas servis lui permettront de réaliser ce bénéfice.

a. Montrer que $p = 9 + \dfrac{98\,000}{x}$.

b. Soit L la fonction définie sur [4 000 ; 15 000] par :

$$L(x) = 9 + \frac{98\,000}{x}.$$

Montrer que la fonction L est décroissante sur l'intervalle [4 000 ; 15 000].

c. Si le restaurateur sert 7 000 repas, quel doit être le prix du menu pour réaliser ce bénéfice de 35 000 € ?

d. Avec la calculatrice, déterminer quatre autres situations pour lesquelles le bénéfice est de 35 000 €.

3. Le restaurateur utilise un tableur pour établir une stratégie selon différents scénarios, c'est-à-dire pour différentes valeurs du bénéfice souhaité.

	A	B	C	D	E	F	G	H	I
1	x	prix scénario 1	prix scénario 2	prix scénario 3	coût total	Scénario	1	2	3
2	4 000	29,75	33,50	37,25	99 000	Bénéfice :	20 000	35 000	50 000
3	4 500	27,44	30,78	34,11	103 500				
4	5 000	25,60	28,60	31,60	108 000				
5									
6									
7									
8									
9									
10									
11									
12									
13									
14									
15									

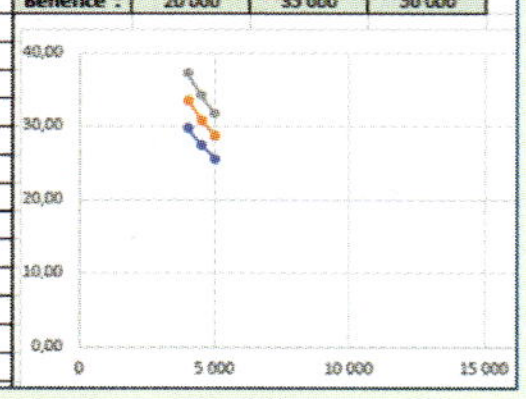

Dans la colonne **A**, on entre le nombre de repas servis (de 4 000 à 15 000 avec un pas de 500) et, dans la plage de cellules **G2:I2**, le bénéfice souhaité selon le scénario.
Dans la colonne **E**, on calcule le coût total annuel et dans les colonnes **B**, **C** et **D** le prix du repas qui permet, pour chaque scénario, de réaliser le bénéfice souhaité.

a. Quelle formule destinée à être recopiée vers le bas et vers la droite, peut-on saisir dans la cellule **B2** ?

b. Compléter cette feuille de calcul et faire afficher, pour chaque scénario, la courbe donnant le prix du repas en fonction du nombre de repas.

c. Que peut-on dire de la différence entre les différents scénarios lorsque le nombre de repas prévus est important ?

89 CALC Des économies au péage

Sur une autoroute, le prix du péage est de 0,12 € par kilomètre.
La société qui exploite l'autoroute propose aux usagers un abonnement aux conditions suivantes :
– achat d'une carte annuelle d'un coût de 58 € ;
– 30 % de réduction sur le prix du kilomètre aux titulaires de la carte.

1. Un automobiliste parcourt 10 000 km sur l'autoroute pendant toute l'année.

a. Combien paie-t-il sans abonnement ? avec abonnement ?

b. Quel est le pourcentage d'économie réalisé s'il prend un abonnement ?

2. Un automobiliste parcourt plus de 3 000 km sur l'autoroute dans l'année.
On note p la fonction qui, à tout réel x de [3 000 ; 20 000], associe le pourcentage d'économie que réalise cet automobiliste pour x kilomètres parcourus au cours d'une année d'abonnement.

a. Montrer que $p(x) = 0{,}3 - \dfrac{1450}{3x}$.

b. Calculer $p'(x)$ pour tout réel x de [3 000 ; 20 000].

c. Quel est le sens de variation de la fonction p ?

d. Avec une calculatrice, déterminer à partir de combien de kilomètres parcourus le pourcentage d'économie dépassera 25 %.

e. Ce pourcentage peut-il dépasser 30 % ?

90 GÉOMÉTRIE Avec un paramètre

Soit k un nombre réel et f la fonction définie sur $]-\infty\,;0[\,\cup\,]0\,;+\infty[$ par :

$$f_k(x) = x - 3 + \frac{k}{x}.$$

1. Avec un logiciel de géométrie dynamique, créer un curseur k puis construire la courbe représentative de la fonction f_k.

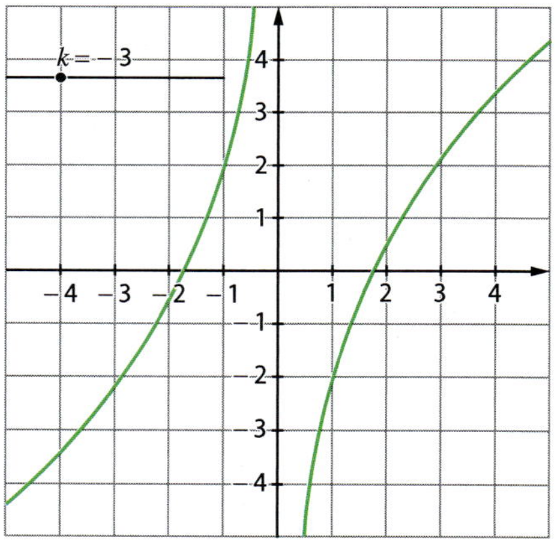

2. Faire une conjecture sur les variations de la fonction f_k selon les valeurs de k.

3. Démontrer cette conjecture.

BESOIN D'AIDE ?
Voir fiche Tableur, p. 204

TP Coût moyen, coût marginal et bénéfice

TABLEUR · CALCULER · MODÉLISER

Une entreprise fabrique et vend du lait infantile 1er âge. Elle peut produire chaque jour entre 0,5 et 10 tonnes de ce produit qu'elle revend en totalité au prix unitaire de 8 800 € la tonne.
Le coût de fabrication, en centaines d'euros, de x tonnes de lait est modélisé par la fonction C définie sur l'intervalle [0,5 ; 10] par :

$$C(x) = 2x^3 - 15x^2 + 52x + 50.$$

Le coût moyen correspondant à la production de x tonnes de lait est défini par $C_M(x) = \dfrac{C(x)}{x}$.
Le coût marginal est le coût induit par la production d'une tonne supplémentaire lorsqu'on a déjà produit x tonnes. Ce coût est très proche de $C'(x)$, où C' est la dérivée de la fonction C.
On note C_m la fonction définie sur [0,5 ; 10] par $C_m(x) = C'(x)$.

A Coût moyen et bénéfice

1. À l'aide d'un tableur, entrer dans la colonne **A** la quantité x de lait produit (en tonnes), pour x variant de 0,5 à 10 avec un pas de 0,1 et dans la colonne **B** le prix unitaire (en centaines d'euros).

2. a. Montrer que, pour tout réel x de [0,5 ; 10], $C_M(x) = 2x^2 - 15x + 52 + \dfrac{50}{x}$.

b. Quelle formule, destinée à être recopiée vers le bas, peut-on saisir dans la cellule **C2** pour faire afficher le coût moyen dans la colonne **C** ?

c. Compléter la colonne **C**.

3. Représenter graphiquement le prix unitaire et l'évolution du coût moyen en fonction de la quantité de lait produit.

	A	B	C
1	x	prix unitaire	$C_M(x)$
2	0,5	88	145
3	0,6	88	127,0533333
4	0,7	88	113,9085714
5	0,8	88	103,78
6	0,9	88	95,67555556
7	1	88	89
8	1,1	88	83,37454545
9	1,2	88	78,54666667
10	1,3	88	74,34153846
11	1,4	88	70,53428571
12	1,5	88	67,33333333
13	1,6	88	64,37
14	1,7	88	61,39176471
15	1,8	88	59,25777778
16	1,9	88	57,03578947
17	2	88	55

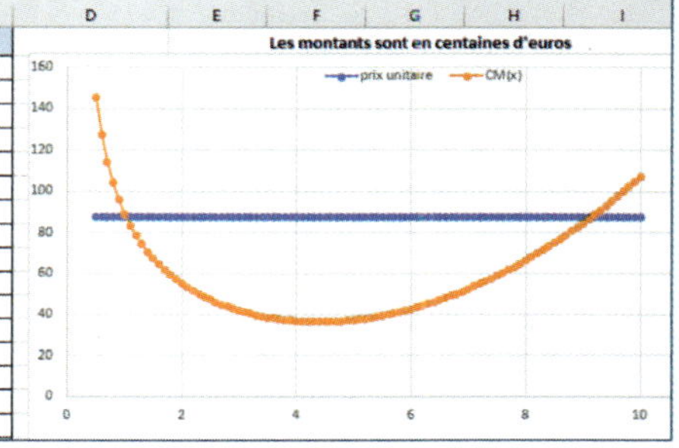

4. On dit qu'il y a bénéfice lorsque le prix de vente unitaire est strictement supérieur au coût moyen.
À l'aide des résultats fournis par le tableur, faire une conjecture sur la quantité de lait que doit produire l'entreprise pour réaliser un bénéfice.

B Coût moyen et coût marginal

1. Montrer que pour tout réel x de [0,5 ; 10], $C_m(x) = 6x^2 - 30x + 52$.

2. Faire afficher dans la colonne **D** le coût marginal pour chaque valeur de x.

3. Ajouter sur le graphique la représentation du coût marginal en fonction de la quantité de lait produit.

4. À l'aide des résultats fournis par le tableur, faire une conjecture sur la quantité de lait que doit produire l'entreprise pour que le coût moyen soit minimal. Quel est ce coût moyen minimal ?

5. Que peut-on penser de l'affirmation suivante :
« Le coût moyen est minimal lorsqu'il est égal au coût marginal » ?

C Étude théorique du bénéfice maximal

Soit B la fonction qui, à tout réel x de [0,5 ; 10] associe le bénéfice (en centaines d'euros) réalisé par la production et la vente de x tonnes de lait.

1. Montrer que $B(x) = -2x^3 + 15x^2 + 36x - 50$.

2. Calculer $B'(x)$ puis montrer que $B'(x) = -6(x-6)(x+1)$.

3. Construire le tableau de variation de la fonction B sur [0,5 ; 10].

4. Quelle est la quantité de lait que doit produire l'entreprise pour que le bénéfice soit maximal.
Quel est ce bénéfice maximal ?

5. Que peut-on penser de l'affirmation suivante ?
« Le bénéfice de l'entreprise est maximal lorsque le coût marginal est égal au prix de vente unitaire. »

CAP VERS LE BAC Zoom sur le tableur

Cette page fait le point sur les capacités relatives, liées au chapitre 3, qui peuvent être demandées lors de l'évaluation commune.

UN EXEMPLE TABLEUR

Le secteur du commerce en ligne (*e-commerce*) est en pleine croissance, notamment grâce à la percée des ventes sur terminaux mobiles, tablettes ou smartphones (*m-commerce*).
Une étude a permis de modéliser le chiffre d'affaires du *m-commerce*, exprimé en milliards d'euros pour l'année $(2010 + x)$, comme sur la feuille de calcul ci-dessous.
Quant au chiffre d'affaires du *m-commerce*, exprimé en milliards d'euros pour l'année $(2010 + x)$, on admet qu'il peut être modélisé par la fonction f définie sur [1 ; 20] par :

$$f(x) = 0{,}5x^2 - 1{,}2x + 1{,}3.$$

Ainsi, $f(1)$ est une estimation du chiffre d'affaires en 2011, etc.
On veut étudier l'évolution de la part du chiffre d'affaires du *m-commerce* dans celui du *e-commerce* à partir de l'année 2011.

B3 =7,3*B2+28

	A	B	C	D	E	F	G	H	I	J	K
1	Année	2011	2012	2013	2014	2015	2016	2017	2018	2019	2020
2	x	1	2	3	4	5	6	7	8	9	10
3	Chiffre d'affaires du e-commerce (en milliards d'euros)	35,3	42,6	49,9	57,2	64,5	71,8	79,1	86,4	93,7	101
4	Chiffre d'affaires du m-commerce (en milliards d'euros)	0,6	0,9	2,2	4,5	7,8	12,1	17,4	23,7	31	39,3
5	Part du chiffre d'affaires du m-commerce dans celui du e-commerce (en %)	1,7%	2,1%	4,4%	7,9%	12,1%	16,9%	22,0%	27,4%	33,1%	38,9%

LES QUESTIONS QUI PEUVENT ÊTRE POSÉES LE JOUR DU BAC	RÉPONSES
Comprendre une formule **1.** La formule saisie dans la cellule **B3** a été recopiée vers la droite. En observant cette formule, déterminer l'expression $g(x)$ de la fonction choisie pour modéliser le chiffre d'affaires du *e-commerce*, x étant le rang de l'année.	**1.** La formule saisie dans la cellule **B3** est : =7,3*B2+28. La cellule **B2** contient 1, qui est la valeur de x pour l'année 2011. Ainsi, le chiffre d'affaires est calculé en multipliant le rang x de l'année par 7,3 puis en ajoutant 28 au résultat. Le chiffre d'affaires du *e-commerce* est donc modélisé par la fonction g définie par $g(x) = 7{,}3x + 28$.
QCM Choisir une formule parmi plusieurs formules **2.** Parmi les formules ci-dessous, laquelle, destinée à être recopiée vers la droite, peut-on saisir dans la cellule **B4** ? **a.** =0,5*B1^2-1,2*B1+1,3 **b.** =0,5*B2^2-1,2*B2+1,3 **c.** =0,5*$B2^2-1,2*$B2+1,3	**2.** Le chiffre d'affaires du *m-commerce* pour l'année $(2010 + x)$ est donné par $f(x) = 0{,}5x^2 - 1{,}2x + 1{,}3$. Pour l'année 2011, le calcul à effectuer est $0{,}5x^2 - 1{,}2x + 1{,}3$; la valeur de x étant dans la cellule **B2**. Pour l'année 2012, la valeur de x est dans la cellule **C2**, etc. • Ainsi, les valeurs de x sont dans la ligne **2**, et non pas dans la ligne **1** : la formule **a.** ne convient pas. • La formule **c.** serait recopiée vers la droite de manière identique puisqu'il y a le symbole $ devant la lettre de la colonne **B** : cette formule ne convient pas. • La formule à saisir dans la cellule **B4** est =0,5*B2^2-1,2*B2+1,3. Dans la cellule **C4**, elle sera bien recopiée en =0,5*C2^2-1,2*C2+1,3, etc.
Écrire une formule **3.** La ligne **5** est au format pourcentage. Quelle formule, destinée à être recopiée vers la droite peut-on saisir dans la cellule **B5** ?	**3.** On commence par déterminer le calcul « mathématique » à effectuer puis par repérer les cellules dans lesquelles se trouvent les éléments du calcul. La part recherchée est égale à : $\dfrac{\text{chiffre d'affaires du } m\text{-commerce}}{\text{chiffre d'affaires du } e\text{-commerce}}$. Pour l'année 2011, le chiffre d'affaires du *m-commerce* se trouve dans la cellule **B4** et celui du e-commerce se trouve dans la cellule **B3**. La formule à saisir dans la cellule **B5** est donc : =B4/B3. Dans la cellule **C5**, elle sera bien recopiée en =C4/C3, dans la cellule **D5**, elle sera recopiée en =D4/D3, etc.

Sujet commenté

Thème

- Fonctions $x \mapsto P(x) + \dfrac{k}{x}$

ÉNONCÉ Une entreprise produit quotidiennement entre une et vingt tonnes de peinture.
Le coût de production, en milliers d'euros, de x tonnes de peinture est modélisé par la fonction C définie sur l'intervalle [1 ; 20] par : $C(x) = 0{,}05x^2 - 0{,}1x + 2{,}45$.
Pour une production de x tonnes de peinture, on appelle coût unitaire, le coût $f(x)$ auquel revient alors la production d'une tonne de peinture. Ainsi, pour tout réel x de [1 ; 20], $f(x) = \dfrac{C(x)}{x}$.

1. a. Vérifier que, pour tout réel x de [1 ; 20], $f(x) = 0{,}05x - 0{,}1 + \dfrac{2{,}45}{x}$.

b. Calculer $f'(x)$ puis démontrer que, pour tout réel x de [1 ; 20], $f'(x) = \dfrac{0{,}05(x^2 - 49)}{x^2}$.

c. Déterminer le signe de $f'(x)$ sur [1 ; 20] et dresser le tableau de variation de la fonction f.

d. Quel est le coût unitaire minimal ? Pour quelle quantité de peinture produite est-il atteint ?

2. L'entreprise fixe le prix de vente d'une tonne de peinture à 670 €.

a. Montrer que le bénéfice réalisé pour x tonnes de peintures produites et vendues est donné par la fonction B définie sur [1 ; 20] par $B(x) = -0{,}05x^2 + 0{,}77x - 2{,}45$.

b. Calculer $B'(x)$ et étudier son signe sur [1 ; 20]. En déduire le tableau de variation de B.

COMPRENDRE L'ÉNONCÉ ET CHOISIR LES MÉTHODES / SOLUTION COMMENTÉE

Méthode — 1. a. Utiliser la propriété $\dfrac{a+b}{c} = \dfrac{a}{c} + \dfrac{b}{c}$ où a, b et c sont trois réels et c non nul.

Solution — 1. a. Pour tout réel x de [1 ; 20], $f(x) = \dfrac{0{,}05x^2 - 0{,}1x + 2{,}45}{x}$

donc $f(x) = \dfrac{0{,}05x^2}{x} - \dfrac{0{,}1x}{x} + \dfrac{2{,}45}{x}$ soit $f(x) = 0{,}05x - 0{,}1 + \dfrac{2{,}45}{x}$.

Méthode — b. Pour dériver une fonction $x \mapsto \dfrac{k}{x}$, on écrit $\dfrac{k}{x}$ sous la forme $k \times \dfrac{1}{x}$.

Capacité 3, p. 81

Solution — b. Pour tout réel x de [1 ; 20], $f(x) = 0{,}05x - 0{,}1 + 2{,}45 \times \dfrac{1}{x}$

donc $f'(x) = 0{,}05 - 0 + 2{,}45 \times \left(-\dfrac{1}{x^2}\right) = 0{,}05 - \dfrac{2{,}45}{x^2} = \dfrac{0{,}05x^2 - 2{,}45}{x^2}$.

Comme $0{,}05(x^2 - 49) = 0{,}05x^2 - 2{,}45$, on a bien $f'(x) = \dfrac{0{,}05(x^2 - 49)}{x^2}$.

Méthode — c. Factoriser $x^2 - 49$ en utilisant une identité remarquable, puis montrer que $f'(x)$ a le même signe que $x - 7$.

Capacité 3, p. 81

Solution — c. $x^2 - 49 = (x - 7)(x + 7)$ donc $f'(x) = \dfrac{0{,}05(x-7)(x+7)}{x^2}$.

Pour tout réel x de [1 ; 20], $0{,}05 > 0$, $x^2 > 0$ et $x + 7 > 0$ donc $f'(x)$ a le même signe que $x - 7$. Par conséquent, $f'(x) \geqslant 0$ sur [7 ; 20] et $f'(x) \leqslant 0$ sur [1 ; 7].

x	1		7		20
$f'(x)$		−	0	+	
$f(x)$	2,4	↘	0,6	↗	1,022 5

Méthode — d. Utiliser le tableau de variation de la fonction f.

Capacité 4, p. 81

Solution — d. Pour que le coût unitaire soit minimal, l'entreprise doit produire 7 tonnes de peinture. Le coût unitaire minimal est égal à 0,6 millier d'euros, soit 600 €.

Méthode — 2. a. La recette est : $R(x) = p \times x$ où p est le prix unitaire et $B(x) = R(x) - C(x)$.

Solution — 2. a. Chaque tonne de peinture est vendue 670 €, soit 0,67 millier d'euros.
La recette réalisée par la vente de x tonnes de peinture est donc égale à $0{,}67x$.
Le bénéfice est : $B(x) = 0{,}67x - (0{,}05x^2 - 0{,}1x + 2{,}45)$ soit
$B(x) = 0{,}67x - 0{,}05x^2 + 0{,}1x - 2{,}45$ donc $B(x) = -0{,}05x^2 + 0{,}77x - 2{,}45$.

Méthode — b. Pour étudier le signe de $B'(x)$, on résout une inéquation.

Capacité 1, p. 80

Solution — b. Pour tout réel x de [1 ; 20], $B'(x) = -0{,}05 \times 2x + 0{,}77 \times 1 - 0 = -0{,}1x + 0{,}77$.
$-0{,}1x + 0{,}77 \geqslant 0$ équivaut à $-0{,}1x \geqslant -0{,}77$ et donc à $x \leqslant 7{,}7$.
Par conséquent, $B'(x) \geqslant 0$ sur [1 ; 7,7] et par suite, $B'(x) \leqslant 0$ sur [7,7 ; 20].

x	1		7,7		20
$B'(x)$		+	0	−	
$B(x)$	− 1,73	↗	0,5145	↘	− 7,05

Ces sujets permettent de travailler les capacités liées au chapitre 3 et attendues à l'évaluation commune.

Automatismes 20 min

Thèmes
- Fonctions
- Calculs numériques
- Calculs algébriques
- Évolutions et pourcentages

1. Soit f la fonction définie sur $[-3\,;6]$ dont on donne la courbe représentative ci-dessous.

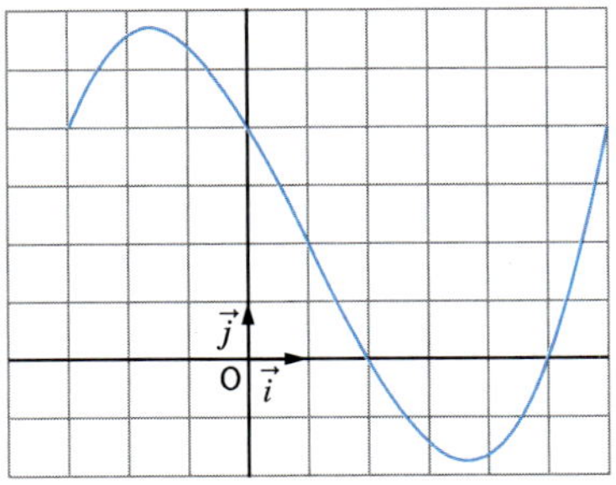

a. Quel est l'ensemble des solutions de l'inéquation $f(x) \geqslant 0$?
b. Quel est le nombre de solutions de l'équation $f(x) = 0$?
c. Quel est le signe du nombre dérivé $f'(0)$?

2. On admet que la consommation d'un véhicule roulant aux biocarburants en fonction de la vitesse est modélisée par la fonction f définie sur $[30\,;130]$ par : $f(x) = \dfrac{8x^2 - 800x + 30\,000}{x^2}$ où x est exprimé en km/h et $f(x)$ est exprimé en litres pour 100 km. Suivant ce modèle, quelle est la consommation d'un véhicule qui roule à 50 km/h ?

3. Comparer les nombres suivants : $\dfrac{4}{5}$; $\dfrac{7}{6}$ et $\dfrac{13}{20}$.

4. Résoudre dans $\mathbb{R}$ l'inéquation $150x - 3 \leqslant 200x - 5$.

5. Soit (u_n) la suite arithmétique telle que :
$u_1 = -10$ et $u_{n+1} = u_n + 7$ pour tout entier naturel n.
Calculer le terme u_5.

6. Le prix d'un article vendu dans un magasin a augmenté de 30 % par mois durant les deux derniers mois.
Quel est le taux d'évolution global ?

Sujet A 30 min

CHERCHER CALCULER
SOLUTION EN FIN DE MANUEL

bordas Flash PAGE corrigé détaillé

Thème
- Fonctions $x \mapsto P(x) + \dfrac{k}{x}$

QCM *Choisir la ou les bonnes réponses.*

Soit f la fonction définie sur $]0\,;500]$ par :

$$f(x) = 2x + 7 + \frac{8}{x}.$$

1. L'image de 100 par la fonction f est égale à :
a. 207,08 **b.** 207,8 **c.** 215 **d.** 0,215

2. $f(0{,}01)$ est égal à :
a. 8 **b.** 87,02 **c.** 207,08 **d.** 807,02

3. Pour tout réel x de $]0\,;500]$, $f'(x)$ est égal à :
a. $2 + \dfrac{8}{x^2}$ **b.** $2 - \dfrac{8}{x^2}$ **c.** $\dfrac{2x^2 - 8}{x^2}$ **d.** $-\dfrac{6}{x^2}$

4. Sur $]0\,;500]$, $f'(x)$ a le même signe que :
a. $2x^2 - 8$ **b.** $2 - 8x^2$ **c.** $1 - 2x$ **d.** $x - 2$

5. Le minimum de f sur $]0\,;500]$ est égal à :
a. 2 **b.** 7 **c.** 15 **d.** 17

CAPACITÉS MISES EN ŒUVRE
Questions 1. à 5. ► Capacités 2 à 4, pp. 80 et 81

Sujet B 30 min

CALCULER COMMUNIQUER

Thème
- Fonctions $x \mapsto P(x) + \dfrac{k}{x}$

Soit f une fonction définie sur l'intervalle $[1\,;10]$ dont la courbe représentative $\mathscr{C}_f$ est donnée ci-dessous. La droite T est la tangente à la courbe $\mathscr{C}_f$ au point A(2 ; 0). La tangente à la courbe $\mathscr{C}_f$ au point d'abscisse 4 est parallèle à l'axe des abscisses.

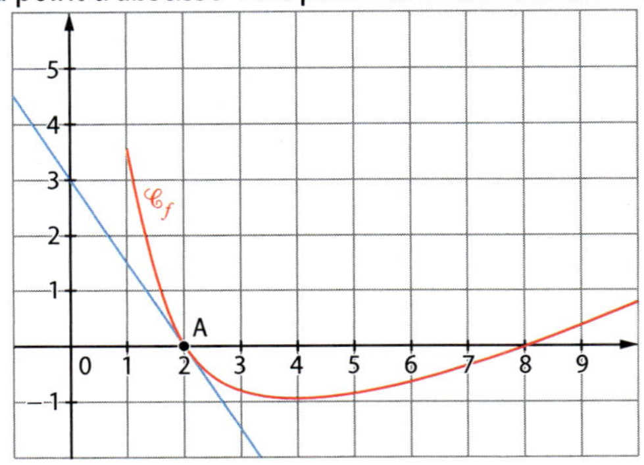

Partie A

1. À l'aide des informations précédentes, recopier et compléter le tableau ci-dessous

x	1	…	10
$f'(x)$	…	…	…
$f(x)$	3,5 ↘	…	↗ 0,8

2. Donner sans justification le nombre de solutions de l'équation $f(x) = 0$.

3. Justifier que le coefficient directeur de la tangente T est $-1{,}5$. En déduire la valeur de $f'(2)$.

Partie B

L'expression de la fonction f est donnée, pour tout nombre réel x appartenant à l'intervalle $[1\,;10]$ par :

$$f(x) = 0{,}5x - 5 + \frac{8}{x}.$$

1. Calculer $f'(x)$ pour tout réel x de $[1\,;10]$.
2. En déduire une équation de la tangente à la courbe $\mathscr{C}_f$ au point d'abscisse 8.

CAPACITÉ MISE EN ŒUVRE
Partie B. ► Capacité 2 p 80

Sujet C 50 min

MODÉLISER COMMUNIQUER

THÈME

- Fonctions $x \longmapsto P(x) + \frac{k}{x}$

Une entreprise fabrique chaque jour des pièces métalliques pour l'industrie automobile. La production quotidienne varie entre 0 et 25 pièces.

Partie A. Lectures graphiques

À l'aide du graphique donné ci-dessous, répondre aux questions suivantes.

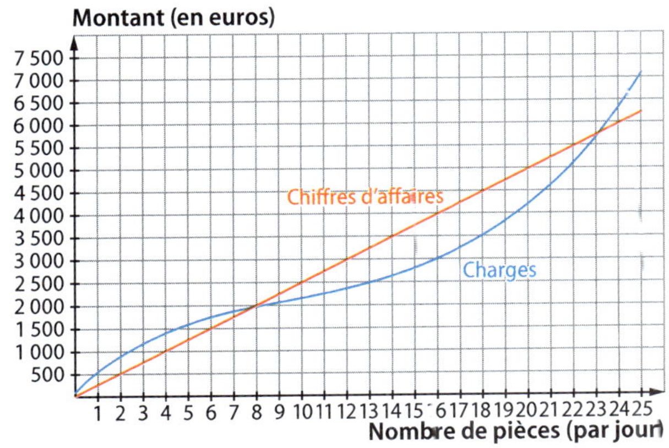

1. Quel est le montant des charges pour 5 pièces produites par jour ?

2. Combien de pièces sont produites par jour pour un montant des charges de 2 000 € ?

3. Quelles quantités produites par jour permettent à l'entreprise de réaliser un bénéfice ?

Partie B. Étude du bénéfice

Le bénéfice réalisé par la fabrication et la vente de x pièces, exprimé en euros, est modélisé par la fonction B définie sur l'intervalle $[0\,;25]$ par :

$$B(x) = -x^3 + 30x^2 - 153x - 92{,}416.$$

1. Calculer $B'(x)$, pour tout réel x de $[0\,;25]$.

2. Montrer que $B'(x) = -3(x-17)(x-3)$.

3. Dresser le tableau de variation de la fonction B sur l'intervalle $[0\,;25]$.

4. Déterminer le nombre de pièces que l'entreprise doit produire chaque jour pour que le bénéfice réalisé soit maximal. Que vaut alors ce bénéfice maximal ?

Partie C. Coût moyen

On appelle coût moyen la fonction C_M définie sur l'intervalle $]0\,;25]$ par $C_M = \frac{C(x)}{x}$ où $C(x) = x^3 - 30x^2 + 400x + 92{,}416$.

1. Calculer $C_M(16)$ et $C_M(17)$. On arrondira au centime d'euro.

2. Montrer que pour tout réel x de $]0\,;25]$:

$$C_M(x) = x^2 - 30x + 400 + \frac{92{,}416}{x}.$$

3. Montrer que pour tout réel x de $]0\,;25]$:

$$C'_M(x) = \frac{2(x-15{,}2)(x^2+0{,}2x+3{,}04)}{x^2}.$$

4. a. Justifier que sur l'intervalle $]0\,;25]$ $C'_M(x)$ a le même signe que $(x-15{,}2)$.

b. Construire le tableau de variation de la fonction C_M sur $]0\,;25]$.

5. L'affirmation suivante est-elle vraie ?
« Lorsque le bénéfice de l'entreprise augmente, le coût moyen diminue ». Justifier.

CAPACITÉS MISES EN ŒUVRE
Questions B 1., 2. et 3. ► Capacité 1 p. 80
Questions C 2., 3. et 4. ► Capacités 2 et 3 pp. 80 à 81
Question C 5. ► Capacité 4 p. 81

Sujet D 30 min

RETOUR SUR L'OUVERTURE, P. 77

CHERCHER CALCULER

THÈMES

- Fonctions $x \longrightarrow P(x) + \frac{k}{x}$
- Compléter un programme

Une entreprise produit et vend du safran, une épice de grande qualité. On note x le nombre de kilogrammes que produit et vend l'entreprise en un an, x étant compris entre 1 et 9.
Le coût moyen de production, exprimé en milliers d'euros, d'un kilogramme de safran lorsqu'on en fabrique x kg, est modélisé par la fonction C_M définie sur l'intervalle $[1\,;9]$ par :

$$C_M(x) = 2x^2 - 23x + 90 + \frac{36}{x}$$

1. Montrer que pour tout réel x de $[1\,;9]$:

$$C'_M(x) = \frac{(x-6)(4x^2+x+6)}{x^2}.$$

2. Justifier que sur $[1\,;9]$, $C'_M(x)$ a le même signe que $(x-6)$.

3. Construire le tableau de variation de la fonction C_M sur $[1\,;9]$.

4. Chaque kilogramme de safran est vendu au prix de 50 milliers d'euros. L'entreprise réalise un profit lorsque le prix unitaire est supérieur au coût moyen.
Recopier, puis compléter le programme ci-dessous afin que la fonction safran retourne, à 100 grammes près, la quantité minimale de safran à produire et vendre pour réaliser un bénéfice.

```
def safran():
    x=1
    p=50
    c=2*x**2-23*x+90+36/x
    while ........:
        x=x+0.1
        c=2*x**2-23*x+90+36/x
    return(........)
```

CAPACITÉS MISES EN ŒUVRE
Questions 1. et 2. ► Capacités 2 à 4 pp. 80 et 81

EXERCICES Revoir des points essentiels

PARCOURS 1 Calculer la dérivée d'une fonction

Un exemple : Soit f la fonction définie sur $]0\,;+\infty[$ par $f(x)=3x^2+5+\dfrac{11}{x}$. Calculer $f'(x)$.

Ma réflexion	→ Ma démarche
Que me demande-t-on ?	Je dois calculer $f'(x)$. ► *Sous quelle forme est $f(x)$? somme ? produit ? quotient ?*
Comment démarrer ?	J'écris $f(x)=P(x)+Q(x)$ avec $P(x)=3x^2+5$ et $Q(x)=\dfrac{11}{x}$. ► *Justifier que $P'(x)=6x$.*
Comment doit-on écrire $\dfrac{11}{x}$ pour pouvoir dériver la fonction Q ?	Je dois écrire $\dfrac{11}{x}$ sous la forme $k\times\dfrac{1}{x}$. ► *Quelle est la valeur du réel k ? Quelle est la dérivée de la fonction inverse ?* *En déduire que la dérivée de la fonction Q est la fonction $x\mapsto-\dfrac{11}{x^2}$. Sachant que $f'(x)=P'(x)+Q'(x)$, conclure.*

91 Dans chaque cas, on donne l'expression d'une fonction f définie sur $[1\,;+\infty[$. Calculer $f'(x)$.

a. $f(x)=85x+1$ **b.** $f(x)=11x^2-4x+5$ **c.** $f(x)=-7x^3+3x^2-9$ **d.** $f(x)=2+\dfrac{1}{x}$

e. $f(x)=2x+20+\dfrac{1}{x}$ **f.** $f(x)=4x-18+\dfrac{8}{x}$ **g.** $f(x)=2x^2-7-\dfrac{1}{x}$ **h.** $f(x)=1-2x^3-\dfrac{19}{x}$

PARCOURS 2 Étudier les variations d'une fonction

Un exemple : Soit f la fonction définie sur $]0\,;+\infty[$ par $f(x)=x-2+\dfrac{1}{x}$.

1. Calculer $f'(x)$ puis montrer que pour tout réel x de $]0\,;+\infty[$, $f'(x)=\dfrac{x^2-1}{x^2}$.
2. Étudier le sens de variation de la fonction f.

Ma réflexion	→ Ma démarche
Que me demande-t-on dans la première question ?	Je dois calculer la dérivée de f et transformer son expression. ► *Justifier que pour tout réel x de $]0\,;+\infty[$, $f'(x)=1-\dfrac{1}{x^2}$. Conclure en réduisant au même dénominateur.*
Que me demande-t-on dans la deuxième question ?	Je dois étudier les variations de la fonction f. ► *On connait la dérivée de f. Que doit-on faire pour déterminer les variations de f ?*
Pourquoi, sur l'intervalle $]0\,;+\infty[$, le signe de $f'(x)$ est-il le même que celui de x^2-1 ?	Je sais que le dénominateur x^2 est strictement positif pour tout x de $]0\,;+\infty[$. ► *En précisant la règle utilisée, en déduire que le signe de $f'(x)$ est le même que celui de x^2-1.*
Comment étudie-t-on le signe de x^2-1 ?	Je remarque que x^2-1 est la différence de deux carrés. ► *En utilisant l'identité remarquable, $a^2-b^2=(a-b)(a+b)$, factoriser x^2-1.*
Pourquoi, sur l'intervalle $]0\,;+\infty[$, le signe de x^2-1 est-il le même que celui de $x-1$?	Sachant que $x>0$, j'en déduis que $x+1$ est supérieur à 1 et donc supérieur à 0. ► *Résoudre l'inéquation $x-1\geqslant 0$ et en déduire sur quel intervalle $f'(x)$ est positif. Conclure quant au signe de $f'(x)$ sur $]0\,;+\infty[$.*
Quelle propriété utilise-t-on pour déterminer les variations de f.	J'utilise le lien entre le sens de variation d'une fonction et le signe de sa dérivée. ► *Conclure.*

92 Soit f la fonction définie sur $]0\,;+\infty[$ par $f(x)=100x-1+\dfrac{4}{x}$.

1. Calculer $f'(x)$, puis montrer que pour tout réel x de $]0\,;+\infty[$, $f'(x)=\dfrac{100x^2-4}{x^2}$.
2. Étudier le sens de variation de la fonction f.

Ouverture sur...

La fonction inverse

MICROÉCONOMIE

Contrairement à la macroéconomie qui étudie le fonctionnement économique à l'échelle d'un pays (PIB, inflation, taux de chômage, etc.), la microéconomie étudie le comportement de chaque acteur économique : familles, entreprises, travailleurs… Elle permet par exemple d'analyser l'offre et la demande et le niveau des prix. Elle cherche à trouver un accord entre les besoins des consommateurs et les entreprises qui offrent les biens et les services.
L'analyse d'un coût moyen ou d'un coût marginal fait partie du domaine de la microéconomie.

SECTIONS CONIQUES

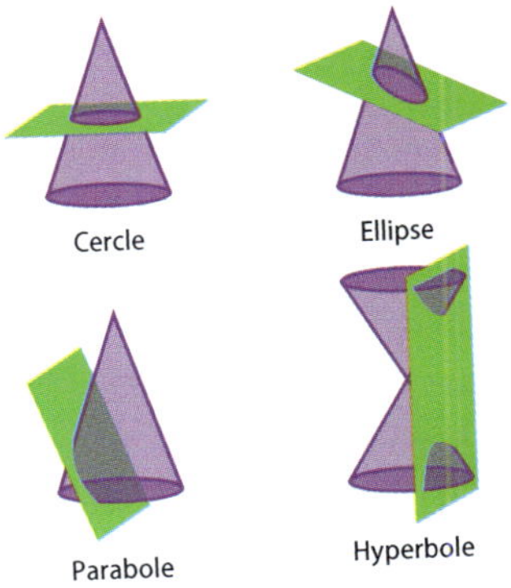

L'hyperbole est l'une des courbes obtenues par l'intersection d'un cône de révolution par un plan. Ces sections sont appelées les coniques. Dans son ouvrage les Coniques, le géomètre et astronome grec Appolonius de Perge (vers 240 av. J.-C. – vers 190 av. J.-C.) nomme et décrit la construction des trois types de coniques :

l'ellipse, la parabole et **l'hyperbole**.

La surface engendrée par la rotation d'une branche d'hyperbole (hyperboloïde) a des propriétés qui lui confèrent une structure très stable. On l'utilise pour les tours de refroidissement des centrales nucléaires, les châteaux d'eau, etc.

Les mathématiques aujourd'hui

La physicienne et mathématicienne **Ingrid Daubechies**, née à Houthalen en Belgique le 17 août 1954, conduit des recherches sur la théorie des ondelettes, fonctions mathématiques utilisées dans le traitement des signaux numériques.

Ses recherches ont permis la reconstruction des premières images du télescope Hubble, l'imagerie médicale, le partage de photos et de vidéos en haute résolution, la compression de séquences sonores en fichiers MP3, le partage électronique d'empreintes digitales, etc. De 2011 à 2014, Ingrid Daubechies a été la première femme présidente de l'Union mathématique internationale (UMI).

Son œuvre a été honorée de nombreux prix dont, récemment, le prix William Benter (en 2018) et le prix international « Pour les femmes et la Science », décerné par l'Unesco et la fondation L'Oréal (en 2019).

Se tester pour un BON DÉPART

Utiliser une représentation graphique

1 Le graphique ci-contre donne le prix de location par une agence d'un véhicule en fonction du nombre de kilomètres parcourus.

1. Déterminer graphiquement le prix à payer si on effectue 50 km avec le véhicule.
2. Quelle distance a-t-on parcourue si on a payé 40 € ?

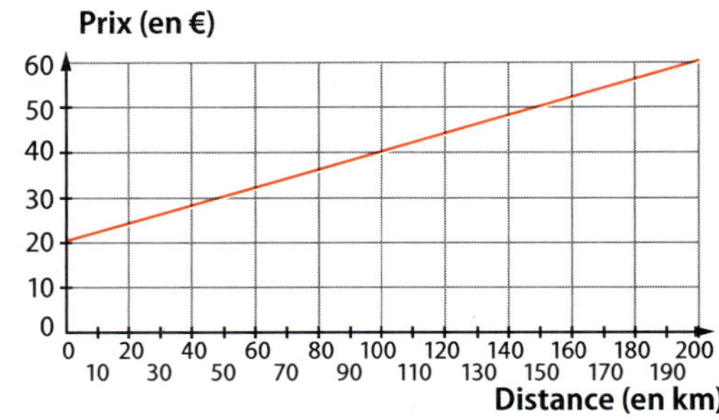

2 QCM *Choisir la ou les bonnes réponses.*

On reprend la situation de l'exercice précédent. Le prix p que le client de cette agence de location doit payer est une fonction affine du nombre x de kilomètres parcourus. On a donc $p(x) = ax + b$, avec a et b réels. Alors :

a. $a = 50$ et $b = 30$. b. $a = 5$ et $b = 20$. c. $a = 0{,}2$ et $b = 20$. d. $a = 0{,}2$ et $b = 60$.

Déterminer et utiliser une équation de droite

Pour les exercices 3 à 5, on se place dans un repère (O, I, J) du plan.

3 On considère les points A(2 ; 1) et B(7 ; 11).

1. Déterminer une équation de la droite (AB).
2. Déterminer les coordonnées du point C de (AB) ayant pour abscisse 15.
3. Déterminer les coordonnées du point d'intersection de la droite (AB) avec l'axe des abscisses.

4 QCM *Choisir la ou les bonnes réponses.*

La droite d'équation $y = 201{,}5x - 1\,203$ passe par le point de coordonnées :

a. (10 ; 812) b. (17,3 ; 2 282,95) c. (0 ; 1 203) d. (5,97 ; 0)

5 1. Représenter la droite Δ d'équation $y = 0{,}5x + 3$.

2. Déterminer par le calcul l'ordonnée du point de Δ ayant pour abscisse 20.
3. Déterminer par le calcul l'abscisse du point de Δ ayant pour ordonnée 38.

Utiliser le mode Statistique de la calculatrice CALC

6 VRAI/FAUX

Indiquer si les affirmations sont vraies ou fausses, puis justifier.

On considère la série statistique suivante : 4 – 25 – 34 – 78 – 95 – 105 – 201 – 350 – 404.

1. La moyenne de cette série statistique est égale à 95.
2. L'écart-type de cette série statistique est égal à 136,39 à 0,01 près.

7 On a relevé la taille de 20 personnes. Ces résultats sont présentés dans le tableau suivant.

1. Déterminer la taille moyenne de ce groupe.
2. Quel est l'écart-type de cette série statistique ?

Taille (en cm)	165	166	169	171	175	181	183
Effectif	3	4	1	2	4	4	2

POUR VOUS AIDER → Rappels .... page 198

SÉRIES STATISTIQUES À DEUX VARIABLES

CHAPITRE 4

Présent depuis des centaines de milliers d'années dans les Pyrénées, l'ours brun a vu sa population diminuer, jusqu'à ne p us compter que cinq individus au milieu des années 1990. C'est à cette période que le gouvernement a lancé un programme de réintroduction de l'espèce.
Aujourd'hui, on compte une quarantaine d'individus et le suivi annuel de cette population depuis plusieurs années permet de prévoir l'évolution des effectifs.

Voir exercice 49 page 114

LES NOTIONS DU CHAPITRE

- Nuage de points
- Point moyen
- Ajustement affine
- Méthode des moindres carrés

RESSOURCES NUMÉRIQUES
Téléchargez l'application FlashPage, puis scannez la page indiquée pour consulter votre ressource sur smartphone ou tablette.

Vidéos .... pp. 104, 105
Animations .... p. 102
Corrigés détaillés .... pp. 116, 117, 124

Activité 1

Objectif

Découvrir la notion de nuage de points et d'ajustement affine d'une série statistique à deux variables.

Entraînement d'un athlète

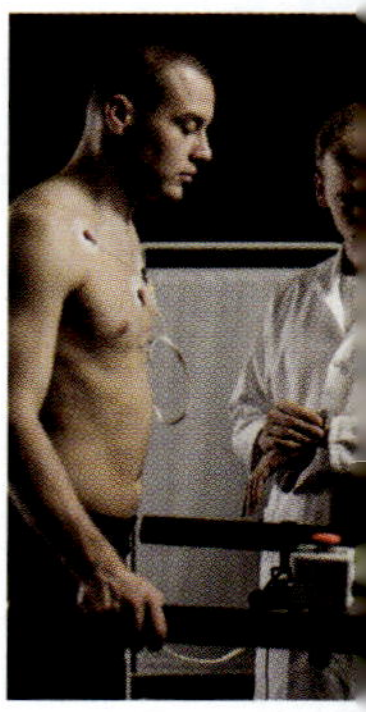

Un athlète s'entraîne sur un tapis roulant dont on peut modifier la vitesse. On relève la fréquence cardiaque de ce sportif (en battements par minute) pour plusieurs vitesses du tapis (en kilomètres par heure) et on note les mesures dans ce tableau :

Relevé n°	1	2	3	4	5	6	7
Vitesse de course	12	13	14	15	16	17	18
Fréquence cardiaque	128	134	139	145	150	156	163

Le tableau définit deux séries statistiques :
celle donnant la vitesse du tapis lors des relevés, formée des valeurs $x_1, x_2, \dots x_7$
et celle donnant les fréquences cardiaques lors des relevés, formée des valeurs $y_1, y_2, \dots y_7$.

1 Donner la valeur de x_1 et la valeur de y_1.

2 On se place dans un repère orthogonal du plan. On prendra comme unités :
1 cm pour 1 km · h^{-1} en abscisses en commençant la graduation à 10 ;
1 cm pour 5 battements · min^{-1} en ordonnées en commençant la graduation à 120.

a. Placer le point $M_1(x_1 ; y_1)$ dans le repère.

b. À quel relevé peut être associé le point de coordonnées (13 ; 134) ? Placer le point $M_2(13 ; 134)$.

c. Placer les points M_3, M_4, M_5, M_6 et M_7 associés respectivement aux relevés n° 3, n° 4, n° 5, n° 6 et n° 7. Que peut-on dire de l'allure de ce nuage de points ?

3 Tracer une droite au plus près du nuage de points.

Activité 2

Objectif

Découvrir la droite d'ajustement par la méthode des moindres carrés.

La méthode des moindres carrés

GÉOMÉTRIE

L'évolution de la dépense pour l'équipement d'une collectivité locale est résumée dans le tableau ci-contre où la dépense est exprimée en centaines de milliers d'euros.

Année	2014	2015	2016	2017	2018	2019
Rang x_i	1	2	3	4	5	6
Dépense y_i	11,5	10	8,4	5,1	4,7	3,6

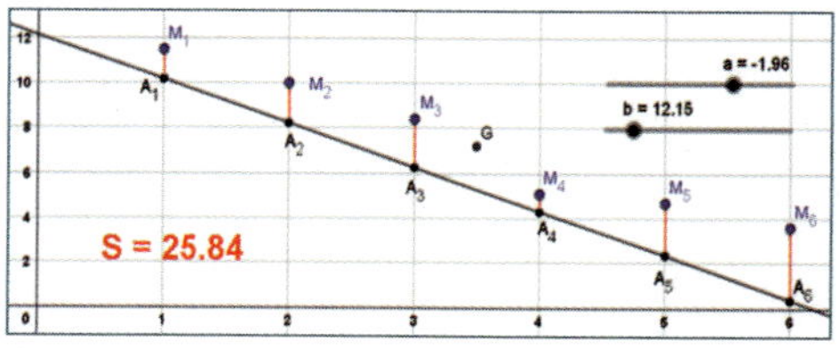

On a représenté sur la figure vidéo-projetée le nuage de points $M_i(x_i ; y_i)$, le point moyen G du nuage et une droite (d) d'équation $y = ax + b$ où a et b sont des nombres réels que l'on peut faire varier. Le point A_1 est le point de la droite (d) de même abscisse que le point M_1. On note ℓ_1 la longueur du segment $[M_1A_1]$.
On définit de façon analogue les points A_2, A_3, A_4, A_5 et A_6 et les longueurs ℓ_2, ℓ_3, ℓ_4, ℓ_5 et ℓ_6.
Enfin, on appelle S la somme des carrés de ces longueurs, c'est-à-dire : $S = \ell_1^2 + \ell_2^2 + \dots + \ell_6^2$.
On cherche à déterminer une droite qui soit la plus « proche » des points du nuage.
Pour cela, on cherche une droite telle que le nombre positif S soit minimal.

1 En observant le nuage, donner le signe du coefficient directeur d'une droite approchant de façon raisonnable le nuage de points.

2 On fixe $a = -4$ et on fait varier le réel b.
Quelle semble être la plus petite valeur possible de S lorsque a vaut -4 ?
Par quel point remarquable passe alors la droite (d) ?

3 Cette observation concernant la droite (d) est-elle valable lorsque $a = -3$? $a = -2$?

4 La droite (d) passe désormais par le point G. On fait varier son coefficient directeur a. Quelle semble être la valeur minimale du nombre S ?

5 Donner une équation de la droite (d) lorsque le nombre S est minimal.

Animation
Méthode des moindres carrés

bordas Flash PAGE animation

Cours

Série statistique à deux variables

Vocabulaire
Une série statistique à deux variables est aussi appelée série statistique double.

DÉFINITION Quand on étudie simultanément deux caractères statistiques sur une même population, on obtient une **série statistique à deux variables**. Si les valeurs prises par le premier caractère sont $x_1, x_2..., x_n$ et celles prises par le second caractère sont $y_1, y_2..., y_n$, alors cette série est définie par le tableau ci-contre.

Valeurs de x_i	x_1	x_2	...	x_n
Valeurs de y_i	y_1	y_2	...	y_n

EXEMPLE : On a relevé la température à différentes altitudes sur une route de montagne.

Altitude (en km)	0,4	0,8	1,2	1,5	1,9	2
Température (en °C)	8,6	6,5	2,8	1,2	– 1	– 1,9

Les deux caractères statistiques étudiés sont l'altitude et la température.

REMARQUE : Quand sur une population, on étudie un seul caractère dont les valeurs sont relevées à des dates différentes, on forme une série statistique à deux variables où le temps est une des deux variables. Une telle série est dite chronologique.

Nuage de points

DÉFINITIONS Soit une série statistique à deux variables donnée par le tableau ci-contre.

Valeurs de x_i	x_1	x_2	...	x_n
Valeurs de y_i	y_1	y_2	...	y_n

(1) Dans un repère du plan, les points $M_1(x_1 ; y_1)$, $M_2(x_2 ; y_2)$, ... , $M_n(x_n ; y_n)$ constituent le **nuage de points** de cette série statistique.

(2) On appelle **point moyen** du nuage de points de cette série statistique, le point $G(\overline{x} ; \overline{y})$ où $\overline{x}$ est la moyenne de la série des x_i et $\overline{y}$ est la moyenne de la série des y_i.

EXEMPLE (SUITE) : Le nuage de points de la série statistique à deux variables est constitué des six points : $M_1(0,4 ; 8,6)$, $M_2(0,8 ; 6,5)$, ..., $M_6(2 ; – 1,9)$. Le point moyen G du nuage a pour coordonnées (1,3 ; 2,7) puisque la moyenne des x_i est 1,3 et la moyenne des y_i est 2,7.

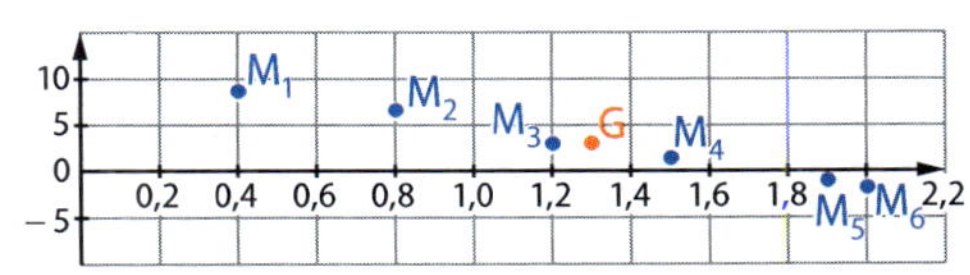

À noter
Un ajustement affine permet de faire des estimations.

Ajustement affine

DÉFINITION Lorsque les points du nuage d'une série statistique à deux variables sont sensiblement alignés, on peut construire une droite passant au plus près de ces points. On dit que cette droite réalise un **ajustement affine** du nuage de points.

Vocabulaire
Si les estimations sont réalisées dans le domaine d'étude de la série, ce sont des interpolations ; sinon, ce sont des extrapolations.

Pour obtenir une droite d'ajustement, on peut utiliser :
- une méthode graphique, en traçant une droite « le plus près possible » des points du nuage ;
- la méthode des moindres carrés. Cette méthode consiste à déterminer la droite d'équation $y = ax + b$, réalisant le minimum de $\Sigma_i(y_i - (ax_i + b))^2$ pour le nuage de points $(x_i ; y_i)$.

Les coefficients de l'équation de cette droite s'obtiennent avec calculatrice ou tableur (voir p. 106).

À noter
La droite d'ajustement de y en x par la méthode des moindres carrés passe par le point moyen du nuage.

EXEMPLE (SUITE) : La droite d'ajustement de y en x par la méthode des moindres carrés a pour équation $y = ax + b$ avec $a \approx – 6,61$ et $b \approx 11,3$ à 0,01 près.

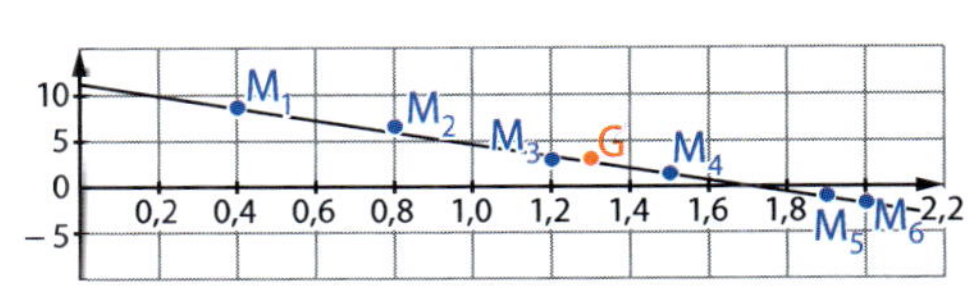

CAPACITÉ 1

Représenter un nuage de points

Pour le traitement de certaines maladies, les vétérinaires calculent la posologie des médicaments en fonction de l'aire de la surface corporelle de l'animal.
Le tableau suivant donne, pour les chiens, l'aire de la surface corporelle en mètres carrés (m^2) en fonction du poids en kilogrammes (kg).

Poids x_i (en kg)	4	8	12	16	20	24	28	30	32	36
Aire y_i (en m^2)	0,25	0,40	0,50	0,64	0,74	0,84	0,93	0,98	1,02	1,10

Représenter dans un repère orthogonal le nuage de points de coordonnées $(x_i\,;y_i)$ associé à cette série statistique.

Méthode

Pour représenter le nuage de points d'une série statistiques à deux variables x_i et y_i, on place tous les points de coordonnées $(x_i\,;y_i)$.

Solution commentée

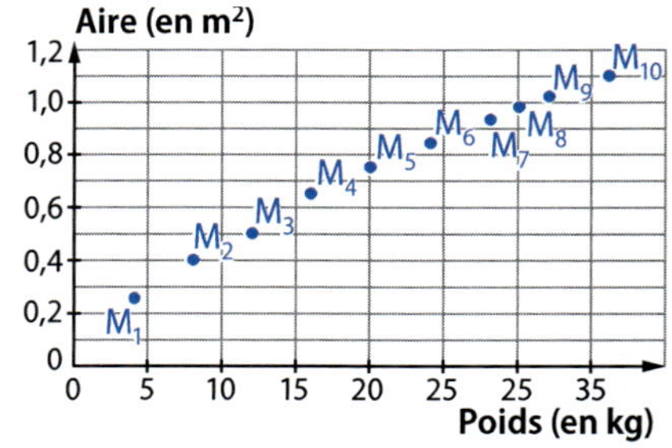

Les valeurs x_i sont représentées sur l'axe des abscisses. Les valeurs y_i sont représentées sur l'axe des ordonnées.
Pour un chien de 4 kg, l'aire corporelle est estimée à 0,25 m^2 : on place le point M_1 d'abscisse 4 et d'ordonnée 0,25, c'est-à-dire le point de coordonnées (4 ; 0,25).
Pour un chien de 8 kg, l'aire corporelle est estimée à 0,40 m^2 : on place le point M_2 de coordonnées (8 ; 0,40).
On poursuit la lecture du tableau de valeurs et on place les points M_3(12 ; 0,50), M_4(16 ; 0,64), M_5(20 ; 0,74), M_6(24 ; 0,84), M_7(28 ; 0,93), M_8(30 ; 0,98), M_9(32 ; 1,02) et M_{10}(36 ; 1,10).

Voir exercices
38 Pour s'entraîner
57 Pour travailler en autonomie

CAPACITÉ 2

Déterminer un ajustement affine CALC

On reprend l'exemple de la capacité 1 ci-dessus.

1 **a.** En observant le nuage de points associé à cette série statistique double, expliquer pourquoi un ajustement affine est envisageable.
b. Réaliser un ajustement affine graphiquement « au jugé » de ce nuage de points.

2 Déterminer avec la calculatrice une équation de la droite d'ajustement (d) de y en x par la méthode des moindres carrés. On arrondira les coefficients au millième.

3 Tracer la droite (d) dans le même repère que le nuage de points de la capacité 1.

Méthode

Pour déterminer une équation de la droite d'ajustement par la méthode des moindres carrés, on utilise le mode Statistique de la calculatrice.

Solution commentée

1 **a.** Le nuage de points a une forme « allongée » et les points sont presque alignés ; on peut donc envisager un ajustement affine.
b. On trace une droite (en vert dans la figure ci-dessous) au plus proche des points du nuage de points.

2 Pour obtenir une équation de la droite (d), on utilise le mode Statistique de la calculatrice (voir page 106). On obtient le coefficient directeur de (d) : $a \approx 0{,}026$ à 0,001 près et l'ordonnée à l'origine de (d) : $b \approx 0{,}186$ à 0,001 près. La droite (d) a donc pour équation : $y = 0{,}026 + 0{,}186$, les coefficients étant donnés à 0,001 près.

3 Pour tracer la droite (d), on détermine deux points de cette droite. Pour $x = 0$, on a $y = 0{,}186$.
On place le point A(0 ; 0,186).
Pour $x = 39$, on a
$y = 0{,}026 \times 39 + 0{,}186$
soit $y = 1{,}2$.
On place le point B(39 ; 1,2). La droite (d) est la droite (AB).

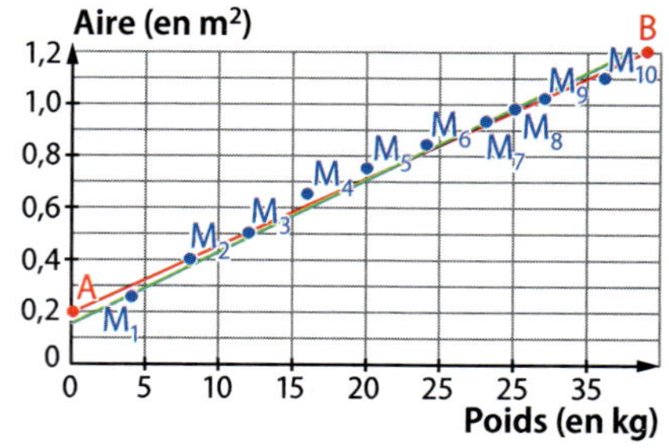

Vidéo 10:10
Déterminer et tracer une droite d'ajustement (capacités 2 et 3)
bordas Flash PAGE vidéo

Voir exercices
43 Pour s'entraîner
58 59 Pour travailler en autonomie

Vidéo 10:10
Déterminer et tracer une droite d'ajustement (capacités 2 et 3)
bordas Flash PAGE vidéo

CAPACITÉ 3

Utiliser un ajustement pour interpoler ou extrapoler

Le tableau suivant donne l'évolution du nombre d'adhérents d'un club de taï-chi-chuan. On ne dispose pas de données pour l'année 2018.

Année	2015	2016	2017	2019	2020
Rang de l'année x_i	1	2	3	5	6
Nombre d'adhérents y_i	78	100	125	195	231

On réalise un ajustement affine de cette série à l'aide de la droite d'équation $y = 31x + 40$ et on suppose que cet ajustement est valable jusqu'en 2050.

1 Estimer le nombre d'adhérents du club en 2018.

2 Estimer l'année à partir de laquelle le club comptera au moins 400 adhérents.

Méthode

Pour réaliser une extrapolation ou une interpolation à l'aide d'un ajustement affine, on remplace la variable connue dans l'équation pour estimer l'autre variable.

Solution commentée

1 On doit réaliser une interpolation. L'année 2018 est l'année de rang 4.
En remplaçant x par 4 dans l'équation, on obtient $y = 31 \times 4 + 40 = 164$.
On peut estimer que le club comptait 164 adhérents en 2018.

2 Cela revient à chercher x tel que $y \geqslant 400$. On résout l'inéquation $31x + 40 \geqslant 400$.
Cette inéquation équivaut à $31x \geqslant 400 - 40$ soit à $31x \geqslant 360$ donc à $x \geqslant \dfrac{360}{31}$.
Comme $\dfrac{360}{31} \approx 11{,}6$ on en déduit que l'année à partir de laquelle le club comptera au moins 400 adhérents est l'année de rang 12, soit 2026.

Voir exercices
47 Pour s'entraîner
60 61 Pour travailler
62 en autonomie

CAPACITÉ 4

Représenter et exploiter un nuage de points à l'aide d'un changement de variables CALC

On injecte dans le sang d'un malade un médicament à l'aide d'une perfusion. On relève l'évolution de la concentration de ce médicament et on obtient les résultats ci-contre.

Temps t_i (en min)	0	2	4	6	10	12	15
Concentrations c_i (en µg par cm^3)	0	64	94	130	195	220	230

On pose $y_i = \log(250 - c_i)$ où log désigne la fonction logarithme décimal.

1 Calculer les valeurs y_i arrondies à 10^{-2}, puis les placer dans un tableau avec les valeurs t_i correspondantes.

2 Dans un repère orthogonal, représenter le nuage de points $M_i(t_i\,;y_i)$ de la série statistique définie par le tableau de la question précédente. Qu'observe-t-on ?

3 Déterminer une équation de la droite (d) d'ajustement affine de y en t obtenue par la méthode des moindres carrés. Tracer la droite (d) dans le repère précédent.

4 En déduire une relation entre la concentration c et le temps t sous la forme $c = A - 10^{kt+B}$.

Conseil

Utiliser le fait que pour x strictement positif, $y = \log(x)$ est équivalent à $x = 10^y$.

Solution commentée

1 À l'aide de la calculatrice, on obtient :

Temps t_i (en min)	0	2	4	6	10	12	15
$y_i = \log(250 - c_i)$	2,40	2,27	2,19	2,08	1,74	1,48	1,30

2 On obtient le nuage de points ci-contre :

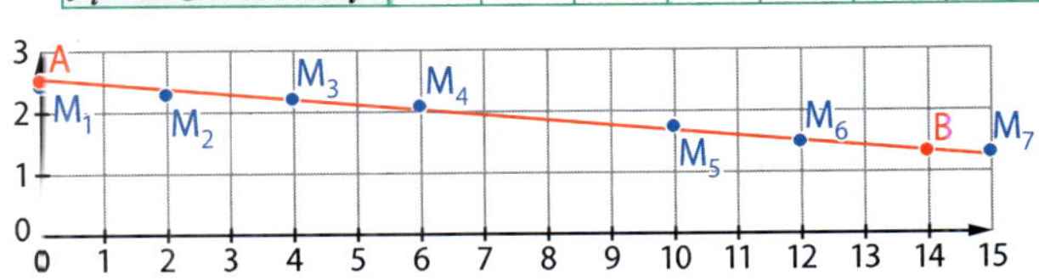

On observe que le nuage a une forme « allongée » et que les points sont presque alignés.

3 À l'aide de la calculatrice, on obtient pour équation de (d) : $y = -0{,}08t + 2{,}45$, en arrondissant à 10^{-2}. Cette droite passe par les points A(0 ; 2,45) et B(14 ; 1,33).

4 Comme $y = \log(250 - c)$, on a $\log(250 - c) = -0{,}08t + 2{,}45$ soit
$250 - c = 10^{-0{,}08t+2{,}45}$ donc $-c = 10^{-0{,}08t+2{,}45} - 250$ soit $c = 250 - 10^{-0{,}08t+2{,}45}$.

Voir exercices
55 Pour s'entraîner
63 64 Pour travailler en autonomie

CALCULATRICES LOGICIELS

Équation de la droite d'ajustement de y en x par la méthode des moindres carrés

On souhaite déterminer une équation de la droite d'ajustement de y en x par la méthode des moindres carrés pour la série statistique à deux variables donnée ci-dessous.

x_i	1	2	3	4	5	6	7
y_i	10,6	13,1	14,9	17,3	19,2	21,8	24,3

Avec une calculatrice Texas

1 Saisie des données

1. Accéder au mode **Statistique** stats, choisir le menu ÉDIT, sélectionner 1:**Modifier**… puis appuyer sur la touche entrer.

```
ÉDIT CALC TESTS
1:Modifier…
2:TriA(
3:TriD(
4:EffListe
5:ÉditeurConfig
```

2. Saisir les valeurs x_i dans une liste, par exemple **L1**, et les valeurs y_i dans une autre liste, par exemple **L2**.

```
L1      L2      L3      L4
1       10.6    ------  ------
2       13.1
3       14.9
4       17.3
5       19.2
6       21.8
7       24.3
------  ------
```

2 Calcul des coefficients de l'équation de la droite

1. Revenir au mode **Statistique** en appuyant sur stats.

2. Choisir le menu **CALC**.

Sélectionner **4:RégLin(ax+b)** suivi de entrer.

```
ÉDIT CALC TESTS
1:Stats 1 Var
2:Stats 2 Var
3:Med-Med
4:RégLin(ax+b)
```

3. Compléter l'écran comme ci-dessous, (touche 2nde 1 pour obtenir **L1** et 2nde 2 pour obtenir **L2**).

```
RégLin(ax+b)
Xliste:L1
Yliste:L2
ListeFréq:
Enr régÉQ:
Calculer
```

4. Sélectionner **Calculer** suivi de entrer.

Le coefficient directeur de la droite d'ajustement de y en x par la méthode des moindres carrés est a, l'ordonnée à l'origine de cette droite est b.

```
RégLin
y=ax+b
a=2.242857143
b=8.342857143
```

Avec une calculatrice Casio

1 Saisie des données

1. Accéder au menu **Statistique** :

MENU puis icone STAT et EXE.

2. Saisir les valeurs x_i dans une liste, par exemple **List1**, et les valeurs y_i dans une autre liste, par exemple **List2**.

```
     List 1  List 2  List 3  List 4
SUB
1        1    10.6
2        2    13.1
3        3    14.9
4        4    17.3
GRPH CALC TEST INTR DIST ▷
```

2 Calcul des coefficients de l'équation de la droite

1. Accéder au menu **CALC** (touche F2), puis au menu **SET** (touche F6).

2. Choisir **List 1** pour **2Var XList** et **List 2** pour **2Var YList**, suivi de EXE.

```
1Var XList   :List1
1Var Freq    :List2
2Var XList   :List1
2Var YList   :List2
2Var Freq    :1

LIST
```

List s'obtient à l'aide de la touche F2 et on complète par le numéro de la liste, puis par EXE.

Sortir à l'aide de la touche EXIT.

3. Sélectionner le menu **REG** (touche F3), puis **X** (touche F1) [X | Med | X² | X³ | X⁴ | ▷],

et **ax+b** (touche F1) [ax+b | a+bx].

Le coefficient directeur de la droite d'ajustement de y en x par la méthode des moindres carrés est a, l'ordonnée à l'origine de cette droite est b.

```
Rad Norm1 d/c Real
RégrLinéaire(ax+b)
  a =2.24285714
  b =8.34285714
```

Équation de la droite d'ajustement de y en x par la méthode des moindres carrés

On souhaite déterminer une équation de la droite d'ajustement de y en x par la méthode des moindres carrés pour la série statistique à deux variables donnée ci-dessous.

x_i	1	2	3	4	5	6	7
y_i	10,6	13,1	14,9	17,3	19,2	21,8	24,3

Fichier Tableur
Disponible sur lycee.editions-bordas.fr

Avec une calculatrice NumWorks

1 Saisie des données

1. Accéder au menu **Regressions** :
touche ⌂
puis icone et OK ou EXE.

2. Choisir l'onglet **Données** à l'aide des touches directionnelles.

3. Saisir les valeurs x_i dans une liste, par exemple **X1**, et les valeurs y_i dans une autre liste, par exemple **Y1**.

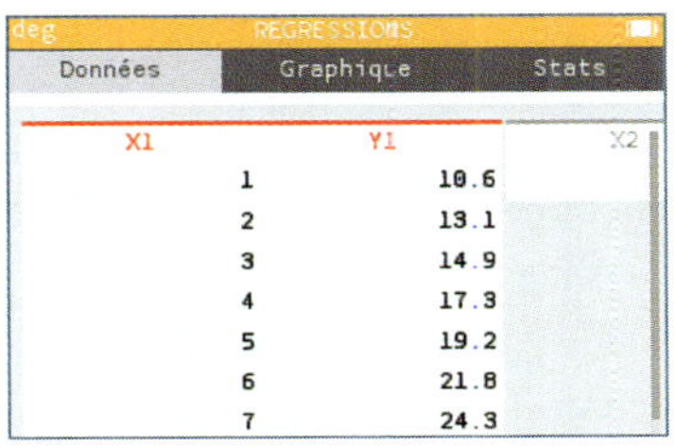

2 Calcul des coefficients de l'équation de la droite

1. Accéder à l'onglet **Stats** à l'aide des touches directionnelles, puis OK.

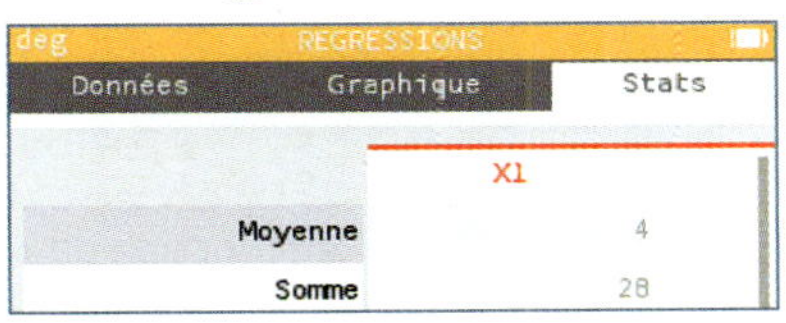

2. À l'aide des touches directionnelles, descendre dans la première colonne au niveau de **Régressions** puis lire dans la deuxième colonne le coefficient directeur a de la droite d'ajustement de y en x par la méthode des moindres carrés et l'ordonnée à l'origine b de cette droite.

Avec un tableur

1 Saisie des données

On saisit les valeurs x_i dans la plage de cellules **B1:H1** et on saisit les valeurs y_i dans la plage de cellules **B2:H2**.

	A	B	C	D	E	F	G	H	I
1	x_i	1	2	3	4	5	6	7	
2	y_i	10,6	13,1	14,9	17,3	19,2	21,8	24,3	

2 Calcul des coefficients de l'équation de la droite

On calcule ensuite les coefficients de l'équation de la droite d'ajustement dans les cellules **K1** et **K2**.

J	K
$a=$	2,242857143
$b=$	8,342857143

• Pour obtenir, dans la cellule **K1**, le coefficient directeur a de la droite d'ajustement de y en x par la méthode des moindres carrés, on choisit la fonction **PENTE** à l'aide de f_x puis on sélectionne la zone **B2:H2** pour les valeurs de y et la zone **B1:H1** pour les valeurs de x.

Avec Excel

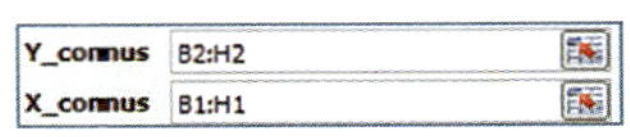

Avec OpenOffice

On peut aussi saisir directement la formule =PENTE(B2:H2;B1:H1) dans la cellule **K1**.

• Pour obtenir, dans la cellule **K2**, l'ordonnée à l'origine b de la droite d'ajustement de y en x par la méthode des moindres carrés, on choisit la fonction **ORDONNEE.ORIGINE** à l'aide de f_x puis, comme pour le coefficient directeur, on sélectionne la zone **B2:H2** pour les valeurs de y et la zone **B1:H1** pour les valeurs de x.

On peut aussi saisir directement la formule =ORDONNEE.ORIGINE(B2:H2;B1:H1) dans la cellule **K2**.

EXERCICES Automatismes et rituels

Calcul mental

1 Calculer :

a. 10 % de 250. b. 28 % de 200.

c. 0,1 % de 1 000. d. 7 % de 1 500.

2 Calculer :

a. $10 \times (5+2)$ b. $141 + 9 \times 5$

c. $10 \div 2 \times 3$ d. $4 - (5 - (2 - 1))$

3 Calculer et simplifier :

a. $\frac{21}{5} + \frac{7}{10}$ b. $\frac{12}{35} \times \frac{7}{4}$

c. $4 + \frac{17}{5}$ d. $2 \times \frac{5}{6} + 1$

4 Résoudre dans $\mathbb{R}$ les équations suivantes :

a. $2x + 11 = 0$

b. $x^2 = 4$

c. $(x+1)(5-x) = 0$

d. $x(9-x) = 0$

5 Calculer la dérivée de chacune des fonctions f, g, h et k suivantes :

a. $f(x) = 4x^3 - 7x^2 + 1$ sur $\mathbb{R}$.

b. $g(x) = 3x + \frac{1}{x}$ sur $]0\,;+\infty[$.

c. $h(x) = \frac{1}{2}x + 3$ sur $\mathbb{R}$.

d. $k(x) = 4 - x^2$ sur $\mathbb{R}$.

Automatismes

Calculs numériques

6 Comparer les fractions suivantes :

a. $\frac{7}{15}$ et $\frac{7}{61}$.

b. $\frac{121}{132}$ et $\frac{5}{4}$.

c. $\frac{13}{8}$ et $\frac{37}{24}$.

7 Donner l'écriture scientifique des nombres suivants :

a. 513 000

b. 0,012 4

c. $876{,}3 \times 10^4$

8 Écrire les nombres suivants sous la forme 10^n :

a. $\dfrac{10^{-7} \times (10^2)^5}{10^{-3} \times 10}$

b. $\dfrac{100^4 \times (1\,000^2)^5}{10^9 \times 10^{11}}$

9 QCM *Choisir la ou les bonnes réponses.*

80 kilogrammes sont égaux à :

a. 0,08 tonne b. 80 000 grammes

c. 800 grammes d. 0,8 hectogramme

Calculs algébriques

10 **Questions de méthodes**

1. Comment détermine-t-on le signe d'une fonction définie sur $\mathbb{R}$ par $f(x) = ax + b$?

2. Comment doit-on procéder pour étudier le signe de $g(x) = (2x+3)(-4x+8)$?

11 Développer et réduire les expressions suivantes :

a. $A = (7x+1)(2x-3) - x(x^2+2)$

b. $B = (x+2)^2 - (3x+5)^2$

c. $C = (x^2 + 7x + 1)(4x + 3)$

12 Factoriser les expressions suivantes :

a. $A = x^2 - 36$ b. $B = (x+5)(2x-3) - 4(2x-3)$

c. $C = x^2 + x(5x-3)$ d. $D = x^2 + 8x$

13 Les réels x, y et z vérifient la relation : $x + 4y = 2zy + 7x$.

1. Exprimer x en fonction de y et z.

2. Pour y non nul, exprimer z en fonction de x et y.

3. Pour z différent de 2, exprimer y en fonction de x et z.

Algorithme et programmation

14 PYTHON VRAI/FAUX

Indiquer si les affirmations sont vraies ou fausses, puis justifier.

On considère le script d'une fonction Python donné ci-contre.

```
def f(L):
    s=0
    for x in L:
        if x>=0:
            s=s+x
    return s
```

1. L'appel f([1,-1,2,-2,3,-3,4,-4]) renvoie 0.

2. L'appel f([–4,5,–2,7,9,11,0]) renvoie 32.

15 PYTHON Compléter le programme de la fonction Python dont on donne le script ci-contre afin que l'appel g(a), où a est un réel positif, retourne la plus petite puissance entière de 10 strictement supérieur au réel a.

```
def g(a):
    p=1
    while ... :
        p=...
    return p
```

16 PYTHON Générer en compréhension la liste L des 1 000 premiers entiers naturels impairs.

Nuage de points d'une série statistique à deux variables

Questions flash

Pour les exercices 17 et 18, on considère la série statistique à deux variables suivante :

Valeurs x_i	1	3	8
Valeurs y_i	12	11	7

17 ORAL VRAI/FAUX

Indiquer si les affirmations sont vraies ou fausses, puis justifier.

1. Le nuage de points associé à cette série comporte six points.
2. Le point M(8 ; 7) est un point de ce nuage de points.

18 ORAL 1. Calculer $\frac{1+3+8}{3}$. À quoi correspond cette valeur pour le point moyen G de ce nuage de points ?

2. Comment peut-on déterminer l'ordonnée du point G ?

19 On donne ci-dessous le nuage de points associé à une série statistique à deux variables.

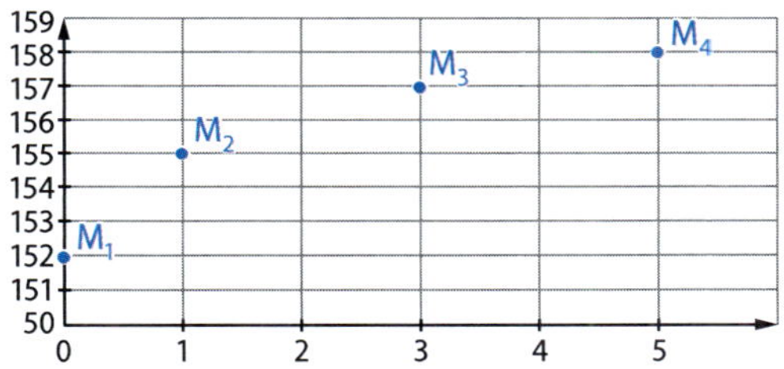

1. Indiquer l'abscisse x_i et l'ordonnée y_i pour chacun des quatre points M_i du nuage.
2. Recopier et compléter le tableau ci-dessous constituant la série statistique étudiée.

Valeurs x_i	0	1	...	...
Valeurs y_i	152	...	...	...

3. a. Calculer $\frac{0+1+3+5}{4}$ et en déduire l'abscisse du point moyen G du nuage.
b. Vérifier que l'ordonnée du point G est égale à 155,5.

20 On a relevé la charge maximale, en tonnes, qu'une grue peut lever en fonction de la longueur, en mètres, de la flèche. Le graphique suivant donne les charges maximales pour quatre longueurs de flèche.

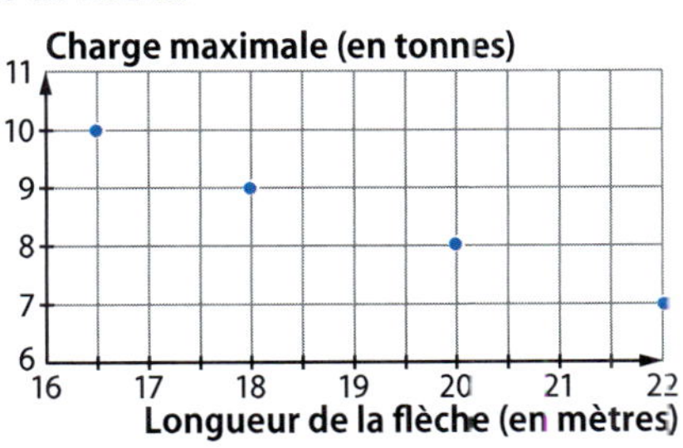

1. Quelle est la charge maximale que peut lever la grue si la flèche mesure 20 mètres ?
2. Quelle est la longueur de la flèche lorsque la charge maximale que peut soulever la grue est de 7 tonnes ?
3. Un nouveau relevé permet de compléter le nuage de point précédent par le point M(28 ; 5). Comment peut-on interpréter les coordonnées de ce point M ?

21 Le graphique ci-dessous donne l'évolution du nombre de tigres dans une réserve à partir de l'année 2010 prise pour rang zéro.

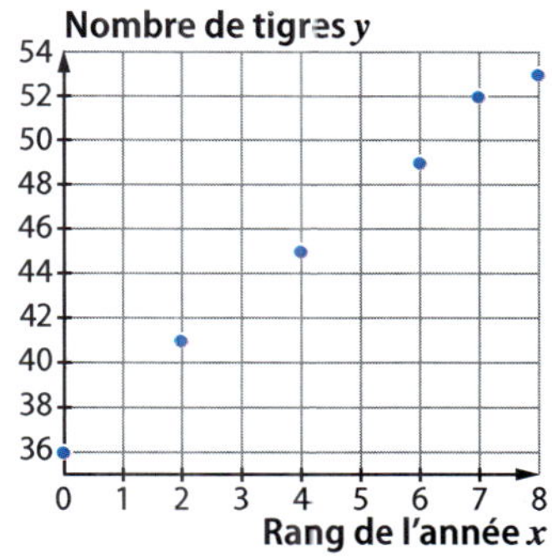

1. Recopier et compléter le tableau de données ci-dessous.

Année	2010	2012	2014	...	...	...
Rang de l'année x_i	0	2	4	...	...	...
Effectif y_i	36	41	...	...	...	...

2. Vérifier que le point moyen du nuage a pour coordonnées (4,5 ; 46).
3. En 2020, la réserve compte 57 tigres. Préciser les coordonnées du point que l'on peut ajouter au nuage de points précédent.

22 PYTHON **Compléter un programme**

Compléter le programme Python ci-contre afin que l'appel PointM(X,Y) renvoie les coordonnées (xG, yG) du point moyen de la série statistique des $(x_i\,;y_i)$ où les x_i sont contenues dans la liste X et les y_i sont contenues dans la liste Y.

```
def PointM(X,Y):
    n=len(X)
    xG=0;yG=0
    for i in range(n):
        xG=xG+...
        yG=...
    xG=xG/n ; yG=yG/n
    return xG,yG
```

23 On considère la série statistique à deux variables donnée par le tableau suivant.

Valeurs x_i	1	2	3	4	5
Valeurs y_i	14	23	37	41	48

Reproduire et compléter le nuage de points ci-dessous associé à la série $(x_i\,;y_i)$. On prendra comme unités :

1 cm pour une unité en abscisses ;

1 cm pour dix unités en ordonnées.

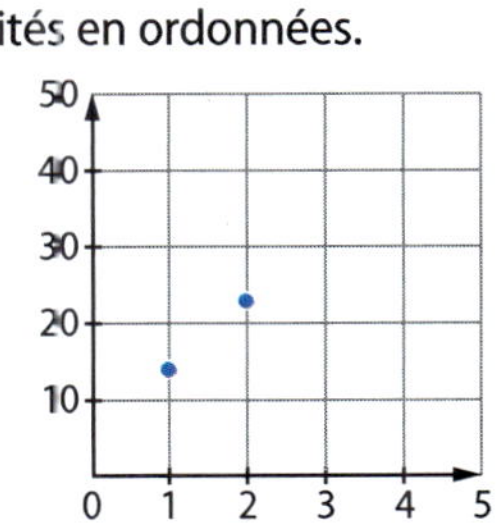

Ajustement affine d'un nuage de points

Questions flash

24 ORAL QCM *Choisir la ou les bonnes réponses.*
On donne ci-dessous des nuages de points associés chacun à une série statistique à deux variables. Indiquer ceux pour lesquels un ajustement affine est envisageable.

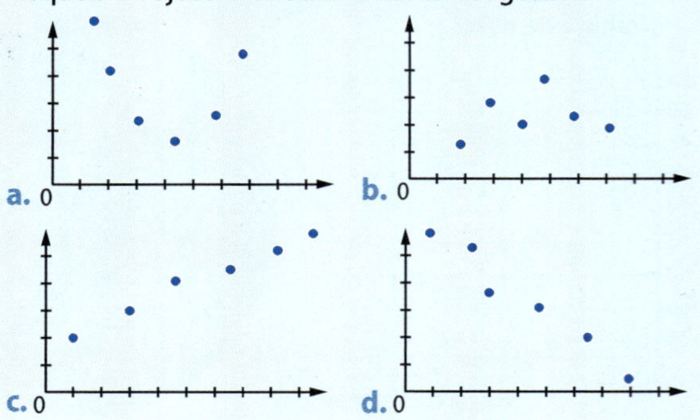

25 CALC On considère la série statistique à deux variables donnée par le tableau suivant.

Valeurs x_i	2	5	7	10	11
Valeurs y_i	8	12	15	17	19

Pour déterminer la droite (d) d'ajustement de y en x par la méthode des moindres carrés, on utilise la calculatrice et on obtient les résultats suivants :

Casio	Texas	NumWorks
RégrLinéaire(ax+b) a =1.16666666 b =6.03333333	y=ax+b a=1.166666667 b=6.033333333	y=a·x+b a 1.166667 b 6.033333

Écrire une équation de la droite (d) en arrondissant les coefficients à 0,01 près.

26 TABLEUR
On a entré les valeurs d'une série statistique à deux variables dans une feuille de calcul d'un tableur donnée ci-dessous.

	A	B	C	D	E	F	G	H	I
1	Valeurs x_i	1	2	3	4	5	6		41,08571429
2	Valeurs y_i	58	78	91	102	192	275		-11,1333333

On a saisi la formule `=PENTE(B2:G2;B1:G1)` dans la cellule **I1** et la formule `=ORDONNEE.ORIGINE(B2:G2;B1:G1)` dans la cellule **I2**.
À l'aide des informations contenues dans la copie d'écran, écrire une équation de la droite (d) d'ajustement de y en x par la méthode des moindres carrés. On arrondira les coefficients à l'unité.

27 CALC On considère la série statistique à deux variables donnée par le tableau suivant :

Valeurs x_i	0	1	2	3	4	5
Valeurs y_i	42	35	28	17	13	9

En arrondissant les coefficients au centième, vérifier qu'une équation de la droite (d) d'ajustement de y en x par la méthode des moindres carrés est : $y = -6{,}91x + 41{,}29$.

28 CALC QCM On considère la série statistique à deux variables donnée par le tableau suivant.

Valeurs x_i	7	11	15	20	21
Valeurs y_i	121	98	64	42	20

On note (d) la droite d'ajustement de y en x par la méthode des moindres carrés du nuage de points $M_i(x_i\,;y_i)$.
Choisir la ou les bonnes réponses.
Les coefficients étant arrondis au centième, une équation de la droite (d) est :

a. $y = -0{,}14x + 24{,}70$ **b.** $y = -7{,}21x + 171{,}47$
c. $y = -5{,}20x + 157{,}40$ **d.** $y = -6{,}83x + 170{,}01$

29 Le graphique ci-dessous donne l'évolution du nombre annuel de visiteurs d'un site culturel, les six premières années de l'ouverture du centre. On décide d'ajuster le nuage de points avec la droite (d) représentée en rouge.

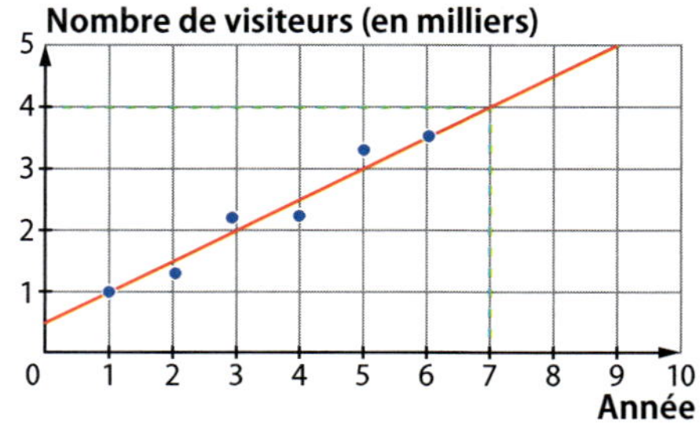

1. À l'aide de l'ajustement proposé, estimer graphiquement le nombre de visiteurs la septième année.
2. Déterminer graphiquement la première année durant laquelle le centre culturel aura au moins 5 000 visiteurs.

30 LOGIQUE Soit (d) une droite et G le point moyen d'un nuage de points associé à une série statistique à deux variables.
1. Dire si la proposition suivante est vraie : « Si (d) est la droite d'ajustement de y en x de ce nuage de points, par la méthode des moindres carrés alors le point G appartient à (d) » ?
2. La réciproque de cette proposition est-elle vraie ?

31 Une étude statistique sur la taille d'un brochet en fonction de son âge a permis d'établir le tableau ci-dessous.

Âge du brochet x_i (en années)	1	2	3	4	5
Taille y_i (en centimètres)	23	36	43	55	62

On admet que le nuage de points $M_i(x_i\,;y_i)$ peut être ajusté par la droite d'équation $y = 9{,}7x + 14{,}7$.
1. a. Calculer la valeur de y pour $x = 9$.
b. En déduire la taille en centimètres d'un brochet de 9 ans.
2. a. Résoudre l'inéquation $9{,}7x + 14{,}7 = 121{,}4$.
b. On a capturé un brochet mesurant 121,4 cm. Estimer son âge.

32 On considère la série statistique à deux variables donnée par le tableau suivant :

Valeurs x_i	1	5	11	15	35
Valeurs y_i	14	26	35	43	68

On admet que le nuage de points $M_i(x_i\,;\,y_i)$ peut être ajusté par la droite d'équation $y = 1{,}5x + 17$.

1. À l'aide de cet ajustement, estimer la valeur de y lorsque x est égal à 40.

2. a. Résoudre l'équation $1{,}5x + 17 = 32$.

b. En déduire une estimation de la valeur de x lorsque y est égal à 32.

33 Le nombre de chaudières fabriquées par une entreprise lors des années précédentes est donné par le tableau suivant.

Année	2015	2016	2018	2019
Rang de l'année x_i	0	1	3	4
Nombre de chaudières y_i (en milliers)	2	2,44	3,19	3,30

La production de l'année 2017, année de rang 2, n'a pas été communiquée. On a représenté le nuage de points $M_i(x_i\,;\,y_i)$ ainsi qu'une droite (d) d'ajustement du nuage.

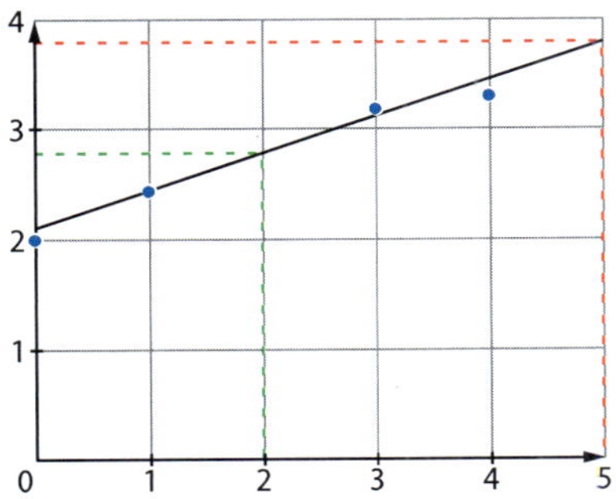

1. À l'aide de la droite (d), estimer graphiquement le nombre de chaudières que l'entreprise a vendu lors de l'année de rang 2.

2. Estimer graphiquement le rang de l'année au cours de laquelle le nombre de chaudières vendues atteindra 3,8 milliers.

3. On admet que la droite (d) a pour équation $y = 0{,}34x + 2{,}1$.

a. Déterminer la valeur de y pour $x = 2$.
Quel résultat retrouve-t-on ?

b. Résoudre l'inéquation $0{,}34x + 2{,}1 \geqslant 3{,}8$.
Quel résultat retrouve-t-on ?

34 Le tableau ci-dessous donne les chiffres d'affaires trimestriels en milliers d'euros d'un fabricant de vêtements et accessoires de protection dans le secteur de la santé en 2019.

Rang du trimestre x_i	1	2	3	4
Chiffre d'affaires y_i (en milliers d'euros)	282	285	260	238

On admet que le nuage de points $M_i(x_i\,;\,y_i)$ peut être ajusté par la droite d'équation $y = -\,16x + 306$.

1. a. Quel est le rang x du premier trimestre de l'année 2020 ?

b. En déduire une estimation du chiffre d'affaires en milliers d'euros de ce fabricant lors du premier trimestre 2020.

2. a. Résoudre l'inéquation $-\,16x + 306 \leqslant 130$.

b. En déduire le rang du trimestre à partir duquel le chiffre d'affaires sera inférieur ou égal à 130 milliers d'euros.

Ajustement affine et changement de variables

Questions flash

35 On considère la série statistique à deux variables donnée par le tableau ci-dessous. Pour chaque valeur y_i, on pose $z_i = \dfrac{1}{y_i}$. Calculer les valeurs manquantes.

Valeur x_i	2	3	4	5
Valeur y_i	0,4	0,16	0,125	0,1
Valeur z_i	$\dfrac{1}{0{,}4} = 2{,}5$	…	…	…

36 On considère la série statistique à deux variables donnée par le tableau ci-dessous.

Valeur x_i	0	1	2	3
Valeur y_i	1,02	1,42	1,72	2,01

On pose $z_i = y_i^2$.

1. Recopier et compléter le tableau suivant en arrondissant les valeurs au centième.

Valeur x_i	0	1	2	3
Valeur z_i	1,04	…	…	…

2. On réalise un ajustement du nuage de points $M_i(x_i\,;\,z_i)$ à l'aide de la droite d'équation $z = x + 1$.

a. Estimer alors la valeur de z lorsque x est égal à 8.

b. Résoudre l'équation $y^2 = 9$ pour y positif, puis déduire une estimation de la valeur de y lorsque x est égal à 8.

37 Le tableau ci-dessous donne la solubilité du dioxyde de carbone dans l'eau (en cm³/ml d'eau) à la pression de 1 bar, pour différentes valeurs de la température (en °C).

Température t_i	0	10	20	30	40	50	80
Solubilité y_i	1,8	1,3	0,88	0,65	0,52	0,43	0,29

On pose $z_i = \log(y_i)$ où log désigne la fonction logarithme décimal.

1. Recopier et compléter le tableau ci-dessous en arrondissant les valeurs de z_i à 10^{-2}.

Température t_i	0	10	20	30	40	50	80
$z_i = \log(y_i)$	0,26	…	…	…	…	…	…

2. On réalise un ajustement du nuage de points $M_i(t_i\,;\,z_i)$ à l'aide de la droite d'équation $z = -\,0{,}01t + 0{,}23$.

a. Déterminer la valeur de z pour une température de 65 °C.

b. Déterminer le réel y tel que $\log(y) = -\,0{,}42$.

c. En déduire la solubilité du dioxyde de carbone dans l'eau à 65 °C sous pression de 1 bar.

3. On utilise le même ajustement qu'à la question **2**.

a. Déterminer la valeur de z pour une solubilité égale à 0,34. Arrondir à 0,01.

b. Résoudre l'équation $-\,0{,}01t + 0{,}23 = -\,0{,}47$.

c. En déduire la température lorsque la solubilité est égale à 0,34.

LE SAVIEZ-VOUS

La solubilité est la capacité d'une substance à se dissoudre dans une autre substance.

Nuage de points d'une série statistique à deux variables

38 Capacité 1, p. 104

Julien vient de créer pour les particuliers une application informatique qui permet l'organisation d'événements. Le 1er juin 2020, il envoie une offre de téléchargement de cette application à toutes les personnes de son carnet d'adresses. Chaque semaine, il relève le nombre de personnes ayant téléchargé l'application. Ses observations sur les cinq premières semaines sont répertoriées dans le tableau ci-dessous.
Le rang 0 correspond à la semaine du 1er au 7 juin 2020.

Rang de la semaine x_i	0	1	2	3	4
Nombre de téléchargements y_i	150	180	210	260	296

Représenter dans un repère orthogonal le nuage de points de coordonnées $(x_i\,;y_i)$ associé à cette série statistique.
On prendra comme unités :
1 cm pour une année en abscisses ;
1 cm pour 50 abonnés en ordonnées.

39 Au sein d'une entreprise de préparation de colis, un médecin du travail répertorie les maladies et accidents professionnels des salariés survenus depuis 2014.
En regroupant les maladies et accidents professionnels par année, on obtient le tableau suivant.

Année	2014	2015	2016	2017	2018	2019
Rang de l'année x_i	0	1	2	3	4	5
Nombre de maladies et accidents y_i	257	264	277	296	302	314

1. Représenter dans un repère orthogonal le nuage de points de coordonnées $(x_i\,;y_i)$ associé à cette série statistique.
On prendra comme unités :
2 cm pour une année en abscisses ;
1 cm pour 10 maladies et accidents en ordonnées en commençant la graduation à 250.

2. Calculer les coordonnées du point moyen G du nuage et le placer dans le repère.

40 VRAI/FAUX

Les résultats d'une étude concernant le nombre de personnes d'une commune ayant attrapé la grippe entre 2014 et 2019 sont donnés dans le tableau ci-dessous.

Année	2014	2015	2016	2017	2018	2019
Rang de l'année x_i	1	2	3	4	5	6
Nombre de personnes ayant attrapé la grippe y_i	618	601	605	595	580	560

Indiquer si les affirmations sont vraies ou fausses, puis justifier.

1. Le point M(580 ; 5) appartient au nuage de points de coordonnées $(x_i\,;y_i)$ de cette série statistique.

2. Le point moyen G du nuage de points de cette série statistique a pour coordonnées (3,5 ; 593).

LE SAVIEZ-VOUS

Lors de la pandémie connue sous le nom de « grippe espagnole » (de 1918 à 1920), le virus de la grippe a tué entre 30 et 100 millions de personnes dans le monde.

41 Le tableau suivant donne la superficie et le prix de six appartements anciens vendus récemment dans le centre d'une petite ville.

Superficie x_i (en m²)	42	65	70	80	90	110
Prix y_i (en centaines d'€)	430	660	680	780	850	1 050

1. Représenter dans un repère orthogonal le nuage de points de coordonnées $(x_i\,;y_i)$ associé à cette série statistique.
On prendra comme unités :
1 cm pour 10 m² en abscisses ;
1 cm pour 100 centaines d'euros en ordonnées.

2. Calculer les coordonnées du point moyen G du nuage et le placer dans le repère.

42 Le tableau suivant donne l'évolution des bénéfices y_i réalisés, en milliers d'euros, depuis le nouvel aménagement réalisé en 2015 d'une boulangerie, en fonction du nombre d'années x_i écoulées depuis l'aménagement.

Années	2015	2016	2017	2018	2019
x_i	1	2	3	4	5
y_i	0,98	1,71	2,05	2,33	2,57

Représenter graphiquement le nuage de points $M_i(x_i\,;y_i)$.
On prendra comme unités :
1 cm pour une année en abscisses ;
2 cm pour un millier d'euros en ordonnées.

Ajustement affine d'un nuage de points

43 CALC Capacité 2, p. 104

Le tableau suivant donne le montant mensuel brut du SMIC (en euros) pour 35 heures de travail hebdomadaire entre 2015 et 2019.

Année	2015	2016	2017	2018	2019
Rang de l'année x_i	1	2	3	4	5
Montant mensuel brut du SMIC y_i (en €)	1 457,52	1 466,62	1 480,27	1 498,47	1 521,22

1. Représenter dans un repère orthogonal le nuage de points de coordonnées $(x_i\,;y_i)$ associé à cette série statistique.
On prendra comme unités :
1 cm pour une année en abscisses ;
1 cm pour dix euros en ordonnées en commençant la graduation à 1 400.

2. En observant le nuage de points associé à cette série statistique double, expliquer pourquoi un ajustement affine est envisageable.

3. a. Déterminer avec une calculatrice une équation de la droite d'ajustement (d) de y en x par la méthode des moindres carrés.
On arrondira les coefficients au centième.

b. Tracer la droite (d) dans le même repère que le nuage de points.

44 CALC Le service marketing d'un centre commercial veut évaluer l'impact des frais mensuels engagés en publicité sur le nombre de clients. Pour cela, ce service s'appuie sur les données ci-dessous, relevées sur une période de 6 mois.

Frais publicitaires x_i (en milliers d'euros)	1,9	2,4	1,5	0,9	2,3	1,7
Fréquentation y_i (en milliers de clients)	190	230	170	150	210	180

1. Représenter dans un repère orthogonal le nuage de points de coordonnées $(x_i\,;y_i)$ associé à cette série statistique.
On prendra comme unités :
2 cm pour 0,5 milliers d'euros en abscisses ;
1 cm pour 10 milliers de clients en ordonnées en commençant la graduation à 100.

2. a. En observant le nuage de points associé à cette série statistique double, expliquer pourquoi un ajustement affine est envisageable.

b. Tracer « au jugé » une droite d'ajustement de ce nuage de points.

3. a. Déterminer avec une calculatrice une équation de la droite d'ajustement (d) de y en x par la méthode des moindres carrés. On arrondira les coefficients au centième.

b. Tracer (d) dans le même repère que le nuage de points.

c. Comparer cet ajustement avec celui réalisé à la question **2. b.**

45 VRAI/FAUX

Le tableau ci-dessous, extrait d'une feuille de tableur, donne l'évolution de 2013 à 2019 du nombre de naissances dans une commune rurale.

Année	2013	2014	2015	2016	2017	2018	2019
Rang de l'année x_i	0	1	2	3	4	5	6
Nombre de naissances y_i	231	220	212	201	191	185	181

On donne ci-dessous le nuage de points associé à cette série statistique à deux variables.

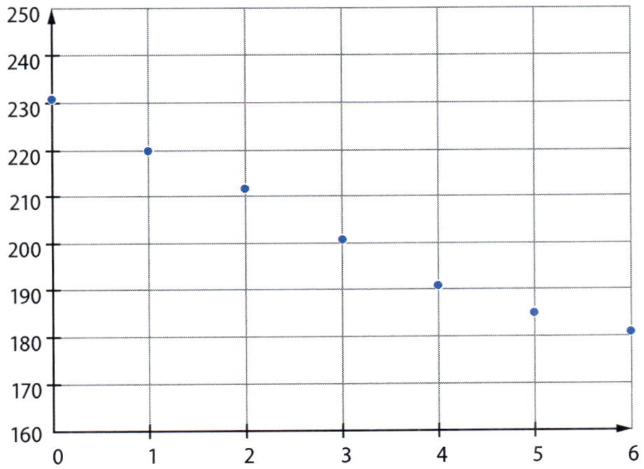

Indiquer si les affirmations sont vraies ou fausses, puis justifier.

1. Un ajustement affine de ce nuage est pertinent.

2. La droite d'équation $y = 11x + 231$ réalise un ajustement convenable de ce nuage de points.

3. La droite d'ajustement de y en x par la méthode des moindres carrés a pour équation $y = ax + b$ avec $a \approx -8{,}61$ à 0,01 près et $b \approx 228{,}82$ à 0,01 près.

46 CALC

Le tableau ci-dessous donne le chiffre d'affaires du e-commerce entre 2012 et 2017. Il s'exprime en milliards d'euros et est arrondi au dixième.

Année	2013	2014	2015	2016	2017
Rang de l'année x_i	1	2	3	4	5
Chiffre d'affaires du e-commerce y_i (en milliards d'€)	49,5	55,0	62,9	71,5	81,7

1. Représenter graphiquement le nuage de points $M_i(x_i\,;y_i)$.
On prendra comme unités : 1 cm pour une année en abscisses et 1 cm pour dix milliards d'euros en ordonnées en commençant la graduation à 40.

2. En observant le nuage de points associé à cette série statistique à deux variables, expliquer pourquoi un ajustement affine est envisageable.

3. a. Déterminer avec la calculatrice une équation de la droite d'ajustement (d) de y en x par la méthode des moindres carrés. On donnera les coefficients au centième.

b. Tracer (d) dans le même repère que le nuage de points.

Interpolation et extrapolation

47 Capacité 3, p. 105

La société Infolog a mis au point un nouveau logiciel de gestion comptable destiné aux PME. Cette société a mené une enquête dans une région auprès de 350 entreprises, ceci afin de déterminer à quel prix chacune de ces entreprises accepterait d'acquérir un exemplaire de ce nouveau logiciel.
Elle a obtenu les résultats suivants.

Prix x_i proposé (en centaines d'euros)	30	25	20	15	10
Nombre y_i d'entreprises disposées à acheter le logiciel à ce prix	90	120	170	200	260

On réalise un ajustement affine du nuage de points de cette série à l'aide de la droite d'équation $y = -8x + 336$ et on suppose que cet ajustement est valable pour un prix x compris entre 800 € et 4 200 €.
Estimer le nombre d'entreprises disposées à acheter ce logiciel au prix de : **a.** 3 500 € **b.** 2 800 €

48 Sur un parcours donné, la consommation de carburant d'une voiture est donnée en fonction de sa vitesse moyenne par le tableau suivant.

Vitesse x_i (en km/h)	80	90	100	110	120
Consommation y_i (en L/100 km)	4	4,8	6,3	8	10

On réalise un ajustement affine du nuage de points de cette série à l'aide de la droite d'équation $y = 0{,}152x - 8{,}58$ et on suppose que cet ajustement est valable pour x compris entre 80 et 140 km/h.

1. Estimer la consommation de ce véhicule lorsqu'il roule à la vitesse de : **a.** 130 km/h **b.** 95 km/h.

2. À partir de quelle vitesse la consommation de cette voiture est-elle supérieure à 12 L/100 km ?

RETOUR SUR L'OUVERTURE, P. 101

49 On donne dans le tableau ci-dessous une estimation des effectifs annuels de la population d'ours dans les Pyrénées depuis 2012.

Année	2012	2013	2014	2015	2016	2017	2018	2019
Rang de l'année x_i	0	1	2	3	4	5	6	7
Effectif y_i	24	25	31	29	39	43	40	50

On réalise un ajustement affine du nuage de points de cette série à l'aide de la droite d'équation $y = 4x + 23$ et on suppose que cet ajustement est valable jusqu'en 2050.

1. À l'aide de cet ajustement, estimer la population d'ours dans les Pyrénées en 2025.

2. Selon ce modèle, en quelle année la population des ours dans les Pyrénées dépassera-t-elle 150 individus ?

LE SAVIEZ-VOUS

La réintroduction de l'ours dans les Pyrénées suscite depuis plusieurs années d'importantes oppositions entre partisans et opposants du retour des animaux qui, une fois relâchés, peuvent s'attaquer au bétail.

50 On donne dans le tableau suivant la production éolienne annuelle d'électricité en France exprimée en térawattheure (TWh) de 2012 à 2018.

Année	2012	2013	2014	2015	2016	2017	2018
Rang de l'année x_i	0	1	2	3	4	5	6
Énergie produite y_i (en TWh)	14,9	15,9	17,1	21,1	20,9	24,1	27,8

1. Représenter dans un repère orthogonal le nuage de points de coordonnées $(x_i\,;y_i)$ associé à cette série statistique.
On prendra comme unités :
2 cm pour une année en abscisses ;
2 cm pour 5 TWh en ordonnées en commençant la graduation à 10.

2. Déterminer les coordonnées du point moyen G du nuage de points en arrondissant si nécessaire les valeurs au dixième. Placer ce point dans le repère.

3. On admet que la droite $\mathscr{D}$ passant par G et de coefficient directeur 2,1 constitue un bon ajustement du nuage de points.

a. Tracer la droite $\mathscr{D}$ dans le repère précédent.

b. Estimer graphiquement la production éolienne d'électricité en 2025.

c. Estimer graphiquement l'année au cours de laquelle la production éolienne annuelle d'électricité dépassera pour la première fois 40 TWh.

51 CALC Le tableau suivant donne l'évolution du tirage journalier (nombre d'exemplaires imprimés par jour) de la presse nationale quotidienne d'information générale et politique en France.

Année	2012	2013	2014	2015	2016
Rang de l'année x_i	0	1	2	3	4
Tirage journalier y_i (en millions d'exemplaires)	1,6	1,47	1,36	1,26	1,19

1. Déterminer avec la calculatrice une équation de la droite d'ajustement (d) de y en x par la méthode des moindres carrés. On arrondira les coefficients au centième.

2. On admet que la droite (d) constitue un bon ajustement du nuage de points $M_i(x_i\,;y_i)$ et que cet ajustement est valable jusqu'en 2025. Selon ce modèle :

a. Estimer le tirage journalier que l'on peut prévoir pour l'année 2020.

b. Déterminer l'année au cours de laquelle le tirage journalier de cette presse deviendra inférieur à 500 000 exemplaires.

52 Luc, marathonien émérite, note ses temps de passage lors d'un entraînement.

Distance parcourue x_i (en mètres)	200	300	400	500
Temps de passage y_i (en secondes)	40	60	82	104

1. a. Représenter le nuage de points $M_i(x_i\,;y_i)$ associé à la série double, dans un repère orthogonal. On prendra pour unités 1 cm pour 50 mètres sur l'axe des abscisses et 1 cm pour 10 secondes sur l'axe des ordonnées.

b. Calculer les coordonnées du point moyen G associé à cette série statistique, puis placer ce point sur le graphique.

2. Pour effectuer des prévisions, Luc utilise la droite $\mathscr{D}$ de coefficient directeur 0,21 passant par le point G.

a. Déterminer alors une équation de la droite $\mathscr{D}$.

b. Tracer $\mathscr{D}$ sur le graphique.

c. Calculer le temps de passage prévisible aux 1 000 mètres.

d. Estimer le temps de passage aux 350 mètres.

Ajustements non affines

53 CALC Un fabricant a mis au point une machine permettant de fabriquer des blocs de glace. L'épaisseur des blocs de glace fabriqués dépend du temps de congélation.
On obtient le tableau ci-dessous.

Temps de congélation t_i (en h)	1	2	4	8	12	18	26
Épaisseur de la glace y_i (en cm)	4	8	11	16,5	20,5	24,5	28,5

1. On a représenté ci-dessous le nuage de points $M_i(t_i\,;y_i)$.

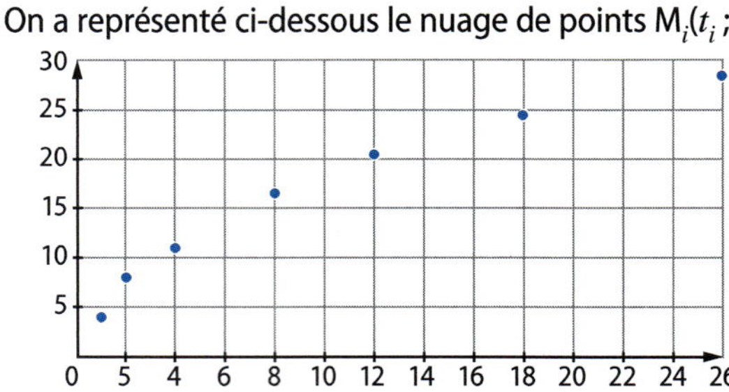

Pourquoi un ajustement affine de ce nuage de points n'est-il pas pertinent ?

2. On pose $x_i = \log(t_i)$. Recopier et compléter le tableau ci-dessous en arrondissant les valeurs x_i au dixième.

x_i	…	…	…	…	…	…	…
Épaisseur y_i de la glace (en cm)	4	8	11	16,5	20,5	24,5	28,5

3. À l'aide de la calculatrice, donner une équation de la droite d'ajustement (d) de y en x obtenue par la méthode des moindres carrés sous la forme $y = ax + b$ où les coefficients a et b seront arrondis à 10^{-2}.

4. Déterminer, selon le modèle d'ajustement retenu et à l'heure près, le temps nécessaire pour fabriquer un bloc de glace de 32 cm d'épaisseur.

54 PYTHON Compléter un programme

On considère une série statistique à deux variables dont les valeurs du premier caractère sont notées x_i et celle du second caractère sont notées y_i.

On pose $t_i = \dfrac{1}{x_i}$ et $z_i = \sqrt{y_i}$.

On donne le script incomplet de la fonction Change, dont les paramètres sont les listes X des valeurs x_i et Y des valeurs y_i.

```
from math import*
def change(X,Y):
    T=[];Z=[]
    for i in range(len(X)):
        T.append(...)
        Z.append(...)
    return T,Z
```

Compléter le script afin que la fonction Change retourne les listes T et Z des valeurs t_i et z_i.

55 CALC Capacité 4, p. 105

Une usine fabrique des montures de lunettes en acétate.
Lors d'une des étapes de fabrication, les montures sont chauffées à 75 °C pour prendre la forme voulue puis laissées à refroidir à l'air ambiant.
Lors du refroidissement, on a mesuré la température des montures toutes les 5 minutes pendant 25 minutes.
On a obtenu le tableau suivant.

Temps t (en min)	0	5	10	15	20	25
Température des montures T (en °C)	75	45	31	26	23	21

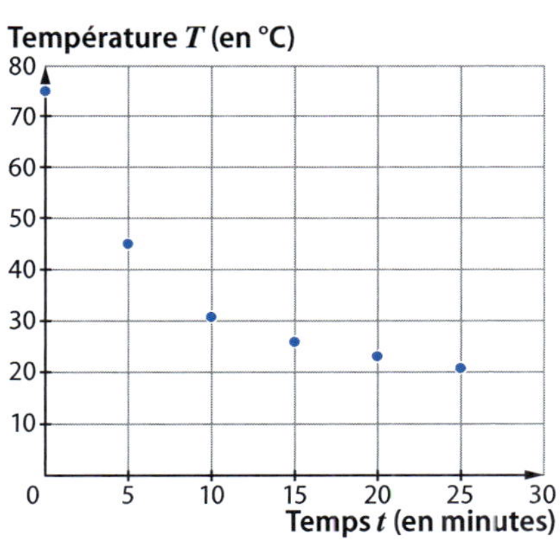

1. Pourquoi un ajustement affine de ce nuage de points n'est-il pas pertinent ?

2. On pose $z = \log(T - 20)$. Recopier et compléter le tableau suivant ; les valeurs z_i seront données à 0,01 près.

Temps t (en min)	0	5	10	15	20	25
$z = \log(T - 20)$	…	…	…	…	…	…

3. Donner à l'aide de la calculatrice une équation de la droite d'ajustement de z en t par la méthode des moindres carrés, sous la forme $z = at + b$, où a et b sont arrondis au centième.

4. En déduire une expression de T en fonction de t sous la forme $T = 20 + C_0 10^{ct}$, où la constante C_0 est à arrondir à l'unité.

Problème de synthèse

56 CALC

Chez une ostréicultrice (productrice d'huîtres) d'un village au bord de l'Atlantique, la bactérie appelée *Vibrio estuarianus* est apparue à partir du mois d'août 2019.

Le tableau ci-dessous donne la quantité y_i (exprimée en tonnes) d'huîtres affectées par cette bactérie dans l'élevage en fonction de x_i qui représente le numéro du mois depuis l'apparition de la bactérie.

Le numéro 1 correspond au mois d'août 2019, le numéro 2 correspond au mois de septembre 2019 et ainsi de suite.

x_i	1	2	3	4	5	6	7	8	9	10
y_i	20	210	320	390	440	480	510	540	560	570

1. a. Représenter graphiquement ce nuage de points dans un repère orthogonal. On prendra 1 cm pour 1 unité en abscisses et 1 cm pour 50 tonnes en ordonnées.

b. Un ajustement affine semble-t-il pertinent ? Pourquoi ?

2. On pose $z_i = \dfrac{750}{750 - y_i}$.

Recopier puis compléter le tableau suivant en arrondissant les valeurs de z_i, au centième.

x_i	1	2	3	4	5	6	7	8	9	10
z_i	1,03	…	…	…	…	…	…	…	…	…

3. a. On réalise alors un ajustement affine de ce nouveau nuage de points $M_i(x_i ; z_i)$.

À l'aide de la calculatrice, donner une équation de la droite D d'ajustement de z en x obtenue par la méthode des moindres carrés (on arrondira les coefficients à 10^{-4}).

b. Déterminer à l'aide de ce modèle d'ajustement la quantité d'huîtres affectées par la bactérie en décembre 2020 chez cet ostréiculteur (le mois de décembre est la période de vente la plus importante pour un ostréiculteur).
On arrondira le résultat à la dizaine de tonnes.

Tous ces exercices sont corrigés, leurs solutions succinctes sont disponibles à la fin du manuel (p. 220).
En flashant la page, vous accéderez aux **corrigés rédigés et détaillés** sur votre smartphone ou votre tablette.

bordas Flash PAGE corrigés détaillés

L'essentiel

Nuage de points

• Ensemble des points $M_i(x_i\,;y_i)$.

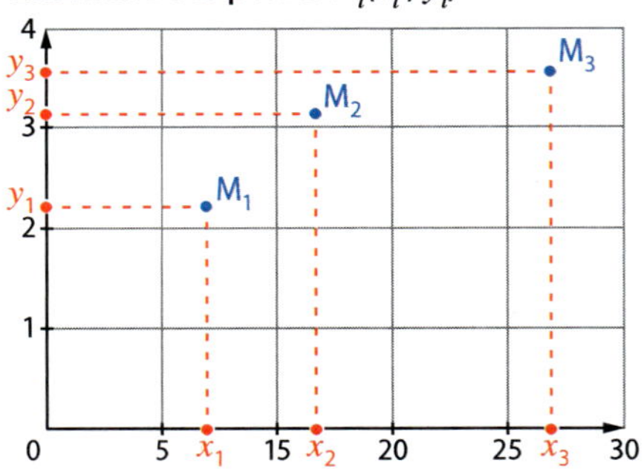

• Point moyen du nuage $G(\overline{x}\,;\overline{y})$ avec :
$\overline{x}$ moyenne de la série des x_i
$\overline{y}$ moyenne de la série des y_i.

Statistiques à deux variables

On étudie simultanément deux caractères statistiques sur une même population.

Valeurs du premier caractère x_i	x_1	x_2	…	x_n
Valeurs du second caractère y_i	y_1	y_2	…	y_n

Interpolations et extrapolations

• On cherche à estimer y lorsque x est connu ou estimer x lorsque y est connu.
• Interpolation : lorsque les estimations sont réalisées dans le domaine d'étude de la série
• Extrapolation : lorsque les estimations sont réalisées en dehors du domaine d'étude de la série.

Droite d'ajustement

Droite qui passe au plus près des points du nuage.
Elle peut s'obtenir :
• au jugé : on trace une droite au plus près des points du nuage ;
• par la méthode des moindres carrés :
→ L'équation de la forme $y = ax + b$ est obtenue à l'aide de la calculatrice ou du tableur (voir pp. 106 et 107)
→ Le point moyen du nuage appartient cette droite d'ajustement.

Faire le point avec des exercices corrigés

Représenter un nuage de points

57 10 min Capacité 1, p. 104

Le tableau ci-dessous donne, pour la France, le nombre d'immatriculations de véhicules particuliers neufs de 2014 à 2018.

Année	2014	2015	2016	2017	2018
Rang de l'année x_i	0	1	2	3	4
Nombre d'immatriculations y_i (en millions)	1,82	1,94	2,04	2,14	2,20

1. Représenter graphiquement le nuage de points $M_i(x_i\,;y_i)$.
On prendra comme unités :
1 cm pour une année en abscisses ;
2 cm pour un million en ordonnées.

2. Déterminer les coordonnées du point moyen G de ce nuage de points.

Déterminer un ajustement affine

58 20 min Capacité 2, p. 104 CALC

Le tableau suivant indique le nombre d'inscrits à un rallye pédestre annuel organisé par une association de quartier.

Année	2014	2015	2016	2017	2018	2019
Rang x_i de l'année	1	2	3	4	5	6
Nombre d'inscrits y_i	56	64	67	72	79	86

1. Représenter le nuage de points $M(x_i\,;y_i)$ associé à cette série statistique dans un repère orthogonal.
On choisira les unités suivantes :
1 cm pour une année sur l'axe des abscisses ;
1 cm pour dix inscrits sur l'axe des ordonnées.

2. a. Déterminer avec la calculatrice une équation de la droite d'ajustement (d) de y en x par la méthode des moindres carrés. On donnera les coefficients au centième.

b. Tracer la droite (d) dans le même repère que le nuage de points.

59 05 min Capacité 2, p. 104 QCM

Thomas est salarié de la même entreprise depuis quinze ans. Il regarde l'évolution de son salaire et observe les résultats suivants sur les six dernières années.

Année	2014	2015	2016	2017	2018	2019
Rang de l'année x_i	1	2	3	4	5	6
Salaire mensuel moyen y_i (en euros)	1 770	1 830	1 855	1 890	1 980	2 025

On note (d) la droite d'ajustement de y en x du nuage de points $M_i(x_i\,;y_i)$ obtenue par la méthode des moindres carrés.
Choisir la bonne réponse.
Les coefficients étant arrondis au centième, une équation de la droite (d) est :

a. $y = 0{,}02x - 33{,}06$
b. $y = 50{,}29x - 99\,509{,}48$
c. $y = 51x + 1\,719$
d. $y = 50{,}29x + 1\,715{,}67$

Utiliser un ajustement affine

60 15 min Capacité 3, p. 105

Le relevé ci-dessous donne la consommation de dioxygène pour une personne exprimée en litres par minute ($L \cdot min^{-1}$), en fonction de la puissance de l'effort fourni exprimée en watts (W).

Puissance de l'effort x_i (en W)	30	60	90	120	150	180	210	240
Consommation en dioxygène y_i (en $L \cdot min^{-1}$)	0,8	1,3	1,7	2,1	2,5	3,2	3,6	3,9

On considère que pour une puissance de l'effort comprise entre 30 W et 300 W, la droite d'équation $y = 0{,}015x + 0{,}346$ correspond à un ajustement affine satisfaisant de ce nuage.

1. Calculer la consommation de dioxygène obtenue à l'aide de cet ajustement pour une puissance de l'effort égale à 300 W.

2. Calculer, en utilisant toujours le même ajustement, la puissance de l'effort fourni pour une consommation de dioxygène égale à 3,4 $L \cdot min^{-1}$. On arrondira le résultat à l'unité.

61 10 min Capacité 3, p. 105 VRAI/FAUX

Indiquer si les affirmations sont vraies ou fausses, puis justifier.
Un médecin débutant étudie l'évolution de son nombre de visites à domicile au cours des premiers mois de l'année 2020. Voici les résultats qu'il obtient :

Mois	janvier	février	mars	avril	mai	juin	juillet
Rang du mois	1	2	3	4	5	6	7
Nombre de visites	5	8	10	15	18	20	24

On admet que la droite d'équation $y = 3x + 2$ réalise un ajustement affine du nuage de points et que cet ajustement est valable pour les mois qui suivent. À l'aide de ce modèle :

1. On peut estimer qu'au mois de novembre 2020, le nombre de visites sera de 34.

2. On peut estimer que le nombre de visites sera supérieur à 42 à partir du mois de janvier 2021.

62 10 min Capacité 3, p. 105

On a mesuré par échographie la taille d'un fœtus humain en fonction du nombre de semaines de grossesse. Les résultats sont donnés dans le tableau ci-après.

Nombre de semaines x_i	6	10	14	18	22	26	30
Taille du fœtus y_i (en cm)	2	7	16	24	32	36	39

On admet que la droite d'équation $y = 1{,}6x - 7{,}4$ réalise un ajustement affine du nuage de points et que cet ajustement est valable au-delà de la 34e semaine de grossesse.

1. Estimer la taille du fœtus à la 16e semaine de grossesse.

2. À partir de quelle semaine de grossesse peut-on estimer que la taille du fœtus aura dépassé 50 cm ?

Utiliser un changement de variable

63 25 min Capacité 4, p. 105

Un chef d'entreprise a acquis un nouveau matériel pour la somme de 45 000 €. À la fin de chaque mois, on note y_i le montant des bénéfices cumulés réalisés depuis l'achat du matériel (en milliers d'euros, en abrégé : k€). On donne ci-dessous le relevé des 9 premiers mois de remboursement.

Rang du mois x_i	1	2	3	4	5	6	7	8	9
Montant des bénéfices cumulés y_i (en k€)	3,5	6	8	9	11,5	12,5	14	15	16,5

L'expérience prouve que l'hypothèse d'une croissance linéaire des bénéfices est trop optimiste.
On envisage une croissance plus lente.
Pour cela, on pose $t_i = \sqrt{x_i}$.

1. Représenter sous forme de tableau la série statistique $(t_i\,;y_i)$. Pour les valeurs non entières de t_i, on prendra les valeurs décimales approchées à 10^{-2} près par défaut.

2. Déterminer une équation de la droite d'ajustement de y en t par la méthode des moindres carrés. Les coefficients de cette équation étant arrondis à 10^{-2} près par défaut.

3. Estimer le nombre de mois nécessaire à l'amortissement du matériel acquis.

64 25 min Capacité 4, p. 105

Une entreprise envisage la fabrication d'un nouveau produit. Elle étudie la demande pour ce nouveau produit, afin d'essayer de déterminer le prix de vente qui lui permettra d'obtenir la plus grande recette possible.
Dans le tableau suivant figure une partie des résultats d'une enquête réalisée pour déterminer le nombre d'acheteurs potentiels de ce nouveau produit en fonction de son prix de vente.

Prix de vente x_i (en €)	200	250	300	350	450	500
Nombre d'acheteurs potentiels y_i	610	475	390	320	235	190

On effectue le changement de variable $z_i = \log(y_i)$.

1. Représenter sous forme de tableau la série statistique $(x_i\,;z_i)$. Les valeurs de z_i seront arrondies à 10^{-3} près.

2. Donner, par la méthode des moindres carrés, une équation de la droite d'ajustement de z en x, sous la forme $z = ax + b$ (a sera donné à 10^{-4} près par excès et b à 10^{-2} près par excès).

3. En déduire une estimation du nombre d'acheteurs potentiels y, en fonction de x, sous la forme $y = k \times 10^{-mx}$ où k et m sont des constantes (k sera arrondi à l'entier le plus proche).

4. Utiliser cette estimation pour déterminer le nombre d'acheteurs potentiels si le prix de vente est fixé à 400 euros.

65 CALC Loi de Stevens

Un objet est vidéo-projeté, en trois dimensions, à une distance comprise entre 2 et 10 mètres. L'expérience étudiée dans cet exercice consiste à demander à une personne d'estimer la distance à laquelle se trouve l'objet. Les résultats sont consignés dans le tableau ci-dessous.

Distance réelle x_i (en m)	2	2,5	3	3,5	4	5	6	7	8	10
Distance perçue y_i (en m)	1,9	2,4	2,8	3,3	3,7	4,3	4,7	5	5,4	6

1. On pose $t_i = \log(x_i)$ et $z_i = \log(y_i)$ où log désigne la fonction logarithme décimal.

a. Recopier et compléter le tableau ci-dessous. On arrondira les valeurs à 0,01 près.

$t_i = \log(x_i)$	0,3	...	...	...	...	...	...	...	...	...
$z_i = \log(y_i)$	0,28	...	...	...	...	...	...	...	...	...

b. À l'aide de la calculatrice, déterminer une équation de la droite d'ajustement de z en t par la méthode des moindres carrés sous la forme $z = at + b$. Les coefficients a et b seront arrondis à 0,01près.

2. À l'aide de la question précédente, déterminer une relation entre y et x sous la forme $y = px^q$ où les coefficients p et q seront arrondis à 0,01 près. Cette relation est appelée loi de Stevens.

3. Selon ce modèle, déterminer la distance réelle, arrondie à 0,1 m, à laquelle serait placé un objet perçu à 7 m.

MATHS & SVT

66 CALC Taux d'immunoglobulines

Les immunoglobulines G, notées IgG, sont des anticorps qui interviennent dans l'élimination d'antigènes pendant une réaction immunitaire.

On étudie la concentration d'IgG dans le sang d'un patient au fil des semaines lors du contact avec un antigène.

On a recueilli les informations consignées dans le tableau suivant, où t_i est le temps en semaines écoulées après ce contact et y_i le taux d'immunoglobulines G en $g \cdot L^{-1}$.

Temps t_i (en semaines)	1	2	3	4	5	6
Taux y_i d'IgG (en $g \cdot L^{-1}$)	13,4	14,7	13,9	12,8	11,7	10,5

1. On a représenté le nuage de points $M_i(t_i\,;\,y_i)$ ci-dessous. Pourquoi un ajustement affine n'est-il pas pertinent ?

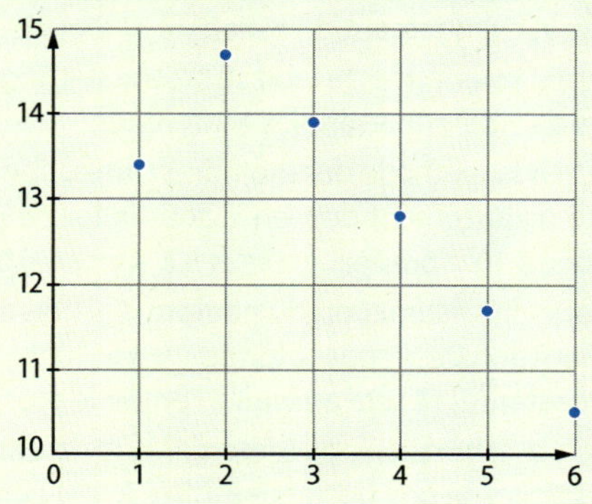

2. On pose $z = \log\left(\frac{y}{t}\right)$.

Recopier et compléter le tableau suivant. Les résultats seront arrondis à 10^{-2}.

Temps t_i (en semaines)	1	2	3	4	5	6
$z_i = \log\left(\frac{y_i}{t_i}\right)$	1,13	...	...	...	...	...

3. Donner, à l'aide de la calculatrice, une équation de la droite d'ajustement de z en t obtenue par la méthode des moindres carrés. Les coefficients seront arrondis à 10^{-2} près.

4. Déterminer un ajustement de y en fonction de t sous la forme $y = At \times 10^{kt}$ où A et k sont des nombres réels. On arrondira les valeurs de A et k au dixième.

5. Estimer à 0,1 près le taux d'IgG à la 8e semaine à l'aide de l'expression de la question **4**.

MATHS & SVT

67 CALC Croissance d'une plante

Des scientifiques étudient la croissance d'une plante vivace d'une variété donnée. Pour cela, ils ont relevé tous les mois la hauteur de plants témoins, mesurant tous 12 cm au début de l'expérimentation.

Dans le tableau ci-dessous, h désigne la hauteur moyenne des plants, exprimée en centimètres, au bout de t mois.

t_i (en mois)	0	1	2	3	4	5	6
h_i (en cm)	12	16,6	20	22	23,1	23,6	23,8

1. a. Construire le nuage de points $M_i(t_i\,;\,h_i)$ correspondant au tableau ci-dessus. On prendra comme unités :

1 cm pour un mois en abscisses ;

1 cm pour un centimètre en ordonnées en commençant la graduation à 10.

b. Un ajustement affine est-il pertinent ?

2. On pose $y_i = \log\left(\frac{24}{h_i} - 1\right)$.

Recopier et compléter le tableau suivant en arrondissant les valeurs à 0,001 près.

t_i (en mois)	0	1	2	3	4	5	6
$y_i = \log\left(\frac{24}{h_i} - 1\right)$	...	...	...	...	...	...	...

3. On nomme $\mathcal{D}$ la droite d'ajustement de y en t obtenue par la méthode des moindres carrés.

L'équation réduite de $\mathcal{D}$ est de la forme $y = at + b$ où a et b sont des nombres réels.

En utilisant une calculatrice, donner les valeurs de a et b à 0,01 près.

4. En déduire un ajustement de h en t de la forme

$$h = \frac{24}{K10^{at} + 1}.$$

5. Justifier que, selon ce modèle, la plante n'atteindra pas 24 cm de hauteur.

68 CALC **Problème d'optimisation**

Dans le tableau ci-dessous figurent les résultats d'une enquête réalisée dans un magasin pour déterminer le nombre d'acheteurs potentiels d'un modèle de chaussures, en fonction de son prix de vente en euros.

Prix de vente x_i (en €)	35	40	45	50	55	60	70
Nombres d'acheteurs potentiels y_i	231	215	198	181	167	150	117

L'objectif est de déterminer le prix de vente pour lequel la recette correspondant à la commercialisation de ce modèle est maximale.

1. À l'aide de la calculatrice, déterminer une équation de la droite d'ajustement de y en x par la méthode des moindres carrés. On arrondira le coefficient directeur au centième et l'ordonnée à l'origine au dixième.

2. On désigne par $r(x)$ la recette correspondant à la vente de y paires du modèle étudié au prix unitaire x exprimé en euros. En utilisant l'expression obtenue à la question **1**, montrer que $r(x) = -3{,}25x^2 + 344{,}5x$.

3. On étudie les variations de cette fonction r sur l'intervalle $[35 ; 70]$.

a. Calculer la dérivée $r'(x)$.

b. Dresser le tableau de variation de la fonction r.

c. Quelle estimation peut-on donner du prix de vente qui permettra d'obtenir un recette maximale ? Quelle sera alors cette recette ?

69 CALC **Coût unitaire de fabrication**

Une entreprise fabrique un équipement. Le prix de revient théorique de fabrication se répartit en a euros de frais fixes et b euros par unité produite, soit $a + nb$ euros pour n unités produites.

1. Exprimer, en fonction du nombre n d'unités produites, le prix de revient théorique y d'une unité.

Dans la suite de l'exercice, on propose une méthode de recherche des coefficients a et b.

2. Dans la pratique, on a relevé les chiffres portés dans le tableau ci-dessous et on a représenté le nuage de points M_i de coordonnées $(n_i ; y_i)$ dans un repère. Un ajustement affine paraît-il justifié ?

n_i	1	2	3	4	5	6	7	8	9	10
y_i	1 504	809	540	438	375	320	290	254	231	212

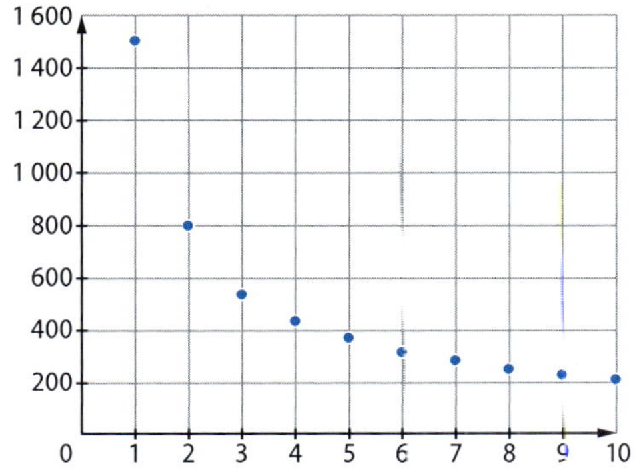

3. Pour i allant de 1 à 10, on pose $x_i = \dfrac{1}{n_i}$.

a. Calculer les valeurs approchées des valeurs x_i à 10^{-2} près par défaut et les présenter dans un tableau avec les valeurs de y_i sur le modèle de la question précédente.

b. Représenter le nuage de points P_i de coordonnées $(x_i ; y_i)$ dans un repère orthogonal, en prenant pour unités graphiques :

en abscisses 1 cm pour 0,1 unité

en ordonnées 1 cm pour 100 €.

c. Un ajustement affine paraît-il justifié ?

4. a. Déterminer à l'aide de la calculatrice une équation de la droite d'ajustement de y en x par la méthode des moindres carrés. On arrondira les coefficients au centième.

b. En déduire des valeurs approchées des nombres a et b de la question **1**.

c. Quelle estimation peut-on donner du prix de revient d'une unité de l'équipement si on en fabrique 20 ?

70 **Évolution de l'indice des prix**

Dans un pays, un indice des prix a suivi l'évolution suivante entre les années 2013 et 2019.

Année	2013	2014	2015	2016	2017	2018	2019
Rang de l'année x_i	1	2	3	4	5	6	7
Indice y_i	100	101,1	102	102,9	104	104,5	105

L'exercice a pour objet d'étudier l'évolution de cet indice en utilisant deux modèles mathématiques.

A Ajustement affine CALC

1. Représenter le nuage de points associé à cette série statistique dans un repère orthogonal.

On prendra pour unités 1 cm pour 1 année en abscisses et 1 cm pour 2 points d'indice en ordonnées en commençant les graduations de l'axe des ordonnées à 100.

2. À l'aide de la calculatrice, donner une équation de la droite d'ajustement de y en x, obtenue par la méthode des moindres carrés (arrondir les coefficients au centième).

3. À partir des calculs précédents, on retient comme ajustement affine du nuage de points la droite $\mathcal{D}$ d'équation $y = 0{,}9x + 99{,}4$. Tracer la droite $\mathcal{D}$ sur le graphique.

4. En supposant que ce modèle reste valable pour l'année 2020, donner une prévision de la valeur de l'indice en 2020. Indiquer la méthode utilisée.

B Ajustement avec un logiciel

Un logiciel de calcul propose d'ajuster le nuage de points à l'aide d'une partie de la courbe $\mathcal{C}_f$ représentative de la fonction f définie sur $[1 ; 15]$ par : $f(x) = -0{,}08x^2 + 1{,}44x + 98{,}7$.

1. Calculer la dérivée $f'(x)$.

2. En déduire les variations de f sur $[1 ;15]$.

3. Selon ce modèle, que peut-on prévoir à partir de l'année 2021 ?

4. Recopier et compléter le tableau de valeurs suivant.

x	7	8	9	10	11	12	13	14
$f(x)$	...	...	105,18	105,1	...	104,46	...	103,18

5. Sur le graphique obtenu à la question **1**, tracer la courbe $\mathcal{C}_f$ pour x variant sur l'intervalle $[7 ; 14]$.

6. En utilisant ce modèle, déterminer graphiquement l'année à partir de laquelle l'indice reviendra en dessous de celui de 2018.

BESOIN D'AIDE ?
Voir le livret en début de manuel, pp. 20 à 29

TP1 Automatisation du calcul de $\Sigma_i(y_i - (ax_i + b))^2$

CALCULER RAISONNER PYTHON

A Étude d'un exemple

Un petit cinéma de quartier a ouvert au début de l'année 2020. Chaque mercredi après-midi a lieu une projection de films d'animation. On s'intéresse ici au nombre d'entrées vendues chaque mercredi après-midi pour ces séances. Les données correspondant aux quatre premières semaines sont reportées dans le tableau ci-dessous.

Rang de la semaine x_i	1	2	3	4
Nombre d'entrées vendues y_i	25	29	44	47

On a représenté dans le graphique ci-contre le nuage de points $M_i(x_i\,;y_i)$ ainsi que la droite (d) d'équation $y = 9x + 15$.
On souhaite évaluer l'écart entre cette droite et le nuage de points.
Pour i entier compris entre 1 et 4, on définit le point N_i de la droite (d) ayant même abscisse que M_i.

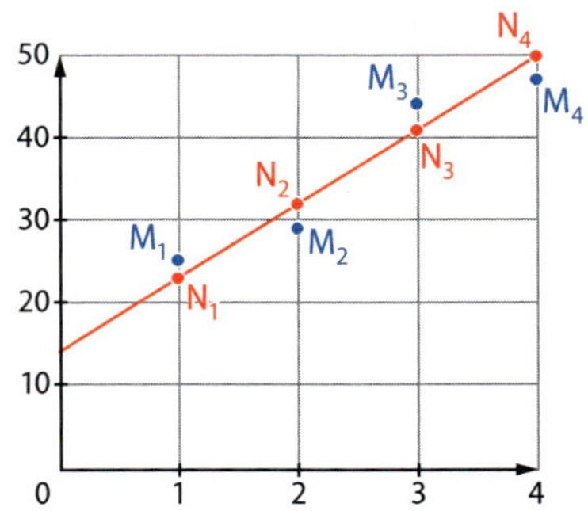

1. a. Donner l'abscisse de N_1 et calculer l'ordonnée de ce point.

b. On note y_{M_1} l'ordonnée de M_1 et y_{N_1} l'ordonnée de N_1. Calculer $(y_{M_1} - y_{N_1})^2$.

2. Recopier et compléter le tableau suivant.

Rang de la semaine x_i	1	2	3	4
Ordonnée y_{M_i} de M_i	25	29	44	47
Ordonnée y_{N_i} de N_i	24	...	...	...
$(y_{M_i} - y_{N_i})^2$	1	...	...	...

3. Calculer la somme $S = (y_{M_1} - y_{N_1})^2 + (y_{M_2} - y_{N_2})^2 + (y_{M_3} - y_{N_3})^2 + (y_{M_4} - y_{N_4})^2$.

4. a. La cinquième semaine, le cinéma enregistre 58 entrées.
On considère le point $M_5(5\,;58)$ et on définit comme précédemment le point N_5.
Calculer l'ordonnée y_{N_5} de N_5 et vérifier que $(y_{M_5} - y_{N_5})^2 = 4$.

b. On note S' la somme définie par :
$S' = (y_{M_1} - y_{N_1})^2 + (y_{M_2} - y_{N_2})^2 + (y_{M_3} - y_{N_3})^2 + (y_{M_4} - y_{N_4})^2 + (y_{M_5} - y_{N_5})^2$.
Exprimer S' en fonction de S et en déduire la valeur de S'.

B Calcul de la somme S avec Python

Soit une série statistique à deux variables dont les valeurs x_i et y_i sont saisies respectivement dans les listes X et Y.
On ajuste le nuage de points $M_i(x_i\,;y_i)$ associé à cette série avec la droite (d) d'équation $y = ax + b$.
On définit les points N_i comme dans la **partie A**.

1. Exprimer en fonction de x_1 l'ordonnée y_{N_1} de N_1.

2. On définit la somme S par $S = (y_1 - (ax_1 + b))^2 + (y_2 - (ax_2 + b))^2 + \ldots + (y_n - (ax_n + b))^2$, l'entier n étant le nombre de points du nuage. On souhaite créer une fonction Python `somme_car` retournant la somme S.

a. Justifier l'instruction de la ligne **2**.

b. Quelle valeur doit contenir la variable S au début du calcul ? Compléter la ligne **3** du script.

c. En vous aidant de la question **4. b.** de la **partie A**, compléter la ligne **5** du script.

```
1 def somme_car(X,Y,a,b):
2     n=len(X)
3     S=...
4     for i in range(n):
5         S=S+...
6     return S
```

3. La somme S renvoyée par la fonction `somme_car` permet de mesurer « l'écart » entre la droite d'équation $y = ax + b$ et le nuage de points.

a. On définit les listes X et Y par : X = [1, 2, 3, 4, 5] et Y = [25, 29, 44, 47, 58].
Que renvoie l'appel `somme_car(X,Y,9,15)` ?

b. Peut-on déterminer des coefficients a et b tel que l'appel `somme_car(X,Y,a,b)` renvoie une valeur strictement inférieure à celle renvoyée par l'appel `somme_car(X,Y,9,15)` ?

BESOIN D'AIDE ?
Voir le livret en début de manuel, pp. 20 à 29

TP2 Recherche d'un couple (a, b) minimisant $\Sigma_i(y_i - (ax_i + b))^2$ parmi un ensemble fini de couples

CHERCHER · COMMUNIQUER · PYTHON · CALC

En France, le temps moyen quotidien (en heures) passé par une personne devant un écran d'ordinateur, de tablette ou de smartphone est donné dans le tableau suivant.

Année	2013	2014	2015	2016	2017
Rang de l'année x_i	1	2	3	4	5
Temps passé devant un écran y_i (en heures)	2,78	3,27	3,52	3,77	3,97

On donne ci-dessous le nuage de points $M_i(x_i\,;y_i)$. On souhaite déterminer une valeur approchée des coefficients de l'équation $y = ax + b$ de la droite (d) d'ajustement de y en x obtenue par la méthode des moindres carrés.

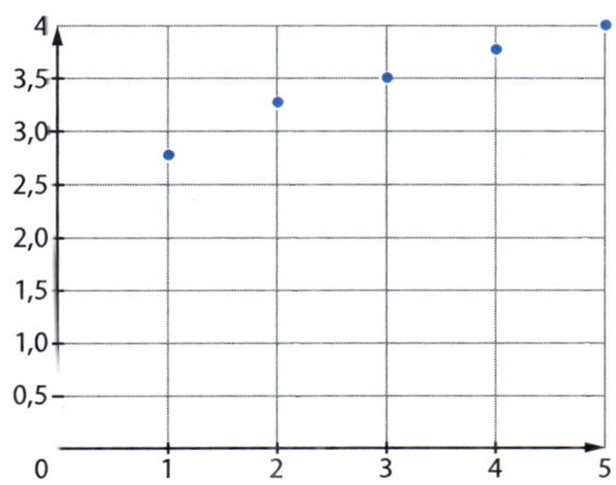

1. À l'aide d'un ajustement au jugé au plus près du nuage, déterminer un encadrement par deux entiers consécutifs du réel b, puis vérifier qu'on peut estimer que le réel a est tel que a appartient à l'intervalle $[0\,;1]$.

2. On considère l'ensemble des couples $(a\,;b)$ tels que le réel a décrit l'intervalle $[0\,;1]$ avec un pas de 0,01 et le réel b décrit l'intervalle $[2\,;3]$ avec un pas de 0,01.
À l'aide d'une fonction Python `Recherche_couple`, on souhaite déterminer parmi ces couples $(a\,;b)$ celui pour lequel la somme $\Sigma_i(y_i - (ax_i + b))^2$ est minimale.
Pour une liste X de valeurs x_i, une liste Y de valeurs y_i et deux réels a et b, l'appel `somme_car(X,Y,a,b)` renvoie la somme $\Sigma_i(y_i - (ax_i + b))^2$ (voir TP1 p. 120).

```
 9 def Recherche_couple():
10     X=[1,2,3,4,5]
11     Y=[2.78,3.27,3.52,3.77,3.97]
12     A=0;B=2
13     S=somme_car(X,Y,A,B)
14     for k in range(1,101):
15         a=k*0.01
16         for j in range(1,101):
17             b=...
18             if somme_car(X,Y,a,b)<S:
19                 S=somme_car(X,Y,a,b)
20                 A=a ; B=b
21     return A,B
```

a. Justifier que l'intruction de la ligne **15** fait prendre successivement à la variable a les valeurs de 0,01 à 1 avec un pas de 0,01.

b. Compléter la ligne **17** afin que la variable b prenne successivement les valeurs de 2,01 à 3 avec un pas de 0,01.

3. Quel est le rôle de chacune des variables A et B ?

4. Expliquer les lignes **18**, **19** et **20**.

5. À l'aide de la fonction `Recherche_couple`, déterminer le couple cherché.

6. Le tableau ci-dessous fournit les résultats de l'enquête de l'INSEE pour les connexions à l'internet mobile et présente la part des personnes de plus de 15 ans résidant en France (en pourcentages arrondis au dixième) qui se sont connectées sur une période fixe.

Année	2009	2010	2011	2012	2013	2014	2015	2016	2017
Rang de l'année x_i	0	1	2	3	4	5	6	7	8
Part y_i (en pourcentage internet mobile)	17,7	26,4	28,4	39,5	46,5	53,4	55,8	55,1	62,4

On admet que la droite d'ajustement de y en x par la méthode des moindres carrés a pour équation $y = ax + b$ tel que a appartient à $[5\,;6]$ et b appartient à $[20\,;21]$.

a. En modifiant la fonction `Recherche_couple` déterminer une valeur approchée à 0,01 près de chacun des réels a et b.

b. Comparer le résultat obtenu avec la calculatrice.

Zoom sur l'algorithmique

Cette page fait le point sur les capacités relatives à l'algorithmique et à la programmation, liées au chapitre 4, qui peuvent être demandées lors de l'évaluation commune.

UN EXEMPLE PYTHON

Le tableau ci-dessous donne l'évolution du nombre annuel de pactes civils de solidarité (Pacs) conclus en France entre 2011 et 2017.

Année	2011	2012	2013	2014	2015	2016	2017
Rang de l'année x_i	0	1	2	3	4	5	6
Nombre de Pacs conclus y_i (en milliers)	1,52	1,61	1,69	1,74	1,89	1,92	1,94

On note (d) la droite d'ajustement de y en x par la méthode des moindres carrés.
Les coefficients étant arrondis au centième, la droite (d) a pour équation $y = 0{,}07x + 1{,}54$.
On donne ci-dessous le script d'une fonction pacs écrite en Python.

```
def pacs(M):
    a=0.07; b=1.54
    x=6
    y=a*x+b
    while y <= M:
        x=x+1
        y=a*x+b
    return(x)
```

LES QUESTIONS QUI PEUVENT ÊTRE POSÉES LE JOUR DU BAC / RÉPONSES

Exécuter une fonction

1. Quelle est la valeur retournée lors de l'appel pacs(2.3) ?

Méthode

Il est pratique de faire un tableau contenant les valeurs prises par les variables au cours des différents passages dans la boucle.

Réponse 1. Le script contient une boucle **while**. Pour déterminer la valeur retournée lors de cet appel, on peut faire un tableau dans lequel on inscrit les valeurs successives des variables x et y qui sont modifiées dans la boucle.

Étapes	x	y	Condition $y \leqslant$ M vérifiée ?
Avant la boucle	6	$0{,}07 \times 6 + 1{,}54 = 1{,}96$	Oui
1er passage dans la boucle	7	$0{,}07 \times 7 + 1{,}54 = 2{,}03$	Oui
2e passage dans la boucle	8	$0{,}07 \times 8 + 1{,}54 = 2{,}1$	Oui
3e passage dans la boucle	9	$0{,}07 \times 9 + 1{,}54 = 2{,}17$	Oui
4e passage dans la boucle	10	$0{,}07 \times 10 + 1{,}54 = 2{,}24$	Oui
5e passage dans la boucle	11	$0{,}07 \times 11 + 1{,}54 = 2{,}31$	Non

La valeur retournée est la dernière valeur de la variable x, c'est-à-dire 11.

Comprendre une fonction

2. Quel est le rôle de cette fonction ?

Réponse 2. Cette fonction retourne le rang de la première année durant laquelle le nombre de Pacs conclus devrait dépasser pour la première fois le réel M saisi en paramètre.

Modifier une fonction

3. Soit A l'année durant laquelle le nombre annuel de Pacs dépasse la valeur M.
Modifier la fonction pacs afin qu'elle retourne les estimations du nombre annuel de Pacs entre l'année 2018 et l'année A.

Réponse 3. On crée une liste vide L (ligne **5**). Cette liste va contenir les estimations du nombre annuel de pacs de 2018 jusqu'à l'année A.

À chaque passage dans la boucle, on ajoute à la liste L l'estimation y du nombre de Pacs conclus au cours de l'année de rang x (ligne **9**).
La fonction retourne la liste L (ligne **10**).

```
1  def pacs(M):
2      a=0.07; b=1.54
3      x=6
4      y=a*x+b
5      L=[]
6      while y <= M:
7          x=x+1
8          y=a*x+b
9          L.append(y)
10     return(L)
```

Sujet commenté

ÉNONCÉ CALC

Thèmes
- Nuage de points
- Droite d'ajustement par la méthode des moindres carrés
- Interpolations et extrapolations

Le tableau suivant donne la tension artérielle (systolique) moyenne y_i d'une population d'hommes à différents âges x_i.

Âge x_i (en années)	25	40	50	60	70
Tension artérielle moyenne y_i (en mm de mercure)	118,2	124,3	131,9	136,5	142,5

1. Représenter le nuage de points $M_i(x_i\,;y_i)$ dans un repère orthogonal. L'axe des ordonnées sera gradué à partir de 100 ; on prendra pour unités 2 cm pour 10 ans sur l'axe des abscisses et 2 cm pour 10 mm de mercure sur l'axe des ordonnées.

2. À l'aide de la calculatrice, déterminer une équation de la droite $\mathcal{D}$ d'ajustement de y en x obtenue par la méthode des moindres carrés (on arrondira les coefficients à 10^{-4} près).

Pour la suite de l'exercice, on prendra pour équation de la droite $\mathcal{D}$: $y = 0{,}55x + 103{,}75$.

3. Tracer la droite $\mathcal{D}$ sur le graphique réalisé précédemment.

4. Avec ce modèle d'ajustement, estimer graphiquement, en laissant apparents les traits de construction, la tension artérielle moyenne d'un homme de 45 ans.

5. Avec ce modèle d'ajustement, déterminer algébriquement à partir de quel âge un homme a une tension artérielle moyenne supérieure à 150.

COMPRENDRE L'ÉNONCÉ ET CHOISIR LES MÉTHODES / SOLUTION COMMENTÉE

1. On commence par tracer le repère en tenant compte des unités imposées, de la graduation de l'axe des ordonnées qui commence à 100 et du fait que les valeurs x_i sont positives.
Capacité 1, p. 104

1.

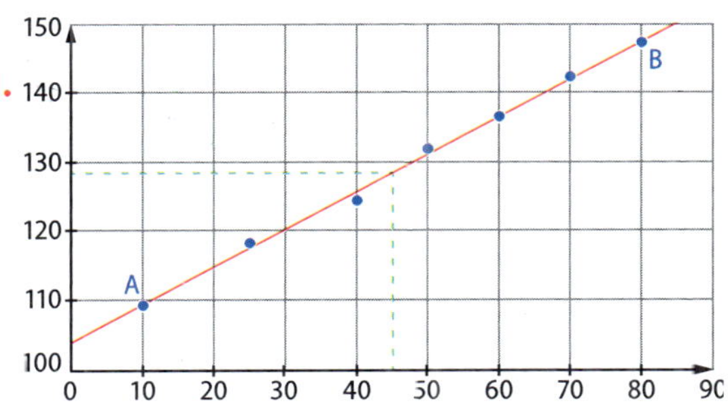

2. On utilise le mode Statistique de la calculatrice.
Capacité 2, p. 104

2. On obtient l'écran ci-contre.
La droite $\mathcal{D}$ a donc pour équation $y = 0{,}5495x + 103{,}7541$ les coefficients étant arrondis à 10^{-4} près.

3. Pour tracer la droite $\mathcal{D}$, on détermine deux points de cette droite en utilisant l'équation donnée.
Capacité 2, p. 104

3. Pour $x = 10$, on a $y = 0{,}55 \times 10 + 103{,}75 = 109{,}25$
et pour $x = 80$, on a $y = 0{,}55 \times 80 + 103{,}75 = 147{,}75$.
La droite $\mathcal{D}$ passe par les points A(10 ; 109,25) et B(80 ; 147,75).

4. Il s'agit de déterminer le point d'abscisse 45 de la droite $\mathcal{D}$ puis de lire l'ordonnée de ce point.
Capacité 3, p. 105

4. Sur la droite $\mathcal{D}$, l'ordonnée du point d'abscisse 45 est environ égale à 128,5.
On peut donc estimer que la tension artérielle moyenne d'un homme de 45 ans est 128,5.

5. On commence par résoudre une inéquation pour déterminer la plus petite valeur entière de x telle que y dépasse 150.
Capacité 3, p. 105

5. On résout l'inéquation $0{,}55x + 103{,}75 > 150$ qui est équivalente à $0{,}55x > 150 - 103{,}75$ soit à $0{,}55x > 46{,}25$ donc à $x > \dfrac{46{,}25}{0{,}55}$. On a $\dfrac{46{,}25}{0{,}55} \approx 84{,}1$ à 0,1 près.
On en déduit que c'est à partir de 85 ans qu'un homme a une tension artérielle moyenne supérieure à 150.

CAP VERS LE BAC Pour se préparer à l'écrit

Ces sujets permettent de travailler les capacités liées au chapitre 4 et attendues à l'évaluation commune.

Automatismes 20 min

Thèmes • Calculs numériques et calculs algébriques
• Comprendre une fonction Python
• Probabilités
• Évolutions et pourcentage
• Lectures graphiques

1. Écrire sous forme d'une fraction irréductible : $\frac{3}{6}+\frac{5}{8}$.

2. Écrire sous forme d'une fraction irréductible : $\frac{7}{15}\times\frac{10}{9}$.

3. Factoriser $(x+3)(x-5)-(5x-1)(x+3)$.

4. Résoudre dans $\mathbb{R}$ l'équation $7x+3=2x-8$.

5. Quel est le taux d'évolution réciproque d'une augmentation de 25 % ?

6. PYTHON On donne ci-contre le script de la fonction `auto` écrite en Python.
Que renvoie l'appel `auto(4)` ?

```
def auto(n):
    s=0
    for k in range(1,n):
        s=s+k**2
    return s
```

7. Calculer l'espérance de la variable aléatoire X dont la loi est donnée par le tableau ci-dessous.

x_i	-1	0	2	3
$P(X=x_i)$	0,1	0,2	0,4	0,3

Pour les questions 8 à 10, on considère la fonction f définie sur $[-2\,;3]$ dont on donne la courbe ci-contre.

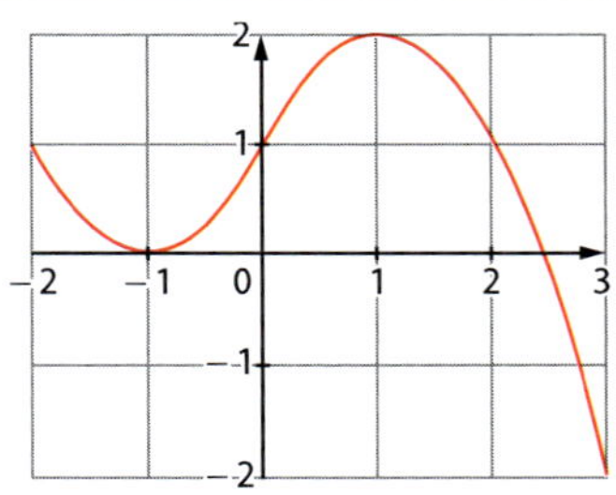

8. Déterminer les antécédents de 1 par f.

9. Combien l'équation $f(x)=0{,}5$ a-t-elle de solutions ?

10. Donner la valeur de $f(2)$.

Sujet A 30 min PYTHON CALC

REPRÉSENTER MODÉLISER

Thèmes • Représenter un nuage de points
• Droite d'ajustement par la méthode des moindres carrés
• Utiliser un ajustement affine pour interpoler et extrapoler
• Compléter un programme Python

Le tableau ci-dessous donne l'évolution des dépenses courantes de santé en France entre 2013 et 2018.

Année	2013	2014	2015	2017	2018
Rang de l'année x_i	0	1	2	4	5
Dépenses y_i (en milliards d'€)	251,8	257,7	261,0	272,0	275,9

1. Représenter le nuage de points $M_i(x_i\,;y_i)$ dans un repère orthogonal. On prendra comme unités :
• 1 cm pour une année en abscisses ;
• 1 cm pour 2 milliards d'euros en ordonnées en commençant la graduation à 250.

2. À l'aide de la calculatrice, déterminer une équation de la droite (d) d'ajustement de y en x obtenue par la méthode des moindres carrés (on arrondira les coefficients à 10^{-2} près).
Pour la suite de l'exercice, on prendra pour équation de la droite (d) : $y=4{,}8x+252{,}1$.

3. Tracer la droite (d) sur le graphique précédent.

4. Avec ce modèle d'ajustement, estimer graphiquement, en laissant apparents les traits de construction, les dépenses courantes de santé en 2016.

5. Avec ce modèle d'ajustement, déterminer algébriquement à partir de quelle année les dépenses courantes de santé seront supérieures à 350 milliards d'euros.

6. Compléter le script de la fonction `Dep` écrite en Python, afin que l'appel `Dep(M)` retourne la première année après 2018, au cours de laquelle les dépenses courantes de santé seront strictement supérieures à M milliards d'euros.

```
def dep(M):
    x=6
    y= 4.8*x+252.1
    while ... :
        x=...
        y=...
    return x+2013
```

CAPACITÉS MISES EN ŒUVRE
Question 1. ▸ Capacité 1 p. 104
Question 2. ▸ Capacité 2 p. 104
Questions 4. et 5. ▸ Capacité 3 p. 105

Sujet B 20 min QCM

RAISONNER COMMUNIQUER

SOLUTION EN FIN DE MANUEL

bordas Flash PAGE corrigé détaillé

Thèmes • Identifier une situation d'ajustement affine
• Choisir un ajustement approprié pour un nuage de points
• Droite d'ajustement par la méthode des moindres carrés
• Utiliser un ajustement affine pour extrapoler

Pour chaque question, trois réponses sont proposées, parmi lesquelles une seule est correcte. Aucune justification n'est demandée.

1. Parmi les trois nuages de points suivants, indiquer celui pour lequel un ajustement affine semble judicieux.

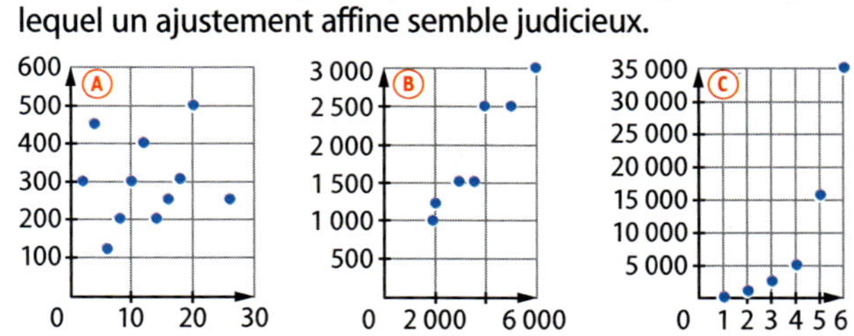

Pour les questions 2 à 4, on utilise le tableau ci-dessous qui donne l'évolution du nombre d'intérimaires travaillant dans une entreprise créée en 1993.

Année	1993	1998	2003	2008	2013	2018
Rang de l'année x_i	1	6	11	16	21	26
Nombre d'intérimaires y_i	15	30	55	80	105	129

On note (d) la droite d'ajustement affine par la méthode des moindres carrés du nuage de points $M_i(x_i\,;y_i)$.

2. Après avoir arrondi les coefficients au centième le plus proche, une équation de la droite (d) de y en x est :

a. $y = 4{,}69x + 5{,}74$ **b.** $y = 4{,}68x + 5{,}74$ **c.** $y = 4{,}56x + 10{,}44$

3. Les coordonnées du point moyen du nuage sont :

a. (2003 ; 69) **b.** (11 ; 55) **c.** (13,5 ; 69)

4. On décide d'ajuster le nuage de points $M_i(x_i ; y_i)$ à l'aide de la droite (d_1) d'équation $y = 4{,}7x + 5$.
À l'aide de ce modèle, on peut estimer qu'en 2022, le nombre d'intérimaires dans l'entreprise sera :

a. 151 **b.** 429 **c.** 146

CAPACITÉS MISES EN ŒUVRE
Question 1. ▸ *Capacité 1 p. 104*
Question 2. ▸ *Capacité 2 p. 104*
Question 3. ▸ *Capacité 3 p. 105*

Sujet C 40 min CALC

REPRÉSENTER COMMUNIQUER

THÈMES • Représenter un nuage de points
• Droite d'ajustement par la méthode des moindres carrés
• Utiliser la fonction logarithme décimal pour un changement de variable

Dans une grande salle parisienne, lors de huit concerts différents, on a relevé à l'aide d'un sonomètre la pression acoustique à laquelle est soumise l'oreille d'une personne (en pascals : Pa), ainsi que le niveau d'intensité sonore du bruit responsable de cette pression (en décibels : dB). Les résultats obtenus sont présentés dans le tableau ci-dessous.

Pression acoustique p_i (en Pa)	0,5	1	3	5	7	10	13	15
Intensité sonore y_i (en dB)	88	94	103	108	111	114	116	117

1. Le nuage de points correspondant est donné ci-dessous.

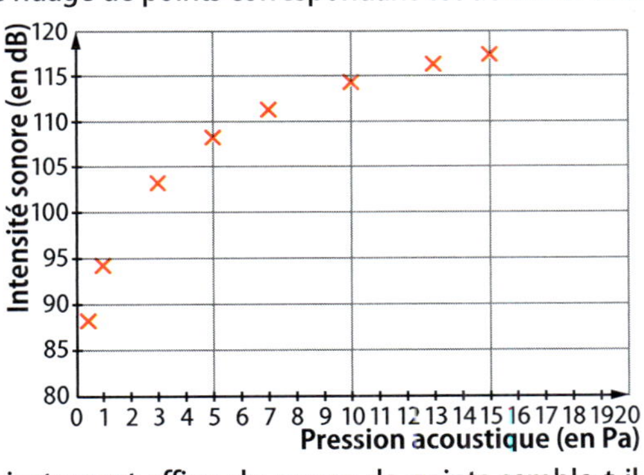

Un ajustement affine du nuage de points semble-t-il pertinent ? Pourquoi ?

2. On pose $x_i = \log(p_i)$. Reproduire et compléter le tableau suivant en arrondissant les valeurs de x_i à 10^{-2}.

$x_i = \log(p_i)$	...	...	...	...	...	1	...	...
Intensité sonore y_i (en dB)	88	94	103	108	111	114	116	117

3. Représenter le nuage de points $M_i(x_i ; y_i)$ dans un repère orthogonal. On prendra comme unités 1 cm pour 0,1 en abscisses et 1 cm pour 5 décibels en ordonnées en commençant la graduation à 80.

4. Calculer les coordonnées du point moyen G du nuage et placer ce point sur le graphique.

5. À l'aide de la calculatrice, en arrondissant les coefficients à 10^{-2}, donner une équation de la droite d'ajustement de y en x par la méthode des moindres carrés.
Tracer cette droite dans le repère précédent.

6. Lors d'un concert du groupe de rock Kiss, en 2009, l'oreille des spectateurs a été soumise à la pression de 130 Pa.
Déterminer l'intensité sonore atteinte lors de ce concert.
Le résultat sera donné au décibel près.

CAPACITÉS MISES EN ŒUVRE
Questions 1. et 3. ▸ *Capacité 1 p. 104*
Questions 2. et 6. ▸ *Capacité 4 p. 105*
Question 5. ▸ *Capacité 2 p. 104*

Sujet D 35 min TABLEUR CALC

MODÉLISER COMMUNIQUER

THÈMES • Mettre en œuvre des fonctions du tableur
• Représenter un nuage de points
• Droite d'ajustement par la méthode des moindres carrés.
• Utiliser la fonction logarithme décimal pour un changement de variable

Le tableau ci-dessous, issu d'une feuille de calcul d'un tableur, donne la production d'eau potable d'origine souterraine dans un pays, en millions de m³, entre 2009 et 2019.

	A	B	C	D	E	F	G
1	Année	2009	2011	2013	2015	2017	2019
2	rang de l'année : x_i	0	2	4	6	8	10
3	Volume d'eau potable produit en millions de m³ : y_i	7,5	11,9	14,5	15,9	17	17,9
4	z_i						

On pose $z_i = -2 + \log(y_i)$.

1. Parmi les formules ci-dessous, où LOG désigne la fonction logarithme décimal, indiquer la formule à saisir dans la cellule **B4** qui, recopiée vers la droite, complète la dernière ligne du tableau.

① =-2+LOG($B$3)
② =-2+LOG(B3)
③ =-2+LOG(B2)

2. Représenter le nuage de points $M_i(x_i ; z_i)$ dans un repère orthogonal. On prendra comme unités :
1 cm pour une année en abscisses ;
1 cm pour 0,1 en ordonnées.

3. Déterminer les coordonnées du point moyen G de ce nuage. Placer le point G.

4. a. À l'aide de la calculatrice, en arrondissant les coefficients à 10^{-3}, donner une équation de la droite $\mathcal{D}$ d'ajustement de z en x par la méthode des moindres carrés.

b. Pour la suite de l'exercice, on prendra $z = 0{,}03x - 1{,}04$ pour équation de la droite $\mathcal{D}$. Construire la droite $\mathcal{D}$.

c. Déterminer avec ce modèle d'ajustement l'année à partir de laquelle le volume d'eau potable d'origine souterraine produit atteindra 24 millions de m³.

CAPACITÉS MISES EN ŒUVRE
Question 2. ▸ *Capacité 1 p. 104*
Question 4. a. ▸ *Capacité 2 p. 104*
Question 4. c. ▸ *Capacité 4 p. 105*

PARCOURS 1 Déterminer un ajustement affine par la méthode des moindres carrés CALC

Un exemple : Ce tableau donne l'évolution de la fréquentation annuelle d'un parc de loisirs entre 2012 et 2019 :

Année	2012	2013	2014	2015	2016	2017	2018	2019
Rang de l'année x_i	0	1	2	3	4	5	6	7
Nombre de visiteurs y_i (en millions)	1,47	1,49	1,60	1,74	1,91	2,10	2,20	2,26

Déterminer à l'aide de la calculatrice, une équation de la droite d'ajustement de y en x par la méthode des moindres carrés. Les coefficients seront arrondis au centième.

Ma réflexion	→ Ma démarche
Que me demande-t-on ?	Je dois déterminer une équation de la droite d'ajustement de y en x par la méthode des moindres carrés. ► *Pour cela, on utilise le mode Statistique de la calculatrice. Se reporter éventuellement à la page 106 pour Texas ou Casio, et à la page 107 pour NumWorks.*
Comment faire pour démarrer ?	J'efface si nécessaire le contenu des listes, puis je saisis les valeurs x_i et y_i. ► *Saisir les valeurs x_i dans la liste 1 (X1 pour NumWorks) et les valeurs y_i dans la liste 2 (Y1 pour NumWorks).*
Comment obtenir les coefficients cherchés ?	Je connais les commandes à utiliser sur ma calculatrice. ► *Vérifier qu'on obtient l'écran suivant :*
Comment terminer ?	Je donne l'équation sous la forme $y = ax + b$. ► *Arrondir les coefficients a et b au centième et rédiger une conclusion.*

Texas	Casio	NumWorks
RégLin y=ax+b a=0.1279761905 b=1.398333333	RégrLinéaire(ax+b) a =0.12797619 b =1.39833333	Régression y=a·x+b a 0.1279762 b 1.398333

71 CALC Au cours d'une épidémie virale, on a relevé chaque semaine le nombre de personnes contaminées (exprimé en milliers). On donne ci-contre les relevés sur une période de six semaines. Déterminer à l'aide de la calculatrice, une équation de la droite d'ajustement de y en x par la méthode des moindres carrés. Les coefficients seront arrondis au centième.

Semaines x_i	1	2	3	4	5	6
Nombres de cas y_i (en milliers)	2	5	10	15	23	34

PARCOURS 2 Utiliser un ajustement affine

Un exemple : On considère la série statistique à deux variables du parcours 1 de cette même page. On suppose que la droite d'équation $y = 0{,}13x + 1{,}40$ constitue un bon ajustement du nuage de points de cette série.

À l'aide de cet ajustement, estimer le nombre de visiteurs du parc de loisirs en 2025.

Ma réflexion	→ Ma démarche
Que me demande-t-on ?	Je dois utiliser l'équation $y = 0{,}13x + 1{,}4$ pour estimer le nombre de visiteurs en 2025. ► *Dans le tableau donné, que représente la variable x ? la variable y ?*
Comment faire pour démarrer ?	Je détermine le rang x_0 de l'année 2025. ► *L'année 2015 est l'année de rang 3. Déterminer alors le rang x_0 de l'année 2025.*
Comment déterminer la valeur demandée ?	Je dois déterminer la valeur y correspondant au rang x_0 de l'année 2025 ► *Remplacer x par x_0 dans l'équation $y = 0{,}13x + 1{,}4$ et calculer la valeur y.*
Comment terminer ?	Je tiens compte du fait que le nombre de visiteurs est exprimé en millions. ► *Conclure par une phrase.*

72 On reprend les données de l'exercice **71**.
On suppose que la droite d'équation $y = 6{,}25x - 7$ constitue un bon ajustement du nuage de points de cette série.

1. Estimer le nombre de personnes contaminées la 8e semaine de l'épidémie.
2. Déterminer la semaine à partir de laquelle le nombre de personnes contaminées dépassera 80.

Ouverture sur... Les statistiques

INSEE, L'INSTITUT NATIONAL DE LA STATISTIQUE ET DES ÉTUDES ÉCONOMIQUES

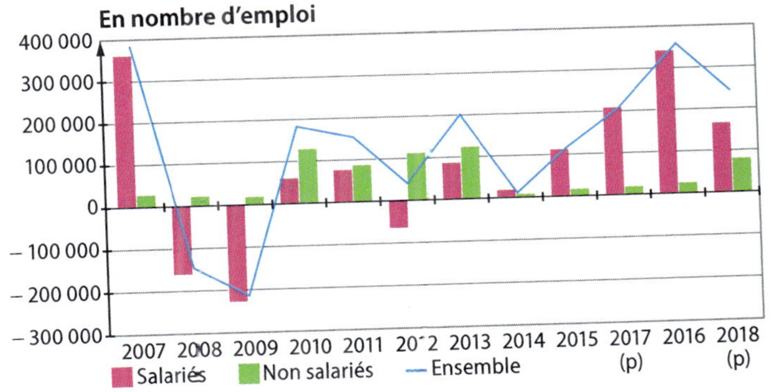

C'est en 1946 qu'a été créé l'Institut national de la statistique et des études économiques. L'INSEE est chargé de la production, de l'analyse et de la publication des statistiques officielles en France : comptabilité nationale annuelle et trimestrielle, évaluation de la démographie nationale, du taux de chômage, etc.

On peut donc trouver sur le site internet de l'INSEE de nombreuses informations données sous forme de tableaux et graphiques comme celui ci-dessus contre indiquant la variation de l'emploi entre 2007 et 2018.

ÉLÉVATION DU NIVEAU MARIN

L'élévation du niveau marin est une des conséquences du réchauffement climatique. La dilatation de l'eau et la fonte des glaces terrestres sont les deux principaux processus conduisant à cette élévation.

Plusieurs organismes, comme par exemple le CNES (centre national d'études spatiales), effectuent des mesures et élaborent des modèles afin de faire des prévisions. Par exemple, le modèle donné ci-contre est obtenu à l'aide d'un ajustement affine.

Évolution du niveau moyens des mers du globe depuis 1993 (en cm)

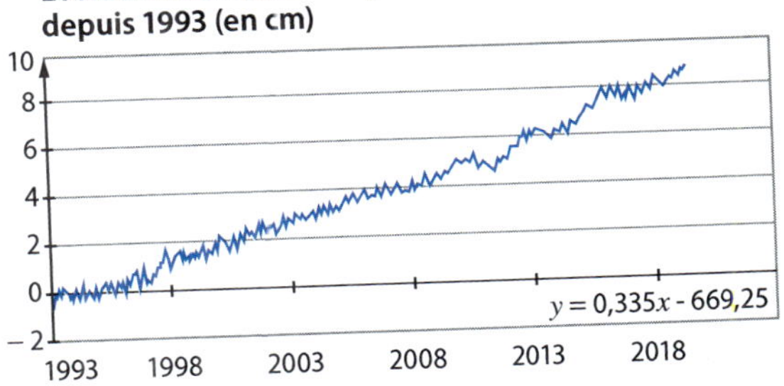

Les mathématiques aujourd'hui

LE PRIX COPSS

Hadley Wickham, né le 14 octobre 1979 à Hamilton, en Nouvelle-Zélande est développeur en informatique et statisticien. Il est notamment connu pour développer des librairies open source sur le langage R qui est un langage de programmation et un logiciel libre destiné aux statistiques et à la science des données.

En 2019, Hadley Wikham a reçu le prix COPSS, distinction remise chaque année par le *Committee of Presidents of Statistical Societies* à une personne en reconnaissance de ses contributions exceptionnelles à l'étude des statistiques.

Se tester pour un BON DÉPART

Calculer avec un tableau croisé d'effectifs

1 Une enquête auprès de 525 enfants donne les résultats suivants, rassemblés dans le tableau d'effectifs ci-contre.
84 % d'entre eux pratiquent un sport ;
40 % jouent d'un instrument de musique.
Parmi eux, 80 % pratiquent un sport.

	Sportif	Non sportif	Total
Musicien	168	...	...
Non musicien	...	...	...
Total	...	...	525

1. Justifier que 168 enfants jouent d'un instrument de musique et pratiquent un sport.
2. Recopier, puis compléter le tableau d'effectifs.

2 **QCM** *Choisir la ou les bonnes réponses.*
Le tableau ci-contre donne la répartition des cagettes de poivrons achetées par un maraîcher. On choisit au hasard une cagette pour la mettre sur l'étal.
On considère les événements suivants :

	Vert	Rouge	Total
France	20	15	35
Espagne	85	80	165
Total	105	95	200

F : « les poivrons de la cagette ont été produits en France » ;
R : « les poivrons de la cagette sont rouges ».

1. La probabilité que la cagette contienne des poivrons rouges est :
   a. 0,4 b. 0,525 c. 0,475 d. 0,075
2. La cagette contient des poivrons français. La probabilité qu'ils soient rouges est :
   a. 0,075 b. Environ 0,158 c. Environ 0,429 d. 0,15
3. La probabilité $P_R(F)$ vaut, à 10^{-3} près :
   a. 0,075 b. Environ 0,158 c. Environ 0,429 d. 0,15

3 On reprend l'énoncé précédent et on note V l'événement « les poivrons de la cagette sont verts ».
1. Déterminer les probabilités :
   a. $P(V \cap F)$ b. $P_F(V)$ c. $P_V(F)$
2. Déterminer la probabilité que la cagette contienne des poivrons produits en France ou des poivrons verts.

Construire et utiliser un arbre pondéré pour des épreuves indépendantes

4 **VRAI/FAUX**
On a représenté ci-contre un arbre pondéré par une expérience aléatoire à deux épreuves indépendantes.
Indiquer si les affirmations sont vraies ou fausses, puis justifier.
1. La probabilité de l'issue A_1B_1 est égale à 0,35.
2. La probabilité de l'issue A_1B_3 est la même que celle de l'issue A_2B_1.

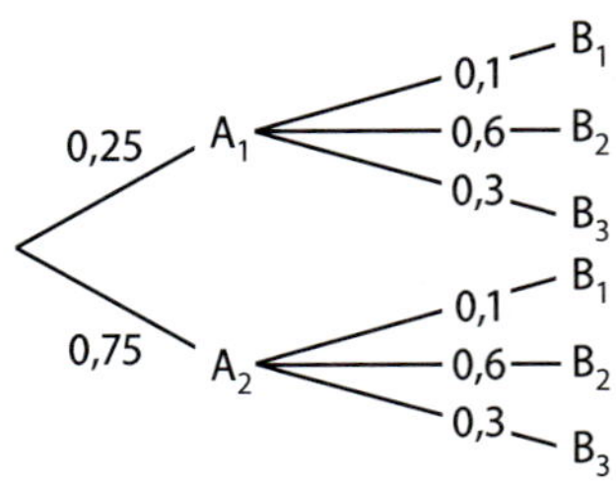

5 À la cantine, le choix du plat principal (viande ou tofu) et de son accompagnement (frites, haricots verts ou ratatouille) sont indépendants. Le cuisinier a préparé 200 portions de viande (V), 50 portions de tofu (T), 150 portions de frites (F), 50 portions de haricots verts (H) et 50 portions de ratatouille (R).
Construire un arbre de probabilité illustrant cette situation pour donner l'ensemble des menus possibles.

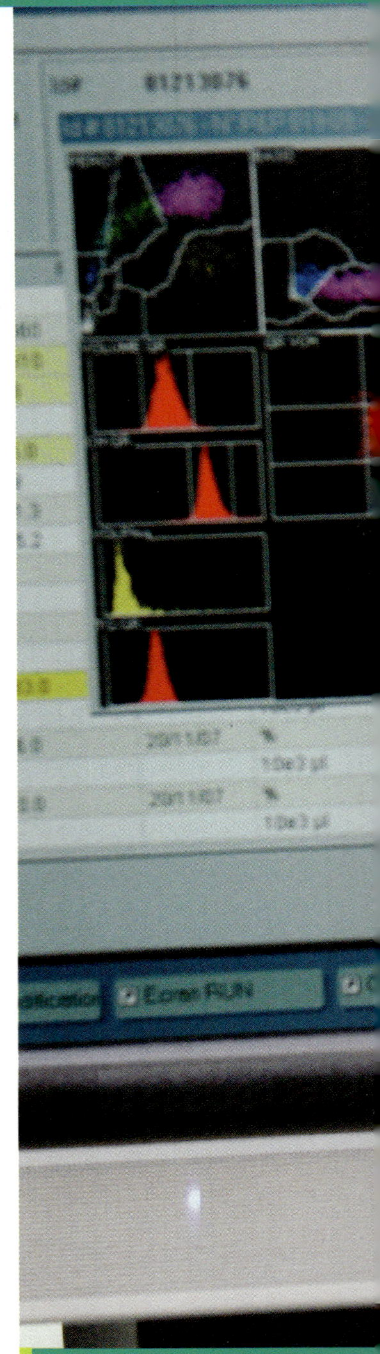

POUR VOUS AIDER → Rappels .... page 198

PROBABILITÉS CONDITIONNELLES

CHAPITRE 5

On appelle « faux positif » le résultat d'un test déclaré positif là où il est en réalité négatif. Ce phénomène peut se rencontrer lors de diagnostics médicaux (sportifs dopés, etc.) ou informatiques (recherche de virus, etc.). Les probabilités conditionnelles permettent de déterminer la fréquence de « faux positif » ou de « faux négatifs » au sein de la population testée.

Voir exercice 75 page 146

LES NOTIONS DU CHAPITRE

- **Probabilités conditionnelles**
- **Arbres pondérés**
- **Formule des probabilités totales**
- **Indépendance de deux événements**

bordas Flash PAGE

RESSOURCES NUMÉRIQUES

Téléchargez l'application FlashPage, puis scannez la page indiquée pour consulter votre ressource sur smartphone ou tablette.

Vidéos .... pp. 132, 136, 137
Animation .... p. 133
Corrigés détaillés .... pp. 148, 149, 156

Activité 1

Objectif

Introduire une nouvelle formule pour calculer une probabilité conditionnelle.

Cadres en entreprise

Une entreprise emploie 160 personnes, dont 93 femmes. Parmi les employés, 32 sont des cadres et 18 femmes sont cadres.

1 Recopier et compléter le tableau ci-dessous.

	Femmes	Hommes	Total
Cadres	18	...	32
Autres employés	...	...	...
Total	93	...	160

2 On interroge au hasard une personne dans cette entreprise et on note :
F l'événement « la personne interrogée est une femme » ;
C l'événement « la personne interrogée est cadre ».

a. Quel est le cardinal de l'événement C ?

b. Définir par une phrase l'événement $F \cap C$. Quel est son cardinal ?

c. Définir par une phrase la probabilité $P_C(F)$, puis exprimer cette probabilité à l'aide des deux cardinaux précédents. Calculer sa valeur.

3 **a.** Quelle est la probabilité de l'événement C ?

b. Quelle est la probabilité de l'événement $F \cap C$?

c. Calculer $\dfrac{P(F \cap C)}{P(C)}$. Que constate-t-on ?

4 À quelle probabilité correspond le calcul $\dfrac{P(F \cap C)}{P(F)}$?

Activité 2

Objectif

Découvrir les arbres pondérés et les probabilités conditionnelles.

Un soir de finale

Le 10 janvier 2020, l'équipe de France de volley-ball s'est qualifiée pour les JO de Tokyo en remportant, à Berlin, la finale du tournoi de qualification olympique face à l'Allemagne. Dans le gymnase, 70 % des spectateurs étaient allemands. Parmi ces spectateurs, 40 % avaient assisté aux demi-finales. De plus, 75 % des spectateurs étrangers (donc pas allemands) ont aussi assisté aux demi-finales.

On choisit un spectateur au hasard et on note :
A l'événement « le spectateur est allemand » ;
D l'événement « le spectateur a assisté à la demi-finale ».

L'arbre pondéré ci-contre permet de schématiser la situation décrite.

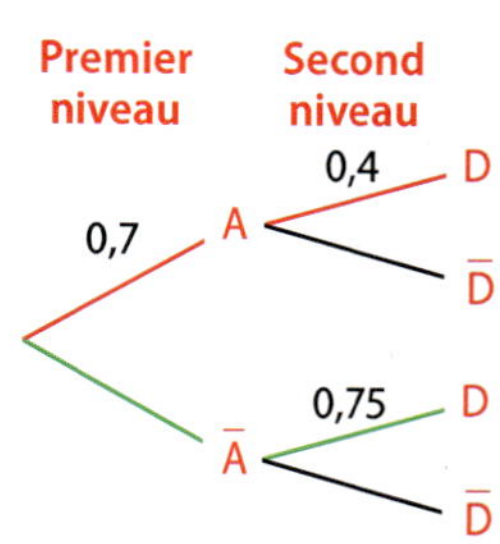

1 **a.** Que représente le nombre 0,7 figurant sur la branche du premier niveau ?

b. Calculer $P(\overline{A})$, puis recopier cet arbre et compléter l'autre branche figurant au premier niveau de l'arbre.

2 La valeur 0,4 figurant sur la branche allant de A à D est $P_A(D)$.
Calculer la valeur de $P_A(\overline{D})$, puis compléter les branches figurant au second niveau.

3 **a.** Rappeler les deux formules permettant de calculer $P(A \cap D)$.
Laquelle permet de calculer cette probabilité grâce aux informations de l'énoncé ?
Effectuer le calcul.

b. Le chemin rouge, qui passe par A puis D, schématise la réalisation de l'événement $A \cap D$.
Quelle opération doit-on réaliser sur les probabilités des branches parcourues pour obtenir $P(A \cap D)$?

Cours 1 Probabilité conditionnelle

Vocabulaire
On appelle **univers** l'ensemble des issues d'une expérience aléatoire.

DÉFINITION Soit A et B deux événements d'un **univers** donné, A étant de probabilité non nulle ($P(\text{A}) \neq 0$). La probabilité que l'événement B soit réalisé sachant que l'événement A est réalisé, appelée **probabilité conditionnelle de B sachant A,** est le nombre noté $P_{\text{A}}(\text{B})$, défini par : $P_{\text{A}}(\text{B}) = \dfrac{P(\text{A} \cap \text{B})}{P(\text{A})}$.

À noter
Comme $\text{A} \cap \text{B} = \text{B} \cap \text{A}$, on a aussi $P_{\text{A}}(\text{B}) = \dfrac{P(\text{B} \cap \text{A})}{P(\text{A})}$.

EXEMPLE : Parmi les élèves d'une classe, 70 % ont un casque bluetooth, 40 % ont un bracelet connecté et 10 % ont les deux. On choisit au hasard un élève de la classe et on considère les événements C : « l'élève choisi a un casque bluetooth » et B « l'élève choisi a un bracelet connecté ». On peut écrire : $P(\text{C}) = 0{,}7$; $P(\text{B}) = 0{,}4$; $P(\text{C} \cap \text{B}) = 0{,}1$. La probabilité que l'élève choisi ait un casque bluetooth sachant qu'il a un bracelet connecté est :

$$P_{\text{B}}(\text{C}) = \frac{P(\text{C} \cap \text{B})}{P(\text{B})} = \frac{0{,}1}{0{,}4} = 0{,}25.$$

À noter
En situation d'équiprobabilité, $P_{\text{A}}(\text{B}) = \dfrac{\text{Card}(\text{A} \cap \text{B})}{\text{Card}(\text{A})}$.

PROPRIÉTÉS Soit deux événements A et B tels que P(A) soit non nulle. Alors :
(1) $0 \leqslant P_{\text{A}}(\text{B}) \leqslant 1$ (2) $P_{\text{A}}(\text{B}) + P_{\text{A}}(\overline{\text{B}}) = 1$

EXEMPLE (SUITE) : La probabilité que l'élève n'ait pas de casque bluetooth sachant qu'il a un bracelet connecté est : $P_{\text{B}}(\overline{\text{C}}) = 1 - P_{\text{B}}(\text{C}) = 1 - 0{,}25 = 0{,}75$.

PROBABILITÉ D'UNE INTERSECTION
(1) Si $P(\text{A}) \neq 0$, alors $P(\text{A} \cap \text{B}) = P(\text{A}) \times P_{\text{A}}(\text{B})$.
(2) Si $P(\text{B}) \neq 0$, alors $P(\text{A} \cap \text{B}) = P(\text{B}) \times P_{\text{B}}(\text{A})$.

À noter
Attention ! Ne pas confondre $P_{\text{A}}(\text{B})$ et $P_{\text{B}}(\text{A})$.

EXEMPLE (SUITE) : La probabilité qu'un élève ait un bracelet connecté et n'ait pas de casque bluetooth est : $P(\text{B} \cap \overline{\text{C}}) = P(\text{B}) \times P_{\text{B}}(\overline{\text{C}}) = 0{,}4 \times 0{,}75 = 0{,}3$.

Arbres pondérés

Dans le cas d'une expérience aléatoire mettant en jeu des probabilités conditionnelles dans un univers, on peut modéliser la situation à l'aide d'un **arbre pondéré.** Pour cela, on peut envisager deux niveaux de branches : le premier qui indique la probabilité de l'événement A et celle de $\overline{\text{A}}$, le second qui permet d'indiquer les probabilités conditionnelles en rapport avec l'événement B.

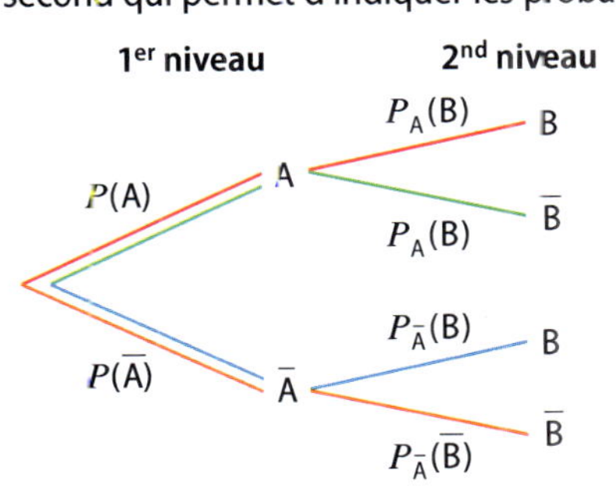

Événement	Probabilité
$\text{A} \cap \text{B}$	$P(\text{A} \cap \text{B}) = P(\text{A}) \times P_{\text{A}}(\text{B})$
$\text{A} \cap \overline{\text{B}}$	$P(\text{A} \cap \overline{\text{B}}) = P(\text{A}) \times P_{\text{A}}(\overline{\text{B}})$
$\overline{\text{A}} \cap \text{B}$	$P(\overline{\text{A}} \cap \text{B}) = P(\overline{\text{A}}) \times P_{\text{A}}(\text{B})$
$\overline{\text{A}} \cap \overline{\text{B}}$	$P(\overline{\text{A}} \cap \overline{\text{B}}) = P(\overline{\text{A}}) \times P_{\text{A}}(\overline{\text{B}})$

Vocabulaire
On parle d'**arbre pondéré** ou d'**arbre de probabilités.**

Une **branche** relie deux événements. Sur chaque branche, on note la probabilité correspondante. Par exemple, la probabilité de la **branche reliant A à B est P_{A}(B).**
Un **chemin** est une suite de branches. Il schématise l'intersection des événements rencontrés sur ce chemin. **La probabilité d'un chemin** est la probabilité de l'intersection des événements rencontrés sur ce chemin.
Un **nœud** est le point de départ d'une ou de plusieurs branches.

À noter
Sur chacun des niveaux, il est possible d'avoir plus de deux branches.

PROPRIÉTÉS
(1) La somme des probabilités inscrites sur les **branches issues d'un même nœud** est 1.
(2) La probabilité d'un chemin est le **produit** des probabilités rencontrées le long de ce chemin.

Vidéo 08:24
Calculer une probabilité conditionnelle
bordas Flash PAGE vidéo

CAPACITÉ 1

Calculer une probabilité conditionnelle

Selon un service de programmes à la demande, parmi les abonnés, 72 % préfèrent les séries, 40 % regardent les programmes en version originale et 18 % préfèrent les séries en version originale.
On sélectionne un abonné au hasard et on considère les événements suivants :
S : « L'abonné sélectionné préfère les séries » ;
V : « L'abonné sélectionné regarde les programmes en version originale ».

1. Interpréter, à l'aide de probabilités, les données numériques de l'énoncé.
2. Interpréter par une phrase la probabilité $P_S(V)$. Calculer cette probabilité.
3. L'abonné sélectionné regarde les programmes en version originale.
   a. Calculer la probabilité qu'il préfère les séries.
   b. En déduire la probabilité qu'il ne préfère pas les séries.

Méthode

Pour utiliser la formule qui définit $P_A(B)$, il faut d'abord déterminer $P(A)$ et $P(A \cap B)$.

Solution commentée

1. D'après l'énoncé, $P(S) = 0{,}72$; $P(V) = 0{,}4$ et $P(S \cap V) = 0{,}18$.
2. $P_S(V)$ est la probabilité que l'abonné sélectionné regarde les programmes en version originale sachant qu'il préfère les séries.
De plus, $P_S(V) = \dfrac{P(S \cap V)}{P(S)} = \dfrac{0{,}18}{0{,}72} = 0{,}25$.
3. a. La probabilité que l'abonné sélectionné préfère les séries sachant qu'il regarde les programme en version originale est $P_V(S)$.
De plus, $P_V(S) = \dfrac{P(V \cap S)}{P(V)} = \dfrac{0{,}18}{0{,}4} = 0{,}45$.
b. La probabilité cherchée est $P_V(\overline{S})$. Or, $P_V(\overline{S}) = 1 - P_V(S) = 1 - 0{,}45 = 0{,}55$.
Donc la probabilité que l'abonné sélectionné ne préfère pas les séries sachant qu'il regarde les programmes en version originale est 0,55.

Voir exercices
46 Pour s'entraîner
85 86 Pour travailler
87 en autonomie

CAPACITÉ 2

Calculer la probabilité d'une intersection

Une étude statistique réalisée auprès d'un opérateur de téléphonie mobile a montré que seulement 10 % des clients contactés par téléphone acceptent de changer de forfait. Parmi les personnes qui acceptent de changer de forfait, 70 % sont des hommes. Enfin, 60 % des clients qui ne changent pas de forfait sont des femmes.
On choisit un client de cet opérateur de téléphonie mobile au hasard.
On considère les événements suivants :
H : « le client choisi est un homme » ;
C : « le client choisi change de forfait ».

1. Traduire les données de l'énoncé sous forme de probabilités.
2. Calculer $P(H \cap C)$.
3. Calculer la probabilité que le client choisi soit une femme qui ne change pas de forfait.

Méthode

Pour calculer la probabilité d'une intersection, on utilise une des deux formules, en choisissant la plus pertinente :
$P(A \cap B) = P(A) \times P_A(B)$ ou
$P(A \cap B) = P(B) \times P_B(A)$.

Solution commentée

1. D'après l'énoncé, $P(C) = 0{,}1$; $P_C(H) = 0{,}7$ et $P_{\overline{C}}(\overline{H}) = 0{,}6$.
2. On a $P(H \cap C) = P(H) \times P_H(C)$ ou $P(H \cap C) = P(C) \times P_C(H)$.
D'après les données de l'énoncé, seule la deuxième formule nous permet de calculer la probabilité recherchée.
Par conséquent, $P(H \cap C) = P(C) \times P_C(H) = 0{,}1 \times 0{,}7 = 0{,}07$.
3. On cherche ici $P(\overline{H} \cap \overline{C})$.
Or $P(\overline{H} \cap \overline{C}) = P(\overline{C}) \times P_{\overline{C}}(\overline{H})$ ou $P(\overline{H} \cap \overline{C}) = P(\overline{H}) \times P_{\overline{H}}(\overline{C})$.
D'après les données de l'énoncé, seule la première formule nous permet de calculer la probabilité recherchée car $P(\overline{C}) = 1 - P(C) = 1 - 0{,}1 = 0{,}9$.
Par conséquent, $P(\overline{H} \cap \overline{C}) = P(\overline{C}) \times P_{\overline{C}}(\overline{H}) = 0{,}9 \times 0{,}6 = 0{,}54$.

Voir exercices
52 Pour s'entraîner
86 87 Pour travailler en autonomie

Animation
Arbres pondérés
bordas Flash PAGE animation

CAPACITÉ 3

Construire un arbre pondéré en lien avec une situation donnée

Chez un éleveur, 32 % des chiens sont des labradors, les autres sont des épagneuls. Parmi les labradors, 40 % sont sevrés tandis que 63 % des épagneuls sont sevrés.
On choisit au hasard un chien dans cet élevage et on note :
L l'événement « le chien choisi est un labrador » ;
E l'événement « le chien choisi est un épagneul » ;
S l'événement « le chien choisi est sevré ».

1. Traduire les données de l'énoncé à l'aide de probabilités.
2. Construire un arbre pondéré illustrant la situation.

Méthode

Pour construire un arbre pondéré, on interprète et on traduit les informations de l'énoncé en identifiant bien les probabilités conditionnelles.

Solution commentée

1. D'après l'énoncé, $P(\mathrm{L}) = 0{,}32$; $P_{\mathrm{L}}(\mathrm{S}) = 0{,}4$ et $P_{\mathrm{E}}(\mathrm{S}) = 0{,}63$.

2. Chaque chien peut être caractérisé par deux critères : sa race et s'il est sevré. Il y a donc deux niveaux dans l'arbre.

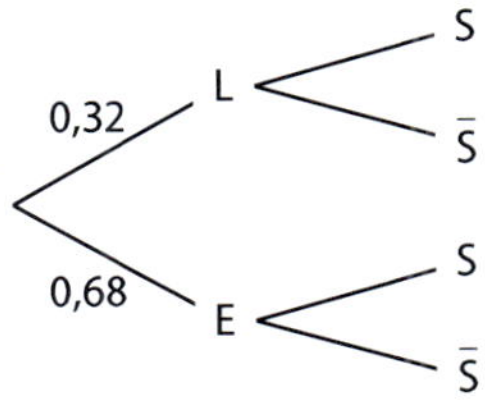

• Puisque les informations de sevrage sont données selon la race du chien, c'est la race qui doit être indiquée au premier niveau. De plus, $P(\mathrm{E}) = P(\overline{\mathrm{L}}) = 1 - P(\mathrm{L}) = 1 - 0{,}32 = 0{,}68$. On peut remplir chaque branche du premier niveau de l'arbre.

• Au second niveau de l'arbre, la probabilité qu'on inscrit sur la branche menant de L à S est $P_{\mathrm{L}}(\mathrm{S}) = 0{,}4$.
De manière analogue, sur la branche menant de E à S, on inscrit la probabilité $P_{\mathrm{E}}(\mathrm{S}) = 0{,}63$. Enfin, puisque la somme des probabilités inscrites sur les branches issues d'un même nœud doit être égale à 1, on inscrit 0,6 sur la branche menant de L à $\overline{\mathrm{S}}$ et 0,27 sur celle menant de E à $\overline{\mathrm{S}}$.

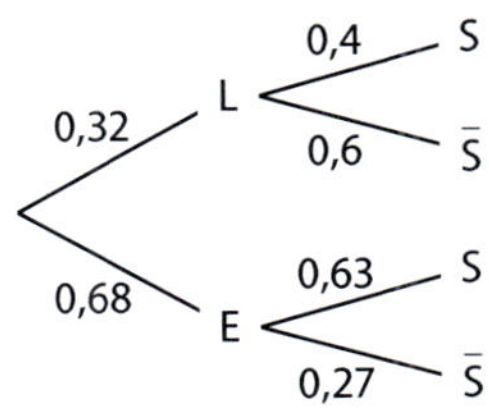

Voir exercices
59 Pour s'entraîner
87 Pour travailler en autonomie

CAPACITÉ 4

Interpréter un arbre pondéré

Pour promouvoir l'attractivité de son site, une station balnéaire fait réaliser une étude météorologique.
On choisit au hasard un des jours de l'année.
On considère les événements suivants :
E : « ce jour-là est ensoleillé » ;
C : « ce jour-là, la température de l'eau est supérieure à 20 °C ».

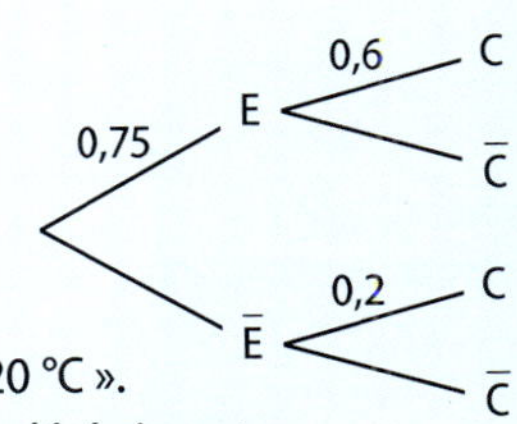

Certains résultats de l'étude sont résumés dans l'arbre pondéré ci-contre.

1. Indiquer la signification des nombres 0,75 ; 0,6 et 0,2.
2. Recopier, puis compléter cet arbre pondéré.
3. Préciser les valeurs de $P_{\mathrm{E}}(\overline{\mathrm{C}})$ et $P_{\overline{\mathrm{E}}}(\overline{\mathrm{C}})$.

Conseil

Le nombre inscrit sur la branche allant de E vers C est $P_{\mathrm{E}}(\mathrm{C})$.

Solution commentée

1. La branche menant à E est issue de la racine de l'arbre. Elle porte le nombre 0,75 donc $P(\mathrm{E}) = 0{,}75$. Autrement dit, 75 % des jours de l'année sont ensoleillés dans cette station balnéaire.
0,6 est inscrit sur la branche menant de E à C donc $P_{\mathrm{E}}(\mathrm{C}) = 0{,}6$. De manière analogue, $P_{\overline{\mathrm{E}}}(\mathrm{C}) = 0{,}2$.

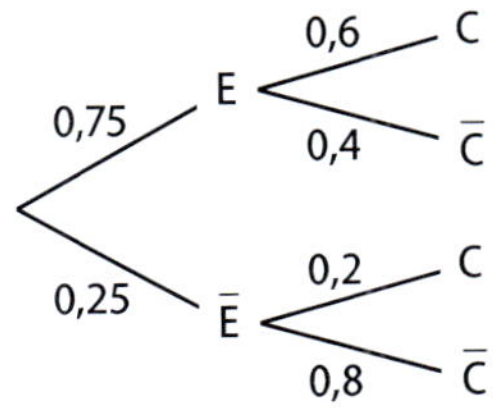

2. Puisque la somme des probabilités inscrites sur les branches issues d'un même nœud est 1, on en déduit l'arbre complété ci-contre.

3. $P_{\mathrm{E}}(\overline{\mathrm{C}})$ est la probabilité inscrite sur la branche reliant E à $\overline{\mathrm{C}}$. Ici, $P_{\mathrm{E}}(\overline{\mathrm{C}}) = 0{,}4$.
$P_{\overline{\mathrm{E}}}(\overline{\mathrm{C}})$ est la probabilité inscrite sur la branche reliant $\overline{\mathrm{E}}$ à $\overline{\mathrm{C}}$. Ici, $P_{\overline{\mathrm{E}}}(\overline{\mathrm{C}}) = 0{,}8$.

Voir exercices
63 Pour s'entraîner
87 Pour travailler en autonomie

Activité 3

Escape game

Objectif

Découvrir la formule des probabilités totales.

Un *escape game* (jeu d'évasion réel en anglais) est un jeu d'équipe qui demande à plusieurs participants de résoudre ensemble des énigmes en temps limité afin de pouvoir s'échapper de la pièce dans laquelle ils sont enfermés. Une société propose deux scénarios possibles dans deux salles différentes : « Casse de l'année » et « Épidémie mondiale ». Cette deuxième salle est choisie par 60 % des clients. Le taux de réussite de la première salle est 42 % tandis que le taux de réussite de la seconde salle est 25 %. Un groupe d'amis se présente pour jouer. On note les événements suivants :

C : « les amis choisissent la première salle : *Casse de l'année* » ;
E : « les amis choisissent la seconde salle : *Épidémie mondiale* » ;
R : « les amis réussissent à résoudre les énigmes ».

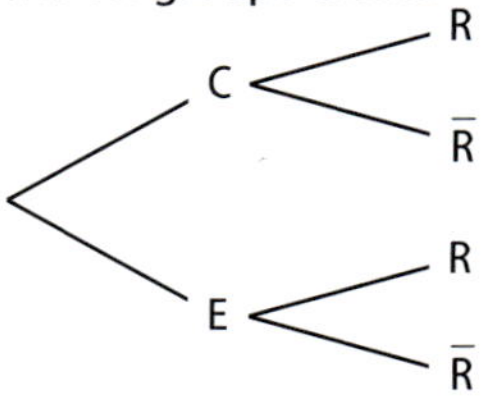

L'objectif est de déterminer la probabilité que le groupe d'amis résolve les énigmes. D'après l'énoncé, on a $P(E) = 0{,}6$; $P_C(R) = 0{,}42$ et $P_E(R) = 0{,}25$.

1 Recopier, puis compléter l'arbre pondéré ci-contre.

2 **a.** Vérifier que $P(C \cap R) = 0{,}168$. Interpréter le résultat.
b. Calculer la probabilité que le groupe d'amis choisisse la seconde salle et réussisse les énigmes.

3 **a.** Colorer les deux chemins qui mènent à l'événement R.
b. Les personnes qui réussissent à résoudre les énigmes peuvent être réparties en deux catégories. Lesquelles ?
c. En déduire la probabilité $P(R)$.

4 Recopier, puis compléter la phrase suivante :
« Pour calculer la probabilité de R, on .... les probabilités des chemins menant à R. »

Activité 4

Tirage de boules

Objectif

Introduire la notion d'événements indépendants.

Une urne contient 3 boules vertes et 2 boules rouges indiscernables au toucher. On effectue successivement deux tirages dans cette urne. On note A l'événement « la première boule tirée est verte » et B l'événement « la seconde boule tirée est verte ».

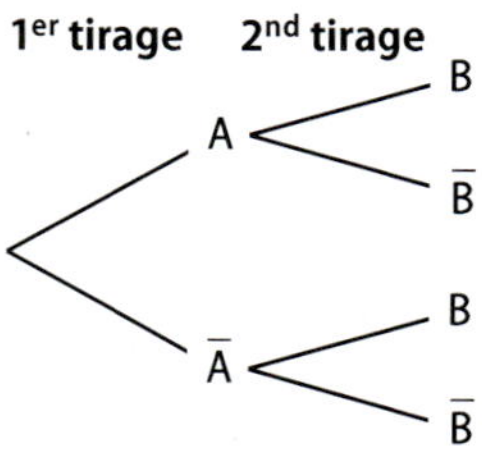

1 On tire une boule dans l'urne avec remise.
On tire au hasard une première boule, on note sa couleur et on la remet dans l'urne. On tire alors une seconde boule.
a. Combien l'urne contient-elle de boules ? En déduire $P(A)$ et $P(\overline{A})$.
b. Au début du second tirage, combien y a-t-il de boules dans l'urne ? En déduire les valeurs de $P_A(B)$ et $P_{\overline{A}}(B)$.
c. Recopier, puis compléter l'arbre pondéré.
d. Calculer $P(B)$. Que peut-on remarquer ?
Dans ce cas, on observe que la réalisation ou non de l'événement A ne modifie pas la probabilité de l'événement B. On dit que ***les événements A et B sont indépendants.***

2 On ne remet pas la boule dans l'urne après le premier tirage.
a. Les probabilités $P(A)$ et $P(\overline{A})$ sont-elles modifiées ?
b. Une boule verte a été obtenue au premier tirage. Combien de boules vertes reste-t-il dans l'urne ? En déduire la valeur de $P_A(B)$.
c. Recopier, puis compléter un nouvel arbre pondéré.
d. Calculer $P(B)$. Que peut-on remarquer ?
Dans ce cas, on observe que la réalisation ou non de l'événement A modifie la probabilité de l'événement B. On dit que ***les événements A et B ne sont pas indépendants.***

Cours 2

Formule des probabilités totales

Vocabulaire
Deux événements sont dits **incompatibles** si leur intersection est vide.

DÉFINITION Une **partition de l'univers** est un ensemble d'événements deux à deux incompatibles et dont la réunion est l'univers.

PROPRIÉTÉ Soit $A_1, A_2 \dots A_n$ n événements formant une partition de l'univers.
Pour tout événement B, on a : $P(B) = P(A_1 \cap B) + P(A_2 \cap B) + \dots + P(A_n \cap B)$.

Cas particulier : Soit A et B deux événements. Alors : $P(B) = P(A \cap B) + P(\overline{A} \cap B)$.

À noter
A et $\overline{A}$ forment une partition de l'univers puisqu'une éventualité appartient soit à A, soit à $\overline{A}$ et ne peut pas appartenir à la fois à A et à $\overline{A}$.

DÉMONSTRATION (AU PROGRAMME)

Soit e une éventualité de l'événement B. On note $R = B \cap A$ et $S = B \cap \overline{A}$.

- Puisque A et $\overline{A}$ forment une partition de l'univers, l'éventualité e appartient soit à A, soit à $\overline{A}$ donc elle appartient soit à R, soit à S. On en déduit que $\boldsymbol{P(R \cup S) = P(B)}$.
- De plus, l'éventualité e ne peut pas appartenir en même temps aux événements A et $\overline{A}$. Ainsi, les événements R et S sont incompatibles, c'est-à-dire $R \cap S = \varnothing$ et $\boldsymbol{P(R \cap S) = 0}$. Par conséquent, $P(R \cup S) = P(R) + P(S) - P(R \cap S) = P(R) + P(S)$.
- On en déduit la formule : $P(B) = P(R) + P(S) = P(B \cap A) + P(B \cap \overline{A})$.

EXEMPLE : On considère l'arbre pondéré ci-contre. Deux chemins conduisent à la réalisation de B. La probabilité du chemin tracé en rouge est $P(A \cap B) = 0{,}7 \times 0{,}6 = 0{,}42$. La probabilité du chemin tracé en vert est $P(\overline{A} \cap B) = 0{,}3 \times 0{,}2 = 0{,}06$. D'après la formule des probabilités totales, $P(B)$ est la somme des probabilités des chemins menant à B donc $P(B) = 0{,}42 + 0{,}06 = 0{,}48$.

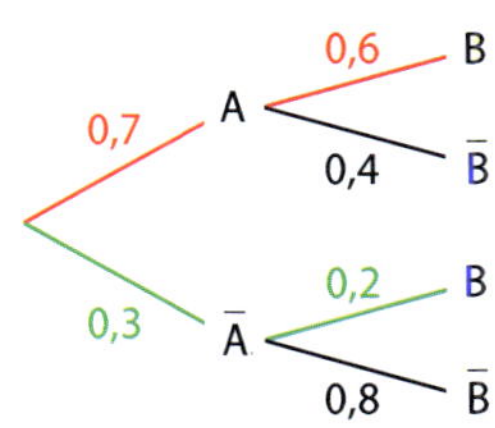

REMARQUE : Cette formule s'applique aussi pour un arbre comportant plus de deux branches au premier ou au second niveau.

Indépendance de deux événements

On considère deux événements A et B de probabilité non nulle.

À noter
Si $P(A) = 0$ ou $P(B) = 0$, les événements A et B sont dits indépendants.

DÉFINITION On dit que **l'événement B est indépendant de l'événement A** si $P_A(B) = P(B)$, c'est-à-dire si la réalisation ou non de l'événement A ne modifie pas la probabilité de B.

PROPRIÉTÉ L'événement B est indépendant de l'événement A si, et seulement si, A est indépendant de B.

DÉMONSTRATION (AU PROGRAMME)

L'égalité $P_A(B) = P(B)$ est équivalente à $\dfrac{P(A \cap B)}{P(A)} = P(B)$, soit à $P(A \cap B) = P(A) \times P(B)$.

Cela équivaut à $\dfrac{P(A \cap B)}{P(B)} = P(A)$, c'est-à-dire à $P_B(A) = P(A)$, ce qui signifie que l'événement A est indépendant de l'événement B.

À noter
Ne pas confondre événements **incompatibles** (d'intersection vide) et événements **indépendants**.

PROPRIÉTÉS Soit A et B deux événements de probabilités non nulles.
Les propositions suivantes sont équivalentes :
(1) Les événements A et B sont indépendants.
(2) $P_A(B) = P(B)$ (3) $P_B(A) = P(A)$ (4) $P(A \cap B) = P(A) \times P(B)$

Vidéo 12:03
Calculer des probabilités à partir d'un arbre
bordas Flash PAGE vidéo

CAPACITÉ 5

Utiliser un arbre pondéré pour calculer des probabilités

Sur un parking, on trouve des voitures de marque française et d'autres de marque étrangères. Certaines voitures ont des moteurs hybrides, tandis que les autres ont des moteurs uniquement thermiques.

On choisit une voiture au hasard et on note :

F l'événement « La voiture est de marque française » ;
E l'événement « La voiture est de marque étrangère » ;
H l'événement « La voiture a un moteur hybride ».

L'arbre ci-contre modélise la situation.

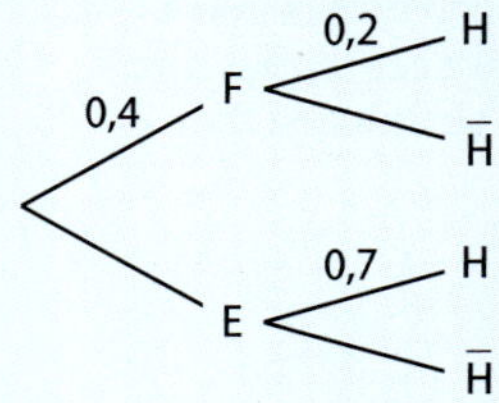

1. Interpréter, à l'aide de probabilités, les nombres 0,4 et 0,7.
2. Calculer la probabilité de choisir une voiture de marque étrangère.
3. Recopier, puis compléter cet arbre avec les probabilités manquantes.
4. Calculer la probabilité de choisir une voiture hybride de marque française.

Méthode

Pour calculer la probabilité d'une intersection, on multiplie les probabilités rencontrées sur le chemin qui schématise cette intersection.

Solution commentée

1. 0,4 est inscrit sur le branche allant de la « racine » de l'arbre pondéré à F donc $P(\text{F}) = 0{,}4$.
   0,7 apparaît au second niveau de l'arbre, sur la branche menant de E à H.
   On en déduit la probabilité conditionnelle : $P_{\text{E}}(\text{H}) = 0{,}7$.
2. La somme des probabilités inscrites sur les branches issues d'un même nœud est 1.
   Par conséquent, $P(\text{E}) = 1 - P(F) = 1 - 0{,}4 = 0{,}6$.
3. On utilise la propriété précédente pour compléter les branches manquantes au second niveau de l'arbre.

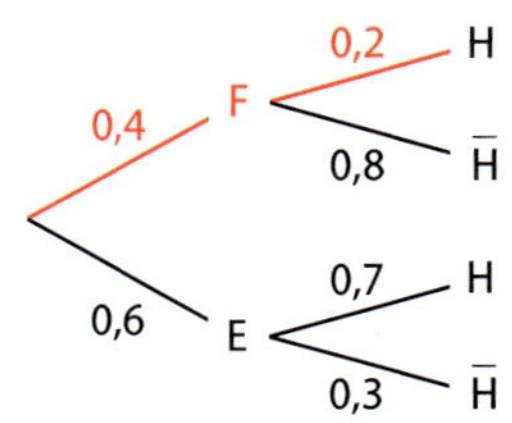

4. On doit déterminer la probabilité de l'événement $\text{F} \cap \text{H}$, représenté par le chemin tracé en rouge sur l'arbre.
   $P(\text{F} \cap \text{H}) = P(\text{F}) \times P_{\text{F}}(\text{H}) = 0{,}4 \times 0{,}2$ soit $P(\text{F} \cap \text{H}) = 0{,}08$.

Voir exercices
65 Pour s'entraîner
88 89 Pour travailler
90 en autonomie

CAPACITÉ 6

Utiliser la formule des probabilités totales

Vidéo 11:46
Appliquer la formule des probabilités totales
bordas Flash PAGE vidéo

On considère l'arbre pondéré ci-contre.

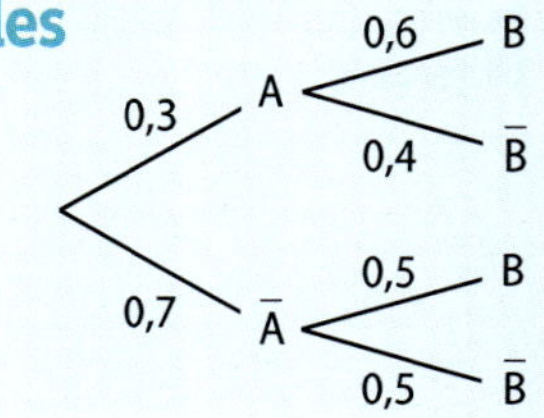

1. Calculer la probabilité de l'événement $\text{A} \cap \text{B}$.
2. Montrer que $P(\text{B}) = 0{,}53$.
3. Calculer une valeur approchée à 10^{-2} près de $P_{\text{B}}(\text{A})$.

Méthode

Pour calculer la probabilité d'un événement, on additionne les probabilités de **tous** les chemins menant à cet événement.

Solution commentée

1. L'événement $\text{A} \cap \text{B}$ est représenté par le chemin menant à A puis à B.
   On en déduit $P(\text{A} \cap \text{B}) = P(\text{A}) \times P_{\text{A}}(\text{B}) = 0{,}3 \times 0{,}6$ soit $P(\text{A} \cap \text{B}) = 0{,}18$.
2. Deux chemins mènent à B : celui passant par A et celui passant par $\overline{\text{A}}$ puisque A et $\overline{\text{A}}$ forment une partition de l'univers.
   D'après la formule des probabilités totales, $P(\text{B}) = P(\text{A} \cap \text{B}) + P(\overline{\text{A}} \cap \text{B})$.
   Ainsi, $P(\text{B}) = 0{,}18 + 0{,}7 \times 0{,}5 = 0{,}18 + 0{,}35$ donc $P(\text{B}) = 0{,}53$.
3. Par définition, $P_{\text{B}}(\text{A}) = \dfrac{P(\text{A} \cap \text{B})}{P(\text{B})}$. Par conséquent, $P_{\text{B}}(\text{A}) = \dfrac{0{,}18}{0{,}53}$.
   On en conclut que $P_{\text{B}}(\text{A}) \approx 0{,}34$ à 10^{-2} près.

Voir exercices
70 Pour s'entraîner
90 Pour travailler en autonomie

CAPACITÉ 7

Étudier l'indépendance de deux événements

Vidéo 08:53
Démontrer l'indépendance de deux événements
bordas Flash PAGE vidéo

On tire au hasard une carte dans un jeu de 32 cartes.
On considère les événements suivants :

A : « la carte tirée est un trèfle » ;
B : « la carte tirée est une dame » ;
C : « la carte tirée est noire ».

1. Les événements A et B sont-ils indépendants ?
2. Les événements A et C sont-ils indépendants ?

Méthode

Pour justifier l'indépendance de deux événements, on vérifie une des égalités :
$P(A \cap B) = P(A) \times P(B)$,
$P_A(B) = P(B)$
ou $P_B(A) = P(A)$.

Solution commentée

Le jeu contient 8 cartes de trèfles, 4 dames et 16 cartes noires.
La carte étant tirée au hasard, on a :
$P(A) = \frac{8}{32} = \frac{1}{4}$; $P(B) = \frac{4}{32} = \frac{1}{8}$ et $P(C) = \frac{16}{32} = \frac{1}{2}$.

1 Méthode n° 1

$A \cap B$ est l'événement « la carte tirée est une dame de trèfle ». Comme il n'y a qu'une seule dame de trèfle dans le jeu, on a $P(A \cap B) = \frac{1}{32}$.
De plus, $P(A) \times P(B) = \frac{1}{4} \times \frac{1}{8} = \frac{1}{32}$. Ainsi $P(A \cap B) = P(A) \times P(B)$.
Les événements A et B sont indépendants.

Méthode n° 2

Parmi les quatre dames, il n'y a qu'un seul trèfle, donc $P_B(A) = \frac{1}{4}$.
Ainsi $P_B(A) = P(A)$, ce qui prouve l'indépendance des événements A et B.

2 $A \cap C$ est l'événement « la carte tirée est un trèfle et une carte noire ».
Tous les trèfles étant des cartes noires $P(A \cap C) = P(A) = \frac{1}{4}$.
D'autre part, $P(A) \times P(C) = \frac{1}{4} \times \frac{1}{2} = \frac{1}{8}$. Ainsi $P(A \cap C) \neq P(A) \times P(C)$.
Les événements A et C ne sont pas indépendants.

Voir exercices
77 Pour s'entraîner
91 Pour travailler en autonomie

CAPACITÉ 8

Utiliser l'indépendance de deux événements

Vidéo 04:09
Utiliser l'indépendance entre deux événements
bordas Flash PAGE vidéo

Sur son trajet pour aller travailler, un automobiliste rencontre deux feux tricolores.
La probabilité pour que le feu soit vert au moment où il arrive à sa hauteur est 0,6 pour le premier feu et 0,55 pour le second feu.
On note A l'événement « le premier feu est vert » et B l'événement « le second feu est vert ». On fait l'hypothèse que ces deux événements sont indépendants.

1. Quelle est la probabilité que l'automobiliste fasse son trajet sans avoir à s'arrêter ?
2. Déterminer les valeurs des probabilités $P_A(B)$ et $P_A(\overline{B})$. Que peut-on constater ?

Conseil

Lorsque deux événements sont indépendants, la probabilité de leur intersection est le produit des probabilités de ces événements.

Solution commentée

1 L'automobiliste fait son trajet sans avoir à s'arrêter lorsque les deux feux sont verts au moment où il arrive à leur hauteur. La probabilité cherchée est $P(A \cap B)$.
D'après l'énoncé, $P(A) = 0{,}6$ et $P(B) = 0{,}55$. Puisque les événements A et B sont indépendants, on a $P(A \cap B) = P(A) \times P(B)$, soit : $P(A \cap B) = 0{,}6 \times 0{,}55 = 0{,}33$.
La probabilité que l'automobiliste fasse son trajet sans avoir à s'arrêter est 0,33.

2 Puisque A et B sont indépendants, on a aussi $P_A(B) = P(B) = 0{,}55$.
Par définition, $P_A(\overline{B}) = 1 - P_A(B) = 1 - 0{,}55 = 0{,}45$.
On constate que $P_A(\overline{B}) = P(\overline{B})$ donc les événements A et $\overline{B}$ sont indépendants.
La probabilité que le second feu soit rouge est 0,45 quelle que soit la couleur du premier feu.

Voir exercices
81 Pour s'entraîner
92 Pour travailler en autonomie

Calcul mental

1 Écrire sous la forme d'une fraction irréductible :

a. $A = \frac{2}{3} + \frac{4}{5}$ b. $B = 2 + \frac{1}{4}$ c. $C = 1 - \frac{3}{7}$

2 Donner le coefficient multiplicateur associé à chacune des évolutions suivantes :

a. Augmentation de 5 %. b. Diminution de 15 %.
c. Augmentation de 100 %. d. Diminution de 68 %.

3 Déterminer l'expression à écrire à la place des pointillés pour que l'égalité soit vraie.

a. $6x \times \ldots = 18x^3$ b. $(\ldots)^2 = 16x^2$ c. $\ldots \times 2x = 5x$

4 Résoudre dans $\mathbb{R}$ les équations suivantes.

a. $18 - 3x = 0$
b. $-5x = 0$
c. $(x+2)(x-3) = 0$

5 Le plan est muni d'un repère dans lequel on considère la droite Δ d'équation $y = 2x - 6$.

1. Le point A d'abscisse -1 appartient à Δ.
Quelle est son ordonnée ?
2. Le point B d'ordonnée 4 appartient à Δ.
Quelle est son abscisse ?

Automatismes

Évolutions et pourcentages

6 Une réduction de 30 % représente une diminution du prix d'un article de 12 €.
Quel était le prix de cet article avant réduction ?

7 QCM *Choisir la bonne réponse.*
Une augmentation de 25 % est compensée par une diminution de :

a. 25 % b. 80 %
c. 0,8 % d. 20 %

8 **Question de méthodes**
À cause de stocks insuffisants, le prix d'une matière première augmente subitement de 12 %. Puis, grâce à des moyens de production supplémentaires, le prix de cette matière première diminue de 12 %. Comment déterminer si le prix de cette matière première est globalement resté stable, a augmenté ou diminué, et de quel pourcentage ?

Fonctions

9 On considère la fonction f définie sur $\mathbb{R}$ par :
$$f(x) = x^3 - 3x^2 - 24x + 5.$$

1. Calculer $f'(x)$ et montrer que $f'(x) = 3(x+2)(x-4)$.
2. Étudier le signe de $f'(x)$. En déduire le tableau de variations de f.

10 Soit f la fonction définie sur $\mathbb{R}$ par :
$$f(x) = x^3 - 2x^2 + 1.$$
On note $\mathscr{C}$ sa courbe représentative dans un repère.

1. Calculer $f'(x)$ et montrer que $f'(x) = x(3x-4)$.
2. Déterminer une équation de la tangente à $\mathscr{C}$ en son point d'abscisse -1.
3. a. Étudier le signe de $f'(x)$.
b. En déduire le tableau de variation de f.

Lectures graphiques

11 VRAI/FAUX On a tracé ci-dessous la courbe $\mathscr{C}$ d'une fonction f définie et dérivable sur $\mathbb{R}$ ainsi que la tangente T à $\mathscr{C}$ en son point d'abscisse 4.

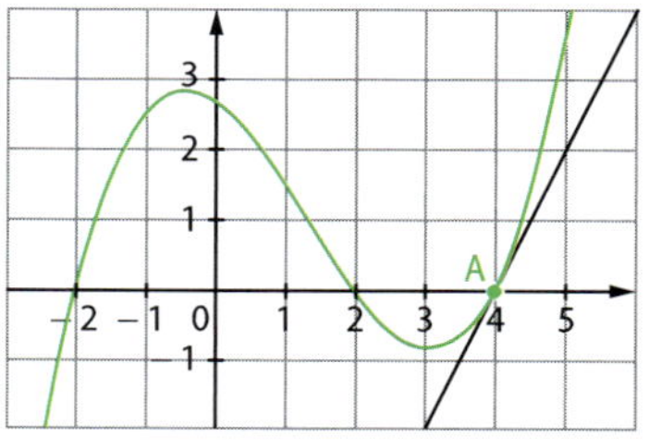

Indiquer si les affirmations sont vraies ou fausses, puis justifier.

1. Le nombre 0 a trois images par la fonction f.
2. Le nombre 3 n'a pas d'antécédent par f.
3. La fonction f est négative sur l'intervalle $[0 ; 3]$.
4. $f'(4) = 2$

12 La courbe $\mathscr{C}_f$ ci-dessous représente graphiquement une fonction f définie et dérivable sur $[-2 ; 7]$.
Les droites d_1, d_2 et d_3 sont respectivement tangentes à la courbe $\mathscr{C}_f$ aux points d'abscisses 4, 0 et 2.

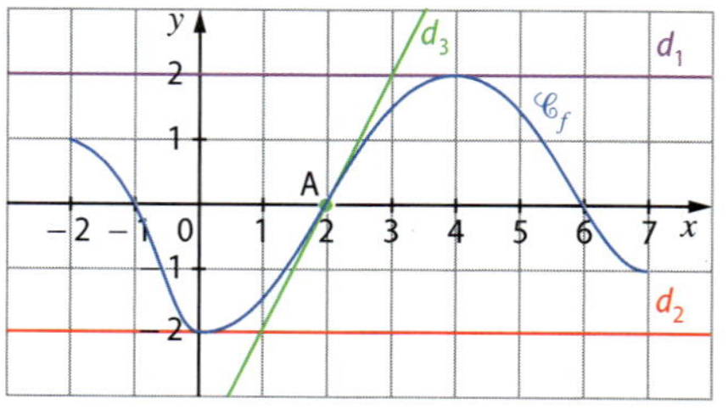

Par lecture graphique :

1. Combien l'équation $f(x) = 0$ a-t-elle de solutions ?
2. Résoudre l'inéquation $f(x) \leqslant 1$.
3. Déterminer le coefficient directeur de la tangente d_3.
4. Dresser le tableau de signes de la dérivée f'.

Probabilités conditionnelles

Questions flash

13 ORAL VRAI/FAUX
D'après les statistiques d'un lycée :
(1) 25 % des élèves sont des filles ayant une montre connectée ;
(2) 20 % des garçons ont une montre connectée.
On interroge un élève au hasard et on note :
G l'événement « l'élève est un garçon » ;
M l'événement « l'élève a une montre connectée ».
Indiquer si les affirmations sont vraies ou fausses, puis justifier.
1. La phrase **(1)** donne la valeur de $P(\overline{G} \cap M)$.
2. La phrase **(2)** donne la valeur de $P(G \cap M)$.
3. L'élève a une montre connectée.
La probabilité que ce soit un garçon est $P_G(M)$.

14 ORAL On choisit au hasard un employé dans une entreprise. On considère les événements :
F : « l'employé choisi est une femme » ;
H : « l'employé choisi est un homme » ;
E : « l'employé choisi a des enfants ».
Pour chacune des phrases suivantes, identifier l'expression qui indique qu'il est question de probabilité conditionnelle, puis donner la notation correspondant à cette probabilité.
1. Parmi les hommes, 20 % ont des enfants.
2. 60 % des femmes ont des enfants.
3. Lorsqu'on interroge un employé qui n'a pas d'enfant, la probabilité pour que ce soit un homme est 75 %.
4. Parmi les employés ayant des enfants, les deux tiers sont des femmes.

15 On choisit au hasard une personne dans un club sportif. On considère les événements suivants :

F : « La personne choisie est une femme » ;
H : « La personne choisie est un homme » ;
Z : « La personne choisie pratique la zumba ».
1. Interpréter à l'aide de probabilités les phrases suivantes :
a. 42 % des personnes sont des femmes.
b. 12 % des personnes sont des hommes qui pratiquent la zumba.
c. 67 % des femmes pratiquent la zumba.
2. Interpréter par une phrase les résultats suivants :
a. $P(H) = 0{,}58$ b. $P(H \cap \overline{Z}) = 0{,}46$ c. $P_Z(F) = 0{,}7$

16 ORAL QCM *Choisir la ou les bonnes réponses.*
Soit A et B deux événements tels que $P(A) \neq 0$ et $P(B) \neq 0$.
Alors $P_A(B)$ est égale à :
a. $\dfrac{P(A \cap B)}{P(A)}$ b. $\dfrac{P(B \cap A)}{P(B)}$
c. $\dfrac{P(B \cap A)}{P(A)}$ d. $P(A \cap B)$

17 Soit A et B deux événements tels que :
$P(A) = 0{,}5$; $P(B) = 0{,}4$ et $P(A \cap B) = 0{,}1$.
1. a. Exprimer $P_A(B)$ en fonction de $P(A \cap B)$ et $P(A)$.
b. En déduire la valeur de $P_A(B)$.
2. Calculer la valeur de $P_B(A)$.

18 Soit C et D deux événements tels que :
$P(C) = 0{,}75$; $P(D) = 0{,}45$ et $P(C \cap D) = 0{,}3$.
1. Calculer la « probabilité de C sachant D ».
2. Calculer la « probabilité de D sachant C ».

19 Afin d'encourager le tourisme, le maire d'un village publie dans le journal local les affirmations suivantes :
- 90 % des jours de l'année sont ensoleillés ;
- 18 % des jours de l'année sont ventés ;
- 6 % des jours de l'année sont ensoleillés et ventés.

Un touriste arrive un jour dans cette ville. On note E l'événement « le jour est ensoleillé » et V l'événement « le jour est venté ».
1. À partir des informations de l'énoncé, donner les valeurs des probabilités $P(E)$, $P(V)$ et $P(E \cap V)$.
2. Calculer $P_E(V)$ et $P_V(E)$, puis préciser par une phrase ce que signifient ces probabilités.

20 LOGIQUE VRAI/FAUX
Indiquer si les affirmations sont vraies ou fausses, puis justifier.
1. Il existe un événement A, de probabilité non nulle, tel que
$$P_A(A) = 0.$$
2. Pour tout événement A de probabilité non nulle, on a
$$P_A(A) = 1.$$

Intersection d'événements

Questions flash

21 ORAL Soit E et F deux événements tels que $P(E) = 0{,}5$ et $P_E(F) = 0{,}8$.
1. Exprimer $P(E \cap F)$ en fonction de $P(E)$ et $P_E(F)$.
2. En déduire la valeur de $P(E \cap F)$.

22 VRAI/FAUX
Indiquer si l'affirmation est vraie ou fausse, puis justifier.
Soit A et B deux événements tels que $P(A) = 0{,}3$ et $P_A(B) = 0{,}6$.
Alors $P(A \cap B) = 0{,}9$.

23 Un magasin propose à la vente 75 jeux vidéos d'occasion dont 30 jeux d'aventure. Parmi ces jeux d'aventure, 40 % sont des jeux de rôle.

On choisit au hasard un jeu dans le stock et on définit les événements A : « le jeu est un jeu d'aventure » et R : « le jeu est un jeu de rôle ».
1. À l'aide des informations de l'énoncé, donner les valeurs de $P(A)$ et $P_A(R)$.
2. Calculer $P(A \cap R)$.

24 Soit A et B deux événements tels que :

$$P(A) = 0{,}2 \; ; P(B) = 0{,}48 \text{ et } P_A(B) = 0{,}3.$$

1. Montrer que $P(A \cap B) = 0{,}06$.

2. Calculer $P_B(A)$.

25 Soit A et B deux événements tels que :

$$P(A) = 0{,}4 \; ; P_A(B) = 0{,}25 \text{ et } P_B(A) = 0{,}2.$$

1. Calculer $P(A \cap B)$.

2. a. Exprimer $P_B(A)$ en fonction de $P(A \cap B)$ et $P(B)$.

b. En déduire l'expression de $P(B)$ en fonction de $P(A \cap B)$ et $P_B(A)$.

c. Déterminer alors la valeur de $P(B)$.

Arbre pondéré

Questions flash

26 ORAL

On considère l'arbre pondéré ci-contre.

1. Indiquer la signification des nombres 0,8 ; 0,7 et 0,6.

2. Donner la valeur des probabilités $P(A)$, $P_A(D)$ et $P_B(C)$.

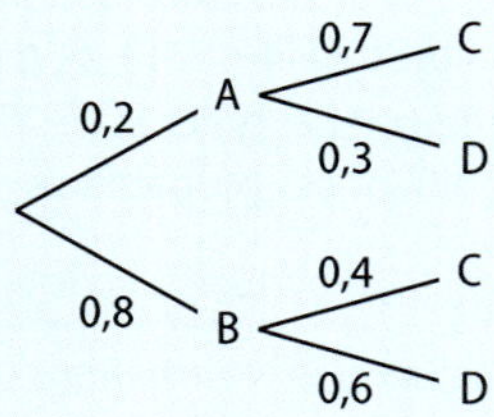

27 On considère l'arbre pondéré ci-contre.

1. Indiquer la signification des nombres 0,75 ; 0,7 et 0,8.

2. Donner la valeur des probabilités $P(\overline{A})$, $P_A(B)$ et $P_{\overline{A}}(\overline{B})$.

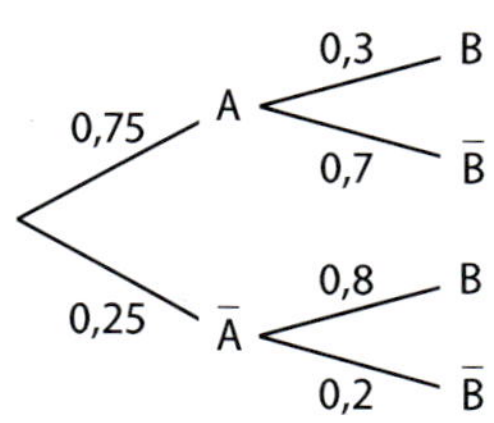

Pour les exercices 28 et 29, recopier et compléter les arbres pondérés.

28

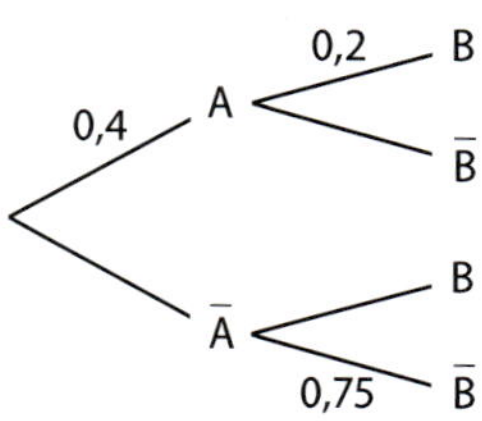

29

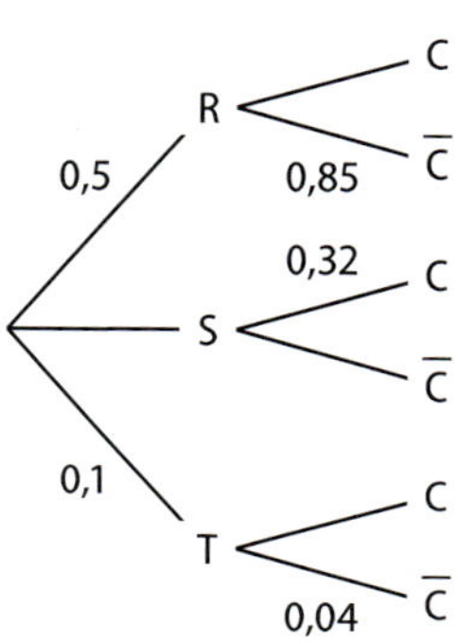

30 On choisit au hasard un élève dans un établissement scolaire. On considère les événements suivants :

F : « l'élève choisi est une fille » ;

G : « l'élève choisi est un garçon » ;

D : « l'élève choisi est demi-pensionnaire ».

L'arbre pondéré ci-contre modélise cette situation.

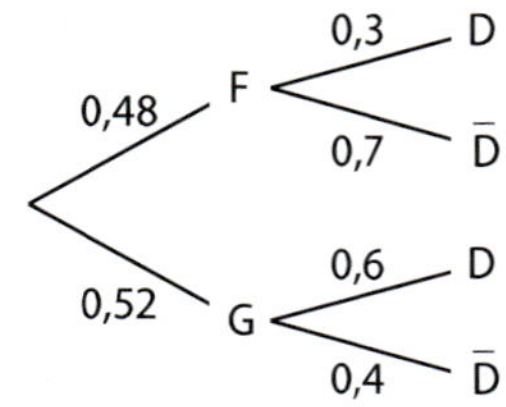

1. Quelle information sur les élèves de l'établissement donne le nombre 0,48 ?

2. Quelle information sur les élèves de l'établissement donne le nombre 0,6 ?

31 On considère deux événements R et S associés à une expérience aléatoire tels que :

$$P(R) = 0{,}4 \; ; P(\overline{R}) = 0{,}6 \; ; P_R(S) = 0{,}3 \; ;$$

$$P_R(\overline{S}) = 0{,}7 \; ; P_{\overline{R}}(S) = 0{,}2 \text{ et } P_{\overline{R}}(\overline{S}) = 0{,}8.$$

Recopier et compléter l'arbre pondéré ci-dessous.

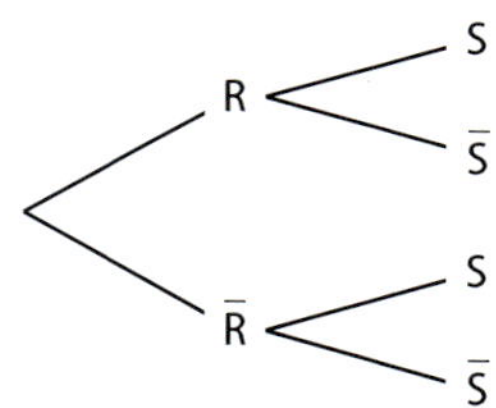

32 Une entreprise de courtage est divisée en deux secteurs : la banque et l'assurance.

On interroge au hasard un membre du personnel de cette entreprise et on considère les événements :

A : « l'employée interrogée travaille dans l'assurance » ;

B : « l'employée interrogée travaille dans la banque » ;

S : « l'employée interrogée se sent stressé ».

1. Recopier l'arbre incomplet ci-dessous qui modélise cette situation.

2. 55 % du personnel travaille dans l'assurance. Compléter le premier niveau de cet arbre.

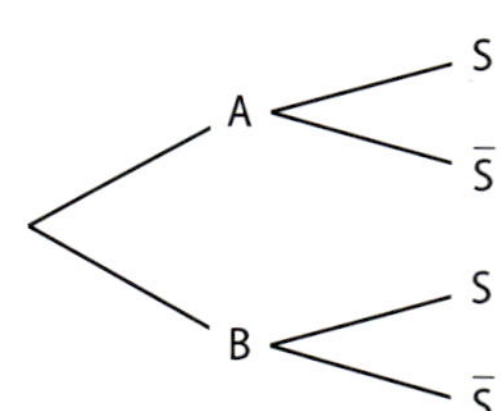

3. a. Dans le secteur « assurance », 30 % du personnel se sent stressé.

Quelle branche du second niveau peut-on compléter ?

b. Dans le secteur « banque », 20 % du personnel se sent stressé. Quelle branche peut-on compléter ?

c. Compléter toutes les branches restantes de l'arbre.

33 ORAL On considère l'arbre pondéré ci-dessous.

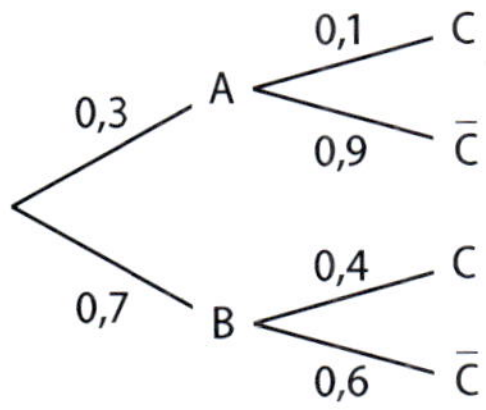

1. Donner la valeur des probabilités $P(A)$ et $P_A(C)$.
2. Calculer la valeur de $P(A \cap C)$.

34 QCM *Choisir la ou les bonnes réponses.*

On considère l'arbre pondéré ci-contre.

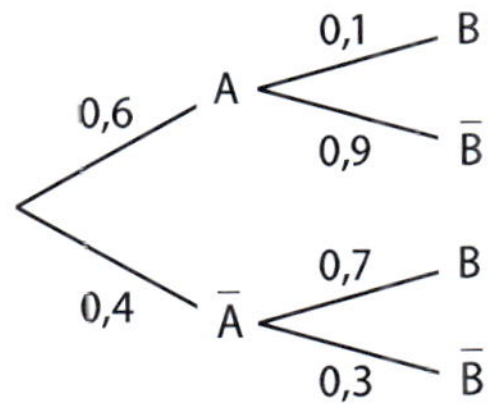

1. La valeur de $P_A(B)$ est :

a. 0,6 b. 0,1
c. 0,06 d. 0,7

2. La valeur de $P(A \cap B)$ est :

a. $0,6 + 0,1$ b. $0,6 \times 0,1$
c. $\dfrac{0,6}{0,1}$ d. $\dfrac{0,1}{0,6}$

Formule des probabilités totales

Questions flash

35 ORAL QCM *Choisir la ou les bonnes réponses.*

Soit A et B deux événements de probabilité non nulle.
La probabilité $P(B)$ est égale à :

a. $P_A(B) + P_{\overline{A}}(B)$ b. $P(A \cap B) + P(\overline{A} \cap B)$
c. $P_B(A) + P_{\overline{B}}(A)$ d. $P(B \cap A) + P(\overline{B} \cap A)$

36 Soit A et B deux événements tels que :
$$P(A \cap B) = 0,24 \text{ et } P(A \cap \overline{B}) = 0,16.$$
1. Calculer $P(A \cap B) + P(A \cap \overline{B})$.
2. De quel événement vient-on de calculer la probabilité ?

37 On considère l'arbre pondéré ci-contre.

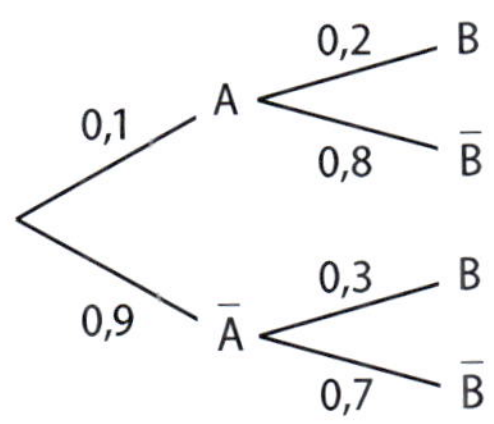

1. Vérifier que $P(A \cap B) = 0,02$.
2. Vérifier que $P(\overline{A} \cap B) = 0,27$.
3. En déduire que $P(B) = 0,29$.

38 On considère l'arbre pondéré ci-dessous.

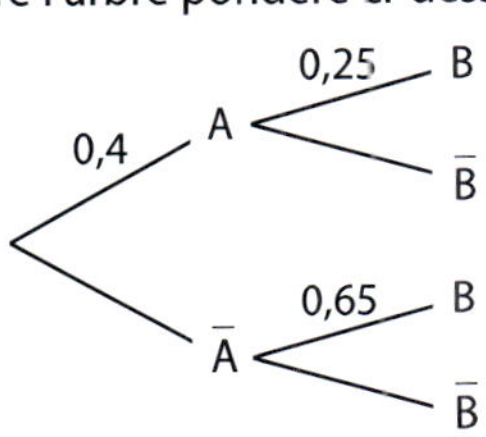

1. Recopier et compléter cet arbre.
2. Préciser les valeurs de $P(\overline{A})$, $P_A(\overline{B})$ et $P_{\overline{A}}(\overline{B})$.
3. À l'aide de l'arbre, calculer $P(A \cap B)$ et $P(\overline{A} \cap B)$.
4. Justifier que $P(B) = 0,49$.

39 On considère l'arbre pondéré ci-dessous.

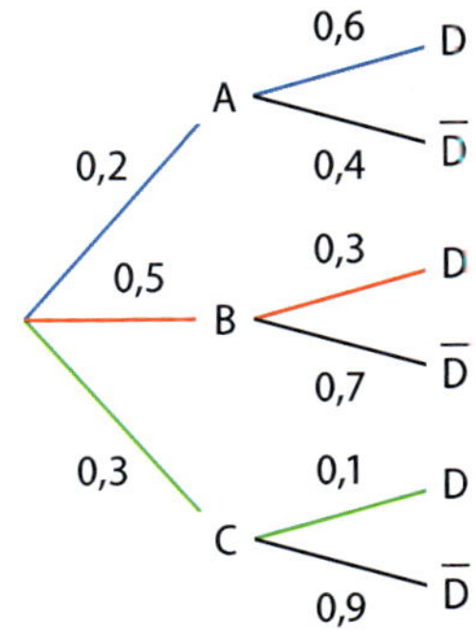

1. a. Nommer, puis calculer la probabilité du chemin tracé en bleu.

b. Nommer, puis calculer la probabilité du chemin tracé en rouge.

c. Nommer, puis calculer la probabilité du chemin tracé en vert.

2. Justifier que $P(D) = 0,3$.

40 VRAI/FAUX

Indiquer si les affirmations sont vraies ou fausses, puis justifier.

A et B sont deux événements.
D'après la formule des probabilités totales :

a. $P(B) = P(A \cap B) + P(A \cap \overline{B})$
b. $P(B) = P(A \cap B) + P(\overline{A} \cap B)$

Événements indépendants

Questions flash

41 ORAL A et B désignent deux événements indépendants tels que $P(A) = 0,2$ et $P(B) = 0,6$.
Déterminer les valeurs de :

a. $P(A \cap B)$ b. $P_B(A)$ c. $P_A(B)$

42 A et B sont deux événements indépendants de l'ensemble des issues d'une expérience aléatoire tels que $P(A) = 0,75$ et $P(B) = 0,48$. Calculer $P(A \cap B)$.

43 A et B désignent deux événements de l'ensemble des issues d'une expérience aléatoire.
Dans chacun des cas suivants, déterminer si les événements A et B sont indépendants.

a. $P(A) = 0,5$; $P(B) = 0,2$ et $P(A \cap B) = 0,7$.
b. $P(A) = 0,3$; $P(B) = 0,5$ et $P_B(A) = 0,3$.
c. $P(A) = 0,4$; $P(B) = 0,5$ et $P(A \cap B) = 0,2$.

44 A et B désignent deux événements tels que $P(A) = 0,3$ et $P(B) = 0,4$. Calculer $P(A \cap B)$ dans chacun des cas suivants :

a. A et B sont indépendants.
b. A et B sont incompatibles.

45 A et B sont deux événements indépendants de l'ensemble des issues d'une expérience aléatoire tels que :
$$P(A) = 0,4 \text{ et } P(A \cap B) = 0,32.$$
Calculer $P(B)$.

Calculs avec des probabilités conditionnelles

46 *Capacité 1, p. 132*

Dans une entreprise, 30 % des employés sont des hommes, 60 % des employés sont des cadres et 12 % des employés sont des cadres masculins. On choisit un employé au hasard et on considère les événements suivants :

H : « l'employé choisi est un homme » ;
C : « l'employé choisi est un cadre ».

1. Interpréter à l'aide de probabilités les données numériques de l'énoncé.

2. a. Interpréter par une phrase la probabilité $P_H(C)$.

b. Calculer cette probabilité.

3. La personne choisie est un cadre.

a. Calculer la probabilité que cette personne soit un homme.

b. En déduire la probabilité qu'elle soit une femme.

47 On considère deux événements G et T tels que :

$$P(G) = 0,2 \; ; P(T) = 0,4 \text{ et } P(G \cap T) = 0,1.$$

1. Calculer $P_G(T)$ et $P_T(G)$.

2. En déduire $P_G(\overline{T})$ et $P_T(\overline{G})$.

48 A et B désignent deux événements tels que :

$$P(A) = 0,52 \; ; P(B) = 0,65 \text{ et } P(A \cup B) = 0,91.$$

1. a. Rappeler une formule liant $P(A)$, $P(B)$, $P(A \cap B)$ et $P(A \cup B)$.

b. En déduire que $P(A \cap B) = 0,26$.

2. Calculer $P_B(A)$ et $P_A(B)$.

49 VRAI/FAUX

Indiquer si l'affirmation est vraie ou fausse, puis justifier.

Si A et B sont deux événements tels que :
$P(B) = 0,5$ et $P(A \cap B) = 0,4$ alors $P_B(A) = 0,2$.

50 Parmi les abonnés à un opérateur de télévision, 90 % ont souscrit au bouquet « Sport », 40 % ont souscrit au bouquet « Cinéma » et 30 % ont souscrit aux deux bouquets.
On appelle au hasard un des abonnés et on note :

S l'événement « l'abonné a souscrit au bouquet Sport » ;
C l'événement « l'abonné a souscrit au bouquet Cinéma ».

1. Interpréter à l'aide de probabilités les données numériques de l'énoncé.

2. Calculer $P_S(C)$ et interpréter le résultat.

3. L'abonné a souscrit au bouquet « Cinéma ».
Quelle est la probabilité qu'il ait aussi le bouquet « Sport » ?

51 Un sondage portant sur les clients d'un magasin au cours du mois écoulé révèle qu'en cas de litige, 40 % d'entre eux préfèrent contacter le magasin par téléphone, tandis que les autres se rendent directement au magasin.
De plus, 64 % des clients sont des femmes et 16 % des clients sont des femmes qui préfèrent contacter le magasin par téléphone.
On choisit au hasard la fiche d'un des clients et on considère les événements :

F : « le client choisi est une femme » ;
T : « le client choisi préfère téléphoner ».

1. Interpréter à l'aide de probabilités les données numériques de l'énoncé.

2. Recopier, puis compléter le tableau de probabilités ci-dessous.

	F	$\overline{F}$	Total
T	...	...	...
$\overline{T}$	...	...	...
Total	...	...	1

3. Sachant que le client choisi est une femme, quelle est la probabilité qu'elle préfère téléphoner ?

4. Le client choisi préfère téléphoner.
Quelle est la probabilité que ce soit un homme ?

52 *Capacité 2, p. 132*

Élisa et Yasmine font une partie de foot sur console. D'après les statistiques de la machine, Élisa choisit le FC Barcelone dans 15 % des cas.
Lorsque cela arrive, Yasmine choisit le Real de Madrid dans 35 % des cas. Lorsque Élisa ne choisit pas le FC Barcelone, Yasmine choisit le Real de Madrid dans 20 % des cas.

On considère les événements suivants :

B : « Élisa joue avec le FC Barcelone » ;
R : « Yasmine joue avec le Real de Madrid ».

1. Traduire les données de l'énoncé sous forme de probabilités.

2. Calculer $P(B \cap R)$.

3. Calculer la probabilité que Élisa ne joue pas avec le FC Barcelone et que Yasmine ne joue pas avec le Real.

53 On considère deux événements D et K tels que :

$$P(D) = 0,2 \text{ et } P_{\overline{D}}(K) = 0,375.$$

Calculer $P(\overline{D})$. En déduire $P(\overline{D} \cap K)$.

54 On considère deux événements A et B tels que :

$$P(A) = \frac{2}{5}, \quad P_A(B) = \frac{3}{4} \text{ et } P_B(A) = \frac{3}{7}.$$

a. Calculer $P(A \cap B)$.

b. Justifier que $P(B) = \dfrac{7}{10}$.

55 VRAI/FAUX

Indiquer si l'affirmation est vraie ou fausse, puis justifier.

Si A et B sont deux événements tels que :

$P_A(B) = 0{,}4$ et $P(A) = 0{,}3$, alors $P(A \cap B) = 0{,}12$.

56 A et B désignent deux événements tels que :

$$P(A) = 0{,}3 \,;\, P_A(B) = 0{,}2 \text{ et } P(A \cup B) = 0{,}8.$$

1. Calculer $P(A \cap B)$.
2. Justifier que $P(B) = 0{,}56$.
3. En déduire une valeur approchée à 10^{-3} près de $P_B(A)$.

Piste : 2. $P(A \cup B) = P(A) + P(B) - P(A \cap B)$

57 PYTHON

La fonction simuNiv2 ci-dessous est définie en Python :

```python
from random import randint

def simuNiv2():
    tirage1 = randint(1, 7)
    if tirage1 <= 4:
        rep1 = "A"
        tirage2 = randint(1, 5)
        if tirage2 <= 3:
            rep2 = "C"
        else:
            rep2 = "D"
    else:
        rep1 = "B"
        tirage2 = randint(1, 3)
        if tirage2 == 1:
            rep2 = "C"
        else:
            rep2 = "D"
    return rep1, rep2
```

1. Lister les quatre couples possibles renvoyés par cette fonction.
2. On effectue un appel de la fonction simuNiv2 et on considère les événements suivants :

A : « La chaîne "A" est dans le couple renvoyé » ;

C : « La chaîne "C" est dans le couple renvoyé ».

a. Quelle est la probabilité de l'événement A ?

b. Donner la valeur de $P_A(C)$.

c. En déduire $P(A \cap C)$.

d. Quelle est la probabilité de l'événement $\bar{A}$?

e. Donner la valeur de $P_{\bar{A}}(C)$.

f. En déduire $P(\bar{A} \cap C)$.

58 Dans une usine, deux machines produisent le même type de pièces. On choisit une pièce au hasard dans le stock produit et on considère les événements :

A : « la pièce choisie provient de la première machine » ;

B : « la pièce choisie provient de la deuxième machine » ;

D : « la pièce choisie est défectueuse ».

On sait que $P(A) = 0{,}45$; $P_A(D) = 0{,}02$ et $P_B(D) = 0{,}01$.

1. Calculer la valeur de $P(B)$.
2. Calculer $P(A \cap D)$, puis interpréter cette probabilité.
3. Calculer la probabilité que la pièce provienne de la seconde machine et qu'elle soit défectueuse.

Arbres et probabilités conditionnelles

59 Capacité 3, p. 133

Lors d'un concert de k-pop (pop coréenne), on constate que 48 % des spectateurs ont moins de 18 ans. Par ailleurs, 30 % d'entre eux sont venus en transports en commun, contre 72 % des spectateurs de plus de 18 ans.

On interroge au hasard un spectateur à la sortie du concert et on considère les événements :

M : « le spectateur a moins de 18 ans » ;

A : « le spectateur a plus de 18 ans » ;

T : « le spectateur est venu en transports en commun ».

1. Traduire les données de l'énoncé à l'aide de probabilités.
2. Construire un arbre pondéré illustrant cette situation.

LE SAVIEZ-VOUS

En 2019, l'âge moyen du public des salles de musique actuelle est 37 ans alors que pour les salles de musique classique, il est de 54 ans.

60 A et B désignent deux événements de l'ensemble des issues d'une expérience aléatoire tels que :

$$P(A) = 0{,}3 \,;\, P_A(B) = 0{,}6 \text{ et } P_{\bar{A}}(\bar{B}) = 0{,}1.$$

Construire un arbre pondéré illustrant cette situation.

61 Dans une classe de CP, 60 % des élèves sont des filles. 45 % des filles et 35 % des garçons savent déjà lire.

On choisit un élève au hasard.

L est l'événement « l'élève sait lire », F est l'événement « l'élève est une fille » et G est l'événement « l'élève est un garçon ».

1. Traduire les données de l'énoncé à l'aide de probabilités.
2. Déduire de ces probabilités les événements à placer au premier, puis au second niveau d'un arbre pondéré modélisant cette situation.
3. Construire cet arbre pondéré.

62 À l'issue d'une compétition, des cyclistes passent un contrôle anti-dopage. On estime que 25 % des cyclistes sont dopés. On sait aussi, avec le test utilisé, qu'un cycliste dopé est contrôlé positif dans 90 % des cas, alors qu'un cycliste non dopé est contrôlé positif dans 8 % des cas. On choisit au hasard un des cyclistes de la compétition que l'on soumet au test anti-dopage.

On considère les événements :

D : « le sportif choisi est dopé » ;

T : « le sportif choisi a un test positif » ;

N : « le sportif choisi a un test négatif ».

Décrire cette expérience aléatoire à l'aide d'un arbre pondéré.

63 Capacité 4, p. 133

Un sondage est réalisé au mois de novembre auprès d'un échantillon représentatif de la population. On interroge au hasard une personne de cet échantillon et on considère les événements :

B : « la personne interrogée effectue au moins un achat durant le *Black Friday* » ;

C : « la personne interrogée effectue au moins un achat durant le *Cyber Monday* ».

Certains résultats du sondage sont résumés dans l'arbre pondéré ci-dessous.

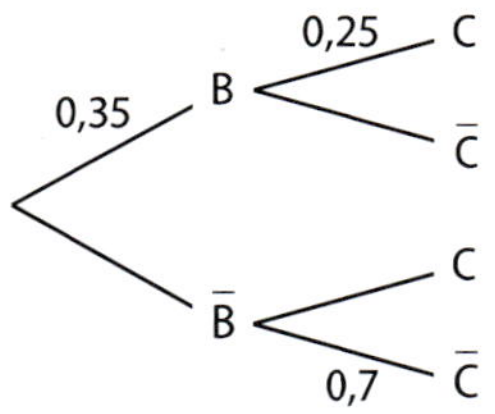

1. Indiquer la signification des nombres 0,35 ; 0,25 et 0,7.

2. Recopier, puis compléter cet arbre pondéré.

3. Préciser les valeurs de $P_B(\overline{C})$ et $P_{\overline{B}}(C)$.

64 Dans un conservatoire, on demande aux étudiants leur instrument préféré. On interroge au hasard un étudiant du conservatoire et on note :

S l'événement « l'étudiant connaît le solfège » ;

V l'événement « l'étudiant préfère le violon » ;

G l'événement « l'étudiant préfère la guitare ».

La situation est partiellement représentée par l'arbre pondéré ci-dessous.

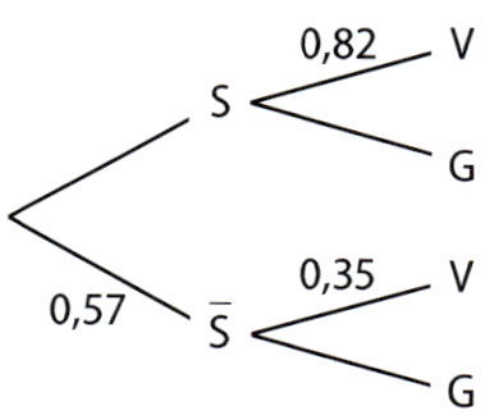

1. Indiquer la signification des nombres 0,57 ; 0,82 et 0,35.

2. Recopier, puis compléter cet arbre pondéré.

3. Préciser les valeurs de $P_S(G)$ et $P_{\overline{S}}(G)$.

65 Capacité 5 p. 136

Un site internet vend des écrans classés en deux catégories : « HD » et « UHD 4K ». Certains de ces écrans sont soldés. Un écran est choisi au hasard dans le catalogue de ce site et on considère les événements :

H : « l'écran est en HD » ;

U : « l'écran est en UHD 4K » ;

S : « l'écran est soldé ».

L'arbre pondéré ci-dessous modélise cette situation.

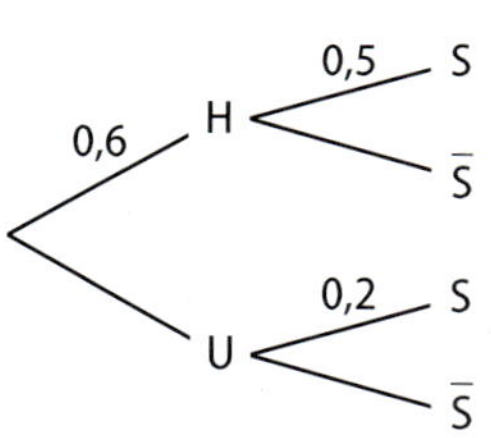

1. Interpréter, à l'aide de probabilités, les nombres 0,6 et 0,5.

2. Calculer la probabilité de choisir un écran UHD.

3. Recopier, puis compléter cet arbre avec les probabilités manquantes.

4. Calculer la probabilité de choisir un écran UHD 4K soldé.

66 QCM *Choisir la ou les bonnes réponses.*

R, S et T désignent trois événements de l'ensemble des issues d'une expérience aléatoire. L'arbre ci-dessous modélise cette expérience.

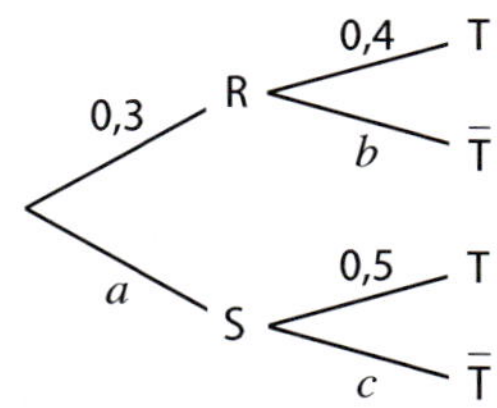

1. $P(R)$ est égale à :

a. 0,3 **b.** a **c.** 0,12 **d.** $1 - P(S)$

2. Le réel a est égal à :

a. 0,3 **b.** 0,5 **c.** 0,7 **d.** $P(S)$

3. $P_R(T)$ est égale à :

a. 0,12 **b.** b **c.** 0,4 **d.** $1 - P_R(\overline{T})$

4. $P(T \cap R)$ est égale à :

a. 0,7 **b.** 0,4 **c.** 0,12 **d.** $1 - P(R \cap \overline{T})$

MATHS & SVT

67 Des personnes atteintes d'une maladie sont volontaires pour tester l'efficacité d'un nouveau médicament. On a donné à certaines d'entre elles le médicament, les autres ont pris un placebo (traitement sans aucune substance active). On choisit au hasard une personne ayant participé à l'expérimentation et on considère les événements :

A : « la personne choisie a vu son état de santé s'améliorer » ;

M : « la personne choisie a été traitée avec le médicament »,

P : « la personne choisie a été traitée avec un placebo ».

Les résultats de l'expérience sont donnés par l'arbre pondéré ci-dessous.

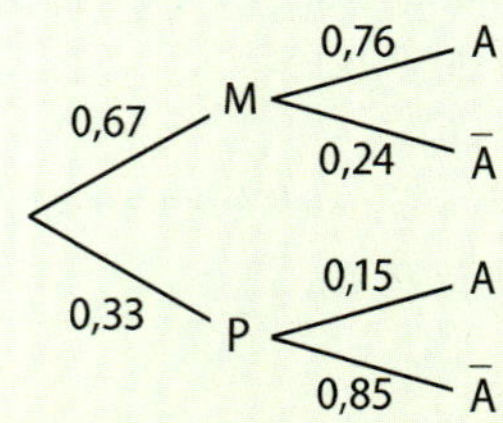

Si nécessaire, on arrondira les résultats à 0,01 près.

1. Indiquer la signification des valeurs 0,33 et 0,24.

2. Calculer, puis interpréter $P(M \cap A)$.

3. Déterminer la probabilité que la personne choisie ait été traitée avec un placebo et ait vu son état de santé s'améliorer.

LE SAVIEZ-VOUS

L'effet placebo est l'effet bénéfique d'un traitement lié simplement au fait de croire qu'il est bénéfique. Son efficacité est prouvée et, selon les études, un placebo produit des effets dans 15 % à 25 % des cas.

68 Pendant les vacances d'hiver, un magasin de sport propose du matériel de ski à la location.

La moitié des locations de la journée ont été des snowboards (S), 40 % des skis alpins (A) et le reste des skis de fond (F).
Après la journée de location, le matériel est contrôlé et éventuellement réparé (R). On choisit au hasard un des matériels qui a été loué dans la journée.
L'arbre pondéré ci-dessous représente cette situation.

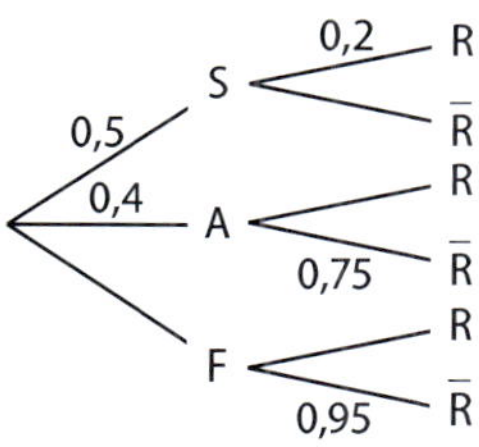

1. a. Préciser la valeur de $P(S)$ et $P_S(R)$, puis interpréter cette deuxième probabilité sous forme de phrase.
b. Calculer $P(S \cap R)$.
2. Recopier, puis compléter cet arbre.
3. Quelle est la probabilité que le matériel choisi soit des skis alpins qui nécessitent réparation ?
4. En utilisant les questions précédentes, recopier et compléter le tableau de probabilités ci-dessous.

	S	A	F	Total
R	...	...	...	...
$\overline{R}$	...	...	...	...
Total	...	...	...	1

5. En déduire les probabilités $P_R(A)$ et $P_{\overline{R}}(S)$.
Arrondir à 0,001 près si nécessaire.

69 LOGIQUE On considère la proposition suivante :
« Si A et B sont deux événements tels que $P(A) = P(B)$, alors $P_A(B) = P_B(A)$. »
1. Cette proposition est-elle vraie ?
2. Énoncé la réciproque de cette proposition.
Cette réciproque est-elle vraie ?

Formule des probabilités totales

70 Capacité 6 p. 136
On considère l'arbre de probabilité ci-contre.

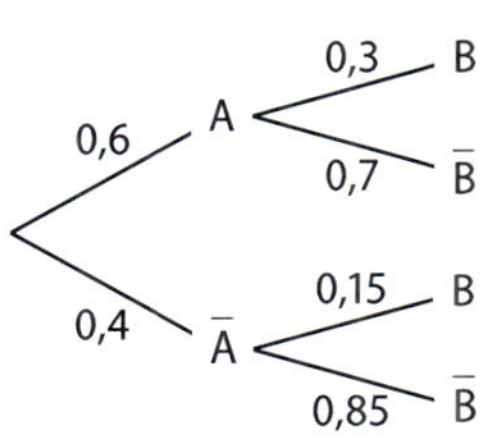

1. Calculer la probabilité de l'événement $A \cap B$.
2. Montrer que $P(B) = 0{,}24$.
3. Calculer la valeur de $P_B(A)$.

71 Dans un lycée, la probabilité qu'un ordinateur soit infecté par un virus durant la journée est 0,05. Tous les soirs, un logiciel antivirus analyse les ordinateurs du lycée. Si un virus est présent, alors l'antivirus indique sa présence dans 96 % des cas. S'il n'y a pas de virus, ce logiciel indique néanmoins la présence d'un virus dans 3 % des cas. On s'installe au hasard devant un des ordinateurs du lycée.
On note les événements suivants :
V : « l'ordinateur est infecté par un virus » ;
D : « le logiciel antivirus a détecté un virus ».
1. Recopier et compléter l'arbre pondéré ci-dessous.

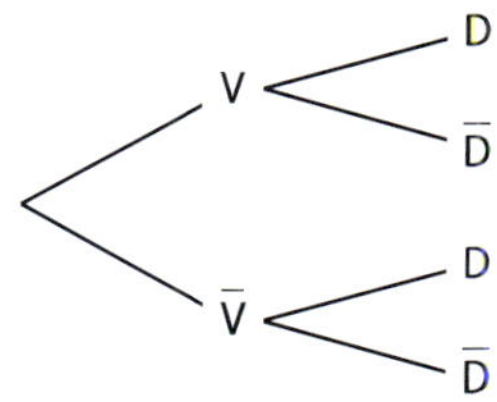

2. a. Calculer $P(V \cap D)$, puis interpréter le résultat.
b. Calculer la probabilité que l'ordinateur n'ait pas de virus, mais que le logiciel en indique tout de même un.
3. En déduire la probabilité que l'ordinateur indique la présence d'un virus.

72 Pour fabriquer sa confiture de fraises bio, un artisan se fournit exclusivement auprès de deux producteurs locaux : « Aux Fraises » et « La bonne Fraise ».

« Aux Fraises » fournit 25 % des fruits utilisés par l'artisan, dont 90 % sont gardés pour la fabrication de confiture (le reste est mis au compost). 80 % des fruits fournis par « La Bonne Fraise » sont gardés pour la fabrication de confiture.
On choisit une barquette de fraises au hasard dans le stock et on considère les événements :
A : « les fruits proviennent de Aux Fraises » ;
B : « les fruits proviennent de La Bonne Fraise » ;
C : « les fruits sont retenus pour la fabrication de confiture ».
1. Construire un arbre pondéré décrivant la situation.
2. a. Définir par une phrase l'événement $A \cap C$.
b. Calculer la probabilité de cet événement.
c. Les événements A et C sont-ils incompatibles ?
3. Justifier que $P(C) = 0{,}825$.
4. Calculer $P_C(A)$, puis interpréter la réponse.

73 VRAI/FAUX
Indiquer si l'affirmation est vraie ou fausse, puis justifier.
Pour tous événements A et B, on a :
$$P(A \cap B) = P(A) - P(A \cap \overline{B}).$$

74 PYTHON **Comprendre et compléter un programme**

Soit A et B deux événements. On considère l'arbre pondéré ci-contre, où a, b et c sont des nombres réels compris entre 0 et 1. On considère la fonction proba définie ci-dessous en Python.

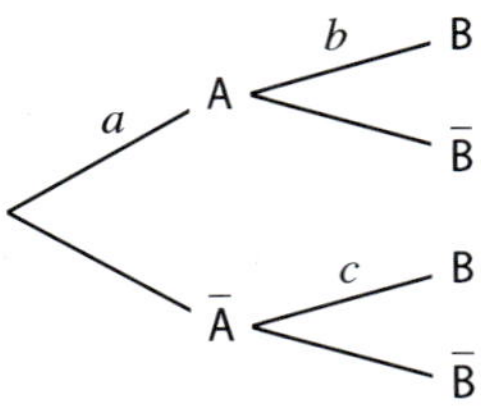


```
def proba(a, b, c):
    p = a*b + (1-a)*c
    return p
```

1. a. Quelle est la valeur renvoyée par l'appel : proba(0.4, 0.1, 0.75) ?

b. Interpréter cette valeur à l'aide d'une probabilité.

2. Recopier et compléter le code de la fonction proba pour qu'elle renvoie également la valeur de $P(\overline{B})$.

RETOUR SUR L'OUVERTURE, P. 129 — MATHS & SVT

75 Un nouveau type de grippe touche 2 % d'une population. Un laboratoire propose un test afin de dépister cette maladie. Des expériences sur un échantillon représentatif de la population ont montré les résultats suivants :

- lorsqu'un individu est atteint par la maladie, le test est positif dans 95 % des cas ;
- lorsqu'un individu est sain, le test est positif dans 1 % des cas (on parle alors de « faux-positif »).

On choisit un individu au hasard dans la population et on considère les événements M : « l'individu est atteint de la maladie » et T : « le test est positif ».

1. Donner les valeurs de $P(\text{M})$, $P_{\text{M}}(\text{T})$ et $P_{\overline{\text{M}}}(\text{T})$.

2. Établir un arbre pondéré modélisant cette situation.

3. Décrire par une phrase l'événement M ∩ T, puis calculer la probabilité de cet événement.

4. Justifier que $P(\text{T})$ est égal à 0,0288 et traduire ce résultat par une phrase.

5. Le test de l'individu choisi est positif.

a. Calculer la probabilité, arrondie à 10^{-4} près, que l'individu soit malade.

b. Que penser de la fiabilité du test ?

76 Une box de CrossFit ouvre dans une commune composée de 9 000 femmes et 6 000 hommes. Un sondage par questionnaire écrit montre que 40 % des femmes sont prêtes à prendre un abonnement, contre seulement 15 % pour les hommes. On rencontre au hasard un habitant de la commune. Soit les événements suivants :

F : « la personne rencontrée est une femme » ;
H : « la personne rencontrée est un homme » ;
A : « la personne est prête à prendre un abonnement ».

1. Montrer que $P(\text{F}) = 0{,}6$.

2. Pourquoi est-il pertinent d'utiliser un arbre pondéré pour décrire cette expérience aléatoire ?
Construire cet arbre pondéré.

3. a. Expliciter par une phrase l'événement F ∩ A.

b. Calculer la probabilité de F ∩ A.

4. Calculer la probabilité que la personne rencontrée soit un homme prêt à s'abonner à la box.

5. Pauline trouve un des questionnaires rempli par un habitant sur lequel est écrit « Je ne veux pas m'abonner à la box de CrossFit ». Déterminer la probabilité, arrondie à 0,001 près, que l'écriture soit celle d'une femme.

LE SAVIEZ-VOUS

Le CrossFit est une activité sportive basée sur la gymnastique, l'haltérophilie et le travail cardiovasculaire qui est pratiquée dans une salle nommée box (boite) car il n'y ni miroir, ni machines.

Événements indépendants

77 Capacité 7 p. 137

On lance un dé cubique bien équilibré dont les faces sont numérotées 1, 2, 3, 4, 5 et 6. On considère les événements suivants :

A : « le nombre obtenu est pair » ;
B : « le nombre obtenu est un multiple de trois » ;
C : « le nombre obtenu est inférieur ou égal à trois ».

1. Les événements A et B sont-ils indépendants ?

2. Les événements A et C sont-ils indépendants ?

78 On considère l'arbre pondéré ci-dessous.

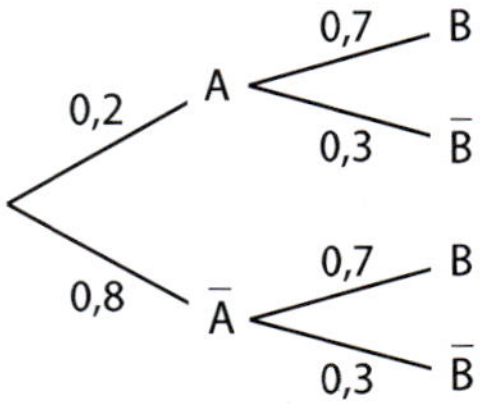

1. a. Calculer $P(\text{A} \cap \text{B})$.

b. Déterminer la probabilité de l'événement B en justifiant.

2. Les événements A et B sont-ils indépendants ?

79 On choisit au hasard un vélo en libre-service.

Soit C l'événement « le vélo a un pneu crevé » et F l'événement « le vélo freine mal ». On admet que les événements C et F sont indépendants. De plus, $P(\text{C}) = 0{,}03$ et $P(\text{F}) = 0{,}05$.

1. Interpréter par une phrase l'événement C ∩ F puis calculer sa probabilité.

2. a. Calculer la probabilité que le vélo ait au moins une panne.

b. En déduire la probabilité qu'il soit en état de marche.

MATHS & SVT

80 Les trois principaux services de soins d'un centre hospitalier sont l'hématologie, la diabétologie et l'urologie. Les seringues utilisées pour les prises de sang sont fournies soit par le laboratoire Clamex, soit par le laboratoire Spara. La proportion de seringues utilisées par chaque service est indiquée dans le tableau ci-dessous :

Service	Clamex	Spara	Total
Hématologie	19,8 %	25,2 %	45 %
Diabétologie	11,2 %	13,8 %	25 %
Urologie	13 %	17 %	30 %
Total	44 %	56 %	100 %

On choisit au hasard et de manière équiprobable un patient qui a eu une prise de sang dans l'un des trois services et on considère les événements suivants :

H : « la prise de sang a été effectuée dans le service hématologie » ;

D : « la prise de sang a été effectuée dans le service diabétologie » ;

U : « la prise de sang a été effectuée dans le service urologie » ;

C : « la seringue utilisée a été fournie par le laboratoire Clamex ».

1. Les événements H et C sont-ils indépendants ?

2. Les événements D et C sont-ils indépendants ?

81 Capacité 8 p. 137

Teddy, qui vient d'apprendre qu'il a réussi son examen du code de la route, appelle chacun de ses parents sur leurs téléphones pour leur annoncer la nouvelle.

On note A l'événement « son père répond » et B l'événement « sa mère répond ».

On sait que $P(\text{A}) = 0{,}7$ et $P(\text{B}) = 0{,}85$. De plus, on fait l'hypothèse que ces deux événements sont indépendants.

1. Quelle est la probabilité pour que Teddy puisse annoncer la nouvelle à ses deux parents ?

2. Déterminer les valeurs des probabilités $P_{\text{B}}(\text{A})$ et $P_{\text{B}}(\overline{\text{A}})$.
Que peut-on constater ?

82 L'arbre de probabilité ci-contre représente la répétition indépendante d'une même expérience aléatoire ayant deux issues : succès (S) ou échec (E).

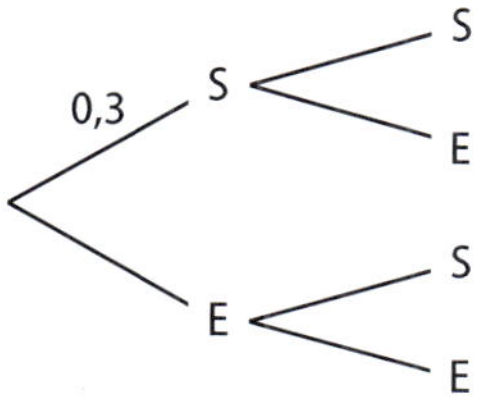

1. a. On a obtenu un succès la première fois.
Quelle est la probabilité d'obtenir un succès la seconde fois ?

b. Recopier et compléter l'arbre ci-contre.

2. Déterminer la probabilité d'obtenir exactement un succès.

3. Quelle est la probabilité d'obtenir exactement un échec ?

MATHS & PHYSIQUE

83 Un circuit électronique intègre deux composants identiques numérotés 1 et 2. On note D_1 l'événement « le composant 1 est défaillant avant un an » et on note D_2 l'événement « le composant 2 est défaillant avant un an ».
On suppose que les deux événements D_1 et D_2 sont indépendants et que $P(\text{D}_1) = P(\text{D}_2) = 0{,}4$.
Deux montages possibles sont envisagés :

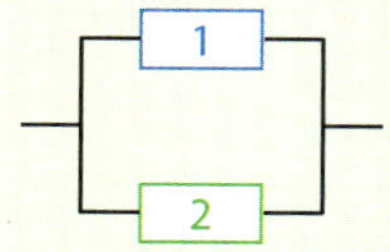

Circuit en parallèle A

Circuit en série B

1. Lorsque les deux composants sont montés « en parallèle », le circuit A est défaillant uniquement si les deux composants sont défaillants en même temps. Calculer la probabilité que le circuit A soit défaillant avant un an.

2. Lorsque les deux composants sont montés « en série », le circuit B est défaillant dès que l'un au moins des deux composants est défaillant. Calculer la probabilité que le circuit B soit défaillant avant un an.

Problème de synthèse

84 Un centre culturel propose différents types de spectacles au cours de l'année. 30 % sont des pièces de théâtre, 20 % sont des spectacles de danse et les autres sont des concerts.
De plus, 10 % des pièces de théâtre, 60 % des spectacles de danse et 30 % des concerts se déroulent en plein air.
Lors d'une loterie, une personne gagne une place choisie au hasard parmi tous les spectacles proposés.
On note les événements suivants :

T : « le spectacle est une pièce de théâtre » ;

D : « le spectacle est un spectacle de danse » ;

C : « le spectacle est un concert » ;

A : « le spectacle se déroule en plein air ».

1. a. Donner les probabilités $P(\text{T})$, $P(\text{D})$ et $P_{\text{D}}(\text{A})$.

b. Construire un arbre pondéré modélisant cette situation.

2. Calculer $P(\text{D} \cap \text{A})$.

3. Montrer que $P(\text{A}) = 0{,}3$.

4. Le spectacle se joue en plein air.
Quelle est la probabilité que ce soit un spectacle de danse ?

5. Les événements A et C sont-ils indépendants ?
Intepréter la réponse dans le contexte de l'énoncé.

EXERCICES Pour travailler en autonomie

Tous ces exercices sont corrigés, leurs solutions succinctes sont disponibles à la fin du manuel (p. 218).
En flashant la page, vous accédérez aux **corrigés rédigés et détaillés** sur votre smartphone ou votre tablette.

bordas Flash PAGE corrigés détaillés

L'essentiel

Probabilités conditionnelles

Notations et formules

A et B sont deux événements de probabilité non nulle.
- La probabilité conditionnelle de B sachant A est $P_A(B)$.
- $P_A(B) = \dfrac{P(A \cap B)}{P(A)}$
- $P(A \cap B) = P(A) \times P_A(B)$

Arbre pondéré

Il permet de calculer la probabilité d'intersections.

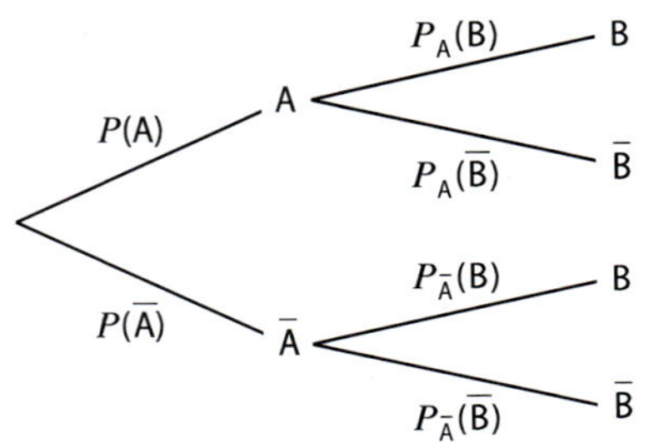

Formule des probabilités totales

- $P(B) = P(A_1 \cap B) + P(A_2 \cap B) + \ldots + P(A_n \cap B)$, où les n événements $A_1, A_2, \ldots, A_n$ forment une partition de l'univers.
- En particulier, sur un arbre pondéré, $P(B)$ est la somme des probabilités rencontrées sur tous les chemins conduisant à B.
- **Cas particulier :** $P(B) = P(A \cap B) + P(\overline{A} \cap B)$

Événements indépendants

Les propositions suivantes sont équivalentes :
- Les événements A et B sont indépendants.
- $P(A \cap B) = P(A) \times P(B)$
- $P_B(A) = P(A)$
- $P_A(B) = P(B)$

Faire le point avec des exercices corrigés

Calculer avec des probabilités conditionnelles

85 ** 15 min Capacité 1, p. 132

Une entreprise de relations publiques a doté 80 % de ses salariés d'un smartphone et 75 % de ses salariés d'un ordinateur portable. De plus, 63 % des salariés de cette entreprise disposent des deux.

On rencontre au hasard un des salariés et on note :

S l'événement : « le salarié est doté d'un smartphone » ;

O l'événement : « le salarié est doté d'un ordinateur ».

1. Donner les valeurs de $P(S)$, $P(O)$ et $P(S \cap O)$.
2. a. Calculer $P_S(O)$.
   b. En déduire la valeur de $P_S(\overline{O})$, puis interpréter cette probabilité.
3. Le salarié est doté d'un ordinateur. Quelle est la probabilité qu'il ne soit pas doté d'un smartphone ?

86 * 15 min Capacités 1 et 2, p. 132

Dans une population, 80 % des ménages possèdent une voiture et 10 % d'entre eux possèdent un deux-roues. De plus, 25 % des ménages possèdent un deux-roues. On appelle un ménage au hasard et on considère les événements suivants :

V : « le ménage possède une voiture » ;

D : « le ménage possède un deux-roues ».

1. Interpréter les données de l'énoncé sous forme de probabilités.
2. Quelle est la probabilité que le ménage appelé possède les deux types de véhicule ?
3. Le ménage appelé possède un deux-roues.
Quelle est la probabilité qu'il possède une voiture ?

Utiliser un arbre pondéré

87 20 min Capacités 1, 2, 3 et 4, p. 132 et 133

À l'issue d'une compétition, des sportifs passent un contrôle anti-dopage. Un sportif dopé est contrôlé positif dans 95 % des cas, alors qu'un sportif non dopé est contrôlé positif dans 5 % des cas. On teste un sportif au hasard et on considère les événements suivants :

D : « le sportif testé est dopé » ;

N : « le résultat du test est négatif ».

On représente cette situation par l'arbre ci-dessous.

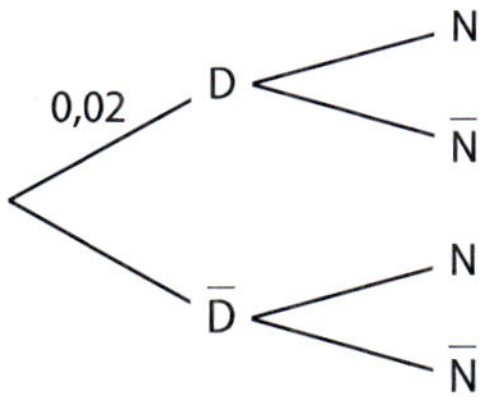

1. a. Traduire les données de l'énoncé à l'aide de probabilités.
b. D'après cet arbre, quelle est la proportion estimée de sportifs dopés ?
2. Recopier et compléter cet arbre pondéré.
3. Calculer $P(D \cap \overline{N})$ et traduire le résultat par une phrase.
4. Calculer la probabilité que le sportif ne soit pas dopé et ait un contrôle positif.

88 15 min Capacité 5, p. 136

Dans le service de modération d'un réseau social, 60 % des employés sont des hommes. 45 % des hommes et 35 % des femmes employés dans ce service portent des lunettes.

On choisit un employé au hasard et on note les événements :

H : « l'employé est un homme » ;

L : « l'employé porte des lunettes ».

1. Traduire en termes de probabilités les données numériques de l'énoncé.
2. Construire un arbre pondéré modélisant cette situation.
3. Utiliser cet arbre pour calculer :
a. $P(\overline{H} \cap L)$
b. La probabilité que l'employé choisi soit un homme qui porte des lunettes.

89 15 min Capacités 5 et 6, p. 136

Un sondage sur leur pratique sportive est effectué auprès de touristes dans un club de vacances. Il révèle que 65 % des vacanciers pratiquent la natation, et 20 % d'entre eux pratiquent également le tennis. De plus, parmi les vacanciers qui ne pratiquent pas la natation, 40 % font du tennis. On rencontre au hasard un vacancier et on considère les événements suivants :

N : « le vacancier pratique la natation » ;

T : « le vacancier pratique le tennis ».

1. Représenter la situation à l'aide d'un arbre pondéré.
2. Calculer $P(N \cap T)$.
3. Montrer que $P(T) = 0,27$.
4. On rencontre un vacancier sur le court de tennis.
Quelle est la probabilité, arrondie à 10^{-3} près, qu'il pratique également la natation ?

90 15 min Capacités 5 et 6, p. 136 QCM

Choisir la bonne réponse.

Une enquête a été menée auprès de 1 500 habitants d'une ville pour connaître leur habitude quant au tri du papier. On interroge au hasard une personne parmi celles qui ont répondu à l'enquête et on considère les événements suivants :

J : « la personne interrogée a moins de 35 ans » ;

M : « la personne interrogée a entre 35 et 50 ans » ;

S : « la personne interrogée a plus de 50 ans » ;

T : « la personne interrogée trie le papier ».

Les résultats du sondage sont résumés dans l'arbre pondéré ci-contre.

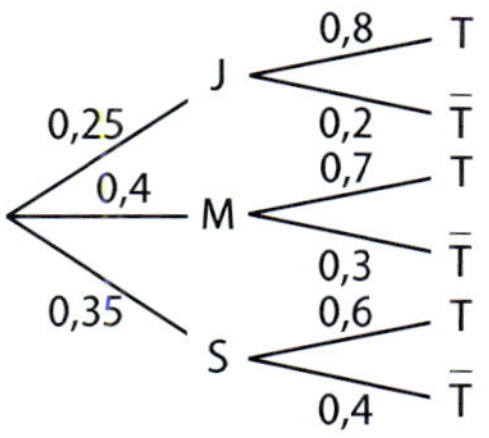

1. La probabilité que la personne interrogée ne trie pas le papier sachant qu'elle a moins de 35 ans est égale à :
a. 0,05 **b.** 0,45 **c.** 0,2 **d.** 0,31
2. La probabilité que la personne interrogée ait plus de 50 ans et trie le papier est égale à :
a. 0,6 **b.** 0,95 **c.** 0,21 **d.** 0,69
3. La probabilité que la personne trie le papier est égale à :
a. 0,48 **b.** 0,49 **c.** 0,41 **d.** 0,69

Étudier l'indépendance de deux événements

91 10 min Capacité 7, p. 137 VRAI/FAUX

On lance une pièce équilibrée deux fois de suite. On considère les événements suivants :

A : « obtenir PILE au premier lancer » ;

B : « obtenir PILE au second lancer » ;

C : « obtenir au moins un PILE ».

Indiquer si les affirmations sont vraies ou fausses, puis justifier.

1. Les événements A et B sont indépendants.
2. $P(C) = 0,75$
3. Les événements A et C sont indépendants.

92 15 min Capacité 8, p. 137

Un élevage de chats comporte trois fois plus de femelles que de mâles. L'éleveur a sélectionné la race pour que 96 % des individus, quelque soit leur sexe, soient porteurs du phénotype *colourpoint*, c'est-à-dire qu'ils ont les extrémités plus foncées que le reste du corps.

On choisit un chat au hasard et on note F l'événement « le chat est une femelle » et C l'événement « le chat porte le phénotype *colourpoint* ».

1. Déterminer la probabilité $P(F)$.
2. Quelle information de l'énoncé permet d'affirmer que les événements F et C sont indépendants ?
3. Quelle est la probabilité pour que le chat choisi soit une femelle porteuse du phénotype *colourpoint* ?
4. Le chat choisi est porteur du phénotype *colourpoint*.
Quelle est la probabilité que ce soit une femelle ?

93 D'une représentation à l'autre

A et B désignent deux événements de l'ensemble des issues d'une expérience aléatoire. L'arbre ① modélise cette expérience. En justifiant les raisonnements, recopier l'arbre ②, puis compléter ses branches.

①
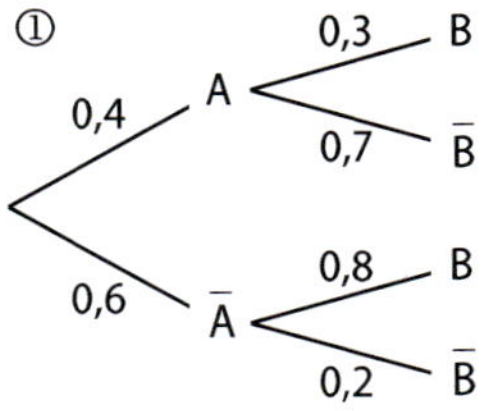

②
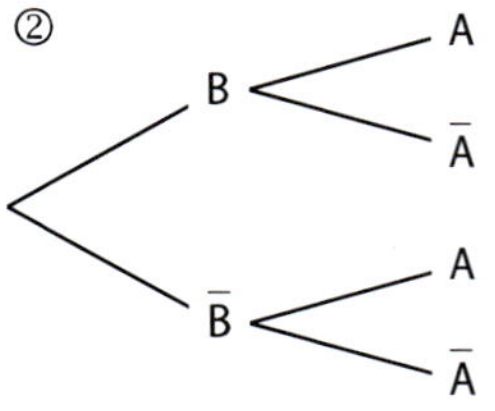

94 Voyage en bateau

Au départ de Marseille, le capitaine d'un bateau de croisière fait le point sur les passagers embarqués. 32% des passagers sont français et 68 % sont étrangers. De plus, 70 % des passagers français et 30 % des étrangers ont choisi l'excursion en option dans les rues de Barcelone, ville de la prochaine escale.

On rencontre au hasard un des passagers lors de l'excursion à Barcelone. Quelle est la probabilité pour que ce soit un Français ? Arrondir à 10^{-3} près.

95 Naissances

On suppose que la probabilité de naissance est la même pour les deux sexes, quel que soit le rang de cette naissance. On considère l'ensemble des familles de deux enfants. On choisit une famille au hasard.

1. À l'aide d'un arbre pondéré, décrire les situations possibles.

2. Calculer la probabilité des événements suivants :

A : « la famille a deux filles » ;
B : « le premier enfant est une fille » ;
C : « la famille a au moins une fille » ;
D : « le plus jeune enfant est un garçon ».

3. Calculer $P_B(A)$, $P_C(A)$, $P_D(A)$ et $P_A(C)$.

96 Au service !

Au tennis, le joueur qui est « au service » dispose de deux essais pour son service. S'il rate ces deux essais, il perd le point (on parle de double faute). Une étude sur les précédents matchs d'un joueur a permis d'établir que, lorsqu'il sert :

• il réussit son premier service dans 70 % des cas et, lorsque ce premier service est réussi, il gagne le point dans 95 % des cas.
• s'il ne réussit pas son premier service, il réussit le second dans 92 % des cas et, lorsque ce second service est réussi, il gagne le point dans 75 % des cas.

On rediffuse un service du joueur et on note :

S_1 l'événement « il réussit le premier service » ;
S_2 l'événement « il réussit le second service » ;
G l'événement « il gagne le point ».

1. Recopier et compléter l'arbre pondéré ci-contre.

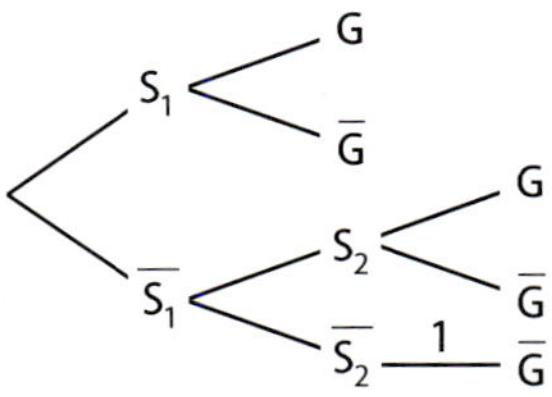

2. Calculer $P(S_1 \cap G)$

3. Montrer que la probabilité que le joueur gagne l'échange est 0,872.

4. Sachant que le joueur a gagné l'échange, calculer la probabilité, arrondie au millième, qu'il ait réussi son premier service.

97 Les « trois-huit »

Dans une entreprise, 50 % des salariés travaillent de jour, 20 % des salariés travaillent le soir, les autres travaillent de nuit. On a constaté que 70 % des salariés qui travaillent de jour ont moins de 40 ans, 40 % de ceux qui travaillent le soir ont moins de 40 ans et 90 % de ceux qui travaillent la nuit ont moins de 40 ans. Lors d'une assemblée générale, le directeur interroge au hasard un salarié de cette entreprise. On note :

J l'événement « le salarié travaille de jour » ;
S l'événement « le salarié travaille le soir » ;
N l'événement « le salarié travaille la nuit » ;
Q l'événement « Le salarié a moins de 40 ans ».

1. Représenter cette situation par un arbre pondéré.

2. Déterminer la probabilité que le salarié rencontré ait moins de 40 ans.

3. Calculer $P_Q(S)$. Arrondir à 10^{-3} près.

4. a. Q est-il indépendant d'un des événements J, S ou N ?

b. Que peut-on en déduire ?

MATHS & SVT

98 Sédentarité des populations

Les maladies cardio-vasculaires sont l'une des principales causes de mortalité. L'inactivité physique est un facteur de risque majeur dans le développement de ces maladies.

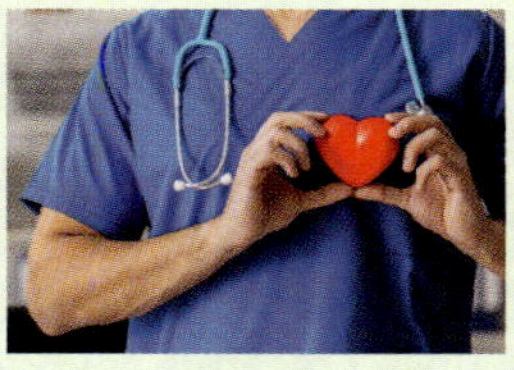

Pour évaluer la situation en France, une enquête, portant sur un échantillon de 2 000 personnes âgées de 18 à 65 ans, a été menée. On a obtenu les résultats suivants :

• 9 % des personnes sont atteintes d'une maladie cardio-vasculaire ;
• parmi les personnes atteintes d'une maladie cardio-vasculaire, 45 % pratiquent une activité physique régulière (30 minutes par jour) ;
• parmi les personnes non atteintes d'une maladie cardio-vasculaire, 60 % pratiquent une activité physique régulière.

Une personne est choisie au hasard dans la population.
On appelle les événements :

M : « la personne est atteinte d'une maladie cardio-vasculaire » ;
S : « La personne pratique une activité physique régulière ».

1. Représenter cette situation par un arbre pondéré.

2. Justifier que $P(S) = 0{,}5865$.

3. Une campagne de sensibilisation affirme qu'une activité physique régulière fait baisser de plus de 30 % la probabilité d'être atteint d'une maladie cardio-vasculaire.
Que pensez-vous de cette affirmation?

99 CALC **Histoire des mathématiques**

Voici une version actualisée d'un problème issu de l'ouvrage *Calcul des probabilités* de Henri Poincaré :

> Je joue avec un inconnu qui retourne un roi au premier tirage. Je me demande quelle est la probabilité pour que cet inconnu soit un tricheur.

Le jeu consiste à tirer une carte dans un jeu de 32 cartes : le premier qui obtient un roi est gagnant.
On joue contre un inconnu et on note :
T l'événement « l'inconnu est un tricheur » ;
R l'événement « l'inconnu a tiré un roi ».

1. Si l'inconnu n'est pas un tricheur, quelle est la probabilité qu'il tire un roi ?

2. On désigne par p la probabilité pour que l'inconnu soit un tricheur et on estime qu'un tricheur a une chance sur 4 de tirer un roi. Construire un arbre pondéré modélisant la situation.

3. Exprimer, en fonction de p, la probabilité pour que l'individu soit un tricheur sachant qu'il a tiré un roi. On note $T(p)$ cette probabilité.

4. À l'aide de la calculatrice, tracer la représentation graphique de la fonction T, définie sur $[0 ; 1]$, qui à p associe $T(p)$.

5. Répondre aux questions suivantes par lecture graphique.

a. Que se passe-t-il si $p = 0$? si $p = 1$?

b. Que se passe-t-il si p augmente ?

Point Histoire

Henri Poincaré (1854-1912) est considéré comme l'un des derniers grands savants universels. Ce mathématicien, physicien et philosophe français, maîtrisait l'ensemble des branches des mathématiques de son époque.

100 **Réseaux sociaux et internet**

On a questionné des élèves de Terminale sur leur activité sur internet : 70 % d'entre eux aiment poster sur les réseaux sociaux, 80 % d'entre eux aiment regarder des vidéos.
Parmi les élèves qui aiment regarder des vidéos, 75 % aiment aussi poster sur les réseaux sociaux. On rencontre au hasard un des élèves et on considère les événements :
V : « l'élève rencontré aime regarder des vidéos » ;
R : « l'élève rencontré aime poster sur les réseaux sociaux »

1. Établir un arbre pondéré incomplet qui modélise cette situation.

2. a. Calculer la probabilité $P(V \cap R)$.

b. En déduire que $P(\overline{V} \cap R) = 0,1$.

3. L'élève rencontré n'aime pas regarder des vidéos.

a. Calculer la probabilité qu'il aime poster sur les réseaux sociaux.

b. Compléter l'arbre pondéré.

101 **Recherche d'indépendance**

L'arbre ci-contre modélise une expérience aléatoire. Déterminer la (ou les) valeur(s) de p pour laquelle (lesquelles) les événements A et B sont indépendants.

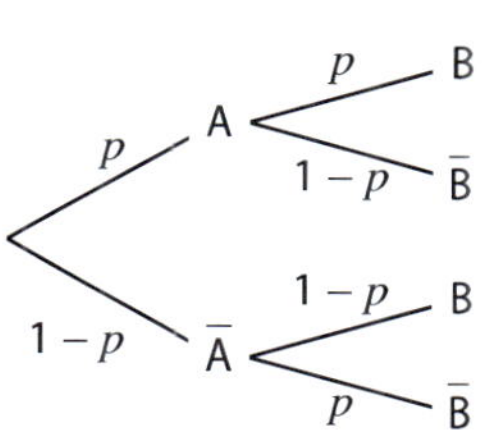

***Piste :** on pourra montrer que $2p^2 - 3p + 1 = (2p - 1)(p - 1)$.*

102 **Probabilité inconnue**

Dans un supermarché, on réalise une étude sur la vente de bouteilles de jus de fruits sur une période d'un mois. On prélève au hasard une bouteille de jus de fruits passée en caisse. On définit les évènements suivants :
O : « la bouteille prélevée est une bouteille de jus d'orange » ;
J : « la bouteille prélevée est une bouteille de 100 % pur jus ».
L'arbre pondéré ci-dessous modélise les résultats de l'étude.

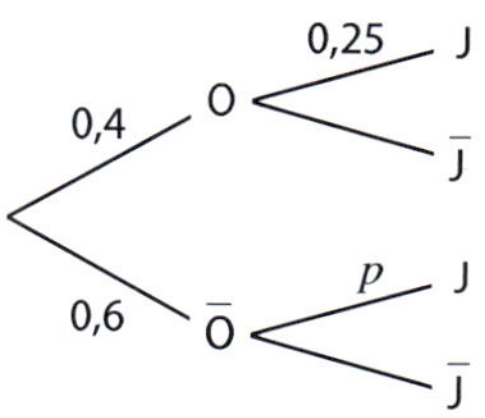

1. a. Interpréter les nombres 0,4 et 0,25 dans le contexte de l'énoncé.

b. Calculer la probabilité que la bouteille prélevée soit une bouteille de 100 % pur jus d'orange.

2. a. Justifier que $P(J) = 0,1 + 0,6p$.

b. Selon l'étude, 20 % des bouteilles de jus de fruits vendues possèdent l'appellation « pur jus ».
Déterminer la valeur exacte de p.

3. Une bouteille passée en caisse et prélevée au hasard est une bouteille de 100 % pur jus. Calculer la probabilité que ce soit une bouteille de jus d'orange.

103 **Promenade en vélo**

Agnès se déplace à vélo ou en transports en commun. Lorsque la journée est ensoleillée, elle se déplace en vélo 9 fois sur 10.
Sinon, elle ne se déplace en vélo que 6 fois sur 10.
La probabilité qu'une journée soit ensoleillée, dans la ville où elle habite, est notée p. Pour une journée donnée, on note :
E l'événement « la journée est ensoleillée » ;
V l'événement « Agnès se déplace en vélo ».

1. Construire l'arbre pondéré représentant la situation.

2. Montrer que la probabilité qu'Agnès se déplace en vélo lors d'une journée donnée est $P(V) = 0,3\,p + 0,6$.

3. On constate que dans 67,5 % des cas, c'est en vélo que Agnès se déplace entre son domicile et son lieu de travail.

a. Calculer la valeur de p.

b. Sachant qu'Agnès s'est déplacée en vélo, montrer que la probabilité que la journée soit ensoleillée est $\frac{1}{3}$.

BESOIN D'AIDE ?
Voir le livret en début de manuel, pp. 20 à 29

TP Fiabilité d'un test de dépistage

RAISONNER CALCULER

Fichier Python
Disponible sur lycee.editions-bordas.fr

À l'issue de différentes compétitions sportives, le comité anti-dopage utilise un test de dépistage afin de déclarer chaque sportif positif ou négatif au dopage. Pour des raisons biologiques, le test utilisé par le comité n'est pas fiable à 100 %. Le comité prend donc sa décision avec un risque d'erreur.

Différentes études ont montré que la probabilité qu'un sportif dopé soit déclaré positif est 0,94 tandis que la probabilité qu'un sportif non dopé soit déclaré positif est 0,04.

On choisit au hasard un sportif parmi la population contrôlée et on note D l'événement « le sportif est dopé », T l'événement « le test est positif » et N l'événement « le test est négatif ».

A Simulations avec un programme Python

PYTHON CALC

On va réaliser la simulation du test de dépistage de 2 500 sportifs par le comité anti-dopage. La proportion p de sportifs dopés parmi la population contrôlée servira de paramètre à différentes fonctions. On rappelle que l'appel random() renvoie un nombre aléatoire compris entre 0 et 1.

À l'aide de la calculatrice ou d'un ordinateur, ouvrir le fichier fourni par l'enseignant.

```
3  def est_dope(p):
4      if random() < p:
5          return 1
6      else:
7          return 0
```

1. On donne ci-contre le script de la fonction est_dope. Cette fonction simule le choix au hasard d'un sportif dans la population et renvoie 1 lorsque ce sportif est dopé, 0 sinon.

a. On effectue l'appel est_dope(0.1). On suppose que la valeur de random() est 0.123. Quelle valeur est renvoyée par cet appel ? Que représente cette valeur ?

b. Expliquer le rôle de la ligne **4** dans la fonction est_dope.

```
9   def test_positif(dope):
10      if dope == 1:
11          if random() < 0.94:
12              return 1
13      else:
14          if random() < 0.04:
15              return 1
16      return 0
```

2. On donne ci-contre le script de la fonction test_positif qui simule le contrôle anti-dopage d'un sportif. Le paramètre dope de cette fonction vaut soit 0 (le sportif n'est pas dopé), soit 1 (le sportif est dopé).

La fonction test_positif renvoie 1 lorsque le contrôle est positif, 0 sinon.

a. Justifier la ligne **11** de la fonction test_positif à l'aide d'une probabilité conditionnelle.

b. Justifier la ligne **14** de la fonction test_positif.

c. On effectue l'appel test_positif(0). On suppose que la valeur de random() est 0.952. Quelle valeur est renvoyée par cet appel ? Que représente cette valeur ?

3. La fonction simulations simule le test sur 2 500 sportifs au sein de la population et renvoie la proportion d de sportifs dopés parmi ceux qui ont un test positif.

a. En faisant des appels successifs à la fonction simulations, recopier et compléter le tableau suivant :

Valeur de p	0,01	0,05	0,1	0,2	0,5	0,8	0,9	0,95	0,99
Proportion d	…	…	…	…	…	…	…	…	…

b. Comment évolue la proportion d quand p varie dans l'intervalle [0 ; 1] ?

c. Que dire de la fiabilité du test quand la valeur de p est faible ?

B Étude d'un cas particulier

Dans cette partie, on suppose que 5 % des sportifs contrôlés sont dopés. Ainsi $p = 0{,}05$.
Si nécessaire, arrondir les résultats à 10^{-3} près.

1. Construire un arbre pondéré illustrant la situation.

2. Calculer $P(\mathrm{D} \cap \mathrm{T})$ et $P(\overline{\mathrm{D}} \cap \mathrm{T})$ en s'aidant de l'arbre pondéré, puis déterminer $P(\mathrm{T})$.

3. a. Calculer $P_{\mathrm{T}}(\mathrm{D})$ puis interpréter cette probabilité dans le contexte de l'énoncé.

b. Comparer cette valeur avec celle obtenue dans la partie A.

4. a. Calculer $P_{\mathrm{N}}(\overline{\mathrm{D}})$ puis interpréter cette probabilité dans le contexte de l'énoncé.

b. En observant les valeurs de $P_{\mathrm{T}}(\mathrm{D})$ et de $P_{\mathrm{N}}(\overline{\mathrm{D}})$, quelles remarques peut-on faire à propose de la fiabilité de ce test anti-dopage ?

LE SAVIEZ-VOUS
La probabilité $P_{\mathrm{T}}(\mathrm{D})$ est appelée valeur diagnostique du test.

ÉNONCÉ

Thèmes
- Probabilités conditionnelles
- Arbres pondérés
- Formule des probabilités totales
- Événements indépendants

Un nutritionniste consulte les fiches de ses patients de l'année 2018 qui suivent tous un régime avec ou sans gluten. Il fait les constats suivants :

25 % de ses patients suivent un régime sans gluten ;

7,5 % de ses patients sont des femmes qui suivent un régime sans gluten ;

parmi ses patients qui suivent un régime avec gluten, 70 % sont des femmes.

Le nutritionniste choisit une fiche au hasard. Chaque fiche a la même probabilité d'être choisie et on note F l'événement « la fiche est celle d'une femme » et G l'événement « la fiche est celle d'un patient qui suit un régime avec gluten ».

1. 130 patients suivent un régime sans gluten.
Combien de patients ont consulté ce nutritionniste en 2018 ?

2. a. Interpréter les données numériques de l'énoncé à l'aide de probabilités.

b. Justifier que $P_{\overline{G}}(F) = 0{,}3$.

c. Recopier et compléter l'arbre pondéré ci-contre.

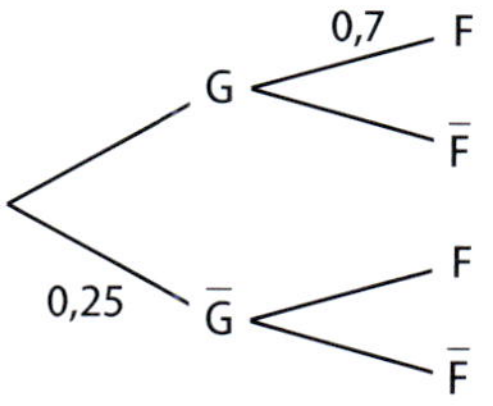

3. a. Décrire par une phrase l'évènement $G \cap F$, puis calculer $P(G \cap F)$.

b. Montrer que la probabilité de l'évènement F est égale à 0,6.

c. La fiche tirée est celle d'une femme.
Quelle est la probabilité que cette femme suive un régime sans gluten ?

d. Les évènements G et F sont-ils indépendants ? Justifier la réponse.

COMPRENDRE L'ÉNONCÉ ET CHOISIR LES MÉTHODES	SOLUTION COMMENTÉE
1. On connaît un effectif et la proportion correspondante. On peut donc déterminer l'effectif total.	**1.** Les 130 patients qui suivent un régime sans gluten représentent 25 % de l'ensemble des patients. Le nombre total de patients est donc $\frac{130}{0{,}25} = 520$.
2. a. Il faut bien identifier l'ensemble de référence pour chaque proportion donnée dans l'énoncé. **b.** Utiliser la formule de calcul de probabilités conditionnelles. Capacité 1, p. 132 **c.** On complète l'arbre en plaçant la probabilité $P_{\overline{G}}(F)$ au second niveau. Capacité 3, p. 133	**2. a.** 25 % des patients suivent un régime sans gluten donc $P(\overline{G}) = 0{,}25$. 7,5 % des patients sont des femmes qui suivent un régime sans gluten donc $P(F \cap \overline{G}) = 0{,}075$. Parmi les patients qui suivent un régime avec gluten, 70 % sont des femmes donc $P_G(F) = 0{,}7$. **b.** $P_{\overline{G}}(F) = \frac{P(F \cap \overline{G})}{P(\overline{G})} = \frac{0{,}075}{0{,}25} = 0{,}3$. 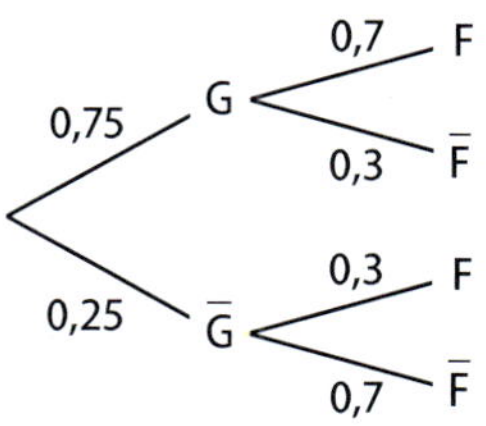 **c.** On complète l'arbre pondéré en utilisant le fait que la somme des probabilités inscrites sur les branches issues d'un même nœud vaut 1.
3. a. Utiliser la règle de calcul des probabilités rencontrées sur le chemin. Capacités 2 et 5, pp. 132 et 136 **b.** Pour calculer $P(F)$, on utilise la formule des probabilités totales. Capacité 6, p. 136 **c.** Utiliser la formule de calcul de probabilités conditionnelles. Capacité 1, p. 132 **d.** Utiliser une des trois égalités permettant de vérifier l'indépendance de deux événements puis prouver ou infirmer cette égalité. Capacité 7, p. 137	**3. a.** $G \cap F$ est l'événement « la fiche est celle d'une femme qui suit un régime avec gluten ». De plus, $P(G \cap F) = P(G) \times P_G(F) = 0{,}75 \times 0{,}7 = 0{,}525$. **b.** Deux chemins mènent à F : celui passant par G et celui passant par $\overline{G}$ puisque G et $\overline{G}$ forment une partition de l'univers. D'après la formule des probabilités totales, $P(F) = P(G \cap F) + P(\overline{G} \cap F)$. Ainsi, $P(F) = 0{,}525 + 0{,}075 = 0{,}6$. **c.** On sait que la fiche tirée est celle d'une femme. La probabilité recherchée est donc $P_F(\overline{G})$. D'après le cours, $P_F(\overline{G}) = \frac{P(F \cap \overline{G})}{P(F)}$ donc $P_F(\overline{G}) = \frac{0{,}075}{0{,}6} = 0{,}125$. **d.** D'après l'énoncé, $P_G(F) = 0{,}7$. De plus, on a prouvé que $P(F) = 0{,}6$. Puisque $P_G(F) \neq P(F)$, on peut affirmer que les événements F et G ne sont pas indépendants.

Zoom sur l'algorithmique

Cette page fait le point sur les capacités relatives à l'algorithmique et à la programmation, liées au chapitre 5, qui peuvent être demandées lors de l'évaluation commune.

UN EXEMPLE PYTHON

Entre septembre et décembre, 60 % d'une population a été vaccinée contre la grippe saisonnière. Après une mutation du virus, les épidémiologistes ont constaté que 12 % des personnes qui ont été vaccinées ont contracté la grippe tandis que 25 % des personnes qui n'ont pas été vaccinées ont eu cette maladie.

On choisit au hasard une personne dans la population et on note les événements suivants :

A : « la personne a été vaccinée » ;
B : « la personne n'a pas été vaccinée » ;
C : « la personne a eu la grippe » ;
D : « la personne n'a pas eu la grippe ».

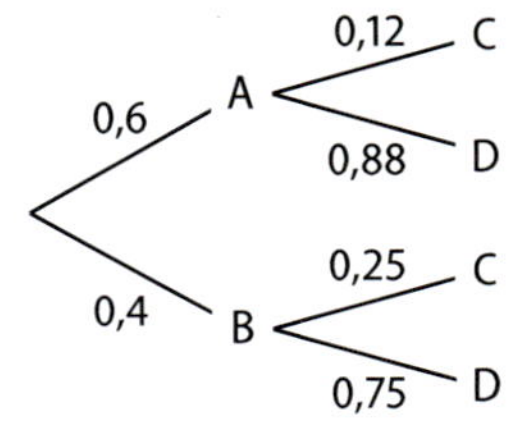

L'arbre ci-contre modélise cette situation.

Afin d'anticiper la reproduction du phénomène, les épidémiologistes décident de simuler celui-ci à l'aide de fonctions programmées en Python.

Les valeurs renvoyées par ces fonctions correspondent à la réalisation d'un des quatre événements A, B, C ou D.

Rappel : *l'instruction* randint(a, b) *permet de générer un entier aléatoire compris entre les entiers* a *et* b.

```
1  from random import randint
2
3  def niveau1():
4      tirage = randint(1, 100)
5      if tirage <= 60:
6          return "A"
7      else:
8          return "B"
```

```
10 def niveau2():
11     etape = niveau1()
12     tirage = randint(1, 100)
13     if etape == "A":
14         if ..........:
15             return "C"
16     else:
17         if ..........:
18             return "C"
19     return "D"
```

LES QUESTIONS QUI PEUVENT ÊTRE POSÉES LE JOUR DU BAC — RÉPONSES

Exécuter une fonction

On réalise cinq appels successifs de la fonction niveau1. On suppose que les valeurs obtenues pour la variable tirage sont respectivement 12, 43, 88, 60 et 97.

1. Quelles seront les valeurs renvoyées par ces appels ?

Réponse 1.
Appel n° 1 : tirage vaut 12. Comme 12 ⩽ 60, niveau1() renvoie "A".
Appel n° 2 : tirage vaut 43. Puisque 43 ⩽ 60, niveau1() renvoie "A".
Appel n° 3 : tirage vaut 88. Puisque 88 > 60, niveau1() renvoie "B".
Appel n° 4 : tirage vaut 60. Puisque 60 ⩽ 60, niveau1() renvoie "A".
Appel n° 5 : tirage vaut 97. Puisque 97 > 60, niveau1() renvoie "B".

Comprendre une fonction

2. Quel est le rôle de la fonction niveau1 dans le contexte de l'exercice ?

Réponse 2. Cette fonction renvoie les valeurs "A" ou "B" selon les probabilités des événements A et B données par l'arbre. En effet, tirage est un entier aléatoire compris entre 1 et 100, la probabilité que tirage soit inférieur ou égale à 60 est donc de 60 %.

Comprendre une fonction

On considère la fonction niveau2.

3. a. Quelles sont les valeurs possibles de la variable etape définie en ligne **11** ?

b. Quelles sont les valeurs possibles de la variable tirage définie en ligne **12** ?

Réponse 3. a. La fonction niveau1 renvoie soit la valeur "A", soit la valeur "B". Puisque le résultat de cette fonction est affecté à la variable etape en ligne **11**, cette variable prend pour valeur soit "A", soit "B".

b. Lorsque a et b sont des entiers, l'appel randint(a, b) renvoie un entier aléatoire compris entre a et b.
Par conséquent, l'instruction tirage = randint(1, 100) affecte à la variable tirage un entier aléatoire compris entre 1 et 100.

Compléter une fonction

4. Compléter les tests (lignes **14** et **17**) de la fonction niveau2 pour que cette fonction renvoie la valeur "C" selon les cas modélisés par l'arbre pondéré.

Réponse 4. On lit sur l'arbre $P_A(C) = \frac{12}{100}$. Ainsi, lorsque le résultat de niveau1 est "A", 12 valeurs sur les 100 possibles prises par la variable tirage doivent permettre de renvoyer "C".

```
10 def niveau2():
11     etape = niveau1()
12     tirage = randint(1, 100)
13     if etape == "A":
14         if tirage <= 12:
15             return "C"
16     else:
17         if tirage <= 25:
18             return "C"
19     return "D"
```

De même, on lit $P_B(C) = \frac{25}{100}$. Lorsque niveau1 renvoie "B", les valeurs comprises entre 1 et 25 doivent permettre de renvoyer "C".

CAP VERS LE BAC Zoom sur le tableur

Cette page fait le point sur les capacités relatives à l'utilisation du tableur, liées au chapitre 5, qui peuvent être demandées lors de l'évaluation commune.

UN EXEMPLE TABLEUR

Dans son verger, un agriculteur a planté 1 500 pommiers. Les pommes de taille standard sont vendues sur le marché tandis que les autres servent à faire des compotes.
Lors de la dernière récolte :
- 900 pommiers ont produit des pommes qui sont vendues sur le marché et parmi eux, 80 % ont produit des pommes rouges ;
- 420 pommiers ont produit des pommes jaunes.

On choisit un pommier au hasard dans le verger et on considère les événements :

M : « le pommier produit des pommes qui sont vendues sur le marché » ;

R : « le pommier produit des pommes rouges ».

Le tableau ci-contre, extrait d'une feuille de calcul d'un tableur, reprend ces différentes données.

C13 =C9/C$11

	A	B	C	D
1	Tableau d'effectifs			
2		Nombre de pommiers produisant des pommes qui sont vendues sur le marché	Nombre de pommiers produisant des pommes qui servent à faire de la compote	Total
3	Nombre de pommiers produisant des pommes rouges	720	360	1080
4	Nombre de pommiers produisant des pommes jaunes	180	240	420
5	Total	900	600	1500
6				
7	Tableau de probabilités			
8		M	$\overline{M}$	Total
9	R	0,48	0,24	0,72
10	$\overline{R}$	0,12	0,16	0,28
11	Total	0,6	0,4	1
12				
13		0,8	0,6	
14				

COMPRENDRE L'ÉNONCÉ ET CHOISIR LES MÉTHODES / RÉPONSES

Écrire une formule

On a saisi `900` dans la cellule **B5**.

1. Quelle formule doit-on saisir dans la cellule **B3** pour obtenir la valeur souhaitée ?

1. Comme 80 % des pommiers qui ont produit des pommes vendues sur le marché produisent des pommes rouges, on calcule 80 % de la valeur affichée en **B5**.
Ainsi, la formule requise est `=B5*0,8`.

Déterminer une formule obtenue par recopie

On a saisi dans la cellule **C3** la formule `=D3-B3`, puis on l'a recopiée vers le bas.

2. Quelle formule contient la cellule **C5** ?

2. À chaque recopie vers le bas, les numéros de ligne vont être incrémentés de 1 (car il n'y a pas de symbole **$** devant les numéros de lignes). Ainsi, la référence **D3** se recopie en **D5** sur la ligne **5** et la référence **B3** se recopie en **B5**.
La cellule **C5** contient donc la formule `=D5-B5`.

Choisir une formule parmi plusieurs formules

Dans la cellule **B9**, on veut saisir une formule qui calcule la probabilité $P(M \cap R)$ et qui pourra être recopiée dans toute la zone **B9:D11**.

3. Parmi les formules ci-dessous, quelle(s) formule(s) peut-on saisir ?

(1) `=B3/1500` (2) `=B3/$D5`
(3) `=B3/D$5` (4) `=B3/$D$5`

Méthode

Quand le symbole $ précède le numéro d'une ligne ou la lettre d'une colonne, ce numéro ou cette lettre est inchangé par recopie.

3. $P(M \cap R)$ est égal à $\frac{720}{1500}$.
Toutes les probabilités de ce tableau sont calculées à l'aide d'un quotient dont le dénominateur est 1 500, contenu dans la cellule **D5**.
Le numérateur de la probabilité calculée en **B9** est saisi en **B3**, donc la formule **(1)** est correcte.
De plus, la référence **$D$5** est absolue : elle est conservée par recopie vers le bas ou vers la droite, donc la formule **(4)** convient aussi.
Les formules **(2)** et **(3)** ne peuvent pas convenir :
– pour la formule **(2)**, la référence **$D5** n'est pas conservée par recopie vers le bas ;
– pour la formule **(3)**, la référence **D$5** n'est pas conservée par recopie vers la droite.

Interpréter une formule

La formule saisie dans la cellule **B13** est `=B9/B$11`.

4. À quelle probabilité correspond la valeur affichée ?

4. La valeur affichée dans la cellule **B13** est le calcul du quotient $\frac{0,48}{0,6}$, c'est-à-dire $\frac{P(M \cap R)}{P(M)}$: c'est la probabilité $P_M(R)$.

Calculer un résultat donné par le tableur

On recopie la formule saisie dans la cellule **C13** vers le bas.

5. Quelle valeur est alors affichée dans la cellule **C14** ?

5. La cellule **C13** contient la formule `=C9/C$11`.
Par recopie vers le bas, la cellule **C14** contient la formule `=C10/C$11` puisque **C$11** est une référence absolue pour le numéro de ligne. La valeur qui sera affichée en **C14** correspond au quotient $\frac{0,16}{0,4}$ soit 0,25.

CAP VERS LE BAC Pour se préparer à l'écrit

Ces sujets permettent de travailler les capacités liées au chapitre 5 et attendues à l'évaluation commune.

Automatismes *20 min*

CHERCHER CALCULER

THÈMES • Fonction
• Calcul numérique et algébrique
• Lectures graphiques

1. Calculer 30 % de 250.
2. Convertir 54 $\text{km} \cdot \text{h}^{-1}$ en $\text{m} \cdot \text{s}^{-1}$.
3. Développer et réduire $A = (2x - 4)^2 + 3(4 - 2x)$.
4. Dans le repère ci-dessous, on considère les points A(– 3 ; 3) et B(3 ; 1).

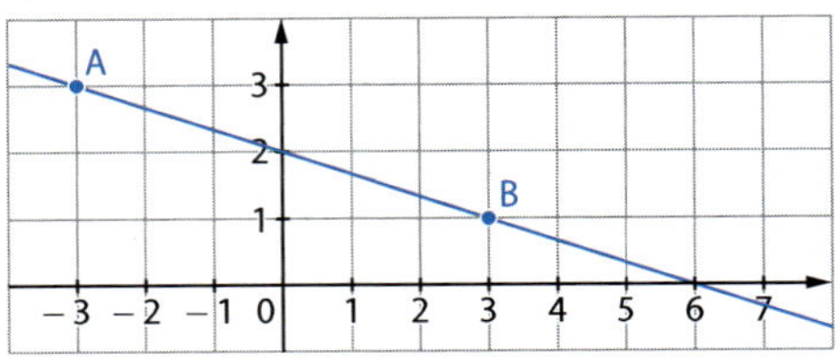

a. Déterminer l'équation réduite de la droite (AB).
b. La droite (AB) représente une fonction f définie sur $\mathbb{R}$. Résoudre graphiquement l'inéquation $f(x) \geqslant 0$.
5. Résoudre dans $\mathbb{R}$ l'équation $3x^2 = 48$.
6. a, b et c sont trois réels non nuls tels que $a = \dfrac{c}{3b}$. Exprimer b en fonction de a et c.
7. La fonction f est définie par $f(x) = \dfrac{x+1}{1-x}$ pour tout réel x différent de 1.
a. Calculer $f\left(\dfrac{1}{3}\right)$.
b. Établir le tableau de signes de f.
8. Soit f la fonction définie sur $\mathbb{R}$ par $f(x) = 2x^3 - 5x^2 + 3$. Calculer $f'(x)$.

Sujet A *30 min* QCM

RAISONNER CALCULER

THÈMES • Probabilités conditionnelles
• Arbre pondéré
• Formule des probabilités totales

Pour chacune des questions posées, une seule des quatre réponses est exacte. Aucune justification n'est demandée.

1. A et B sont deux événements d'une expérience aléatoire. On sait que : $P(A) = 0{,}8$; $P(B) = 0{,}6$ et $P(A \cap B) = 0{,}42$. On peut affirmer que :
a. $P_A(B) = 0{,}4$ **b.** $P(A \cup B) = 0{,}58$
c. $P_B(A) = 0{,}7$ **d.** $P(A \cap \overline{B}) = 0{,}18$

2. L'arbre pondéré ci-contre représente une situation où A et B sont deux événements. Alors :

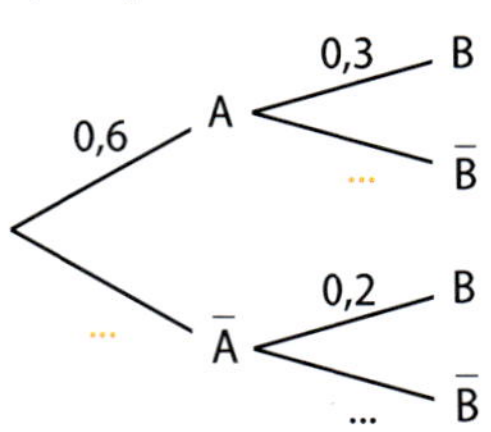

a. $P_A(B) = 0{,}18$
b. $P(A \cap B) = 0{,}9$
c. $P_A(\overline{B}) = 0{,}7$
d. $P(\overline{B}) = 0{,}42$

3. On considère à nouveau l'arbre pondéré de la question précédente.
La probabilité de l'événement B est égale à :
a. 0,5 **b.** 0,18 **c.** 0,26 **d.** 0,38

4. Une urne contient 5 jetons rouges et 15 jetons bleus. 40 % des jetons rouges sont gagnants et 20 % des jetons bleus sont gagnants.
Un joueur tire au hasard un jeton de l'urne.
La probabilité que le jeton soit gagnant est :
a. 0,2 **b.** 0,6 **c.** 0,25 **d.** 0,75

• ***CAPACITÉS MISES EN ŒUVRE***

Question 1. ► *Capacité 1 p. 132*
Question 2. ► *Capacité 5 p. 136*
Questions 3 et 4. ► *Capacité 6 p. 136*

Sujet B *40 min*

REPRÉSENTER CALCULER
SOLUTION EN FIN DE MANUEL

bordas Flash PAGE corrigé détaillé

THÈMES • Probabilités conditionnelles
• Arbre pondéré
• Formule des probabilités totales

Le médecin-chef d'une clinique spécialisée dans les blessures liées au sport fait le bilan des sportifs reçus dans l'année. Il constate que :
- 58 % des sportifs soignés étaient des femmes ;
- 62 % des femmes ont été soignées pour des blessures au genou.

On choisit au hasard le dossier d'un sportif et on note F l'événement « le dossier est celui d'une femme » et G l'événement « le dossier est celui d'un sportif qui a été soigné pour une blessure au genou ».

1. À l'aide des informations de l'énoncé, donner les valeurs de $P(F)$ et $P_F(G)$.
2. On modélise cette situation par l'arbre pondéré ci-dessous.

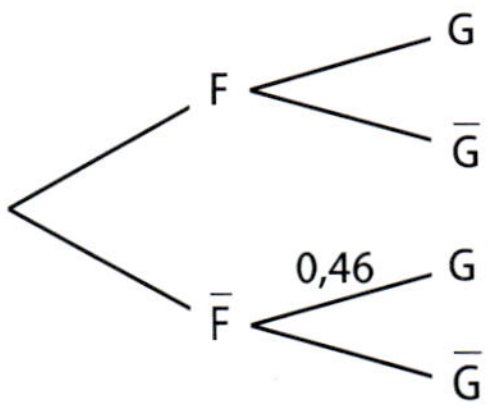

a. Interpréter le nombre 0,46 dans le contexte de l'énoncé.
b. Recopier, puis compléter cet arbre pondéré.
3. a. Traduire l'événement $F \cap G$ par une phrase.
b. Calculer $P(F \cap G)$.
4. Justifier que la probabilité de l'événement G est égale à 0,5528.
5. Le médecin-chef affirme que plus de deux tiers des sportifs soignés dans son établissement pour une blessure au genou sont des femmes. Cette affirmation est-elle exacte ?

• ***CAPACITÉS MISES EN ŒUVRE***

Question 2. ► *Capacités 3 et 4 p. 133*
Question 3. ► *Capacité 2 p. 132*
Question 4. ► *Capacité 6 p. 136*
Question 5. ► *Capacité 1 p. 132*

Sujet C ⏱ 40 min

REPRÉSENTER | CHERCHER

Thèmes • Probabilités conditionnelles
• Arbre pondéré
• Formule des probabilités totales

Dans le pays Écoland, en 2080, les véhicules roulent exclusivement à l'électricité ou aux biocarburants. Par ailleurs, il existe des véhicules sans chauffeur.

• 70 % de l'ensemble des véhicules sont avec chauffeur. Parmi eux, $\frac{4}{7}$ roulent aux biocarburants et les autres roulent à l'électricité.

• 30 % des véhicules sont sans chauffeur. Parmi eux, $\frac{2}{3}$ roulent aux biocarburants et les autres roulent à l'électricité.

On choisit un véhicule de ce pays au hasard et on note :

C l'évènement : « le véhicule est avec chauffeur » ;
B l'évènement : « le véhicule roule aux biocarburants » ;
E l'évènement : « le véhicule roule à l'électricité ».

Les probabilités seront exprimées en valeur exacte (fraction irréductible ou forme décimale).

1. Recopier et compléter l'arbre de probabilités ci-dessous permettant de modéliser la situation.

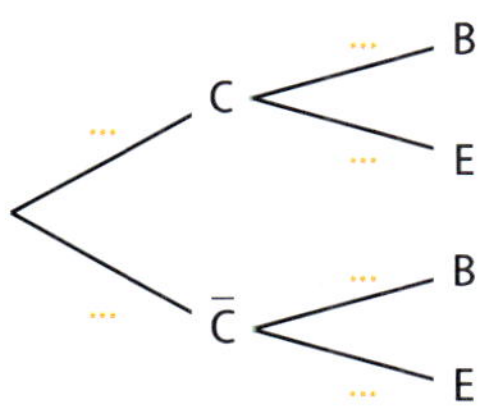

2. Déterminer la probabilité que le véhicule choisi roule aux biocarburants.

3. On suppose que le véhicule choisi roule aux biocarburants. Déterminer la probabilité que ce soit un véhicule sans chauffeur.

• *CAPACITÉS MISES EN ŒUVRE*
Question 1. ▶ *Capacité 3 p. 133*
Question 2. ▶ *Capacité 6 p. 136*
Question 3. ▶ *Capacité 1 p. 132*

Sujet D ⏱ 40 min

RAISONNER | CALCULER

Thèmes • Probabilités conditionnelles
• Arbre pondéré
• Formule des probabilités totales
• Événements indépendants

Dans le cadre d'une campagne de réduction de la quantité de déchets, une enquête sur les habitudes de compostage est menée auprès des habitants d'une ville.

Les informations recueillies ont permis d'établir que :

• 40 % des personnes interrogées ont moins de 30 ans et, parmi elles, 10 % pratiquent le compostage ;

• la moitié des personnes entre 30 et 50 ans pratiquent le compostage ;

• 20 % des personnes interrogées ont plus de 50 ans et, parmi elles, 30 % pratiquent le compostage.

On choisit au hasard une personne parmi celles interrogées.

On considère les événements suivants :

J : « la personne a moins de 30 ans » ;
M : « la personne a entre 30 ans et 50 ans » ;
S : « la personne a plus de 50 ans » ;
C : « la personne pratique le compostage ».

1. En utilisant les données de l'énoncé, recopier et compléter l'arbre de probabilité ci-contre.

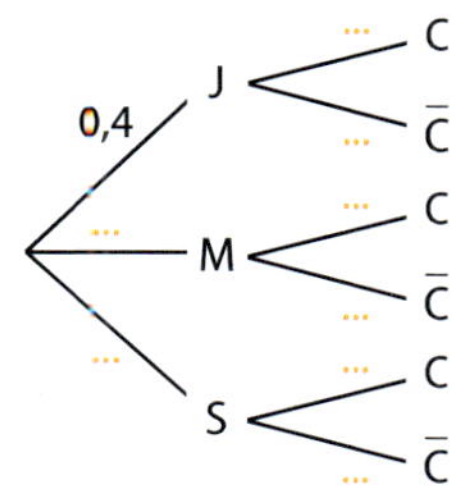

2. Définir par une phrase l'événement $J \cap C$, puis calculer sa probabilité.

3. Calculer la probabilité de l'événement : « la personne a plus de 50 ans et pratique le compostage ».

4. Est-il vrai qu'il y a plus d'une chance sur deux que la personne choisie pratique le compostage ? Justifier.

5. Sachant que la personne choisie pratique le compostage, quelle est la probabilité qu'elle ait plus de 50 ans ? Arrondir au centième.

6. Les événements S et C sont-ils indépendants ? Justifier.

• *CAPACITÉS MISES EN ŒUVRE*
Question 1. ▶ *Capacité 3 p. 133*
Questions 2 et 3. ▶ *Capacité 2 p. 132*
Question 4. ▶ *Capacité 6 p. 136*
Question 5. ▶ *Capacité 1 p. 132*
Question 6. ▶ *Capacité 7 p. 137*

Sujet E ⏱ 30 min

CHERCHER | CALCULER

Thèmes • Formule des probabilités totales
• Événements indépendants

Soit x un réel appartenant à l'intervalle [0 ; 80].

Une urne contient 100 petits cubes en bois dont 60 sont bleus et les autres rouges.

Parmi les cubes bleus, 40 % ont leurs faces marquées d'un cercle, 20 % ont leurs faces marquées d'un losange et les autres ont leurs faces marquées d'une étoile.

Parmi les cubes rouges, 20 % ont leurs faces marquées d'un cercle, x % ont leurs faces marquées d'un losange et les autres ont leurs faces marquées d'une étoile.

On tire au hasard un cube de l'urne. L'arbre ci-dessous modélise cette expérience.

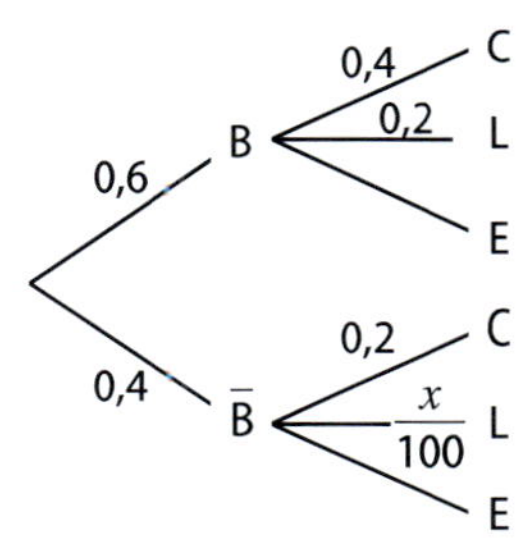

1. Démontrer que la probabilité que le cube tiré soit marqué d'un losange est égale à $0{,}12 + 0{,}004x$.

2. Les événements B et L sont indépendants.

Déterminer la valeur de x.

• *CAPACITÉS MISES EN ŒUVRE*
Question 1. ▶ *Capacités 5 et 6 p. 136*
Question 2. ▶ *Capacité 7 p. 137*

EXERCICES Revoir des points essentiels

PARCOURS 1 Calculer une probabilité conditionnelle

Un exemple : Un sondage effectué parmi les étudiants d'une université révèle que 40 % d'entre eux travaillent en plus de leurs études et 30 % d'entre eux sont bénévoles dans une association. De plus, 9 % des étudiants sont bénévoles et travaillent en plus de leurs études.
On choisit un étudiant au hasard. On note T l'événement « l'étudiant travaille en plus de ses études » et B l'événement « l'étudiant est bénévole dans une association ».
Calculer la probabilité que l'étudiant choisi soit bénévole dans une association sachant qu'il travaille en plus de ses études.

Ma réflexion	→ Ma démarche
Que doit-on faire ?	Je dois déterminer une probabilité. ► *Il s'agit d'une probabilité conditionnelle. Quelle est l'expression qui permet de s'en rendre compte ?*
Quel est l'ensemble de référence ?	J'identifie les événements qui interviennent dans l'écriture de la probabilité conditionnelle. ► *On sait que l'étudiant travaille en plus de ses études. Comment se note la probabilité de B sachant T ?*
Comment calculer la probabilité cherchée ?	Comme $P_T(B) = \dfrac{P(T \cap B)}{P(T)}$, je dois connaître $P(T \cap B)$ et $P(T)$. ► *D'après l'énoncé, quelles sont les valeurs de ces probabilités ?*
Comment conclure ?	Je calcule la valeur de $P_T(B)$. ► *Déterminer cette valeur.*

104 Dans un parc d'attraction, 35 % des visiteurs sont venus principalement pour assister aux spectacles, 90 % des visiteurs sont surtout venus pour les manèges et 21 % des visiteurs sont venus pour les deux. On rencontre un visiteur au hasard. On note S l'événement « le visiteur est venu pour assister aux spectacles » et M l'événement « le visiteur est venu pour les manèges ». Sachant que le visiteur est venu pour assister aux spectacles, quelle est la probabilité qu'il soit aussi venu pour les manèges ?

PARCOURS 2 Construire un arbre pondéré

Un exemple : Les clients d'une agence de voyage partent soit seuls, soit en groupe.
Une étude révèle que 63 % des clients partent en groupe et, parmi ceux-là, 55 % partent en France. De plus, 25 % des personnes seules partent en France.
On choisit au hasard un client de l'agence et on note G l'événement « le client choisi part en groupe » et F l'événement « le client choisi part en France ». Construire un arbre pondéré modélisant cette situation.

Ma réflexion	→ Ma démarche
Par quoi commencer ?	Je dois traduire les informations chiffrées de l'énoncé à l'aide de probabilités dont certaines sont des probabilités conditionnelles. ► *Identifier les valeurs de $P(G)$, $P_G(F)$ et $P_{\overline{G}}(F)$.*
Quel événement doit-on placer au premier niveau de l'arbre ?	Je connais $P_G(F)$ et $P_{\overline{G}}(F)$ donc je place G et $\overline{G}$ au premier niveau de l'arbre. ► *Quel événement correspond aux branches du second niveau ? Construire ces branches.*
Quelles probabilités doit-on placer sur les branches ?	Je dois placer les probabilités connues : $P(G)$, $P_G(F)$ et $P_{\overline{G}}(F)$. ► *Sur quelles branches de l'arbre faut-il placer les probabilités conditionnelles ?*
Comment compléter l'arbre ?	Je dois déterminer la valeur de toutes les probabilités manquantes. ► *Rappeler la règle qui permet de déterminer les valeurs manquantes. Calculer ces probabilités puis finir de compléter l'arbre.*

105 52 % des habitants d'une ville sont des femmes. De plus, 74 % des femmes et 79 % des hommes ont moins de 60 ans. On choisit au hasard un habitant de la ville est on considère les événements F : « l'habitant est une femme », H : « l'habitant est un homme » et M : « l'habitant a moins de 60 ans ». Construire un arbre pondéré modélisant cette situation.

Ouverture sur… Les probabilités conditionnelles

LE PROBLÈME DES PARTIES

Deux joueurs s'affrontent dans un jeu de hasard en trois parties gagnantes. Chacun des joueurs a misé la même somme d'argent, qu'on notera s. Cependant, le jeu est interrompu alors que le premier joueur a gagné deux parties et le second a gagné une partie. Comment doit être repartie la somme misée ?

Si on joue chacun 256, en

Il m'appartient sur les 256 pistoles de mon joueur, pour la	6 Parties.	5 Parties.	4 Parties.	3 Parties.	2 Parties.	1 Partie.
1re Partie.	63	70	80	96	128	256
2e Partie.	63	70	80	96	128	
3e Partie.	56	60	64	64		
4e Partie.	42	40	32			
5e Partie.	24	16				
6e Partie.	8					

Les probabilités conditionnelles sur la partie suivante (non jouée) permettent de conclure qu'il est équitable de donner $\frac{3s}{2}$ au premier joueur et $\frac{s}{2}$ au second.

Point Histoire

On doit le « problème des parties » au mathématicien français **Blaise Pascal**. En 1654, il expose ce problème dans une lettre adressée à un autre mathématicien français : **Pierre de Fermat**.

LES PROBABILITÉS DANS LE JEU VIDÉO

Les concepteurs de jeux vidéos utilisent très souvent les probabilités dans leurs productions. La simulation du comportement des personnages non joueurs devient ainsi dépendante des actions et des décisions déjà prises par le joueur : cela rend la progression plus réaliste au sein du jeu.

En 1997, le jeu *Final Fantasy VII* usait de probabilités aussi bien dans la gestion des caractéristiques des personnages, dans les combats que dans les interactions entre les personnages. D'ailleurs, deux des personnages jouables n'étaient accessibles que dans des circonstances bien particulières.

Les mathématiques aujourd'hui

Sylvia Serfaty est une mathématicienne française née en 1975 qui a obtenu le **prix Henri-Poincaré** en 2012. Cette récompense est décernée tous les trois ans à plusieurs chercheurs dans le domaine de la physique mathématique.

Après des études à l'École Normale Supérieure et sa soutenance de thèse, elle est recrutée comme chargée de recherche au CNRS ainsi qu'à l'Université de New York. Ses recherches portent principalement sur l'analyse, à l'aide des mathématiques, des différentes modélisations et équations issues de la physique.

Elle travaille actuellement comme professeure à l'Université Pierre et Marie Curie, à Paris.

Se tester pour un BON DÉPART

Représenter par un arbre pondéré la répétition d'épreuves de Bernoulli identiques et indépendantes

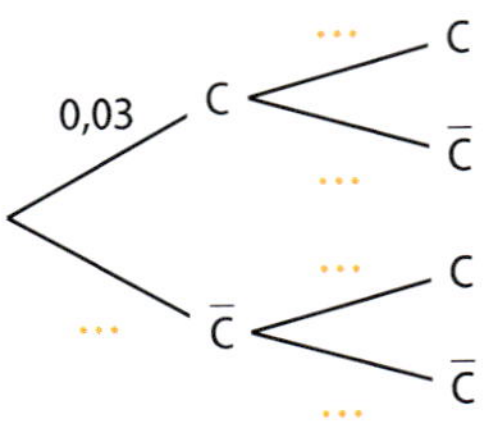

1 Louison part faire un tour de vélo. La probabilité qu'il ait un de ses deux pneus crevés est 0,03 ; on note cet événement C. On suppose que la crevaison d'un pneu n'a aucune influence sur la crevaison de l'autre pneu. Recopier et compléter l'arbre pondéré illustrant cette situation.

2 On lance trois fois de suite un dé équilibré à six faces. On s'intéresse à l'événement A : « obtenir un nombre égal à 6 lors d'un lancer ». Construire un arbre pondéré illustrant cette situation.

Calculer les probabilités avec un arbre pondéré

3 **VRAI/FAUX**

Indiquer si les affirmations sont vraies ou fausses, puis justifier.

On lance une pièce équilibrée trois fois de suite.

1. La probabilité d'obtenir trois fois « Pile » vaut $\frac{1}{8}$.

2. La probabilité d'obtenir deux fois « Pile » et une fois « Face » vaut $\frac{1}{8}$.

3. La probabilité d'obtenir au plus une fois « Pile » vaut $\frac{1}{2}$.

4 **QCM** *Choisir la ou les bonnes réponses.*

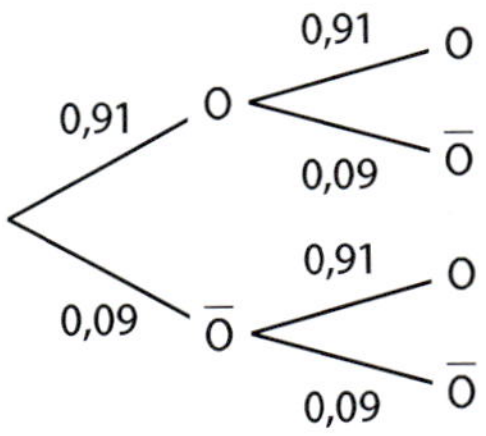

Une entreprise compte 91 % d'ouvriers et 9 % de cadres.
On note O l'événement : « l'employé est un ouvrier ».
On choisit au hasard deux employés de cette entreprise.
L'arbre pondéré ci-contre illustre cette situation.

1. La probabilité de l'événement « les deux employés sont cadres » vaut :

a. 0,09 **b.** 0,18 **c.** $0{,}09^2$ **d.** 0,81

2. La probabilité de l'événement « un employé est cadre et l'autre est ouvrier » vaut :

a. 1 **b.** $0{,}91 \times 0{,}09$ **c.** $2 \times 0{,}91 \times 0{,}09$ **d.** 0,163 8

Utiliser une variable aléatoire

5 **QCM** *Choisir la ou les bonnes réponses.*

Soit X la variable aléatoire qui, à chaque jour, associe le nombre de devis établis par un réparateur informatique. La loi de probabilité de X est donnée par le tableau ci-contre.

x_i	0	1	2	3
$P(X=x_i)$	0,1	0,25	0,3	a

1. La probabilité de l'événement $\{X=3\}$ est : **a.** 0,65 **b.** 0,5 **c.** 1 **d.** 0,35

2. La probabilité $P(X \leqslant 1)$ est égale à : **a.** 0,25 **b.** 0,1 **c.** $P(X=0)+P(X=1)$ **d.** 0,35

6 **VRAI/FAUX**

Indiquer si les affirmations sont vraies ou fausses, puis justifier.

La loi de probabilité d'une variable aléatoire Y est donnée par le tableau ci-dessous.

y_i	− 1	1	3
$P(Y=y_i)$	0,15	0,20	0,65

1. La probabilité $P(Y > 1)$ est égale à 0,85.

2. L'espérance de Y est égale à 2.

POUR VOUS AIDER → Rappels .... page 198

VARIABLES ALÉATOIRES DISCRÈTES

CHAPITRE 6

Pour un anniversaire au LaserGame, on souhaite former une liste comprenant sept invités parmi une liste de dix contacts. Combien y-a-t-il de possibilités ?
Ce problème de dénombrement peut être résolu à l'aide des coefficients binomiaux, que nous découvrirons à l'aide des arbres pondérés. Ces coefficients ont été étudiés au XVIIe siècle par le mathématicien français Blaise Pascal.

Voir exercice 79 page 177

LES NOTIONS DU CHAPITRE

- Variable aléatoire discrète
- Loi binomiale
- Coefficients binomiaux

bordas Flash PAGE

RESSOURCES NUMÉRIQUES
Téléchargez l'application FlashPage, puis scannez la page indiquée pour consulter votre ressource sur smartphone ou tablette.

Vidéos .... pp. 164, 165
Animations .... pp. 162, 167
Corrigés détaillés .... pp. 180, 181, 189

Activité 1 Un jeu d'équilibre

Objectif

Réactiver les connaissances sur les variables aléatoires.

Dans un atelier, une machine produit des planchettes destinées à un jeu d'équilibre. On fixe le prix des pièces selon leur longueur L (en centimètres) de la façon suivante :
si $10{,}4 \leqslant L \leqslant 10{,}6$, alors la pièce convient et est vendue 0,10 € ;
si $L < 10{,}4$, la pièce est inutilisable et est vendue 0,01 € ;
si $L > 10{,}6$, la pièce doit être retaillée et vendue 0,06 €.
On considère un échantillon supposé représentatif de 200 pièces dont les longueurs sont données dans le tableau suivant :

L (en cm)	10	10,1	10,2	10,3	10,4	10,5	10,6	10,7	10,8	10,9	11
Quantité	3	5	7	10	39	65	42	15	9	3	2

1 Déterminer la probabilité qu'une pièce de ce lot soit vendue 0,10 €.

2 On définit une variable aléatoire X qui, à chaque pièce, associe son prix de vente.
Recopier, puis compléter le tableau ci-contre, qui donne la loi de probabilité de X.

x_i	0,01	0,06	0,10
$P(X = x_i)$	...	...	...

3 À partir du tableau précédent, comment peut-on calculer la valeur moyenne d'une pièce de ce lot ?

Activité 2 À l'entraînement

Objectif

Introduire la notion de loi binomiale.

Lucas va à l'entraînement de football américain une fois par semaine. Il décide qu'il ira à l'entraînement en vélo les jours où la météo le permet, et en transports en commun sinon. La météo est suffisamment bonne dans 30 % des cas. On admet que la météo d'une journée n'a pas d'influence sur les jours suivants. On étudie les trajets de Lucas durant trois semaines consécutives. On appelle « succès », noté S, le fait que Lucas aille à l'entraînement en vélo.
On définit la variable aléatoire X qui, à chaque série de trois semaines, associe le nombre de fois où Lucas va à l'entraînement en vélo.

Animation Chemins dans un arbre Loi binomiale — bordas Flash PAGE animation

1 **a.** Justifier que l'expérience aléatoire : « Lucas va à l'entraînement » est bien une épreuve de Bernoulli.
b. Construire un arbre pondéré qui modélise la situation sur trois semaines consécutives.
c. On a donc une répétition d'épreuves de Bernoulli identiques et indépendantes.
En donner le nombre de répétitions n et la probabilité d'un succès p.

2 Déterminer $P(X = 0)$ et $P(X = 3)$.

3 **a.** L'événement $\{X = 1\}$ est formé de trois listes de résultats, chacune de ces listes étant représentée par un chemin sur l'arbre. Colorer ces chemins sur l'arbre.
b. Quelle est la probabilité que Lucas aille en vélo à l'entraînement uniquement la première semaine ?
c. Expliquer pourquoi la probabilité de l'événement $\{X = 1\}$ est égale à 0,441.

4 Quels sont les chemins de l'arbre correspondant à l'événement $\{X = 2\}$?

5 Donner la loi de probabilité de X.

Cours 1 Variable aléatoire

À noter
On note $P(X=x_i)$ et non $P(\{X=x_i\})$ pour alléger l'écriture.

DÉFINITION Soit E l'ensemble des issues d'une expérience aléatoire. On définit une **variable aléatoire** X sur E quand on associe à chaque issue de E un nombre réel. L'ensemble de ces réels $\{x_1, x_2, \dots, x_n\}$ est l'ensemble des valeurs prises par X.
Dans ce cas, l'événement $\{X=x_i\}$ est l'ensemble des issues de E auxquelles on associe le réel x_i et la **loi de probabilité de** X est la donnée de toutes les probabilités $P(X=x_i)$, où x_i prend toutes les valeurs de E.

On présente souvent ces données sous la forme d'un tableau :

x_i	x_1	x_2	...	x_n
$P(X=x_i)$	p_1	p_2	...	p_n

EXEMPLE : On lance un dé équilibré. Si le nombre obtenu est 1, on gagne 6 € ; si c'est un 2 ou un 3, on gagne 3 €, sinon on perd 2 €. Le gain associé à cette expérience définit une variable aléatoire X.

x_i	-2	3	6
$P(X=x_i)$	$\frac{1}{2}$	$\frac{1}{3}$	$\frac{1}{6}$

DÉFINITION **L'espérance d'une variable aléatoire** X est le nombre réel, noté $E(X)$, défini par $E(X)=p_1x_1+p_2x_2+\dots+p_nx_n$.

EXEMPLE : Dans la situation précédente, $E(X)=\frac{1}{2}\times(-2)+\frac{1}{3}\times 3+\frac{1}{6}\times 6=1$.

Loi binomiale

Vocabulaire
La loi binomiale est également appelée « loi du nombre de succès ».

DÉFINITION Soit n un entier positif et p un réel de l'intervalle [0 ; 1].
On considère une expérience aléatoire à deux issues : S que l'on nomme succès de probabilité p, et $\overline{S}$ que l'on nomme échec. On répète n fois cette épreuve de Bernoulli, de façon identique et indépendante.
Soit X la variable aléatoire comptant le nombre de succès obtenus. On dit que X suit la **loi binomiale de paramètres** n **et** p. On la note $\mathcal{B}(n\,;p)$.

À noter
On note $q=1-p$ la probabilité d'un échec.

EXEMPLE : On lance trois fois de suite un dé bien équilibré et on note X le nombre de 6 obtenus. X suit la loi binomiale de paramètres 3 et $\frac{1}{6}$. Pour de petites valeurs de n, on représente cette répétition d'épreuves de Bernoulli identiques et indépendantes par un arbre pondéré, et on peut ainsi calculer des probabilités. Par exemple, pour le calcul de $P(X=1)$:

Cas $n=2$

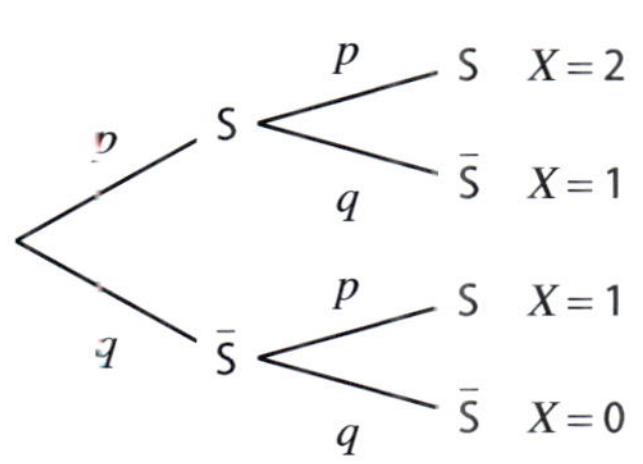

Les listes formées d'un seul succès sont $S\overline{S}$ et $\overline{S}S$. Or $P(S\overline{S})=P(\overline{S}S)=pq$.
Donc $P(X=1)=2pq$.

Cas $n=3$

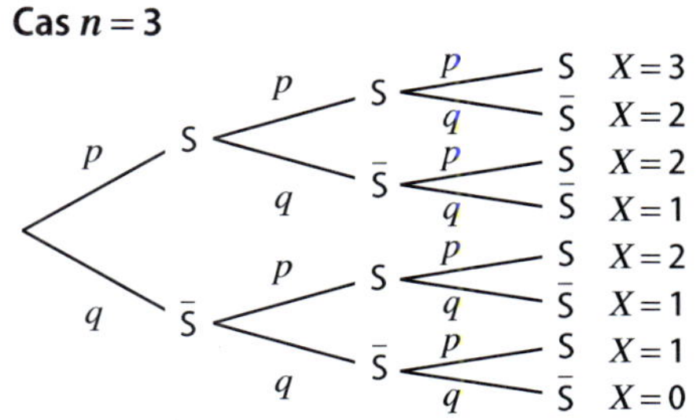

Les listes formées d'un seul succès sont $S\overline{S}\,\overline{S}$, $\overline{S}S\overline{S}$ et $\overline{S}\,\overline{S}S$. Or $P(\overline{S}\,\overline{S}S)=P(\overline{S}S\overline{S})=P(S\overline{S}\,\overline{S})=pq^2$.
Donc $P(X=1)=3pq^2$.

PROPRIÉTÉ L'espérance d'une variable aléatoire X suivant la loi binomiale de paramètres n et p vaut $E(X)=np$.

EXEMPLE : Pour une variable aléatoire Y suivant la loi binomiale de paramètres 12 et $\frac{1}{3}$, on a : $E(Y)=12\times\frac{1}{3}=4$. Cela signifie que l'on peut espérer en moyenne 4 succès.

SÉQUENCE 1

Vidéo 10:20
Calculer l'espérance d'une variable aléatoire

bordas Flash PAGE vidéo

CAPACITÉ 1

Calculer et interpréter l'espérance d'une variable aléatoire discrète

Romane décide d'inventer un jeu pour une kermesse. Le joueur lance un dé bien équilibré. S'il obtient un 6, Romane lui donne 10 € ; si le dé indique 4 ou 5, Romane lui donne 5 € ; sinon, le joueur donne 2 € à Romane.
Soit X la variable aléatoire égale au gain du joueur.

1. Déterminer la loi de probabilité de X.
2. Calculer l'espérance de X. L'interpréter.
3. Romane décide de changer les règles : elle donne toujours 10 € pour l'obtention d'un 6, mais seulement 1 € si le joueur obtient un 4 ou un 5. Dans les autres cas, le joueur donne 4 € à Romane. Ce jeu est-il alors équitable ?

Méthode

Pour interpréter l'espérance d'une variable aléatoire, on peut dire que si l'expérience est renouvelée un grand nombre de fois, la moyenne des valeurs obtenues est proche de l'espérance.

Solution commentée

1. Romane donne 10 € au joueur avec une probabilité égale à $\frac{1}{6}$ (probabilité d'obtenir un 6 sur le dé) et 5 € avec une probabilité égale à $\frac{2}{6}=\frac{1}{3}$ (probabilité d'obtenir 4 ou 5 sur le dé). Le joueur donne 2 € à Romane avec une probabilité égale à $\frac{3}{6}=\frac{1}{2}$.
D'où la loi de probabilité ci-contre.

x_i	-2	5	10
$P(X=x_i)$	$\frac{1}{2}$	$\frac{1}{3}$	$\frac{1}{6}$

2. $E(X)=-2\times\frac{1}{2}+5\times\frac{1}{3}+10\times\frac{1}{6}=\frac{7}{3}$, soit $E(X)\approx 2{,}33$ €. Le joueur peut espérer gagner en moyenne 2,33 € en jouant un grand nombre de fois.

3. $E(X)=-4\times\frac{1}{2}+1\times\frac{1}{3}+10\times\frac{1}{6}=0$. Dans ce cas, l'espérance est nulle. Cela signifie que si le joueur joue un grand nombre de parties, son gain moyen est de 0 €.
Ce jeu n'est donc ni en faveur de Romane, ni en faveur du joueur. Il est donc équitable.

Voir exercices
42 Pour s'entraîner
98 99 Pour travailler en autonomie

CAPACITÉ 2

Représenter par un arbre une situation relevant de la loi binomiale

Dans le jeu de société *Heroquest*, il y a un dé cubique équilibré comportant trois faces avec un crâne, deux faces avec un bouclier « joueur » et une face avec un bouclier « monstre ».
On lance ce dé et on s'intéresse à l'événement S : « obtenir un bouclier monstre ».

1. On répète deux fois cette expérience et on note X la variable aléatoire comptant le nombre de réalisations de l'événement S.
Quelle est la loi suivie par X ? En préciser les paramètres.
2. Représenter cette situation par un arbre pondéré.

Méthode

Pour construire un arbre représentant une situation relevant de la loi binomiale, on commence par identifier les deux paramètres de la loi.

Solution commentée

1. On répète deux fois de façon identique et indépendante une épreuve de Bernoulli de succès S, donc la variable aléatoire comptant le nombre de succès X suit une loi binomiale. Le succès S est de probabilité $\frac{1}{6}$ car le dé a six faces et il est équilibré.
La loi binomiale suivie par X est donc de paramètres $n=2$ et $p=\frac{1}{6}$.

2. On a $P(\overline{S})=1-\frac{1}{6}=\frac{5}{6}$.
On obtient l'arbre pondéré ci-contre.

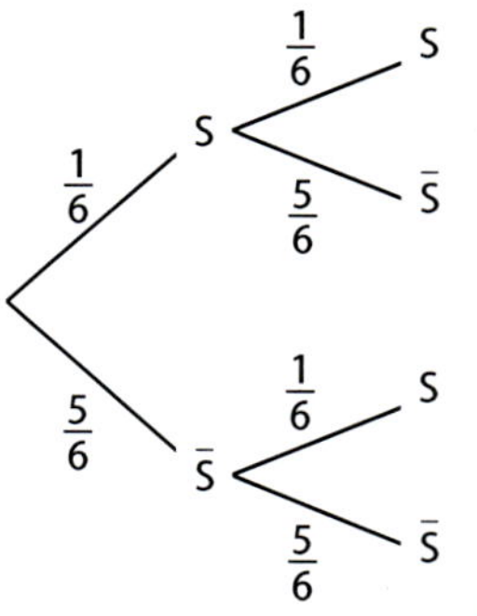

Voir exercices
51 Pour s'entraîner
100 Pour travailler en autonomie

CAPACITÉ 3

Reconnaître une situation relevant de la loi binomiale

On considère un jeu de 32 cartes. On tire deux cartes de ce jeu et on note X la variable aléatoire associée au nombre de cœurs obtenus. Dans chacune des situations suivantes, dire si X suit une loi binomiale et en préciser les paramètres.

1. On tire les cartes l'une après l'autre en ne remettant pas la première carte dans le jeu.
2. On tire les cartes l'une après l'autre en remettant la première carte dans le jeu.

Méthode

Pour reconnaître une situation relevant de la loi binomiale, on identifie une épreuve de Bernoulli que l'on répète de façon identique et indépendante.

Voir exercices
54 Pour s'entraîner
101 102 Pour travailler en autonomie

Solution commentée

1. Dans cette situation, on tire d'abord une carte dans un jeu qui comporte 32, puis une carte parmi 31 cartes car une carte a été retirée. Les expériences ne sont donc pas identiques et X ne suit pas une loi binomiale.
2. L'expérience aléatoire est répétée deux fois de façon identique et indépendante, car il y a remise de la carte. La probabilité d'un succès (l'obtention d'un cœur) vaut $\frac{8}{32}=\frac{1}{4}$ car il y a 8 cœurs dans le jeu.
   X suit donc la loi binomiale de paramètres $n=2$ et $p=\frac{1}{4}$.

CAPACITÉ 4

Calculer des probabilités relatives à la loi binomiale avec un arbre pondéré

Vidéo 9:27
Calculer des probabilités liées à la loi binomiale à l'aide d'un arbre
bordas Flash PAGE vidéo

Une urne contient deux boules vertes et cinq boules rouges.
On tire trois boules, successivement et avec remise, de cette urne.
On appelle V l'événement : « la boule tirée est verte ».
Soit X la variable aléatoire comptant le nombre de boules vertes tirées de l'urne.

1. Expliquer pourquoi X suit une loi binomiale dont on précisera les paramètres.
2. Réaliser un arbre pondéré illustrant cette situation.
3. Déterminer la probabilité des événements $\{X=3\}$ et $\{X=1\}$.
4. Quelle est la probabilité de l'événement $\{X \geqslant 1\}$?

Méthode

Pour résoudre un problème relatif à la loi binomiale, on peut utiliser un arbre pondéré : la probabilité d'un chemin est le produit des probabilités portées par les branches qui le composent.

Solution commentée

1. Le tirage d'une boule est une épreuve de Bernoulli de succès V que l'on répète trois fois de façon identique et indépendante.
   X suit donc la loi binomiale de paramètres $n=3$ et $p=\frac{2}{7}$.
2. La probabilité q de tirer une boule rouge est : $q=1-p=\frac{5}{7}$.
   On obtient l'arbre pondéré ci-contre.

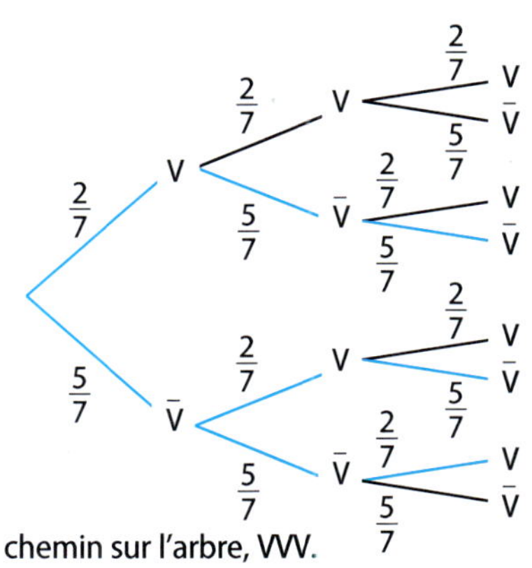

3. L'événement $\{X=3\}$ correspond à un unique chemin sur l'arbre, VVV.
   D'où $P(X=3)=p^3=\frac{8}{343}$.
   L'événement $\{X=1\}$ correspond à trois chemins sur l'arbre, $V\bar{V}\bar{V}$, $\bar{V}\bar{V}V$ et $\bar{V}V\bar{V}$.
   D'où $P(X=1)=3pq^2=\frac{150}{343}$.
4. L'événement contraire de l'événement $\{X \geqslant 1\}$ est l'événement $\{X=0\}$, d'où :
   $$P(X \geqslant 1)=1-P(X=0)=1-\left(\frac{5}{7}\right)^3=\frac{218}{343}.$$

Voir exercices
62 Pour s'entraîner
103 Pour travailler en autonomie

Activité 3

Objectif

Découvrir les coefficients binomiaux avec la répétition d'épreuves de Bernoulli identiques et indépendantes.

Une histoire de karma

Dans un jeu vidéo de type RPG (jeu de rôle), le joueur est confronté à des choix pour son personnage. À chaque question qui lui est posée, il peut faire un choix qui va ajouter un point de karma à son personnage – le faisant pencher du côté du bien – ou lui enlever un point de karma, le faisant pencher du côté du mal…

1 On pose trois questions successives au joueur, le karma de son personnage étant à zéro. Chacune des questions est une épreuve de Bernoulli de succès B : « le karma augmente de 1 », répétée de façon identique et indépendante.
Construire un arbre associé à cette situation.

2 Combien de chemins donnent un karma égal à $+3$? égal à $+1$? égal à -1 ?

3 Pourquoi y a-t-il autant de chemins menant à un karma égal à $+1$ qu'à un karma égal à -1 ?

4 **a.** On pose une question supplémentaire au joueur. Compléter l'arbre précédent.
b. Combien de chemins donnent un karma égal à $+4$? égal à $+2$?
c. Pourquoi y a-t-il autant de chemins menant à un karma égal à $+2$ qu'à un karma égal à -2 ?

Activité 4

Objectif

Découvrir le triangle de Pascal.

Un tableau arithmétique

1 On veut construire un tableau de nombres entiers vérifiant les propriétés suivantes :
- la première colonne du tableau ne contient que des 1 ;
- la grande diagonale du tableau ne contient que des 1 ;
- la partie du tableau située au-dessus de la grande diagonale est vide ;
- chaque nombre de la partie colorée du tableau est obtenu comme la somme de deux éléments de la ligne précédente : celui situé sur la même colonne et celui situé sur la colonne précédente.

Le schéma ci-dessous affiche les premières lignes (incomplètes) de ce tableau.

1					
1	1				
1		1			
1			1		
1				1	
1					1

a. Expliquer pourquoi la première case à compléter de la 3e ligne contient 2.
b. Avec ces informations, construire les dix premières lignes de ce tableau.

2 **a.** Soit l'arbre pondéré associé à une loi binomiale avec deux répétions d'une épreuve de Bernoulli. Quel est le nombre de chemins avec zéro succès ? un succès ? deux succès ?
b. Soit l'arbre pondéré associé à une loi binomiale avec trois répétions d'une épreuve de Bernoulli. Quel est le nombre de chemins avec zéro succès ? un succès ? deux succès ? trois succès ?
c. Faire le lien avec les valeurs trouvées dans le tableau de la question **1**.
d. Comment interpréter alors les nombres de la sixième ligne du tableau ?

Cours 2

Définition et propriétés

Lorsque X suit la loi binomiale de paramètres n et p, on a vu que pour calculer la probabilité de l'événement $\{X = k\}$ dans les cas $n = 2$ et $n = 3$, on cherche tous les chemins composés de k succès et de $n - k$ échecs dans un arbre pondéré représentant la situation.

Vocabulaire

$\binom{n}{k}$ se lit « k parmi n ».

DÉFINITION Soit n un entier naturel non nul et k un entier compris entre 0 et n.
Le coefficient binomial $\binom{n}{k}$ est le nombre de chemins réalisant k succès pour n répétitions dans l'arbre représentant une situation relevant de la loi binomiale de paramètres n et p.

EXEMPLE : $\binom{3}{1} = 3$: lors de trois répétitions, il y a trois chemins avec un seul succès, ceux associées aux listes de résultats $S\overline{S}\overline{S}$, $\overline{S}S\overline{S}$ et $\overline{S}\overline{S}S$ (voir arbre ci-contre).

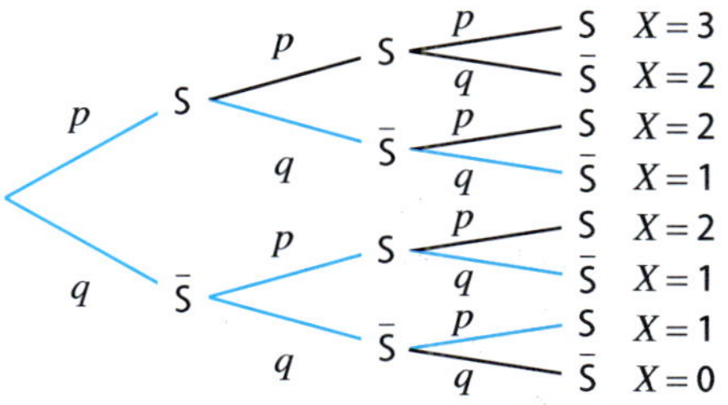

À noter

Par convention, $\binom{0}{0} = 1$.

PROPRIÉTÉS

(1) Soit n un entier naturel, alors $\binom{n}{0} = \binom{n}{n} = 1$ et $\binom{n}{1} = \binom{n}{n-1} = n$.

(2) **Formule de Pascal :** pour n entier naturel non nul et k entier compris entre 0 et $n - 1$, on a la formule : $\binom{n}{k} = \binom{n-1}{k-1} + \binom{n-1}{k}$.

Animation
Chemins dans un arbre
Loi binomiale

bordas Flash PAGE animation

DÉMONSTRATIONS

(2) $\binom{n}{k}$ représente le nombre de chemins réalisant k succès parmi n répétitions.
Or ces chemins sont de deux types :
- soit ils comportent $k - 1$ succès durant les $n - 1$ premières répétitions, et un succès durant la dernière répétition : ils sont au nombre de $\binom{n-1}{k-1}$;
- soit ils comportent k succès durant les $n - 1$ premières répétitions, et un échec durant la dernière répétition : ils sont au nombre de $\binom{n-1}{k}$.

On en déduit la formule par somme de ces deux nombres.

Calcul à l'aide du triangle de Pascal

Pour écrire les coefficients binomiaux $\binom{n}{k}$, on construit un tableau, où l'on place $\binom{n}{k}$ à l'intersection de la ligne d'indice n avec la colonne d'indice k. On sait que $\binom{n}{0} = \binom{n}{n} = 1$, donc la première colonne et la diagonale ne contiennent que des 1.

n \ k	0	1	2	3	4
0	1				
1	1	1			
2	1	2	1		
3	1	3	3	1	
4	1	4	6	4	1

Puis, avec la formule de Pascal, on complète l'intégralité du tableau : chaque nombre est la somme de deux autres nombres de la ligne précédente, l'un dans la même colonne et l'autre dans la colonne précédente. Par exemple, $\binom{3}{1} + \binom{3}{2} = \binom{4}{2}$.

REMARQUE : pour chaque ligne du triangle de Pascal, on observe une symétrie : ceci est dû au fait que $\binom{n}{k} = \binom{n}{n-k}$. Par exemple, $\binom{3}{1} = \binom{3}{2}$.

Point Histoire

Le mathématicien français **Blaise Pascal** (1623-1662) est célèbre pour ses travaux scientifiques à l'origine des probabilités actuelles.

CAPACITÉ 5

Construire le triangle de Pascal pour un entier n donné

1 Construire le triangle de Pascal jusqu'à la valeur $n = 7$.

2 On considère les coefficients binomiaux suivants : $\binom{2}{0}$, $\binom{2}{2}$, $\binom{4}{0}$, $\binom{3}{3}$ et $\binom{5}{0}$.

Où ces coefficients sont-ils situés sur le triangle de Pascal ?
Quelle est leur valeur ?

3 Même question avec $\binom{7}{1}$, $\binom{13}{1}$, $\binom{81}{1}$ et $\binom{2019}{1}$.

Méthode

Pour construire le triangle de Pascal jusqu'à un entier n donné, on commence par tracer un tableau à $n+1$ lignes et $n+1$ colonnes avec sur la première ligne les valeurs possibles de k et sur la première colonne, les valeurs possibles de n.

Solution commentée

1 On commence par remplir la première colonne et la diagonale avec des 1. Puis on utilise la formule de Pascal : quand on fait la somme de deux termes consécutifs a et b d'une même ligne dans cet ordre, on obtient le terme c situé sous le terme b dans le tableau.

n \ k	0	1	2	3	4	5	6	7
0	1							
1	1	1						
2	1	2	1					
3	1	3	3	1				
4	1	4	6	4	1			
5	1	5	10	10	5	1		
6	1	6	15	20	15	6	1	
7	1	7	21	35	35	21	7	1

2 Les coefficients de la forme $\binom{n}{0}$ sont situés sur la deuxième colonne du tableau, soit la première du triangle, et les coefficients $\binom{n}{n}$ sont situés sur la diagonale du triangle de Pascal. Ces coefficients binomiaux sont de la forme $\binom{n}{0}$ ou de la forme $\binom{n}{n}$: ils sont tous égaux à 1.

3 Tout coefficient binomial de la forme $\binom{n}{1}$ vaut n.

D'où : $\binom{7}{1} = 7$, $\binom{13}{1} = 13$, $\binom{81}{1} = 81$ et $\binom{2019}{1} = 2019$. Tous ces coefficients binomiaux sont situés dans la seconde colonne du triangle de Pascal.

Voir exercices
68 Pour s'entraîner
104 Pour travailler en autonomie

CAPACITÉ 6

Déterminer des coefficients binomiaux

1 À l'aide du triangle de Pascal, déterminer sans calculatrice :

$$\binom{5}{2}, \binom{6}{3}, \binom{6}{4}, \binom{7}{2} \text{ et } \binom{7}{4}.$$

2 À l'aide de l'image mentale d'un arbre pondéré, expliquer pourquoi $\binom{8}{3} = \binom{8}{5}$.
Quelle est cette valeur ?

Conseil

Utiliser l'image mentale de l'arbre pour n petit, et le triangle de Pascal sinon.

Solution commentée

1 En construisant le triangle de Pascal (voir capacité 5), on obtient à l'intersection de la sixième ligne et de la troisième colonne $\binom{5}{2} = 10$.

En procédant de même, on obtient $\binom{6}{3} = 20$, $\binom{6}{4} = 15$, $\binom{7}{2} = 21$ et $\binom{7}{4} = 35$.

2 Si l'on répète une épreuve de Bernoulli huit fois de façon identique et indépendante, $\binom{8}{3}$ représente le nombre de chemins comportant trois succès dans l'arbre pondéré illustrant la situation relevant de la loi binomiale. Il y a autant de chemins réalisant trois échecs, c'est-à-dire cinq succès. Donc $\binom{8}{3} = \binom{8}{5}$.

D'après le triangle de Pascal, $\binom{8}{3} = \binom{8}{5} = 56$.

Voir exercices
70 Pour s'entraîner
105 Pour travailler en autonomie

CAPACITÉ 7

Calculer $P(X=k)$ pour X suivant une loi binomiale

1 Soit X une variable aléatoire suivant la loi binomiale de paramètres $n=3$ et $p=\frac{1}{4}$. Déterminer la valeur exacte de $P(X=2)$.

2 Soit Y une variable aléatoire suivant la loi binomiale de paramètres $n=10$ et $p=\frac{1}{4}$. Déterminer une valeur approchée à 10^{-4} près de $P(X=3)$.

Méthode

Pour calculer une probabilité de la forme $P(X=k)$ lorsque X suit une loi binomiale, on dessine un arbre ($n \leqslant 4$) ou on utilise son image mentale.

Solution commentée

1 On considère l'arbre pondéré ci-dessous représentant la situation.

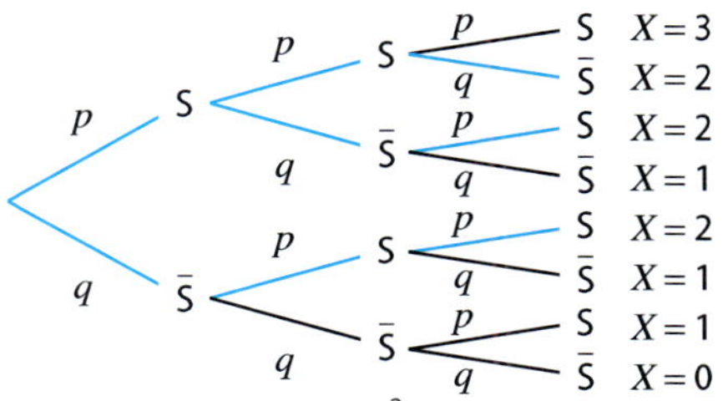

Il y a $\binom{3}{2}=3$ chemins conduisant à la réalisation de l'événement $\{X=2\}$. La probabilité de l'un de ces chemins vaut $p^2q=\left(\frac{1}{4}\right)^2\times\frac{3}{4}$. Donc $P(X=2)=3\times\left(\frac{1}{4}\right)^2\times\frac{3}{4}=\frac{9}{64}$.

2 Dans l'arbre pondéré représentant cette situation binomiale, un chemin comportant trois succès de probabilité $\frac{1}{4}$ comporte aussi 7 échecs $(10-3)$ de probabilité $1-\frac{1}{4}=\frac{3}{4}$. La probabilité d'un tel chemin est donc $\left(\frac{1}{4}\right)^3\left(\frac{3}{4}\right)^7$. Or le nombre de ces chemins est donné par $\binom{10}{3}$. D'après le triangle de Pascal, $\binom{10}{3}=120$.

Donc $P(Y=3)=120\times\left(\frac{1}{4}\right)^3\left(\frac{3}{4}\right)^7\approx 0{,}2503$.

Voir exercices
80 Pour s'entraîner
106 Pour travailler en autonomie

CAPACITÉ 8

Résoudre un problème relevant de la loi binomiale

Dans un lycée de 1 000 élèves, on estime que 20 % d'entre eux sont pour l'instauration d'un menu végétarien au restaurant scolaire. On choisit au hasard dix élèves et on note X le nombre d'élèves favorable à cette mesure.

1 Justifier que X suit une loi binomiale dont on précisera les paramètres.

2 Calculer la probabilité qu'exactement un élève sur les dix choisis soit en faveur de l'instauration d'un menu végétarien. On donnera une valeur approchée du résultat à 10^{-3} près.

3 Quel est le nombre moyen d'élèves en faveur de la nouvelle mesure sur dix élèves choisis ?

Conseil

Il est inutile d'utiliser la formule générale de l'espérance quand on veut calculer celle d'une loi binomiale.

Solution commentée

1 Le nombre d'élèves du lycée étant grand, on assimile le choix de dix élèves à un tirage avec remise, c'est-à-dire à une succession d'épreuves identiques et indépendantes où le succès S est : « l'élève est en faveur de l'instauration d'un menu végétarien » de probabilité 0,2.
La variable aléatoire X suit donc la loi binomiale de paramètres $n=10$ et $p=0{,}2$.

2 Dans l'arbre pondéré représentant cette situation, un chemin comportant un succès de probabilité 0,2 comporte aussi 9 échecs $(10-1)$ de probabilité $1-0{,}2=0{,}8$.
La probabilité d'un tel chemin est donc $0{,}2^1\times0{,}8^9$. Or le nombre de ces chemins est donné par $\binom{10}{1}=10$. Donc $P(X=1)=10\times0{,}2^1\times0{,}8^9\approx0{,}268$.

3 X suivant la loi binomiale de paramètres $n=10$ et $p=0{,}2$, on a $E(X)=np=10\times0{,}2=2$. En moyenne, deux élèves sur dix sont en faveur de l'instauration du menu végétarien.

Voir exercices
83 Pour s'entraîner
107 108 Pour travailler en autonomie

Calcul mental

1 Convertir les grandeurs suivantes :

a. 1 609 m en km.
b. 17 cm en m.
c. 33 cL en L.
d. 250 mL en L.
e. 1 m² en cm².
f. 17 mm² en cm².

2 Calculer et simplifier :

a. $\frac{1}{6}+\frac{1}{3}+\frac{1}{2}$
b. $\frac{4}{3}+\frac{3}{4}$
c. $6\times\frac{31-15}{2}$
d. $2\times\frac{17-5}{4}$

3 Calculer :

a. 10 % de 120 %.
b. 5 % de 50 %.

4 Déterminer la résistance R équivalente à deux résistances R_1 et R_2 en parallèle grâce à la formule $R=\frac{R_1R_2}{R_1+R_2}$ lorsque :

a. $R_1 = 3$ et $R_2 = 6$.
b. $R_1 = 10$ et $R_2 = 10$.
c. $R_1 = 15$ et $R_2 = 3$.
d. $R_1 = 7$ et $R_2 = 14$.

Automatismes

Lectures graphiques

5 On donne ci-dessous la courbe représentative $\mathscr{C}$ d'une fonction f. Les tangentes à $\mathscr{C}$ aux points d'abscisses – 2, – 1 et 1 sont également représentées.

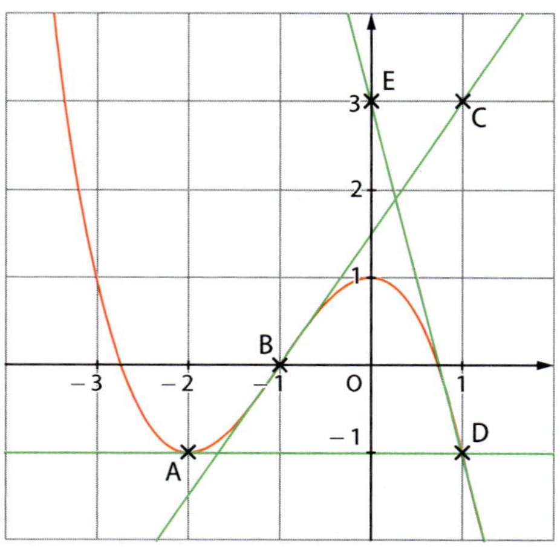

1. Déterminer graphiquement $f(-2)$, $f(-1)$ et $f(1)$.
2. Déterminer graphiquement les coefficients directeurs des tangentes représentées ci-dessus.
3. Déterminer alors une équation de chacune de ces tangentes.

Évolutions et pourcentages

6 VRAI/FAUX

Indiquer si les affirmations sont vraies ou fausses, puis justifier.

1. Suite à une augmentation de 33 %, 60 € deviennent 80 €.
2. Suite à une augmentation de 25 %, 2,5 € deviennent 3,125 €.
3. Suite à une diminution de 12,5 %, 1,44 € deviennent 1,62 €.
4. Suite à une augmentation de 12 %, 50 € deviennent 60 €.

7 Questions de méthodes

1. Le nombre initial d'adhérents à un club de sport l'année de son inauguration est 250. Chaque année, ce nombre augmente de 10 %.
Comment modéliser cette évolution ?
2. L'iode 131 est une molécule qui a une demi-vie de huit jours, c'est-à-dire qu'à partir d'une quantité N de noyaux radioactifs, la moitié se désintègre au bout de huit jours. On s'intéresse à la quantité restante.
Comment peut-on modéliser cette évolution ?

8 Soit (u_n) la suite définie par $u_0 = 4$, et pour tout entier naturel n, par $u_{n+1} = 2u_n - 3$.
Calculer les termes u_1 à u_5 de cette suite.

9 Soit (v_n) la suite définie pour tout entier naturel n par :

$$v_n=\frac{2^n-1}{2^n+1}.$$

Calculer v_1, v_2 et v_3.

Fonctions

10 Question de méthode

Soit A et B deux points de coordonnées (1 ; 5) et (– 1 ; 3).
Comment faire pour déterminer une équation de (AB) ?

11 Calculer la dérivée de chacune des fonctions suivantes, définies sur $\mathbb{R}$ par :

a. $f(x)=x^3-x^2+x-1$
b. $f(x)=4x^2+3x-2$
c. $f(x)=\frac{1}{3}x^3-\frac{1}{2}x^2+5x$
d. $f(x)=\frac{1}{4}x^2+2x-77$

12 QCM *Choisir la ou les bonnes réponses.*

Soit g la fonction définie sur $\mathbb{R}$ par $g(x)=-x^2+2x$.
Le coefficient directeur de la tangente à la courbe représentative de g au point d'abscisse – 1 vaut :

a. 0
b. – 1
c. – 3
d. 4

EXERCICES Pour maîtriser les bases

Variables aléatoires discrètes

Questions flash

13 ORAL
On lance un dé cubique équilibré. On gagne 5 € si l'on obtient la face 4 et on perd 1 € dans les autres cas.
Soit X la variable aléatoire qui, à chaque lancer, associe le gain du joueur. Déterminer $P(X=5)$ et $P(X=-1)$.

14 ORAL
La loi de probabilité d'une variable aléatoire X est donnée par le tableau suivant :

x_i	-1	2
$P(X=x_i)$	0,2	0,8

Vérifier que l'espérance de X vaut 1,4.

15 Une entreprise fabrique des bouées gonflables.
Ces bouées peuvent présenter jusqu'à trois défauts d'aspect. On appelle N la variable aléatoire qui, à chaque bouée fabriquée, associe le nombre de défauts observés. La loi de N est donnée par le tableau ci-dessous.
Vérifier que $E(N)=0{,}15$.

n_i	0	1	2	3
$P(N=n_i)$	0,89	0,08	0,02	0,01

16 Une entreprise produit des écrans pour tablettes numériques. Ces écrans peuvent présenter deux défauts : un défaut de dimensions ou un défaut de résistance aux chocs.
La probabilité qu'un écran pris au hasard présente uniquement un défaut est 0,07.
La probabilité qu'il présente deux défauts est 0,04.
Soit X la variable aléatoire qui, à tout écran de cette production pris au hasard, associe le nombre de défauts.
1. Quelles sont les valeurs prises par X ?
2. Donner sous forme de tableau la loi de probabilité de X.
3. Déterminer l'espérance de X.

17 Dans un garage, on note X la variable aléatoire qui, à chaque journée, associe le nombre de remorquages effectués à l'extérieur.
La loi de probabilité de X est donnée par le tableau suivant.

x_i	1	2	3	4	5
$P(X=x_i)$	0,35	0,25	0,2	0,15	0,05

1. Donner $P(X=4)$, puis calculer $P(X \leqslant 2)$.
2. Quelle est la probabilité qu'il y ait plus de trois remorquages dans la journée ?

18 Pour décider du nombre de points accordés en bonus dans un jeu de société, on lance un dé équilibré à quatre faces numérotées de 1 à 4. Soit X le numéro de la face obtenue.
1. Quelles sont les valeurs prises par X ?
2. Justifier que $P(X=3)=0{,}25$.
3. Donner la loi de probabilité de X sous forme d'un tableau.
4. Déterminer l'espérance de X.

19 Un joueur achète un ticket à un euro dans une kermesse. Il a alors le droit de tirer une boule dans une urne contenant cinq boules bleues, quatre boules rouges et trois boules vertes. Si la boule tirée est bleue, la partie est perdue. Si elle est rouge, on gagne 2 €. Si elle est verte, on gagne 3 €. Soit X la variable aléatoire qui, à chaque partie, associe le gain du joueur.
1. Justifier que X prend les valeurs -1, 1 et 2.
2. Expliquer pourquoi la loi de probabilité de X est donnée par le tableau suivant.

x_i	-1	1	2
$P(X=x_i)$	$\frac{5}{12}$	$\frac{1}{3}$	$\frac{1}{4}$

20 PYTHON
On considère la fonction Python jeu ci-contre, dans lequel la variable gain représente un gain en euros.

```
def jeu():
    result = randint(1,6)
    if result == 1:
        gain = 5
    else:
        if result > 4:
            gain = 3
        else:
            gain = -1
    return(gain)
```

1. On suppose que la fonction randint(1,6) renvoie 2. Que retourne l'appel jeu() ?
2. Décrire le jeu simulé par cette fonction.
3. Soit G la variable aléatoire qui prend les valeurs de la variable gain. Déterminer la loi de probabilité de G.

Loi binomiale

Questions flash

21 Réaliser l'arbre pondéré associé à la loi binomiale de paramètres 2 et 0,4.

22 Soit Y une variable aléatoire suivant la loi binomiale de paramètres $n=5$ et $p=0{,}2$.
Quelle est la valeur de $E(Y)$?

23 L'arbre pondéré ci-contre représente la répétition de deux épreuves de Bernoulli identiques et indépendantes dont le succès est noté S.
Soit X le nombre de succès sur ces deux épreuves.

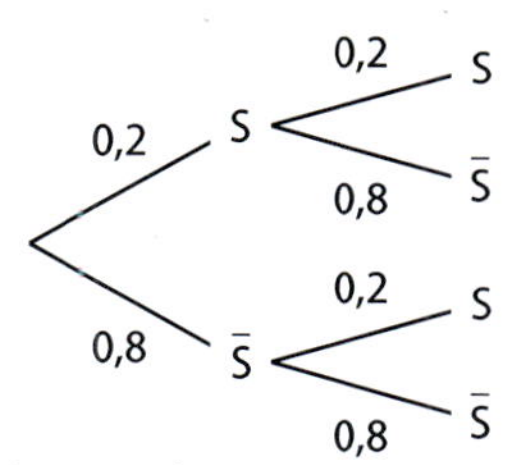

Déterminer les paramètres de la loi binomiale suivie par X.

24 Soit X une variable aléatoire suivant la loi binomiale de paramètres $n=2$ et $p=0{,}3$.
1. Quelles sont les valeurs prises par X ?
2. On considère l'arbre pondéré ci-contre illustrant cette situation, où le succès est noté S.
Quelle est la probabilité de l'événement $\{X=2\}$?

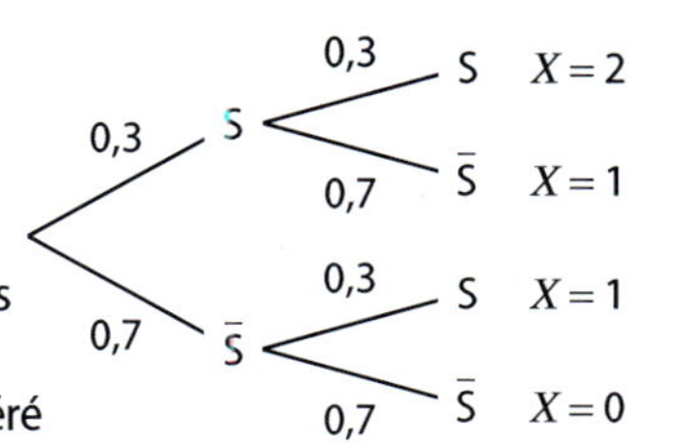

25 Soit X une variable aléatoire suivant une loi binomiale de paramètres $n = 3$ et $p = 0{,}4$.

1. Quelles sont les valeurs prises par X ?
2. Construire l'arbre pondéré correspondant.
3. a. Combien y a-t-il de chemins réalisant deux succès ?
b. Quelle est la probabilité de chacun de ces chemins ?
c. En déduire que $P(X = 2)$ est égale à 0,288.

26 On considère la répétition de trois épreuves de Bernoulli identiques et indépendantes. Celle-ci est illustrée par l'arbre pondéré ci-dessous. On note X la variable aléatoire associée au nombre de succès obtenus.

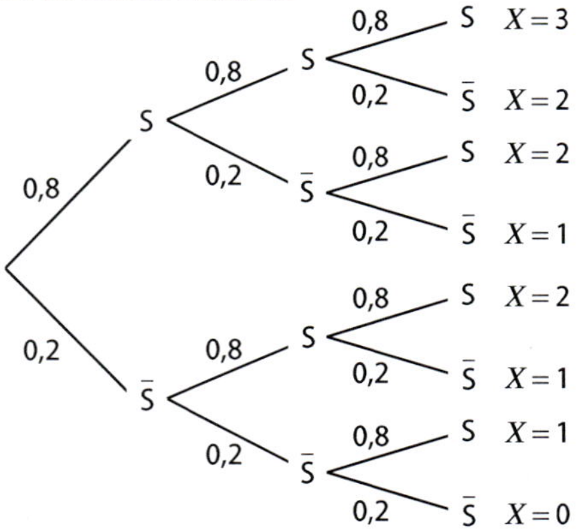

1. Expliquer pourquoi X suit une loi binomiale.
En préciser les paramètres.
2. À l'aide de l'arbre pondéré, déterminer la probabilité de l'événement $\{X = 2\}$.

27 QCM On considère la répétition de trois épreuves de Bernoulli identiques et indépendantes, illustrée par l'arbre pondéré suivant. Soit X la variable aléatoire comptant le nombre de succès S sur ces trois épreuves.

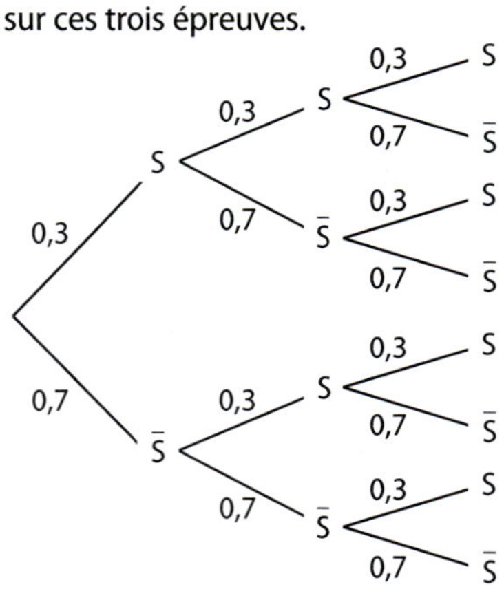

Choisir la bonne réponse parmi celles proposées.

1. La variable aléatoire X suit la loi :
a. de Bernoulli de paramètre $p = 0{,}3$.
b. de Bernoulli de paramètre $p = 0{,}7$.
c. binomiale de paramètres $n = 3$ et $p = 0{,}3$.
d. binomiale de paramètres $n = 3$ et $p = 0{,}7$.
2. La valeur de $P(X = 0)$ est :
a. $3 \times 0{,}7$ b. $3 \times 0{,}3$ c. $0{,}3^3$ d. $0{,}7^3$

28 Soit X la variable aléatoire suivant la loi binomiale de paramètres $n = 3$ et $p = 0{,}3$. En s'aidant de l'arbre pondéré de l'exercice précédent, déterminer les probabilités $P(X = 0)$, $P(X = 1)$ et $P(X \leqslant 1)$.

29 On effectue deux tirages successifs d'une carte dans un jeu de 32 cartes. On remet chaque fois la carte dans le jeu. Pour chaque tirage, on note S l'événement : « obtenir un as ». On appelle X la variable aléatoire qui, à chaque tirage de deux cartes, associe le nombre d'as obtenus.

1. Déterminer $P(S)$.
2. Construire un arbre pondéré correspondant à cette répétition d'épreuves de Bernoulli identiques et indépendantes. Inscrire au bout de chaque chemin la valeur correspondante de X.
3. Décrire l'événement $\{X = 1\}$, puis calculer $P(X = 1)$.
4. Expliquer pourquoi X suit la loi binomiale de paramètres 2 et $\frac{1}{8}$.

30 Un sachet de bonbons contient 15 bonbons rouges et 20 bonbons verts. On tire successivement quatre bonbons du sachet, sans remettre chaque bonbon tiré dans le sac.

Soit Z la variable aléatoire qui, à chaque tirage de quatre bonbons, associe le nombre de bonbons rouges obtenus. Expliquer pourquoi Z ne suit pas une loi binomiale.

31 On tire au hasard une carte d'un jeu de 32 cartes. On note la valeur de la carte, puis on la replace dans le jeu. On effectue ainsi cinq tirages successifs.
On appelle F la variable aléatoire qui, à chaque série de 5 tirages, associe le nombre de figures obtenues (Valet, Dame ou Roi) lors des cinq tirages.

1. Quelle est la probabilité d'obtenir une figure lors d'un tirage ?
2. Expliquer pourquoi F suit une loi binomiale et en préciser les paramètres.

32 On lance une pièce de monnaie équilibrée trois fois de suite et on appelle pour chaque lancer « succès » l'obtention d'un « Pile ». On note Y la variable aléatoire qui compte le nombre de succès obtenus.

1. Expliquer pourquoi Y suit une loi binomiale et en préciser les paramètres.
2. Réaliser un arbre représentant la situation.
3. Déterminer l'espérance de Y.

33 On lance deux fois de suite un dé à six faces bien équilibré. Lors de chaque lancer, on appelle succès l'événement : « obtenir une face dont le numéro est un multiple de 3 ».

1. Justifier que la probabilité du succès est $\frac{1}{3}$.
2. Soit X la variable aléatoire associée au nombre de succès sur ces deux lancers. Donner la loi suivie par X et ses paramètres, puis calculer son espérance.

34 **VRAI/FAUX**

Une urne contient 18 boules rouges et 12 boules noires. On tire successivement cinq boules de l'urne. On considère qu'obtenir une boule rouge est un succès et on note X la variable aléatoire comptant le nombre de ces succès.

Indiquer si l'affirmation est vraie ou fausse, puis justifier.

« Si on effectue les tirages sans remise, alors X suit la loi binomiale de paramètres $n = 5$ et $p = 0{,}6$. »

Coefficients binomiaux

Questions flash

35 On lance trois fois de suite une pièce bien équilibrée. On considère qu'obtenir « Pile » est un succès. Voici un arbre pondéré illustrant cette situation.

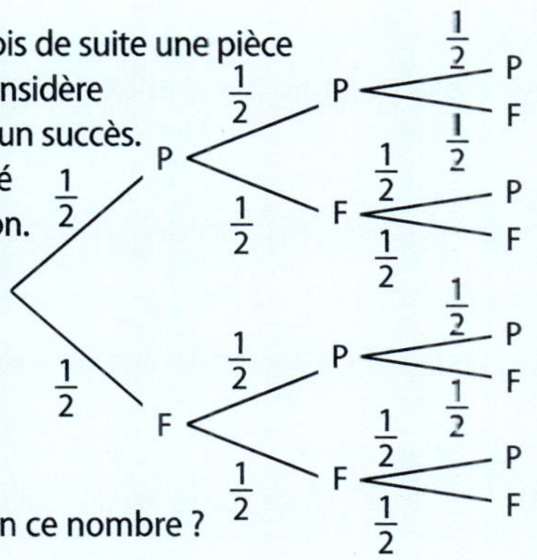

1. Quel est le nombre de chemins dans l'arbre permettant d'obtenir exactement deux fois « Pile » ?
2. Comment note-t-on ce nombre ?

36 Soit l'arbre pondéré représentant la loi binomiale de paramètres $n = 4$ et $p = 0{,}9$, suivie par la variable aléatoire X.

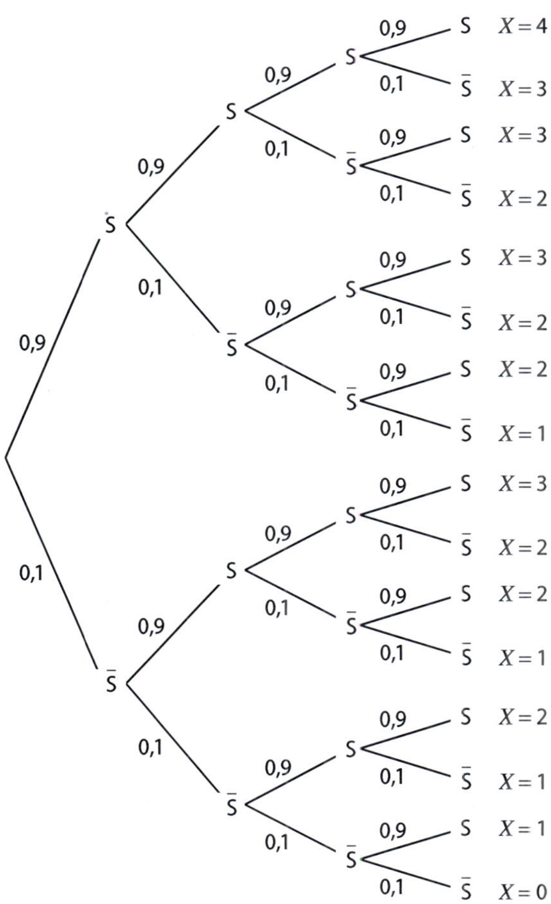

Déterminer $\binom{4}{0}$, $\binom{4}{1}$, $\binom{4}{2}$, $\binom{4}{3}$ et $\binom{4}{4}$ à l'aide de cet arbre pondéré.

37 1. Voici les premières lignes du triangle de Pascal :

n \ k	0	1	2	3	4	5
0	1					
1	1	1				
2	1	2	1			
3	1	3	3	1		
4	1	4	6	4	1	
5	1	5	...	...	5	1

Quels sont les nombres manquants de la ligne $n = 5$?

2. Interpréter les valeurs des coefficients binomiaux complétés à la question 1.

38 1. Donner les valeurs de $\binom{5}{1}$ et $\binom{5}{4}$.

2. Donner les valeurs de $\binom{100}{1}$ et $\binom{100}{99}$.

39 Soit X une variable aléatoire suivant la loi binomiale de paramètres $n = 5$ et $p = 0{,}3$.

1. Dans l'arbre illustrant cette situation, combien existe-t-il de chemins permettant d'obtenir exactement deux succès ? On répondra à l'aide d'un coefficient binomial.
2. Déterminer ce coefficient binomial à l'aide du triangle de Pascal.
3. Calculer la probabilité de l'événement $\{X = 2\}$.

40 Deux amis, Ali et Julien, s'entraînent aux tirs au but en football. Ali tire quatre fois de suite. On estime qu'il marque un but avec une probabilité égale à 0,6 et que les tirs sont indépendants les uns des autres. Y est la variable aléatoire comptant le nombre de buts marqués par Ali.

1. Y suit une loi binomiale. Donner ses paramètres.
2. Quelle est la probabilité d'un chemin conduisant à la réalisation de l'événement $\{Y = 2\}$?
3. Combien y a-t-il de chemins de la sorte ?
4. Calculer $P(Y = 2)$.

41 Lors de huit lancers successifs d'une pièce de monnaie équilibrée, on note A l'événement : « obtenir exactement cinq fois le côté Face ».

On appelle succès le fait d'obtenir le côté Face.

1. Combien l'événement A comporte-t-il de succès ? et d'échecs ?
2. En imaginant un arbre pondéré représentant la situation, donner la probabilité d'un chemin réalisant l'événement A.
3. Justifier qu'il y a $\binom{8}{5}$ chemins de ce type.
4. Déterminer $P(A)$.

Variable aléatoire

42 Capacité 1, p. 164

Camille va voir un film au cinéma au plus cinq fois par mois. On note N la variable aléatoire qui, à un mois donné, associe le nombre de films vus pendant le mois.

La loi de probabilité de N est donnée ci-dessous, où a est un réel.

n_i	0	1	2	3	4	5
$P(N=n_i)$	0,16	0,28	a	0,07	0,3	0,1

1. Calculer la probabilité a.

2. Quelle est la probabilité que Camille visionne au moins 3 films ? au plus 4 films ?

3. Calculer l'espérance de N. Interpréter ce nombre.

43 Adèle, conseillère en patrimoine, vend divers produits financiers. Elle s'est fixé une limite de 4 produits maximum chaque semaine. Mais elle ne réalise pas toujours son objectif. Soit N la variable aléatoire comptant le nombre de produits vendus chaque semaine.
La loi de probabilité de N est donnée ci-dessous.

n_i	0	1	2	3	4
$P(N=n_i)$	0,05	0,05	0,2	0,25	0,45

1. Quelle est la probabilité qu'Adèle ne vende aucun produit pendant une semaine donnée ?

2. Calculer la probabilité qu'Adèle vende au moins deux produits pendant une semaine donnée.

3. Déterminer l'espérance de N. Interpréter ce nombre.

44 VRAI/FAUX

Indiquer si les affirmations sont vraies ou fausses, puis justifier.
Soit X la variable aléatoire qui, à chaque élève de Terminale, associe le nombre de connexions un jour donné à l'ENT de son lycée. La loi de probabilité de X est donnée dans le tableau ci-dessous, a étant un réel.

x_i	0	1	2	3	4
$P(X=x_i)$	0,15	0,38	0,35	a	0,03

1. La valeur de a est 0,09.

2. $P(X \leqslant 2) = 0{,}53$.

3. La probabilité que l'élève se connecte au moins une fois est égale à 0,85.

45 PYTHON **Lire et comprendre une fonction**

La fonction Python ci-contre a pour arguments la liste V qui contient les valeurs prises par une variable aléatoire X et la liste P contenant les probabilités correspondant à chacune de ces valeurs.

```
def espva(V,P):
    E=0
    for i in range(len(V)):
        E=...+...*P[i]
    return(E)
```

Compléter le script de cette fonction afin qu'elle retourne l'espérance de la variable aléatoire X.

MATHS & PHYSIQUE

46 Une machine est alimentée en résistances de 1 et 2 Ω (ou ohms). Elle doit souder successivement trois résistances en série : deux résistances de 2 Ω, puis une de 1 Ω.
La machine est déréglée et elle soude 3 résistances au hasard. Un résultat est noté sous la forme d'un triplet.
Par exemple, le triplet (1,1,2) correspond au cas où les deux premières résistances soudées sont des résistances de 1 Ω et la troisième est une résistance de 2 Ω.
On appelle X la variable aléatoire qui, à chaque triplet, associe la somme des valeurs des trois résistances.

1. Déterminer la loi de probabilité de X à l'aide d'un arbre.

2. Calculer $E(X)$.

3. Le responsable de la chaîne pense conserver la machine en l'état si la valeur moyenne de la somme est strictement supérieure à 4 Ω. Qu'en pensez-vous ?

47 X est une variable aléatoire prenant deux valeurs : p avec une probabilité $1-p$ et $1-p$ avec une probabilité p. On sait de plus que $E(X)=\dfrac{4}{9}$. Déterminer les valeurs possibles de p.

48 TABLEUR

Dans un jeu à gratter, la probabilité de gagner 6 € est 0,2. Un ticket coûte 1 €. On se propose de simuler le grattage de 200 tickets à l'aide du tableur.
On note X la variable aléatoire associée au gain du joueur.

1. Déterminer la loi de probabilité de X.

2. Calculer $E(X)$. Interpréter ce résultat.

3. Expliquer ce que renvoie la formule suivante, saisie dans la cellule **A1** d'une feuille de calcul d'un tableur : `=SI(ALEA()<0,2; 5 ; – 1)`

4. À l'aide de cette formule, simuler 200 expériences dans la plage **A1:A200**.

5. Dans la cellule **A201** de la feuille de calcul, saisir une formule permettant de calculer la moyenne des valeurs obtenues à la question **4** puis comparer ce résultat à celui trouvé en **2**.

49 PYTHON **Lire et comprendre une fonction**

On s'intéresse à un jeu qui consiste à lancer un dé équilibré à vingt faces. On note X la variable aléatoire qui, à chaque lancer du dé, associe le gain du joueur. On considère la fonction Python suivante, qui permet de simuler à chaque exécution l'obtention du gain en euros d'une partie (gain positif ou négatif) :

```
from random import *
def jeu():
    i=randint(1,20)
    if i<6:
        return(-3)
    else:
        if i>15:
            return(5)
        else:
            return(-1)
```

1. a. Quelles sont les valeurs prises par la variable aléatoire X ?

b. Quelles sont les issues de l'expérience aléatoire qui correspondent à l'événement $\{X=5\}$? En déduire $P(X=5)$.

2. Déterminer la loi de probabilité de X.

3. Déterminer l'espérance de X. Ce jeu est-il équitable ?

*Piste : **3.** un jeu est équitable lorsque l'espérance de la loi de probabilité est nulle.*

50 Will et Olivier lancent deux dés tétraédriques, dont les quatre faces sont numérotées de 1 à 4. On note X la variable aléatoire égale à la somme des numéros des faces données par ces deux dés.

1. Quelles sont les valeurs prises par X ?
2. Déterminer la loi de probabilité de X.
3. Si la somme des numéros des faces est un nombre pair, Will donne 2 € à Olivier. Sinon, c'est Olivier qui donne 2 € à Will. Leur jeu est-il équitable ?

Loi binomiale

51 *Capacité 2, p. 164*
On lance une pièce de monnaie truquée telle que la probabilité d'obtenir la face « Pile » est 0,32. Soit S l'événement : « obtenir Pile ». On note P la variable aléatoire comptant le nombre de « Pile » obtenus.

1. a. On répète deux fois l'expérience décrite ci-dessus. Quels sont les paramètres de la loi binomiale associée ?
b. Représenter cette situation par un arbre pondéré.
2. Reprendre les questions 1. a. et b. si l'on répète l'expérience initiale trois fois au lieu de deux.

52 Une urne contient deux boules noires et trois boules blanches. On tire au hasard une boule de l'urne, on note sa couleur et on la remet dans l'urne. On note S l'événement : « obtenir une boule noire » et N la variable aléatoire comptant le nombre de boules noires tirées au cours de l'expérience.

1. Déterminer la probabilité de l'événement S.
2. On répète trois fois l'expérience ci-dessus.
Quelle est la loi suivie par N ? Donner ses paramètres.
3. Représenter cette situation par un arbre pondéré.

53 **VRAI/FAUX**
Indiquer si l'affirmation est vraie ou fausse, puis justifier.
« Un arbre pondéré représentant une situation de loi binomiale possède un nombre pair de branches. »

54 *Capacité 3, p. 165*
On lance cinq fois de suite un dé équilibré à 20 faces numérotées de 1 à 20. On s'intéresse à la variable aléatoire X qui, à chaque série de cinq lancers, associe le nombre de fois où un nombre supérieur ou égal à 15 apparaît. La variable aléatoire X suit-elle une loi binomiale ? Si oui, donner ses paramètres.

LE SAVIEZ-VOUS
Un polyèdre régulier à 20 faces s'appelle un icosaèdre. Les dés à 20 faces sont utilisés dans certains jeux de rôle, comme Donjons et Dragons.

55 Un organisme de sondage passe au hasard successivement 100 coups de téléphone ; on appelle campagne cette série de 100 coups de téléphone.
À chaque coup de téléphone, la probabilité que le sondage soit réussi, c'est-à-dire terminé jusqu'au bout, est 0,43.
On appelle X la variable aléatoire qui, à chaque campagne, associe le nombre de sondages réussis. La loi suivie par X est-elle une loi binomiale ? Si oui, donner ses paramètres.

56 On estime que 71 % de la population française possède des lunettes de vue. On interroge cinq personnes au hasard dans la rue. On note X le nombre de personnes possédant des lunettes parmi les cinq personnes interrogées.
La variable aléatoire X suit-elle une loi binomiale ?
Si oui, donner ses paramètres.

57 On sait qu'environ 15 % des personnes d'une population donnée sont porteuses saines d'un virus.
Dans chacun des cas suivants, déterminer si la variable aléatoire Y proposée suit ou non une loi binomiale.
Si oui, préciser alors les paramètres de cette loi.

1. On examine des personnes au hasard jusqu'à en trouver une qui soit porteuse saine du virus. On note Y la variable aléatoire associée au nombre de personnes examinées.
2. On examine 500 personnes au hasard et on note Y le nombre de personnes porteuses saines du virus.

58 **VRAI/FAUX**
Indiquer si l'affirmation est vraie ou fausse, puis justifier.
« Si X est une variable aléatoire suivant la loi binomiale de paramètres 5 et 0,3, alors X prend les valeurs 1, 2, 3, 4 et 5 ».

59 Un panier contient 15 fraises et 35 framboises. On tire au hasard et successivement trois fruits, que l'on mange après chaque tirage. Soit X la variable aléatoire qui compte le nombre de fraises mangées. La variable aléatoire X suit-elle une loi binomiale ? Si oui, donner ses paramètres.

60 On dispose de deux dés. Le premier est cubique, ses faces étant numérotées de 1 à 6 ; le second est tétraédrique, ses faces étant numérotées de 1 à 4.
On lance le premier dé et on note le numéro obtenu, puis on fait de même avec le second dé.
On note X la variable aléatoire égale au nombre de « 3 » obtenus. X suit-elle une loi binomiale ? Si oui, donner ses paramètres.

61 On sait que sur un site de vente en ligne, environ 5 % des commandes font l'objet d'un retour. Dans chacun des cas suivants, déterminer si la variable aléatoire X proposée suit ou non une loi binomiale. Si oui, préciser alors ses paramètres.

1. On examine des ventes dans la base de données jusqu'à en trouver un retour. On note alors X le nombre de ventes examinées.
2. On examine 100 ventes dans la base de données et on note X le nombre de retours.

62 *Capacité 4, p. 165*
Une boîte contient dix jetons noirs et quarante jetons blancs. On tire au hasard, successivement et avec remise, deux jetons de la boîte. On note X la variable aléatoire égale au nombre de jetons noirs tirés.

1. Expliquer pourquoi X suit une loi binomiale.
Préciser ses paramètres.
2. Réaliser un arbre pondéré illustrant cette situation.
3. Calculer $P(X=1)$, puis $P(X \geqslant 1)$.

63 Une urne contient deux fois plus de boules rouges que de boules noires.

1. On tire une boule de l'urne. Quelle est la probabilité p que cette boule soit rouge ?

2. On tire trois fois de suite avec remise une boule de l'urne. On note Y la variable aléatoire associée au nombre de boules rouges tirées.

a. Expliquer pourquoi Y suit une loi binomiale.
Préciser ses paramètres.

b. Réaliser un arbre pondéré illustrant cette situation.

c. Déterminer $P(Y=2)$, puis $P(Y \geqslant 2)$.

64 Dans une équipe de basket, on sait que trois joueurs réussissent leurs deux lancers francs successifs avec une probabilité égale à 0,45.
Lors d'un match, ces trois joueurs effectuent de façon indépendante deux lancers francs successifs.
On appelle succès le fait de réussir deux lancers francs successifs. On considère la variable aléatoire X correspondant au nombre de succès.

1. Montrer que X suit une loi binomiale dont on précisera les paramètres.

2. Réaliser un arbre pondéré illustrant cette situation.

3. Calculer, à 10^{-3} près, la probabilité de l'événement $\{X=2\}$.

4. Quelle est la probabilité, à 10^{-3} près, qu'il y ait au plus deux basketteurs qui réussissent leurs deux lancers francs ?

65 Lors d'une épidémie de grippe porcine, on s'est aperçu que si la maladie est diagnostiquée suffisamment tôt chez un animal, on peut le guérir ; sinon la maladie est mortelle.
Un test est mis au point. La probabilité pour que le test soit positif est 0,045.
On choisit trois animaux au hasard.
La taille de cet élevage permet de considérer les épreuves comme indépendantes et d'assimiler les tirages à des tirages avec remise. On note M la variable aléatoire qui, aux trois animaux choisis, associe le nombre d'animaux ayant un test positif.

1. Montrer que M suit une loi binomiale dont on précisera les paramètres.

2. Calculer la probabilité de l'événement $\{M=0\}$.

3. a. Réaliser un arbre pondéré traduisant cette situation.

b. Calculer la probabilité de l'événement $\{M=1\}$.

4. Quelle est la probabilité pour qu'au moins un des animaux ait un test positif ?

66 Un souffleur de verre réussit une pièce très spécifique avec une probabilité égale à 0,35. Il tente trois essais.
On considère la variable aléatoire V, correspondant au nombre de pièces réussies sur ces trois essais.

1. Montrer que V suit une loi binomiale dont on précisera les paramètres.

2. Réaliser un arbre pondéré illustrant cette situation.

3. Calculer, à 10^{-3} près, la probabilité de l'événement $\{V=2\}$.

4. Quelle est la probabilité que le maître verrier réussisse au moins deux pièces ? au plus deux pièces ?

67 PYTHON On considère la fonction Python dont on donne le script ci-dessous.

```
from random import *
def ber():
    S=0
    for k in range(4):
        a=random()
        if a<0.4:
            S=S+1
    return(S)
```

1. On suppose que l'appel random() renvoie successivement les valeurs 0.1, 0.5, 0.6 et 0.2. Que retourne alors l'appel ber( ) ?

2. Modifier cette fonction pour qu'elle prenne en argument deux variables n et p et simule une loi binomiale de paramètres n et p.

Coefficients binomiaux

68 Capacité 5, p. 168

1. On considère les coefficients binomiaux suivants : $\binom{7}{0}$, $\binom{7}{7}$, $\binom{8}{0}$ et $\binom{8}{8}$.
Où ces coefficients sont-ils situés sur le triangle de Pascal ?

Quelle est leur valeur ?

2. Même question avec $\binom{7}{1}$, $\binom{8}{1}$ et $\binom{2020}{1}$.

69 Donner la valeur des coefficients binomiaux :
$$\binom{21}{1},\ \binom{150}{0},\ \binom{42}{41} \text{ et } \binom{363}{363}.$$

70 Capacité 6, p. 168

1. Déterminer à l'aide du triangle de Pascal les coefficients binomiaux suivants : $\binom{5}{3}$, $\binom{6}{2}$, $\binom{7}{3}$ et $\binom{7}{5}$.

2. À l'aide de l'image mentale d'un arbre pondéré, expliquer pourquoi $\binom{9}{4}=\binom{9}{5}$. Quelle est cette valeur ?

71 **1.** Déterminer, à l'aide du triangle de Pascal, les coefficients binomiaux suivants : $\binom{5}{2}$, $\binom{7}{4}$, $\binom{8}{4}$ et $\binom{8}{5}$.

2. Déterminer les coefficients binomiaux suivants :
$$\binom{15}{1},\ \binom{23}{22} \text{ et } \binom{2020}{2019}.$$

72 **1.** Déterminer, à l'aide du triangle de Pascal, les coefficients binomiaux suivants : $\binom{6}{4}$, $\binom{9}{6}$, $\binom{10}{7}$ et $\binom{10}{8}$.

2. Déterminer les coefficients binomiaux suivants :
$$\binom{16}{15},\ \binom{39}{1} \text{ et } \binom{2077}{1}.$$

73 **1.** Que représente $\binom{10}{4}$ dans un arbre pondéré représentant la loi binomiale de paramètres $n = 10$ et $p = 0,4$?

2. Pourquoi les coefficients $\binom{10}{4}$ et $\binom{10}{6}$ sont-ils égaux ?

74 **1.** Construire le triangle de Pascal jusqu'à $n = 9$.

2. Déterminer alors les valeurs de $\binom{9}{3}$, $\binom{9}{4}$, $\binom{9}{5}$ et $\binom{9}{6}$.

3. Que peut-on observer sur les résultats précédents ? Comment peut-on le justifier ?

75 TABLEUR

Voici deux étapes de la construction d'une feuille de calcul permettant d'afficher le triangle de Pascal.

	A	B	C	D	E	F	G	H
1	n\k	0	1	2	3	4	5	6
2	0	1	0	0	0	0	0	0
3	1	1	1	0	0	0	0	0
4	2	1						
5	3	1						
6	4	1						
7	5	1						
8	6	1						

	A	B	C	D	E	F	G	H
1	n\k	0	1	2	3	4	5	6
2	0	1	0	0	0	0	0	0
3	1	1	1	0	0	0	0	0
4	2	1	2	1	0	0	0	0
5	3	1	3	3	1	0	0	0
6	4	1	4	6	4	1	0	0
7	5	1	5	10	10	5	1	0
8	6	1	6	15	20	15	6	1

Quelle formule, dépendant de **B3** et **C3**, a-t-on saisi dans la cellule **C4** avant de faire une recopie vers la droite, puis vers le bas ?

76 **1.** Construire les huit premières lignes du triangle de Pascal.

2. Montrer que la somme des termes de la ligne correspondant à $n = 4$ vaut 2^4.

3. Calculer alors la somme des termes de la ligne correspondant à $n = 5$, puis $n = 6$ et enfin $n = 7$. Que remarque-t-on ?

4. a. Déterminer le nombre total de chemins dans un arbre illustrant une loi binomiale de paramètres n et p.

b. Expliquer alors le résultat de la question **3**.

77 Dans une ville dont le réseau routier est assimilable à un quadrillage carré comme sur le schéma ci-dessous, un touriste prend un taxi pour se rendre du point A au point B.

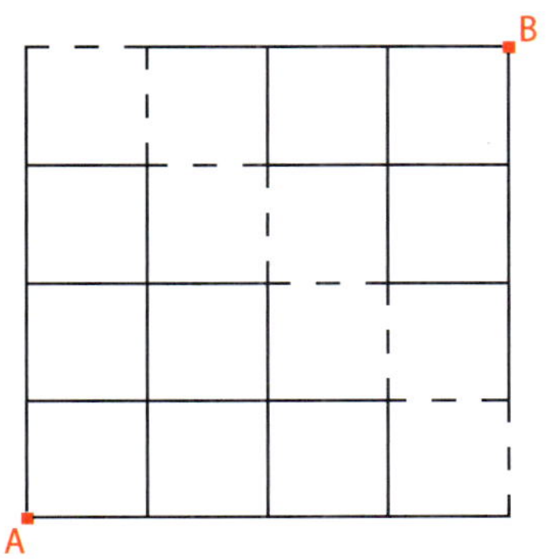

Naturellement, pour ne pas allonger le trajet, le chauffeur ne conduira qu'en direction du Nord ou de l'Est.

1. Sur une grille de 2×2 cases, expliquer pourquoi le chauffeur de taxi peut emprunter 6 chemins différents.
Dans tous ces chemins, combien de fois le chauffeur a-t-il conduit en direction du Nord ?

2. Justifier que le nombre de chemins possibles est égal à $\binom{4}{2}$.

3. À l'aide de la question précédente et du triangle de Pascal, déterminer combien d'itinéraires différents peuvent être choisis par le chauffeur sur une grille de 3×3 cases.

4. Déterminer, à l'aide du triangle de Pascal, le nombre d'itinéraires que peut emprunter le chauffeur sur une grille de 5 cases par 5.

LE SAVIEZ-VOUS

À la fin des années 1890, il y avait près de 100 taxis en activité dans les rues de New-York, et ils étaient électriques !

78 VRAI/FAUX

Indiquer si les affirmations sont vraies ou fausses, puis justifier.

1. Pour tout entier $n \geqslant 1$:

$$\binom{n}{0} + \binom{n}{1} + \binom{n}{n-1} + \binom{n}{n} = 2n.$$

2. Un coefficient binomial est toujours un entier.

RETOUR SUR L'OUVERTURE, P. 161

79 CALC

Max souhaite fêter ses 18 ans. Pour cela il compte inviter au LaserGame 7 amis parmi ses dix amis les plus proches. Pour chacun de ses amis, il lance une pièce. L'ami en question est sélectionné si la pièce tombe sur « Pile ».
On note X la variable aléatoire qui compte le nombre de « Pile » obtenus, c'est-à-dire le nombre de personnes sélectionnées.

1. Quelle est la loi suivie par X ? En préciser les paramètres.

2. Dans l'arbre pondéré représentant cette situation de loi binomiale, combien y a-t-il de chemins réalisant exactement sept succès ?
On répondra à l'aide d'un coefficient binomial.

3. Construire le triangle de Pascal jusqu'à la ligne correspondant à $n = 10$.

4. En déduire le nombre d'équipes possibles que Max peut constituer pour sa partie de LaserGame.

Problèmes relevant de la loi binomiale

80 Capacité 7, p. 169

1. Soit X une variable aléatoire suivant la loi binomiale de paramètres $n = 5$ et $p = \frac{1}{3}$.
Déterminer les valeurs exactes de $P(X = 1)$, puis de $P(X \leqslant 2)$.
2. Soit Y une variable aléatoire suivant la loi binomiale de paramètres $n = 20$ et $p = 0{,}8$.
Déterminer une valeur approchée à 10^{-4} près de $P(Y = 19)$.

81 Soit X une variable aléatoire suivant la loi binomiale de paramètres $n = 25$ et $p = 0{,}1$.
1. Déterminer la valeur exacte de $P(X = 0)$, puis la valeur exacte de $P(X = 1)$.
2. Déterminer les valeurs approchées à 10^{-4} près des probabilités de la question 1.

82 Soit X une variable aléatoire suivant la loi binomiale de paramètres $n = 18$ et $p = 0{,}1$.
1. a. Déterminer les valeurs exactes de $P(X = 0)$ et de $P(X = 1)$.
b. En déduire $P(X \geqslant 2)$.
2. Déterminer une valeur approchée à 10^{-3} près de chacune des probabilités de la question 1.

83 Capacité 8, p. 169 Eva s'entraîne régulièrement à un jeu de casse-briques sur son smartphone.
La probabilité qu'elle franchisse le niveau 7 est égale à 0,8.
Elle joue successivement cinq parties indépendantes.
Soit X la variable aléatoire comptant le nombre de fois où Eva franchit le niveau 7.
1. Quelle est la loi suivie par X ? En préciser les paramètres.
2. Calculer la probabilité de l'événement $\{X = 3\}$.
3. Calculer l'espérance de X. Comment interpréter ce résultat ?
4. Calculer la probabilité qu'Eva réussisse au moins une fois à franchir le niveau 7.

84 Dans un chenil, on vaccine 15 chiots de façon indépendante. Lors des vaccinations précédentes, 20 % des chiots ont présenté une forte réaction au vaccin. Soit X le nombre de chiots qui ont eu une réaction forte suite à cette vaccination.
1. Quelle est la loi suivie par X ? En préciser les paramètres.
2. Calculer la probabilité de l'événement $\{X = 1\}$.
Comment interpréter cet événement ?
3. Calculer l'espérance de X.
Comment interpréter ce résultat ?
4. Calculer la probabilité qu'au moins deux chiots aient eu une forte réaction.

85 VRAI/FAUX
Indiquer si les affirmations sont vraies ou fausses, puis justifier.
Soit X une variable aléatoire suivant une loi binomiale de paramètres 10 et p.
a. $P(X = 0) = p^{10}$ b. $P(X = 9) = 9p^9(1 - p)$

86 Dans une coopérative fruitière, on estime la proportion de fruits présentant un défaut d'aspect à 5 %.
On note X la variable aléatoire comptant le nombre de fruits examinés sur un lot de dix fruits.
1. Expliquer pourquoi X suit une loi binomiale dont on précisera les paramètres.
2. Déterminer la probabilité de l'événement $\{X = 4\}$.
3. Calculer l'espérance de X. Interpréter ce nombre.
4. Si le nombre de fruits présentant un défaut dans un lot est strictement supérieur à deux, le lot est soldé.
Quelle est la probabilité que cela arrive ?

87 Dans une fabrique d'appareils photo numériques, 97 % des appareils sont conformes. On stocke l'ensemble des appareils dans des conteneurs de 300 unités.
Soit X la variable aléatoire qui, à chaque conteneur, associe le nombre d'appareils conformes.
On suppose que la production est suffisamment grande pour qu'on puisse assimiler cette épreuve à un tirage avec remise.
1. Quelle est la loi suivie par X ? En préciser les paramètres.
2. Calculer l'espérance de X et interpréter ce nombre.
3. Déterminer, à 10^{-3} près, la probabilité que le nombre d'appareils conformes soit supérieur ou égal à 299.

88 Paul était une pieuvre mâle de l'aquarium d'Oberhausen en Allemagne. Il est devenu célèbre auprès des parieurs pour ses « prévisions » de résultats des matchs de l'équipe d'Allemagne de football lors de l'Euro 2008, puis lors de la Coupe du monde 2010.

Paul le poulpe faisait connaître ses prévisions en ouvrant la boîte aux couleurs de l'équipe gagnante.
On note X le nombre de bonnes réponses données lors de quatorze prévisions.
On considère que la pieuvre répond au hasard et a donc une chance sur deux de choisir la bonne boîte. Il y a indépendance des réponses pour chaque pronostic.
1. Quelle est la loi suivie par X ? En préciser les paramètres.
2. Déterminer les probabilités $P(X = 13)$, puis $P(X \geqslant 13)$, à 10^{-4} près.

LE SAVIEZ-VOUS
Sur les 14 prévisions de Paul le poulpe, 12 se sont révélées exactes.

89 Suite à un pic de pollution, la ville de Lyon décide d'interdire, pendant une journée, la circulation en ville aux véhicules non prioritaires dont la vignette *Crit'Air* porte un numéro strictement plus grand que 3. La proportion de véhicules n'ayant pas le droit de circuler ce jour-là est estimée à 41 %.
Dix contrôles sont effectués au hasard de façon indépendante.
On note I la variable aléatoire comptant le nombre de véhicules en infraction.
Calculer, à 10^{-4} près, la probabilité des événements suivants :
A : « quatre véhicules exactement sont en infraction ».
B : « au plus trois véhicules sont en infraction ».

90 Lors de leur entraînement, un couple de patineurs réussit chacun de ses sauts avec une probabilité égale à 0,7. En compétition, on admet que leur concentration est telle que la réussite d'un saut n'influe pas sur les autres sauts. Quelle est, à 10^{-3} près, la probabilité qu'ils réussissent cinq sauts sur les six effectués lors d'une compétition ?

***Piste :** définir une variable aléatoire S comptant le nombre de sauts réussis lors d'une série de six sauts.*

91 Dans une équipe de basket, on sait que cinq joueurs réussissent leurs deux lancers francs successifs avec une probabilité égale à 0,45. Lors d'un match, ces cinq joueurs effectuent de façon indépendante deux lancers francs successifs. On appelle succès le fait de réussir deux lancers francs successifs.
On considère la variable aléatoire X qui, à un match, associe le nombre de succès.

1. Montrer que X suit une loi binomiale dont on précisera les paramètres.

2. Calculer, à 10^{-3} près, la probabilité de l'événement $\{X=2\}$.

3. Quelle est la probabilité, à 10^{-3} près, qu'il y ait au plus deux basketteurs qui réussissent leurs deux lancers francs ?

92 On a établi par des statistiques des saisons précédentes que, lors d'un tir au but, la gardienne d'une équipe de football arrête le ballon avec une probabilité égale à 0,71.
On note X la variable aléatoire qui, à une série de cinq tirs au but, associe le nombre de ballons arrêtés.
Le fait de réussir à arrêter le ballon lors d'un tir n'influe pas les autres arrêts potentiels.

1. Quelle est la loi suivie par X ?

2. Sur une série de cinq tirs, déterminer la probabilité que cette gardienne en arrête trois ou quatre.

93 Des études médicales ont démontré que 3 % des individus d'une population étaient porteurs d'une certaine maladie. On choisit au hasard un échantillon de 200 individus dans cette population. On suppose la population suffisamment grande pour que ce prélèvement soit assimilé à un tirage avec remise. Calculer la probabilité que, parmi ces 200 individus :

1. aucune personne ne soit malade ;

2. exactement une personne soit malade ;

3. deux personnes ou plus soient malades.

94 Une enquête réalisée auprès des Français de plus de 18 ans révèle que 95 % d'entre eux disent vouloir faire un geste écologique.
Soit X la variable aléatoire qui, à tout échantillon de 50 personnes de plus de 18 ans choisies au hasard, associe le nombre de personnes souhaitant faire un geste pour l'environnement.

1. Quelle loi suit la variable X ?

2. Déterminer la probabilité que sur un échantillon de 50 personnes interrogées, toutes soient pour faire un geste pour l'environnement.

3. Déterminer la probabilité que sur 50 personnes interrogées, au plus une d'entre elles ne souhaite pas faire un geste pour l'environnement.

95 Un opérateur de téléphonie mobile organise une campagne de démarchage par téléphone pour proposer la souscription d'un nouveau forfait à sa clientèle.

Les relevés réalisés au cours des premières journées d'enquête permettent de constater que 12 % des personnes interrogées souscrivent à ce nouveau forfait. Un employé de l'opérateur effectue 10 appels par heure.

On suppose le fichier client suffisamment important pour que les choix soient considérés réalisés de façon indépendante et dans des conditions identiques.

1. Déterminer la probabilité que cet employé obtienne trois souscriptions en une heure donnée. On arrondira le résultat au centième.

2. Déterminer la probabilité que l'employé obtienne au moins une souscription en une heure donnée.

On donnera une valeur arrondie au dix millième.

96 Un magasin d'informatique propose une offre spéciale sur des ordinateurs reconditionnés.

Il a constaté, lors d'une précédente offre, que 20 % des clients achètent un ordinateur reconditionné.

Sept clients entrent dans le magasin. On suppose que leurs comportements d'achat sont indépendants.

1. Déterminer la probabilité qu'au plus deux de ces sept clients achètent un ordinateur reconditionné.

2. En déduire la probabilité que trois clients ou plus sur les sept achètent un ordinateur reconditionné.

Problème de synthèse

97 On sélectionne des candidats à un jeu télévisé en leur demandant de répondre à trois questions. Pour chacune des questions, ils doivent choisir une réponse exacte parmi quatre propositions. Un candidat se présente et répond à toutes les questions au hasard. On note X le nombre de bonnes réponses données par ce candidat.

1. Représenter cette situation par un arbre pondéré.

2. Déterminer, à l'aide de l'arbre, la probabilité de l'événement $\{X=2\}$.

3. On pose à présent six questions aux candidats.

a. Quelle est alors la loi suivie par X ?

En préciser les paramètres.

b. Construire le triangle de Pascal jusqu'à la ligne correspondant à $n=6$.

c. Déterminer alors toutes les probabilités de la forme $P(X=k)$, pour k allant de 0 à 6, puis les présenter dans un tableau de loi de probabilité.

d. À l'aide du tableau, calculer la probabilité que ce candidat obtienne au moins trois bonnes réponses, et soit ainsi sélectionné.

Pour travailler en autonomie

Tous ces exercices sont corrigés, leurs solutions succinctes sont disponibles à la fin du manuel (p. 218).
En flashant la page, vous accéderez aux **corrigés rédigés et détaillés** sur votre smartphone ou votre tablette.

bordas Flash PAGE corrigés détaillés

L'essentiel

Variables aléatoires discrètes

Loi de probabilité d'une variable aléatoire discrète

- La variable aléatoire X prend les valeurs $\{x_1, x_2..., x_n\}$. Sa loi de probabilité est la donnée du tableau suivant :

x_i	x_1	x_2	...	x_n
$P(X = x_i)$	p_1	p_2	...	p_n

- Espérance de X :
$$E(X) = p_1x_1 + p_2x_2 + \ldots + p_nx_n$$

Loi binomiale de paramètres n et p

Soit une épreuve de Bernoulli qui se répète n fois de manière indépendante et dont le succès a pour probabilité p.

- La variable aléatoire X égale au nombre de succès sur ces n épreuves suit la loi binomiale de paramètres n et p.
- Pour tout entier k compris entre 0 et n, un chemin comportant k succès a pour probabilité $p^k q^{n-k}$, où $q = 1 - p$.
- Il y a $\binom{n}{k}$ chemins avec k succès.
- $E(X) = np$

Répétition indépendante et identique d'une épreuve de Bernoulli

Répétition de manière indépendante de n épreuves à deux issues (succès ou échec), dont le succès est de probabilité p.

Arbre pondéré dans le cas $n = 3$

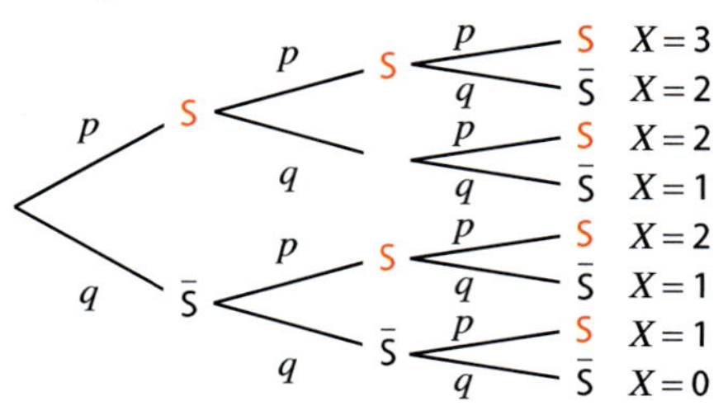

Coefficients binomiaux

$\binom{n}{k}$ est le nombre de chemins réalisant k succès sur l'arbre pondéré associé à une situation de loi binomiale de paramètres n et p.

Pour $n \neq 0$, $\binom{n}{0} = 1$; $\binom{n}{1} = n$ et $\binom{n}{n} = 1$.

- **Formule de Pascal :** pour n entier naturel non nul et k un entier compris entre 0 et $n - 1$, $\binom{n}{k} = \binom{n-1}{k-1} + \binom{n-1}{k}$.
- **Triangle de Pascal :**

n \ k	0	1	2	3	4
0	1				
1	1	1			
2	1	2	1		
3	1	3	3	1	
4	1	4	6	4	1

Faire le point avec des exercices corrigés

Utiliser une variable aléatoire

98 * 10 min Capacité 1, p. 164

QCM *Choisir la ou les bonnes réponses.*

Un jeu consiste à lancer un dé bien équilibré. Si le joueur obtient la face marquée « 6 », il reçoit 5 €, s'il obtient la face marquée « 1 » il reçoit 2 € et sinon il doit donner 1 €.

On note X la variable aléatoire qui, à chaque lancer de dé, associe le gain algébrique du joueur.

1. L'espérance de X vaut :

a. – 0,5 b. 0,25 c. 0,5 d. $\frac{11}{6}$

2. Si l'organisateur décide de faire payer 1 € chaque lancer de dé, alors :

a. le jeu devient équitable ;

b. l'organisateur gagnera en moyenne 0,5 € par partie ;

c. l'organisateur perdra en moyenne 0,5 € par partie ;

d. l'organisateur gagnera en moyenne 1 € par partie.

99 * 15 min Capacité 1, p. 164

Un jeu consiste à lancer un dé truqué. On note X la variable aléatoire égale au numéro inscrit sur la face supérieure du dé. La loi de probabilité de X est donnée par le tableau suivant.

x_i	1	2	3	4	5	6
$P(X = x_i)$	$\frac{1}{6}$	...	$\frac{1}{3}$	$\frac{1}{12}$	$\frac{1}{12}$	$\frac{1}{12}$

Si le joueur obtient un nombre supérieur ou égal à 4, il gagne 3 € ; s'il obtient 1 ou 2, il perd 2 € ; sinon, rien ne se passe.

On note Y la variable aléatoire qui associe à chaque lancer de dé le gain algébrique du joueur.

1. Recopier et compléter le tableau.
2. Déterminer la loi de probabilité de Y.
3. Déterminer l'espérance de Y. En donner une interprétation.

Reconnaître et utiliser la loi binomiale

100 10 min Capacité 2, p. 164

On estime qu'on obtient, à chaque naissance, une fille ou un garçon avec la même probabilité.

1. Soit F la variable aléatoire égale au nombre de filles d'une famille de trois enfants. Quelle est la loi suivie par F ?
En préciser les paramètres.

2. Représenter cette situation par un arbre pondéré.

101 10 min Capacité 3, p. 165

On sait qu'environ 89 % de la population finlandaise a les yeux bleus.

1. Pourquoi peut-on considérer que la variable aléatoire Y comptant le nombre de personnes aux yeux bleus parmi 200 finlandais pris au hasard suit une loi binomiale ?
En préciser les paramètres.

2. Calculer l'espérance de Y.

102 10 min Capacité 3, p. 165 VRAI/FAUX

Indiquer si les affirmations sont vraies ou fausses, puis justifier.

Une urne contient 40 jetons blancs et 10 jetons noirs.
On tire successivement cinq jetons de l'urne et on note X la variable aléatoire qui associe à ces 5 tirages le nombre de jetons noirs tirés.

1. Si les tirages sont sans remise du jeton tiré, alors X suit la loi binomiale de paramètres 5 et 0,2.

2. Si les tirages sont avec remise du jeton dans l'urne, alors X suit la loi binomiale de paramètres 5 et 0,2.

103 15 min Capacité 4, p. 165

On considère un jeu de 52 cartes. Ce jeu contient 13 trèfles.

1. On tire une carte au hasard.
Quelle est la probabilité p que cette carte soit un trèfle ?

2. On tire trois fois de suite avec remise une carte de ce jeu. On note X le nombre de trèfles sortis.

a. Quelle est la loi suivie par X ? En préciser les paramètres.

b. Réaliser un arbre pondéré représentant cette situation.

c. Déterminer, à l'aide de cet arbre pondéré, $P(X=0)$, $P(X=1)$, puis $P(X \geqslant 2)$.

Déterminer des coefficients binomiaux

104 10 min Capacité 5, p. 168

1. Construire le triangle de Pascal jusqu'à la ligne commençant par $\binom{10}{0}$.

2. Déterminer, en utilisant le triangle de Pascal, les valeurs de $\binom{10}{3}$ et $\binom{10}{4}$.

3. En utilisant la relation de Pascal, déterminer alors $\binom{11}{4}$.

105 15 min Capacité 6, p. 168

1. Calculer, à l'aide du triangle de Pascal, les coefficients binomiaux suivants : $\binom{7}{2}$, $\binom{8}{3}$, $\binom{9}{7}$ et $\binom{10}{6}$.

2. Donner les valeurs des coefficients binomiaux suivants :
$\binom{40}{39}$, $\binom{17}{0}$ et $\binom{143}{142}$.

Résoudre des problèmes relevant de la loi binomiale

106 10 min Capacité 7, p. 169 CALC

La variable aléatoire X suit la loi binomiale de paramètres $n = 30$ et $p = 0,85$.

1. a. Déterminer les valeurs exactes des probabilités $P(X = 29)$ et $P(X = 30)$.

b. En déduire $P(X < 29)$.

2. Déterminer une valeur approchée à 10^{-3} près de chacune des probabilités de la question 1.

107 20 min Capacité 8, p. 169 QCM

Choisir la ou les bonnes réponses.

Un magasin informatique vend le même jour quatre ordinateurs identiques à des particuliers.
On estime que la probabilité pour que ce type de matériel soit en état de fonctionnement cinq ans plus tard est 0,2.
On suppose l'indépendance des pannes de ces ordinateurs.
Alors, cinq ans plus tard, on peut établir que :

1. La probabilité pour que les quatre ordinateurs soient en service est, à 10^{-3} près :

a. 0,8 b. 0,16 c. 0,002 d. 0,410

2. La probabilité pour que trois ordinateurs exactement ne fonctionnent pas est, à 10^{-3} près :

a. 0,996 b. 0,026 c. 0,590 d. 0,410

3. La probabilité pour qu'au moins deux des ordinateurs soient en service est, à 10^{-3} près :

a. 0,154 b. 0,819 c. 0,181 d. 0,846

108 25 min Capacité 8, p. 169

On administre un vaccin à des enfants en bas âge.
La proportion des enfants présentant une forte réaction à ce vaccin est 30 %. On examine dix enfants d'une école.
Le nombre d'enfants est suffisamment grand pour qu'on puisse assimiler cet examen à dix tirages indépendants.
On note X la variable aléatoire comptant le nombre d'enfants présentant une forte réaction au vaccin.

1. Donner la loi suivie par X.

2. Quelle est la probabilité, à 10^{-2} près, que quatre enfants exactement présentent une forte réaction au vaccin ?

3. Quelle est la probabilité, à 10^{-2} près, que le nombre d'enfants présentant une forte réaction soit compris entre 3 et 7 ?

4. Quel est le nombre moyen d'enfants présentant une forte réaction au vaccin ?

109 PYTHON Une nouvelle loi

Une expérience aléatoire consiste à lancer au plus trois fois un dé cubique équilibré dont les faces sont numérotées 1 à 6. On s'arrête dès que le 6 sort.

```
def simul():
    a=0
    if randint(1,6)==...:
        a=1
    else:
        if randint(1,6)==6:
            a=...
        else:
            a=...
    return(a)
```

1. Recopier, puis compléter la fonction simul afin que celle-ci retourne le nombre de fois où le dé a été lancé au cours d'une partie.

2. Écrire une fonction plus_simul prenant en argument un entier N et répétant N fois l'exécution de simul, tout en retournant le nombre moyen de fois où le dé a été lancé.

3. Tester plusieurs fois la fonction plus_simul en prenant $N = 1\,000$. Noter les résultats obtenus.

4. Soit A la variable aléatoire comptant le nombre de fois où le dé a été lancé lors d'une partie.
En utilisant un arbre pondéré, déterminer la loi de probabilité de A, puis calculer son espérance mathématique.

5. Comparer ce résultat à ceux de la question **3.**

Pistes : 2. *Utiliser un accumulateur.*
4. *Construire un arbre dont certaines branches sont tronquées.*

110 Optimisation d'un bénéfice

Le coût de production d'un ordinateur portable « gamer » est de 950 €. Cet ordinateur peut présenter soit un défaut d'écran (*pixel mort*), soit un défaut de batterie (tenue en charge), soit les deux. La garantie permet de le réparer, aux frais du fabricant, avec les coûts suivants : 100 € pour le défaut d'écran et 150 € pour le défaut de batterie.
On admet que 90 % des objets produits n'ont aucun défaut, 4 % ont un défaut d'écran seulement, 2 % ont un défaut de batterie seulement et 4 % ont les deux défauts.
On note X la variable aléatoire qui, à chaque ordinateur pris au hasard, associe son prix de revient, c'est-à-dire son coût de production augmenté du coût de réparation éventuel.

1. Quelles sont les valeurs prises par X ?

2. Déterminer la loi de probabilité de X.

3. Calculer l'espérance mathématique de X. Que représente ce nombre pour le constructeur ?

4. Le constructeur souhaite effectuer un bénéfice minimum de 100 € par machine vendue au détaillant.
Combien doit-il vendre son ordinateur ?

111 Un jeu d'argent

Un sac contient n boules blanches (où n est un entier supérieur ou égal à 1) et une seule boule noire. Théo propose alors le jeu suivant à Lucie : elle doit tirer une boule au hasard, noter sa couleur, la remettre dans le sac, puis tirer une nouvelle boule.
Si Lucie a obtenu deux fois une boule blanche, Théo lui donne 1 €. Si elle a obtenu deux fois la boule noire, il lui donne 12 €.
Si les boules obtenues sont de couleurs différentes, c'est Lucie qui donne 4 € à Théo.

Soit G la variable aléatoire qui, à chaque tirage, associe le gain de Lucie (positif ou négatif).

1. Déterminer la loi de probabilité de G.

2. Calculer, en fonction de n, l'espérance de G.

3. a. Vérifier que l'espérance de G est nulle pour $n = 2$.

b. Pour quelles valeurs de G le jeu est-il équitable ?

c. Pour quelles valeurs de n le jeu risque-t-il de rapporter de l'argent à Théo ?

Piste : 3. b. *Déduire de la question précédente une factorisation de $n^2 - 8n + 12$.*

112 Un quizz en ligne

Sven tente sa chance sur un quizz en ligne comportant dix questions.
On suppose que chacune de ces questions comporte quatre réponses possibles, dont une seule est exacte.
Sven étant d'un naturel joueur, il décide de tenter sa chance en répondant au hasard à chacune des questions. Il remporte un prix s'il répond correctement à 9 questions ou plus.
Soit S la variable aléatoire comptant le nombre de bonnes réponses de Sven.

1. Quelle est la loi de probabilité suivie par S ?

2. En écrivant l'événement $\{S \geqslant 9\}$ comme une réunion de deux événements de la forme $\{S = k\}$, calculer $P(S \geqslant 9)$.

3. Calculer l'espérance de S et donner une interprétation de ce nombre.

4. On suppose que Sven prend cette fois-ci le test avec sérieux. La probabilité qu'il réponde juste à une question donnée vaut 0,69. Quelle est la probabilité qu'il ait entre six et huit bonnes réponses ?

113 Lanceur de sorts

Dans un jeu vidéo de type RPG, la probabilité de réussir le lancement d'un sort spécial est 0,7.

1. Le sort est lancé quatre fois de suite. On suppose que la réussite d'un sort n'influe pas sur les autres.

a. Montrer que la probabilité qu'aucun des quatre sorts ne soit réussi est 0,0081.

b. Calculer la probabilité qu'au moins un sort soit réussi.

2. a. On lance le sort n fois de suite, et on note X la variable aléatoire comptant le nombre de lancements de sorts réussis.
Exprimer $P(X \geqslant 1)$ en fonction de n.

b. Déterminer la plus petite valeur de l'entier n pour que la probabilité qu'au moins un sort soit lancé avec succès dépasse 0,999.

Piste : 2. b. *Utiliser le logarithme décimal pour résoudre l'inéquation obtenue.*

BESOIN D'AIDE ?
Voir fiche Tableur page 204

TP1 Générer un triangle de Pascal de taille n donnée

RAISONNER CHERCHER TABLEUR

L'objectif de ce TP est de générer, pour un entier n donné, le triangle de Pascal de taille n, c'est-à-dire le triangle donnant tous les coefficients binomiaux jusqu'à la ligne contenant les nombres $\binom{n}{k}$, pour k allant de de 0 à n.

A Triangle de Pascal de taille 10

Dans cette partie, on construit le triangle de Pascal jusqu'à la ligne contenant les nombres $\binom{10}{k}$.

	A	B	C	D	E	F
1	n\k	0	1	2	3	4
2	0					
3	1					
4	2					
5	3					
6	4					

1. Reproduire la feuille ci-dessous pour k et n allant de 0 à 10.
On souhaite construire le triangle de Pascal à partir de la cellule **B2**.

2. Que valent les coefficients de la forme $\binom{n}{0}$?
Compléter alors les cellules **B2** à **B12**.

3. Que valent les coefficients de la forme $\binom{n}{k}$ si k est strictement plus grand que n ?
Compléter alors les cellules **C2** à **L2**.

4. Que valent les coefficients de la forme $\binom{n}{n}$? Compléter les cellules correspondantes.

5.a. Rappeler la formule de Pascal permettant le calcul de $\binom{2}{1}$ à partir de $\binom{1}{1}$ et $\binom{1}{0}$.

b. En déduire une formule destinée à être saisie dans la cellule **C4**, et la saisir.

6. Recopier cette formule vers la droite jusqu'en **L3**, puis vers le bas jusqu'en **L12** pour obtenir le triangle de Pascal.

B Triangle de Pascal de taille 20

On vient de construire le triangle de Pascal de taille 10.

1. En suivant une procédure similaire, générer le triangle de Pascal de taille 20 dans une nouvelle feuille de calcul.

2. Quelle est la valeur de $\binom{15}{10}$? de $\binom{20}{17}$?

3. Quel est le coefficient binomial égal à 3 432 ? Quels sont les coefficients binomiaux égaux à 27 132 ? à 125 970 ?

C Un triangle sans zéros superflus

On considère le triangle de Pascal de taille 20.
Si l'on souhaite obtenir un triangle sans les zéros au-dessus de la diagonale du tableau, on peut copier le contenu de la feuille actuelle, puis le coller dans une nouvelle feuille de calcul.

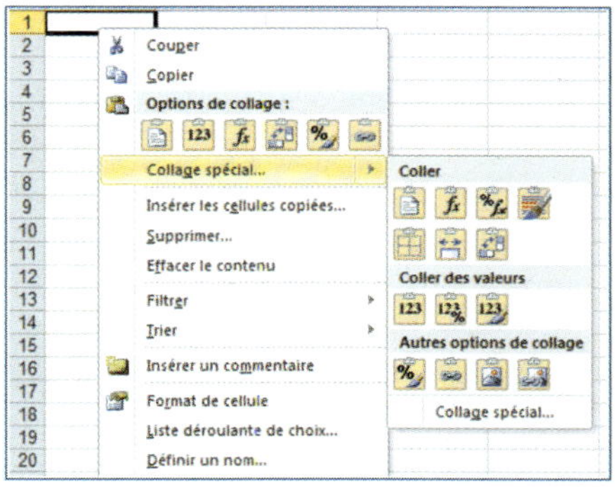

1. Copier le contenu des cellules de la première feuille de calcul, puis coller celles-ci dans une nouvelle feuille à partir de la cellule **A1**.
Attention à ne coller que les valeurs des cellules et non pas leurs formules (utiliser Collage Spécial Coller des valeurs (V) pour Excel, Collage Spécial... puis sélectionner Texte et Nombres pour OpenOffice).

2. a. Sélectionner la plage de cellules **B2:V22** (dans le cas $n = 20$).

b. Utiliser la fonction Rechercher et remplacer (CTRL + H pour Excel, CTRL + F pour OpenOffice) : dans le champ **Rechercher**, taper 0, puis insérer un espace dans le champ **Remplacer par**.

c. Cocher la case Totalité du contenu de la cellule (Cellules entières pour OpenOffice), puis cliquer sur Remplacer tout.

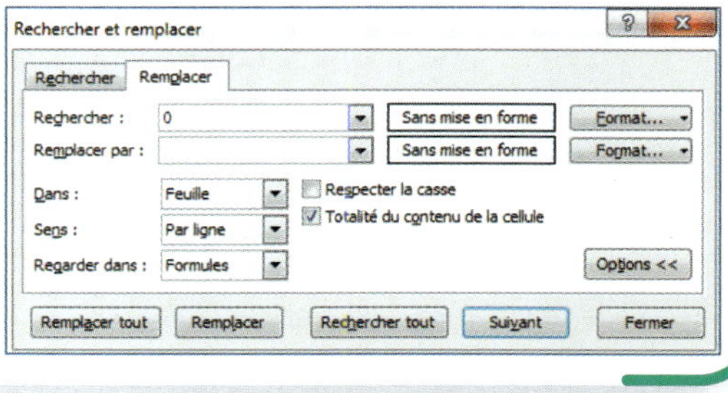

BESOIN D'AIDE ?
Voir fiche Tableur page 204

TP2 Représenter la loi de probabilité de la loi binomiale de paramètres n et p

REPRÉSENTER · RAISONNER · TABLEUR

On estime que 68 % des Français sont inscrits sur au moins un réseau social.
On considère l'épreuve de Bernoulli suivante : on interroge au hasard un français, s'il est inscrit sur un réseau social, l'expérience est un succès, sinon c'est un échec.
On va simuler dans un premier temps des échantillons de taille donnée de cette loi de Bernoulli, puis comparer les résultats obtenus avec la loi binomiale.

A Simulation de la loi de Bernoulli avec un tableur

On se propose de simuler 200 échantillons de cette loi avec un tableur.

1. a. Quel est le rôle de la formule `=ENT(ALEA()+0,68)` ?

b. Dans une feuille de calcul, saisir cette formule en **A2**, puis la recopier vers le bas jusqu'en **A101**. Qu'a-t-on alors simulé ?

c. Saisir la formule `=SOMME(A2:A101)` en **A103**. Quel est le résultat obtenu ?

2. Simuler 200 échantillons de taille 100 dans les colonnes **A** à **GR**.

3. Compléter les cellules **GT2** à **GT102** avec les nombres entiers n de 0 à 100.

4. Que permet d'obtenir la formule suivante saisie en **GU2** : `=NB.SI($A$103:$GR$103;GT2)/100` ?

5. Saisir cette formule en **GU2** et la recopier vers le bas jusqu'en **GU102**.

6. Représenter les fréquences observées des 1 : pour cela, sélectionner les cellules **GU2** à **GU102** et insérer un diagramme en bâtons.

	A	B	C
1	ech1	ech2	ech3
2	0	1	0
3	1	1	0
4	0	1	0
5	1	1	0
6	1	1	1
100	1	1	1
101	1	0	1
102			
103	68	71	68

GT	GU
n	
0	=NB.SI($A$103:$GR$103;GT2)/100
1	0
2	0

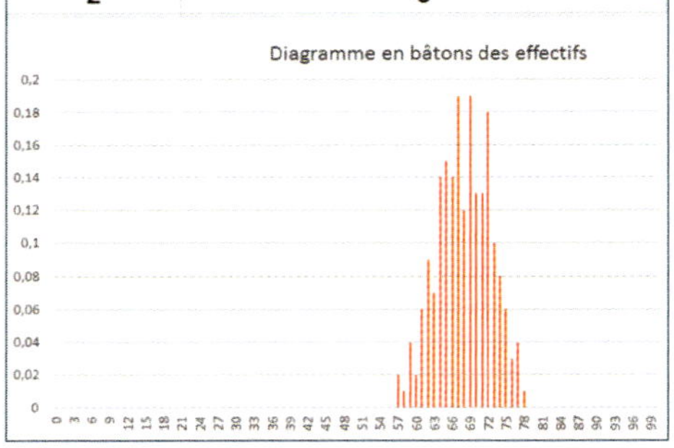

B Comparaison des résultats obtenus avec la loi binomiale

On note à présent R la variable aléatoire comptant le nombre de Français inscrits sur au moins un réseau social.

1. Quelle est la loi suivie par R ? En préciser les paramètres.

2. a. Que retourne la formule `=LOI.BINOMIALE(GT2;100;0,68;0)` ?

b. Saisir cette formule dans la cellule **GV2**, puis la recopier vers le bas jusqu'en **GV102**. On obtient ainsi toutes les valeurs des probabilités des événements $\{R = k\}$, pour k allant de 0 à 100.

3. Sélectionner alors les cellules **GV2** à **GV102**, puis réaliser l'insertion d'un diagramme en bâtons représentant cette loi binomiale.

4. Quel lien peut-on établir avec le diagramme en bâtons de la simulation réalisée dans la **partie A** ?

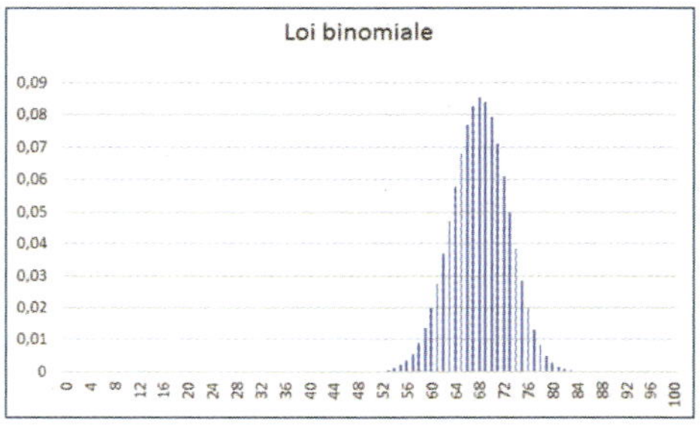

***Aide Tableur :** Pour représenter un diagramme en bâtons*
- *Sous Excel, sélectionner la plage de cellules concernée, puis dans le menu* Insertion → Graphiques *choisir* Colonnes - Histogramme 2D – Histogramme groupé.
- *Sous OpenOffice, sélectionner la plage de cellules concernée, puis cliquer sur* Graphiques → Colonnes.

BESOIN D'AIDE ?
Voir fiche Tableur page 204

TP3 Calculer l'espérance d'une variable aléatoire

MODÉLISER · RAISONNER

A Avec un tableur

TABLEUR

On considère la feuille de calcul ci-contre.

	A	B	C	D	E	F	G	H	I	J	K	L	M
1	n_i	0	1	2	3	4	5	6	7	8	9	10	
2	P(N=n_i)	0,01	0,02	0,03	0,05	0,09	0,13	0,2	0,19	0,16	0,08	0,04	
3													

1. Quelle formule peut-on saisir en **M2** pour vérifier que ce tableau définit bien une loi de probabilité ?

2. La fonction `SOMMEPROD(plage1;plage2)`, où les plages de données **1** et **2** sont de même dimension, permet de faire la somme des produits des termes de la plage **1** et de la plage **2** de la façon suivante :
premier terme de la plage 1 × premier terme de la plage 2 + second terme de la plage 1 × second terme de la plage 2 + … + dernier terme de la plage 1 × dernier terme de la plage **2**.
Quelle formule peut-on saisir dans la cellule **B3** pour calculer l'espérance de cette loi de probabilité ?

3. Vérifier que l'espérance de cette loi est égale à 6,17.

B Avec Python

PYTHON

```
1  def espva(...,...):
2      E=...
3      for i in range(...):
4          E=E+...*P[i]
5      return(...)
```

1. On considère la fonction espva dont on donne le script incomplet ci-contre.
On souhaite que cette fonction prenne en arguments deux listes V et P de mêmes longueurs, V contenant les valeurs d'une variable aléatoire X et P les probabilités d'obtenir chacune de ces valeurs, dans le même ordre.
Compléter la ligne **1**.

2. La variable E est un accumulateur qui doit prendre en fin de programme la valeur de l'espérance de la variable aléatoire X.
À quelle valeur doit-on l'initialiser ? Compléter alors les lignes **2** et **5**.

3. Quelle est l'instruction permettant d'obtenir la longueur d'une liste ? Compléter alors la ligne **3**.

4. Quelle instruction permet d'appeler le terme de rang i de la liste V ?
Compléter alors la ligne **4** de façon à obtenir le calcul de l'espérance de la variable aléatoire X.

5. On donne la loi de probabilité d'une variable aléatoire X avec le tableau suivant :

x_i	0	1	2	3	4	5
$P(X=x_i)$	0,1	0,3	0,15	0,25	0,1	0,1

Calculer l'espérance de X à l'aide de la fonction espva.

TP4 Représenter graphiquement l'espérance de lois binomiales

REPRÉSENTER · TABLEUR · RAISONNER

On va représenter graphiquement l'espérance E de certaines lois binomiales de paramètres n et p en fonction de p, le nombre n étant fixé, et ainsi retrouver un résultat du cours.

	A	B	C
1		0,1	0,2
2	0	=LOI.BINOMIA	
3	1		
4	2		

1. Entrer les entiers de 0 à 10 dans les cellules **A2** à **A12**, puis les nombres 0, 1, 0, 2… jusqu'à 0,9 dans les cellules **B1** à **J1**.

2. Dans la cellule **B2**, saisir la formule `=LOI.BINOMIALE($A2;10;B$1;0)`, puis recopier cette formule vers le bas jusqu'à la ligne **12**. Quelle est la loi de probabilité obtenue ?

3. Recopier la plage de cellules **B2:B12** vers la droite jusqu'à la colonne **J**. Qu'obtient-on ?

4. Dans les cellules **B14** à **J14**, calculer l'espérance de chacune de ces neufs lois (on pourra utiliser la fonction `SOMMEPROD`, voir TP 3).

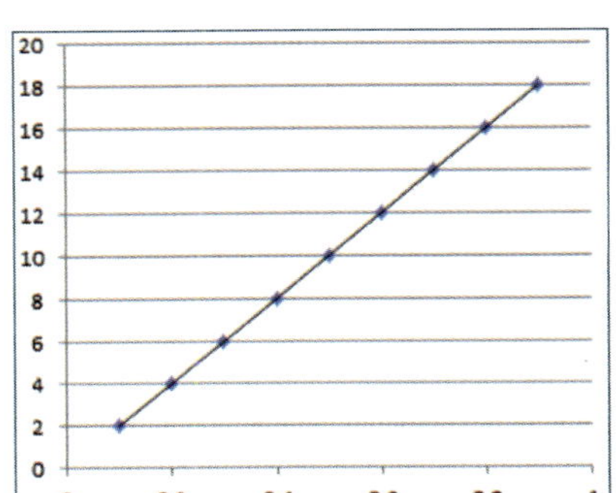

5. Sélectionner les plages **B1:J1** et **B14:J14**, puis insérer un nuage de points.
a. Que remarque-t-on pour les points obtenus ?
b. Justifier qu'il existe des réels a et b tel que $E = a \times p + b$.
c. En utilisant des points du graphique, déterminer a et b.

6. a. Dans de nouvelles feuilles de calcul, réitérer ce procédé avec $n = 20$, puis avec $n = 50$.
b. Exprimer dans chaque cas E en fonction de p.
c. Quelle formule du cours retrouve-t-on ?

CAP VERS LE BAC — Zoom sur l'algorithmique

Cette page fait le point sur les capacités relatives à l'algorithmique et à la programmation, liées au chapitre 6, qui peuvent être demandées lors de l'évaluation commune.

UN EXEMPLE PYTHON

Lors d'une loterie, un joueur fait tourner une roue divisée en neuf secteurs égaux numérotés de 1 à 9. S'il tombe sur le secteur portant le numéro 1, il gagne 6 €. Sinon, il relance la roue : s'il tombe sur un secteur portant un numéro entre 1 et 4, il gagne 4 €. Sinon il ne gagne rien.

On considère la fonction Python jeu retournant le gain du joueur avec la variable gain. La variable lancer1 contient le numéro du secteur obtenu lors du premier tour de roue, et la variable lancer2 celui obtenu lors du second tour de roue.

```
2  def jeu():
3      lancer1 = randint(1,9)
4      if lancer1 == 1:
5          gain = 6
6      else:
7          lancer2 = randint(1,9)
8          if lancer2 <= 4:
9              gain = 4
10         else:
11             gain = 0
12     return(gain)
```

On considère également la fonction Python gain_moyen incomplète donnée ci-contre.

```
30 def gain_moyen(n):
31     gain_total = ...
32     for i in range(...):
33         gain_total = ... + jeu()
34     return(gain_total/...)
```

LES QUESTIONS QUI PEUVENT ÊTRE POSÉES LE JOUR DU BAC	RÉPONSES
Exécuter un programme **1. a.** Si l'appel randint(1,9) à la ligne **7** renvoie 5, que contient la variable gain ?	**1. a.** La valeur 5 est affectée à la variable lancer2 : la condition lancer2<=4 de l'instruction de la ligne **8** n'est pas vérifiée : on exécute alors l'instruction de la ligne **11**. La valeur 0 est alors affectée à la variable gain.
b. On suppose que l'appel randint(1,9) à la ligne **3** renvoie 1. Détailler l'exécution de la fonction jeu.	**b.** La valeur 1 est affectée à la variable lancer1 : la condition lancer1==1 de la ligne **4** est vérifiée : on exécute alors l'instruction de la ligne **5** : la valeur 6 est alors affectée à la variable gain, puis retournée.
c. On suppose que l'appel randint(1,9) à la ligne **3** renvoie 2, puis que l'appel randint(1,9) à la ligne **7** renvoie 3. Quelle est la valeur retournée par l'appel jeu() ?	**c.** Dans ce cas, la condition de l'instruction conditionnelle de la ligne **4** n'est pas vérifiée, et celle à la ligne **8** est vérifiée : la valeur retournée est donc celle affectée à la ligne **9**, soit 4.
Comprendre un programme **2.** Soit X la variable aléatoire associée au gain du joueur. Quelle est la valeur de $P(X=4)$?	**2.** Pour obtenir un gain de 4 €, on doit obtenir un résultat différent de 1 au premier lancer, puis un résultat compris entre 1 et 4 au second lancer. Le premier événement a pour probabilité $1-\frac{1}{9}=\frac{8}{9}$, le second $\frac{4}{9}$. Puisque les deux épreuves sont indépendantes, $P(X=4)=\frac{8}{9}\times\frac{4}{9}=\frac{32}{81}$.
Modifier un programme **3.** Le joueur doit payer 1 € pour jouer. Que doit-on modifier dans le programme ?	**3.** Il faut modifier les affectations de la variable gain : 5 au lieu de 6 à la ligne **5**, 3 au lieu de 4 à la ligne **9** et – 1 au lieu de 0 à la ligne **11**.
Compléter un programme **4.** Compléter le script de la fonction gain_moyen afin qu'elle retourne le gain moyen d'un joueur quand on effectue n parties. *Méthode* Pour compléter un programme, on peut s'aider d'un exemple.	**4.** La variable gain_total est un accumulateur. À la ligne **31**, on initialise la variable gain_total à 0. Pour simuler n parties, on utilise l'instruction for i in range(n) à la ligne **32**. À chaque itération, on exécute jeu() et on ajoute le résultat retourné à la variable gain_total. Le gain moyen est le quotient du gain total par le nombre n de parties. On complète ainsi la ligne **34**.

```
30 def gain_moyen(n):
31     gain_total = 0
32     for i in range(n):
33         gain_total = gain_total + jeu()
34     return(gain_total/n)
```

Sujet commenté

Thèmes
- Loi binomiale
- Coefficients binomiaux
- Loi de probabilité
- Espérance

ÉNONCÉ — MODÉLISER — CALCULER

Un artiste expose son nouveau concept : chaque mois, il crée une œuvre unique qu'il expose dans un lieu à chaque fois différent. Après l'exposition, si l'œuvre n'est pas vendue, elle est détruite. Il recommence ainsi le mois suivant. Vu la notoriété de l'artiste, on estime à 0,9 la probabilité que l'œuvre soit vendue une fois exposée. Les ventes sont indépendantes les unes des autres.

1. L'artiste décide d'étaler son projet sur trois mois.
On note X la variable aléatoire comptant le nombre d'œuvres vendues.
a. Déterminer la loi suivie par X, puis représenter cette situation à l'aide d'un arbre pondéré.
b. Calculer la probabilité que l'artiste vende exactement une œuvre.
c. Calculer la probabilité que l'artiste vende au moins une œuvre.
d. Calculer $P(X=3)$, puis vérifier que $P(X=2)=0{,}243$.

2. Plus l'artiste vend d'œuvres, plus il les vend au prix fort. On estime que s'il vend une œuvre sur les trois mois, il gagne 10 000 € ; s'il en vend deux, il gagne 40 000 €. S'il vend les trois, il gagnera 100 000 €. On note Y la variable aléatoire donnant le gain de l'artiste, en milliers d'euros. Déterminer la loi de probabilité de Y, puis calculer son espérance. Interpréter ce nombre.

3. Finalement, l'artiste décide d'étaler ce projet sur dix mois : X suit alors la loi binomiale de paramètres $n=10$ et $p=0{,}9$. Calculer la probabilité que l'artiste vende exactement 9 œuvres.

COMPRENDRE L'ÉNONCÉ ET CHOISIR LES MÉTHODES / SOLUTION COMMENTÉE

1. a. Identifier qu'il y a répétition d'une épreuve de Bernoulli de façon identique et indépendante.
Capacités 2 et 3, p. 164, 165

1. a. L'expérience consiste à vendre des œuvres de façon identique et indépendante. On construit un arbre à trois niveaux en plaçant à l'extrémité de chaque branche S ou $\overline{S}$. L'énoncé donne $P(S)=0{,}9$ donc
$$P(\overline{S})=1-0{,}9=0{,}1.$$
On obtient l'arbre ci-contre.

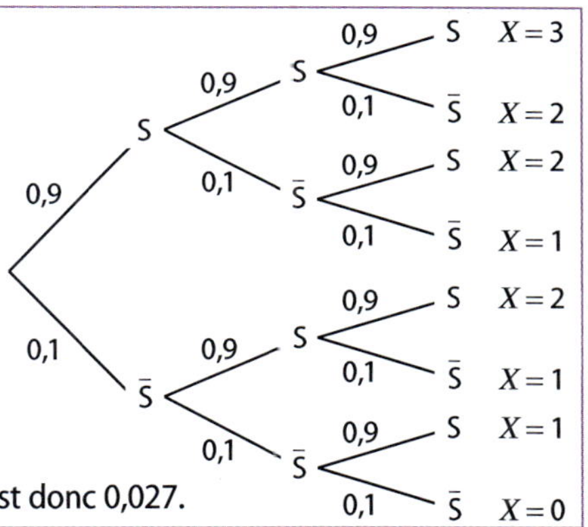

1. b. Utiliser l'arbre pondéré.
Capacité 4, p. 165

1. b. Il y a trois chemins qui conduisent à un seul succès. La probabilité de chacun de ces chemins est $0{,}9^1\times0{,}1^2=0{,}009$.
La probabilité qu'il vende une seule œuvre est donc 0,027.

1. c. Calculer la probabilité d'un événement contraire.
Capacité 4, p. 165

1. c. L'événement contraire de l'événement : « vendre au moins une œuvre » est « ne vendre aucune œuvre ». Donc $P(X\geqslant1)=1-P(X=0)$. Or $P(X=0)=0{,}1^3$ d'après l'arbre pondéré. La probabilité qu'il vende au moins une œuvre est $1-0{,}1^3=0{,}999$.

1. d. Utiliser le fait que la somme de toutes les probabilités vaut 1.
Capacité 4, p. 165

1. d. $P(X=3)=0{,}9^3=0{,}729$ d'après l'arbre de probabilité. De plus la somme des probabilités de la forme $P(X=k)$ vaut 1, donc :
$$P(X=2)=1-(P(X=0)+P(X=1)+P(X=3))$$
$$=1-(0{,}001+0{,}027+0{,}729)=0{,}243.$$

2. Déterminer les valeurs prises par Y, puis calculer leurs probabilités en les reliant aux événements $\{X=k\}$.
Capacité 1, p. 164

2. L'événement $\{Y=0\}$ est l'événement $\{X=0\}$; l'événement $\{Y=10\}$ est l'événement $\{X=1\}$ …

y_i	0	10	40	100
$P(Y=y_i)$	0,001	0,027	0,243	0,729

Les valeurs de Y étant exprimées en milliers d'euros, on obtient la loi de probabilité ci-dessus.
$E(Y)=0\times0{,}001+10\times0{,}027+40\times0{,}243+100\times0{,}729=82{,}89$, ainsi l'artiste peut espérer gagner 82 890 € en moyenne s'il réitère un grand nombre de fois ce projet.

3. Utiliser l'image mentale de l'arbre.
Capacité 7, p. 169

3. Un chemin comportant neuf succès comporte nécessairement un échec et sa probabilité vaut $0{,}9^9\times0{,}1^1$. Le nombre de ces chemins est donné par le coefficient binomial $\binom{10}{9}$ qui vaut 10. On a donc $P(X=9)=10\times0{,}9^9\times0{,}1^1\approx0{,}387$.

Pour se préparer à l'écrit

Ces sujets permettent de travailler les capacités liées au chapitre 6 et attendues à l'évaluation commune.

Automatismes 30 min

Thèmes • Fonctions • Évolutions et pourcentages • Calculs numériques • Statistiques et probabilités

1. Soit f la fonction définie sur $\mathbb{R}$ par :

$$f(t) = \frac{1}{3}t^3 - 2t^2 + 4t - 31.$$

Étudier les variations de la fonction f sur $\mathbb{R}$.

2. Un objet coûte 121 € après une augmentation de 10 %. Déterminer son prix avant augmentation.

3. Un objet coûte 60 € après une diminution de 25 %. Déterminer son prix avant diminution.

4. Sur un réseau social, un blogueur gagne environ 800 abonnés par semaine. On modélise le nombre d'abonnés après n semaines par une suite (u_n). Au départ, le blogueur dispose de 5 000 abonnés, soit $u_0 = 5\,000$.
a. Quelle est la nature de la suite (u_n) ?
b. On suppose que $u_n = 5\,000 + 800n$. Calculer u_{11}.

5. Convertir les grandeurs suivantes :
a. 42 km en dm. **b.** 1 dm^3 en m^3.

6. Soit les points A et B de coordonnées respectives (– 1 ; 3) et (2 ; 6). Déterminer l'équation réduite de la droite (AB).

7. Une association fait son bilan annuel. Au total elle a 400 adhérents : 250 au tarif plein de 25 € et 100 au tarif enfant de 5 €. Le reste est constitué des retardataires adultes qui ont adhéré pour 12,5 € après les six premiers mois de l'année.
Soit A la variable aléatoire égale au montant de l'adhésion d'un membre de l'association choisi au hasard dans l'association.
On donne ci-dessous la loi de probabilité de A :

x_i	5	12,5	25
$P(A = x_i)$	$\frac{1}{4}$	a	$\frac{5}{8}$

a. Déterminer la valeur de a.
b. Calculer l'espérance de A.

8. On considère une urne contenant trois boules bleues et deux boules jaunes. On tire au hasard, successivement et avec remise, trois boules de cette urne et on note leur couleur. Représenter cette situation par un arbre pondéré.

Sujet A 45 min

REPRÉSENTER CALCULER

Thèmes • Loi de probabilité d'une variable aléatoire • Espérance • Coefficients binomiaux • Loi binomiale

Un concurrent participe à un concours de tir à l'arc, sur une cible circulaire. À chaque tir, la probabilité qu'il atteigne la cible est égale à 0,8. On considère que les tirs sont indépendants.
On suppose que n flèches sont tirées, n étant un entier supérieur ou égal à 2.
On note X la variable aléatoire comptant le nombre de flèches atteignant la cible.

1. a. Quelle est la loi suivie par X ? Quels sont ses paramètres ?
b. Si le concurrent souhaite atteindre en moyenne la cible douze fois, combien de fois doit-il tirer ?

2. Le concurrent tire quatre flèches.
a. Représenter la situation par un arbre pondéré.
b. Déterminer les probabilités $P(X = 4)$ et $P(X = 3)$.
c. En déduire la probabilité $P(X \leqslant 2)$.

3. Le concurrent tire huit flèches. Deux spectateurs, Antonin et Joseph, lancent un pari : si les huit flèches atteignent la cible, Joseph donne 10 € à Antonin ; si 4 à 7 flèches atteignent la cible, Joseph donne 5 € à Antonin. Si aucune flèche n'atteint la cible, c'est Antonin qui donne 10 € à Joseph.
Dans les cas restants, Antonin donne 5 € à Joseph.
On note A la variable aléatoire associée au gain d'Antonin.
a. Quelles sont les valeurs prises par la variable aléatoire A ?
b. Calculer $P(A = -10)$ et $P(A = 10)$.
c. Construire les neuf premières lignes du triangle de Pascal.
d. En déduire les valeurs des nombres :

$$\binom{8}{4}, \binom{8}{5}, \text{ et } \binom{8}{6}.$$

e. Calculer :

$$P(X = 4),\ P(X = 5),\ P(X = 6) \text{ et } P(X = 7).$$

f. En déduire la probabilité que 4 à 7 flèches atteignent la cible.
g. Donner alors la loi de probabilité de A.
h. Calculer l'espérance de A, puis interpréter ce nombre.

CAPACITÉS MISES EN ŒUVRE
Question 2. a. ▸ Capacité 3 p. 165
Question 2. b. ▸ Capacité 2 p. 164
Question 2. c. ▸ Capacité 4 p. 165
Question 3. c. ▸ Capacité 5 p. 168
Question 3. d. ▸ Capacité 6 p. 168
Question 3. e. ▸ Capacité 7 p. 169
Question 3. g. et h. ▸ Capacité 1 p. 164

Sujet B 20 min

RAISONNER CALCULER

Thèmes • Loi binomiale • Espérance

Un fabricant de tiges métalliques filetées possède deux machines : la machine A et la machine B.
Une tige sortant de la machine A est conforme dans 75 % des cas. Si elle n'est pas conforme, elle est retraitée.
Le fabricant décide de faire des contrôles et réalise des prélèvements sur des lots de dix tiges filetées.
On note X, pour chaque lot examiné, la variable aléatoire comptant le nombre de tiges filetées conformes.

1. Quelle est la loi suivie par X ? En préciser les paramètres.

2. Déterminer $P(X = 9)$, puis $P(X = 10)$.

3. Déterminer $P(X \leqslant 8)$.

4. Calculer $E(X)$, puis donner une interprétation de ce nombre.

CAPACITÉS MISES EN ŒUVRE
Question 1. ▸ Capacité 3 p. 165
Question 2. ▸ Capacité 7 p. 169
Question 4. ▸ Capacité 8 p. 169

Sujet C 20 min

RAISONNER · CALCULER

Thèmes
- Loi de probabilité d'une variable aléatoire
- Espérance

Une usine produit trois types d'ampoules : les défectueuses qui seront détruites (10 % de la production) et rapporteront donc 0 €, les ampoules haute performance vendues 3 € pièce au détaillant (30 % de la production), le reste de la production étant vendu 1 € pièce au détaillant.

Soit Y la variable aléatoire égale au prix d'une ampoule prise au hasard dans la production.

1. Donner la loi de probabilité de Y.

2. Déterminer l'espérance de Y.
En donner une interprétation.

3. Sachant que la production d'une ampoule revient à 0,50 €, quel est le bénéfice moyen réalisé par le fabricant ?

CAPACITÉS MISES EN ŒUVRE
Question 2. ▸ Capacité 1 p. 164

Sujet D 30 min

CHERCHER · CALCULER

Thèmes
- Loi binomiale
- Coefficients binomiaux
- Espérance

La société Héliocel fabrique des cellules photovoltaïques destinées à être assemblées pour former des panneaux solaires. On estime que 5 % des cellules fabriquées par Héliocel présentent un défaut et sont donc inutilisables. On prélève au hasard un lot de 80 cellules dans la production pour vérification. Le nombre de cellules produites est suffisamment important pour que l'on assimile ce prélèvement à un tirage avec remise de 80 cellules.

On appelle X la variable aléatoire qui, à chaque lot de 80 cellules, associe le nombre de cellules inutilisables.

1. Quelle est la loi suivie par X ?
Préciser ses paramètres.

2. Quelle est la probabilité qu'un lot ne contienne aucune cellule inutilisable ?
Une cellule inutilisable exactement ?

3. Afin de diversifier son offre, la société propose des panneaux pré-montés de dix cellules pour les amateurs de camping. Au bout de dix ans, on estime qu'une cellule fonctionne encore avec une probabilité égale à 0,7.
Au vu du câblage, le panneau reste fonctionnel avec un rendement plus faible s'il reste entre six et huit cellules en état. Quelle est la probabilité que cela arrive ?

CAPACITÉS MISES EN ŒUVRE
Question 1. ▸ Capacité 3 p. 165
Question 2. ▸ Capacité 7 p. 169
Question 3. ▸ Capacité 8 p. 169

Sujet E 30 min

CALCULER · RAISONNER

SOLUTION EN FIN DE MANUEL

bordas Flash PAGE corrigé détaillé

Thèmes • Coefficients binomiaux • Loi binomiale • Espérance

QCM *Choisir la ou les bonnes réponses.*

1. La valeur de $\binom{10}{8}$ est :

a. $\frac{5}{4}$ **b.** 120 **c.** 45 **d.** 9

2. $\binom{n}{0}+\binom{n}{1}+\binom{n}{n}$ est égal à :

a. 3 **b.** $n+2$ **c.** $2n+1$ **d.** n^2+n+1

3. Si X est une variable aléatoire suivant la loi binomiale de paramètres $n=10$ et $p=0{,}3$, alors $P(X=5)$ vaut, à 0,001 près :

a. 0,004 **b.** 0,953 **c.** 0,103 **d.** 0,002

4. Margaux tente trois lancers francs au basket. La probabilité qu'elle réussisse un lancer est de 0,7. Les lancers sont supposés indépendants les uns des autres.

a. La probabilité qu'elle réussisse ses trois lancers vaut :

- $3\times 0{,}7$ • $\frac{0{,}7}{3}$ • $0{,}3^3$ • $0{,}7^3$

b. La probabilité qu'elle réussisse au moins deux de ses trois lancers vaut, à 10^{-3} près :

- 0,216 • 0,343 • 0,441 • 0,784

CAPACITÉS MISES EN ŒUVRE
Question 1. ▸ Capacité 6 p. 168
Question 2. ▸ Capacité 5 p. 168
Question 3. ▸ Capacité 7 p. 169
Questions 4 et 5. ▸ Capacité 7 p. 169

Sujet F 30 min

CHERCHER · CALCULER

Thèmes • Variables aléatoires • Espérance • Loi binomiale

VRAI/FAUX *Pour chacune des affirmations suivantes, indiquer si elle est vraie ou fausse et justifier.*

1. Soit X une variable aléatoire dont la loi de probabilité est donnée ci-dessous.

x_i	0	1	2	-3
$P(X=x_i)$	0,15	0,25	0,3	0,3

Affirmation ① : « si X représente le gain à un jeu, alors ce jeu est équilibré ».

2. Gaël lance une pièce de monnaie équilibrée six fois de suite.
Affirmation ② : « la probabilité que Gaël obtienne au moins trois fois le côté Pile vaut $\frac{1}{2}$ ».

3. Soit Y une variable aléatoire qui suit la binomiale de paramètres $n=7$ et $p=0{,}3$.
Affirmation ③ : « dans l'arbre pondéré représentant cette situation, il y a 21 chemins réalisant 5 succès ».

4. Soit Z une variable aléatoire qui suit la binomiale de paramètres $n=9$ et $p=0{,}6$.
Affirmation ④ : « à 10^{-2} près, $P(Z\leqslant 7)\approx 0{,}93$ ».

EXERCICES **Revoir des points essentiels**

PARCOURS 1 Déterminer la loi de probabilité d'une variable aléatoire

Un exemple : Un joueur tire au hasard une carte dans un jeu de 32 cartes.
Il gagne 8 € s'il tire un as, 5 € s'il tire une figure (Valet, Dame ou Roi) et perd un euro dans les autres cas.
Soit X la variable aléatoire qui, à chaque tirage, associe le gain du joueur (positif ou négatif). Déterminer la loi de probabilité de X.

Ma réflexion	→ Ma démarche
Comment démarrer ?	Je dois déterminer les valeurs prises par la variable aléatoire X. ► *Quelles sont ces valeurs dans cet exemple ?*
Comment continuer ?	Je commence par décrire chacun des événements de la forme $\{X = k\}$. L'événement $\{X = 8\}$ correspond au tirage d'un as. ► *Décrire de la même manière les deux autres événements de la forme $\{X = k\}$.*
Comment obtient-on la probabilité d'un événement $\{X = k\}$?	Je sais que la probabilité $P(X = 8)$ est la probabilité d'obtenir un as. ► *Justifier que $P(X = 8) = \frac{4}{32}$. Déterminer de même les autres probabilités.*
Comment peut-on vérifier les résultats obtenus ?	Je peux additionner toutes les probabilités trouvées précédemment. ► *Vérifier que cette somme est égale à 1.*

114 Un joueur lance un dé équilibré à six faces numérotées de 1 à 6 : il gagne 5 € s'il obtient la face numérotée 5, il gagne 3 € s'il obtient une face avec une valeur multiple de 3 et il perd 2 € dans les autres cas.
On note Y la variable aléatoire qui, à chaque lancer, associe le gain du joueur (positif ou négatif).
Déterminer la loi de probabilité de Y.

115 Une urne contient 5 bulletins où il est écrit le mot « cou », 4 bulletins où il est écrit le mot « pied » et un bulletin tiré où il est écrit le mot « doigt ». Un joueur tire un bulletin au hasard et le remet dans l'urne.
On note Z la variable aléatoire qui, à chaque tirage, associe le nombre de lettres du mot inscrit sur le bulletin tiré par le joueur. Déterminer la loi de probabilité de Z.

PARCOURS 2 Calculer des probabilités relatives à la loi binomiale

Un exemple : Soit X une variable aléatoire suivant la loi binomiale de paramètres $n = 10$ et $p = 0{,}7$.
Déterminer les probabilités $P(X = 9)$ et $P(X = 5)$, à 0,01 près.

Ma réflexion	→ Ma démarche
Que me demande-t-on ?	Je dois calculer la probabilité d'événements du type $\{X = k\}$ liés à une loi binomiale. ► *Combien d'étages contient l'arbre pondéré associé à cette loi ?* *À quoi correspond l'événement $\{X = 9\}$ sur l'arbre pondéré associé à cette loi ?*
Comment calculer la probabilité de l'événement $\{X = 9\}$?	Je commence par déterminer la probabilité d'un chemin de l'arbre ayant 9 succès. ► *Combien d'échecs comporte un tel chemin ? En déduire la probabilité de ce chemin.*
Comment conclure le calcul de $P(X = 9)$?	Je dois déterminer le nombre de chemins comportant 9 succès. ► *Il s'agit du coefficient binomial $\binom{10}{9}$. Le déterminer, puis conclure.*
Que dois-je faire pour déterminer $P(X = 5)$?	Je cherche d'abord la probabilité d'un chemin comprenant 5 succès. ► *Calculer cette probabilité. Quel est le nombre de chemins comportant 5 succès ?*
Comment conclure le calcul de $P(X = 5)$?	Je dois construire le triangle de Pascal jusqu'à la ligne correspondant à $n = 10$. ► *Pourquoi dois-je construire ce triangle ? En déduire $\binom{10}{5}$, et terminer le calcul.*

116 Soit X une variable aléatoire suivant la loi binomiale de paramètres $n = 6$ et $p = 0{,}51$.
Calculer $P(X = 5)$, puis $P(X = 3)$.

117 Soit X une variable aléatoire suivant la loi binomiale de paramètres $n = 20$ et $p = 0{,}15$.
Calculer $P(X = 1)$, puis $P(X = 19)$.

Ouverture sur ... La Loi binomiale

ESPÉRANCE ET GAIN AUX JEUX DE HASARD

L'espérance (mathématique) est une notion mathématique introduite par le mathématicien néerlandais Christian Huygens (1629-1695) : il s'en servit pour résoudre des problèmes de probabilité, abordés aussi par Blaise Pascal et Pierre de Fermat. Dans les jeux d'argent et de hasard, le joueur espère remporter un gain. L'espérance mathématique des jeux est calculée par leurs créateurs de façon à gagner de l'argent : elle n'est généralement pas en faveur du joueur. Cependant, la perspective de gagner des sommes d'argent très élevées incite à jouer.

FABRICATION SOUS CONTRÔLE

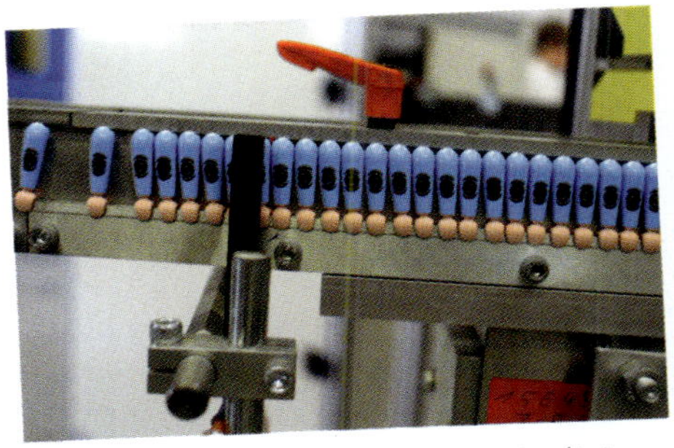

La loi binomiale et d'autres lois de probabilités ont entraîné une vaste réflexion autour des mathématiques appliquées et ont abouti à la création de nombreux tests statistiques. Par exemple, si une chaîne de production fabrique des objets dont 2 % sont défectueux, et si on prélève au hasard 50 objets dans cette chaîne, la probabilité d'en trouver 5 défectueux vaut $\binom{50}{45} \times 0{,}98^{45} \times 0{,}02^{5}$, soit environ 0,0027 ! Si cela arrive, étant donné que cette probabilité est extrêmement faible, il est judicieux de se demander si la ligne de production n'a pas un problème !

Les mathématiques aujourd'hui

Srinivasa Varadhan, né le 2 janvier 1940 à Madras, est un mathématicien indien résidant aux États-Unis.

En 2007, il devient lauréat du prix Abel, qui est le second prix (avec la médaille Fields) à être considérée comme un équivalent du prix Nobel en mathématiques. Ce prix est décerné par l'Académie norvégienne des sciences et des lettres.

Les travaux de Varadhan portent sur le principe de grandes déviations, qui concerne les lois de probabilités. Ce principe a permis une meilleure compréhension de certains mouvements browniens et a des applications dans des domaines aussi divers que la physique statistique ou l'économie théorique.

Une marche aléatoire, ou random walk en anglais, est un modèle mathématique d'un système évoluant de façon discrète, composé d'une succession d'évolutions effectuées « au hasard ».
Les marches aléatoires permettent de modéliser de nombreux phénomènes comme, par exemple, le mouvement brownien (mouvement dans un fluide d'une particule soumise au choc de ses voisines) décrit par le botaniste Robert Brown en 1827.

PROBLÈMES DU THÈME

1. Retour à l'origine
2. Déplacement d'une coccinelle
3. Marche en deux dimensions

PROBLÈME 1 — Retour à l'origine

MODÉLISER · CHERCHER · PYTHON

Lorsqu'un automate se déplace aléatoirement entre plusieurs points de référence, une des premières questions qui apparaît est « l'automate revient-il à son point de départ ? ».
Cette question peut être prolongée par « Si oui, au bout de combien de temps cela se produit-il ? ».

Point Histoire

C'est le mathématicien hongrois **George Pólya** (1887-1985) qui, le premier, a utilisé l'expression « marche aléatoire » vers 1920.

Un pion est placé sur la case de départ du plateau ci-contre.

Le lancer d'une pièce non truquée détermine le déplacement du pion : PILE, le pion se déplace vers la droite ; FACE, le pion se déplace vers la gauche. À chaque lancer, on attribue le réel + 1 si le résultat est PILE et – 1 si le résultat est FACE.

Un trajet est une succession de n déplacements, où n est un entier naturel, et on note S_n la somme des nombres + 1 ou – 1 correspondant aux n lancers d'un trajet.

On s'intéresse à l'événement D_n : « le pion est revenu à la case départ après les n déplacements d'un trajet ». Ainsi, $P(D_n) = P(S_n = 0)$.

1. Quelles sont les valeurs possibles de S_1 si le pion effectue un trajet d'un seul déplacement ? En déduire la valeur de $P(D_1)$.

2. En s'aidant d'un arbre pondéré, déterminer les valeurs possibles de S_2 lorsque le pion effectue un trajet de deux déplacements. En déduire la valeur de $P(D_2)$.

3. a. Recopier, puis compléter la fonction Python ci-contre qui permet de réaliser la simulation d'un trajet de n déplacements.

b. Tester cette fonction dans le cas où le pion effectue un trajet de 1 ou 2 déplacements et vérifier que les valeurs obtenues sont cohérentes avec les résultats des questions précédentes.

```
from random import *

def trajet(n):
    s=0
    for k in range( ... ):
        lancer=randint(0,1)
        if lancer == 1:
            ...
        else:
            ...
    return(s)
```

4. a. Compléter la fonction précédente de façon à pouvoir simuler plusieurs trajets du pion et de calculer la fréquence de l'événement D_n.

b. Quelle valeur obtient-on pour $P(D_n)$ quand n est impair ? Justifier.

5. a. Simuler plusieurs trajets du pion avec $n = 4$. En déduire une estimation de $P(D_4)$. On pourra s'aider du tableau ci-contre.

Nombre d'essais	100	500	1 000	5 000	100 000
Fréquence de D_4	...	...	...	...	...

b. En s'aidant d'un arbre pondéré, déterminer la valeur de $P(D_4)$ et comparer cette valeur à l'estimation obtenue dans la question **5. a.**

6. a. En procédant comme à la question **5**, déterminer une estimation de la valeur de $P(D_n)$ pour différentes valeurs paires de n.

b. Comment évolue $P(D_n)$ quand n augmente, en restant pair ?

Urne de Pólya

Une urne contient au départ une boule blanche et une boule rouge. On tire une boule dans l'urne et on la remet en ajoutant une autre boule de la même couleur. On répète plusieurs fois l'opération. L'évolution des proportions successives de boules blanches dans l'urne est une marche aléatoire.

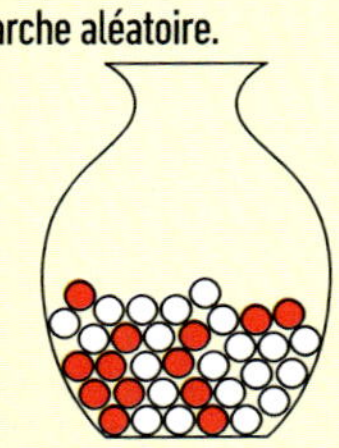

2 PROBLÈME Déplacement d'une coccinelle

REPRÉSENTER — CALCULER

On peut utiliser les marches aléatoires pour modéliser des phénomènes discrets.
Par exemple, les urnes de Pólya peuvent servir pour modéliser la propagation de maladies infectieuses.

Point Histoire

L'idée de marche aléatoire a été introduite en 1905 par le biostatisticien britannique **Karl Pearson** (1857-1936) pour rendre compte des migrations d'une population de moustiques dans une forêt.

Une coccinelle se déplace aléatoirement sur les sommets d'un triangle ABC. Elle part du sommet A, puis vole vers un autre sommet. Pour atteindre le sommet suivant, la probabilité qu'elle se déplace dans le sens des aiguilles d'une montre est $\frac{2}{3}$ et la probabilité qu'elle se déplace dans le sens inverse des aiguilles d'une montre est $\frac{1}{3}$.

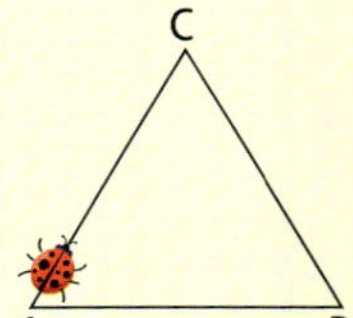

1. On s'intéresse aux deux premiers déplacements.

a. Représenter les différentes issues possibles de cette expérience aléatoire à l'aide d'un arbre pondéré.

b. Quelle est la probabilité que la coccinelle soit allée au moins une fois sur chacun des trois sommets au bout des deux premiers déplacements ?

2. Quelle est la probabilité que la coccinelle soit allée au moins une fois sur chacun des trois sommets au bout de trois déplacements ? Comparer avec le résultat précédent.

3 PROBLÈME Marche en deux dimensions

RAISONNER — CALCULER — TABLEUR

Les « pas » d'une marche aléatoire sont indépendants les uns des autres. Cela signifie qu'à chaque instant, l'évolution du système dépend de son état actuel, pas de son passé : le système « perd la mémoire ».
C'est pourquoi une marche aléatoire est parfois appelée « marche de l'ivrogne ».

Mouvement brownien

Le mouvement brownien est une description mathématique du mouvement aléatoire d'une « grosse » particule immergée dans un fluide et qui n'est soumise à aucune autre interaction que des chocs avec les « petites » molécules du fluide environnant.
En 1905, Einstein a fourni une description quantitative du mouvement brownien.

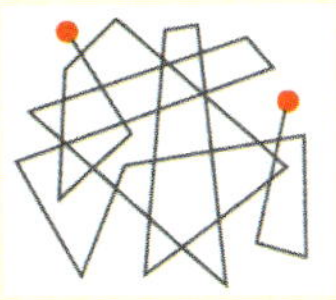

Pour simuler le comportement d'un drone soumis à des vents violents, un bureau d'étude lui fait survoler un couloir aérien de 5 mètres de long et 2 m de large.
À chaque mètre sont fixés des souffleurs qui simulent l'action du vent au passage du drone et modifient sa trajectoire :
- soit le drone avance d'un mètre tout droit (pas de vent) ;
- soit le drone avance en diagonale vers la gauche ;
- soit le drone avance en diagonale vers la droite.

Les souffleurs sont programmés pour que ces trois types de déplacements apparaissent de manière équiprobable. On schématise le couloir aérien par le rectangle bleu ci-contre dans un repère du plan.

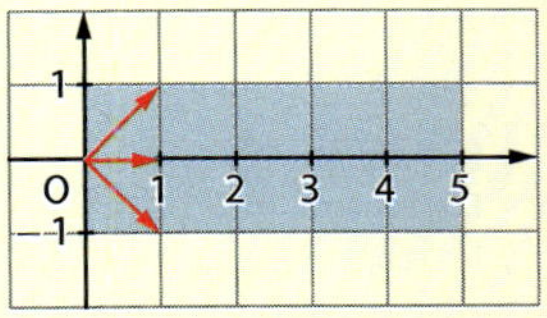

Le drone aura traversé le couloir s'il arrive à l'abscisse 5 tout en restant entre les ordonnées – 1 et 1.

1. Le drone part du point O. À l'aide d'un arbre pondéré, déterminer la probabilité qu'il soit toujours dans le couloir aérien au bout de 2 mètres.

2. Pour tout entier n compris entre 0 et 5, on considère les événements :
A_n : « après n déplacements, l'ordonnée du drone est – 1 » ;
B_n : « après n déplacements, l'ordonnée du drone est 0 » ;
C_n : « après n déplacements, l'ordonnée du drone est 1 ».
On note $a_n = P(A_n)$, $b_n = P(B_n)$ et $c_n = P(C_n)$. Donner les valeurs de a_0, b_0 et c_0.

3. Pour tout entier n compris entre 0 et 4, on admet les relations :

$$a_{n+1} = \frac{a_n + b_n}{3}, \quad b_{n+1} = \frac{a_n + b_n + c_n}{3} \quad \text{et} \quad c_{n+1} = \frac{b_n + c_n}{3}.$$

Calculer a_1, b_1 et c_1. Retrouver la réponse à la question **1**.

4. a. Pour tout entier n compris entre 0 et 5, déterminer une valeur approchée de a_n, b_n et c_n à l'aide d'un tableur.

b. En déduire une valeur approchée à 0,001 près de la probabilité que le drone traverse le couloir aérien.

n	a_n	b_n	c_n
0	0	1	0
1	0,3333333	0,3333333	0,3333333
2	0,2222222	0,3333333	0,2222222

L'optimisation linéaire permet de déterminer la valeur que doivent prendre différentes variables pour aboutir à une situation optimale, compte tenu de contraintes traduites par des équations ou inéquations linéaires. Elle est par exemple utilisée en logistique.

PROBLÈMES DU THÈME

1. Régionnement du plan
2. Optimisation sous contraintes
3. Détermination d'un coût minimal

PROBLÈME 1 Régionnement du plan

REPRÉSENTER CHERCHER

Une couturière fabrique des pantalons suivant deux modèles A ou B.

Elle dispose de 15 mètres de tissu par semaine et travaille au maximum 40 heures par semaine.

Le modèle A nécessite 1 mètre de tissu et 4 heures de travail.

Le modèle B nécessite 1,50 mètre de tissu et 2 heures de travail.

On veut déterminer les nombres de pantalons du modèle A et du modèle B que la couturière peut réaliser.

Partie A ▪ Traduction des contraintes

On note x le nombre de pantalons du modèle A et y le nombre de pantalons du modèle B fabriqués par semaine.

1. a. Exprimer en fonction de x et y la quantité de tissu utilisé pour fabriquer x pantalons du modèle A et y pantalons du modèle B.

b. En déduire que $x + 1{,}5y \leqslant 15$.

2. Montrer que la contrainte relative au temps de fabrication de x pantalons du modèle A et y pantalons du modèle B se traduit par : $4x + 2y \leqslant 40$.

3. Montrer que les productions hebdomadaires de la couturière sont les entiers naturels x et y solutions du système (S) : $\begin{cases} x \geqslant 0 \text{ et } y \geqslant 0 \\ y \leqslant 10 - \dfrac{2}{3}x \\ y \leqslant 20 - 2x \end{cases}$.

À noter

Dans le plan, une droite d'équation $ax + by + c = 0$ partage le plan en deux demi-plans. L'un contient les points dont les coordonnées $(x\,;y)$ vérifient $ax + by + c \leqslant 0$ et l'autre contient les points dont les coordonnées $(x\,;y)$ vérifient $ax + by + c \geqslant 0$.

Partie B ▪ Représentation graphique

On va déterminer l'ensemble des points du plan dont les coordonnées $(x\,;\,y)$ sont solutions du système (S).

1. Dans un repère orthonormé d'unité graphique 1 cm, tracer les droites $\mathscr{D}_1$ et $\mathscr{D}_2$ d'équations respectives : $y = 10 - \dfrac{2}{3}x$ et $y = 20 - 2x$.

2. On décide d'hachurer les parties du plan qui ne contiennent pas les points de coordonnées $(x\,;\,y)$ solutions du système (S).

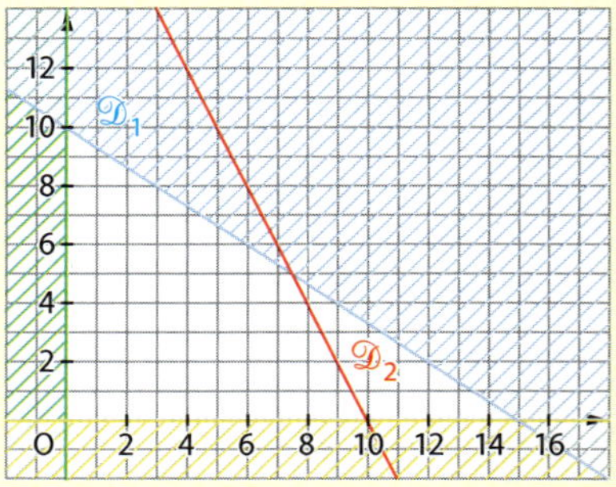

a. Expliquer pourquoi on a hachuré le demi-plan situé à gauche de l'axe des ordonnées et celui situé au-dessous de l'axe des abscisses.

b. L'ensemble des points dont les coordonnées $(x\,;\,y)$ vérifient l'inégalité $y \leqslant 10 - \dfrac{2}{3}x$ est un demi-plan de frontière la droite $\mathscr{D}_1$.

Justifier que ce demi-plan contient le point de coordonnées (3 ; 2).

Expliquer pourquoi on a hachuré le demi-plan situé au-dessus de $\mathscr{D}_1$ (en bleu sur la figure).

c. Déterminer de la même façon le demi-plan qui contient les points dont les coordonnées $(x\,;\,y)$ vérifient l'inégalité $y \leqslant 20 - 2x$.

Hachurer le demi-plan qui ne contient pas ces points.

3. Quel est l'ensemble des points du plan dont les coordonnées $(x\,;\,y)$ sont solutions du système (S) ?

2 PROBLÈME

Optimisation sous contraintes

REPRÉSENTER CHERCHER GÉOMÉTRIE

Pour étudier le taux de mortalité dans des colonies de rats, un laboratoire dispose d'une cage aménagée dans laquelle il veut placer x rats mâles et y rats femelles.

L'étude de contraintes liées à cette expérimentation a permis d'établir que le nombre x de rats mâles et le nombre y de rats femelles sont les coordonnées des points à coordonnées entières de la zone colorée en vert sur le graphique ci-dessous.

On veut déterminer le nombre maximal de rats que peut contenir la cage.

Fichier GeoGebra / Cabri
Disponible sur lycee.editions-bordas.fr

Soit N le nombre total de rats que peut contenir la cage.

1. Justifier que $x + y = N$.

2. On note D la droite d'équation $y = -x + N$ avec N entier compris entre 0 et 300. Répondre aux questions suivantes à l'aide du fichier logiciel mis à disposition.

a. Placer le curseur N sur 300. Est-il possible d'avoir 300 rats dans la cage ? Justifier.

b. De la même façon, déterminer s'il est possible d'avoir 100 rats ? 150 rats ? 200 rats ?

c. Est-il possible d'avoir plus de 280 rats ? Justifier

3. Énoncer une méthode graphique qui permet de connaitre le nombre maximal de rats que peut contenir la cage.

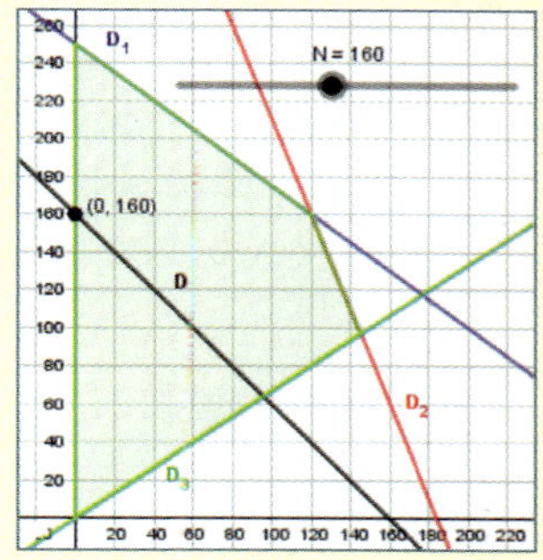

3 PROBLÈME

Détermination d'un coût minimal

REPRÉSENTER CHERCHER

Une commune désire aménager un nouvel espace vert. Une société de vente lui propose des lots A comprenant chacun dix rosiers, un magnolia et un camélia pour un montant de 200 € ou des lots B comprenant chacun cinq rosiers, un magnolia et trois camélias pour un montant de 300 €.

Les besoins sont d'au moins 100 rosiers, 16 magnolias et 30 camélias.

On veut déterminer le nombre de lots A et le nombre de lots B que l'on doit acheter pour couvrir les besoins au coût le plus faible possible.

Point Histoire

Le mathématicien américain **George Dantzig** (1914-2005) est l'inventeur de l'algorithme du simplexe en optimisation linéaire.

On désigne par x le nombre de lots A, et par y le nombre de lots B achetés. .
Le graphique ci-dessous présente une solution graphique de ce problème.

1. a. Quelle est la contrainte concernant le nombre de rosiers ?
Quelle est la droite frontière associée à cette contrainte ?

b. Quelle est la contrainte concernant le nombre de magnolias ?
Quelle est la droite frontière associee à cette contrainte ?

c. Quelle est la contrainte concernant le nombre de camélias ?
Quelle est la droite frontière associée à cette contrainte ?

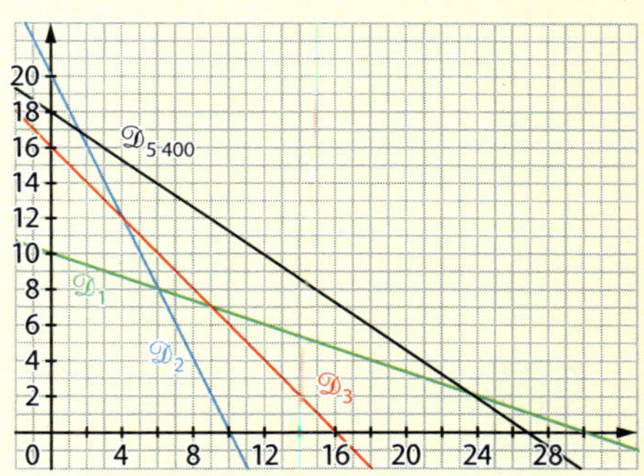

2. a. Si d désigne la dépense totale en euros pour l'achat de x lots A et y lots B, montrer que : $y = -\frac{2}{3}x + \frac{d}{300}$.

b. Soit d et d' deux nombres positifs.
Justifier que les droites d'équations $y = -\frac{2}{3}x + \frac{d}{300}$ et $y = -\frac{2}{3}x + \frac{d'}{300}$ sont parallèles.

3. La droite $\mathscr{D}_{5\,400}$ d'équation $y = -\frac{2}{3}x + \frac{5\,400}{300}$ est tracée sur le graphique ci-dessus.

Expliquer comment obtenir à l'aide du graphique le couple (x ; y) qui permet de satisfaire les besoins au coût le plus faible possible.

Quel est ce couple ? Calculer alors la dépense correspondante.

Dans certain cas, il est possible de calculer une valeur numérique approchée en utilisant des procédés aléatoires.
On parle alors de méthode de Monte-Carlo.
La démarche consiste à formuler un problème de probabilité dont la réponse coïncide avec la valeur cherchée et de résoudre ce problème à l'aide d'une simulation.

PROBLÈMES DU THÈME

1. Estimation d'une aire sous une parabole
2. Estimation du nombre π

PROBLÈME 1 — Estimation d'une aire sous la parabole

MODÉLISER — RAISONNER — PYTHON

On souhaite calculer l'aire de la surface colorée en vert, délimitée par la courbe de la fonction carré, l'axe des abscisses et les droites d'équations $x = 0$ et $x = 1$, dans un repère orthonormé du plan.

Cette surface, notée $\mathcal{S}$, est contenue dans un carré ABCD de côté 1. Elle est représentée ci-dessous.

Point Histoire

Les méthodes de Monte-Carlo ont commencé à se développer lors de la Seconde Guerre mondiale et des recherches sur la fabrication de la bombe atomique.

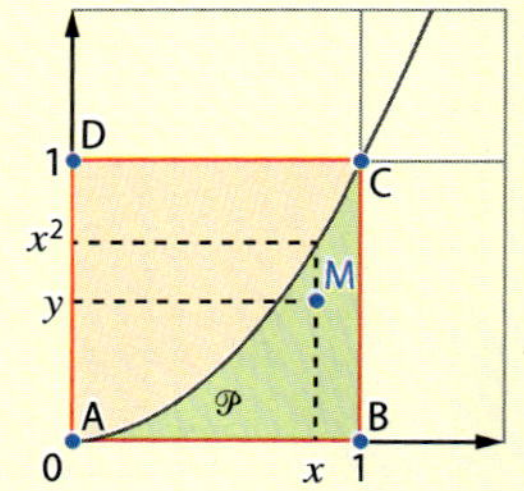

1. On choisit au hasard un point M $(x\ ;\ y)$ dans le carré et on cherche si ce point appartient à $\mathcal{S}$. Déterminer la condition que doivent vérifier ses coordonnées pour qu'il appartienne à $\mathcal{S}$.

2. On admet que l'on peut approcher l'aire de $\mathcal{S}$ par la proportion de points du carré ABCD appartenant à $\mathcal{S}$, lorsque l'on a choisi aléatoirement un très grand nombre de points dans le carré ABCD.

La fonction Python dont on donne le script incomplet ci-contre permet de répéter n fois l'expérience aléatoire décrite à la question 1.

```
from random import random
def carloparabole(n):
    S=0
    for k in range(n):
        x=random()
        y=random()
        if ...:
            S=S+1
    A=...
    return(A)
```

a. Que représente la variable S ?

b. Compléter le programme pour que la fonction carloparabole retourne une estimation de l'aire de $\mathcal{S}$.

3. Estimer l'aire de $\mathcal{S}$ en utilisant cette fonction.

PROBLÈME 2 — Estimation du nombre π

MODÉLISER — CALCULER — PYTHON

On lance au hasard une fléchette sur une cible carrée ABCD de côté 1. Cette cible $\mathcal{C}$ comporte un quart de disque de rayon 1 noté $\mathcal{D}$. Pour estimer π, on admet que la probabilité p pour que le point d'impact de la fléchette appartienne à $\mathcal{D}$ est égale au rapport de l'aire de $\mathcal{D}$ par l'aire de $\mathcal{C}$.

Point Histoire

Cette méthode est dite méthode de Monte-Carlo, en référence aux jeux de hasard pratiqués dans les casinos de cette ville. Elle a été ainsi nommée par le physicien gréco-américain Nicholas Metropolis en 1947.

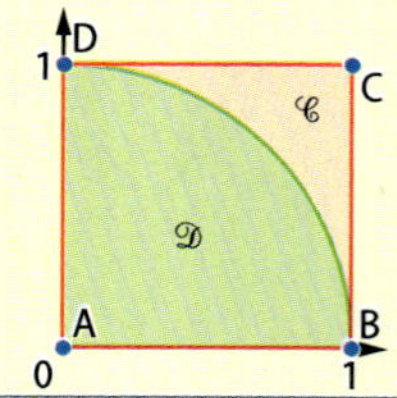

1. a. Déterminer les aires de $\mathcal{C}$ et de $\mathcal{D}$, puis la probabilité p.

b. Soit M $(x\ ;\ y)$ un point de $\mathcal{D}$. Calculer OM^2 en fonction de x et y. Justifier que $OM^2 \leqslant 1$.

2. La fonction Python carlopi, dont on donne le script incomplet ci-contre, permet de simuler n fois l'expérience aléatoire précédente (lancer de la fléchette sur la cible) et retourne la fréquence f de réalisation de l'événement « le point d'impact I de la fléchette appartient à $\mathcal{D}$ », où I a pour coordonnées $(x\ ;\ y)$ dans le repère orthonormé (A ; B, D).

Compléter la ligne **7**.

```
1  from random import random
2  def carlopi(n):
3      S=0
4      for k in range(n):
5          x=random()
6          y=random()
7          if ...:
8              S=S+1
9      f=S/n
10     return(f)
```

3. Utiliser cette fonction pour déterminer une valeur approchée de π.

LES COMPLÉMENTS

Accédez aux **corrigés détaillés** avec l'**application** bordas Flash PAGE (voir rabat A)

ou sur le site élève **lycee.editions-bordas.fr**.

RAPPELS

Puissances

• Pour tout entier naturel n strictement supérieur à 1 et tout réel a, a^n est le produit de n facteurs égaux à a :

$$\underbrace{a^n}_{\text{Se lit « } a \text{ exposant } n \text{ »}} = \underbrace{a \times a \times \ldots \times a}_{(a \text{ facteurs})}$$

• $a^1 = a$. • Pour $a \neq 0$, $a^0 = 1$.

• Pour $a \neq 0$, a^{-n} est l'inverse de a^n : $a^{-n} = \dfrac{1}{a^n}$.

• $a^n \times a^p = a^{n+p}$; pour $a \neq 0$, $\dfrac{a^n}{a^p} = a^{n-p}$.

• $(a^n)^p = a^{n \times p}$.

• $(a \times b)^n = a^n \times b^n$; pour $b \neq 0$, $\left(\dfrac{a}{b}\right)^n = \dfrac{a^n}{b^n}$.

Exemple 1.
Puissances de 10
• $10^3 = 10 \times 10 \times 10 = 1\,000$. • $10^{-3} = \dfrac{1}{10^3} = 0{,}001$.

Exemple 2.
Calculs et simplifications
$x^2 \times x^3 = x^5$; $(x^2)^3 = x^6$; $(3x)^2 = 3^2x^2 = 9x^2$.

Exemple 3.
Importance des parenthèses
$-3^2 = -9$ et $(-3)^2 = 3^2 = 9$.
On voit qu'il ne faut pas confondre -3^2 et $(-3)^2$.

Racines carrées

• Si $a > 0$, $\sqrt{a}$ est le nombre positif dont le carré est égal à a : $(\sqrt{a})^2 = a$.

• Pour $a \geqslant 0$ et $b \geqslant 0$, $\sqrt{a} \times \sqrt{b} = \sqrt{a \times b}$.

• Pour $a \geqslant 0$ et $b > 0$, $\sqrt{\dfrac{a}{b}} = \dfrac{\sqrt{a}}{\sqrt{b}}$.

• **Attention !**
Pour a et b strictement positifs, $\sqrt{a+b} \neq \sqrt{a} + \sqrt{b}$.

• $\sqrt{2} \approx 1{,}414$; $\sqrt{3} \approx 1{,}732$; $\sqrt{5} \approx 2{,}236$.

Calculs et simplifications d'écriture

Exemple 1.
$\sqrt{(-3)^2} = \sqrt{9} = 3$; $\sqrt{100} = 10$.

Exemple 2.
$\sqrt{75} = \sqrt{25 \times 3} = \sqrt{25} \times \sqrt{3} = 5\sqrt{3}$.

Exemple 3.
$\sqrt{9+16} = \sqrt{25} = 5$; $\sqrt{9} + \sqrt{16} = 3 + 4 = 7$.
Il ne faut pas confondre $\sqrt{9+16}$ et $\sqrt{9} + \sqrt{16}$.

Information chiffrée

• **Calculer p %** d'un nombre N, c'est le multiplier par $\dfrac{p}{100}$.

• Une quantité évolue de Q_1 à Q_2.
Le **taux d'évolution** de Q_1 à Q_2 est $t = \dfrac{Q_2 - Q_1}{Q_1}$.
Le **coefficient multiplicateur** de cette évolution est le nombre $c = \dfrac{Q_2}{Q_1}$. On a $c = 1 + t$ et $t = c - 1$.

• **Augmenter de p %** une quantité, c'est multiplier cette quantité par le nombre $1 + \dfrac{p}{100}$.

• **Diminuer de p %** une quantité, c'est multiplier cette quantité par le nombre $1 - \dfrac{p}{100}$.

• Une quantité Q subit deux évolutions successives. Le **coefficient multiplicateur global** est $c = c_1 \times c_2$.

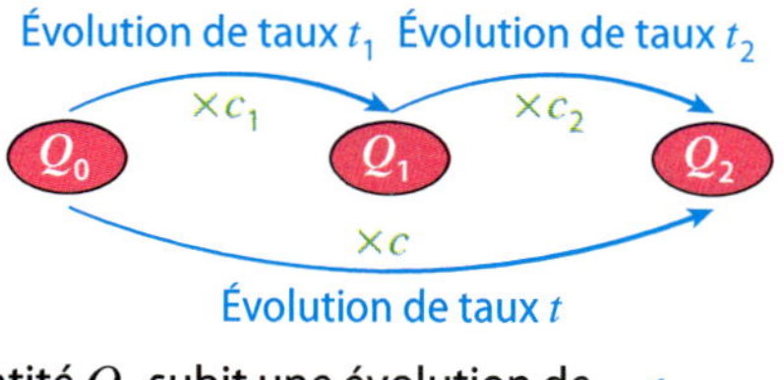

• Une quantité Q_1 subit une évolution de taux t pour obtenir une quantité Q_2.
Le taux d'évolution t' de **l'évolution réciproque** est tel que $(1 + t) \times (1 + t') = 1$.
Le **coefficient multiplicateur** de l'évolution réciproque est $c' = \dfrac{1}{c}$.

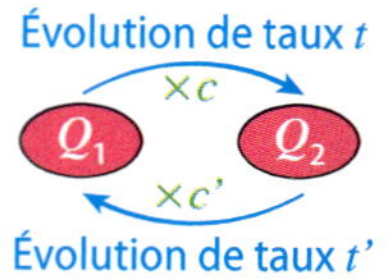

Exemple 1.
Dans une classe de 24 élèves, 3 sont gauchers. La proportion de gauchers est égale à $\dfrac{3}{24}$. Or, $\dfrac{3}{24} = 0{,}125 = \dfrac{12{,}5}{100}$.
12,5 % des élèves sont gauchers.

Exemple 2.
Un vélo est normalement vendu 112 €. Durant les soldes, son prix de vente est 84 €. Le taux d'évolution de ce prix est donné par :
$\dfrac{Q_2 - Q_1}{Q_1} = \dfrac{84 - 112}{112} = -0{,}25 = -25\ \%$.
Le prix de ce vélo a ainsi été diminué de 25 %.

Exemple 3.
150 clients entrent dans une boutique lundi. La fréquentation augmente de 20 % mardi, puis diminue de 15 % mercredi. Les coefficients multiplicateurs associés à ces évolutions sont 1,2 et 0,85 ; donc le coefficient multiplicateur global est $1{,}2 \times 0{,}85 = 1{,}02$. Or $1{,}02 - 1 = 0{,}02 = 2\ \%$ donc la fréquentation a augmenté de 2 % entre lundi et mercredi.

Exemple 4.
Le nombre d'éléphants dans une réserve a baissé de 12 % entre 2017 et 2018. Donc $c = 0{,}88$. Ainsi, le coefficient de l'évolution réciproque est $c' = \dfrac{1}{0{,}88}$. Or, $\dfrac{1}{0{,}88} \approx 1{,}14$ donc le taux d'évolution réciproque est : $t' = c' - 1 \approx 0{,}14$.
Pour retrouver la population de début 2017, le nombre d'éléphants doit augmenter d'environ 14 %.

Calcul littéral

• Une expression algébrique peut être écrite sous la forme d'une **somme** : $a + b$, d'un **produit** : $a \times b$, d'un **carré** : a^2 ou d'un **quotient** : $\frac{a}{b}$.

• Certaines expressions algébriques peuvent être transformées en **développant**, en **factorisant**, ou **en réduisant au même dénominateur**.

• Pour **développer** et **factoriser**, on peut utiliser l'une des égalités suivantes où k, a et b sont des réels quelconques :

développer →

$k(a + b) = ka + kb$

← factoriser

développer →

$(a + b)^2 = a^2 + 2ab + b^2$

← factoriser

développer →

$(a - b)^2 = a^2 - 2ab + b^2$

← factoriser

développer →

$(a - b)(a + b) = a^2 - b^2$

← factoriser

Exemple 1. L'expression $x^2 + 3$ est une somme de deux termes.

Exemple 2. L'expression $4x^2 - 5x$ est une différence de deux termes. Dans chacun de ces deux termes, le facteur x apparaît ; c'est un facteur commun, on peut **factoriser par x** :

$$4x^2 - 5x = 4x \times x - 5 \times x = (4x - 5) \times x.$$

Exemple 3. L'expression $25 - 9x^2$ peut s'écrire $5^2 - (3x)^2$; elle est donc de la **forme $a^2 - b^2$** avec $a = 5$ et $b = 3x$; on peut alors la **factoriser** et on obtient $(5 - 3x)(5 + 3x)$.

Exemple 4. L'expression $4 + \frac{1}{x+1}$ est une somme de deux termes dont l'un des termes est un quotient.
Cette expression peut s'écrire sous la forme d'un quotient **en réduisant au même dénominateur : $x + 1$**. On obtient :

$$\frac{4(x+1)}{x+1} + \frac{1}{x+1} = \frac{4x+4+1}{x+1} = \frac{4x+5}{x+1}.$$

Inégalités et intervalles

Règles sur les inégalités

• Pour tout réel c,
$a < b$ équivaut à $a + c < b + c$.

• Pour tout réel c **strictement positif**,
$a < b$ équivaut à $ac < bc$.

• Pour tout réel c **strictement négatif**,
$a < b$ équivaut à $ac > bc$.

Différents exemples d'intervalles

• L'intervalle $[a\ ;b]$ est l'ensemble des réels x tels que $a \leqslant x \leqslant b$.

• L'intervalle $]a\ ;b[$ est l'ensemble des réels x tels que $a < x < b$.

• L'intervalle $[a\ ;+\infty[$ est l'ensemble des réels x tels que $x \geqslant a$.

• L'intervalle $]-\infty\ ;a[$ est l'ensemble des réels x tels que $x < a$.

Exemple 1.
$a < b$ équivaut à $a - 2 < b - 2$ car on a ajouté le même nombre -2 aux deux membres de l'inégalité.

Exemple 2.
$a < b$ équivaut à $-2a > -2b$ car, **lorsqu'on multiplie** les deux membres de l'inégalité par le **nombre négatif** -2, on **change le sens de l'inégalité**.

Exemple 3.
$4x < 8$ équivaut à $x < 2$ car on a divisé les deux membres de l'inégalité par un nombre positif, 4. L'ensemble des réels x tels que $4x < 8$ est donc l'intervalle $]-\infty\ ; 2[$.

Exemple 4.
$-3x \leqslant 6$ équivaut à $x \geqslant -2$ car, **lorsqu'on divise** les deux membres de l'inégalité par le **nombre négatif** -3, on **change le sens de l'inégalité**. L'ensemble des réels x tels que $-3x \leqslant 6$ est donc l'intervalle $[-2\ ; +\infty[$.

Équations – Inéquations

• **Résoudre** une équation (une inéquation) d'inconnue x, c'est déterminer toutes les valeurs de x pour lesquelles l'égalité (l'inégalité) proposée est vraie.
Ces valeurs sont appelées les **solutions** de l'équation (de l'inéquation).

• On ne change pas les solutions d'une équation :
– en **ajoutant ou soustrayant** un même nombre aux deux membres de cette équation ;
– en **multipliant ou divisant** par un même nombre non nul les deux membres de cette équation.

• On ne change pas les solutions d'une inéquation :
– en **ajoutant ou soustrayant** un même nombre aux deux membres de cette inéquation ;
– en **multipliant ou divisant** par un même nombre non nul les deux membres de cette inéquation, **à condition de changer le sens de l'inégalité si ce nombre est négatif.**

Exemple 1.
$(x + 1)(2x - 3) = x^2 - 1$ est une équation d'inconnue x.
Son **premier membre** est $(x + 1)(2x - 3)$ et son **second membre** est $x^2 - 1$.

Exemple 2.
$-4x + 3 \leqslant x - 7$ est une inéquation d'inconnue x.
Le nombre 5 est une solution de cette inéquation car :
$-4 \times 5 + 3 = -17$; $5 - 7 = -2$ et $-17 \leqslant -2$.

Exemple 3.

$2x - 4 = 6$ (+ 4)
$2x = 6 + 4$
$2x = 10$ (÷ 2)
$x = \frac{10}{2}$
$x = 5$

La solution de l'équation est donc 5.

Exemple 4.

$-2x + 3 \leqslant 7$ (– 3)
$-2x \leqslant 7 - 3$
$-2x \leqslant 4$ (÷ (–2))
$x \geqslant \frac{4}{-2}$

Les solutions de cette inéquation sont tous les nombres supérieurs ou égaux à -2.

Signe d'une expression

Pour trouver le signe d'une expression, on commence par **reconnaître la forme de cette expression**, puis on applique la règle adaptée après transformation de la forme initiale si besoin.

1. Si une expression se présente sous la forme d'une **somme de termes tous positifs**, alors cette somme est positive.

2. Si une expression est de la forme $ax + b$, on recherche la valeur x_0 qui annule $ax + b$, puis on observe le signe du coefficient a.

Si $a < 0$

x	$-\infty$	x_0	$+\infty$
$ax+b$	+	0	−

Si $a > 0$

x	$-\infty$	x_0	$+\infty$
$ax+b$	−	0	+

3. Si une expression est un **produit**, on recherche le signe de chacun des facteurs de ce produit et on applique la règle des signes d'un produit.

4. Si une expression est un **quotient**, on commence par rechercher les valeurs interdites, c'est-à-dire les valeurs qui annulent le dénominateur, puis on détermine le signe du numérateur et du dénominateur.
Dans le tableau, on place une double barre verticale **sous la valeur interdite** pour indiquer que l'expression **n'est pas définie pour cette valeur**.

Exemple 1.
$x^2 + 5$ est une somme de deux termes positifs, donc $x^2 + 5$ est positif pour tout réel x.

Exemple 2.
$-5x + 3$ est de la forme $ax + b$, avec $a = -5$ et $b = 3$;
$-5x + 3$ s'annule pour $x = \frac{3}{5}$, soit 0,6.
Puisque $a < 0$, on obtient ce tableau de signes :

x	$-\infty$		0,6		$+\infty$
$-5x+3$		+	0	−	

Exemple 3.
$-5x^2 + 3x$ se factorise sous la forme $x(-5x + 3)$; on construit le tableau de signes donnant à la fois le signe de x, le signe de $-5x + 3$ et celui de $x(-5x + 3)$.

x	$-\infty$		0		0,6		$+\infty$
x		−	0	+		+	
$-5x+3$		+		+	0	−	
$x(-5x+3)$		−	0	+	0	−	

Exemple 4.
$\frac{x}{-5x+3}$ a le même tableau de signes que $x(-5x + 3)$, mais on indique par une double barre verticale que l'expression n'existe pas pour $x = 0,6$.

x	$-\infty$		0		0,6		$+\infty$
$\frac{x}{-5x+3}$		−	0	+	‖	−	

Fonctions : généralités

Soit f une fonction définie sur un ensemble D et (O ; I, J) un repère du plan.

• La **représentation graphique** $\mathscr{C}_f$ de f dans le repère (O ; I, J) est l'ensemble des points M de coordonnées $(x ; f(x))$, où x appartient à D.

• La relation $y = f(x)$ caractérise les points de la représentation graphique de f ; cette relation est l'équation de la courbe représentative de f.

• **Résolutions graphiques**
– Les solutions de **l'équation $f(x) = k$** sont les abscisses des points d'intersection de $\mathscr{C}_f$ avec la droite d'équation $y = k$;
– les solutions de **l'inéquation $f(x) < k$** sont les abscisses des points de $\mathscr{C}_f$ situés en dessous de la droite d'équation $y = k$.

• **Sens de variation**
– f est **croissante** sur l'intervalle I signifie :
pour tous réels a et b de I, si $a \leqslant b$, alors $f(a) \leqslant f(b)$.
– f est **décroissante** sur l'intervalle I signifie :
pour tous réels a et b de I, si $a \leqslant b$, alors $f(a) \geqslant f(b)$.

Exemple 1.
Soit f définie sur $\mathbb{R}$ par $f(x) = -2x + 3$.
• L'**image** de 4 par f est $f(4)$; en remplaçant x par 4 dans l'expression $f(x)$, on obtient $f(4) = -5$.
• Puisque $f(4) = -5$, le point de coordonnées (4 ; −5) appartient à la représentation graphique de f.
• Il existe un seul réel x tel que $f(x) = -5$, puisque l'équation $-2x + 3 = -5$ admet une seule solution 4 ; 4 est **l'antécédent** de −5 par la fonction f.
• Le point de coordonnées (x ; 8) appartient à la représentation graphique de f si, et seulement si, ses coordonnées vérifient $f(x) = 8$; on doit donc avoir : $8 = -2x + 3$; cela équivaut à $5 = -2x$, c'est-à-dire $-2x = 5$, d'où $x = -2,5$.

Exemple 2.
Graphiquement, l'équation $f(x) = k$ admet deux solutions a et b telles que $a \approx 0,6$ et $b \approx 1,4$.

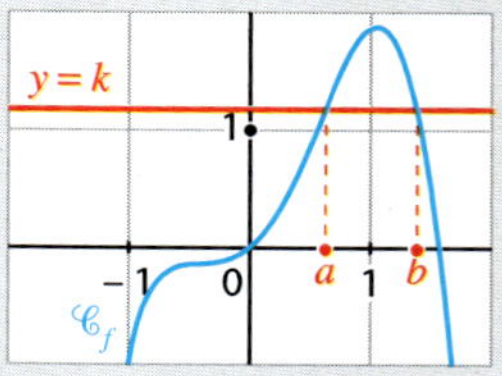

Exemple 3.
Par lecture graphique, la fonction f représentée ci-contre est croissante sur [−1 ; 1] et décroissante sur [1 ; 2].

Fonctions de référence

Fonctions affines

- Une fonction affine est définie sur $\mathbb{R}$ par une expression de la forme $f(x) = ax + b$.
- **Tableau de variation :**

Si $a > 0$

x	$-\infty$	$+\infty$
$ax + b$	↗	

Si $a < 0$

x	$-\infty$	$+\infty$
$ax + b$	↘	

- **La représentation graphique** d'une fonction affine est une droite non parallèle à l'axe des ordonnées.

Fonction carré

- La fonction carré est la fonction définie sur $\mathbb{R}$ par $f(x) = x^2$.
- **Tableau de variation :**

x	$-\infty$	0	$+\infty$
x^2	↘	0	↗

- Sa **représentation graphique** est une parabole symétrique par rapport à l'axe des ordonnées et admettant comme sommet l'origine du repère. La fonction carré est une fonction paire.

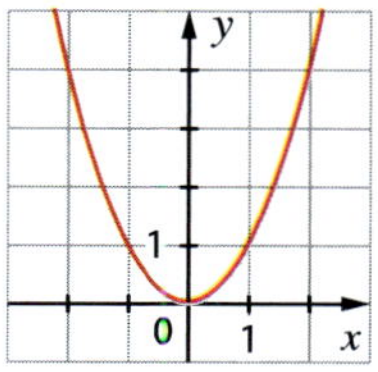

Fonction cube

- La fonction cube est la fonction définie sur $\mathbb{R}$ par $f(x) = x^3$.
- **Tableau de variation :**

x	$-\infty$	$+\infty$
x^3	↗	

- Sa **représentation graphique** est symétrique par rapport à l'origine du repère. La fonction cube est une fonction impaire.

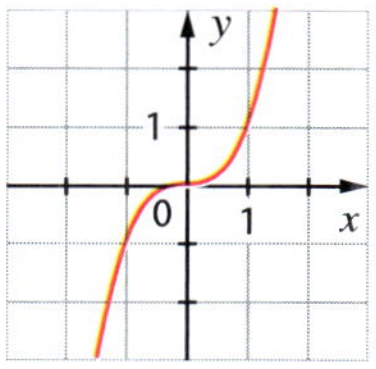

Fonction inverse

- La fonction inverse est la fonction définie sur $]-\infty\,;0[\,\cup\,]0\,;+\infty[$ par $f(x) = \dfrac{1}{x}$.
- **Tableau de variation :**

x	$-\infty$	0	$+\infty$
$\dfrac{1}{x}$	↘	‖	↘

- Sa **représentation graphique** est une hyperbole symétrique par rapport à l'origine du repère. La fonction inverse est une fonction impaire.

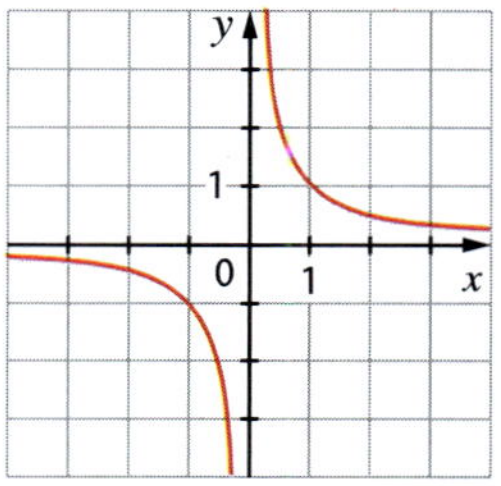

Fonctions polynômes du second degré

Fonctions de la forme $f(x) = ax^2 + b$, avec a, b réels, $a \neq 0$

- Définies sur $\mathbb{R}$.
- **Courbe représentative :** parabole de sommet S $(0\,;b)$.
- **Axe de symétrie :** l'axe des ordonnées.
- Parabole tournée « vers le haut » si $a > 0$ et « vers le bas » si $a < 0$.

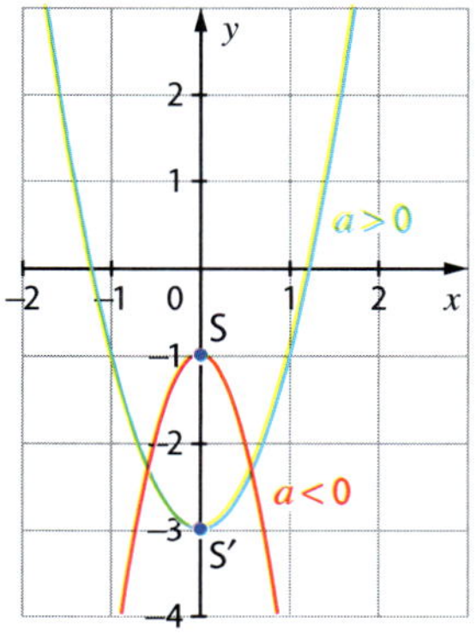

Fonctions de la forme $f(x) = a(x - x_1)(x - x_2)$, avec a, x_1, x_2 réels, $a \neq 0$

- Définies sur $\mathbb{R}$.
- **Courbe représentative :** parabole de sommet S d'abscisse $\alpha = \dfrac{x_1 + x_2}{2}$.
- **Axe de symétrie :** droite d'équation $x = \alpha$.
- Parabole tournée « vers le haut » si $a > 0$ et « vers le bas » si $a < 0$.
- x_1 et x_2 sont les **racines** du polynôme.

Cas $a > 0$

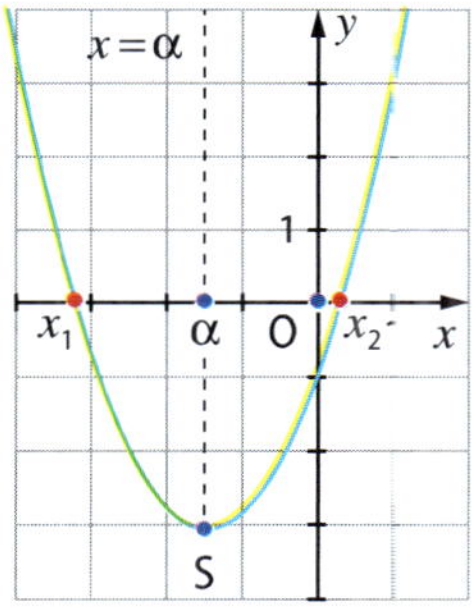

x	$-\infty$	α	$+\infty$
$f(x)$	↘	$f(\alpha)$	↗

x	$-\infty$	x_1		x_2	$+\infty$
$f(x)$	$+$	0	$-$	0	$+$

Cas $a < 0$

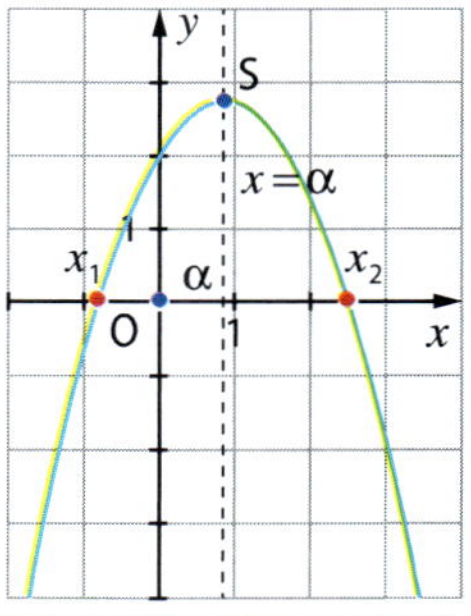

x	$-\infty$	α	$+\infty$
$f(x)$	↗	$f(\alpha)$	↘

x	$-\infty$	x_1		x_2	$+\infty$
$f(x)$	$-$	0	$+$	0	$-$

Probabilités et probabilités conditionnelles

- À chaque issue d'une expérience aléatoire, on associe un nombre compris entre 0 et 1, appelé **probabilité de l'issue.**

- Lorsque chaque issue a la même probabilité, on dit qu'il y a **équiprobabilité des issues.**

- Dans une situation d'équiprobabilité, la probabilité d'un événement A est :

$$P(\text{A}) = \frac{\text{nombre d'issues favorables à l'événement}}{\text{nombre d'issues possibles}}$$

- Pour deux événements A et B :

$$P(\text{A}\cup\text{B}) + P(\text{A}\cap\text{B}) = P(\text{A}) + P(\text{B})$$

Pour deux événements contraires A et $\overline{\text{A}}$:

$$P(\overline{\text{A}}) = 1 - P(\text{A})$$

- Le cardinal d'un événement A, noté Card (A), est le nombre d'issues réalisant l'événement A.
- Pour deux événements A et B tels que Card (A) ≠ 0, la **probabilité conditionnelle de B sachant A,** notée $P_{\text{A}}(\text{B})$, est la probabilité que l'événement B soit réalisé sachant que A est réalisé. On a $P_{\text{A}}(\text{B}) = \dfrac{\text{Card}(\text{B}\cap\text{A})}{\text{Card}(\text{A})}$.

Exemple 1.

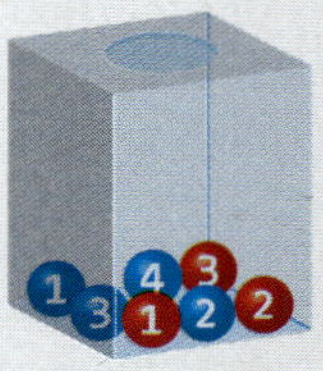

Une urne contient sept boules :
– quatre boules bleues numérotées de 1 à 4 que l'on note B_1, B_2, B_3 et B_4 ;
– trois boules rouges numérotées de 1 à 3 que l'on note R_1, R_2 et R_3.

- On considère l'**expérience aléatoire** qui consiste à choisir au hasard une boule de l'urne.
- Comme le choix est fait au hasard, chaque boule a la même probabilité d'être choisie : il y a **équiprobabilité des issues.**
- Soit l'événement A : « le numéro de la boule est pair », les issues qui réalisent cet événement A sont B_2, B_4 et R_2.

Comme on est en situation d'équiprobabilité, qu'il y a **sept** issues possibles et que **trois** de ses issues réalisent l'événement A, la probabilité de A est $P(\text{A}) = \frac{3}{7}$.

Exemple 2. On tire à présent une seconde boule sans remettre la première dans l'urne. Soit l'événement B : « le numéro de la seconde boule est pair ». Il y a 3 × 6 = 18 issues réalisant A et 6 issues réalisant B, donc $P_{\text{A}}(\text{B}) = \frac{6}{18} = \frac{1}{3}$.

Épreuves répétées – Épreuve de Bernoulli

Deux expériences sont dites **indépendantes** si le résultat de l'une n'a aucune influence sur l'autre.
On peut modéliser une succession d'épreuves indépendantes par un arbre pondéré.
Une **épreuve de Bernoulli de paramètre** p est une expérience présentant deux issues contraires, un succès S, de probabilité p et un échec, noté $\overline{\text{S}}$, de probabilité $1 - p$.

Exemple 1. On tire avec remise deux boules de l'urne. Pour la première, on regarde si l'événement A est réalisé. Pour la seconde, on regarde si l'événement L « la boule est bleue » est réalisé.

Exemple 2. L'épreuve consistant à tirer une boule et examiner si l'événement A est réalisé ou non est une épreuve de Bernoulli de paramètre $\frac{3}{7}$.

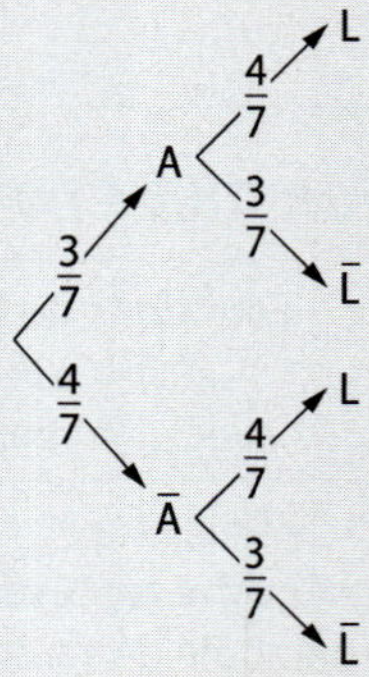

Variables aléatoires – Loi de Bernoulli

- On définit une **variable aléatoire** X en associant un nombre réel à chaque issue d'une expérience aléatoire.

Soit X une variable aléatoire définie sur l'univers E. On note $\{X = x_i\}$ l'événement formé de toutes les issues auxquelles on associe le réel x_i.

- La **loi de probabilité** de X est la donnée de toutes les probabilités $P(X = x_i)$, où x_i prend toutes les valeurs prises par X.
- L'**espérance mathématique** d'une variable aléatoire X est le nombre réel, noté $E(X)$, défini par :

$$E(X) = p_1x_1 + p_2x_2 + \ldots + p_nx_n, \text{ où } p_i = P(X = x_i).$$

- La variable aléatoire X qui vaut 1 en cas de succès et 0 en cas d'échec est appelée **variable aléatoire de Bernoulli.** La loi de probabilité de X est appelée **loi de Bernoulli de paramètre** p.

x_i	0	1
$P(X = x_i)$	$1 - p$	p

Exemple 1. On ajoute une boule noire dans l'urne. Un jeu consiste à tirer une boule : si elle est bleue, on gagne 2 € ; si elle est noire, on perd 4 €. Si elle est rouge, il ne se passe rien. Cette règle définit une variable aléatoire X prenant ses valeurs dans {– 4, 0, 2}.
L'événement $\{X = 0\}$ est l'événement $\{R_1, R_2, R_3\}$.
La loi de probabilité de X est :

x_i	– 4	0	2
$P(X = x_i)$	$\frac{1}{8}$	$\frac{3}{8}$	$\frac{1}{2}$

On a $E(X) = -4 \times \frac{1}{8} + 0 \times \frac{3}{8} + 2 \times \frac{1}{2} = \frac{1}{2}$.

Exemple 2. Loi de Bernoulli de paramètre $\frac{3}{7}$.

x_i	0	1
$P(X = x_i)$	$\frac{4}{7}$	$\frac{3}{7}$

Calculs dans un repère

• Soit $A(x_A ; y_A)$ et $B(x_B ; y_B)$ deux points du plan. **Les coordonnées du milieu** de [AB] sont $\left(\frac{x_A + x_B}{2} ; \frac{y_A + y_B}{2}\right)$.

• Si le repère est orthonormé, alors la **distance** AB est égale à $\sqrt{(x_B - x_A)^2 + (y_B - y_A)^2}$.

Exemple.
Soit les points A (3 ; 2) et B (7 ; 4).
$\frac{x_A + x_B}{2} = \frac{3+7}{2} = 5$ et $\frac{y_A + y_B}{2} = \frac{2+4}{2} = 3$.
Donc le milieu de [AB] a pour coordonnées (5 ; 3).

Équations de droites

• Dans le plan muni d'un repère, toute droite non parallèle à l'axe des ordonnées admet une équation de la forme $y = mx + p$, **appelée équation réduite**.
m est le **coefficient directeur** ou la **pente** de la droite.
p est **l'ordonnée à l'origine**.

• Les droites parallèles à l'axe des ordonnées ont une équation de la forme $x = c$.

• Soit A $(x_A ; y_A)$ et B $(x_B ; y_B)$ deux points du plan avec $x_A \neq x_B$.
Le coefficient directeur de **la droite (AB)** est $\frac{y_B - y_A}{x_B - x_A}$

• Deux droites non parallèles à l'axe des ordonnées sont **parallèles** entre elles si, et seulement si, elles ont la même pente.

• Toute droite admet une équation de la forme $ax + by + c = 0$, appelée **équation cartésienne**.
Un **vecteur directeur** est le vecteur de coordonnées $(-b ; a)$.

Exemple 1.
Soit les points A(2 ; –1) et B(3 ; 4).
La pente de la droite (AB) est $m = \frac{4-(-1)}{3-2} = 5$ donc une équation de (AB) est de la forme $y = 5x + p$.
Le point A(2 ; –1) appartient à la droite (AB), donc ses coordonnées vérifient l'équation de cette droite : $-1 = 5 \times 2 + p$, donc $p = -11$. L'équation réduite de (AB) est $y = 5x - 11$.

Exemple 2.
Toute droite parallèle à (AB) a une pente égale à 5.

Exemple 3.
$3x + 2y - 1 = 0$ est une équation cartésienne d'une droite ; un vecteur directeur de cette droite est le vecteur de coordonnées (–2 ; 3).

Suites

• Une suite (u_n) de nombres réels est une fonction dont la variable est un entier naturel.

• Une suite (u_n) est **arithmétique** si chaque terme s'obtient à partir du précédent en lui ajoutant une constante $\boldsymbol{r}$ appelée **raison** : $u_{n+1} = u_n + r$.
Si $r > 0$, la suite arithmétique de raison r est croissante,
et si $r < 0$, elle est décroissante.

• Une suite (u_n) est **géométrique** si chaque terme s'obtient à partir du précédent en le multipliant par une constante $\boldsymbol{q}$ appelée **raison** : $u_{n+1} = q\,u_n$.
Lorsque le premier terme de la suite (u_n) est positif :
– si $q > 1$, la suite géométrique est croissante ;
– si $0 < q < 1$, la suite géométrique est décroissante.

Exemple 1. Calculs de termes d'une suite quand $u_n = f(n)$
Soit la suite (u_n) telle que $u_n = 3n^2 - n + 1$.
On calcule les premiers termes u_0 et u_1 de cette suite en remplaçant n par 0, puis par 1 :
$u_0 = 3 \times 0^2 - 0 + 1 = 1$; $u_1 = 3 \times 1^2 - 1 + 1 = 3$.

Exemple 2. Calculs de termes d'une suite définie par récurrence
Soit (v_n) la suite définie par son premier terme $v_1 = -3$ et la relation de récurrence $v_{n+1} = v_n + 7$.
Le terme qui suit v_1 est v_2 ; on l'obtient en ajoutant 7 à v_1 :
$$v_2 = v_1 + 7 = -3 + 7 = 4.$$
(v_n) est une suite arithmétique de raison 7.

Dérivation

Dérivées de fonctions usuelles et opérations	Dérivée et sens de variation	Tangente à une courbe
(voir tableau ci-dessous)	Soit f une fonction dérivable sur un intervalle I. Si, pour tout réel x de I, $f'(x) \geqslant 0$, alors f est croissante sur I. Si, pour tout réel x de I, $f'(x) \leqslant 0$, alors f est décroissante sur .	Soit f une fonction dérivable sur un intervalle I. Soit $a \in$ I, $\mathscr{C}_f$ la courbe représentative de f et A le point de $\mathscr{C}_f$ d'abscisse a. La tangente à $\mathscr{C}_f$ en A est la droite : – passant par A$(a ; f(a))$; – de coefficient directeur $f'(a)$.

$f(x)$	$f'(x)$
p (constante)	0
x	1
x^2	$2x$
x^3	$3x^2$

Pour u et v deux fonctions dérivables sur un intervalle I :
• $(u + v)' = u' + v'$
• $(ku)' = ku'$ avec k constante réelle

Tableur

Fonctionnalités de base du tableur

Ces pages, qui décrivent et exploitent les outils de base du tableur, font référence aux deux tableurs d'usage courant : Excel et OpenOffice.

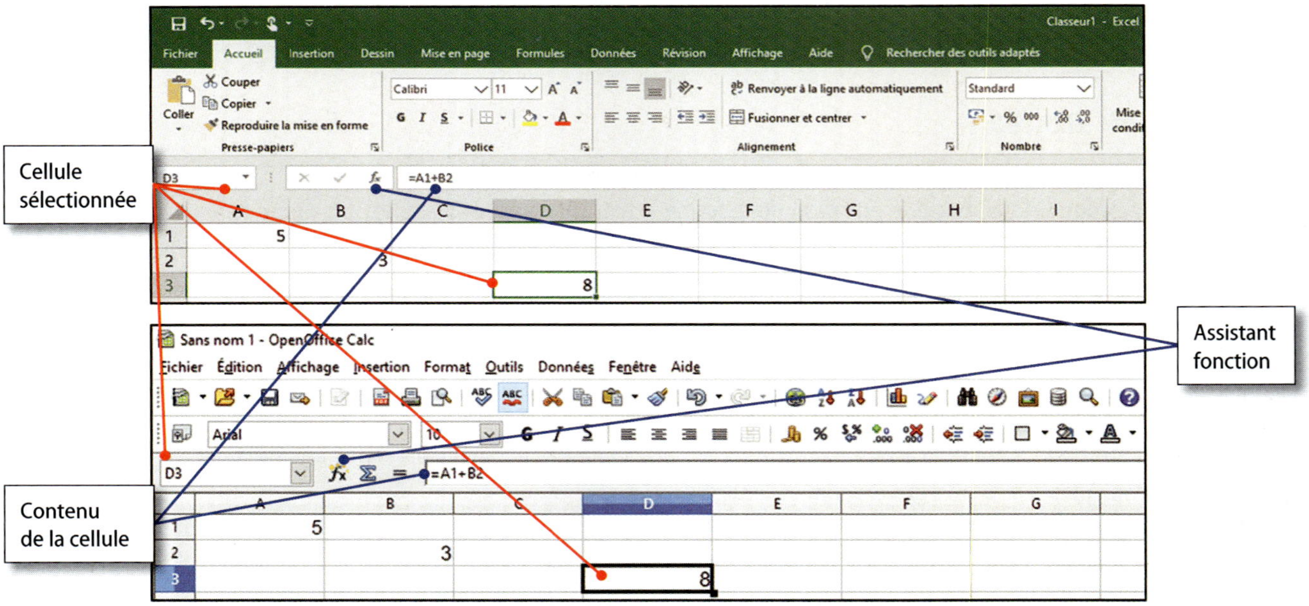

Outils les plus utilisés

• Une feuille de calcul d'un tableur est formée de **cellules** : on peut y entrer du texte, des nombres ou des formules.

• L'**adresse (ou référence) d'une cellule** est constituée d'une lettre, repérant la colonne, et du numéro de ligne.

EXEMPLE : La cellule d'adresse **D3** est située à l'intersection de la colonne **D** et de la ligne **3**. Sur la copie d'écran ci-dessus, le nombre 8 s'affiche dans cette cellule.

• Une **plage de cellules** est un ensemble de cellules (on dit aussi : ***zone de cellules***).
Une zone peut être sélectionnée à l'aide de la souris.

EXEMPLES :
La zone **A1:A5** est constituée des cellules de la colonne **A** dont le numéro de ligne est compris entre **1** et **5**.
La zone de cellules **B2:D3** est constituée d'un « rectangle » de six cellules dont la colonne est repérée par une des trois lettres **B**, **C** ou **D** et le numéro de ligne par **2** ou **3**.

• Une **formule** commence toujours par le symbole d'égalité =.
Elle peut contenir des nombres, des opérations et des adresses de cellules.

Exemple : Sur la copie d'écran ci-dessus, la cellule **D3** contient la formule =A1+B2. Dans la cellule **D3**, s'affiche la somme des contenus des cellules **A1** et **B2**, c'est-à-dire 8 puisque les cellules **A1** et **B2** contiennent respectivement les nombres 5 et 3.

• Le formatage d'une cellule, accessible par clic droit depuis la cellule, permet de choisir le nombre de décimales affichées dans une zone sélectionnée, le format « pourcentage »…

• **Recopie incrémentée.** Pour recopier une formule de façon incrémentée, on place le pointeur sur le coin inférieur droit de la cellule (une croix noire apparaît), puis on tire vers le bas (ou à droite) jusqu'à la fin de la zone en maintenant le bouton gauche de la souris enfoncé.

• **Pour créer une suite de nombres.**
Pour créer par exemple la suite des nombres 0 – 1 – 2 – 3… dans la colonne **A**, on peut entrer 0 dans la cellule **A1**, saisir la formule =A1+1 dans la cellule **A2**, puis recopier cette formule vers le bas.

Exercice 1 **Exercice résolu**

Énoncé

Alice et Bob disposent chacun d'un capital de 5 000 € qu'ils placent à partir du 01/01/2021 selon deux formules.

• Pour Alice (formule A), placement à prime constante : le 1er janvier de chaque année, le capital est augmenté de 55 €.

• Pour Bob (formule B), placement à taux d'intérêt fixe de 1 % par an : le 1er janvier de chaque année, le capital est augmenté de 1 % par rapport à l'année précédente.

	A	B	C
1	**Année**	**Formule A**	**Formule B**
2	2021	5000	5000
3	2022	5055	5050
4	2023	5110	5100,5
5	2024		

1. Expliquer comment remplir la plage de cellules **A2:A10**.

2. On a entré dans la cellule **B2** le nombre 5 000.
Quelle formule doit-on saisir dans la cellule **B3** pour compléter par recopie vers le bas la colonne **B** ?

3. On a entré dans la cellule **C2** le nombre 5 000.
Quelle formule doit-on saisir dans la cellule **C3** pour compléter par recopie vers le bas la colonne **C** ?

4. a. Reproduire et compléter cette feuille de calcul.

b. À partir de quelle année la formule de placement B devient-elle plus intéressante que la formule de placement A ?

5. Un autre établissement bancaire propose deux nouvelles formules de placement C et D.

• Formule C : placement à prime constante de 110 € au 1er janvier de chaque année.

• Formule D : placement à taux d'intérêt fixe à 2 % par an au 1er janvier de chaque année.

a. Quelles modifications doit-on apporter à la feuille de calcul ci-dessus si l'on conserve le même capital initial ?

b. À partir de quelle année la formule de placement D devient-elle plus intéressante que la formule de placement C ?

Solution

1. On entre dans la cellule **A2** le nombre 2021 et on saisit dans la cellule **A3** la formule `=A2+1`.
On recopie cette formule jusqu'à la cellule **A10**.

2. On saisit en **B3** la formule : `=B2+55`.

3. On saisit en **C3** la formule : `=C2*1,01`.

4. b. La formule de placement B devient plus intéressante que la formule de placement A à partir de 2041.

5. a. On saisit dans la cellule **B3** la formule `=B2+110`.
On saisit dans la cellule **C3** la formule `=C2*1,02`.

b. La formule de placement D devient plus intéressante que la formule de placement C à partir de 2032.

Exercice 2 On entre dans la cellule **A1** le nombre 1. Quelle formule doit-on saisir en **A2** pour faire afficher, par recopie vers le bas, tous les nombres impairs de 1 à 99 dans la colonne **A** ?

Exercice 3 On entre dans la cellule **A1** le nombre 0. Quelle formule doit-on saisir en **B1** pour faire afficher, par recopie vers la droite, les nombres de 0 à 2 000 de 25 en 25 dans la ligne **1** ?

Exercice 4 Une entreprise étudie l'évolution de la proportion de salariés de moins de 30 ans parmi tous ses salariés.
Au 1er janvier 2018, l'entreprise comptait 32 000 salariés dont 11 000 de moins de 30 ans.
À partir de 2018, on suppose que chaque année le nombre de salariés de moins de 30 ans dans l'entreprise augmente de 650 et le nombre total de salariés augmente de 3 %.
On utilise un tableur pour calculer la proportion de salariés de moins de 30 ans dans l'entreprise jusqu'en 2036.

	A	B	C	D
1	**Année**	**Nombre de salariés de moins de 30 ans**	**Nombre total de salariés**	**Proportion de salariés de moins de 30 ans**
2	2018	11000	32000	34,38%
3	2019	11650	32960	35,35%
4	2020			

1. Expliquer comment remplir la plage de cellules **A2:A20**.

2. On a entré dans la cellule **B2** le nombre 11 000.
Quelle formule doit-on saisir dans la cellule **B3** pour compléter par recopie vers le bas la colonne **B** ?

3. On a entré dans la cellule **C2** le nombre 32 000.
Quelle formule doit-on saisir dans la cellule **C3** pour compléter par recopie vers le bas la colonne **C** ?

4. La plage de cellules **D2:D20** est au format pourcentage.
Quelle formule doit-on saisir dans la cellule **D2** pour compléter par recopie vers le bas la colonne **D** ?

5. Reproduire et compléter cette feuille de calcul.

Exercice 5 Chaque jour, pour son travail, Madame Germain parcourt en voiture 10 km en ville et 46 km sur route nationale. Le carburant utilisé est du bio-éthanol pur.
Elle calcule le budget carburant annuel consacré à son travail à l'aide d'un tableur.

B6 | f_x | =B4*B5/100

	A	B	C
1	prix du litre de carburant (en euros)	0,69	
2	nombre de jours travaillés par an	220	
3		Ville	Route
4	Consommation pour 100 km	12,7	8,2
5	Distance journalière (en km)	10	46
6	Consommation journalière (en litres)	1,27	
7	Consommation journalière totale		
8	Consommation annuelle		
9	Budget carburant annuel (en euros)		

1. Lire sur la copie d'écran ci-dessus, la formule saisie dans la cellule **B6**. À quoi correspond le résultat affiché ?

2. Quelles formules peut-on saisir dans les cellules **B7** à **B9** ?

3. Reproduire et compléter cette feuille de calcul.

4. Quel serait le budget carburant annuel si Mme Germain utilisait de l'essence, dont le prix est 1,50 euro le litre, en comptant une consommation de 9,8 litres aux 100 km en ville et 6,3 litres aux 100 km sur route nationale ?

Exercice 6 Les tarifs pratiqués par un taxi sont les suivants : 4,18 euros de prise en charge auxquels s'ajoutent 1,12 euro par kilomètre parcouru.
On souhaite construire une feuille de calcul donnant le prix demandé pour une course allant de 5 km à 51 km avec un pas de 2.

1. Saisir la longueur des courses dans la colonne **A**.

2. Calculer dans la colonne **B**, le prix demandé pour chacune de ces courses.

Tableur

Fonctions d'un tableur

• **Un tableur possède des fonctions :** ce sont des formules prédéfinies qui effectuent des calculs en utilisant des valeurs particulières, dans un certain ordre. On peut y accéder par l'icône fx pour Excel et fx pour OpenOffice.

• Pour calculer la somme des éléments d'une zone, on utilise la fonction **SOMME**.

Exemples : La formule `=SOMME(B2;D5)` permet d'effectuer la somme des contenus des deux cellules **B2** et **D5**.

La formule `=SOMME(A1:A7)` permet d'effectuer la somme des contenus des cellules de la zone **A1:A7**.
On peut également utiliser le bouton Σ de la barre d'outils après avoir mis en surbrillance la zone concernée.

• Les fonctions **MAX** et **MIN**, avec la syntaxe MAX(zone) et MIN(zone), fournissent respectivement le plus grand nombre et le plus petit nombre de la zone.
Exemple : La formule `=MAX(A1:B7)` permet d'obtenir le plus grand nombre contenu dans la zone de cellules **A1:B7**.

• La fonction **MOYENNE**, avec la syntaxe MOYENNE(zone), fournit la moyenne des éléments de la zone.

• La fonction **ECARTYPEP**, avec la syntaxe ECARTYPEP(zone), fournit l'écart-type des éléments d'une zone.

• La fonction **RACINE**, avec la syntaxe RACINE(cellule), fournit la racine carrée du nombre contenu dans la cellule.

• La fonction **ALEA**, avec la syntaxe ALEA(), fournit un nombre aléatoire de l'intervalle $[0\,;1[$.
La fonction **ALEA.ENTRE.BORNES**, avec la syntaxe ALEA.ENTRE.BORNES(a;b), fournit un nombre aléatoire entier compris entre a et b.

Exemple : La formule `=ALEA.ENTRE.BORNES(1;10)` fournit un entier au hasard entre 1 et 10.

La touche [F9] pour Excel et les touches [Alt] [Ctrl] [F9] pour OpenOffice permettent de recalculer toutes les formules d'une feuille de calcul. En particulier, elles fournissent de nouveaux résultats pour la fonction **ALEA**.

• La **fonction LOI.BINOMIALE** fournit les probabilités $P(X=k)$ ou $P(X \leqslant k)$, X étant une variable aléatoire suivant la loi binomiale de paramètres n et p et k un réel. Lorsque le réel k est contenu dans une cellule ;
– la formule `=LOI.BINOMIALE(cellule;n;p;0)` fournit la probabilité $P(X=k)$;
– la formule `=LOI.BINOMIALE(cellule;n;p;1)` fournit la probabilité $P(X \leqslant k)$.

Exercice 7 **Exercice résolu**

Énoncé

On a effectué un sondage auprès des 33 élèves d'une classe de terminale afin de connaître, pour chacun, la durée de parcours d'un trajet domicile-lycée.
On utilise le tableur afin d'exploiter les durées recueillies (en minutes) en calculant leur moyenne et en affichant la plus petite et la plus grande durée de parcours.

G1 =MIN(A1:E7)

	A	B	C	D	E	F	G
1	15	20	12	7	28	...	4
2	5	10	25	40	8	*Temps maximum*	
3	45	37	20	10	7	*Temps moyen*	
4	13	9	14	15	9		
5	5	8	13	11	19		
6	14	12	18	4	13		
7	22	16	31				

1. Lire sur la copie d'écran ci-dessus la formule saisie dans la cellule **G1**. Que représente le résultat affiché ?

2. Quelles formules doit-on saisir en **G2** et **G3** ?

3. a. Reproduire et compléter cette feuille de calcul.

b. Déterminer la durée moyenne de parcours de ces 33 élèves, la plus petite ainsi que la plus grande durée de parcours.

4. Un nouvel élève, dont le trajet domicile-lycée dure 50 minutes, arrive dans la classe.
Modifier la feuille de calcul et indiquer les nouvelles valeurs obtenues.

Solution

1. Dans la cellule **G1**, la formule est `=MIN(A1:E7)`.
Le résultat affiché est la plus petite durée des parcours entrés dans la zone de cellules **A1:E7**.

2. En **G2**, on écrit la formule `=MAX(A1:E7)` et en **G3**, la formule `=MOYENNE(A1:E7)`.

3. b. La durée moyenne de parcours est 16,2 minutes (au dixième près), la plus petite durée est de 4 minutes et la plus grande est de 45 minutes.

4. On entre la nouvelle durée dans la cellule **D7**. On obtient une moyenne de 17,2 minutes (au dixième près). La plus petite durée de parcours est encore de 4 minutes et la plus grande est maintenant de 50 minutes.

Exercice 8 On a entré le nombre 2 dans chaque cellule de la zone **A1:C8**, puis on a remplacé 2 par 5 en **A1**.
Quels résultats obtient-on avec les formules suivantes ?

a. `=MAX(A1:C5)` **b.** `=MIN(A1:B6)`
c. `=SOMME(A1:A7)` **d.** `=MOYENNE(A2:C6)`

Exercice 9 Quelle formule permet d'afficher de manière aléatoire :

a. un des nombres inscrits sur les faces d'un dé à 6 faces ?

b. un entier compris entre 1 et 2020 ?

Exercice 10 Soit X une variable aléatoire suivant la loi binomiale de paramètres $n = 30$ et $p = 0{,}3$.
On décide d'utiliser un tableur pour calculer les probabilités $P(X = k)$, k étant un entier variant de 0 à 30.

1. Saisir les entiers k dans la colonne **A**.

2. Afficher dans la colonne **B** les probabilités $P(X = k)$.

Exercice 11 On s'intéresse aux performances des athlètes féminines au saut en hauteur. Dans la feuille de calcul ci-dessous, on a saisi les trois meilleures performances réalisées lors des championnats du monde d'athlétisme entre 2011 et 2019.

	A	B	C	D	E	F	G
1	Saut en hauteur : meilleures performances (en mètres)						
2	2011	2,03	2,03	2,00	Hauteur minimale		
3	2013	2,03	2,00	1,97	Hauteur maximale		
4	2015	2,01	2,01	2,01	Hauteur moyenne		
5	2017	2,03	2,01	1,99			
6	2019	2,04	2,04	2,00			

1. Quelles formules doit-on saisir dans les cellules **G2** à **G4** ?

2. Reproduire et compléter cette feuille de calcul.

3. On suppose que les meilleures performances réalisées aux championnats du monde de 2021 seront 2,05 m, 202 m et 2,02 m.
Modifier la feuille de calcul et indiquer les nouvelles valeurs obtenues.

Exercice 12 À Noël, Florent achète un ordinateur portable. Il verse un acompte, puis paie en 12 mensualités.
La première mensualité est de 40 euros.
Les mensualités augmentent ensuite de 4 euros chacun des 10 mois suivants. En décembre, Florent rembourse la différence entre le montant dû après l'acompte versé et la somme totale déjà remboursée.
On donne ci-dessous une partie de la feuille de calcul créée pour calculer les mensualités.
Le prix de l'ordinateur est entré dans la cellule **B1** et l'acompte versé dans la cellule **D1**.
Les mois de l'année sont entrés dans la plage de cellules **B2:M2**.

	A	B	C	D	E	F	G	H
1	montant :	850	acompte :	150		restant dû après acompte :		700
2	mois	Janvier	Février	Mars	Avril	Mai	Juin	Juillet
3	mensualités	40						

1. Quelle formule peut-on saisir dans la cellule **H1** afin de calculer le montant que Florent va rembourser par mensualités ?

2. Quelle formule destinée à être recopiée vers la droite jusqu'à la cellule **L3** peut-on saisir dans la cellule **C3** afin d'afficher les mensualités des mois de février à novembre ?

3. Quelle formule peut-on saisir dans la cellule **M3** afin d'afficher la dernière mensualité ?

4. a. Reproduire et compléter cette feuille de calcul.

b. Quel est le montant de la dernière mensualité ?

Exercice 13 Une partie d'un jeu consiste à lancer cinq fois de suite une pièce de monnaie bien équilibrée.
Le joueur gagne 1 euro chaque fois que « Pile » apparaît.
On simule quatre parties avec un tableur.

	A	B	C	D	E	F	G
1		Lancer 1	Lancer 2	Lancer 3	Lancer 4	Lancer 5	Gain
2	Partie 1	1	1	1	1	1	
3	Partie 2						
4	Partie 3						
5	Partie 4						
6						Gain total	
7						Gain moyen par partie	

1. Parmi les formules proposées, laquelle peut-on saisir en **B2** pour compléter par recopie la plage **B2:F5** ?

a. =ALEA.ENTRE.BORNES(0;1)

b. =ALEA() **c.** =ALEA(0;1)

d. =ALEA.ENTRE.BORNES(0,1)

2. Quelle formule peut-on saisir en **G2** pour compléter par recopie vers le bas les cellules **G3** à **G5** ?

3. Quelles formules peut-on saisir dans les cellules **G6** et **G7** ?

4. Reproduire et compléter cette feuille de calcul.

5. Comment peut-on faire différentes simulations ?

Exercice 14 **1.** Ouvrir une feuille de calcul et reproduire le tableau ci-dessous qui indique la consommation d'eau (en litres) de trois familles pendant les mois de janvier, février et mars.

	A	B	C	D	E	F	G
1		Famille 1	Famille 2	Famille 3	min	max	moyenne
2	janvier	13000	15500	19300			
3	février	13500	14900	18700			
4	mars	19750	16100	21000			
5	min						
6	max						
7	moyenne						

2. Compléter la feuille de calcul pour obtenir les consommations d'eau minimale, maximale et moyenne :

a. pour chaque famille ; **b.** pour chaque mois.

Exercice 15 Le salaire mensuel de cinq conseillères d'une entreprise spécialisée dans la vente à domicile de bijoux fantaisie est constitué d'une partie fixe et d'une partie variable, égale à un certain pourcentage du montant des ventes réalisées.
On utilise un tableur pour calculer le salaire de ces conseillères un mois donné.

	A	B	C	D	E
1	Conseillère	Part fixe du salaire	Montant des ventes	Part du montant des ventes	Salaire
2	Lucie	520	2915	18,00%	1044,70
3	Sonia	520	2802	18,00%	
4	Farah	480	3014	17,50%	
5	Sophie	490	2950	17,50%	
6	Olivia	580	3150	18,50%	
7				Total	
8				Salaire minimal	
9				Salaire maximal	
10				Salaire moyen	

Les cellules **D2** à **D6** sont au format pourcentage.

1. Quelle formule peut-on saisir dans la cellule **E2** afin de compléter par recopie vers le bas la plage de cellules **E3:E6** ?

2. Quelles formules peut-on saisir dans les cellules **E7** à **E10** ?

3. Reproduire et compléter cette feuille de calcul.

Tests

▶ La fonction SI

SI est une fonction logique du tableur : le résultat n'est pas le même selon qu'une condition C testée par le tableur soit vraie ou fausse. Sa syntaxe est **SI(C;valeur si C est vraie ; valeur si C est fausse)**.
Lorsque la valeur à afficher est un texte, alors on le saisit entre guillemets.

Exemple : On a saisi dans la cellule **A3** la formule `=SI(A1>A2;A1-A2;0)`.
Si **A1** contient `15` et **A2** contient `9`, alors **A3** contient la différence 15 – 9, soit `6` puisque 15 > 9.
Si **A1** contient `7` et **A2** contient `12`, alors **A3** contient `0` puisque 7 n'est pas strictement supérieur à 12.

▶ La fonction NB.SI

NB.SI est une fonction logique du tableur qui retourne le nombre d'éléments d'une zone de cellules correspondants à certains critères. Sa syntaxe est **NB.SI(zone;critères)**.
Lorsqu'il y a une inégalité dans le critère, celui-ci est écrit entre guillemets.

Exemple : On a inscrit dans la plage **A1:A30** les notes des élèves d'une classe à un devoir. On saisit dans la cellule **B1** la formule `=NB.SI(A1:A30;20)`. La cellule **B1** contient alors le nombre d'élèves ayant eu la note 20 à ce devoir.

▶ La fonction ET

ET est une fonction logique du tableur qui retourne **VRAI** si tous ses arguments sont vrais, et **FAUX** sinon.
Soit C1 et C2 des conditions, la syntaxe de **ET** est **ET(C1;C2)**.
La fonction renvoie **VRAI** si C1 et C2 sont vraies, et **FAUX** dans le cas contraire.

Exemple : La cellule **A1** contient `2` et la cellule **A2** contient `8`. On saisit en **B1** la formule `=ET(A1>0;A2>0)`.
La cellule **B1** contient alors `VRAI`. Si on entre `-5` en **A1** et `3` en **A2**, elle contient `FAUX`.

Exercice 16 **Exercice résolu**

Énoncé

Dans une feuille de calcul, on a relevé la taille en centimètres, des 70 membres d'un club sportif.

	A	B	C	D	E	F	G	H	I	J	K	L
1	184	187	179	176	172	167	177	158	166	178		
2	180	185	183	176	198	176	180	177	172	181		
3	190	169	164	168	183	181	174	193	185	162		3
4	183	165	181	168	183	169	197	179	166	176		
5	163	173	169	181	184	168	193	157	173	181		39
6	170	181	175	164	172	171	184	166	173	176		
7	186	180	178	166	189	169	165	188	161	184		

1. Quelle formule peut-on saisir dans la cellule **L3** afin d'obtenir dans cette cellule le nombre de personnes mesurant 168 cm ?
2. Quelle formule peut-on saisir dans la cellule **L5**, afin d'obtenir dans cette cellule le nombre de personnes mesurant strictement plus de 175 cm ?

Solution

1. On cherche le nombre de cellules de la plage **A1:J7** contenant 168. On peut saisir la formule `=NB.SI(A1 : J7 ; 168)` dans la cellule **L3**.
2. On cherche le nombre de cellules de la plage **A1:J7** contenant un nombre strictement plus grand que 175. On peut saisir la formule `=NB.SI(A1 : J7 ; «>175»)` dans la cellule **L5**. (Comme il y a une inégalité dans le critère, celui-ci est écrit entre guillemets.)

Exercice 17 Dans une entreprise, la prime de fin d'année est calculée de la façon suivante : chaque salarié reçoit une prime fixe de 150 €, puis une partie variable égale à 40 € par année d'ancienneté lorsque celle-ci est strictement inférieure à dix ans, et à 60 € par année d'ancienneté lorsque celle-ci est supérieure ou égale à dix ans.

On a construit une feuille de calcul donnant le tableau des primes à distribuer selon les années d'ancienneté, celles-ci étant comprises entre 1 et 42 ans.

	A	B
1	Ancienneté en années	Prime en euros
2	1	190
3	2	230
4	3	270
5	4	310
6	5	350
7	6	390

1. La valeur 1 est entrée dans la cellule **A2**.
Quelle formule destinée à être recopiée vers le bas, peut-on saisir dans la cellule **A3** ?
2. Quelle formule destinée à être recopiée vers le bas, peut-on saisir dans la cellule **B2** ?

Exercice 18 Une entreprise vend un modèle de carrelage sur un site internet. Le carrelage est vendu 40 € le mètre carré pour les 20 premiers mètres carrés commandés et 37 € par mètre carré pour tout mètre carré supplémentaire au-delà de 20 mètres carrés. S'ajoute à ce prix, une participation forfaitaire aux frais de livraison de 120 €.

	A	B
1	Nombre de mètres carrés commandés	Prix à payer
2	1	160
3	2	200
4	3	240
5	4	280
6	5	320

On souhaite créer une feuille de calcul affichant le prix à payer en fonction de la quantité commandée.
1. On a entré la valeur 1 dans la cellule **A2**.
Quelle formule destinée à être recopiée vers le bas peut-on saisir dans la cellule **A3** ?
2. Quelle formule destinée à être recopiée vers le bas peut-on saisir dans la cellule **B2** ?

Références absolues

Une référence de cellule de la forme **A1**, **B5**, **G2**... est une référence relative (ou adresse relative) : lorsqu'on la recopie, cette référence change. « Recopier » ne signifie donc pas « copier à l'identique ».

• Quand on recopie vers le bas une formule contenant la référence **A1**, celle-ci se recopie en **A2**, **A3**, **A4**... Pour fixer le numéro de ligne **1** de la référence **A1**, on écrit **A$1**: **la référence A$1 est une référence absolue pour le numéro de ligne.**

• Quand on recopie vers la droite une formule contenant la référence **A1**, celle-ci se recopie en **B1**, **C1**, **D1**... Pour fixer le numéro de colonne **A** de la référence **A1**, on écrit **$A1**: **la référence $A1 est une référence absolue pour le numéro de colonne.**

• Quand on veut fixer le numéro de ligne et le numéro de colonne de la référence **A1**, on écrit **$A$1** : c'est une **référence absolue**.

Exercice 19 **Exercice résolu**

Énoncé

Un élève a obtenu les notes suivantes dans une matière au cours du premier semestre de l'année : 12 – 9 – 8 – 15 – 6 – 5 – 10 – 11.

	A	B	C
1		Notes	Ecarts par rapport à la moyenne
2		12	2,5
3		9	
4		8	
5		15	
6		6	
7		5	
8		10	
9		11	
10			
11	Moyenne	9,5	

1. Quelle formule peut-on saisir dans la cellule **B11** pour calculer la moyenne de ces notes ?

2. On veut calculer dans la colonne **C** l'écart de chaque note par rapport à la moyenne, cet écart étant réactualisé lorsque les notes sont modifiées.

Quelle formule doit-on saisir dans la cellule **C2** afin d'obtenir ces écarts dans la colonne **C** après recopie vers le bas ?

Solution

1. On saisit dans la cellule **B11** la formule : `=MOYENNE(B2:B9)`.

2. Pour calculer l'écart dans la cellule **C2**, on doit faire la différence du contenu de la cellule **B2** et du contenu de la cellule **B11**. Par recopie vers le bas, **B2** devient **B3**, mais **B11** devient **B12** : on doit donc fixer le numéro de ligne de la cellule **B11**.

La formule à saisir en **C2** est ainsi : `=B2–B$11`.

Exercice 20 On étudie la fonction f, qui, à la vitesse v d'un véhicule (exprimée en mètres par seconde) associe la distance de freinage (exprimée en mètres).

Cette fonction est telle que $f(v) = k \times v^2$, où k est un coefficient qui dépend de l'état de la route.

Dans des conditions « normales » (route sèche), le coefficient k est égal à 0,08. On utilise un tableur pour créer le tableau de valeurs ci-contre.

	A	B	C	D	E	F
1	Vitesse (en m/s)	0	5	10	15	20
2	Distance de freinage	0				
3	Coefficient k	0,08				

1. On entre 0 dans la cellule **B1**. Quelle formule peut-on saisir dans la cellule **C1** pour obtenir, par recopie vers la droite, les vitesses de 0 à 100 avec un pas de 5 dans la ligne **1** ?

2. Donner une formule qui, saisie dans la cellule **B2**, puis recopiée vers la droite, permet de compléter la ligne **2**.

3. On veut qu'en modifiant la valeur de k en **B3**, les distances soient recalculées automatiquement.

La formule proposée dans la question **2.** satisfait-elle cette nouvelle contrainte ? Si oui, pourquoi ? Si non, en proposer une autre qui convient.

Exercice 21 On veut établir un tableau de change pour diverses sommes en euros dans quatre autres monnaies : le dollar, le yen, la livre et le rouble. Ces sommes sont entrées dans la colonne **A** d'une feuille de calcul.

	A	B	C	D	E
1	Euro	Dollar	Yen	Livre	Rouble
2	1	1,08	118,90	0,83	68,81
3	2				
4	5				
5	10				
6	25				

Les taux de change entrés dans les cellules **B2** à **E2** sont modifiés chaque jour.

Quelle formule peut-on saisir dans la cellule **B3** afin de compléter par recopie la plage de cellules **B3:E6** ?

Exercice 22 On veut compléter la facture suivante, dans laquelle le taux de la TVA, entré en **D1**, peut être modifié selon le type des produits que contient la facture.

	A	B	C	D	E
1	Facture		Taux de TVA	5,50%	
2					
3	Objet	Prix unitaire (en euros)	Quantité	Montant Hors taxes	TVA
4					
5	Café en grains (1kg)	15	12		
6	Chocolat en poudre (1kg)	7,60	10		
7	Huile d'olives (1L)	9,95	4		
8	Paquet de pâtes Spaghetti (1Kg)	2,10	15		
9					
10	Total				
11	Total TTC (en euros)				

1. Quelle formule peut-on saisir dans la cellule **D5** afin d'obtenir par recopie vers le bas, les montants hors taxes de la plage **D5:D8** ?

2. Quelle formule peut-on saisir dans la cellule **E5** afin d'obtenir par recopie vers le bas jusqu'à la cellule **E8**, le montant de la TVA pour chacune des lignes de la facture ?

3. Quelle formule peut-on saisir dans la cellule **D10**, puis recopier en **E10** afin d'obtenir dans ces cellules le total hors taxe et le total de la TVA de cette facture ?

4. Quelle formule peut-on saisir en **E11** pour obtenir le montant TTC de la facture ?

GeoGebra

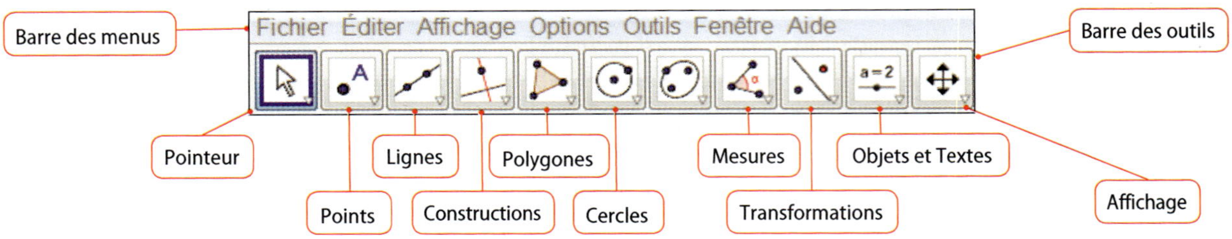

Présentation

En plus de la barre des menus et de la barre des outils, l'écran est partagé en plusieurs parties :

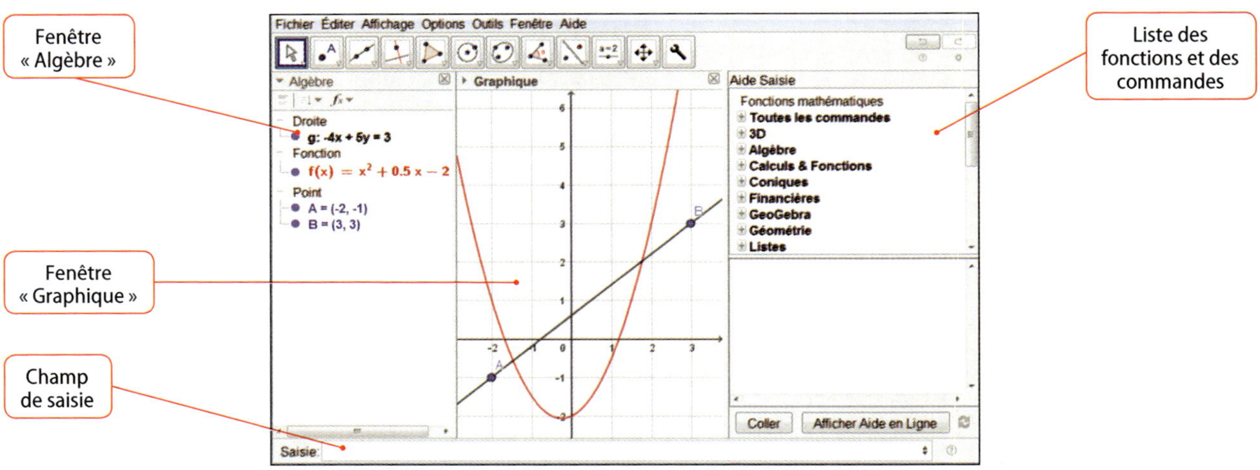

Menu déroulant de chaque icône

En cliquant sur le petit triangle blanc situé en bas à droite d'une icône, on obtient le menu déroulant de cette icône.
Les différents outils contenus dans cette icône apparaissent.

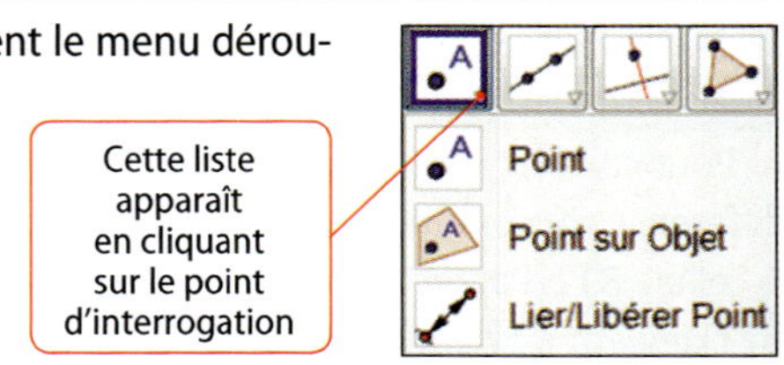

Utiliser les aides du logiciel

En approchant la souris de l'icône d'un outil, une bulle d'aide indique comment utiliser l'outil.
L'aide de l'outil « **Parallèle** » indique qu'à partir d'un **clic gauche** sur un point (ou sur l'écran) suivi d'un clic sur une droite, la droite parallèle à la droite cliquée et passant par le point cliqué se construit.

Le menu contextuel

Tous les objets créés possèdent un menu contextuel : on l'ouvre par un **clic droit** sur l'objet, soit dans la fenêtre graphique, soit dans la fenêtre algèbre.
- On peut **afficher ou masquer** l'objet.
- On peut **afficher ou masquer** son nom.
- On peut activer **la trace** de l'objet : il laisse une trace en se déplaçant.
- On peut **supprimer** l'objet avec Effacer .
- On peut modifier la taille, la couleur, etc. de l'objet avec Propriétés .

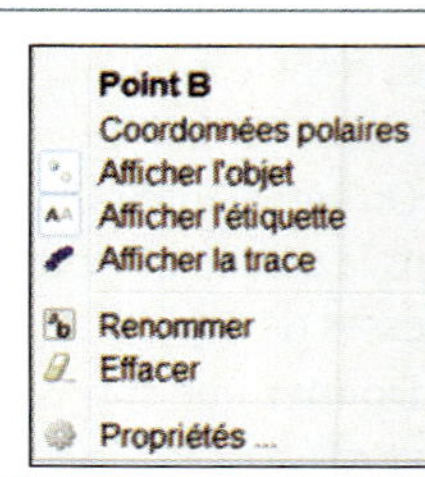

Construire un curseur

- Le curseur permet de faire varier un nombre décimal, un angle ou un entier.
- Pour créer un curseur, sélectionner l'outil curseur [a=2] de la barre des outils, puis cliquer sur le graphique.
- Dans la fenêtre qui s'ouvre, on peut définir les paramètres de ce curseur. L'incrément est le pas selon lequel augmente la variable de min à max.

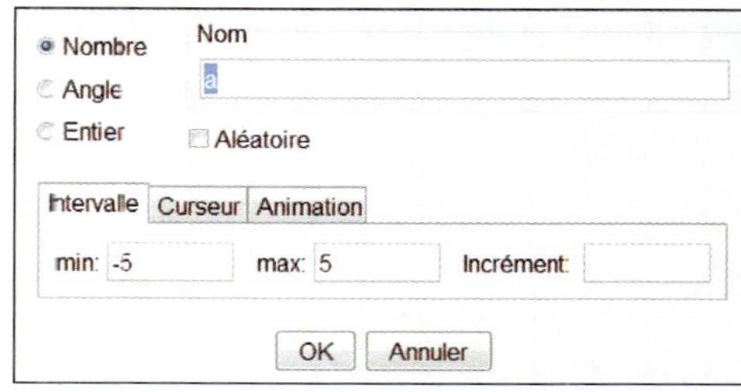

Utilisation du tableur de GeoGebra

- Le menu **Affichage** permet d'ajouter des fenêtres à la page principale. Sélectionner [Tableur] dans ce menu pour afficher le tableur.
- Quand le tableur est affiché, le menu contextuel des points propose [Enregistrer dans Tableur]. Si le point A est mobile et « enregistré dans le tableur », ses abscisses x(A) et ses ordonnées y(A) successives sont enregistrées et elles apparaissent dans les colonnes A et B du tableau.

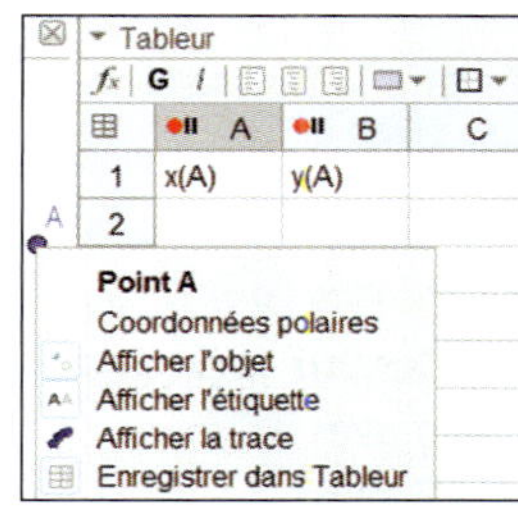

- Comme dans un tableur « classique », on peut effectuer des calculs faisant appel aux résultats reportés dans d'autres cellules et recopier la formule vers le bas ou vers la droite.

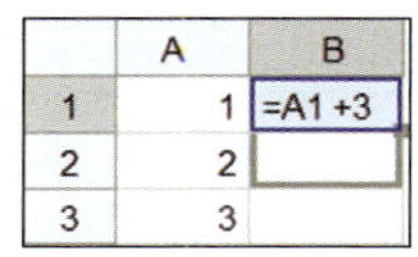

Calcul formel avec GeoGebra

- On ajoute une fenêtre de calcul formel en sélectionnant [Calcul formel] dans le menu **Affichage**. De nouvelles icônes apparaissent.
- Soit on écrit la commande désirée (capture d'écran ci-contre) dans la ligne de saisie numérotée, soit on saisit une expression puis on clique sur l'icône de la commande à réaliser sur cette expression.

– Entrer [(x-1)(x+2)] puis cliquer sur [(( ))] pour **développer** l'expression.
– Entrer [x^2-3x+2] puis cliquer sur [15/3·5] pour **factoriser** l'expression.
– Entrer [3x^2+2x <= 0] puis cliquer sur [=] pour **résoudre** l'inéquation.
– Entrer [x^5] puis cliquer sur [f'] pour **dériver** la fonction $f : x \rightarrow x^5$.

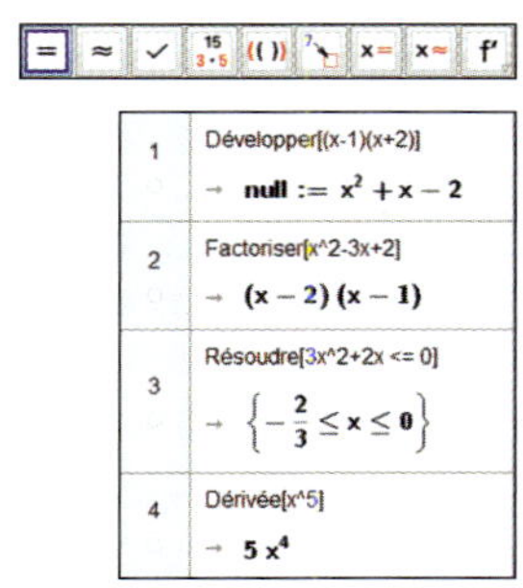

Commandes utiles en classe de Première

Arrondi	Cette commande, présente dans le menu **Options**, permet de préciser le nombre de décimales ou de chiffres significatifs affichés à l'écran.
Saisir l'expression d'une fonction	Pour la fonction f telle que $f(x) = x^2$, entrer [f(x) = x^2] dans le **champ de saisie**. Pour g définie sur [1 ; 5] par $g(x) = x^4$, entrer [g(x) = Fonction[x^4, 1, 5]].
Construire la tangente à une courbe	Construire un point A sur la courbe. Dans le menu de l'icône [ ], sélectionner [Tangentes]. Construire la tangente à la courbe en A par un **clic gauche** sur la courbe, puis sur A. On peut aussi entrer [Tangente[A, f]] dans le **champ de saisie**.
Créer un point défini comme intersection de deux courbes	Dans le menu de l'icône [•A], sélectionner [Intersection]. Par un **clic gauche**, sélectionner chacun des deux objets (l'un puis l'autre) dont le point est l'intersection.
Créer un polygone régulier	Dans le menu de l'icône [▷], sélectionner [Polygone régulier]. Par un **clic gauche**, choisir ou créer deux points comme sommets, puis indiquer le nombre de côtés.

Casio

Cette double page décrit quelques commandes de base, pour la calculatrice Casio GRAPH 90+E, ainsi que l'utilisation du mode « Suite » et du mode « Fonction ». Pour les autres calculatrices Casio, ces commandes varient peu.

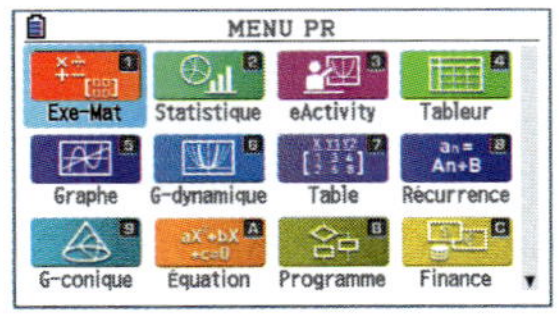

Calculs élémentaires

Puissances – Racines carrées – Racines cubiques

Élever au carré : saisir la valeur, puis utiliser la touche x^2 et valider avec EXE.

Élever à la puissance : saisir la valeur, utiliser la touche ^, puis saisir la puissance et valider avec EXE.

Calculer une racine carrée : utiliser l'instruction $\sqrt{\ }$ (touches SHIFT x^2), saisir la valeur et valider avec EXE.

Calculer une racine cubique : utiliser l'instruction $\sqrt[3]{\ }$ (touches SHIFT ( ), saisir la valeur et valider avec EXE.

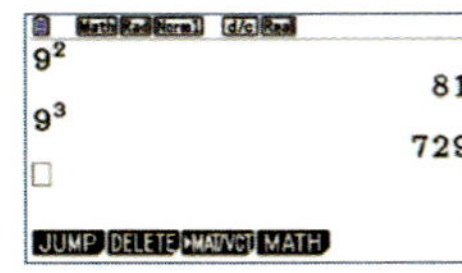

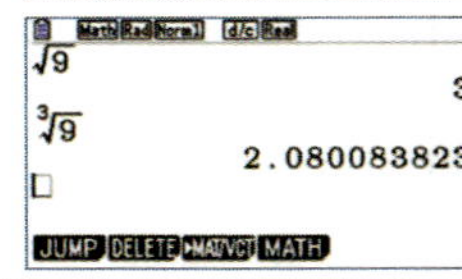

Sinus – Cosinus

Touche sin ou cos, puis saisir la valeur de l'angle et valider avec EXE.
On peut régler l'unité d'angle avec le menu SET UP (touches SHIFT MENU).

Étude d'une suite

On considère la suite (u_n) définie par $\begin{cases} u_0 = 2 \\ u_{n+1} = -3u_n + 7 \end{cases}$, pour tout entier naturel n.

On veut afficher, à l'aide de la calculatrice, les termes u_0 à u_6 de cette suite.

1. Choisir le mode SUITE

Depuis le menu principal, sélectionner le mode **Récurrence**.

Si l'écran obtenu ne permet pas d'exprimer a_{n+1} en fonction de a_n, appuyer sur F3 pour sélectionner le TYPE de suite, puis sur F2 pour sélectionner la forme a_{n+1}.

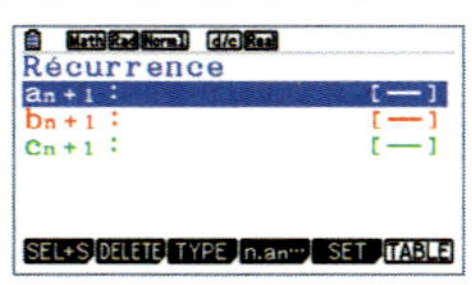

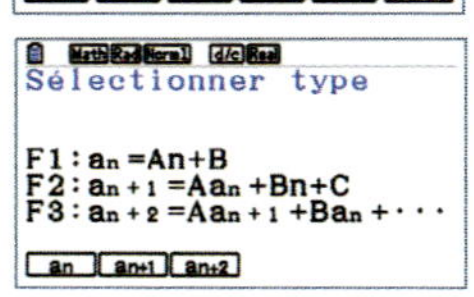

2. Saisir la relation de récurrence

Renseigner l'écran comme ci-contre : a_n est obtenue en appuyant sur la touche F4 pour sélectionner l'instruction **n,a$_n$**, puis sur la touche F2. Pour valider, appuyer sur EXE.

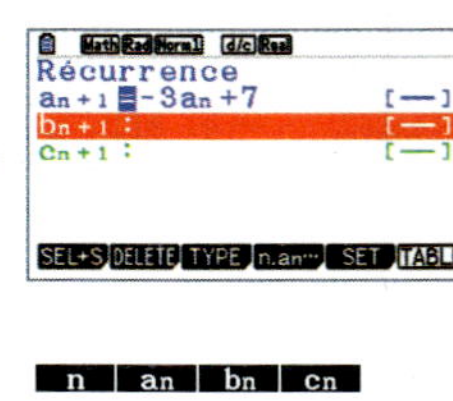

3. Configurer la table de valeurs

Accéder au menu **SET** avec la touche F5, puis renseigner les indices des premiers et derniers termes calculés, ainsi que la valeur du premier terme. Appuyer sur EXE.

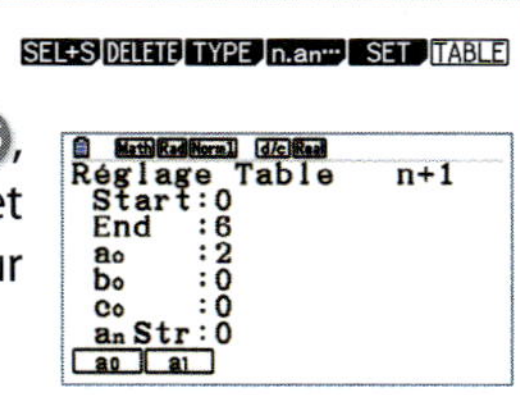

4. Afficher la table des valeurs

Accéder au menu **TABLE** avec la touche F6 pour obtenir le tableau des valeurs des termes de la suite (u_n).

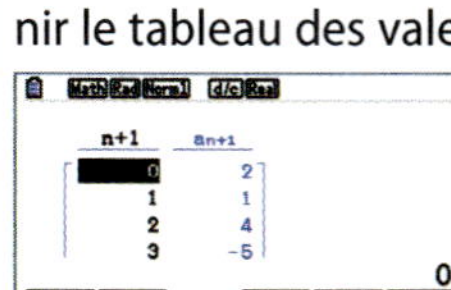

Étude d'une fonction

Dans cette partie, on considère la fonction f définie sur $\mathbb{R}$ par $f(x) = x^2 + x - 3$.

Réglages préalables

Appuyer sur MENU et choisir le mode **Exe-Math**, puis EXE.
Accéder au menu **SET UP** (touches SHIFT MENU).
Vérifier que le réglage du type de fonction est bien : **Func Type :Y =**.

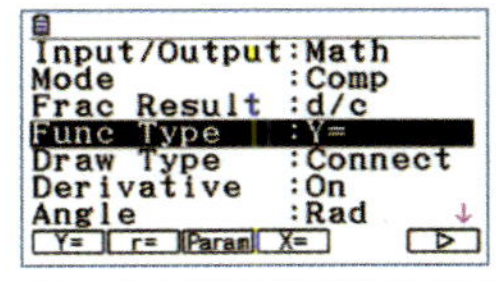

Saisir l'expression d'une fonction

Appuyer sur MENU et choisir le mode **Graphe**, puis EXE.
Saisir l'expression de la fonction étudiée, par exemple en **Y1**.
Utiliser la touche X,θ,T pour obtenir la variable x.
Pour supprimer une fonction sélectionnée, utiliser l'instruction **DELETE** (touche F2), puis confirmer par **YES** (touche F1).

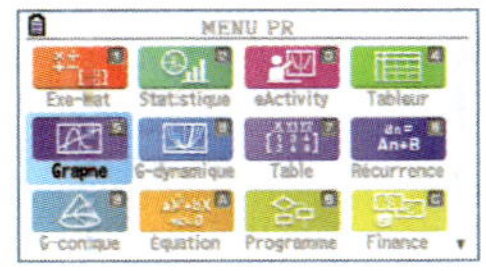

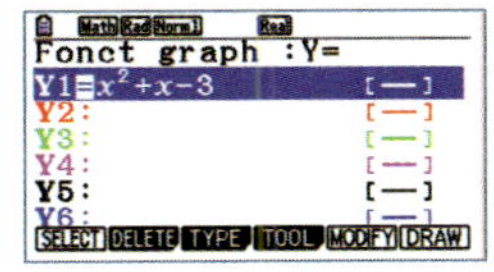

Choisir une fenêtre d'affichage

- **Choisir la fenêtre « standard »**

Accéder au menu **V-Window** (touches SHIFT F3), choisir **STANDRD** (touche F3). Valider avec EXE.
La fenêtre standard d'affichage est : Xmin = –10, Xmax = 10, Ymin = –10 et Ymax = 10.

- **Choisir une autre fenêtre d'affichage**

Accéder au menu **V-Window** (touches SHIFT F3) et saisir les paramètres souhaités, en validant chaque fois avec EXE.

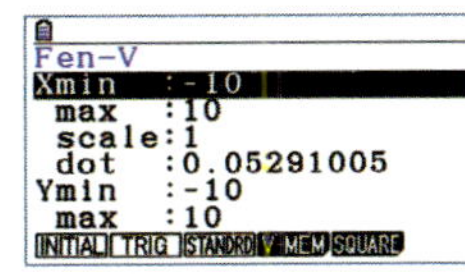

Tracer la courbe représentative d'une fonction

Appuyer sur MENU et choisir le mode **Graphe**, puis EXE. Choisir alors **DRAW** (touche F6).

Obtenir un tableau de valeurs

Appuyer sur MENU et choisir le mode **Table**, puis EXE.
Choisir **SET** (touche F5) et régler les paramètres de la table : valeur initiale (**Start**), valeur finale (**End**) et pas (**Step**).
Valider avec EXE.
La table est obtenue par l'instruction **TABLE** (touche F6).
On se déplace dans les colonnes de la table en utilisant les flèches du pavé directionnel.

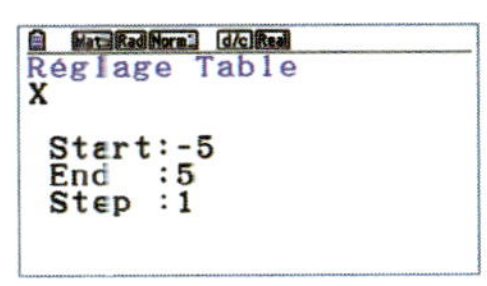

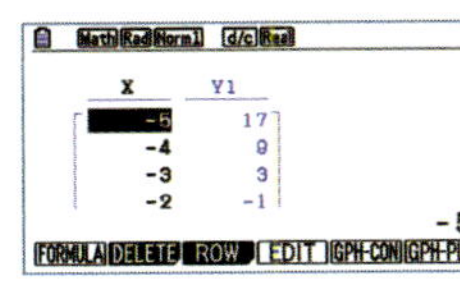

Parcourir une courbe

La courbe étant affichée à l'écran, utiliser la commande **Trace** (touches SHIFT F1)
La calculatrice affiche alors un pointeur et ses coordonnées en bas de l'écran.
Déplacer le pointeur à l'aide des flèches ◄ et ► du pavé directionnel.

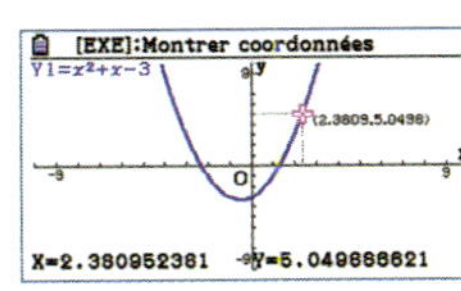

Tracer une tangente

Dans le menu SET UP (SHIFT MENU), activer le mode **Derivative** et choisir **On** (touche F1), suivi de EXE.
La courbe étant affichée à l'écran, accéder au menu **SKETCH** (SHIFT F4) et sélectionner l'instruction **Tangent** (F2).
Donner la valeur de l'abscisse pour laquelle on souhaite tracer la tangente (par exemple 1), puis valider deux fois avec EXE.
La tangente apparaît ainsi que son équation.

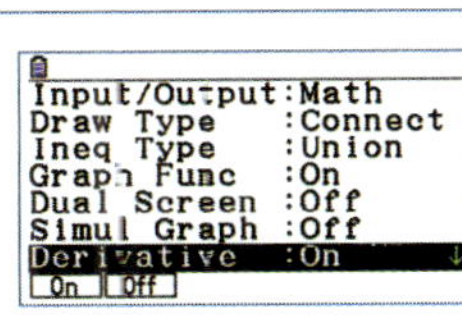

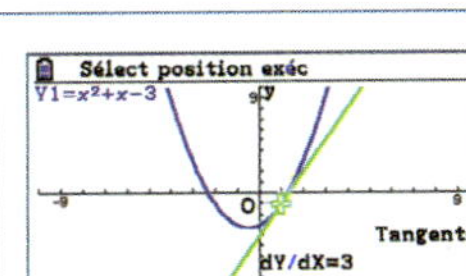

NumWorks

Cette page décrit les commandes de base de la calculatrice NumWorks.
*Pour les manipulations proposées dans cette page, sélectionner l'icône **Calculs**, puis valider avec* (EXE) *ou* (OK).

Calculs élémentaires

▶ Puissances – Racines carrées – Racines cubiques

- **Élever à la puissance :** saisir la valeur, puis utiliser la touche (x^y), puis saisir la puissance et valider avec (EXE).
- **Élever au carré :** saisir la valeur, puis utiliser la touche (x^2), puis valider avec (EXE).
- **Calculer une racine carrée :** utiliser la touche ($\sqrt{\ }$), saisir la valeur et valider avec (EXE).
- **Calculer une racine cubique :** choisir le menu Outils (touche (paste)), puis choisir `root(x,n)` `Racine n-ieme` en utilisant la flèche de déplacement vers le bas, puis valider avec (EXE), saisir la valeur à la place du ■ au-dessous du symbole $\sqrt[\blacksquare]{\blacksquare}$, puis 3 à la place du ■ au-dessus du symbole et valider avec (EXE).

9^3 → 729
$\sqrt{9}$ → 3
$\sqrt[3]{9}$ → $\sqrt[3]{9} \approx 2.080084$

▶ Sinus – Cosinus

- Touche (sin) ou (cos), puis saisir la valeur de l'angle et valider avec (EXE).

On peut régler l'unité d'angle `Unite d'angle` dans le menu **Paramètres**, accessible sur la page des applications (⌂).

sin(30) → $\frac{1}{2} = 0.5$
cos(30) → $\frac{\sqrt{3}}{2} \approx 0.8660254$

Étude d'une suite

On considère la suite (u_n) définie par $\begin{cases} u_0 = 2 \\ u_{n+1} = -3u_n + 7 \end{cases}$

On veut afficher, à l'aide de la calculatrice, les termes u_0 à u_6.

1. Appuyer sur la touche (⌂) et utiliser les flèches du curseur directionnel pour accéder à l'écran ci-contre.
Sélectionner l'application Suites.
Appuyer sur (OK).

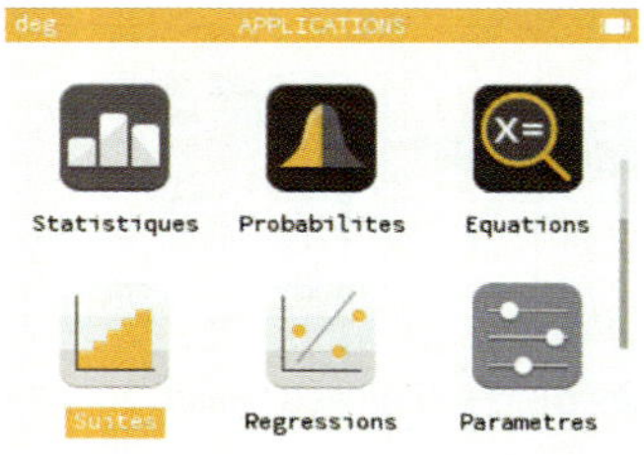

2. On obtient : `Suites | Graphique | Tableau` — `Ajouter une suite`.

Appuyer sur (OK) et sélectionner `u n+1 Recurrente d'ordre 1`.
Renseigner l'écran comme ci-dessous en validant avec (EXE) à chaque étape et en se déplaçant avec les flèches.

`Suites | Graphique | Tableau`
$u_{n+1} = -3 \cdot u_n + 7$
$u_0 = 2$

u_n, u_{n+1},... sont déjà présaisis selon le type de suite qui a été sélectionné. Si on a quand même besoin de saisir u_n, on utilise les touches : (alpha) (x) (( ) (x,n,t) ( ))

3. Sélectionner `Afficher les valeurs` ou `Tableau` pour obtenir le tableau des valeurs des termes de (u_n).

n	u_n
0	2
1	1
2	4
3	-5
4	22
5	-59
6	184

4. Choisir `Regler l'intervalle` pour modifier le réglage par défaut sans oublier de valider avec (EXE) à chaque ligne.

N debut	0
N fin	10
Pas	1
Valider	

Étude d'une fonction

Dans cette partie, on considère la fonction f définie sur $\mathbb{R}$ par $f(x) = x^2 + x - 3$.

Saisir l'expression d'une fonction

Appuyer sur la touche ⌂ et choisir le mode **Fonctions**.
Saisir l'expression de la fonction étudiée, par exemple sur la ligne $f(x)$. Valider en appuyant sur EXE.
Utiliser la touche x,n,t pour obtenir la variable x.
Pour supprimer une fonction sélectionnée, utiliser la touche clear ⌫.

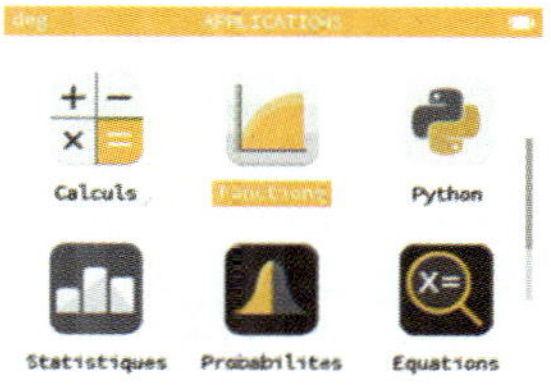

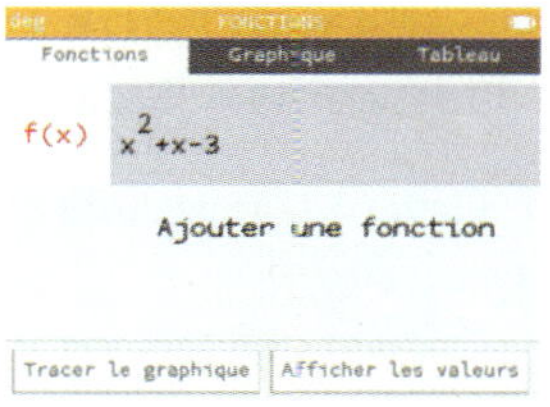

Choisir une fenêtre d'affichage

• **Choisir la fenêtre standard**
Sélectionner l'onglet **Graphique** en appuyant sur EXE, puis sélectionner **Initialisation** et enfin **Réglage de base**. La fenêtre s'adapte automatiquement à la courbe.
• **Choisir une autre fenêtre d'affichage**
Sélectionner **Axes** et saisir les paramètres souhaités.

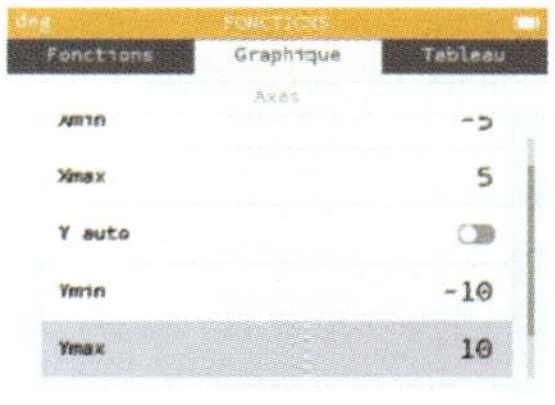

Tracer la courbe représentative d'une fonction

Sélectionner l'onglet **Graphique** en appuyant sur EXE.

Obtenir un tableau de valeurs

Sélectionner l'onglet **Tableau**, puis sélectionner **Régler l'intervalle** en appuyant sur EXE.
Régler les paramètres de la table : « valeur initiale » (X début), « valeur finale » (X fin) et « pas » (Pas). Valider par EXE.
On se déplace dans les colonnes de la table en utilisant les flèches du pavé directionnel.

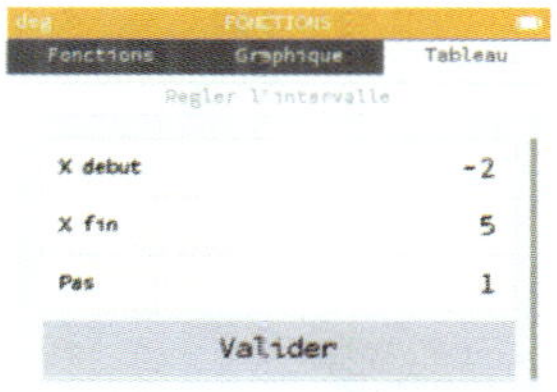

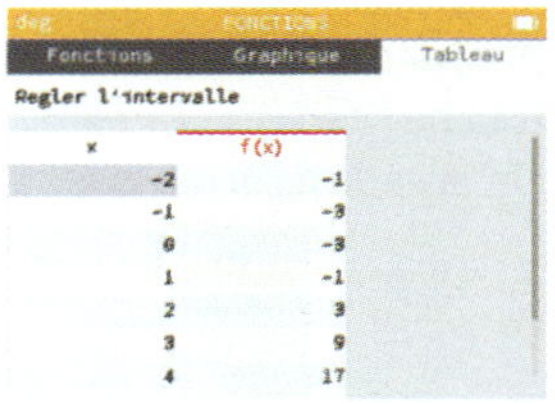

Parcourir une courbe

La courbe étant affichée à l'écran, déplacer le point situé sur la courbe représentative à l'aide du pavé directionnel. Ce point parcourt la courbe.
Les coordonnées du pointeur sont affichées en bas de l'écran.

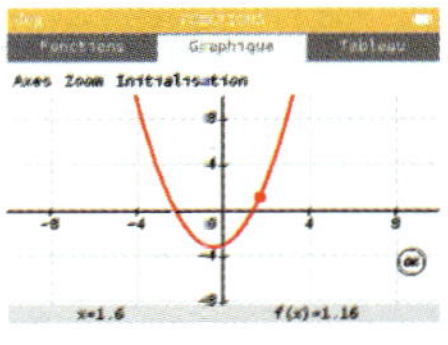

Tracer une tangente

La courbe étant affichée à l'écran avec le pointeur, appuyer sur EXE. Sélectionner **Aller à**, puis saisir l'abscisse du point de la courbe où l'on souhaite obtenir la tangente. Appuyer sur EXE puis valider.
De retour sur l'écran avec la courbe, appuyer de nouveau sur EXE, puis sélectionner **Calculer**. Descendre pour sélectionner **Tangente**. La tangente apparaît, ainsi qu'une équation et le nombre dérivé correspondant.

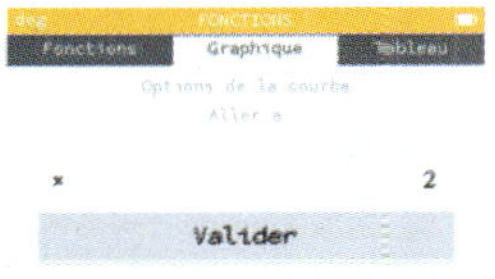

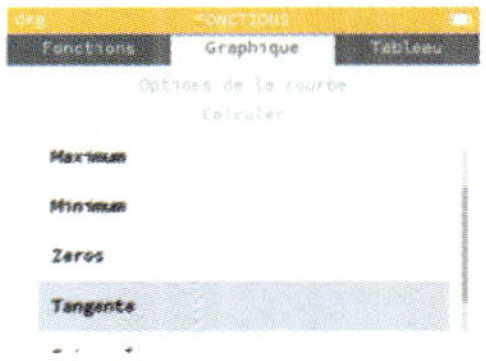

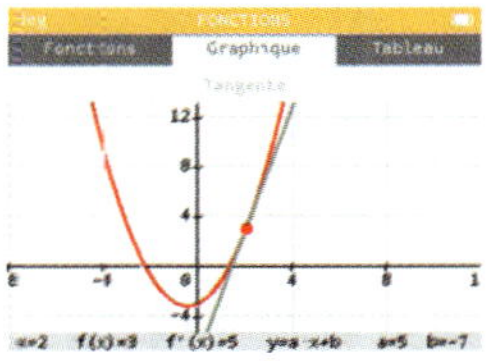

Texas

Cette double page décrit quelques commandes de base, pour la calculatrice TI-83 Premium CE, ainsi que l'utilisation du mode « Suite » et du mode « Fonction ». Pour les autres calculatrices Texas, ces commandes varient peu.

Calculs élémentaires

Puissances – Racines carrées – Racines cubiques

- **Élever à la puissance :** saisir la valeur, utiliser la touche [^], puis saisir la puissance et valider avec [entrer].
- **Calculer une racine carrée :** utiliser la commande $\sqrt{}$ (touches [2nde] [x^2]), saisir la valeur, puis [)] et valider avec [entrer].
- **Calculer une racine cubique :** utiliser la touche [math], puis la commande **4 :** $\sqrt[3]{}$(.
Saisir la valeur et valider avec [entrer].

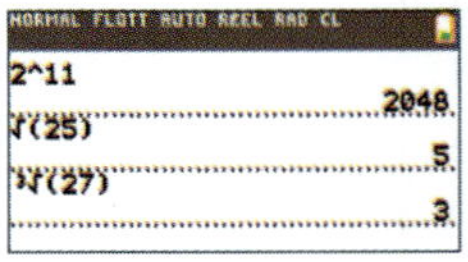

Sinus – Cosinus

Utiliser la touche [trig], puis **1:sin** ou **2:cos**, puis saisir la valeur de l'angle, ensuite appuyer sur la touche [)], et valider avec [entrer].
On peut régler l'unité d'angle avec le menu « mode ».

Étude d'une suite

On considère la suite (u_n) définie par $\begin{cases} u_0 = 2 \\ u_{n+1} = -3u_n + 7 \end{cases}$, pour tout entier naturel n.

On veut afficher, à l'aide de la calculatrice, les termes u_0 à u_6 de cette suite.

1. Choisir le mode SUITE

Accéder au menu de paramétrage, en appuyant sur la touche [mode].
On accède à l'écran ci-dessous.

À la cinquième ligne, sélectionner le mode **SUITE**.
Appuyer sur [entrer].

2. Saisir la relation de récurrence

Appuyer sur la touche [f(x)].
Sélectionner le mode **SUITE(n+1)** en haut de l'écran.
Saisir la formule donnant $u(n+1)$ en fonction de $u(n)$.
$u(n)$ est obtenu en utilisant les touches [2nde] [7] ([X,T,θ,n]).
nMin est l'indice de départ (ici, 0).
$u(n\text{Min})$ est la première valeur (ici, $u(0) = 2$).

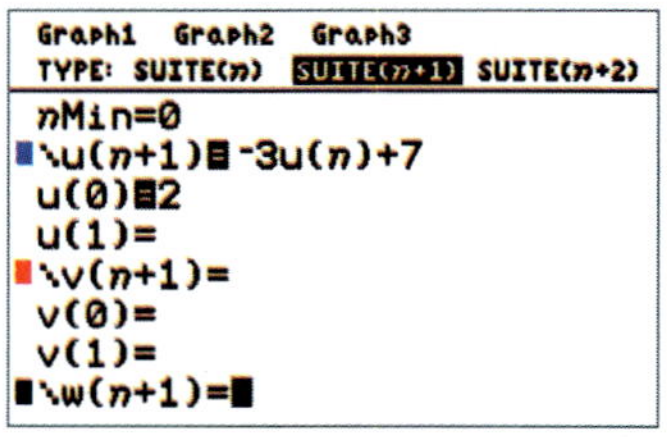

3. Configurer la table de valeurs

Appuyer sur la touche [fenêtre], puis renseigner l'indice du premier terme et celui du dernier terme à calculer, ici 6.

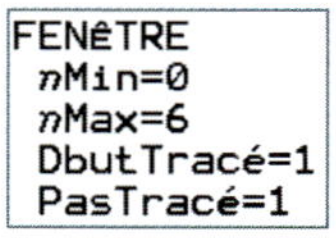

Appuyer sur les touches [2nde] [fenêtre] pour accéder à l'écran **CONFIG TABLE**, puis le compléter.

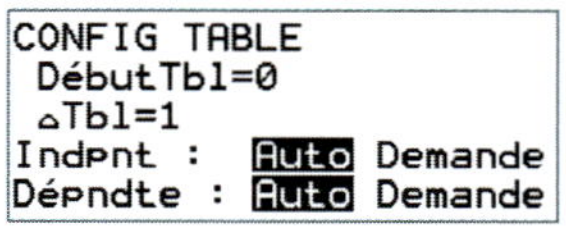

4. Afficher la table de valeurs

Appuyer sur les touches [2nde] [graphe] pour obtenir le tableau des valeurs des termes de la suite (u_n).

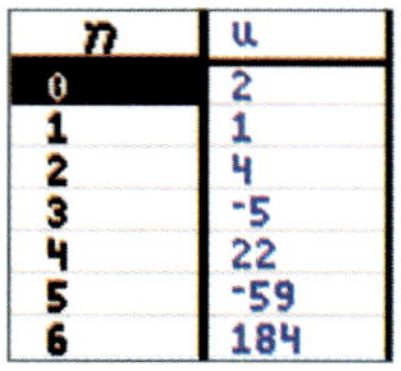

n	u
0	2
1	1
2	4
3	-5
4	22
5	-59
6	184

Étude d'une fonction

Dans cette partie, on considère la fonction f définie sur $\mathbb{R}$ par $f(x) = x^3 + 3x^2 - x - 3$.

Réglages préalables

Accéder au menu de paramétrage : touche **mode**.
Vérifier que, sur la 5e ligne, le réglage du type de fonction est bien **FONCTION**.

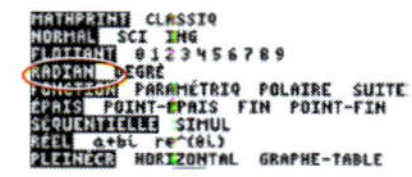

Saisir l'expression d'une fonction

Accéder à l'éditeur de fonctions en appuyant sur la touche **f(x)**.
Saisir l'expression de la fonction étudiée, par exemple en **Y1**.
Utiliser la touche **X,T,θ,n** pour obtenir la variable x.
Pour supprimer une fonction sélectionnée, utiliser la touche **annul**.

```
Graph1  Graph2  Graph3
\Y1=X³+3*X²-X-3
\Y2=
\Y3=
\Y4=
\Y5=
\Y6=
```

Choisir une fenêtre d'affichage

• **Choisir la fenêtre standard**
Accéder au menu **Zoom** (touche **zoom**), choisir `6:ZStandard` et valider avec **entrer**.
La fenêtre standard d'affichage est : Xmin= –10, Xmax=10, Ymin= -10 et Ymax=10.
• **Choisir une autre fenêtre d'affichage**
Accéder au menu **Fenêtre** (touche **fenêtre**) et saisir les paramètres souhaités, en validant chaque fois avec **entrer**.

```
ZOOM MÉMOIRE
1:ZCadre
2:Zoom avant
3:Zoom arrière
4:ZDécimal
5:ZCarré
6:ZStandard
7:ZTrig
```

Tracer la courbe représentative d'une fonction

Appuyer sur la touche **graphe**.

Obtenir un tableau de valeurs

Choisir l'instruction **déf table** (touches **2nde** **fenêtre**) et régler les paramètres de la table : valeur initiale (**DébutTbl**) et pas (**ΔTbl**).
La table est obtenue avec l'instruction **table** (touches **2nde** **graphe**).
On se déplace dans les colonnes de la table en utilisant les flèches du pavé directionnel.

```
CONFIG TABLE
 DébutTbl=-5
 ΔTbl=1
Indpnt :  Auto Demande
Dépndte : Auto Demande
```

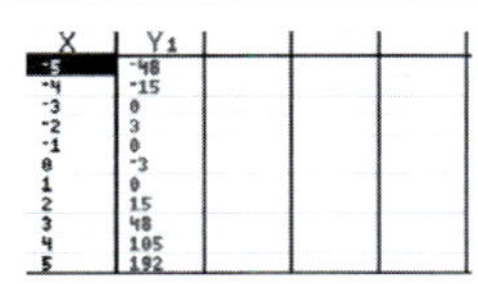

Parcourir une courbe

La courbe étant affichée à l'écran, utiliser l'instruction **Trace** (touche **trace**).
La calculatrice affiche alors un pointeur et ses coordonnées en bas de l'écran.
Déplacer le pointeur à l'aide des flèches ◄ et ► du pavé directionnel.

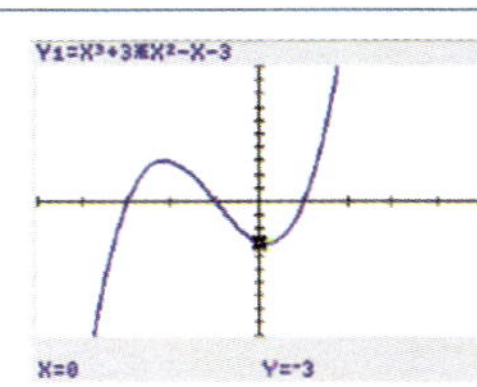

Tracer une tangente

La courbe étant affichée à l'écran, utiliser l'instruction **dessin** (touches **2nde** **prgm**), puis choisir `5:Tangente(`.
Donner la valeur de l'abscisse pour laquelle on souhaite tracer la tangente (par exemple 1), puis valider avec **entrer**.
La tangente apparaît ainsi que son équation.

```
DESSIN POINTS ENR ARR-PLAN
1:EffDess
2:Ligne(
3:Horizontal
4:Vertical
5:Tangente(
```

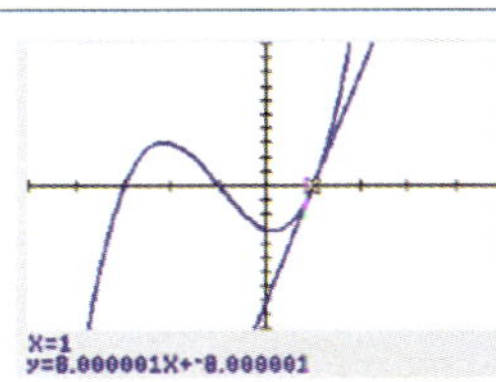

CORRIGÉS

1 SUITES NUMÉRIQUES

Se tester pour un bon départ

2 $v_1 = 5$; $v_2 = 7$; $v_3 = 11$; $v_5 = 35$.

4 **1.** $u_1 = 7$; $u_2 = 9$; $u_3 = 11$.
2. $u_{n+1} = u_n + 2$

7 **1.** $u_1 = 26\,112$; $u_2 = 26\,634{,}24$.
2. $u_{n+1} = 1{,}02u_n$. (u_n) est une suite géométrique de premier terme 25 600 et de raison 1,02.
3. $u_8 \approx 29\,994{,}48$

Pour maîtriser les bases

21 **1.** $r = u_1 - u_0 = 18$
2. $r = v_4 - v_3 = -11$

28 Réponse **b.**

44 **1.** $r = 1{,}05$
2. $r = \dfrac{1}{3}$

55 **1.** $\sum_{i=1}^{12} v_i = \sum_{i=1}^{12} 4 \times 3^{n-1}$

$= 4 \times \dfrac{1-3^{12}}{1-3} = -2(1-3^{12})$

$= 2(3^{12} - 1)$

2. $\sum_{i=1}^{12} v_i = 1\,062\,880$

Pour travailler en autonomie

120 **1.** 93 **2.** $\dfrac{25}{12}$ **3.** $\dfrac{101}{20}$

121 **1.** Les trois nombres sont les termes consécutifs d'une suite arithmétique.
2. Les trois nombres ne sont pas les termes consécutifs d'une suite arithmétique.

122 **1.**

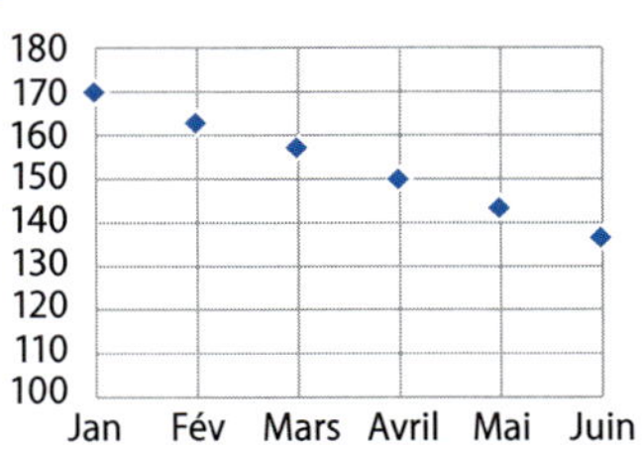

2. Les points sont alignés, la droite passant par ces points a une pente négative. On peut considérer que le tirage moyen du quotidien suit une décroissance linéaire.

123 **1.** $u_n = -68 + 14n$
2. 45e terme $u_{44} = 548$.
3. $-68 + 14n > 700$, soit $n > 54{,}8$ environ. Le plus petit entier n est donc $n = 55$.

124 **1.** En 2021 : $a_1 = 4\,700$;
en 2022 : $a_2 = 4\,400$.
2. Chaque année, la masse de rejets polluants est diminuée de 300 tonnes, on a $a_{n+1} = a_n - 300$. La suite (a_n) est arithmétique de raison -300.
3. $a_n = 5\,000 - 300n$
4. En 2030 : $a_{10} = 2\,000$, l'objectif sera atteint.

125 $\sum_{i=0}^{43} u_i = 44 \times \dfrac{u_0 + u_{43}}{2} = 8\,052$

126 Réponses **b**, **c** et **d**.

127 **1.** =B2+2.5
2. =B7+C6

128 **1.** 3
2. $\sqrt{3}$

129 **1.** Les trois nombres ne sont pas les termes consécutifs d'une suite géométrique.
2. Les trois nombres sont les termes consécutifs d'une suite géométrique.

130 **1.**

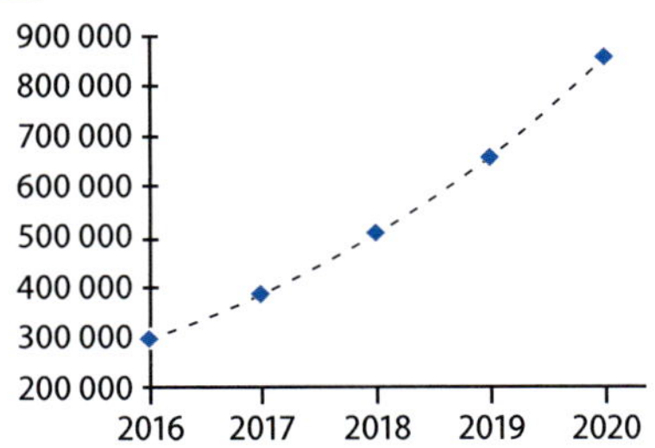

Les points ne sont pas alignés.
2. Les points suivent une courbe à l'allure d'une fonction exponentielle.
On peut parler de croissance exponentielle pour le chiffre d'affaires.

131 **1.** $u_n = 374 \times 1{,}1^n$
2. 20e terme $u_{19} \approx 2\,287{,}35$
3. $374 \times 1{,}1^n > 5\,000$, soit $n > 27{,}2$ environ. Le plus petit entier n est donc $n = 28$.

132 Réponses **a** et **d**.

133 **1.** (T_n) est une suite géométrique de premier terme $T_0 = 689$ et de raison 0,79.
2. $T_7 \approx 132$ Ko à l'unité près.

134 $\sum_{i=1}^{27} u_i = 49 \times \dfrac{1-0{,}98^{27}}{1-0{,}98} \approx 1\,030$

135 **1.**

$\sum_{i=1}^{11} u_i = 1\,920 \times \dfrac{1-2{,}5^{11}}{1-2{,}5} \approx 30\,516\,298{,}13$

2.

```python
def somme(n):
    u = 1920
    S = u
    for i in range(2,n+1):
        u = u*2.5
        S = S+u
    return(S)
```

Cap vers le Bac

Sujet D. **1.** $u_n = 1\,400 \times 1{,}03^{n-1}$
2. $u_{13} \approx 1\,996{,}06$
Soit environ 1 996 journaux lus.
3. $\sum_{i=1}^{52} u_i = 1\,400 \times \dfrac{1-1{,}03^{52}}{1-1{,}03}$
Soit environ 170 375 journaux lus.

Revoir des points essentiels

141 $u_n = 126 - 18n$ et $u_{16} = -162$.

142 $u_n = 30 + 2{,}5(n-1) = 27{,}5 + 2{,}5n$ et $u_{32} = 107{,}5$.

143 $v_n = 31\,250 \times 0{,}6^n$ et $v_{10} \approx 188{,}96$.

144 $v_n = 2 \times 4^{n-1}$ et $v_{14} = 134\,217\,728$.

2 FONCTIONS EXPONENTIELLES ET FONCTION LOGARITHME DÉCIMAL

Se tester pour un bon départ

2 **1.** Faux **2.** Faux

3 **1.** La raison de (u_n) est 2 ; celle de (v_n) est 0,5.
2. La croissance de (u_n) est exponentielle.

6 **1.** Réponses **a.** et **d.**
2. Réponses **a.** et **c.**
3. Réponses **b.** et **d.**

Pour maîtriser les bases

21 **1.** La courbe qui représente f est la courbe verte et celle qui représente g est la courbe rouge.
2. $0{,}3^{-1} > 0{,}3^2$

38 **1.** $\log(a)$ est négatif si $0 < a < 1$.
$\log(a)$ est positif si $a > 1$.
2. $\log(0{,}2)$ est négatif car $0 < 0{,}2 < 1$.
$\log(0{,}9)$ est négatif car $0 < 0{,}9 < 1$.
$\log(1{,}6)$ et $\log(5{,}01)$ ne sont pas négatifs car $1{,}6 > 1$ et $5{,}01 > 1$.

41 $2 \leqslant \log(182) \leqslant 3$

46 Pour les questions **a**, **b** et **c**, on utilise la propriété : pour $a > 0$ et $n \in \mathbb{N}$, $\log(a^n) = n\log(a)$.
a. $\log(4) = \log(2^2) = 2\log(2)$
b. $\log(9) = \log(3^2) = 2\log(3)$
c. $\log(8) = \log(2^3) = 3\log(2)$
d. $\log(2) + \log(3) = \log(2 \times 3) = \log(6)$
car pour $a > 0$ et $b > 0$,
$\log(a) + \log(b) = \log(a \times b)$.

64 A(2 ; 200) ; B(3 ; 5) ; C(40 ; 20) ;
D(70 ; 2) ; E(200 ; 600) et F(800 ; 80).

Pour travailler en autonomie

147 f et g sont croissantes sur $\mathbb{R}$; h est décroissante sur $\mathbb{R}$.

148 **a.** $0{,}38^x \geqslant 0{,}38^y$
b. $1{,}09^x \leqslant 1{,}09^y$

149 **a.** Faux **b.** Faux **c.** Vrai

150 $A = 11^{7,75}$; $B = 6^{1,1}$; $C = 1{,}5^{-0,5}$ et $D = 32^{1,1}$.

151 $M = 25^{3x-5}$ et $N = 71^{2x-1}$.

152 **1.** f est décroissante sur [0 ; 50].
2. a. Pour tout réel x de [0 ; 42],

$$\frac{f(x+8)}{f(x)} = \frac{5\,000 \times 0{,}918^{x+8}}{5\,000 \times 0{,}918^x}$$

$$\frac{f(x+8)}{f(x)} = \frac{5\,000 \times 0{,}918^x \times 0{,}918^8}{5\,000 \times 0{,}918^x} = 0{,}918^8$$

b. $0{,}918^8 \approx 0{,}5$. Lorsque le prix augmente de 8 €, la demande est divisée par deux.

153 $A = 7\log(x)$; $B = 3\log(x) + 2\log(y)$;
$C = 2\log(x) - 10\log(y)$.

154 $A = \log(27)$; $B = \log(1\,200)$; $C = \log(12)$.

155 **a.** Faux **b.** Faux **c.** Vrai

156 Pour $x > 0$, $10^{3\log(x)+2} = 10^{3\log(x)} \times 10^2$.
$10^{3\log(x)+2} = 10^{\log(x^3)} \times 100 = 100 \times x^3$

157 **a.** Solution : $x = \dfrac{\log(3)}{\log(1{,}06)}$.
b. Pas de solution.

158 **a.** Solution : $10^{\frac{\log(35)}{3,4}}$.
b. Solution : $10^{\frac{\log(90)}{7,2}}$.

159 **a.** $S = \left]-\infty ; \dfrac{\log(7)}{\log(3)}\right[$
b. $S = \left]\dfrac{\log(1{,}2)}{\log(0{,}12)} ; +\infty\right[$

160 **a.** $S = \left]0 ; 10^{\frac{\log(3)}{2,7}}\right[$
b. $S = \left]10^{\frac{\log(3)}{0,2}} ; +\infty\right[$

161 **1.** Il y a 26 + 26 + 10 = 62 « symboles » possibles.
Pour chacun des n caractères du code, on a le choix entre 62 symboles. Le nombre de mots de passe de n caractères est donc 62^n.
2. Il y a 62^4 mots de passe (différents) de 4 caractères.
3. On résout $62^n \geqslant 10^{21}$.
Cette inéquation est équivalente à :

$$n \geqslant \frac{21}{\log(62)}.$$

$\dfrac{21}{\log(62)} \approx 11{,}7$. Le mot de passe doit avoir au moins 12 caractères.

162 On résout $1{,}025^n \geqslant 2$. Le capital acquis aura doublé au bout de 29 ans.

163 **1.** Le taux d'évolution global, entre les années 2010 et 2017 est d'environ 18 %.
2. On cherche t tel que $(1+t)^7 = 1{,}18$.
$t = 1{,}18^{\frac{1}{7}} - 1$, soit environ 0,024.
Le taux d'évolution annuel moyen est d'environ 2,4 %.

164 $\log(N) = 1\,000\log(5)$
donc $\log(N) \approx 698{,}97$.
Un ordre de grandeur de N est 10^{698}. L'écriture décimale de N comporte 699 chiffres.

165 **1. a.** Le cours de l'action en 1950 était de 2 €.
b. Le cours de l'action a atteint 60 € en 2010.
2. a. Entre 1950 et 2020, le cours de l'action a été multiplié par 50.
b. Le taux d'évolution moyen annuel entre 1950 et 2020 est d'environ 5,75 %.

Cap vers le Bac

Sujet C

1. a. La puissance électrique a diminué d'environ 5,55 %
b. On résout $(1+t)^{19} = 1{,}0555$.
$t \approx 0{,}0028$, soit environ 0,28 %.
2. a. Comme $6\,400 > 0$, la fonction P a le même sens de variation que la fonction $x \mapsto 0{,}997^x$ qui est décroissante sur $[0 ; -\infty[$ car $0 < 0{,}997 < 1$.
b. On résout l'inéquation
$P(x) > 0{,}93P(0)$
qui est équivalente à $0{,}997^x > 0{,}93$
et donc à $x < \dfrac{\log(0{,}93)}{\log(0{,}997)}$.
$\dfrac{\log(0{,}93)}{\log(0{,}997)} \approx 24{,}1539$
La longueur maximale est de :
2 415 kilomètres.

Revoir des points essentiels

176 $A = 3\log(x) + 11\log(y)$;
$B = -5 + 8\log(x)$;
$C = 1 + \log(x) - \log(y)$;
$D = \log(x) - 3 - 2\log(y)$;
$E = 3\log(y) + \log(x)$.

177 $F = 3 + 2\log(0{,}1a) - 4\log(a^2)$
$F = 3 + 2(\log(0{,}1) + \log(a)) - 8\log(a)$
$F = 3 - 2 + 2\log(a) - 8\log(a)$
$F = 1 - 6\log(a)$

178 **a.** Solution : $x = \dfrac{\log(720)}{\log(7)}$.
b. Solution : $x = \dfrac{\log(0{,}1)}{\log(1{,}7)} = -\dfrac{1}{\log(1{,}7)}$.
c. Solution : $x = \dfrac{\log(10)}{\log(0{,}5)} = \dfrac{1}{\log(0{,}5)}$.
d. Solution : $x = \dfrac{\log(0{,}4)}{\log(0{,}2)}$.
e. Solution : $x = \log(4{,}5)$.

179 **a.** Solution : $x = 10^{\frac{\log(3)}{1,5}}$
b. Solution : $x = 10^{\frac{\log(321)}{7,8}}$
c. Solution : $x = 10^{\frac{\log(11)}{9}} = 11^{\frac{1}{9}}$
d. Solution : $x = 10^{\frac{\log(93)}{0,5}} = 93^2$
e. Solution : $10^{\frac{2}{9,1}}$

3 FONCTION INVERSE

Se tester pour un bon départ

1 **1.** Fonctions g et h.
2. $f(x)$ et $g(x)$ ont deux racines.
3. La courbe représentative de f est $\mathscr{C}_3$, celle de g est $\mathscr{C}_2$, celle de h est $\mathscr{C}_1$ et celle de p est $\mathscr{C}_4$.

3 $f'(x) = 2x - 3$
$g'(x) = -8x + 5$
$h'(x) = 3x^2 - 1$
$k'(x) = 6x^2 + 2x$

6 **a.** $A(x) \leqslant 0$ sur $[6\,;+\infty[$ et $A(x) \geqslant 0$ sur $]-\infty\,;6]$.
b. $A(x) \leqslant 0$ sur $[-5\,;3]$ et $A(x) \geqslant 0$ sur $]-\infty\,;-5] \cup [3\,;+\infty[$.
c. $A(x) \leqslant 0$ sur $]-\infty\,;-6] \cup [6\,;+\infty[$ et $A(x) \geqslant 0$ sur $[-6\,;6]$.
d. $A(x) > 0$ sur $\mathbb{R}$.

Pour maîtriser les bases

22 **1.** $f'(x) = 21x^2 + 8$
2. Pour tout réel x, $21x^2 \geqslant 0$ donc $21x^2 + 8 \geqslant 8$ et par suite $f'(x) > 0$.
3. f est croissante sur $\mathbb{R}$.

32 La proposition est fausse.

39 **1.** $f'(x) = 0 - 3 + \left(-\dfrac{1}{x^2}\right) = -3 - \dfrac{1}{x^2}$
2. Pour tout réel x de $]0\,;+\infty[$, $-3 < 0$ et $-\dfrac{1}{x^2} < 0$ donc $f'(x) < 0$.
3. f est décroissante sur $]0\,;+\infty[$.

Pour travailler en autonomie

76 **1.** $f'(x) = 8x - 18$
$f'(x) \leqslant 0$ sur $[-7\,;2{,}25]$ et $f'(x) \geqslant 0$ sur $[2{,}25\,;7]$.

2.

x	-7		$2{,}25$		7
$f'(x)$		$-$	0	$+$	
$f(x)$	329	↘	$-13{,}25$	↗	77

77 **1.** $f'(x) = -12x + 24$
$f'(x) \leqslant 0$ sur $[2\,;5]$ et $f'(x) \geqslant 0$ sur $[-2\,;2]$.

2.

x	-2		2		5
$f'(x)$		$+$	0	$-$	
$f(x)$	-89	↗	7	↘	-47

78 **1.** $f'(x) = 9x^2 - 25 = (3x)^2 - 5^2$
2. $f'(x) \leqslant 0$ sur $\left[-\dfrac{5}{3}\,;\dfrac{5}{3}\right]$ et $f'(x) \geqslant 0$ sur $\left[-2\,;-\dfrac{5}{3}\right]$ et sur $\left[\dfrac{5}{3}\,;2\right]$.

3.

x	-2		$-\dfrac{5}{3}$		$\dfrac{5}{3}$		2
$f'(x)$		$+$	0	$-$	0	$+$	
$f(x)$	29	↗	$\dfrac{277}{9}$	↘	$-\dfrac{223}{9}$	↗	-23

79 **1.** $f'(x) = 6x^2 - 30x + 36$
$6(x-2)(x-3) = (6x-12)(x-3)$
$= 6x^2 - 30x + 36$
$= f'(x)$
2. $f'(x) \leqslant 0$ sur $[2\,;3]$ et $f'(x) \geqslant 0$ sur $[1\,;2]$ et sur $[3\,;4]$.

3.

x	1		2		3		4
$f'(x)$		$+$	0	$-$	0	$+$	
$f(x)$	-4	↗	1	↘	0	↗	5

80 **1. a.** f est croissante sur $[-8\,;-6]$ et sur $[0{,}5\,;3]$ et f est décroissante sur $[-6\,;0{,}5]$.
b. $f'(0) = -1{,}8$
2. a. $f'(x) = 0{,}6x^2 + 3{,}3x - 1{,}8$
et $0{,}6(x+6)(x-0{,}5)$
$= (0{,}6x + 3{,}6)(x - 0{,}5)$
$= 0{,}6x^2 + 3{,}3x - 1{,}8$
$= f'(x)$

b.

x	-8		-6		$0{,}5$		3
$f'(x)$		$+$	0	$-$	0	$+$	
$f(x)$	$7{,}6$	↗	17	↘	$f(0{,}5)$	↗	$4{,}85$

avec $f(0{,}5) = -10{,}4625$
c. T a pour équation : $y = -1{,}8x - 10$.

81 $f'(x) = -\dfrac{11}{x^2}$; $g'(x) = -\dfrac{1}{12x^2}$ et $h'(x) = -\dfrac{3}{8x^2}$.

82 **1. a.** $f'(x) = -\dfrac{1}{x^2}$
Pour tout réel x de $]0\,;+\infty[$, $f'(x) < 0$.
b. Donc f est décroissante sur $]0\,;+\infty[$.
2. a. $g'(x) = 7 + \dfrac{2}{x^2}$
Pour tout réel x de $]0\,;+\infty[$, $g'(x) > 0$.
b. Donc g est croissante sur $]0\,;+\infty[$.

83 **1.** a. **2.** c. **3.** b.

84 **1.** Pour tout réel x de $]0\,;5]$,
$f'(x) = -1 + \dfrac{4}{x^2} = -\dfrac{x^2}{x^2} + \dfrac{4}{x^2} = \dfrac{4 - x^2}{x^2}$.
2. $f'(x) = \dfrac{4 - x^2}{x^2} = \dfrac{(2-x)(2+x)}{x^2}$
Pour tout réel x de $]0\,;5]$, $x^2 > 0$ et $2 + x > 0$ donc $f'(x)$ a le même signe que $2 - x$.

3.

x	0		2		5
$f'(x)$	‖	$+$	0	$-$	
$f(x)$	‖	↗	-1	↘	$-2{,}8$

85 **1.** Vrai
2. Vrai
3. Faux

86 **1.** Pour réel x de $[1\,;7]$,
$f'(x) = 3x - 9 - \dfrac{48}{x^2} = \dfrac{3x^3 - 9x^2 - 48}{x^2}$
Or $3(x-4)(x^2 + x + 4)$
$= (3x - 12)(x^2 + x + 4)$
$= 3x^3 - 9x^2 - 48$
Donc $f'(x) = \dfrac{3(x-4)(x^2+x+4)}{x^2}$.
2. Pour tout réel x de $[1\,;7]$, $3 > 0$, $x^2 > 0$ et $x^2 + x + 4 > 0$ donc $f'(x)$ a le même signe que $x - 4$.
3. f est décroissante sur $[1\,;4]$ et croissante sur $[4\,;7]$.
4. Le minimum de f sur $[1\,;7]$ est $f(4)$, c'est-à-dire 24.

87 **1. a.** $g'(x) = -0{,}4x + 50$
b. g est croissante sur $[10\,;100]$.
2. a. Pour tout réel x de $[10\,;100]$,
$h(x) = \dfrac{-0{,}2x^2}{x} + \dfrac{50x}{x} + \dfrac{80}{x}$
$= -0{,}2x + 50 + \dfrac{80}{x}$.
b. $h'(x) = -0{,}2 - \dfrac{80}{x^2}$
$-0{,}2 < 0$ et $-\dfrac{80}{x^2} < 0$ donc $h'(x) < 0$.

c.

x	10		100
$h'(x)$		$-$	
$h(x)$	56	↘	$30{,}8$

Lorsque la quantité commandée augmente, le prix moyen du kilogramme diminue.

Cap vers le Bac

Sujet A

1. Réponse **a.**
2. Réponse **d.**
3. Réponses **b.** et **c.**
4. Réponses **a.** et **d.**
5. Réponse **c.**

Revoir des points essentiels

91 **a.** $f'(x) = 85$
b. $f'(x) = 22x - 4$
c. $f'(x) = -21x^2 + 6x$
d. $f'(x) = -\dfrac{1}{x^2}$.
e. $f'(x) = 2 - \dfrac{1}{x^2}$
f. $f'(x) = 4 - \dfrac{8}{x^2}$
g. $f'(x) = 4x + \dfrac{1}{x^2}$
h. $f'(x) = -6x^2 + \dfrac{19}{x^2}$

92 **1.** $f'(x) = 100 - \dfrac{4}{x^2}$
$f'(x) = \dfrac{100x^2}{x^2} - \dfrac{4}{x^2} = \dfrac{100x^2 - 4}{x^2}$.
2. f est décroissante sur $]0\,;0{,}2[$ et croissante sur $]0{,}2\,;+\infty[$.

4 SÉRIES STATISTIQUES À DEUX VARIABLES

Se tester pour un bon départ

2 Réponse **c.**

3 **1.** $y = 2x - 3$

2. C(15 ; 27)

3. $D\left(\frac{3}{2}; 0\right)$

7 **1.** 173 cm.

2. $\sigma \approx 6,65$ à 10^{-2} près.

Pour maîtriser les bases

21 **1.**

Année	2010	2012	2014	2016	2017	2018
Rang de l'année x_i	0	2	4	6	7	8
Effectif y_i	36	41	45	49	52	53

2. $\frac{0+2+4+6+7+8}{6} = 4,5$

et $\frac{36+41+45+49+52+53}{6} = 46$

donc le point moyen du nuage a pour coordonnées (4,5 ; 46).

3. On ajoute le point de coordonnées (10 ; 57).

29 **1.** 4 milliers.

3. 9ᵉ année.

36 **1.**

Valeur x_i	0	1	2	3
Valeur z_i	1,04	2,02	2,96	4,04

2. a. $z = 9$

b. $y = 3$ donc, pour x égal à 8, on estime que y vaut 3.

Pour travailler en autonomie

57 **1.**

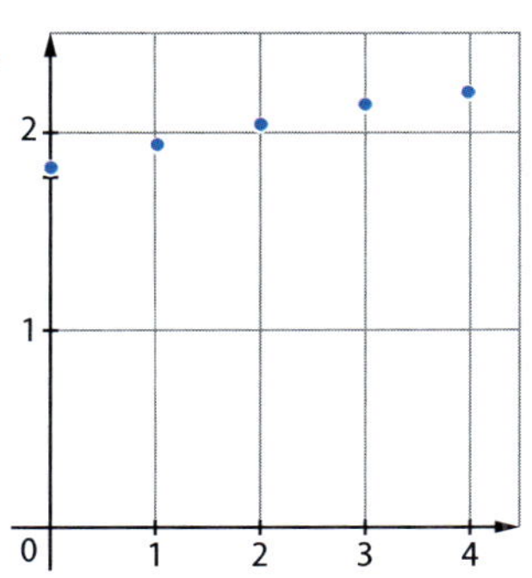

2. G(2 ;2,028)

58 **1.**

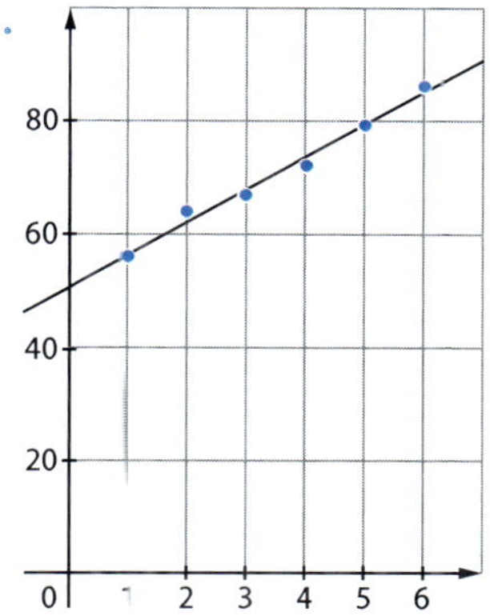

2. a. $y = 5,71x + 50,67$

b. Voir graphique ci-dessus.

59 Réponse **d**

60 **1.** 4,846 L · min^{-1}

2. 204 W

61 **1.** Faux

2. Faux

62 **1.** 18,2 cm

2. 36ᵉ semaine

63 **1.**

t_i	1	1,41	1,73	2	2,23
y_i	3,5	6	8	9	11,5
t_i	2,44	2,64	2,82	3	
y_i	12,5	14	15	16,5	

2. $y = 6,48t - 3,23$

3. 56 mois.

64 **1.**

x_i	200	250	300	350	450	500
z_i	2,785	2,677	2,591	2,505	2,371	2,279

2. $z = -0,0016x + 3,10$

3. $y = 1\,259 \times 10^{-0,0016x}$

4. 288 acheteurs.

Cap vers le Bac

Sujet B

1. Réponse **b.**

2. Réponse **a.**

3. Réponse **c.**

4. Réponse **c.**

Revoir des points essentiels

71 $y = 6,26x - 7,07$

72 **1.** 43 personnes.

2. À partir de la 14ᵉ semaine.

5 PROBABILITÉS CONDITIONNELLES

Se tester pour un bon départ

1 **1.** $525 \times 0,4 \times 0,8 = 168$

2.

	Sportif	Non sportif	Total
Musicien	168	42	210
Non musicien	273	42	315
Total	441	84	525

4 **1.** Faux **2.** Vrai.

Pour maîtriser les bases

15 **1. a.** $P(F) = 0,42$

b. $P(H \cap Z) = 0,12$

c. $P_F(Z) = 0,67$

2. a. 58 % des personnes sont des hommes.

b. 46 % des personnes sont des hommes qui ne pratiquent pas la zumba.

c. 70 % des pratiquants de zumba sont des femmes.

19 **1.** $P(E) = 0,9$; $P(V) = 0,18$ et $P(E \cap V) = 0,06$.

2. La probabilité que le jour soit venté sachant qu'il est ensoleillé est $P_E(V) = \frac{1}{15}$.

La probabilité que le jour soit ensoleillé sachant qu'il est venté est $P_V(E) = \frac{1}{3}$.

28

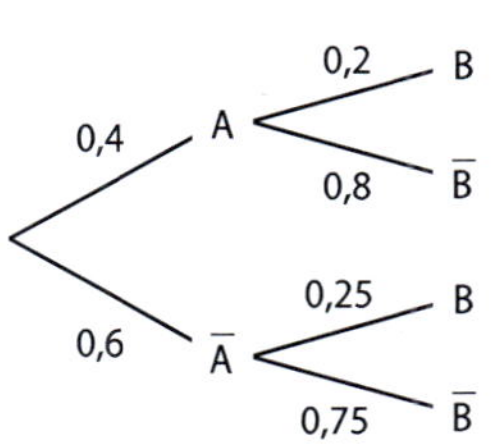

37 **1.** $P(A \cap B) = 0,1 \times 0,2 = 0,02$

2. $P(\bar{A} \cap B) = 0,9 \times 0,3 = 0,27$

3. $P(B) = P(A \cap B) + P(\bar{A} \cap B) = 0,29$

43 **a.** A et B ne sont pas indépendants.

b. A et B sont indépendants.

c. A et B sont indépendants.

Pour travailler en autonomie

85 **1.** $P(S) = 0,8$; $P(O) = 0,75$ et $P(S \cap O) = 0,63$.

2. a. $P_S(O) = \frac{0,63}{0,8} = 0,7875$

b. La probabilité que le salarié ne soit pas doté d'un ordinateur sachant qu'il est doté d'un smartphone est $P_S(\bar{O}) = 0,2125$.

3. $P_O(S) = \frac{0,63}{0,75} = 0,84$ et $P_O(\bar{S}) = 0,16$.

86 **1.** $P(V) = 0,8$; $P_V(D) = 0,1$ et $P(D) = 0,25$.

2. $P(V \cap D) = 0,8 \times 0,1 = 0,08$

3. $P_D(V) = \frac{0,08}{0,25} = 0,32$

87 **1. a.** $P_D(\overline{N}) = 0,95$ et $P_{\overline{D}}(\overline{N}) = 0,05$.
b. $P(D) = 0,02$
2.

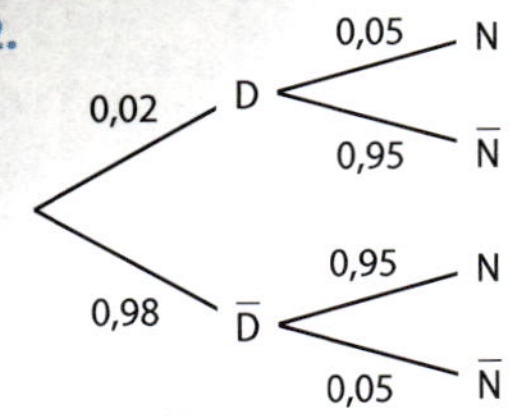

3. $P(D \cap \overline{N}) = 0,02 \times 0,95 = 0,019$
La probabilité que le sportif testé soit dopé et que le test soit positif est 0,019.
4. $P(\overline{D} \cap \overline{N}) = 0,98 \times 0,05 = 0,049$

88 **1.** $P(H) = 0,6$; $P_H(L) = 0,45$ et $P_{\overline{H}}(L) = 0,35$.
2.

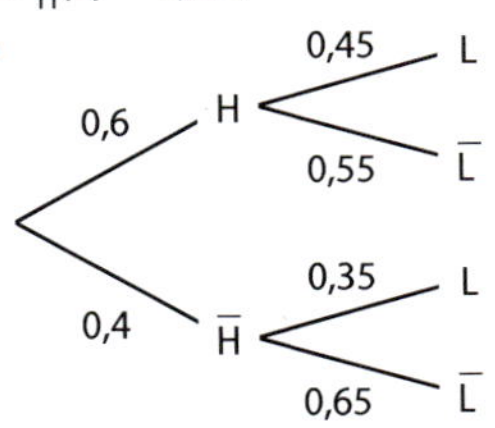

3. a. $P(\overline{H} \cap L) = 0,4 \times 0,35 = 0,14$
b. $P(H \cap L) = 0,6 \times 0,45 = 0,27$

89 **1.**

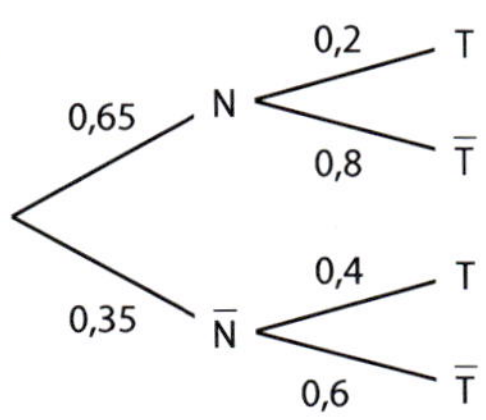

2. $P(N \cap T) = 0,65 \times 0,2 = 0,13$
3. $P(T) = P(N \cap T) + P(\overline{N} \cap T) = 0,27$
4. $P_T(N) = \dfrac{0,13}{0,27} \approx 0,481$ à 10^{-3} près.

90 **1.** Réponse **c.**
2. Réponse **c.**
3. Réponse **d.**

91 **1.** Vrai
2. Vrai
3. Faux

92 **1.** $P(F) = 0,75$
2. D'après l'énoncé, 96 % des individus sont porteurs du phénotype *colourpoint*.
Il n'est pas fait mention du sexe donc F et C sont indépendants.
3. $P(F \cap C) = P(F) \times P(C) = 0,72$
4. $P_C(F) = P(F) = 0,75$

Cap vers le Bac

Sujet B

1. $P(F) = 0,58$ et $P_F(G) = 0,62$.
2. a. 0,46 est la probabilité que le dossier soit celui d'un sportif qui a été soigné pour une blessure au genou sachant que c'est une femme.
b.

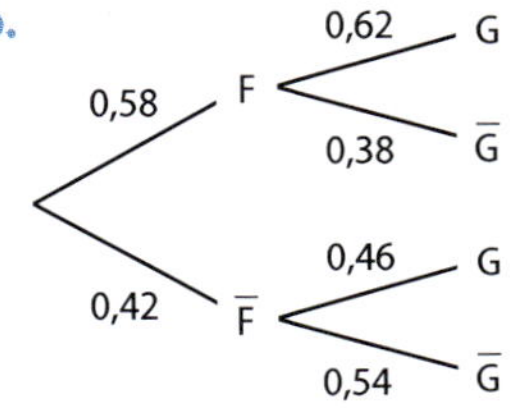

3. a. $F \cap G$:
« le dossier est celui d'une femme qui a été soignée pour une blessure au genou ».
b. $P(F \cap G) = 0,58 \times 0,62 = 0,3596$
4. $P(G) = P(F \cap G) + P(\overline{F} \cap G) = 0,5528$
5. $P_G(F) = \dfrac{0,3596}{0,5528} \approx 0,65$ à 10^{-2} près.
L'affirmation est donc fausse.

Revoir des points essentiels

104 $P(S) = 0,35$; $P(H) = 0,9$ et $P(S \cap H) = 0,21$.
$P_S(H) = \dfrac{0,21}{0,35} = 0,6$

105

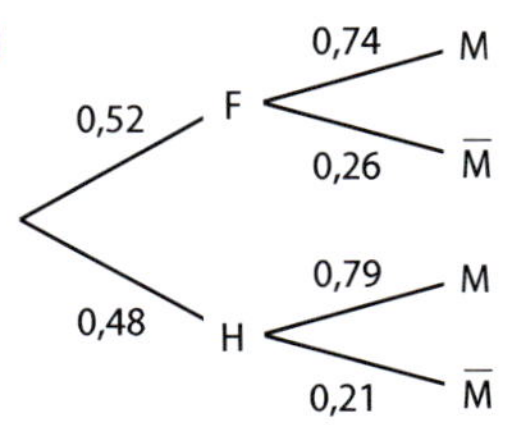

6 VARIABLES ALÉATOIRES DISCRÈTES

Se tester pour un bon départ

1

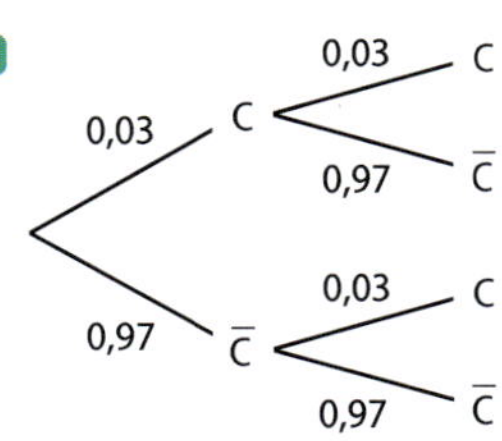

4 **1.** Réponse **c.**
2. Réponses **c.** et **d.**

5 **1.** Réponse **d.**
2. Réponses **c.** et **d.**

Pour maîtriser les bases

17 **1.** $P(X = 4) = 0,15$
2. $P(X \leqslant 2) = 0,6$
3. $P(X = 4) + P(X = 5) = 0,2$

24 **1.** X prend ses valeurs dans {0, 1 , 2}.
2. $P(X = 2) = 0,3 \times 0,3 = 0,09$

36 $\binom{4}{0} = 1$, $\binom{4}{1} = 4$, $\binom{4}{2} = 6$, $\binom{4}{3} = 4$ et $\binom{4}{4} = 1$.

Pour travailler en autonomie

98 **1.** Réponse **c.**
2. Réponse **b.**

99 **1.** $P(X = 2) = \dfrac{1}{4}$
2.

y_i	-2	0	3
$P(Y = y_i)$	$\frac{5}{12}$	$\frac{4}{12}$	$\frac{1}{4}$

3. $E(Y) = -\dfrac{1}{12}$. Le jeu est en défaveur du joueur : en jouant un grand nombre de parties, il perd $\dfrac{1}{12}$ € en moyenne par partie.

100 **1.** F suit la loi binomiale de paramètres $n = 3$ et $p = 0,5$.
2. Soit S l'événement « obtenir une fille ».
On a :

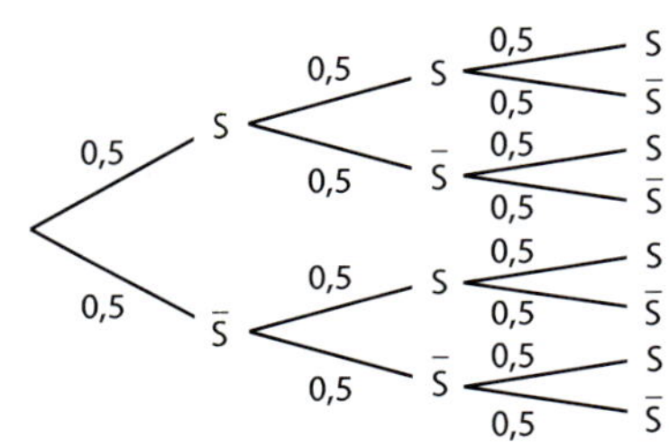

101 **1.** La population finlandaise étant très grande devant la taille de l'échantillon, on assimile le tirage à un tirage avec remise.
Y suit la loi binomiale de paramètres $n = 200$ et $p = 0,89$.
2. $E(X) = 178$.

102 **1.** Faux.
2. Vrai.

103 **1.** $\dfrac{13}{52} = \dfrac{1}{4} = 0,25$
2. a. X suit la loi binomiale de paramètres $n = 3$ et $p = 0,25$.
b. Soit S le succès : « obtenir un trèfle ». On a :

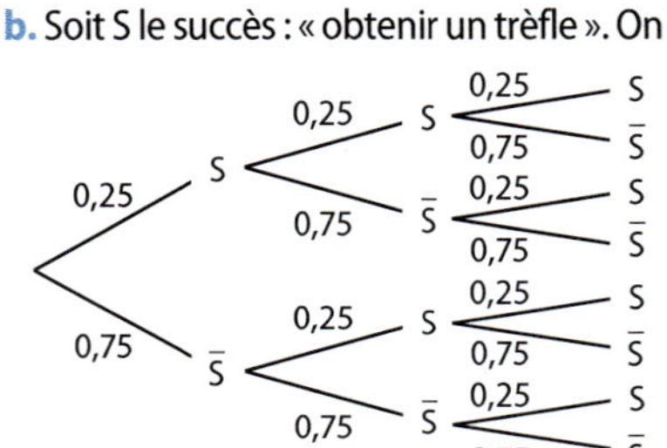

c. $P(X=0)=0{,}75^3 \approx 0{,}42$ à 10^{-2} près.

$P(X=1)=3\times 0{,}25\times 0{,}75^2 \approx 0{,}42$ à 10^{-2} près.

$P(X \geqslant 2)=1-(P(X=0)+P(X=1)) \approx 0{,}16$ à 10^{-2} près.

104 **1.**

1										
1	1									
1	2	1								
1	3	3	1							
1	4	6	4	1						
1	5	10	10	5	1					
1	6	15	20	15	6	1				
1	7	21	35	35	21	7	1			
1	8	28	56	70	56	28	8	1		
1	9	36	84	126	126	84	36	9	1	
1	10	45	120	210	252	210	120	45	10	1

2. $\binom{10}{3}=120$ et $\binom{10}{4}=210$.

3. $\binom{11}{4}=330$.

105 **1.** $\binom{7}{2}=21$, $\binom{8}{3}=56$, $\binom{9}{7}=36$ et $\binom{10}{6}=210$.

2. $\binom{40}{39}=40$, $\binom{17}{0}=1$ et $\binom{143}{142}=143$.

106 **1. a.** $P(X=29)=30\times 0{,}85^{29}\times 0{,}15^1$

$P(X=30)=0{,}85^{30}$

b. $P(X<29)=1-[30\times 0{,}85^{29}\times 0{,}15^1 + 1\times 0{,}85^{30}\times 0{,}15^0]$

2. $P(X=29)\approx 0{,}040$, $P(X=30)\approx 0{,}008$ et $P(X<29)\approx 0{,}952$ à 10^{-3} près.

107 **1.** Réponse **c.**

2. Réponse **d.**

3. Réponse **c.**

108 **1.** X suit la loi binomiale de paramètres $n=10$ et $p=0{,}3$.

2. $P(X=4)\approx 0{,}20$ à 10^{-2} près.

3. $P(3\leqslant X\leqslant 7)\approx 0{,}62$ à 10^{-2} près.

4. 3 enfants en moyenne.

Cap vers le Bac

Sujet E

1. Réponse **c.**

2. Réponse **b.**

3. Réponse **c.**

4. a. $0{,}7^3$ **b.** 0,784

Revoir des points essentiels

114

y_i	-2	3	5
$P(Y=y_i)$	$\frac{1}{2}$	$\frac{1}{3}$	$\frac{1}{6}$

115

z_i	3	4	5
$P(Z=z_i)$	$\frac{1}{2}$	$\frac{2}{5}$	$\frac{1}{10}$

116 $P(X=5)=6\times 0{,}51^5\times 0{,}49^1\approx 0{,}10$ à 10^{-2} près

et $P(X=3)=20\times 0{,}51^3\times 0{,}49^3\approx 0{,}31$ à 10^{-2} près.

117 $P(X=1)=20\times 0{,}15^1\times 0{,}85^{19} \approx 0{,}14$ à 10^{-2} près

et

$P(X=19)=20\times 0{,}15^{19}\times 0{,}85^1 \approx 4\times 10^{-15}$ à 10^{-16} près.

INDEX

Édition : Pôle Sciences Bordas
Conception graphique : Favre et Lhaïk
Couverture : Véronique Lefebvre

Réalisation et schémas : Desk
Recherche iconographique : Clémence Zagorski
Coordination artistique : Pierre Taillemite

Fabrication : Jean-Philippe Dore
Vidéos : Yvan Monka
Animations : Sébastien Girard
Thomas Huguet

Les éditions Bordas tiennent à remercier les sociétés Cabrilog, Casio, NumWorks et Texas Instrument pour leur aide et leur collaboration à l'élaboration de ce manuel.

Dépôt légal : avril 2020
N° de projet : 10275493
Achevé d'imprimer en juin 2021
par Bona S.p.A. à Turin en Italie